김진홍 목사 회갑맞이논문집

하나님나라 운동, 두레공동체운동 30년

두레시대

이문장
김웅교

간행위원

김 호 열
김 회 권
이 문 장
김 웅 교

韓國을 聖書의에

윤형자 대구 가톨릭대 동양화과 교수

황무지가 장미꽃같이

하나님의 말씀이 함께한 곳에는

바위를 쳐서 생수가 솟고

황무지가 장미꽃으로 피어나는

복음의 역사가 있다.

두레공동체운동은 오늘을 나누며

내일의 섬김을 준비하는 꿀벌들의 삶이고,

그 기쁨의 합창이다.

윤형자 대구 가톨릭대 동양화과 교수

(동양화) 280×200mm

메주

콩을 물에 불렸다가 뜨거운 물에 삶아낸다
수많은 알갱이들 눌린 저 침묵,
내 이름은 본디 콩이었는데
이제 너희는 나를 메주라 부르지

겨우내 골방 어둠에 몸을 적시다가
온갖 씨앗들 붐비는 봄날
투박한 항아리로 들어가지

한여름, 땡볕 속에 후끈 썩어 맛깔지겠지
맛난 과일이 그러하듯
숨구멍 활활 열고 죽은 듯 지내야지

나는 매우 못생겼지만
발가벗긴 채 소금물에 떠 햇살 받으면
검은 물 나와 간장이 되고
나머지 콩덩어리, 햐, 요것 봐, 된장이다

강한 햇발, 깊은 통증
썩을대로 문드러진 쓸쓸한 기억
일그러지고 찌그러진
찬연한
맛의 씨앗!

쇳소리마저 사라진 항아리에 누운
나, 오오래 썩어간다

김응교 시인

두레공동체운동 30년 발자취

1941. 6. 18	경상북도 청송군 안덕면 사부실에서 3남 1녀 중 차남으로 출생
1957. 2	안덕중학교 졸업
1957. 3	영신고등학교 입학
1962. 2	대구 성광고등학교 졸업
1962. 3	계명대학교 철학과 입학
1966. 2	계명대학교 철학과 졸업
1967. 8	목단교회에서 첫 전도사 생활
1969. 3	장로회신학대학원 입학
1971. 10. 3	청계천 활빈교회 창립
1972. 4. 6	야간중등과정 배달학당 결성
1972. 5	배꽃어린이집, 장미어린이집 설립
1972. 6. 9	송정동 판자촌주민자활회 조직, 송정의료봉사대 조직

1974. 1. 17	한국기독교회 협회총무실에서 긴급조치 철회를 요구하는 집회 주도
1974. 1. 17	대통령긴급조치 제1호 위반으로 집회현장에서 구속
1974. 2. 7	비상보통군법회의 1심에서 징역 15년 선고
1974. 2	장로회신학대학원 졸업
1974. 3. 6	비상고등군법회의 2심에서 항소 기각당함, 안양교도소 이감
1974. 8. 20	대법원에서 상고 기각, 형 확정, 수원교도소 이감
1975. 2. 16	형 집행 정지로 출감
1976. 1	활빈교회 남양만에서 활동 시작
1977. 4	경기노회에서 목사 안수
1977. 8	활빈귀농개척단 결성
1977. 11	경기도 남양만 간척지 1,200세대 정착, 남양만 7개 활빈교회 설립
1977. 3. 13	남양만 주민회 조직
1977. 4. 13	남양만 신용협동조합 설립
1978. 1	활빈농업개발단 조직
1978. 10	두레마을 설립안 채택
1979. 4	남양만 두레마을 창설, 8세대 입주, 제1차 두레마을 시작

1979. 12	제1차 두레마을 해체, 활빈교회 휴직
1980. 5	남양만 활빈교회 복귀
1980. 12. 12	남양만 내 각 지역 주민대표 20명은 선교활동과 주민활동을 재건하기로 합의하고 남양만 주민회 재결성
1983. 6. 1	남양만 신용협동조합원 70명이 6백만원 자산으로 부활
1986. 3	두레유통 설립
1986. 4. 1	제2차 두레마을 시작
1987. 3. 27	두레선교회 설립
1987. 4. 3	두레성서연구 모임 시작
1988. 10. 29	두레마을 내 선교훈련원 준공
1989. 3. 1	두레연구원 창립

1989. 6. 20	제1회 농어촌교역자 세미나 개최
1989. 7	제1회 전국두레가족수련회 개최
1990. 1. 15	제1회 농어촌교회 사모 세미나 개최
1991. 1. 14	말씀과 노동학교 시작
1991. 4. 26	두레시대 설립
1992. 3. 11	두레마을 영농조합법인 설립
1993. 1. 28	두레장학회 1기 수료식
1993. 10. 9	두레학숙 완공
1994. 3. 7	두레 어린이집 개원
1995. 5. 30	두레마을 전인건강 국제세미나 개최

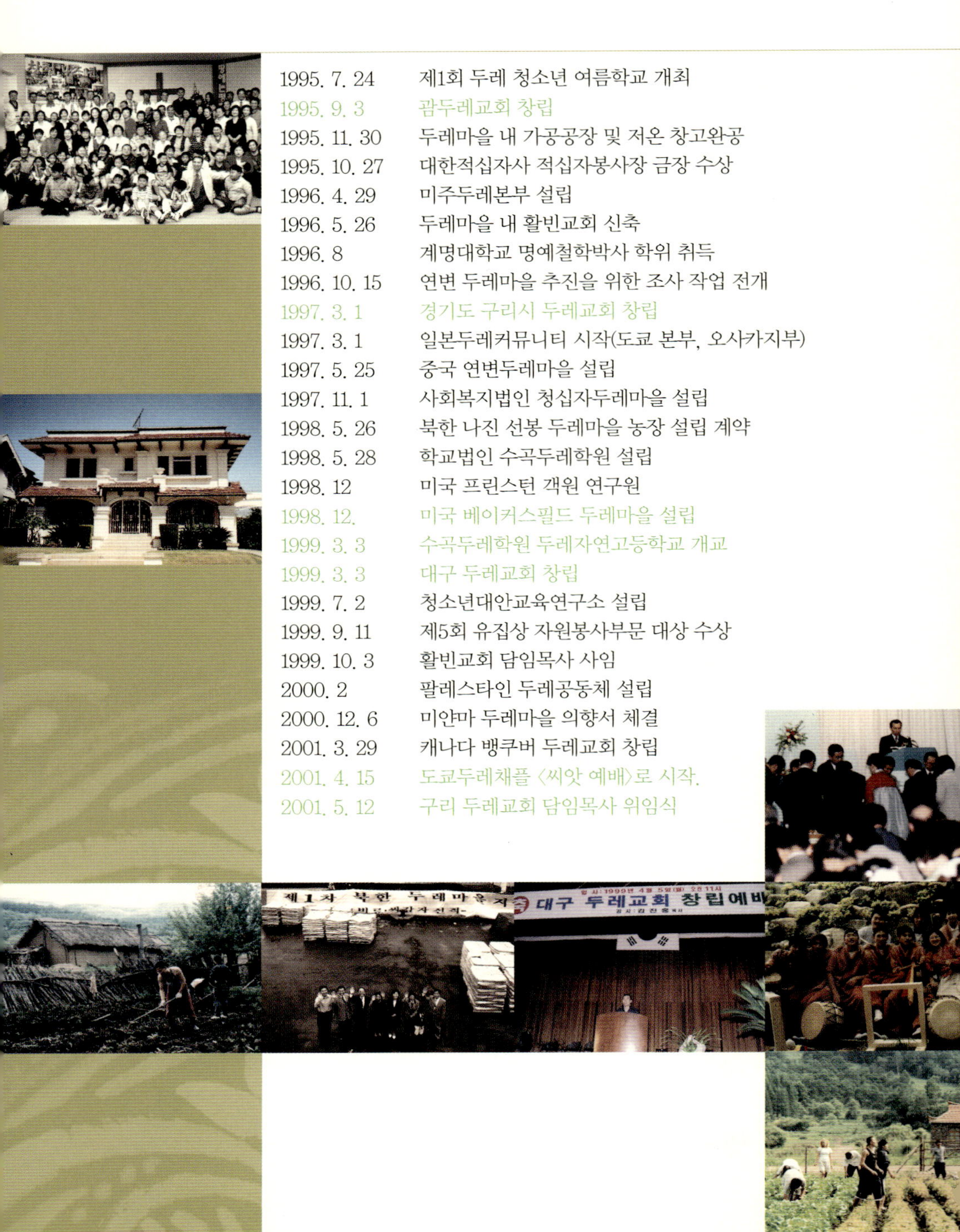

進홍 목사 회갑맞이논문집

하나님나라 운동
두레공동체운동 30년

차례

하나눈나라 운동
두레공동체운동 30년

"나의 걸음을 정하시고"

인생살이 한 평생에 어느 해, 어느 날이나 마찬가지이겠으나 그런 중에도 가끔은 매듭이 필요할 것 같습니다. 그런 매듭을 기회로 삼아 지난 일을 정리하고 새 일을 준비하는 것이라 생각됩니다. 그런 뜻에서 저도 금년 육십 나이를 맞아 회갑을 치르는 의미가 있는 것 같습니다.

저는 지난 세월을 돌아보면 감사할 것밖에 없습니다. 60년 전에 빈농 중 빈농의 가정에서 태어나 일찍 아버지를 여의고 홀어머니 밑에서 자라면서 어릴 때부터 온갖 고비를 넘겨 왔습니다. 도중에 타락하거나 좌절할 기회가 숱하게 있었지만 오늘의 자리에 이를 수 있게 된 자체가 은총이요, 감사라 여겨집니다.

그래서 이 나이에 이르러 시편 기자의 고백이 실감나게 가슴에 와 닿습니다.

> "여호와께서 사람의 걸음을 정하시고 그 길을 기뻐하시나니 저는 넘어지나 아주 엎드러지지 아니함은 여호와께서 손으로 붙드심이로다" (시 37 : 23 ~24)

이 말씀을 읽으며 제가 살아 온 걸음이야말로 여호와께서 정하신 걸음이었음을 고백케 됩니다. 그리고 여호와께서 정하신 걸음을 걸어왔기에 감사드립니다. 사도 바울이 "나의 나 된 것은 오직 여호와의 은혜"라고 했습니다만 글자 그대로 내가 넘어졌으되 절망으로 끝나지 않았던 것은 여호와께서 붙들어주셨기 때문이란 확신이 듭니다.

이제 회갑을 맞으며 평소에 사랑하고 신뢰하던 동료, 후배들의 생각을 모으고 글을 담아 이렇게 귀중한 책을 출간하게 된 일이 실로 자랑스럽고 흐뭇합니다. 이런 책이 나올 수 있다는 자체가 저로 하여금 행복하게 합니다.

이 책 속에 실린 글들은 한결같이 나라 안팎에서 그리스도의 이름으로 교회를 받들고 겨레와 백성들을 섬기는 일에 삶을 불사르고 있는 두레 동지들의 글입니다. 아직은 생각이나 표현이 덜 다듬어진 글이 있을지라도 가슴에 품은 뜻만은 순수하고 높습니다. 바라기는 이런 생각들과 글이 모여 한국교회를 새롭게 하고 겨레를 빛나게 하는 일에 밑거름이 되기를 소망합니다.

그래서 우리 모두가 한마음으로 염원하는 목표인 성서한국, 통일한국, 선교한국을 성취하여 나가는 작은 도구로 쓰임 받는 글이 되기를 바라며 간행사로 대신합니다.

이천일년 사월 이십오일

김진홍

한국 개신교와 언론

손 봉 호*

　2000년말경, 대형교회 목사 세습, 교회 재산문제, 기도원의 안수기도 등에 대하여 일반 대중매체가 매우 비판적인 보도와 논평을 거듭하였다. 이에 대해서 비판 대상 교회들과 교계 일부 지도자들이 〈개신교언론대책위원회〉를 조직하여 해당매체에 대한 시청거부와 그들 매체에 광고된 상품 불매운동을 전개하였다. 물론 그 전에도 언론의 보도에 대해서 비판을 받은 교회 혹은 기관이 폭력시위 등의 방법으로 불만을 표현한 일이 몇 번 있었다. 그러나 이번에는 교계 지도자들이 언론대책위원희까지 조직하여 시청거부운동을 펼칠 만큼 언론과 개신교계의 갈등이 커졌다. 이런 움직임에 대해서 교계의 다른 지도자 상당수와 특히 젊은 개신교인들은 오히려 비판적인 반응을 보임으로 그것이 언론에 대한 한국 개신교 전체의 통일된 입장이 아니란 사실을 보여주고, 이 문제가 그렇게 단순한 문제가 아님을 시사하고 있다.

　언론에 대한 개신교계의 두 입장 가운데 어느 쪽이 더 합리적이고 타당한가? 언론의 관심을 점점 더 많이 받고 있는 상황에서 한국 개신교는 언론과의 관계에 대해서 이제 좀더 분명하고 책임 있는 태도를 취할 때가 되

---

*서울대학교 교수

었고, 그런 입장을 정립하기 위해서는 많은 토론과 연구가 필요하다.

필자는 이번 사건에 직·간접으로 연루되었고, 개신교계와 언론과의 관계에 대한 문제를 고민해 왔다. 〈기독교윤리실천운동〉을 추진하면서 교회와 교계 지도자들의 잘못을 지적하는 일이 많았고 개인적으로 목회자의 납세에 대하여 공개토론을 벌인 바 있다. 그것은 불가피하게 개신교인들의 비판과 반발을 불러 일으켰을 뿐 아니라 일반 언론에까지 알려지게 되었다. 기독교윤리실천운동 책임자들은 과연 교계의 문제를 일반언론이 취급하는 것에 대해서 어떤 태도를 취해야 할 것인가에 대한 문제에 대해서 많이 논의하였고 고민해 왔으며, 그 고민은 아직도 계속되고 있다. 그러나 이번 사건의 발단을 제공한 〈기윤실〉로서는 그에 대해서 상당한 책임을 져야 하고, 어느 정도 근거를 제시할 수 있어야 할 것이다. 이 글은 그 하나의 시도라 할 수 있다.

1. 언론과 종교

자유민주사회의 언론은 원칙적으로 그 사회 구성원들이 관심을 가질 수 있는 모든 사건을 보도하고 그에 대해서 논평할 수 있으며 또한 그렇게 해야 한다. 시민들에게 직접 혹은 간접으로 이해관계가 있는 문제는 말할 것도 없고 그들이 호기심을 가질 수 있는 것, 그들에게 흥미로운 모든 것이 언론의 취급대상이다. 우리 나라의 '방송심의에 관한 규정' 제7조(방송의 공적책임) 1항에는 "방송은 국민이 필요로 하고 관심을 갖는 내용을 다룸으로써 공적매체로서의 본분을 다하여야 한다"는 규정이 있다. 그것은 역으로 국민이 필요로 하고 관심을 갖는 내용을 다루지 않는 것은 방송의 본분을 다 하지 못하는 것으로 본다는 것이다. 물론 국민이 필요로 하는 내용이 무엇인가에 대한 의견이 다를 수 있고, 단순히 호기심을 만족시키기 위한 내용들은 경우에 따라서 취급하지 않을 수 있을 지 모르나, 사회 구성원들 대부분에게 직접 혹은 간접으로 해를 가져다주는 문제를 보도하지 않거나 논의하지 않으면 언론은 그 책임을 다했다 할 수 없다.

그러나 이런 원칙에는 예외가 있을 수밖에 없다. 아무리 흥미로운 것이라도 보도되면 사회 전체에 결과적으로 해를 끼치거나, 개인의 기본권리와 사생활을 심각하게 침해하는 결과를 가져올 보도와 논평은 허락될 수 없다. 사회에 큰 해를 끼치지 않는 한 집단의 내부문제도 그 집단의 허락 없이는 보도할 수 없다. 가정과 종교기관이 그런 집단의 전형이라 할 수 있다.

종교는 세속화된 현대 사회에서 독특한 위치를 차지하고 있다. 경험, 논리, 현실적인 이익이 절대적인 가치로 지배하는 문화에서 그 모든 것을 초월하는 대상을 숭배하고 상식적이거나 과학적인 근거와는 다른 근거에서 그것을 정당화하기 때문이다. 따라서 구체적인 현실세계의 논리와 가치관을 대변하는 언론이 종교문제를 이해하고 객관적으로 다루기는 매우 힘들 수밖에 없다. 그러므로 일반 언론은 어떤 종교의 교리, 조직, 활동 등을 다룰 때에는 지극히 조심하지 않으면 안 된다. 세계의 모든 고등종교들은 그 존재 자체가 일원화된 세속사회에 초월적 관점을 제시함으로 그 사회로 하여금 자기반성과 자기비판의 계기를 마련해줄 수 있으며, 건전한 질서와 평화를 위하여 소중한 공헌을 할 수 있기 때문에 어느 정도 성숙한 언론이라면 종교기관과 그 활동을 보호해줄 의무조차 지고 있다 할 수 있다. '방송심의에 관한 규정' 제31조(신앙의 자유 존중)는 "방송은 신앙의 자유를 존중하여야 하며 특정 종교 및 종파를 비방하거나 종교의식을 조롱 또는 모독하여서는 아니 된다"라고 못박고 있다.

특히 한국처럼 다종교사회의 언론들은 종교적 중립성을 유지하는 데 큰 관심을 기울여야 할 것이다. '방송심의 규정' 9조(공정성) 5항에는 "방송은 성별 · 연령 · 직업 · 종교 · 신념 · 계층 · 지역 · 인종 등을 이유로 방송편성에 차별을 두어서는 아니 된다. 다만, 종교의 선교에 관한 전문편성을 행하는 방송사업자가 그 방송분야의 범위 안에서 방송을 하는 경우에는 그러하지 아니하다"라고 하여 특정 종교의 방송임을 공언한 경우를 제외한 모든 방송은 종교적 중립을 지켜야 함을 명시하고 있다. 종교적 신앙은 정치적 이념보다 훨씬 더 전인적(personal)이고 내면적이기 때문에 외부의 비판에 대해서 매우 민감하며, 특히 그것이 편파적일 때 심각한 결과를 가져올 수 있을 것이다. 종교적 중립성은 서로 다른 종교들 간에만 존중될 것이 아니라 같은 종교 안의 서로 다른 종파간에도 지켜져야 할 것이다. 특히 상대적으로 신도가 소수인 종교나 종파에 대한 편파적인 보도는 자칫 그 종파로 하여금 핍박받는 소수란 감정을 갖게 만들어 비이성적인 반응을 불러일으킬 수 있고, 그것은 사회의 안정에도 큰 해를 끼칠 수 있다. 한국의 경우처럼 사회에 대한 언론의 영향력이 크면 클수록 종교문제에 대한 언론의 주의와 책임은 그만큼 더 클 수밖에 없다.

신앙의 자유를 존중하고, 특정 종교 및 종파를 비방하거나 종교의식을 조롱 또는 모독하여서는 아니 된다는 규정은 특정 종교 그 자체 혹은 어떤 종교가 가지고 있는 교리나 내부 조직, 그리고 전형적인 종교의식이나 활동을 비방하거나 조롱, 모독하지 말아야 한다는 뜻이다. 그러나 그것은 종교에 대해서는 어떤 것도 보도하거나 논의해서는 안 된다는 뜻은 아닐 것이다.

어떤 종교가 사회에 매우 유익한 공헌을 했을 때, 언론은 마땅히 그것을 보도하고 칭찬할 수 있으며, 어떤 종교의 교리, 의식, 활동이 사회전체의 이익을 크게 저해하거나 보편적인 윤리 규범과 정서에 크게 어긋났을 때도 보도하고 비판할 수 있어야 할 것이다. 그리고 어떤 종교가 대내외적으로 표방한 교리나 원칙과는 전혀 모순되는 행위를 할 때도 언론은 그것을 비판할 수 있어야 할 것이다. 그것은 시민과 신도들을 속이는 것이고, 그

것은 모든 사회가 수용하는 일반적인 윤리규범에 어긋나는 것이기 때문이
다. 특히 어떤 종교가 사회전체에 상당할 정도의 긍정적, 혹은 부정적 영
향력을 행사할 수 있을 만큼 강력해졌을 때는 언론의 집중적인 관심을 끌
수밖에 없고, 더 날카로운 감시와 비판의 대상이 되어야 한다. 어떤 개인
이나 집단도 강력해지면 부패하기 때문에 그에 대한 감시와 비판은 공익
을 위해서도 필요하거니와 그 집단 자체의 건전한 발전을 위해서도 필수
적이다.

2. 한국 사회에서 개신교의 세력

그런데 오늘 한국에서 개신교의 위치는 어떠한가. 1995년 정부통계에
의하면 인구의 19.7%가 스스로를 개신교인이라 시인하고 있어 23.2%를
차지하고 있는 불교 신도들과 큰 차이가 없고 30대 이하에는 오히려 개신
교인이 불교인보다 더 많다. 종교법인의 경우 불교법인이 40개인 반면 개
신교 법인은 174개며, 전국의 사찰이 846사인 반면 교회는 5만을 넘는다.
종립 고등교육기관은 개신교가 64개교를 운영하나 불교는 겨우 3개교를
가지고 있고, 언론매체는 개신교가 91, 불교가 34로 차이를 보이고 있다.
해외 파송 선교사는 불교가 105명인데 비해서 개신교는 6879명(2000년 2
월에는 8003명)으로 압도적인 차이를 보이고 있다. 다만 종교연구소의 경
우에만 개신교가 29, 불교가 66개소로 불교가 앞설 뿐이다(文化觀光部,
『韓國의 宗敎現況』, 1999). 불교인들의 상당수가 이름만의 신도로서 종교
의식에 참여하지 않거나 일년에 한 두 번만 참여하는 반면, 개신교인은 그
절대 다수가 아직도 주일 예배에 꼭 참석한다는 사실을 감안하면, 한국 사
회의 실제적인 최대 종교는 개신교라 해야 할 것이다. 선거 때 후보자들이
스스로 불교 신자라기보다는 개신교인임을 과시하려는 것으로 보아 투표
에 영향을 줄 수 있는 유권자 가운데 개신교인이 다수임이 분명하다. 즉

국회나 지방자치단체에서 중요한 결정에 영향을 줄 수 있는 종교는 불교가 아니라 개신교란 것이다.

특정 종교를 국교로 인정하지 않는 세속국가요, 종교와 언론의 자유가 보장된 민주국가에서는 정체성을 분명히 의식하는 신도 수가 많은 종교가 가장 큰 힘과 영향력을 행사할 수 있다.

한국 개신교의 1년 결산은 약 3조원으로 추정되며(노치준, 『한국의 교회 조직』, 1995, 221면 참조), 이는 정부 예산의 약 8% 정도가 될 정도로 막대하다. 비록 사찰이 소유하고 있는 부동산 때문에 재산의 총액에 있어서는 불교가 개신교를 앞설지 모르나, 실제로 행사되고 있는 경제력에 있어서는 개신교가 불교를 능가할 것으로 추측된다.

따라서 한국 개신교는 신도의 숫자나 경제력, 그리고 정치, 사회, 문화, 교육 등에 미치는 영향에 있어서 이제 핍박받는 소수라 할 수 없다. 국회의원이나 장관들 가운데는 개신교인이 불교인보다 많고, 교육수준과 생활수준이 높으면 높을수록 개신교인의 수가 많다. 이제는 개신교인이란 이름이 사회생활에 지장을 주는 것이 아니라 오히려 혜택을 입을 가능성이 더 커졌다.

3. 한국 개신교의 도덕적 상황

과거 한국 개신교회가 핍박받는 소수로 남아 있었을 때는 개신교의 도덕성이 다른 어느 집단보다 더 높았고, 사회의식도 매우 강했다. 확실하고 순수한 신앙을 가진 사람들만이 교회에 출석했고, 순교적인 열정과 확고한 사명감을 가진 사람들만이 목회자가 되었다. 더구나 나라의 개화, 독립, 민주화 운동과 각종 사회사업에 적극적이었기 때문에 사회의 모든 존경을 다 받았고, 그것이 그 후 한국교회 성장의 밑거름이 되었다.

그러나 불행하게도 "모든 힘은 부패하고 절대적인 힘은 절대적으로 부패한다"는 액튼 경의 경구는 무엇보다도 한국 개신교에 적용되었다. 교인 수와 연보 액수가 늘고 교회당이 커지고 화려해지며 사회에 미치는 영향이 커지자 한국 개신교는 부패하기 시작했다. 신앙의 질은 점점 무시하고 교인의 숫자와 연보의 액수, 예배당의 크기와 화려함에 더 많은 관심을 기울이고, 하나님 나라보다는 이 세상을 선호하고 하나님의 상보다는 세상의 명예를 탐하기 시작했다. 총회장 후보가 억대의 돈을 들여 선거운동을 하고 심지어 투표부정까지 저지르는 상황이 그것을 보여 주고 있다. 수적 성장이 교회의 제일 목표가 되었고, 교회의 크기가 곧 성공한 목회의 기준이 되고 말았다.

대형교회 목회자들 가운데는 급기야 목사직 세습이 일어나기 시작했다. 이제 개신교와 개신교 지도자에 대한 사회의 신임과 존경은 거의 사라지고 비판과 조소의 대상이 되고 있다. 1995년에 한국갤럽조사연구소가 조사한 바에 의하면 우리 국민이 존경하는 직업으로 천주교 신부, 교수, 승려, TV기자 및 아나운서, 그리고 목사 순이었고, 성직자 윤리수준 평가에서 신부 1.9, 승려 2.8, 목사 6.5로 목사가 신부보다 3배 이상 윤리수준이 낮은 것으로 나타났으며, 윤리수준이 아주 높다는 평가는 신부 19.1, 승려 9.1, 목사 6.9로 목사가 신부보다 3분의 1수준에 머물렀다.

비슷한 불만은 개신교 신도들에게도 나타나고 있다. 최근 〈한국컴퓨터선교회〉가 기독교인들을 상대로 조사한 바에 의하면 교인의 약 3분의 1이 교회의 헌금사용에 불만을 가지고 있음이 드러났다. 선교와 구제에 써야 할 돈이 주로 교역자 사례와 사치하고 편리한 교회당 유지, 수련관 건립 등 내부에다 소진되고, 선교와 구제에는 헌금의 10분의 1을 쓰는 교회가 별로 없기 때문이다.

그 외에도 돈벌이가 목적이 되고 있는 상당수의 신학교 운영, 교회 매매, 살인에 이르기까지 하는 안수기도 등이 기독교의 이름을 더럽히고 있으며, 삼풍사고, 고급 옷 로비 사건 등 사회의 각종 비리사건에 거의 예외 없이 기독교인이 연루되는 등 한국 기독교는 지금 도덕적 진흙탕에 빠져 있다 해도 과언이 아니다.

이런 상황에 처한 한국 개신교에 자정능력이 있는가? 몸부림치고 광야에서 외치는 단체와 개인들이 없지 않으나, 적어도 지금까지의 성과를 보아서는 그렇게 낙관적이지 않다. 〈기독교윤리실천운동〉이 애를 써보지만 메아리가 크지 않고, 교회 개혁을 기치로 출범한 〈한국목회자협의회〉도 거의 무력하게 되고 말았다. 한국 기독교의 주류를 이루고 있는 장로교, 감리교는 교리와생활에서의 잘못을 심의하고 처벌하는 본래의 기능은 거의 완전히 상실해버리고 오히려 '목사들의 노동조합'이란 비판을 받을 정도로 목사들의 입장만 옹호하고 보호하는 기관이 되고 말았다. 국회의원이 100만원 이상의 벌금형을 받으면 의원직을 상실하는데, 국회의원보다 훨씬 더 큰 도덕성이 요구되는 목사의 경우 위증으로 수백 만원 벌금형을 받아도 버젓이 큰 교회에서 계속 시무할 수 있을 정도로 교단의 견제는 무력하다. 개신교 역사상 오늘의 한국교회만큼 부패한 교회는 찾기가 힘들 정도다.

한국 기독교의 부패는 기독교 자체의 약화로만 끝나지 않는다. 그것은 직접 혹은 간접으로 한국 사회 전체에 손해와 악영향을 끼친다. 교회가 부패하면 신도들의 도덕적 수준이 낮아지고 그들이 각종 비도덕과 불법사건에 연루됨으로 사회 전체에 막대한 손해를 끼치는 것은 이미 잘 알려져 있다.

본래 종교는 그 사회의 도덕적 파수꾼 역할을 하는 것이 원칙이고, 한국 교회도 과거에는 그런 역할을 어느 정도 감당했다. 바로 그런 공헌 때문에 국가에서는 교회를 비영리기관으로 인정하고 재산과 연보에 대해서 세금을 면제해 준다. 그만큼 사회에 공헌하는 것을 전제로 하는 것이다. 그런데 도덕의 파수꾼은커녕 오히려 도덕적 수준을 저하시키는데 공헌하고 있다는 비난이 기독교계 안팎에서 일어나고 있다.

4. 한국 개신교와 한국 언론

한국 개신교가 핍박받는 소수집단이 아니라 정치, 경제, 사회, 문화 등의 영역에서 매우 중요한 영향력을 행사할 만큼 큰 세력을 갖게 되었다는 사실과 그것이 매우 부패했다는 사실은 언론이 이에 대해 비판적인 태도를 갖지 않을 수 없게 하고 있다. 이런 상황에서 언론이 종교문제라 하여 침묵을 지키는 것은 오히려 언론이 그 책임을 다하는 것이라 할 수 없다.

견제되지 않은 모든 힘은 반드시 부패한다. 종교는 비록 돈, 권력, 명예 등 비록 세속적인 이익을 추구하지 않지만, 인간 세상에서 이루어지는 현상인 한 이에서 예외가 될 수 없다. 그러므로 한 종교가 큰 힘을 소유하고 많은 사람의 이해에 영향을 줄 수 있게 될 때는 반드시 견제를 받아야 한다.

자정능력이 있어 자체 내에서 부정적인 요소가 제거될 수 있다면 외부의 견제와 감시는 필요하지 않을 것이다. 그러나 지금 한국 기독교처럼 자정능력을 거의 상실한 상황에서는 외부의 견제가 없으면 반드시 사회에 해를 끼칠 만큼 부패할 수밖에 없고, 이미 그것은 현실로 나타나고 있다. 우리나라처럼 종교법이 없는 나라에서는 종교의 부패를 비판하고 견제할 수 있는 유일한 외부의 힘은 언론이다. 그러므로 언론은 종교의 부패 때문에 손해를 입을 수 있는 사회를 대변하여 종교에 대해 비판할 권리와 책임을 갖는다. 그러므로 일반언론이 기독교계의 부조리나 비리를 비판하고 나서는 것은 기독교계가 자정능력을 상실했기 때문이고, 그 부조리나 비리는 그대로 두었을 때 사회 전체에 부정적인 영향을 끼칠 수 있기 때문이다.

　사회는 종교에 대해서 다른 기관에 비해 훨씬 높은 도덕적 수준을 기대하고, 그 기대는 결코 잘못된 것이 아니다. 비록 종교의 교리와 내부 조직은 일반 상식의 수준을 넘거나 그와 다르므로 언론이나 사회의 다른 기관이 간섭하거나 논의할 수 없으나, 높은 수준의 도덕성은 요구할 수 있다. 종교가 도덕만으로 이루어질 수는 없고, 높은 수준의 도덕성이 종교의 기본적인 핵심은 될 수 없으나, 그것은 모든 고등종교의 필수조건이다. 즉 도덕이 종교의 본질은 아니나 진정한 종교는 반드시 도덕적이라야 하는 것이다. 그것을 통하여 종교는 사회에 공헌하고, 그 때문에 사회와 국가는 종교의 자유를 허락하고 신앙의 자유를 보호하는 것이다. 세속 국가가 종교시설에 대해서 재산세를 면제해 준다던가, 교회연보에 대해서 소득세를 부가하지 않는 것은 종교가 그만큼 공익에 공헌한다는 것을 전제하고 있고, 그 공헌 가운데 가장 중요한 것은 역시 사회의 건전한 도덕적 수준을 유지하도록 하는 것이다. 그동안 김진홍 목사가 보여준 삶의 모범과 신문과 방송매체를 통하여 우리 국민들에게 준 감화는 감히 돈으로 환산할 수 없을 만큼 값진 것이었고, 기독교가 사회에 제공할 수 있는 공헌이 무엇인가를 잘 보여 주었다.

　그런데 만약 종교인이나 종교기관이 비도덕적인 행위를 하거나 비신사적으로 행동하면 언론은 그것을 보도하고 비판할 권리와 의무가 있다. 시정잡배의 비도덕적인 행동과 말에는 관심을 쓰지 않더라도 대통령이나 교수들의 조그마한 잘못에는 관심을 써야 하고 실제로 그렇게 하고 있다. 만약 종교가 시중잡배 정도의 도덕적 수준을 갖춘 집단이라고 알려져 있다면 어느 정도의 비도덕적이고 비신사적인 행위에 대해서는 언론이 관심을 기울이지 않을 것이다. 사실 한국 기독교에 대해서 언론이 관심을 기울이고, 그 도덕적 잘못을 지적하고 비판하는 것은 한국 기독교가 사회에서 중요한 세력이 되었을 뿐만 아니라 사회로부터 높은 도덕적 수준을 요구받고 있기 때문이다. 즉, 일반 사회에서보다는 좀 더 높은 수준의 도덕성, 교양, 신사도를 기대하고 있다는 것을 보여주는 것이다.

"개가 사람을 물면 신문에 나지 않고, 사람이 개를 물면 신문에 난다"는 말이 있다. 언론의 특성을 잘 나타내는 말이다. 어떤 개인이나 기관이 그 본래의 업무와 사명을 정상적으로 감당하면 언론이 관심을 쓰지 않는다. 그러나 어떤 기관이 그 기관에 당연히 요구되는 업무와 사명을 제대로 감당하지 못하거나, 표방하는 목적에 위배되는 모습을 보이거나 행위를 할 때는 언론의 주목과 비판을 받는다. 그것이 언론의 속성인 동시에 언론이 마땅히 행사해야 하는 비판적 기능이다. 가게 주인이 자식에게 가게를 물려주는 것이 언론의 관심을 끌 이유가 없고, 생계가 어려울 정도로 가난한 시골 교회 목사가 그 고생스런 지위를 자식에게 물려준다면 비난은커녕 오히려 칭찬의 대상이 될 것이다. 그러나 수천 명의 교인이 한 달에 수억 원을 연보하는 교회에서 아들이 아버지를 이어 목사가 된다면 이는 당연히 언론의 관심과 비판의 대상이 될 것이고, 수만 명의 교인이 바치는 연보가 얼마나 되며 어떻게 쓰이는가에 대해서 감사(監査)도, 공개도 하지 않는다면 이는 현대 사회의 상식과 통상적인 규칙에 크게 어긋나는 것이다. 아무리 종교집단 내부의 문제라도, 언론은 건전한 상식을 가진 시민들을 대표하여 마땅히 이를 파헤치고 비판해야 할 것이다. 어느 자유 국가에서도 어떤 종교 집단의 그런 비상식적인 비리를 언론이 건드리지 않고 지나가지는 않을 것이다.

5. 맺는 말

한국 개신교는 핍박받는 소수가 아니라 언론의 관심거리가 될 만큼 중요한 사회세력이 되었다는 사실을 교계 지도자들은 분경하게 인식할 때가 되었다. 힘이 있으면 그에 상응하는 책임을 질 수 있을 만큼 성숙해야 한다.

　힘이 있으면서도 계속 보호를 받으려 한다던가, 사회에 막대한 영향을 끼치고 특권을 누리면서도 그에 상응하는 임무는 게을리 하는 것은 그 자체로 유치할 뿐 아니라 복음전파에 막대한 지장을 초래하고 건전한 다른 기독교인들에게 크나큰 손상을 가하는 것이다. 언론이 비판하기 전에 교계 내에서 자정(自淨)이 가능하도록 제도적 장치가 하루 빨리 마련되어야 할 것이다.

　교계와 사회가 모두 존경하는 도덕적 인사들로 구성된 윤리위원회를 구성하여 교계의 비리와 부조리에 대해서 권위 있는 판단을 내리고 도덕적 압력을 행사할 수 있도록 해야 할 것이다.

김진홍 목사와 두레공동체 운동의 신학적 기여

서 정 운*

　　김진홍 목사와 두레공동체운동 30년의 경과를 회고하고 반성하는 논문집 간행위원회가 내게 준 원고의 주제는 '김진홍 목사의 신학적 기여'였다. 응당 사람들은 김진홍 목사가 신학자도 아닌데 무슨 신학적 기여가 있겠는가 하는 질문을 제기할 수가 있을 것이다.

　　나 자신도 먼저 이런 질문을 떠올렸던 것이 사실이다. 일면 이런 의아스러운 질문에도 불구하고 이런 주제의 질문 자체를 불러일으킨다는 점에서 김진홍 목사의 신학적 기여가 있다.

1. 신학이란 무엇인가?

　　우리가 흔히 알고 있는 신학은 전문적인 훈련을 받은 사람들만이 추구할 수 있는 매우 고답적이고 관념적인 의미의 신학이다. 사실 전문가들만이 할 수 있다고 생각되는 그런 의미의 신학은 서구신학의 전통적인 신학 이해이다. 많은 한국의 그리스도인들과 신학자들은 아무런 반성 없이 매우 협소한 서구인들의 정의에 따라 신학을 이해하고 있는 것이 사실이다.

　　이런 의미에서 보면 김진홍 목사의 신학적 기여는 거의 없다. 그는 전문적인 신학연구를 통한 저술 활동을 하거나 신학교 등의 교실에서 신학을

---

*전 장로회신학대학 총장, 현 장신대 선교신학 교수

가르치는 사람이 아니기 때문이다. 그러나 성경적인 관점에서 보면 서구 신학은 헬라, 라틴 및 게르만적 요소가 너무 많이 가미된 관념적이고 사변적인 성격이 강한 지적 작업 위주의 신학이다. 이에 비해 예수님과 바울의 모든 신학적 가르침은 선교 및 목회적인 활동의 여과물일 뿐 책이나 서재 혹은 도서관을 중심으로 산출된 신학이 아니다. 예수님과 바울의 신학은 삶 전체를 투입한 작업이요 철두철미 실천적인 활동이다. 사람들은 이런 신학적인 작업을 책이나 도서관을 통하여 이뤄지는 신학 연구(studying theology)에 비하여 존재의 신학(theologizing 혹은 doing theology) 혹은 통전적 신학이라 부른다. 김진홍 목사의 신학적 기여는 이런 관점에서 논의될 수 있을 것이다.

2. 통전적으로 신학하는 김진홍

김진홍 목사의 신학은 책과 도서관 중심이나 저술 활동을 통하여 이뤄지는 것이 아니라 목회 및 선교적인 활동을 통해 추구되는 존재의 신학이다.

먼저 그의 신학의 가장 현저한 특징은 철두철미 구체적인 삶의 맥락에서 이뤄진다는 데 있다. 그는 우리 한국의 역사와 정치, 경제와 문화의 맥락을 엮어 성경을 해석하고 말씀을 선포한다. 그의 예화는 많은 경우 듣는 사람들의 삶의 현장에서 발견되는 이야기에 바탕한다.

둘째, 그는 무겁고 진지한 신학적인 주제를 전문적인 신학 지식이 없는 사람이라도 쉽게 알아들을 수 있도록 해설한다. 그는 대중의 언어를 이해하고 그의 서민적인 설교를 통하여 사람들의 삶을 말씀의 현장으로 끌어들이려고 노력한다. 교회와 세상의 한 가운데 서서 그는 하나님의 말씀을 살아있는 말씀으로 선포한다.

셋째, 그는 그의 많고 다양한 설교 활동을 통하여 교회갱신의 의지를 분

명하게 피력한다. 그는 하나님의 뜻과 필요에 부응하지 못하는 교회의 폐
단들을 거침없이 파헤치고 변혁을 주창한다.

이런 점에서 우리는 김진홍 목사의 신학적인 기여를 논의할 수 있을 것
이다.

3. 김진홍 목사와 두레공동체운동에 대한 제언

이러한 김진홍 목사와 두레선교운동의 신학적 기여에도 불구하고 교계
안팎에서는 두레선교운동에 대한 우려의 소리가 적지 않은 것도 사실이
다.

첫째, 많은 사람들은 두레선교운동의 교파(sect)화를 걱정하고 있다. 많
은 운동 거점들을 만들고 독자적인 신학 운동을 전개하는 과정이 마치 하
나의 교단을 만들려는 운동이 아닌가 하는 우려를 자아낸다. 오히려 자신
이 속한 보다 더 큰 상위 기관과 교단을 좀더 건설적인 조화와 협력의 관
계를 만드는데 좀더 노력을 기울여야 하지 않을까 한다.

둘째, 통전적인 신학운동이라는 측면에서의 기여에도 불구하고 전문적
인 하나의 신학 운동인 것처럼 스스로를 자리매김하는 두레선교운동은 불
필요한 오해와 공격을 야기할 수 있을 것이다. 삶 속에서 말씀을 실천하고
그 실천의 결과를 나누는 통전적인 신학운동인 두레선교운동이 자신이 설
정한 분야에서 계속적인 선한 열매를 맺도록 집중하는 것이 나을 것이다.
김진홍 목사가 우리 시대의 참으로 탁월한 이야기꾼 신학자(story-teller
theologian)인 것은 사실이지만, 또한 전문적인 의미에서 신학을 공부한
사람들의 도움을 기꺼이 받을 수 있다면 더 좋을 것이다. 김진홍 목사가
자신의 신학적인 착상과 상상을 그렇게 쉽게 풀어 말할 수 있다는 것은 오
히려 그가 전문적인 신학 수업을 받지 않았기 때문에 발굴되고 계발된 은
사일 것이다. 삶의 한 복판에서 추진되는 그의 신학적인 노작(enterprise)

이 결실되기 위해서는 자신이 부족한 부분을 다른 지체들로부터 도움을 받을 수 있는 지혜와 개방적인 자세가 필요할 것이다.

셋째, 우리는 김진홍 목사의 두레선교운동이 하나의 조직이나 체계가 아니라 운동으로 남아있기를 기대한다. 하나님나라 운동의 뉴 프론티어를 개척하는 운동체는 하나의 거대한 조직화와 체계화를 꿈꿀 필요가 없다. 김진홍 목사의 이미지가 하나의 거대한 체계나 왕국을 관리하고 다스리는 왕의 이미지보다는 오로지 하나님의 말씀에 자신을 던진 혈혈단신 예언자의 이미지로 남아있기를 희망한다. 운동체와 관료적인 조직 체제의 가장 큰 차이점은 관료적인 조직 체계는 수평적인 자기확장을 꿈꾸지만, 운동체는 끊임없이 자기탈피를 감수하며 하나님 나라의 요구에 자신을 종속시킨다.

4. 맺는 말

나는 김진홍 목사와 두레공동체운동이 초지일관 신행일치의 모범으로 한국교회의 영적인 성장과 진보에 귀하게 기여하기를 간절히 바란다. 교회 역사에 비해 한국교회는 너무나 빨리 기성화 되어버려 사회 일반에 대한 예언자적인 비판 능력을 상실해 가고 있다. 두레선교운동이 세상에 존재하는 수많은 기존교회나 조직들 중의 하나로 전락하지 않도록 각별히 경각할 수 있기를 빈다. 오히려 두레선교운동이 이런 문제에 진지하게 응답하여 교회갱신과 사회변혁에 건설적인 역량을 감당할 수 있기를 기대해 마지 않는다.

교회갱신과 DCM

김 동 호*

먼저 사랑하고 존경하는 김진홍 목사님의 회갑을 진심으로 축하드리고 목사님의 회갑 논문집에 글을 쓸 수 있는 영광을 주신 두레공동체와 하나님께 깊은 감사를 드린다.

김목사님보다 10년 연하의 후배로서 친구들과 지인들의 축사 성격의 글을 써달라는 청탁을 받았을 때 감당할 수 없는 기쁨을 느꼈고 마땅히 사양했어야 했지만 어설프게 사양하다가 정말 이 엄청난 특권(?)을 빼앗길까봐 도저히 그럴 수가 없었다. 나는 내가 이 글을 쓸 수 있게 되었다는 것이 기쁘다. 그리고 자랑스럽다. 그리고 너무 너무 감사하다.

누구나 그렇지만 나는 정말 김목사님을 좋아한다. 김목사님은 나에게 심한 콤플렉스를 느끼게 하시는 분이지만 그래도 나는 그 분을 시기하지 않는다. 진심으로 존경하고 좋아하고 그와 같은 분을 우리 한국교회와 민족에게 주신 하나님께 감사를 드린다.

지금부터 내가 왜 목사님을 좋아하고 존경하는지, 그리고 늘 감사하는지에 대하여 이야기하려고 한다.

＊동안교회 담임목사

첫째, 내 자녀의 영적인 스승이 되어주셨기 때문이다.

우리 교회에는 청년들이 많다. 그래서 거의 매주 결혼식이 있다. 토요일마다 청년들의 결혼주례를 서는 것이 나의 가장 중요한 목회 중의 하나가되었다. 또한 주일마다 나는 새로 태어나 교회에 처음 출석하는 아기들을안고 축복기도를 해주곤 한다. 청년들이 매주일 시집 장가를 가다보니 아기들도 매주일 끊임없이 내 방으로 기도를 받으러 들어온다. 새로 태어난생명들을 품에 안고 그를 축복한다는 것은 참 특별한 목사의 특권이라 생각하고 그것을 즐긴다.

나는 아기들을 축복할 때마다 빼놓지 않는 것이 있다. 그것은 '만남'에 대한 축복이다. 좋은 친구와의 만남, 좋은 스승과의 만남, 좋은 영적 지도자와의 만남, 그리고 좋은 배필과의 만남을 진심으로 축복하며 기도한다.

나는 나의 세 아들을 그렇게 기도하며 키웠다. 하나님은 그와 같은 나의기도에 응답해 주셨다. 그리고 지금 응답하시는 중이시다. 나는 그것을 보고 느끼고 있으며, 그로 인하여 말로 다할 수 없는 감사를 하나님께 드리며 살고 있다.

김진홍 목사님은 내 아이들이 좋은 스승과 참된 영적 지도자를 만나게해달라는 나의 기도에 대한 살아 있는 응답이시다. 그래서 나는 김목사님을 좋아하고 존경한다.

아이들이 중학교 고등학교를 다닐 때, 가장 예민하고 중요한 때 아이들모두가 다 김목사님을 좋아하였다. 아이들의 워크맨 속에는 거의 언제나김 목사님의 설교 테이프가 들어 있었다. 숫자도 만만치 않는 목사님의 시리즈 설교를 아이들이 참으로 열심히 들었다. 제 아비 설교 테이프는 듣지않고 김 목사님의 설교만 듣는 것이 좀 섭섭했지만(?) 너무 너무 감사했다.그 때문에 나의 아이들은 모두가 다 김 목사님을 좋아한다. 우리 아이들의의식과 무의식 속에는 김 목사님의 설교가 들어 있다. 그것이 우리 아이들의 신앙과 삶을 건강하게 이끌어가고 있다.

이와 같이 김목사님은 내가 기도하여 내 아이들이 축복으로 만난 영적인 스승이시다. 김목사님에 대하여 내 피를 쏟아 감사하여도 부족할 감사가 내게는 있다.

둘째, 늘 배아픈 설교와 강의를 해 주시는 분이시기 때문이다.

90년 말 학원복음화 협의회에서 주관하는 '복음. 민족 .역사'라는 주제의 집회에 김 목사님과 내가 강사로 선정되었다. 나는 한양대학교에서 집회를 하였고 김 목사님은 그 다음날 서울대학교에서 집회를 하셨다.

나로서는 내 평생에 잊을 수 없는 설교 중의 하나가 그때 한양대학교에서 청년들에게 한 설교이다. 그때 참 마음이 뜨거웠었다. 뜨거운 마음으로 설교가 준비되어 있었기 때문에 앉아 있던 의자에서 일어나 강대상으로 나아갈 때 걷지 못하고 뛰다시피 하며 나아갔던 것을 기억한다. 그런데 단에 서자마자 전기가 나가서 도저히 설교를 할 수 없는 상황이 되고 말았다. 나는 사탄이 내 설교를 막는다고 생각했다. 그러나 청년들에게 설교를 하고 싶은 열정을 막을 수는 없었다.

나는 작은 강대상을 들고 운동장으로 뛰어 내려갔다. 수 천명의 학생들이 노천운동장 계단에서 내려와 내 주위를 둘러싸며 앉았다. 핸드 마이크 하나를 들고 목이 터져라 설교를 하였다. 듣는 학생은 듣고 듣지 못하는 학생은 듣지 못했다. 그러나 설교를 들은 학생도 은혜를 받고 설교를 듣지 못한 학생도 은혜를 받았다. 그 날 성령께서 그렇게 역사를 하셨다.

그 다음날 김 목사님의 서울대학교 집회는 문화대강당이라고 하는 곳에서 열렸다. 아래·위층 할 것 없이 빽빽하게 청년들이 모여왔다. 나도 맨 앞자리에 앉아서 목사님의 설교를 들었다. 다른 때도 마찬가지였지만 그 날 설교가 참으로 좋았다.

　정신 없이 설교를 듣다가 청년들이 어떻게 목사님의 설교를 듣는가가 궁금해서 뒤를 돌아보았다. 그런데 어느 누구도 내가 뒤를 돌아보는 것에 신경을 쓰지 않았다. 수 천명의 학생들이 정말 쥐 죽은 듯 목사님의 설교에 집중하고 있는 것이었다.

　어제 내가 한양대학교에서 한 설교보다 더 은혜가 있고 영향력이 있는 설교를 하시고 계셨다. 그때 정말 나는 배가 아팠다. 어떻게 다른 설교도 아니고 어제 그 기가 막혔던(나로서는) 한양대학교에서의 설교보다 저렇게 힘도 들이지 않고 슬슬(?)하는 설교가 더 좋을 수 있는가를 생각하니 정말 배가 아팠다.

　그 날 집으로 돌아와 하루 종일 나는 그 문제에 대하여 생각을 하였다. 그리고 나는 결국 그 이유, 즉 왜 김 목사님의 설교가 나의 설교보다 더 좋을 수밖에 없는가에 대한 이유를 찾아내었다. 내가 찾아 낸 이유는 김 목사님이 나보다 주님을 위하여 비교도 되지 않으리만큼 많은 것을, 아니 모든 것을 버렸기 때문이라는 것을 알게 되었다.

　나는 32살에 영락교회 부목사가 되면서부터 동기들 중에서 가장 대우를 잘 받는 목사 중에 하나가 되었다. 남보다 먼저 자가용을 타고 남들보다 넉넉한 생활을 하며 목사의 길을 걷게 되었다. 우리 아이들은 목사의 아들이지만 가난을 모른다. 크게 사치하게 산 것은 아니었지만 모든 면에 부족함이 없는 삶을 산 것은 사실이었다. 그러나 김 목사님은 나와 정 반대의 삶을 사셨다는 것을 알았다. 예수님 때문에, 그리고 그 예수님을 위하여 모든 것을 버리신 분이었다. 정말 모든 것을 버리신 분이었다. 나는 그 날 그 생각을 하면서 도저히 뛰어넘을 수 없는 한계를 느끼게 되었다.

　예수님 때문에 면류관을 쓰고 사는 사람과 예수님 때문에 십자가를 지고 사는 사람의 설교가 같을 수는 없다는 것을 깨닫게 되었다. 김 목사님의 설교와 강의에는 말이 아닌 삶이 있다. 그 삶은 면류관을 쓴 삶이 아니라 십자가를 진 삶이다. 그래서 경상도 사람이 충청도 사람의 속도로 답답하리만큼 흥분도 하지 아니하고 이야기하듯 설교와 강의를 하지만 그 누구도 따라갈 수 없는, 그리고 믿는 사람뿐만 아니라 믿지 않는 사람에게도 감화를 끼치는 그런 설교와 강의를 하시게 되는 것이다.

모두가 다 그렇지만 나도 목사님의 그런 강의와 설교, 언제나 배를 아프게 하고 기분 좋은 열등감과 좌절감을 느끼게 하는 그 강의와 설교 때문에 나는 김 목사님을 좋아하고 존경한다.

셋째, 좌로나 우로 치우치지 아니하는 삶과 신앙의 균형감각 때문이다.

대학교 때 역사책을 깊이 읽으면서 나름대로 매우 중요한 사실 하나를 발견하게 되었다. 그것은 사람들이 진리를 통합적으로 이해하지 못하고 나름대로 편견을 가지고 치우쳐서 이해를 한다는 것이었다. 어떤 사람은 좌로 치우쳐서 진리를 이해하고 어떤 사람은 우로 치우쳐서 진리를 이해한다. 진리를 한 면이라도 보았다는 점에서 틀린 것은 아니지만 진리의 반대편을 이해하지 못한다는 점에서 많은 문제를 가지고 있다. 더구나 이해를 못하는 데서 끝나지 아니하고 반대편 사람이 틀렸다며 끊임없이 갈등하고 공격하기 때문에 세상이 하루도 편할 날이 없이 생각과 사상이 널뛰기를 하며 어지럽게 된다는 것을 나름대로 깨닫게 되었다.

그때부터 제일 좋아하게 된 말씀 중의 하나가 여호수아서 1장에 나오는 "좌로나 우로나 치우치지 말라"는 하나님의 말씀이었다. 그러나 그런 사람을 찾는다는 것은 생각처럼 쉬운 일이 아니었다. 그런 사람을 찾는 것은 둘째치고 내가 그렇게 산다는 것이 생각처럼 만만한 일이 아니었다.

내가 알고 있는 사람 중에는 김진홍 목사님이 좌로나 우로 치우치지 아니하는 신앙의 균형감각을 가지고 삶을 살아가는 유일한 분이 아닐까 생각한다. 김목사님은 좌로나 우로 치우치지 않는다는 면에서도 훌륭하지만, 보다 훌륭한 것은 그가 가지고 있는 좌와 우의 폭이 상상을 초월하리만큼 크다는 것이다.

쉽지는 않지만 좌로나 우로 치우치지 아니하는 균형감각을 가진 사람들이 있다. 하지만 저들의 대부분은 그 좌와 우의 폭이 너무 좁아 좌도 아니고 우도 아닌 흐리멍텅한 회색분자(?)인 경우가 많다.

나는 이제껏 좌로나 우로 치우치지 아니하는 절묘한 균형감각을 가지면서도 그 좌와 우의 폭이 김 목사님처럼 넓은 사람을 본 일이 없다. 그의 좌에 대한 생각과 사상은 극좌적인 생각과 사상을 가지고 살아가는 사람들과 비교하여 조금도 떨어지지 않는다. 그러면서도 김 목사님은 그와 같은 사람들에게서 좀처럼 찾기 어려운 우익의 성향이 있다. 말씀과 기도에 대한 깊은 신뢰와 믿음이 있다. 극좌로 치우치면 말씀보다 빵을 더 우선하는 경향에 빠지기 쉬운데 김 목사님은 좌익의 성향을 가지고 있으면서도 빵보다 말씀을 더 우선하는 우익의 성향을 함께 가지고 있다는 것이다.

나는 그것을 김목사님이 청계천에서 활빈 교회를 하실 때, 하루는 미군들이 통조림통을 차에 가득 싣고 오자, 잘못하면 사람들을 망치겠다 싶어서 그것을 돌려보냈다는 일화를 읽으면서 느끼기 시작하였고, 그가 감옥에서 너무 추워서 성경에 나오는 불 이야기를 찾아 읽다가 정말 성령의 불을 몸으로 느끼게 되었다는 기도원 원장님이나 할 법한 간증을 접하며 확신하게 되었다.

김진홍 목사님은 나와는 신앙과 삶의 폭이 비교도 되지 않으리만큼 크다는 것을 알게 되었다. 나는 청계천의 삶에 대한 경험도 없고, 그렇다고 해서 성령의 불을 몸으로 직접 체험했던 경험도 없다. 나의 삶의 폭은 좌와 우의 폭이 거의 붙어 있다시피 한 흐리멍텅한 수준인데, 김 목사님의 신앙과 삶은 좌의 끝에서 우의 끝까지 그 폭이 넓다는 것에 매우 중요한 의미가 있다고 생각한다.

　　내가 아는 한 김 목사님만큼 치우치지 않으면서도 그 폭이 넓은 사람은 없다. 나는 그래서 김 목사님을 좋아하고 존경한다.

　　넷째, 교회다움을 통하여 진정한 교회갱신을 이루어가고 있기 때문이다.
　　나는 개인적으로 지금 우리 한국교회가 중세교회로 돌아가고 있는 것이 아닌가 염려하고 있다. 교회가 말씀과 신앙중심으로 가고 있다기보다는 권력과 자리를 중심으로 움직이고 있다고 느껴지지 때문이다. 그래서 몇 년 전부터 나름대로 교회개혁을 위하여 조그만 노력을 하고 있다.
　　내가 교회개혁을 위하여 부르짖는 것은 제도와 조직의 개혁이다. 권위주의적이고 봉건주의적인 교회의 낡은 조직과 제도, 그리고 정치를 보다 성서적이고 민주적인 조직과 제도로 바꾸어 보자는 것이 가장 중요한 개혁의 핵심이라고 할 수 있다. 그것을 이루기 위하여 책도 쓰고 사방에 다니며 강의도 하고 하여 이제 제법 교회개혁의 선봉에 선 사람 중의 하나로 인정도 받게 되었다. 나는 앞으로도 이와 같은 일을 위하여 나름대로 최선을 다하려고 한다.
　　그러나 그럼에도 불구하고 나는 내가 이와 같은 식으로 밖에는 교회개혁을 주장하고 이루어갈 수 없음에 대하여 스스로 한계와 부끄러움을 느끼고 있다. 나에게 그와 같은 한계와 부끄러움을 느끼게 하는 분이 바로 김진홍 목사님이시다. 목사님은 물론 교회개혁에 대한 것을 말로도 하시는 분이지만 말보다 더 중요한 삶으로 이루어가고 있기 때문이다.
　　나는 김 목사님의 두레교회 운동과 두레공동체운동을 그냥 교회다움과 교인다움을 추구하는 운동이라고 정의하고 싶다. 사실은 교회를 교회답게, 교인들을 교인들답게 만드는 운동이 진정한 의미의 개혁과 갱신이라고 나는 생각한다.
　　김 목사님은 삶을 통하여 그것을 이루어가고 계시그, 나는 조직과 제도의 개편을 통하여 그것을 이루어보려고 노력하고 있다. 나는 조직과 제도의 개편이 아무 것도 아닌 것이라고 생각하지 않는다. 사람은 누구나 원죄를 가지고 있는 죄인이기 때문에 조직과 제도를 통하여 그것을 막아 주지 않으면 스스로를 제어하지 못하는 경향이 있기 때문이다. 그러므로 나는 그 조직과 제도의 개편과 개혁을 위하여 노력할 것이다. 그렇지만 그것만으로는 완전한 교회의 개혁과 갱신을 이룰 수는 없다. 결국에는 김 목사님과 같은 몸과 삶으로 교회다움과 교인다움을 회복하는 운동이 있어야만 교회는 개혁될 것이고 갱신될 것이라고 나는 생각한다.

몸과 삶으로 진정한 교회갱신과 개혁의 모델이 되어 주시기 때문에 나는 김목사님을 좋아하고 존경한다.

다섯째, 외인에게 선한 증거를 얻으시는 분이시기 때문이다.

나도 이제는 제법 예수를 믿는 교인들에게는 조금 알려지기 시작하여서 이곳 저곳에 가면 알아보는 사람들이 생겨나고 있다. 그리고 비록 조금이지만 영향을 미치기 시작하였다. 그러나 그것은 예수를 믿는 아주 소수의 사람일 뿐 예수를 믿지 아니하는 사람들에게는 아무런 영향도 끼치지 못한다. 그러므로 나는 믿는 사람들을 위한 부흥용은 될 수 있을는지 모르나 믿지 않는 사람들을 위한 선교용을 되지 못한다는 한계가 있다. 그런데 김 목사님은 이 두 가지를 다 겸비하신 분이다.

믿는 사람들을 위한 부흥용은 물론이지만, 믿지 아니하는 사람들을 위한 선교용으로 목사님처럼 귀히 쓰임을 받는 사람이 과연 몇이나 될까? 오늘날 우리 한국 교회가 세상으로부터 지탄을 받고 손가락질을 받아 하나님 앞에 부끄럽고 죄스러운 마음이 큰데, 그래도 김 목사님 같은 분이 있어서 세상 사람들에게도 인정을 받기 때문에 그나마 교회와 교인들이 얼굴을 들고 다닐 수 있는 것이 아닌가 생각한다.

이처럼 내인에게 뿐만 아니라 외인에게도 선한 증거를 얻으시는 분이기 때문에 나는 김 목사님을 좋아하고 존경한다.

이제 글을 정리하려고 한다. 진심으로 김 목사님의 희갑을 축하드리며 앞으로 더욱 건강하셔서 이제까지 헌신해 오신 모든 사역에 아름다운 열매를 맺으실 수 있기를 축원 드린다.

마지막으로 목사님을 진심으로 사랑하고 존경하는 후배로서 감히 부탁을 드리고 싶은 것이 있다. 그것은 제발 끝마무리를 잘하시되 겸손하게 느보산에서 죽는 모세가 되시기를 바라며 목사님의 뒤를 이은 여호수아들이 목사님의 뒤를 이어 그 아름다운 사역을 이어나갈 수 있게 되기를 바라는 것이다. 이 아름다운 사역이 목사님이 없으면 안 되는 사역이 되어 목사님이 돌아가시거나 은퇴하시면 목사님과 함께 사라지는 사역이 되지 않기를 진심으로 기대하고 기도한다.

앞으로 두레에 있어서 목사님은 있으나마나한 사람이 되셨으면 좋겠다. 지금까지 없어서는 안 될 사람의 모범을 보여주신 분들은 많으나, 있으나마나한 근사한 리더십을 보여 주신 분들은 많지 않았다. 사랑하고 존경하는 목사님께 그것까지 이루어주시기를 부탁드린다.

목사님이 세상을 떠난 후에도 이 아름다운 두레의 사역이 예수님 오실 때까지 건강하게 잘 이어나갈 수 있기를 기대하고 기도한다.

목민신학의 탐구

목민신학 서설

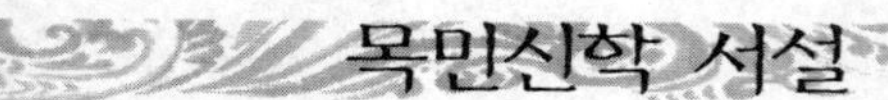

김 진 홍*

1. 한국 기독교의 시작

한반도에 개신교가 들어오던 19세기 말의 한반도의 정황은 글자 그대로 암울한 시대였다. 5백여년을 통치해 왔던 조선 왕조는 쇠약할 대로 쇠약해져 있었고 조선반도를 둘러싸고 있는 열강들은 침략의 기회만을 노리고 있었다. 이런 때에 백성들은 민생고에 시달리며 내일의 희망을 잃고 살고 있었다. 개신교는 이런 때에 들어오게 되었다.

그래서 기독교는 백성들을 깨우치는 신앙으로, 민족에 자주독립을 주는 종교로, 그리고 외세의 침탈에서 자유를 줄 수 있는 교회로 받아들여졌다. 초기에 기독교 신앙을 받아들였던 초대 교인들은 자신들이 믿는 그대로를 정치적 행동으로 옮기려 했다. 그들은 예수 그리스도를 개개인의 구주로 모시는데 머물지 않고 민족을 구원하고 백성들의 삶을 변혁시켜 줄 주인으로 인식했다.

실제로 19세기 말 봉건체제 질서를 무너뜨리고 민족의 개화운동을 펼치려 했던 독립협회운동이나 20세기 초 일본 제국주의에서 독립을 쟁취하려

---

* 두레공동체운동 대표, 두레교회 담임목사

했던 3·1 만세운동 등은 당대의 크리스천 지도자들이 중심에서 이끌었던 운동이었다. 당시의 온 교회와 신도들이 이런 민족적·정치적 운동을 뒷받침하고 이끌었다. 이런 점에서 한국 기독교의 신학은 정치신학으로 시작되었다고 말할 수 있다.

또한 이 시대에 번역되어 나온 성경이 민중의 언어인 한글로 이루어졌다는 사실이 중요하다. 당시의 지배계급이었던 양반들은 중국의 글인 한문을 사용하고 있었고, 피지배계급인 백성들은 우리의 글인 한글을 사용하고 있었다. 이런 때에 백성들의 글인 한글로 쓰여진 성경이 나타났다. 압제와 고난에 짓눌려 있던 백성들에게 성경은 실로 위대한 책이었다.

성경은 백성들의 영혼을 깨우는 책이었고 민초(民草)들의 가슴을 뜨겁게 하는 책이었다. 그래서 백성들은 성경을 읽으면서 영혼 구원의 이야기로만 읽지를 않았다. 민족해방운동의 교과서로 읽었다. 성경에 담긴 인물들과 사건들은 백성들에게 민족의 암울한 현실에 대안을 주는 영적 상상력과 정치적 상상력을 불러일으켰고 그런 상상력을 행동으로 옮길 수 있는 동기를 주었다. 억눌린 채 살고 있던 히브리 노예들을 해방시킨 출애굽 이야기는 한국 백성들에게는 자신들을 일본 제국주의의 압제에서 해방시키겠다는 약속으로 받아들여졌고, 권력 앞에 굽힘 없이 저항하던 예언자들의 말과 행동은 자신들을 이끌어주는 투쟁교과서가 되었다. 그리고 십자가에 죽으시고 묻히시고 부활하신 예수 그리스도의 사건은 이 민족의 해방자로 죽으시고 살아나신 정치적 사건으로 받아들여졌다.

그러나 안타깝게도 이렇게 민족의 현장 속에 살아 있는 이야기였던 성경은 점차 죽은 교리의 책으로 바뀌어갔다. 소용돌이치는 역사의 현장에서 물러나 신학교 안으로, 교회당 안으로 들어가 그 속에 갇혀버린 것이다. 선교사들과 선교사들의 가방을 들어주던 교회의 지도자들 탓이었다. 그들로 인하여 백성들의 혼 속에 살아있어야 할 성경의 이야기는 근본주의 교리를 가르치는 책으로 전락했고 교권을 수호하는 책으로 변질되어갔다. 그래서 성경이 화석화된 교리나 도그마로 인해 왜곡되어갈 때에 백성들의 영혼을 뜨겁게 했던 민족적 희망의 메시지도 함께 시들어갔다.

성경을 문자 그대로 믿어야 한다는 반지성적 근본주의 신학이 한국교회의 주류 신학으로 터잡아가면서 백성들 속에서 자라가던 신학적 상상력 역시 메말라갔다. 그리하여 성경은 교권과 신학자들의 포로(Scholar's Captivity)가 되었다. 마치 서구신학이 그리스–라틴 문명에 사로잡혀 라틴 포로(Latin Captivity)가 되어버렸듯이 한국교회의 신학도 그렇게 변질되어왔다.

2. 신학의 중심을 '예수의 심장'에 두라

그렇다면 지금에 와서 한국교회 신학의 최대 과제는 무엇일까? 신학자들의 포로가 되고만 성경의 생명력 있는 이야기를 백성들에게로 되돌려주는 일이다. 이는 마치 라틴 포로 아래에 있는 서구신학을 신학자들에게서 해방시켜 백성들에게 되돌려주어야 함과 같다.

나는 대학 시절에 철학을 전공했다. 장래 전문 철학자가 되기로 마음먹고 열심히 많은 철학 책을 읽었다. 그러나 대학을 졸업할 무렵 갈등이 일어났다. 철학이란 학문이 끊임없는 질문의 연속이며 그 질문들에 대한 정답(正答)이 없다는 사실 때문이었다. 질문의 연속, 그것이 철학이었고 철학의 역사였다. 나는 생각했다. 어떻게 평생에 질문만을 계속하겠는가? 해답 없는 질문만 계속하는 일에 삶을 바친다는 것은 허송 세월이 아닐까 하는 갈등이었다. 그래서 철학자가 되려던 길에서 미련 없이 떠났다. 그리고는 거리로 나갔다. 대학에 머물며 철학을 논하며 살아갈 것이 아니라 서민들이 살아가는 일상적인 삶 속에서 삶의 의미를 찾아보길 갈망하여 거리로 나섰다.

그때부터 2년 남짓 방황하던 끝에 예수 그리스도를 만났다. 예수 그리스도를 삶의 주인으로 모시면서 느낀 바의 첫째가 "예수가 해답이로구나"(Jesus is the Answer)하는 깨달음이었다. "모든 질문, 모든 철학에 대한 해답이 예수 그리스도로구나" 하는 생각이었다.

그 후로 나는 해답인 예수 그리스도의 가르침대로 살고 또 전하기 위해 신학교로 갔다. 신학을 공부한 후 '해답이신 예수'를 전하는 전도자가 되겠다 다짐하고 신학교에 입학했다. 그러나 신학교 강의실에서 다시 갈등에 빠졌다. 전연 예상치 못하였던 갈등이었다. 신학교 강의실에서 이루어지는 강의 내용이 철학과 강의실에서 되풀이했던 질문을 다시 되풀이하고 있기 때문이었다. 헬라인들의 질문이었던 헬라철학, 로마인들의 질문이었던 스토아철학, 유럽인들의 질문이었던 서구철학에 신학이란 옷을 입혀 반복되는 질문을 거듭하고 있었다.

결국 신학교 강의실에서 싫증을 견디지 못해 1년만에 도시 거리로 나갔다. 백성들이 살아가는 삶의 현장 속에서 살아 숨쉬고 움직이는 신학을 하고자 빈민촌에 들어갔다. 신학교 2학년인 서른 살 때였다. 감사하게도 나는 빈민촌에서 살아 계시는 예수 그리스도를 만날 수 있었다. 가난한 백성들의 삶의 한가운데서 살아 계시는 예수를 만날 수 있었다. 굶주림에 울고 있는 어린이들의 눈물 속에서 예수님을 만날 수 있었고, 자식을 먹이지 못하는 어머니의 탄식 속에서 성경의 메시지를 들을 수 있었다. 그래서 빈민촌에서 나의 목회활동의 주제는 '백성'이 되었고 백성들 속에 계시는 '예수'가 되었다.

1970년대 한국사회의 격동기를 지나면서 한국교회에서 일어난 신학이 있다. 민중신학(Min-Jung Theology)이다. 민중신학은 복음서에 나타난 민중, 오크로스(όχλος)에서 그 신학의 출발점을 삼았다. 민중신학의 성서적 근거를 논하는 글에서 안병무 교수는 다음과 같이 썼다.

> 성경에서는 민중을 표시하는 두 단어가 있어요. 하나는 라오스(λαός)이고, 나머지 하나는 오크로스(ὄχλος)입니다. 라오스는 오늘날의 국민과 통하는 말로 어떤 집단 내에서 보호받을 권리를 가진 민중의 칭호인데 반하여 오크로스는 권리 외에 있는 권리를 향유하지 못한 자들입니다. 최초의 복음서인 마르코 복음에서는 예수를 무조건 따르며 예수에게 희망을 건 사람들을 로고스라 하지 않고 오크로스라 했습니다.[1]

안병무 교수의 지적과 같이 민중신학은 기존 체제에서 아무런 권리도 누리지 못하고 있는 민중들을 그 신학의 주제로 삼고 있다. 그들 오크로스 민중들은 예수를 무조건 따랐으며 예수는 그들을 불쌍히 여기시고 그들을 가르치시고 고치시고 먹이셨다.

> 예수께서 나오사 큰 무리(λαός)를 보시고 그 목자 없는 양 같음을 인하여 불쌍히 여기사 이에 여러 가지로 가르치시더라(막 6:34)
>
> 예수께서 모든 성과 촌에 두루 다니사 저희 회당에서 가르치시며 천국복음을 전파하시며 모든 병과 모든 약한 것을 고치시니라 무리를 보시고 민망히 여기시니 이는 저희가 목자없는 양과 같이 고생하며 유리함이라(마 9: 35~36)

민중신학이 예수를 따르는 민중 오크로스를 신학의 주제로 삼았지만 나는 생각을 달리한다. 예수를 따르던 민중에 신학의 중심을 둘 것이 아니라 그들을 불쌍히 여기시고 그들을 가르치시며 고치시던 '예수의 심장에 신학의 중심을 두어야 한다'는 생각이다. 나의 신학과 목회의 중심은 민중이 아니다. 그들을 불쌍히 여기고 그들을 섬기는 삶을 살되, 죽기까지 행동(action)한 예수의 가슴과 예수 사건을 신학의 주제로 삼아야 한다.

민중은 소중하다. 여하한 경우에도 민중을 소홀히 해서는 안 된다. 그래서 나는 민중신학을 좋아한다. 민중신학의 공로 중의 공로는 그간의 신학에서 잊혀왔던 민중 오크로스의 가치를 찾아내어 그들을 신학함의 중심으로 끌어들이고 그들을 위한 신학을 세워나간 점이다. 그러나 나는 민중신학을

---

1) 안병무, 『민중신학을 말한다』 (한길사, 1993), p.31.

좋아하되 절반만 좋아한다. 민중을 신학의 중심으로 끌어들인 점은 좋아하지만 신학의 중심에 민중을 둔 점은 좋아하지 않는다.

왜냐하면 신학의 중심은 예수 그리스도가 중심이 되어야 하기 때문이다. 민중을 불쌍히 여기시고 죽기까지 그들을 섬기신 '예수님의 심장'이 신학함의 중심이어야 한다. 그래서 민중 없는 예수가 의미 없듯이 예수 없는 민중 또한 허상이다. 그래서 '예수-민중'의 바른 관계가 신학의 주제가 되어야 한다.

그리고 오늘날 우리 모두 함께 추구하여 나가야 할 신학은, 예수께서 친히 본을 보여 주심에 따라 세계의 민중(Min-Jung)을 위해 크리스천들이 십자가의 죽음과 부활의 사건을 어떻게 다시 일으키느냐에 신학의 중심을 두어야 한다. 그로 인해 민중들이 새 희망과 새 역사를 창출하여 나감에 있어 주체적인 역할을 감당할 수 있어야 한다. 그런 십자가 사건과 부활 사건은 교회당 안에서나 신학교 강의실 안에서 일어나는 것이 아니라 억눌린 민중들의 삶 속에서 일어나고 치열하게 맞부딪치는 정치행위 현장에서 일어나고 우리들의 일상적인 삶의 한가운데서 일어나야 한다.

그래서 나에게 신학은 오로지 삶의 신학이요, 행동신학이요, 그리고 정치신학이다. 그리고 그 삶과 행동과 정치신학의 궁극 목표는 백성을 섬기고 살리려는 신학이기에 바로 목민신학(牧民神學)이다.

3. '民'은 '牧'을 위해 사는 것인가

그러면 왜 목민신학인가? 2백여년 전 이 땅에 경륜가 정약용(丁若鏞, 1762~1836)이 있었다. 그의 학문은 시종일관 실사구시(實事求是)를 중시하여 어떻게 하면 백성을 바로 섬기는 학문을 이루어나갈 것인가를 고심하였다. 그는 자신의 높은 이상을 실현해 보지도 못한 채 전라남도 강진 땅에서

18년을 유배생활을 했던 비운의 유학자였다.

그는 유배지에서 총 48권에 걸쳐 쓴 『목민심서』(牧民心書)를 남겼다. 『목민심서』는 베트남의 호지명이 일생동안 애독했다는 책이다. 일본의 유학자들이 그 책 속에 담긴 경륜(經綸)에 대해 찬탄을 아끼지 않았다는 책이다. 이 책의 제목이 말해주듯이 정약용은 '목민'(牧民)을 자신의 삶과 학문의 주제로 삼았다. 1818년에 완성된 『목민심서』의 서문에서 그는 다음과 같이 쓰고 있다.

> 옛날 중국에 순임금이 요임금의 뒤를 이었을 때에 12명의 목(牧)이라는 지방관을 두어 그들로 하여금 백성을 기르게(牧) 하였다. '백성을 다스린다'는 백성을 기르는 것(牧民)이다. 그렇다면 군자의 배움은 자신의 수양이 반이요 목민(牧民)이 반인 것이다.… 지금의 목민관들은 오직 사리를 취하기에 급급하고 백성을 기를 줄을 모른다. 그렇게 되니 백성들은 피폐하고 곤궁하게 되었으며 병에 걸려 줄지어 쓰러져서 구덩이를 메우는데, 목민관이라는 자들은 좋은 옷과 맛있는 음식으로 자기 자신만이 살찌고 있다. 어찌 슬픈 일이 아니겠는가. 비록 나는 부족하나 배우고 듣고 실험도 하여 조금은 터득한 것이 있었다. 그러나 지금은 이미 귀양살이하는 몸이 되었으니 이것을 쓸 곳이 없게 되었다. 멀리 떨어진 변방에 궁하게 살아온 것이 18년이나 된다. 이에 여러 서적을 가져다가 그 중에서 옛날에 여러 사목(司牧)들이 목민(牧民)한 서적을 뽑아서 위로 아래로 그 실마리를 찾고 종류별로 나누어 모아서 차례로 책을 만들었다. 그 이름을 목민심서(牧民心書)라 하였는데 심서(心書))라는 것은 무슨 뜻이냐? 목민(牧民)하고자 하는 마음은 있으나 몸소 실행할 수 없기 때문에 이렇게 이름을 붙인 것이다.

이 글에서 우리는 정약용 사상의 핵심을 미루어 짐작할 수 있다. 그는 불행히도 자신의 경륜을 펼칠 수 있는 기회를 얻지 못했으나 일생토록 민(民)을 목(牧)하는 일, 즉 목민(牧民)에 일생을 걸었던 사람이다. 그는 원목(原牧)이란 제목의 글에서 이 목(牧)과 민(民)의 관계에 대하여 밝히고 있다. 우리가 목민신학을 생각할 때에 꼭 알아야 할 내용이다.

牧이 民을 위해 존재하는가? 民이 牧을 위해 존재하는가 ?

정약용은 이 질문을 일관되게 제기하였다. '牧'이란 다스리는 자요 지배

계급이다. '民'은 다스림을 받는 자요 피지배계급이다. 그는 지배계급과 피지배계급 간의 관계인 '牧-民'의 관계에 대한 문제를 제기하였다.

> 民은 곡물과 옷감을 내어 牧을 섬기고 수레, 말, 구종(驅從)을 내어 牧을 맞아오고 보낸다. 民은 자기의 고혈을 짜내어 牧을 살찌게 하고 있다. 그러니 民은 牧을 위해 사는 것인가 ?

정약용은 '牧-民'의 관계가 '지배자-피지배자' '수탈자-피수탈자'의 관계로 있는 것이 현실이다. 그러나 이는 잘못된 관계이라고 말한다. 그는 확신을 지니고 말한다.

> 牧爲民有也
> 牧은 民을 위해 존재하는 것이다.

이어서 그는 말한다.

> 천하에 지극히 천하고 의지할 데 없는 자, 소민(小民)이지만 천하에 산처럼 높은 자 역시 소민이다. 소민은 가장 약하면서도 가장 강한 힘을 발휘할 수 있다.

정약용이 살았던 시대의 아시아와 한반도는 전형적인 전제군주가 다스리던 시대였다. 그 시대의 民은 오로지 군주를 위해 존재할 따름이었다. 같은 시대에 아메리카 대륙에서는 시민 민주주의 국가가 탄생했고, 유럽대륙에서는 민중혁명이 일어나 전제군주의 목이 떨어졌다. 그러나 한반도에서는 이런 사건이 소문조차 들려오지 않았던 때였다. 다만 정약용을 위시한 소수의 선각자들의 의식 세계에서만 세계사의 흐름에 걸맞는 목민사상(牧民思想)이 싹 트고 있었을 따름이었다. 정약용의 이러한 목민사상이 신학의 재료로 쓰임받을 수 있음은 그의 사상이 성경에서 예수께서 이르신 말씀과 일치하고 있기 때문이다.

4. '民'을 지배하는 '牧', '民'을 섬기는 '牧'

마가복음 10장에서 예수는 제자들에게 다음과 같이 말씀하셨다. 12제자들 사이에서 스승의 권좌에 오른 후에 누가 높은 자리에 발탁될 것이냐를 두고 다투고 있을 때였다.

> 열 제자가 듣고 야고보와 요한에 대하여 분히 여기거늘 예수께서 불러다가 이르시되 이방인의 소위 집권자들이 저희를 임의로 주관하고 그 대인들이 저희에게 권세를 부리는 줄을 너희가 알거니와 너희 중에는 그렇지 아니하니 너희 중에 누구든지 크고자 하는 자는 너희를 섬기는 자가 되고 너희 중에 누구든지 으뜸이 되고자 하는 자는 모든 사람의 종이 되어야 하리라 인자(人子)의 온 것은 섬김을 받으려 함이 아니라 도리어 섬기려 하고 자기 목숨을 많은 사람의 대속물(代贖物)로 주려 함이니라 (막 10:41~45)

여기서 말하는 소위 집권자 대인(大人)들은 권세를 부리는 자, 백성들 위에서 군림하는 자들이다. 그들이야말로 정약용이 지적하는 바대로 백성을 수탈하고 백성들 위에서 백성들을 괴롭히는 지배계급이다. 그러나 예수께서는 제자들에게 이르시기를 너희는 달라야 한다. 백성들을 섬기는 자가 되어야 하고 民의 종이 되어야 한다고 가르쳤다. 말하자면 '牧-民'에서 "牧은 牧이로되 民을 지배하는 牧이 아니라 民을 섬기는 牧이 되어야 한다"고 이르셨다.

그리고 예수는 民의 종이 되어 섬기는 牧의 한 실례를 스스로 보여 주셨으니 바로 民을 위하여 자신의 몸을 대속물(代贖物)로 죽기까지 하는 삶을 보여 주셨다. 그래서 세상에서의 목민(牧-民)은 民을 지배하는 牧民이지만 성경에서의 牧-民은 民을 위해 牧이 죽는 자리에까지 이르는 섬기는 牧民이다. 그리고 그러한 牧의 한 기준으로 자신의 삶을 보여 주셨다.

요한복음 10장에서는 예수께서 세 가지 종류의 牧을 이야기했다. 첫 번째는 民으로서의 양(羊)을 수탈하는 절도며 강도 같은 牧이다.

> 내가 진실로 진실로 너희에게 이르노니 양의 우리에 문으로 들어가지 아니하고 다른 데로 넘어가는 자는 절도며 강도요(요 10:1)

民을 수탈하는 절도와 강도 같은 牧에 대해 에스겔서 34장에서도 다음 같이 말하고 있다.

> 인자야 너는 이스라엘 목자(牧者)들을 쳐서 예언하라 그들 곧 목자들에게 예언하여 이르기를 주 여호와의 말씀에 자기만 먹이는 이스라엘 목자들은 화(禍) 있을진저 목자들이 양의 무리를 먹이는 것이 마땅치 아니하냐 너희가 살진 양을 잡아 그 기름을 먹으며 그 털을 입되 양의 무리는 먹이지 아니하는도다 너희가 그 연약한 자를 강하게 아니하며 병든 자를 고치지 아니하며 상한 자를 싸매어 주지 아니하며 쫓긴 자를 돌아오게 아니하며 잃어버린 자를 찾지 아니하고 다만 강포로 그것들을 다스렸도다 목자가 없으므로 그것들이 흩어지며 흩어져서 모든 들짐승의 밥이 되었도다 (겔 34:2~5)

두 번째 牧은 民을 돌보는 일을 직업으로 삼고 있는 삯꾼으로서의 牧이다.

> 삯꾼은 목자도 아니요 양도 제 양이 아니라 이리가 오는 것을 보면 양을 버리고 달아나나니 이리가 양을 늑탈하고 또 헤치느니라 달아나는 것은 저가 삯군인 까닭에 양을 돌아보지 아니함이라(요 10:12~13)

그리고 예수가 말한 세 번째 牧은 民을 위해 목숨을 버리기까지 하는 선한 목자로서의 牧이다.

> 나는 선한 목자라 선한 목자는 양들을 위하여 목숨을 버리거니와(요 10:11)
> 나는 선한 목자라 내가 내 양을 알고 양도 나를 아는 것이 아버지께서 나를 아시고 내가 아버지를 아는 것 같으니 나는 양을 위하여 목숨을 버리노라(요 10:14~15)

양들을 위하여 목숨을 버릴 목자의 출현에 대하여 구약성경 에스겔서 34장에서 다음 같이 말했다.

> 내가 한 목자를 그들의 위에 세워 먹이게 하리니 그는 내 종 다윗이라 그가 그들을 먹이고 그들의 목자가 될지라(겔 34: 23)

불행하게도 오늘의 한국교회는 목민(牧民)하는 교회가 되기를 포기하고 있다. 세상 권세들과 연대하여 民을 섬기는 교회가 되기를 포기하고 세상 권세들과 연대하여 民을 지배하는 편에 서기를 즐겨하고 있다.

그리고 신학과 신학자들은 알게 모르게 교회의 그러한 그릇된 역할을 정당화시키는 이론을 펼치고 있다. 이를테면 기존체제(Status Quo)를 유지시킴에 시녀 노릇을 하고 있는 셈이다. 그래서 신학은 民을 잊었거나 포기하였다. 지금은 신학이 회개하여야 할 때다. 교회의 갱신은 신학의 회개에서부터 시작되어야 한다. 신학의 전환(Paradigm Shift)으로부터 기독교의 혁신(Innovation)이 일어나야 할 때다. 목민신학은 그러한 운동의 시작을 民을 되찾는 데서부터 시작하자는 운동이다. 글자 그대로 운동(運動, Movement)이다.

사업과 운동의 다른 점을 우리는 분명히 인식해야 한다. 오늘의 한국교회는 목회 사업화되고 선교 사업화되어가면서 복음운동, 선교운동의 차원을 상실하고 있다. 사업은 기구와 조직에 관심을 가지나 운동은 사람에게 관심을 가진다. 사업은 이익과 이권에 관심을 가지나 운동은 뜻과 명분(名分)에 관심을 가진다. 사업은 현재에 관심을 기울이나 운동은 미래와 비전에 관심을 기울인다. 우리는 오크로스(ὄχλος)의 삶을 불쌍히 여기시고 그들에게 복된 미래를 열어주려는 비전에 삶을 바치셨던 예수님의 삶을 오늘에 되살리는 운동으로서의 목회를 회복하자는 것이다.

5. 民의 삶을 변화시키는 신학

예수님 당시의 예루살렘 성전 중심의 종교가 오늘의 교회 사정과 방불하였다. 民의 편에 서서 그들의 눈물을 씻어주고 그들의 한(恨)을 풀어주는 종교가 되지를 못하고 牧의 편에 서서 民을 수탈하고 종교를 이권화하는 종교였다. 유월절 기간에 예루살렘으로 올라가셨던 예수께서 예루살렘 성전을 정화(淨化)시키셨던 사건이 그 사정을 단적으로 드러내준다.

> 유대인의 유월절이 가까운지라 예수께서 예루살렘으로 올라가셨더니 성전 안에서
> 소와 양과 비둘기 파는 사람들과 돈 바꾸는 사람들의 앉은 것을 보시고 노끈으로
> 채찍을 만드사 양이나 소를 다 성전에서 내어 쫓으시고 돈 바꾸는 사람들의 돈을
> 쏟으시며 상을 엎으시고 비둘기 파는 사람들에게 이르시되 이것을 여기서 가져가라
> 내 아버지의 집으로 장사하는 집을 만들지 말라 하시니(요 2:13~16)

구약시대 예루살렘의 제사장들의 종교도 백성들의 위에 군림하여 백성들을 수탈하기로는 마찬가지였다. 에스겔 34장에서 그때의 제사장들의 모습을 실감나게 나타내주고 있다.

> 그러므로 목자들아 여호와의 말씀을 들을지어다 주 여호와의 말씀에 내가 나의 삶
> 을 두고 맹세하노라 내 양의 무리가 노략거리가 되고 모든 들짐승의 밥이 된 것은
> 목자가 없음이라 내 목자들이 내 양을 찾지 아니하고 자기만 먹이고 내 양의 무리를
> 먹이지 아니하였도다(겔 34:7~8)

에스겔서에 나타난 목자(牧者)들의 모습은 위에 인용했던 정약용 시대의 목민관(牧民官)의 모습과 흡사하다. 그리고 제3세계의 백성들을 지배하고 있는 지배권력자들과도 흡사하다. 문제는 역사의 주인되신 분은 야훼 하나님이라는 사실이요 또 역사의 주인이신 야훼 하나님께서는 철두철미하게 백성(民)의 편이시라는 사실이다. 그래서 야훼 하나님께서는 牧이 民을 지배하고 수탈하고 있는 체제를 마냥 그냥 두고만 계시지 않으신다. 모든 백성(民)을 야훼 하나님께서 사랑하고 돌보시는 자신의 양이기에 어느 때인가는 牧의 압제와 수탈에서 民을 해방시키실 때가 온다.

> 주 여호와의 말씀에 내가 목자들을 대적하여 내 양의 무리를 그들의 손에서 찾으리
> 니 목자들이 양을 먹이지 못할 뿐 아니라 그들이 다시는 자기를 먹이지 못할지라 내가
> 내 양을 그들의 입에서 건져내어서 다시는 그 식물이 되지 않게 하리라(겔 34: 10)

> 이제 내가 너를 바로에게 보내어 너로 내 백성 이스라엘 자손을 애굽에서 인도하여
> 내게 하리라(출 3:10)

바로 거짓 목자들에게 임할 심판의 말씀이다. 여호와께서는 民을 사랑하시므로 그들을 짓밟고 있는 목자들을 쳐서 그들이 더 이상 民을 먹이로 삼지 못하게 할 날이 오게 된다. 그리고 여호와께서 양들을 직접 먹이게 될 날이 오고 있음을 선포하였다.

> 나 주 여호와가 말하노라 나 곧 내가 내 양을 찾고 찾되 목자가 양 가운데 있는 날에 양이 흩어졌으면 그 떼를 찾는 것 같이 내가 내 양을 찾아서 흐리고 캄캄한 날에 그 흩어진 모든 곳에서 그것들을 건져낼지라(겔 34:11~12)

> 나 주 여호와가 말하노라 내가 친히 내 양의 목자(牧者)가 되어 그것들로 누워 있게 할지라 그 잃어버린 자를 내가 찾으며 쫓긴 자를 내가 돌아오게 하며 상한 자를 내가 싸매어 주며 병든 자를 내가 강하게 하려니와 살찐 자와 강한 자는 내가 멸하고 공의(公義)대로 그것들을 먹이리라(겔 34:15~16)

야훼 하나님께서는 목자 중의 목자이다. 세상 목자들이 목자로서의 자기 구실을 하지 못하고 양들을 괴롭히고 있을 때에 야훼께서 친히 자기 양들을 먹이실 때가 온다. 그리고 거짓 목자들은 공의로 다스릴 때가 가까이 오고 있다.

이제부터 신학은 어떤 신학이 되어야 할 것인가? 한국의 신학자 서남동(徐南同)은 말했다.

> 신학(神學)은 반신학(反神學)이 되어야 한다

올바른 지적이다. 그릇된 현상(現狀, Status Quo)을 뒷받침하고 있는, 民의 삶의 정황(情況)에서 떠나 있는 신학이다. 民의 소외감과 아픔을 도외시하고 있는 신학은 이제부터는 퇴출당해야 한다. 民의 아픔을 외면하고 상아탑 안에서만 안주하고 있는 신학은 이제 사라져야 한다. 그런 뜻에서의 서구신학은 이제 폐기되어야 한다. 民의 삶의 현장에서 생명을 얻어 누리게 하고 내일에의 희망을 심어줄 수 있는 새로운 신학이 일어나야 한다. 성경에 이르기를 "안식일이 사람을 위해 있는 것이지 사람이 안식일을 위해 존재하는 것"이 아니라고 했다.

　그래서 신학은 교회를 위한 신학이 되어야 하고 신학은 民을 위한 신학이 되어야 한다. 마찬가지로 신학은 民을 위하여 있는 것이어야 하고 民이 신학을 위해 있다는 생각은 폐기되어야 한다.

　카를 마르크스(Karl Marx)는 말했다.

> 지금까지의 철학은 세계를 해석만 해왔다. 그러나 지금으로부터의 철학은 세계를 변화시켜야 한다.

　마르크스의 말을 따라 신학에 대하여 다음 같이 말하고 싶다. 지금까지의 신학은 세계를 해석하고 교리를 해설하는 데 열중하여 왔다. 그러나 지금으로부터의 신학은 세계를 변화시키는 신학이 되어야 한다. 民의 삶을 변화시키는 신학으로 변하여야 한다. 세상을 변화시키고 백성들의 삶을 변화시켜 나갈 에너지가 있는 신학이 되어야 한다.

　그렇다. 신학이란 民을 뜨겁게, 행복하게 할 수 있는 생명력(vitality)이 있는 신학이 되어야 한다. 이 글에서 목민신학(牧民神學)을 논하는 것은 그러한 가능성이 있는 신학을 모색하자는 의도에서다. 聖書

세계 기독교의 재편성과 아시아 신학의 과제
- 성서한국을 위한 제언

이 문 장*

지금 세계 기독교계가 재편성되고 있다. 우리가 의식하던 의식하지 못하던 기독교 역사에 급격한 변화가 일어나고 있다. 물론 이것은 다소 거시적인 시세 판단이라, 아직 우리 피부에 와 닿지 않을 수 있다. 그러나 세계 기독교계는 분명 재편성되고 있다. 이러한 현상은 여러 각도에서 관찰되어진다. 이 글은 이러한 시대적 전환기에 아시아 신학계가 어떤 문제의식을 가져야 할지 함께 모색을 해보려는 것이다. 먼저 세계 기독교계의 흐름을 진단해보고, 이어 아시아 기독교의 현실 및 아시아 신학계가 감당해야 할 도전들이 어떤 것인지 살펴보고, 끝으로 어떤 방향으로 우리의 신학적 성찰이 나아가야 할지 차례로 고찰할 것이다.

1. 세계 기독교계의 재편성

지난 2 천여년 동안 기독교는 서구를 중심으로 전개되어 왔다. 기독교는 서구의 종교였다. 기독교의 주무대가 서구 사회였다. 그러나 이제 서구는 기독교 사회가 아니며 기독교는 서구 종교가 아니라는 말을 한다. 기독교가

---

* 두레해외연구원1기, 에딘버러대학교 신학부 교수

서구 사회에서 사라졌다거나 완전히 멸망했다는 의미가 아니다. 이전에는 서구 사회와 기독교가 동일시되었던 반면, 이제는 해체(解體)의 과정에 들어 갔기 때문이다.

1.1 서구는 후기 기독교 사회다

흔히 서구 사회는 탈 기독교 사회 혹은 후기 기독교 사회가 되었다는 말을 하는데, 이것이 서구 기독교 몰락의 한 증거가 된다. 서구 사회가 후기 기독교 사회가 되었다는 이 말은 종교적인 측면에서 볼 때 서구를 더이상 기독교 사회라고 규정할 수 없게 되었음을 가리킨다. 이는 한편으로는 기독교인의 수가 감소하는 것을 의미하며, 다른 한편으로는 기독교가 서구의 정신 세계를 주도하고 통제하는 규범으로서의 영향력을 상실하고 있다는 의미이기도 한다. 미국의 사회학자 피터 버거(Peter Berger)의 지적처럼, 기독교는 서구인의 일상의 삶에 더이상 의미있게 관여하지 못하는 현실이 도래한 것이다. 한 마디로 서구 사회는 이제 탈 기독교화 되었고, 비 기독교화 되었다는 것이다. 이것은 사회학적 관점에서 기독교와 관련하여 서구 사회를 관찰하고 평가한 것이라고 할 수 있다.

기독교는 예루살렘에서 시작되었다. 하루에 수천명씩 개종하는 일이 있었다. 초대 교회 성도들은 예루살렘 교회의 가르침과 지도를 받았다. 그러나 지금은 예루살렘을 기독교의 중심이라고 말하지 않는다. 콘스탄티노플은 330년 이후 로마제국의 수도였으며 동시에 초대 기독교의 교회와 신학의 중심이었다. 당시 콘스탄티노플에 살던 주교나 기독교인들은 세월이 흐른 뒤에 그 도시가 이스탄불(Istanbul)로 이름이 바뀌고 회교의 중심지 가운데 하나로 변하게 될 것이라고는 상상조차 하지 못했을 것이다. 그러나 그러한 일이 일어났다.

이것을 다른 각도에서 설명할 수 있다. 태국은 불교 국가이다. 인도는 힌두교 국가이다. 그런데 만일 인도가 탈 힌두 사회 혹은 후기 힌두 사회가 된다거나 태국이 더이상 불교 국가가 아닌 시대가 도래한다면 그것은 엄청난 종교적 변혁이 될 것이다. 그러한 종교적 변혁이 우리 시대에 일어나고 있다.

1.2 기독교의 중심이 이동한다

이러한 서구의 종교적 현실에 대해 서구의 일부 기독교 신학자들은 기독교의 중심이동이라는 관점에서 설명한다. 기독교는 역사상 그 중심이 여러 차례 이동했는데, 근세기에 이르러 다시 한 번 그 중심이 이동했다고 본다. 그동안 서구가 기독교의 중심이었다가, 이제는 아프리카, 아시아 및 라틴 아메리카가 새로운 중심이 되었다고 한다.

기독교의 중심이 이동했다는 말은 쉽게 말해 기독교가 서구를 떠났다는 것이다. 사회학적인 입장에서는 서구 사회가 탈 기독교화 한 것이라고 묘사할 수 있지만, 기독교의 입장에서 말하면 기독교가 서구 사회를 버리고 다른 지역으로 떠난 것이 된다. 서구가 탈 기독교 사회, 후기 기독교 사회가 되었다는 말이나, 서구와 서구인들의 종교였던 기독교의 중심이 이동했다는 말은 동일한 현상에 대한 서로 다른 분석과 설명이다.

1.3 기독교는 탈 서구의 종교(post-Western religion)이다

기독교의 중심이 아프리카, 아시아, 라틴 아메리카로 이동했다고 하지만, 사실상 기독교의 새로운 중심이 나타나지는 않았다고 보는 것이 더 정확하다. 그런 의미에서 기독교는 아직 비 서구 종교(non-Western religion)이라고 말할 수 없다. 세계를 서구와 비 서구 세계로 구분하고, 서구의 기독교 인구보다 비 서구 세계의 기독교 인구가 더 많기 때문에 기독교의 중심이 이동했다고 설명하는 것은 정확하지 않다. 오히려 지금은 기독교의 중심이 옮기는 중이라거나 아니면 새로운 중심이 아직 등장하지 않았다고 말하는 것이 더 정확하다. 기독교가 탈 서구 종교(post-Western religion)가 된 것은 확실하다. 그러나 아직 비 서구 종교(non-Western religion)로 불릴 수 있는 정도는 아니다.

아프리카 대륙이 기독교 대륙이 될 것이라는 전망도 있다. 그러나 기독교가 아프리카의 종교라고 말하기에는 아직 시기상조다. 라틴 아메리카도 기독교가 성장하였지만 기독교 대륙이라고 부를 수 있을 정도는 아니다. 그러니 라틴 아메리카를 기독교의 새로운 중심지라고 말하기도 어렵다. 아시아의 경우는 더욱 그렇다. 아프리카·아시아·라틴 아메리카가, 이전에 서구가 기독교 사회였던 것처럼, 기독교 사회가 되었다고 말하기 힘들기 때문이다.

1.4 요약

기독교의 중심이 이동하면 무엇이 함께 이동하는가? 기독교의 중심이 이동하고, 기독교가 더 이상 서구의 종교가 아니라 탈 서구 종교로 변화가 일어나게 되는 것은 중요한 의미를 지닌다. 기독교 중심의 이동은 그와 함께 필연적으로 ① 신학 중심의 이동 ② 선교 중심의 이동을 가져온다.

2. 아시아 기독교의 현실

기독교 역사의 전환기에 아시아 기독교가 감당해야 할 사명을 확인하기에 앞서 우리는 먼저 아시아 기독교의 현실을 점검해 보아야 한다. 서구의 기독교가 탈 서구 종교 또는 후기 서구 종교로 변혁이 일어나고 있는 이 때, 아시아에서는 기독교가 어떤 종교로 자리매김되고 있는지 검토해야 할 것이다.

아시아 기독교는 서구 기독교와 질적으로 다르다. 아시아의 땅에 들어온 기독교는 그 날로부터 서구 기독교와는 다른 역사가 시작된 것이었다. 그런데 우리는 지금까지 그것을 인식하지 못했다. 사실상 아시아에는 두 개의 다른 형(form)의 기독교가 존재하고 있었다.

아시아에 기독교가 들어오는 순간 기독교는 새로운 환경과 교섭하면서 아시아 종교로서 새로운 역사를 시작한 것이었다. 그런데 우리는 아시아의 기독교와 서구의 기독교가 서로 다른 배경을 가지며, 서로 다른 역사를 가지는, 서로 다른 기독교였다는 사실을 미처 깨닫지 못했다. 따라서 우리는 아시아에서 기독교와 기독교인들의 사회적 위치를 재발견해야 한다. 아시아 기독교와 기독교인의 사회적 위치가 재발견되면 아시아 신학에서 논의되는 다양한 주제들을 적절한 관점에서 검토할 수 있게 될 것이다.

2.1 기독교는 서구의 종교다

아시아에서 기독교는 아직도 낯선 종교 내지는 서구 종교라는 이미지를 벗지 못했다. 아시아 백성들은 물론이고, 아시아 기독교인들 조차도 기독교는 아시아의 종교라는 인식을 가지지 못한다. 불교는 아시아 종교이다. 힌두교도 아시아 종교이다. 유교도 아시아의 종교이다. 그러나 기독교는 불교, 힌두교, 유교와 같이 아시아의 종교라고 생각되지 않는다. 우리가 불교나 유교를 말할 때, 그것을 서구의 종교라고 말하는 사람은 없다. 미국이나 유럽에도 불교 사찰들이 있고 현지인 불교 신자들도 있지만, 그렇다고 불교를 서양 종교라고 말할 사람은 없다. 아시아에서의 기독교의 이미지지도 그와 같이 서구 종교로 인식되고 있음을 인정해야 한다.

기독교가 팔레스틴에서 시작되었음을 근거로 원래 아시아에서 시작된 종교라고 지적하는 경우도 있지만, 그것을 근거로 기독교가 아시아의 종교임을 주장하기 어렵다. 또한 기독교가 아시아에 낯선 종교가 아니라 감추어진 오랜 기독교 역사가 있음이 강조되기도 하지만, 그럼에도 불구하고 기독교가 아시아의 종교로 자리잡았다는 주장을 할 수 없다.

아시아의 일반 백성들뿐만 아니라, 아시아 기독교인들의 의식 속에 기독교는 아직도 서구로부터 전해 받은 종교라는 이미지가 남아 있다. 기독교가 아시아 종교로 뿌리를 내릴 수 있도록 하는 방안을 신학자들이 모색하고 있을 뿐이다. 기독교의 본산지는 서구이며, 기독교 하면 아직도 서구가 연상된다.

기독교가 서구 종교로 인식되고 있음은 다음과 같은 부차적 의미를 담고 있다. ① 기독교가 아시아에 들어와 있지만 아직도 본부는 서구에 있다. ② 기독교의 주체가 서구이며, 기독교 신앙과 관련된 제반 사항들에 대하여 서구 기독교가 기준이다. ③ 기독교가 아시아인들의 삶을 주도적으로 이끌지 못한다.

2.2 아시아 기독교는 소수자의 종교이다

아시아 대륙 전체의 기독교 인구는 5~7 %에 불과하다. 필리핀이나 한국의 경우는 예외로 하고, 대부분의 아시아 국가의 기독교 인구는 1% 안팎이다. 아시아에서의 기독교는 여전히 소수 종교에 머물고 있다.

서구 사회에서는 기독교가 2천년 역사상 처음으로 소수자의 종교가 되었다. 서구는 비 기독교 사회(non-Christian society), 기독교 사회(Christian society)를 거쳐 이제 탈 기독교 사회(post-Christian society)로 들어가지만, 아시아는 아직도 비 기독교 사회(non-Christian society) 혹은 기독교 이전의 사회(pre-Christian society)이다. 아시아의 어느 나라도 기독교 사회가 되어 본 적이 없다. 이러한 아시아에서 기독교는 처음부터 지금까지 소수자의 종교였다.

2.3 기독교는 아시아 문화의 배경이 아니다

서구 기독교는 서구 사회의 정치, 문화, 사회의 토대를 형성하고 자양분을 제공해 왔지만, 아시아 사회는 타 종교들이 이미 오랜 세월동안 자리잡고 있었다. 기독교는 아시아 정신 세계에 가장 뒤늦게 들어 온 새로운 종교이다.

2.4 기독교인들의 사회적 신분이 다르다

기독교가 소수인의 종교이기 때문에 아시아 기독교인들의 위치도 서구 기독교인들과 매우 다른 것이었다. 서구 기독교인들이 서구 사회에서 가지는 사회적 정체성과 아시아 기독교인들이 아시아 사회에서 가지는 사회적 정체성에는 큰 차이가 있다. 서구 사회에서는 오랜 세월동안 기독교인이 사회의 주류를 형성했었지만, 아시아에서의 기독교인들의 사회적 신분은 여전히 주변적(marginal)이다. 기독교 문화가 형성되어 있는 서구에서 기독교인이 되는 것은 자연스러운 일이지만, 아시아에서 기독교인이 되는 것은 지금도 여러 지역에서는 사회적 불이익을 감수하는 실존적 결단을 의미한다. 기독교가 아시아에 들어온 이후 기독교인들은 대부분의 지역에서 박해를 받았고, 또한 현재 박해 대상인 지역도 많다. 특히 아시아의 대부분의 지역에서 기독교인들은 기독교인이라는 이유 때문에 타종교로부터 박해와 멸시를 당하고 있다.

2.5 요약

서구 기독교인들이 경험한 기독교는 다수의 종교, 2천년 역사를 가진 종교, 서구 문화를 형성한 종교, 서구의 정치적·군사적 힘을 배경으로 가지고 있는 종교, 기독교인들이 사회의 주류였던 경험을 배경으로 가지고 있는 기독교였다. 그러나 아시아 기독교인의 입장에서 볼 때, 이것은 우리의 경험이 아니다. 즉, 우리의 기독교가 아니다. 이것이 아시아 기독교와 서구 기독교 사이에 불연속성(discontinuity)을 말하는 이유다.

외국의 종교, 서구 선교사로 대표되던 기독교, 서구 사회와 연결되는 기독교는 아시아인의 손에 들려진 기독교와는 다른 기독교라는 사실을 직시해야 한다. 아시아 땅에 들어온 기독교는 아시아인의 손에 넘겨진 것이며, 아시아 기독교인들에 의해 새로운 역사가 시작되는 것이다. 아시아에 들어온 서구 기독교와 아시아인의 손에 넘겨진 기독교를 분리하여 생각해야 한다. 아시아 기독교인들이 이러한 새로운 인식을 가져야 한다.

3. 아시아 기독교의 도전

아시아 기독교는 서구로부터 전달되었지만, 아시아에 들어 온 기독교는 서구 기독교 역사의 단순한 연장이 아니었다. 서구 기독교와 아시아 기독교는 그 위치가 엄연히 다른 것이었는데 우리는 그러한 사실을 제대로 인식하지 못했다. 이제 우리는 아시아 기독교와 서구 기독교의 차이를 깨닫고, 서구 기독교와 아시아 기독교의 연속성 및 불연속성을 확인해야 한다. 그러한 확인이 있은 다음에는, 서구로부터 받은 부정적 유산을 청산하는 작업이 요청된다. 지금 아시아 신학자들이 감당해야 할 일은 기독교를 아시아 종교로 만들기 위한 신학적 작업이다.

3.1 기독교를 아시아 종교로 만들어야 한다

탈–서구 종교가 된 기독교는 아직 아시아의 종교가 되었다고 말할 수 없다. 아시아의 종교는 아직도 불교, 유교, 힌두교 및 회교다. 기독교의 중심 이동은 전 세계 종교적 환경에 급격한 변화가 일어나고 있음을 의미한다. 아시아가 기독교의 새로운 중심이 될 수 있다. 그것은 기독교가 아시아의 종교가 될 때 가능할 것이다. 유럽과 미국에 불교 신자들이 있다. 불교가 성장한다는 말도 들린다. 유럽과 미국의 불교 신자의 숫자가 아무리 많이 증가한다 할지라도 어쨌든 불교는 아시아 종교이다. 힌두교의 경우도 마찬가지이다. 그런 것처럼 기독교를 말하면 아시아가 연상되는 시대가 도래할 수 있다.

이것은 기독교 제3창업의 시대가 오고 있다는 말이기도 하다. 즉 이제까지 내려오던 개신교를 재 창업해야 할 시대가 올지 모른다. 천주교도 아니고 개신교도 아닌 또 다른 형(form)의 기독교가 등장하게 될 것이다. 물론 이것은 우리 시대에 일어날 일은 아니다. 앞으로 세월이 흐른 다음에 동양에서 루터나 칼빈과 같은 탁월한 영적인 지도자들이 등장하여 세계 기독교의 생명력을 갱신하는 역사가 일어날 전망을 하는 것이다.

무엇이 이런 예측을 가능하게 하는가? 우선, 서구 기독교의 몰락이 이유가 된다. 서구가 탈 기독교 사회가 되었다는 말은 역으로는 기독교가 서구를 떠났다는 말이다. 여기에서 말하는 기독교는 다름아닌 개신교다. 개신교가 본고장인 서구에서 문을 닫는다고 해도, 기독교의 역사는 지속될 것이다. 그러나 아시아 아프리카에서 기독교는 서구 개신교 역사의 단순한 연장이 되지는 않을 것이다. 기독교가 아시아, 아프리카 백성들의 영성(spirituality) 혹은 종교성(religiosity)과 만나면 새로운 형의 기독교가 올라올 수밖에 없다. 둘째는, 서구 기독교가 아시아 아프리카에 들어올 때 이미 서구형의 개신교는 어느 정도 변형(transformation)이 일어났다. 한국의 장로교와 스코틀랜드의 장로교는 동일하지 않다. 감리교나 침례교도 마찬가지다. 제도적·교리적·신학적·외형적으로는 같다고 말할 수 있을지 모른다. 그러나 성도들의 신앙을 들여다보면 이야기가 달라진다. 같은 장로교라고 해도, 서울에 있는 장로교회와 장로교의 발생지인 스코틀랜드에 있는 장로교회는 상당히 차이가 난다. 같은 장로교회가 맞는지 의아한 생각이 들 정도다. 영성도 다르고, 예식도 다르고, 찬송가 소리도 다르고, 설교도 맛이 다르고, 하여튼 많이 다르다. 그것은 한국인의 심성 탓도 있겠고, 한국인의 종교성 탓도 있을 것이다. 한국에 들어온 개신교는 우리가 의식하지 못해도 어느새 많이 한국화가 되어 있다. 당분간 한국 교회는 현재와 같은 개신교의 틀을 유지할 것이다. 또 그렇게 하는 것이 혼동을 피할 수 있다. 그러나 세월이 흐르면 상황이 달라질 수 있다. 서구 기독교가 지금보다 더 지리멸렬해지는 상황이 도래하고, 한국 교회 나름대로의 신앙과 신학의 역량이 성숙하게 되면, 자연스럽게 한국과 아시아 교회가 세계 기독교의 주역으로 등장하게 될 것이다. 그때쯤이면 한국 교회도 서구적 틀을 벗어나 상당히 한국적인 모습을 갖추게 될 것으로 전망된다. 한국의 목회자들이나 신학자들도 그때가 되면 우리식으로 기독교를 세워보자는 주체적인 사고를 하게 될 것이다. 그러면 한국과 아시아 교회가 서구 사람들에게 기독교 신앙을 가르치고 신학을 가르칠 수 있게 된다. 서구의 기독교가 쇠퇴하면 기독교가 흥하는 한국과 아시아가 신학과 신앙을 가르치게 될 것이다. 이제까지는 우리가 서구로 유학을 가서 신학을 공부했지만 세월이 흐른 뒤에 서구 사람들이 신학을 배우러 한국과 아시아로 유학오는 그런 시대가 올 것이다.

3.2 아시아 신학의 모색

기독교가 아시아의 종교가 되려면 기독교를 연구하는 아시아적 방식도 있어야 한다. 서구 불자들이 불교 신자가 되면 그는 불교의 본고장 출신 불자에게서 가르침을 받는다. 서구 사람들이 동양의 무술을 배우려고 할 때에도 마찬가지이다. 무술 사범이 가르쳐주는 것을 그대로 따라서 해야 한다. 질문이 있으면 사범에게 묻고 사범이 지시하는 대로 행동한다. 기독교의 전수에서도 동일한 현상이 일어났다. 서구 선교사들이 기독교의 경전이 성경을 전해주고 모두 철수했었다면, 기독교 진리가 무엇인지 그것을 터득하는 방식은 어떠해야 하는지 나름대로 만들었어야 했을 것이다. 그러나 그런 일은 일어나지 않았다. 아시아 기독교인들은 서구 선교사들이 가르쳐주는 것을 배웠다. 기독교 진리가 무엇인지, 기독교 진리를 터득하는 방식은 어떤 것인지 서구로부터 물려 받았다. 서구는 선생이었고 아시아는 학생이었다.

지금까지 아시아 기독교는 기독교의 진리를 터득하는데 있어 서구와 다른 방식이 있을 수 있다는 가능성을 진지하게 생각해보지 못했다고 할 수 있다. 그러나 최근 2~30년 사이에 아시아 독자적인 신학의 가능성들이 많이 제기되었다. 기독교가 아시아의 종교가 되기 위해서는 아시아 나름대로 기독교의 진리를 터득하는 방식을 제시해 주어야 한다.

4. 아시아 신학의 과제

아시아 신학자들이 당면한 과제는 세 가지다. 첫째, 지금까지 아시아 신학의 이름으로 제안되고 토론되어왔던 주제를 검토하는 일이다. 둘째, 성경을 연구하는 아시아적 방법을 모색하는 일이다. 셋째, 아시아식으로 기독교를 가르치고 배우는 방법을 찾는 일이다.

4.1 기존 아시아 신학을 검토한다

아시아 신학자들 사이에 토론되어 온 주제가 있다. 이제는 아시아 신학의 이름으로 제시되고 논의되어 왔던 주제가 아시아의 기독교 및 종교적 현실을 제대로 반영하고 있는지 검토해야 한다. 아시아 신학의 이름을 걸고 전개되는 신학이 서구 신학보다 더 서구적이 된다면 곤란하다. 아시아 신학의 기준을 세워야 한다. 아시아 기독교인들의 합의를 이루어내고, 명실상부한 아시아인의, 아시아인에 의한, 그리고 아시아인을 위한 신학을 세워야 한다. 그러한 신학이래야 아시아의 교회를 위하고 기독교가 아시아의 종교가 되도록 하는데 기여할 수 있다. 우선 아시아 신학에서 논의되어온, 그리고 논의되고 있는 몇 가지 주제를 간략하게 검토해 보려고 한다. 여기에서는 이 주제에 대한 심층적인 토론을 할 수 없다. 단지 이 주제를 어떤 관점에서 접근하는 것이 바람직한지 방향제시만 하려고 한다.

4.1.1 토착화

토착화 담론은 오랫동안 신학계의 관심 사항이었다. 서구 신학에 대한 비판과 아시아의 독자적 신학의 필요성을 주장하는 이면에도 토착화 논의가 있다. 토착화 담론을 검토하기 위해서 다음 두 가지 관점이 필요하다. 첫째는 토착화의 대상을 정확히 확인해야 한다. 기독교의 토착화인지, 서구 신학의 토착화인지, 복음의 토착화인지 확인할 필요가 있다. 둘째는 토착화 담론의 핵심은 아시아 기독교인들의 복음이해인데, 신학자들이 토착화를 말하기 이전에 이미 복음에 대한 아시아적 이해가 형성되어 있음을 알아야 한다. 복음에 대한 아시아적 이해는 복음이 아시아인과 만나는 순간 형성되어진다. 우리는 이렇게 복음과 아시아 사람들 사이에 일어나는 아시아적 복음이해가 이미 존재하고 있음을 알고, 그 실체를 규명하는 일에 관심을 기울여야 한다.

4.1.2 종교간 대화

일부 급진적인 신학자들은 종교간 대화가 아시아 신학의 핵심이라고 말한다. 그러나 이 주제도 보다 면밀한 점검을 필요로 한다. 먼저 우리는 종교간 대화를 필요로 하는 상황을 구분해야 한다. 아시아에서는 종교간 대화의 장이 다양하다. 개인의 실존적 영역이 있고, 가족의 영역이 있고, 친구들 영역이 있고 또한 종교 조직의 영역이 있다. 장(場)을 설정하지 않고 종교간 대화를 논하는 것은 신학적으로 혼선을 빚을 수 있다.

종교간 대화에서 전제로 삼는 것은 제 종교의 평등이다. 그러나 ① 제 종교의 평등을 주장하는 것은 아시아의 종교적 정서와 맞지 않는다. ② 아시아의 종교적 환경에서 기독교인이 된 사람들은 기독교와 타종교 간의 유사성이 아니라 차이성에 매력을 느낀다. 따라서 종교간 대화가 기독교의 배타성을 줄인다는 명분으로 기독교의 독특성을 중화시키는 방향으로 나가면 곤란하다. 그런 점에서 유교적 기독교, 불교적 기독교를 말하는 것은 아시아의 현실에 맞지 않는다. 아시아에서 유교는 유교, 불교는 불교, 힌두교는 힌두교 나름의 종교적 정체성을 잃지 않고 있음을 주목해야 한다.

4.1.3 타종교에 대한 기독교의 태도

종교간 대화와 더불어 검토할 주제는 타종교에 대한 기독교의 태도이다. 타종교에 대한 기독교의 태도를 세 가지로 설명한다. 배타주의, 포괄주의 및 다원주의가 그것이다. 그러나 이들 세 가지 입장은 엄밀하게 말해 서구 기독교 역사의 산물이다. 서구 기독교는 지난 2천년 역사상 타종교들을 박해했던 경험이 있다. 근세 역사의 제국주의와 결부되어 있던 기독교에 대해서도 반성과 죄의식을 가진다. 그러나 아시아 기독교인들은 타 종교에 대해 죄의식이 있을 수 없다. 왜냐하면 그것은 아시아 기독교인들의 경험이 아니기 때문이다. 아시아 기독교인의 경험을 근거로 타종교에 대한 기독교의 태도들 새롭게 정리할 필요가 있다.

아시아 기독교인에게 타 종교에 대해 승리주의적인 태도를 취하지 말아야 한다는 지적도 한다. 타종교에 대해 관용을 베풀라는 말도 한다. 이런 지적들은 아시아인의 손에 넘겨진 아시아 기독교의 경험이 아니다. 그것은 아시아에 들어 온 서구 기독교의 입장일 뿐이다. 앞에서 언급되었지만, 아시아의 기독교는 소수 종교이다. 아시아 대부분의 나라에서 기독교가 배척되고 있는 아시아 기독교의 현실을 직시해야 한다. 기독교인이 타종교에 대해 관용을 베푸는 것이 아니다. 기독교인이 오히려 타종교에게 관용을 호소해야 할 입장에 있다.

4.1.4 선교

아시아의 다원종교적 상황에서는 기독교 선교가 더 이상 필요하지 않다는 주장이 있다. 아시아의 전통 종교를 하나님 공동체의 대등한 파트너(equal partner)로 인정하자는 것이다. 그러나 아시아 기독교인의 입장에서는 이것은 어불성설이다. 왜냐하면 아시아의 타종교들은 선교에 박차를 가하고 있기 때문이다. 이러한 현실인식과 더불어, 우리는 서구의 기독교 경험과 신학적 틀에서 벗어나 선교의 의미, 의제나 방법을 논할 필요가 있다. 이제는 남-남 선교 혹은 남-북 선교를 이루기 위한 신학적 틀을 모색할 때가 되었다.

4.2 아시아적 성경 연구 방법을 개발해야 한다

기독교의 2천년 역사는 성경을 읽은 역사라고 말할 수 있다. 2천년 기간 동안 각 시대와 지역에 따라 성경을 읽는 다양한 방법들이 개발되어 왔다. 그렇게 다양한 성경해석 방법들을 통해 성경의 세계가 더 깊이 열리게 되었고 또한 기독교의 진리가 더 폭넓게 드러나게 되었다. 아시아 기독교인들은 서구로부터 성경을 읽는 방법들을 잘 배웠고 또 활용해 오고 있다. 지금도 서구 성서학자들의 저술들이나 주석서들이 쏟아져 나오고 있는데, 우리는 그것들을 열심히 공부하고 있다. 성서학자의 수나 성경을 연구하는 자료에 있어 아시아 신학계는 아직 서구를 따라가기 바쁜 상황에 있다. 그러나 동시에 아시아의 많은 신학자들이 서구식으로 성경을 연구하는데 불편함을 느끼고 있다. 성경을 읽는 아시아적 방법을 모색해야 한다는 문제의식이 올라오고 있다.

4.2.1 서구식 성경연구의 한계

서구에서 근대적 의미의 성서학의 발전은 18세기 말 독일 신학자 가블러 (J.P. Gabler)에게서 시작된다. 가블러는 교리신학 혹은 조직신학의 영역과 성서신학(Biblical Theology)의 영역을 구분할 것을 역설했다. 성서신학을 신학의 독자적인 연구 영역으로 인식시키는 일에 가블러의 역할이 지대했다. 가블러 이후 오늘에 이르기까지 서구의 성서신학 혹은 성서학(biblical studies)은 독자적인 신학연구 영역으로 괄목할만한 발전을 이룩했다. 그런데 서구의 성서신학은 지성사의 흐름에 직접적인 영향을 받지 않을 수 없었는데, 크게 두 가지를 지적할 수 있다. 첫째는 과학적 세계관의 영향이고, 둘째는 서구의 과학적, 역사적 및 실증적 방법론을 토대로 형성된 서구 인문사회과학 방법론의 영향이다.

서구의 과학적 세계관과 서구 인문 사회 과학의 제 방법론의 영향을 받고 있는 서구식 성경연구는 기독교 신앙에 있어 가장 본질적인 요소에 도전을 받게 되었는데, 다름 아닌 성경의 권위에 대한 도전이었다. 18세기에서 20세기에 이르는 동안 서구 개신교 신학은 기독교의 경전인 성경의 권위에 대한 도전과 방어에 신학적인 에너지를 많이 소진했다. 성경 기록들의 역사적 신빙성 혹은 역사성에 대한 의문이 제기되었다. 서구의 기독교 신학자들에 의해 기독교의 경전인 성경의 권위가 부정되는 현상이 나타났다.

성경권위에 대한 도전과 더불어 역사 비평적 성서학의 등장은 불가피한 현상이었다. 오늘날에는 성서학에 언어학, 문학비평, 심리학, 문화인류학, 지리학, 역사학, 사회학, 정치학, 경제학 등의 인문사회과학의 관점과 방법론이 자유롭게 활용되고 있다. 이것은 성서연구가 학문연구의 한 분야로 여겨지고 있다는 것이다. 학문으로서의 성서학 혹은 성경연구는 기독교의 신앙이나 삶과 동떨어져 학자들의 길드 안에서 논의되어진다.

학문성을 갖춘 서구의 성경 연구의 특징은 과거의 연구에 철저한 것이다. 성경은 성경 자체의 맥락에서(context of the text) 연구된다. 이렇게 객관적인 연구를 하는 과정에서 성경연구는 다른 역사적 문헌을 연구하는 것과 큰 차이가 없게 된다. 그렇기 때문에 일반 인문사회과학의 방법론이 활용되고 있다. 객관적이고 역사적인 연구라는 측면에서는 셰익스피어의 작품들을 연구하는 것이나 성경을 연구하는 것이나 큰 차이가 없다. 셰익스피어를 연구하는 사람이 그에 대한 신앙을 가지고 있어야 할 필요가 없는 것처럼, 기독교 신앙인이 아니더라도 역사 비판적 성경연구는 얼마든지 가능한 작업이 되었다.

서구식 성서학 혹은 성경연구가 갖춘 학문성(scholarship)을 인정하지만, 그것이 기독교의 진리를 규명하는 타당한 방법이라고 생각되지 않는다. 학문으로서의 성서학과 종교로서의 기독교의 진리를 탐구하는 방법 사이에 거리감을 느끼기 때문이다. 서구 성서학의 방법론은 종교로서의 기독교의 도(道)를 탐구하는 적절한 방법이 아니라는 생각을 가지게 된다. 서구 성서학자들을 보면 학자로서는 존경이 가지만 기독교 복음에 통달한 도인(道人)으로 존경이 가지 않는다. 성서학 교수라고 하면 기독교 진리에 정통한 사람이라는 생각이 떠오르지 않는다. 그 반대로 서구 신학교의 성서학 교수들 가운데 기독교인이 아니거나 혹은 반 기독교적인 사상을 가진 사람이 간혹 있음을 본다. 이제는 중세 때와 같이 성경의 권위를 회복하고 하나님의 말씀인 성경을 읽고 해석하는 새로운 틀을 만들어야 한다. 그렇기 때문에 이제는 아시아 기독교에서 서구 성서학의 한계를 지적하고 비판할 수 있다.

4.2.2 아시아식 성경연구의 방법

아시아의 기독교 역사는 짧다. 아시아에 감추어진 기독교 역사가 있기는 하지만, 실질적으로 아시아와 기독교의 교섭은 서구 식민주의와 연결된다고 보아야 한다. 어쨌든, 아시아 교회는 이제 세계 기독교 역사의 흐름에 중요한 존재가 되었다는 인식을 가져야 한다. 기독교를 탐구하고 기독교의 진리(道)를 터득하는 동양적 방법이 있음을 세계 기독교에 제시해 주어야 한다.

우리는 성경연구에 동양적 학문 방법을 활용해야 한다. 서구에서의 성경 연구는 앞에서도 언급된 것처럼 언어학, 문학비평, 역사학, 사회학 및 문화 인류학 등과 같은 서구의 인문사회과학의 제 방법론들을 활용한다. 그런데 이들 학문 방법론들은 원래 종교를 연구하기 위해 고안된 방법론들이 아니다. 소위 말해 세속 학문을 연구하는 방법론들이다. 객관적, 역사적 및 실증적 학문 연구를 하기 위해 개발된 방법론들을 성경 연구에 활용하는 것은 기독교 진리 탐구에 한계를 가질 수밖에 없다.

우리는 동양의 학문하는 방법론을 성경연구에 유용하게 사용할 수 있다. 서구의 학문 방법론이나 동양의 학문 방법론이나 세속적이기는 마찬가지이다. 서구 신학자들은 서구의 학문 방법론을 사용하여 성경을 연구한다. 서구의 세속적 학문 방법론은 사용해도 좋고, 동양의 학문 방법론은 사용하기 곤란하다고 생각한다면 그것은 어불성설이다. 종교적 진리를 탐구하는데 있어서는 서구 학문의 방법론 보다는 동양 학문의 방법론이 훨씬 더 유용하게 활용될 수 있다. 왜 그런가?

서구 학문의 방법론을 가지고 성경을 연구하려면 연구의 대상과 연구의 주체 사이에 거리가 있어야 한다. 일단 과거는 과거로 연구해야 하기 때문이다. 그러나 동양 학문적 방법론은 연구 주체와 연구 대상 사이에 거리가 없어야 한다. 주객도식이 존재하지 않는다. 그것은 성경을 연구하는 관심이 다르기 때문이다. 서구 학문의 관심은 객관화(objectification)에 있는 반면, 동양 학문의 관심은 주관화, 즉 체득(embodiment or personification)에 있다. 체득을 이루기 위해서는 연구 주체가 연구 대상과 하나를 이루어야 한다. 서구 학문의 관심이 객관화에 있는 이유는 정확한 정보를 확보해야 하기 때문이다. 동양 학문의 관심이 체득에 있는 이유는 연구 주체가 진리에 대한 깨달음 혹은 깨우침을 통해 자신의 인격적 변화를 도모하기 때문이다. 서구의 성경연구는 과거에 비중이 놓이지만, 아시아에서의 성경연구는 현재에 비중이 더 많이 놓이게 된다. 그렇기 때문에 경전을 연구하는 목적이 다르고 경전을 대하는 태도가 다르다. 이제는 학문을 위한 성경연구가 아니라 자신의 깨달음을 위한 성경연구가 필요한 시점이다. 내 자신의 깨달음과 기독교 진리를 터득하기 위한 목적으로 성경을 연구하는 방향전환이 있어야 한다. 즉, 다른 학자들이나 다른 대상들을 염두에 두고 성경을 읽는 것이 아니라, 내 자신을 염두에 둔 성경연구의 방법을 개발해야 한다.

4.3 아시아 신학의 틀을 형성한다.

지금까지 아시아 기독교인들이 아시아 기독교 및 아시아 신학의 주체로 등장하지 못했다. 기독교가 아시아 백성의 종교가 되고, 기독교를 말하면 불교, 유교, 힌두교처럼 아시아 종교라는 자리매김을 할 수 있도록 신학이 제 역할을 해야 한다. 아시아 백성을 섬기고, 아시아 교회를 섬기는 아시아 신학의 개발이 시급하다. 서양식으로 기독교를 연구하고 터득하는 방식에 결함이 있음을 지적하고, 아시아의 기여할 바를 적극적으로 찾아야 한다.

이제는 더이상 서구가 신학의 기준이 되지 않는다. 이제는 독자적인 아시아만의 신학하는 방식을 세워야 한다. 아시아 신학은 복음의 본질을 파악하고 전수하는 방식을 바꾸려는 시도이다. 이 작업을 위해서는 이제까지 서구로부터 배웠던 신학에 대한 방법론적 회의가 필요하다. 그래서 본질적인 질문들로 돌아가야 한다.

4.3.1 신학자의 정체성

아시아에는 서구식으로 신학하도록 훈련된 신학자들의 수가 많다. 또한 실력을 갖춘 신학자들도 많이 있다. 그러나 이제는 서구식으로 훈련된 신학자들의 수의 많고 적음이나 수준의 높고 낮음이 문제가 아니다. 중요한 점은 서구와 다른 종류의 신학을 할 수 있고 혹은 하려고 하는 신학자들이 얼마나 있는가 하는 것이다. 신학하는 패러다임에 질적 변화를 모색할 때가 되었다. 아시아적 방법론과 아시아적 관점을 가지고 신학할 수 있어야 한다.

이제까지는 서구 신학자의 틀을 따르는 것이 급선무였다. 서구 신학자와 차이가 없도록 노력하고, 그것이 실력 있는 신학자가 되는 지름길로 여겨졌다. 서구 신학자와 같은 방식으로 글을 쓰고 논쟁하고 인용하고 각주를 달았다. 모두 서구 신학자들로부터 배움을 받았다. 그러나 기독교의 가르침을 연구하는 방식을 달리하고, 기독교 신학자임을 인정해 주는 아시아적 기준이 있어야 한다.

4.3.2 신학하는 목적

신학은 기독교의 가르침을 배우고 연구하는 일체의 활동을 말한다. 우리가 신학하는 목적이 있다. 서구 신학은 신학의 대상을 객관화하는 것으로 특징된다. 신학의 대상을 객관화하기 위해서는 비평적인 학문방법을 활용한다. 전통적으로 아시아에서 학문하는 목적은 자기의 깨우침과 자기 자신의 변화다. 신학자 자신이 깨달음을 얻을 때 그것이 다른 사람들의 마음과 통할 수 있게 된다. 그래야 아시아 백성들이 관심을 가지고, 아시아 백성들의 호응을 얻는 신학이 된다. 백성들에게 전달되고, 읽혀지고, 들려지는 신학이어야 한다.

4.3.3 신학하는 방법

아시아 기독교는 독자적으로 신학의 학문성을 정하는 기준을 마련해야 한다. 학문적인가 아닌가를 서구적 잣대로 재면 곤란하다. 서구적 잣대는 서구의 세속 학문 방법론이다. 서구 신학이 기독교라는 종교를 탐구하는 학문이지만, 연구방법론은 서구의 일반 학문 영역에서 활용하는 방법론을 사용하고 있다. 서구 신학의 방법론과 경향을 따르고, 서구적 기준에서 학문성을 갖추려고 한다면 그것은 서구의 모방 신학에서 그칠 수밖에 없다. 우리는 서구 신학의 분석적, 학문적 틀과 기준을 따르지 않는 것은 신학다운 신학에 벗어나는 것으로 여기는 풍토에 익숙해 있다. 심지어 아시아 신학자들이 서구 신학을 방어하는 경향도 보였음이 사실이다. 그러나 이제는 아시아식 학문 방법론과 아시아식 스타일로 신학의 학문성을 확보해야 한다.

4.3.4 신학교육 방식

신학 교육에 있어서도 주체적인 기준과 방법이 고안되어야 한다. 우리가 신학을 어떤 목적으로 배우는지, 무엇을 배우는지, 어떻게 배우는지 하는 것들이 서구에 의해 규정되었다. 신학의 길로 들어서면 공식적으로 반드시 배우고 따라야 하는 규칙(formal academic requirements)이 있어서 일정한 신학의 틀이 유지되어 왔다. 그러한 규칙은 신학교육의 교과과정(curriculum)에 의해 전수되었다. 가장 핵심적인 규칙 가운데 하나는 글 쓰는 방식이다. 학사과정, 석사과정 및 박사과정은 결국 서구식 글쓰기 방식을 터득해 가는 일련의 과정이라고 해도 과언이 아니다. 우리는 신학적으로 글쓰는 방식을 바꾸어야 한다. 이는 신학하는 대상을 바꾸는 차원의 문제이다.

5. 결 론

지금 세계 기독교가 재편성되고 있다. 위기의 시대이면서 동시에 변혁과 갱신의 기회도 된다. 우리는 아시아 기독교의 현실을 직시하고 아시아 기독교가 나아갈 방향을 정확히 파악해야 한다. 그러면서 기독교가 아시아의 자리에 뿌리를 내리고 기독교가 아시아의 종교라는 말을 할 수 있는 시대가 도래할 수 있도록 신학적 역량을 집중해야 할 때이다. 아시아 신학의 틀을 모색하고, 서구 신학의 길드와 더불어 아시아 신학의 길드가 형성되어야 한다. 그렇게 형성되는 아시아 신학계는 기독교 진리를 연구하는 새로운 방법론과 새로운 관점들을 지지하고 격려하는 장(場)이 되어야 한다. 이제까지는 서구가 선생이었고 아시아는 서구로부터 배우는 학생이었지만, 앞으로 아시아가 서구에게 기독교 진리를 가르치고, 신학하는 방법론을 가르치고, 성경을 가르치는 시대가 올 것이다. 서구 신학이 서구 세계를 모판으로하여 세계 기독교의 발전에 기여를 해왔던 것처럼, 우리도 우리의 삶의 자리에서 뿌리를 내린 신학을 창안하여 세계 기독교의 갱신에 기여해야 할 시대가 되었다. 그때를 준비해야 한다. 聖書

디아스포라 디아코니를 위한 신학적 접근

김 옥 순*

1. 들어가는 말

오늘날 전 세계에 흩어져 사는 기독인을 디아스포라로 개념 규정할 수 있는 하나의 타당한 근거 가능성은 있는가? 또한 이들의 신앙적인 삶은 구체적으로 어떻게 나타나야 하는가? 흩어짐을 의미하는 그리이스 단어 '디아스포라'(Diaspora)는 크게 두 가지로 구분하여 볼 수 있는 바, 하나는 사회학적인 의미에서 민족적, 언어적, 그리고 풍습적인 고유성을 고양시키며 살아가는 소수인을 말할 수 있겠으며, 다른 하나는 흩어져 사는 지역 내에서 종교적인 의미에서의 소수인을 말할 수 있겠다. 전자는 인류문화학적인 측면에서 민족고유의 정체성을 유지하려는 타국내의 소수인으로 볼 수 있으며, 후자는 종교적인 면-기독교적 측면(가톨릭적 혹은 프로테스탄트적)-에서 상대적 다수인 비기독교인 전체와 비교된 소수인을 의미한다. 여기서는 후자인 디아스포라에 그 비중이 놓여질 것이다. 이는 '디아스포라'라는 단어가 종교적·신학적인 의미로 해석되어짐을 내포하며, 바로 거기에서 성서 속에 나타난 디아스포라에 대한 의미가 오늘날 새로운 디아스포라들에

---

* 두레해외연구원1기, 현 두레교회 목사

대한 의미해석의 지평을 넓혀 줄 수 있다. 그러므로 신학적인 의미에 있어서 오늘날 기독교인을 디아스포라로 볼 수 있는 가능성이 열리게 된다.

본 논문은 이러한 하나의 가능성을 전제로 하면서 디아스포라에 대한 '디아코니'(Diakonie)를 위한 신학적인 근거를 모색하는 시도가 될 것이다. 이는 전 세계에 소수 민족으로서 흩어져 사는 우리 민족이 어떻게 함께 사는 연대적인 공동체를 이룰 것인가 하는 질문에 대한 모색이 될 수도 있다. 함께 사는 연대적인 공동체를 이루기 위해서는 그 삶을 기초하게 하는 원리와 그 삶을 수행하는 실체가 필요하다. 전자를 위해서는 신학적인 원리를 디아코니의 관점에서 조명할 것이다. 후자에 대해서는 기본적으로 두 개의 주체가 상정되는 바, 이것은 한국교회와 타국의 디아스포라 한민족 교회를 말할 수 있겠다. 여기에서는 그 주체적 관점에 있어서 한국교회와 디아스포라 한민족교회가 함께 사는 삶의 공동체를 이루는 주체적인 파트너로서 암시되어지지만, 사실상 그 주체적 범위가 구체적으로 한정되지는 않을 것이다.

그 진행으로써 제1장에서는 기독교 디아스포라에 대하여 살펴보겠다. 여기서는 디아스포라 개념에 대한 설명과 함께 그 유형을 구분하여 신약성서를 중심으로 기술할 것이며, 디아스포라 신학을 서술할 것이다. 제2장에서는 기독교 디아코니에 대하여 신약성서를 중심으로 살펴보면서 디아코니 신학을 다룰 것이며, 제3장에서는 디아스포라 디아코니를 위한 신학적인 근거를 모색하면서 구체적인 몇몇 실천방안과 함께 그 과제를 제시할 것이다.

본 논문에서는 디아스포라를 위한 디아코니를 기독교적인 관점에서 조명하기 때문에 디아스포라에 대한 인류학적인 관점보다는 종교적 · 신학적인 관점에서의 접근방법을 수용할 것이다. 이 논문이 독일어권의 자료를 중심으로 하여 디아스포라에 대한 일반적인 신학적 의미와 디아스포라 디아코니에 대한 원론적인 신학적 이론접근에 주력한 반면, 각각 흩어져 있는 디아스포라 교회의 구체적인 상황에 대한 불충분한 자료로 인하여 그에 대한 상황 분석과 신학적인 반성을 토대로 디아코니를 모색하지 못했다는 점은 한계로 남아 있다. 따라서 한국교회와 디아스포라 교회가 서로 함께 섬기며 나누는 공동체적 삶에 대한 제안이 구체적인 상황을 반영하지 못할 수 있겠다. 이러한 모든 한계에도 불구하고 본 논문에서 시도되어진 내용이 앞으로 교회의 디아스포라 디아코니를 위한 구체적인 적용에 있어서 원론적으로나마 기여할 수 있다면 그 의의가 충분하다고 하겠다.

2. 기독교 디아스포라와 디아스포라 신학

2.1. 기독교 디아스포라 개념설명의 필요성과 그 유형들

2.1.1 디아스포라 개념 설명의 필요성

그리이스 단어 디아스포라는 흩어짐을 의미하는 말로써 우리가 기독교 디아스포라에 대한 개념을 이해하려면 먼저 디아스포라에 대한 몇몇 개념들이 설명되어야 할 것이다. 왜냐하면 기독교 디아스포라는 고대 이스라엘과의 의미 연관 속에서 함께 이해되어질 수 있기 때문이다. 그런데 디아스포라의 개념이 일반화된 보편적 개념으로 구약시대와 신약시대, 그리고 교회사 속에서 사용되었다기보다는 각각의 시대마다의 구체적인 사회문화적, 역사적, 그리고 정치사회적인 배경 아래서 사용되고 있다. 그러므로 디아스포라의 개념 이해를 위해서는 각 시대에 대한 구체적인 상황 인식이 필수적이라고 하겠다. 이는 곧 디아스포라 개념이 각 시대의 구체적인 상황 속에서 설명되어야 할 필요성을 던져주고 있다 하겠다.

이러한 인식을 바탕으로 디아스포라에 대한 유형은 다음과 같이 구분될 수가 있겠다. 먼저, 구약성서 관점에서의 이스라엘·유대적인 디아스포라와 초기 유대적 · 랍비적인 디아스포라, 둘째로 신약성서 관점에서의 기독교적인 디아스포라와 신학적인 의미에서의 기독교적인 디아스포라, 셋째로 교회의 시대에 있어서 교단 혹은 교파적인 디아스포라와 오늘날 새로운 에큐메니칼적인 디아스포라로 구분해 볼 수 있다.[1]

그러므로 우리가 기독교 디아스포라 개념을 이해하기 위해서는 각각의 시대적 상황 속에서 그 개념이 가지는 특징적인 차별성을 성서적인 고찰과 함께 신학적인 의미연관성 속에서 하나씩 상세히 살펴보아야 할 것이지만, 여기서는 대체로 신약성서 시대 이후의 기독교 디아스포라에 대하여 간략하게 다루어 보겠다.

2.1.2 기독교적 디아스포라의 유형들

신약시대의 기독교는 흩어져서 살아가야 하는 디아스포라에 대한 개념과 그 자의식을 유대교로부터 넘겨받는다. 그런데 신약성서 속에서 디아스포라 현상에 대하여 말하는 곳은 그리 많지 않다. 먼저, 명사형 '디아스포라'(Diaspora)는 세 군데에 나타나며(요 7:35; 약 1:1; 벧전 1:1), 동사형 '디아스페이레인/디아스코르피체인'(diaspeirein/diaskorpizein)은 네 군데에 나타난다(행 8:1; 8:4; 11:19; 요 11:52).[2] 이와 같이 언급된 곳에서 명사형 '디아스포라'와 동사형 '디아스페이레인'은 하나의 통일된 의미로 사용되지 않았다. 오히려 그것은 세 부분의 디아스포라 개념을 인식시키는 바, 먼저 지리적–민족적인 의미에서의 '유대적 디아스포라'이며(요 7:35), 둘째로 지리적–민족적인 의미에서의 '기독교적 디아스포라'이고(행 8:1; 8:4; 11:19), 마지

---

1) L. Ruppert, "Diaspora und Oekumene aus der Sicht des Alten Testaments", in: F.G. Untergassmair/ H.J. Urban (Hg.), *Zum Thema "Diaspora und Oekumene"*, Paderborn 1986, pp.86~87.

2) F.G. Untergassmair, "Diaspora und Oekumene aus der Sicht des Neuen Testaments", in: F.G. Untergassmair/ H.J. Urban(Hg.), 위의 책, p.28. 비교: F. Lau, Art. "Diaspora II. Evangelische Diaspora", in: *3RGG II*, 1961, p.178.

막으로 전승된 신학적인 의미에서의 '기독교적 디아스포라'3)이다(약 1:1; 벧전 1:1). 여기서는 이 세 부분에 대하여 간략하게 살펴볼 것이다.

가. 지리적-민족적 의미에서의 유대적 디아스포라

구약성서의 그리이스어 성서 번역인 70인역(LXX)에는 디아스포라가 12회 나온다.4) 이것은 모든 곳에서 이방 민족 가운데 흩어져 사는 유대인에 대한 전문적인 표현이다. 그들은 전 세계 - 세 대륙(사11:11)5) - 에 흩어져 있음에도 불구하고 그들의 상호 귀속감과 통일적인 자의식을 고수하였던 소수들이었다. 이러한 그리이스 성서의 디아스포라는 히브리 단어인 끌려감, 추방, 볼모로 잡힌자, 유배, 추방된 자 등을 가리키는 말의 번역으로서 바빌론 포로 내지 망명 가운데에 있는 유대인들을 일컬었다.6) 그러나 이스라엘적-유대적인 디아스포라는 이 시기보다 훨씬 더 오래전인 앗수르 유배 시기에 나타난다.7) 이들은 후기에 페르시아제국과 이집트에 의해 디아스

---

3) 이에 대해 운터가스마이어(F.G. Untergassmair)는 이들을 아직 하늘의 고향에 들어가지 못한 비기독교인들 가운데 전 세계에 흩어져 사는 기독교인들로 본다(F.G. Untergassmair, 위의 글, 위의 책, p.86).

4) L. Ruppert, 위의 글, 위의 책, p.11; 비교: 셀름즈에 따르면 디아스포라란 단어가 70인 역본에서는 히브리어 '흩어짐, 분산됨'(니따흐:niddah)의 번역으로서 발견된다고 본다(신 30:4; 느 1:9; 시147:2). 특히, 그리이스어 동사 'diaspeirein'의 사용은 60회로서 더 자주 나타나는 바, 히브리어의 '푸스'(pus)의 형태로 30회, 그리고 히브리어 '나파스'(napas)와 관련된 형태로 5회를 재구성하였다. 이들은 히브리어 '차라'(zara)에 대한 것으로 9회, 그리고 '나다흐'(nadah)에 대한 것으로 5회 등이다(A.v. Selms, Art. "Diaspora I. Juedische Diaspora. 1.-6. Im Altertum", in: *3RGG II*, 1963, pp.174~175).

5) L.A. Sinclair, Art. "Diaspora. I. Israelitische und juedische Diaspora. I/1. Alttestamentliche Zeit", in: *TRE* 8, 1981, p.709.

6) L. Ruppert, 위의 글, 위의 책, pp.10~11. 루퍼트는 구약성서 안에서의 디아스포라에 대한 이해를 위하여 라틴어 성서 번역 속에서 라틴어 단어 'ex(s)ilium'를 상정하고 있는데, 이 단어는 정치적인 이유 때문에 강제적으로 조국을 떠나 외지에서 거주하는 것으로서 추방 또는 망명을 의미하는 것이다. 루퍼트는 이러한 상황에 상응하는 히브리어 단어들 세비(sebi), 골라(gola) 그리고 갈루트(galut)에 관심을 기울인다. 이와는 달리 셀름즈(A.v. Selms)는 히브리어 갈라(gala)와 골라(gola)는 어느 곳에서도 디아스포라로 번역되고 있지 않다고 본다(A.v. Selms, 위의 글, 위의 책, p. 175).

7) L.A. Sinclair, 위의 글, 위의 책, p.709.

포라의 유배생활을 계속하였다.

구약성서 속에 그 뿌리를 가지고 있는 유대적 디아스포라는 그리이스-로마세계에 있어서 구약성서적-유대적인 배경을 가진 헬레니즘적인 유대교를 전제로 하고 있다. 그리이스어를 말하는 유대인들에게 있어서 디아스포라에 대한 이해는 팔레스틴 고향땅 밖에서 살고 있는 그들의 가족이나 권속들을 일컫는 것이었다. 헬레니즘 시대에 유대인의 흩어짐은 지중해 전역을 걸쳐 로마제국의 국경에까지 이르렀다. 이 당시에 팔레스틴 밖의 유대적인 회당은 150여 곳으로 추정되었다.[8] 카셔(A. Kasher)에 의하면, 헬레니즘 시대에 팔레스틴에서는 유대인들이 특히 그들의 정치적인 입장 때문에 어려움에 봉착하게 되었으며, 주전 302~301년부터 포로들을 노예로 팔리기 시작하였고 시리아 전쟁에 의해 중단되는 주전 198년까지 계속되었다고 본다.[9] 그의 연구에 의하면[10], 특히 안티오쿠스 에피파네스 아래서의 정치적 박해는 이들이 땅을 버리고 떠나는 아주 중요한 근거가 되었다. 이밖에도 종교적인 이유에서 유대인들이 로마로부터 추방당하여 흩어지게 되는데, 주전 139년에 처음으로, 그 다음에는 주후 19년, 그리고 마지막으로 주후 49년에 이른다. 물론 그 추방자의 숫자는 밝혀지지 않고 있다.

이러한 이스라엘-유대적인 망명 생활에 대한 그들의 신학적 반성은 다음과 같다. 먼저, 계약의 책(출 20:22~23:19)에 의하면 야훼의 자기 백성에 대한 심판으로서, 이스라엘에 대한 하나님의 징벌로 이해되었다(비교: 암 2:6~8; 3:9~11; 4:1~3; 5:7; 5:10~15; 호 2:4~15; 2:18~19; 4:7~19; 5:3~7; 7:16; 9:1; 11:2; 12:12; 왕하 17:7~23. 비교: 왕하 21:10~15). 둘째로 이스라엘

---

8) L. Ruppert, 위의 글, 위의 책, p.28.
9) A. Kasher, Art. "Diaspora. I/2. Fruehjuedische und rabbinische Zeit", in: *TRE* 8, 1981, p.712. 역사가 요세푸스에 의하면 이 당시에 노예로 팔려간 숫자가 10만명이 넘는 것으로 추정된다(Josephus, Ap I, pp.205~211, 위의 글에서 재인용).
10) A. Kasher, 위의 글, 위의 책, p.713.

의 디아스포라는 야훼에게로 돌아옴에 대한 가능성이라고 보았다. 신명기 사가들에게서 나타나는 이스라엘의 망명생활로서의 하나님의 채찍은 패역한 그들이 회개하면서 그 채찍을 수용할 때에 그들을 진정으로 하나님에게 돌아설 수 있도록 해주는 절대적으로 필요한 징벌이었다.[11] 셋째로, 디아스포라는 하나님의 백성으로서의 삶의 양식이라고 이해되었다. 즉, 망명생활 중에 있는 하나님의 백성으로서 유대인은 바빌론 거주민과는 다르게 하나님 적대세력인 우상숭배와 세상권력의 힘인 바벨에 대항하는 삶의 양식을 가지는 것이다(비교: 렘 51:20~26). 마지막으로, 망명생활의 디아스포라는 선교적인 임무로서 이해되었다(사 42:6; 49:6; 42:4; 52:13~53:12). 이와 같이 이스라엘은 야훼의 기업이며 하나님 백성의 구원의 도구로서 역사의 마지막 구원의 때에 머물고 있다. 이러한 것들은 이스라엘-유대인들의 디아스포라에 대한 자의식이기도 하였다.

결론적으로 이스라엘-유대적인 디아스포라에 대한 신학적인 반성은 하나님 백성의 망명생활(디아스포라)을 하나의 무조건적인 숙명으로서 보지 않는다. 이는 오히려 하나님 백성의 신앙을 위해 철저한 의미를 가지는 바, 하나님에 의해서 주어진 선물로서 속죄의 길로 가는 하나의 가능성이다. 하나님의 구원의 행동이 우선적으로는 하나님 백성 자체에게 나타나며 나아가 이스라엘이 흩어져 사는 이방민족들에게 나타난다. 이스라엘 편에서는 그들의 망명생활 내지 디아스포라의 삶을 많은 민족들 가운데 야훼의 증인들이 되는 것으로 이해하였다.

나. 지리적-민족적 의미에서의 기독교 디아스포라

신약성서적인 하나님의 백성으로서 디아포라의 외부적인 발전은 사도행전에 나타난 동사 '디아스페이레인'(diaspeirein)(8:1,4; 11:19)과 관련하여

---

11) L. Ruppert, 위의 글, 위의 책, p.19.

생각해 볼 수 있겠다. 특히, 사도행전 8장 1절 하반절과 4절을 살펴보면, 어느 날 예루살렘 교회 공동체에 심한 박해가 일어났고 사도들을 제외한 모든 사람들이 유다와 사마리아 지경에로 흩어졌다. 나아가 스테판의 박해사건이 생긴 이후 그들은 북동쪽 인접국가인 페니키아와 싸이프러스와 시리아 안티오크까지 흩어졌고, 그들은 유대인들에게만 복음을 전했다. 그들 가운데 싸이프러스와 키레네 출신인 몇몇 사람은 그들이 안티오크로 갔을 때 헬라 사람들에게 예수 그리스도에 관한 복음을 전했다(행 11:19 이하). 이와 같이 모국 팔레스틴 내지 모 교회인 예루살렘 공동체에서 볼 때에, 예루살렘과 팔레스틴지역 밖에서 생겨난 기독교 공동체들은 유비적으로 지리적-민족적인 의미에서의 유대적 디아스포라들로서 이해되었다.

다. 전승적-신학적 의미에서의 디아스포라

신약성서의 야고보서 1장 1절 "하나님과 주 예수 그리스도의 종인 야고보는 흩어져 있는 12지파에게 문안인사를 한다"에 사용된 명사형 디아스포라의 개념을 지리적-민족적인 의미에서 해석하려는 입장이 있으나[12], 루돌프 슈낙켄부르그(R. Schnackenburg)는 이 본문이 지리적-민족적인 의미에서가 아닌 전승적-신학적인 의미에서 해석되어져야 한다는 입장이다.[13] 그에 의하면 먼저, 이 편지는 명사형 디아스포라가 전승적-신학적인 의미에서 사용되어진 베드로전서(1:1)와 같은 시기에 쓰여진 것으로 볼 수 있다. 둘째로, 구약성서 속에서 이스라엘이 12지파로 불리워 졌는데, 이 12지파는 신약성서 시대에 있어서는 종말론적 이스라엘로서 신약성서의 하나님의 백성으로서 전승되었다. 이러한 신약성서적 하나님의 백성은 기독교 공동체와 디아스포라 공동체 안에서 수용되어졌다. 그러므로 12지파

---

12) F. Mussner, *Der Jakobusbrief.* HThK XIII/1, Freiburg/ Basel/ Wien 1975, pp.61~63.

13) R. Schnackenburg, "Gottes Volk in der Zerstreuung", in: *Schriften zum Neuen Testament,* Muenchen 1971, p.331.

에 대한 변화는 더이상 유대의 단어적인 의미 속에서 이해되어져서는 안 된다. 마지막으로 야고보서 1장 27절과 4장 4절~5절은 영적인 디아스포라 실존에 대하여 생각해 볼 수 있도록 한다. 이 편지 서문에서 나타나는 디아스포라는 전승적-신학적인 의미로 사용되었다고 볼 수 있다.

베드로 전서 1장 1절에 나타나는 명사형 '디아스포라'에 대하여 대부분의 주석가들은 이 때의 디아스포라를 신학적인 의미로서 하나의 수신자 공동체들의 표시로 이해한다. 이 디아스포라는 의미 연관적으로 나그네, 행인, 그리고 외인 등으로 나타나며(벧전 1:17; 2:11 등), 그들은 그들이 살고 있는 지역에서 하나님을 경외하는 삶에로의 변화를 촉구받고 있다. 즉, 기독교 공동체들은 나그네로서 행인처럼 이 세상에서 살아야 하며, 이 세상적인 기구 속에서의 기독교인의 위상은 변화된 가치와 척도를 가지고 사는 데에서 나온다. 기독교인은 국가의 시민으로서 혹은 자유인으로서 가정과 사회에서 모든 책임을 그 사회와 국가와 함께 수행해야 한다. 그러나 그들은 그들의 진정한 고향이 이 세상 가운데 있는 것이 아니라 타자를 위한 사랑의 활동을 통해 그들의 구원과 미래를 기다리는 바로 그 곳에 있음을 이해하여야 한다.14) 그러므로 베드로전서 1장 1절 이하에 나타나는 기독교 공동체들은 이 세상에서 나그네로 살아야 하는 것이지, 이 세상을 지배하고 다스리는 것이 아니었다.

구약성서의 다아스포라와의 연관성 속에서 기독교적인 디아스포라의 실존은 하나의 새로운 역할을 위임받는 것이 중요한 관건이다. 구약성서의 유대적-디아스포라의 의미가 영적이고 신학적인 의미에서 이해되며, 이 세상에서의 그들의 위치는 탁월하고 높은 선택과 거룩함의 결과로 이해되었다.

---

14) W. Schrage, "Der erste Petrusbrief", in: ders., *Die katholoschen Briefe, NTD 10*, Goettingen 1973, p.85.

특히 구약의 성법전(레 17~26장)에 나타나는 선택사상이 이 세상 가운데 하나의 특별한 규정됨 내지 나그네로 결과되어 이야기되어지고 있다고 한다면, 베드로전서에 나타나는 나그네란 이 세상에 맞서서 하나님의 백성으로서 도상에 흩어져 있는 낯선 나그네를 말하는 바,15) 그들은 이 세상적인 질서의 일상적인 현실 속에서 일탈하여 소외되거나 폐쇄적으로 머무는 것이 아니라 그것을 비판하고 변화시키는 참여자로 사는 것이다.

오늘날 디아스포라에 대한 일반적인 이해는 그렇게 쉽지 않은 것이 사실이기는 하지만, 새로운 의미에 있어서 디아스포라 개념은 비 기독교적인 다수에 대하여 소수가 된 기독교인을 의미하는 것으로서, 모든 교파들의 내부적인 경계를 넘어서 넓은 의미에서의 하나의 전체 기독교로서 이해될 수 있다. 이는 곧 기독교인은 비기독교 세계에서 서로 함께 연합함을 요청받고 있다는 의미이기도 하다.

결론적으로, 기독교적인 디아스포라는 흩어진 자들이 함께하는 통일성 속에서 강해졌으며, 이러한 통일성으로 세상 속에서 그들의 임무를 수행하였다. 그러므로 그리스도의 교회를 고백하는 자로서 디아스포라들은 삼위일체적으로 기초되어진 예수 그리스도의 교회의 가시적인 통일성을 향해, 에큐메니칼 운동으로 함께 이 세상 속에서 서로 주는 자와 받는 자로서 서야 할 것이다. 교회와 기독교인은 예수의 사랑에 의한 죽으심을 통하여 하나님의 택함받은 자로서의 디아스포라이며 이것은 우리를 이러한 죽음에로 부르는 바, 산상수훈에 나타난 순종의 길에로의 부르심이다(마 5:16,20). 이러한 순종의 길은 동시에 이 세상에서 디아스포라 나그네가 되는 것을 말한다.16) 이것이 바로 신학적인 의미에 있어서 디아스포라이며(빌 3:20; 골

---

15) W. Schrage, 위의 책, p.64.

16) L. Goppelt, "Der theologische Sinn der Diaspora nach dem Neuen Testament", in: *Jahrbuch des Martin-Luther-Bundes 12*, 1964, pp.31~32.

3:1~3; 히 4:2~3), 기독교적 디아스포라의 실존인 선교적·디아코니적인 실존적인 삶이다(벧전 2:11~3:7).

2.2 디아스포라 신학

디아스포라와 관련하는 교회에 대한 신학적인 모색은 디아스포라 개념 규정의 범주 속에서 크게 두 가지로 나누어서 진행될 수가 있겠다. 하나는 전승—신학적인 의미에서의 디아스포라로서 보편적인 교회를 말하는 것과 관련된 신학적인 작업이며, 다른 하나는 '지금, 여기에'라는 구체적인 상황 속에서 소수로 흩어져 있는 교회와 관련된 것이라 할 수 있다. 그런데 이 양자는 서로 완전히 분리될 수 있는 것은 아니다. 그러므로 디아스포라 신학은 보편적인 교회론이 각각의 디아스포라 상황에 따라 구체화되는 교회를 위한 신학이 되어야 한다.

2.2.1 디아스포라 신학의 출발점

디아스포라 신학은 디아스포라들의 상황을 도외시한 추상적인 이론으로만 남을 수는 없다고 할 수 있다. 왜냐하면 디아스포라는 교회의 실존에 속한 하나의 현상으로서 다양한 외부적인 환경에 근거한 디아스포라의 실체이기 때문이다. 그러므로 디아스포라 신학의 모색은 디아스포라의 구체적인 상황으로부터 나오며 그들의 구체적인 상황에 맞는 실천을 위한 신학적 작업이 되어야 한다. 이 때에 구체적인 상황이라 함은 역사적, 사회적, 문화적, 정치적, 경제적인 상황 등을 말하며, 디아스포라 신학은 항상 역사적, 사회적, 시간적, 공간적으로 조건지어진 환경 속에서 구체적인 교회의 활동과 함께 반성되고 발전되어 가야 하는 것이다. 이것이 디아스포라 신학의 출발점의 상황이며 동시에 그 반성적 환경이기도 하다.

디아스포라에 대한 신학적인 반성은 역사적 상황에 대한 숙고와 교회의 구체적인 활동이 항상 함께 생각되어야 한다. 이때에 신학적 반성으로 중요한 관건은 위협당하는 구체적인 상황을 성서로부터 해석해내는 것이며, 이는 다시 이러한 상황을 극복하는 데에 도움이 되는 신앙적인 해석이 되어야 한다. 방법론적으로는 각각 다른 디아스포라의 상황이 역사적, 정치적, 문화적, 신학적인 원인과 조건들 속에서 기술되어질 수 있다. 그리고 구체적인 도움의 근거가 성서와 개신교 신학적인 범주에서 해석되어지고, 교파들 사이의 디아스포라 문제에 대한 대화와 함께 그 평가가 상정될 수 있다.

2.2.2 디아스포라 신학의 기독론적–교회론적 지평

오늘날 기독교와 관련하는 디아스포라는 대체로 교파적으로 규정한 교회의 소수인의 상황, 혹은 비기독교인들 또는 다른 종교들 가운데 소수인으로서 교회 내지 교회공동체로 이해되는 바, 이러한 디아스포라의 이중적인 관계는 신학 안에서 디아스포라에 대하여 이야기되기에 교회의 요소들이 반드시 고려되어야만 한다. 그러므로 디아스포라에 대한 숙고는 교회의 본질, 의미, 임무와 관련되어야만 한다. 그런데 교회는 예수가 선포했고 그가 구체적으로 활동하신 하나님 나라에 대한 완성적 도래를 고대하며 이에 불리움을 받고 있다. 이는 디아스포라에 대한 신학적인 숙고가 구체적인 상황과 관련하여 기독론적–교회론적 지평에서 반성되어야 할 당연성을 보여주는 것이라 하겠다.

가. 기독론적 지평 – 교회의 기초로서의 예수 그리스도의 대리성

신앙인들이 함께 고백하는 신앙고백은 우리의 구원을 위하여 예수가 하늘로부터 인간의 몸을 취하여 인간이 되셨다는 것과 우리를 위해 십자가를 지셨다는 것이다. 예수 그리스도가 '우리를 위하여', '모두를 위하여' 하신 일은 모든 신앙인들이 함께 고백하는 신앙고백에 속하며 이는 성서에 확고하게 근거되었다. 예수의 '우리를 위하여' 곧, 그의 대리성은 우리가 그 자

리에서 하나님과 인간에 대하여 말할 수 있는 자리이며 장소이다. 이러한 대리적 섬김이 바로 각자 신앙인과 교회의 실존을 위한 근거요, 기초가 되는 것이다. 교회와 신앙인은 '모두를 위하여'(Fuer-alle)의 계명 아래 있으며, 예수 그리스도로부터 그들이 구체적인 일을 수행할 수 있는 것이다. 이것이 하나님의 구원 계획이며 구원의 의지이다.

예수 그리스도는 대리적 섬김 속에서 '모두를 위하여'에 대한 현재화로서 구체적인 공동체를 실현하셨다. 그의 공동체 안에서 현재화된 예수는 신앙인들의 모임 속에서(마 18:20) 교회의 주로서 현재하고 계신다. 이는 '우리를 위하여'란 대리성이 '우리와 함께'라는 공동체의 연대성을 만들어준다. 이러한 그리스도의 현존은 교회와 어려움 속에 있는 디아스포라들에게 능력을 준다. 교회는 그리스도의 현존에 대한 표지이며, 그리스도 자신이 교회의 핵심이며 내용이다. 예수 그리스도의 현재화된 표시로서 교회는 자신을 위하여가 아니라 하나님 나라를 위하여 존재한다. 오는 하나님 나라의 능력은 활동하는 그리스도가 그의 교회 안에서 이미 실제적으로 현재화되었다. 그러나 교회는 단지 하나님 스스로가 수행하시는 하나님의 주권성을 위한 도구요 표시일 뿐이다.[17] 이는 신앙인의 모임 속에서 구원의 활동이 현재화되는 기초를 우리에게 주며, 우리를 하나님 나라의 궁극적인 도래에로 이끈다.

요한복음 11장 52절을 보면 예수는 백성을 위해서 죽으셨으며 이는 곧 흩어진 하나님의 백성을 다시 모으기 위해서이다. 여기서 예수의 구속의 죽음은 대리적 속죄로서 그리고 우주적 지평에서의 종말론적 모임임을 보여준다. 이러한 흩어진 자들의 종말론적 모임은 요한복음 기자에 의하면 교회

---

17) G. Gassmann, "Kirche als Sakrament, Zeichen und Werkzeug. Die Rezeption dieser ekklesiologischen Perspektive in der oekumenischen Diskussion", in: *Die Sakramentalitaet der Kirche in der oekumenischen Diskussion. KKSMI 15*, Paderbon 1983, pp.171~201.

와 관련하는 것이다. 루돌프 쉬낙켄부르그(R. Schnackenburg)는 유대인과 이방인으로부터 나오는 하나의 교회의 모형을 상정하는 바, 흩어진 이스라엘의 모음에 대한 옛 모형은 하나님의 선택된 모든 백성들에 의해서 우주적인 지평으로 고양된다.[18] 흩어진 자들의 모임으로서, 그리고 그들의 통일로서 교회의 '되어져 감'은 하나의 역동적인 과정으로, 마지막 때에 그 역동성의 완성을 가져오게 된다. 이러한 완성을 향한 목표는 모든 기독인에게 공동의 희망이며 하나의 지속적인 자극제가 될 수 있는 것이다.

나. 교회론적 지평 – 성령 안에서 종말론적 희망

신학적인 의미에서의 새로운 디아스포라 개념은 교파적인 차원을 넘어서는 관점을 가져야 한다. 이를 위해 먼저 모든 교파적인 공동성을 확보해야 한다. 그때에 교회와 교회공동체가 공유하는 신학적인 기초와 그들의 공동의 목표가 관건인 바, 그들은 모두 도상에 있는 자들이며 이러한 실존에 의해 그들 공동의 희망이 오늘 이미 이루어져 가고 있는 것이다. 이러한 공동적 기초는 예수 그리스도이다. 모두를 위한 그의 구속의 죽음이 신앙인들의 모임 가운데 영향으로서 나타나는 것은 성령의 활동이다.

그리스도의 교회 안에서 오순절 성령사건은 모든 갈라짐과 흩어짐을 극복하는 것처럼 보인다. 그리스도의 몸의 지체로서 교회는 예수 그리스도의 전체적인 생명의 신비속에서–그의 사역과 죽음, 부활–영의 보내심을 통해 성령론적으로 특수화된 존재이다. 그러므로 교회는 성령의 카리스마적인 은사를 교회의 삶의 근거로서 가지며 성령의 능력 안에서 하나되는 공동체를 이루어야 한다.[19] 그리스도의 영은 교회 공동체 안에서 활동하며 미래를 향하여 개방하는 것으로서 교회는 신앙인들에게 성령론적인 기초 위에

---

18) R. Schnackenburg, "Das Johannesevangelium", in: *HThK* IV/2 1971, p.452.
19) K. Kasper, "Die Kirche als Sakrament des Geistes", in: ders./G. Sauter(Hg.), *Kirche – Ort des Geistes. Kleine Oekumenische Schriften 8*, Freiburg pp.13~55.

공동의 희망 목표를 가지도록 해야 한다. 이때에 공동의 목표는 교회가 모든 흩어진 하나님의 자녀들의 모임이며, 하나님 나라의 궁극적인 도래와 종말론적으로 완성될 성도들의 공동체에 대한 희망이라고 할 수 있다.

신학적인 의미에서 디아스포라 교회가 선택사상을 자신의 정체성으로 할 때에 이러한 선택이란 모임과 동시에 흩어짐이다. 양자는 따로 떼어서 생각될 수 없는 것이다. 모든 교회의 본질(말씀선포, 친교, 봉사)과 모든 교회적인 실존의 형태(평신도, 성직자 섬김의 일과 직무들)는 모임과 흩어짐의 삶의 리듬을 통해서 규정되어야 한다. 모이고 흩어지지 않는 교회는 죽는다. 이러한 교회는 그들의 빛을 발하는 능력을 상실하게 되고 게토화되어 생명력을 가지지 못한다. 또한 모이는 일을 과소평가하며 밖으로만 향하는 교회는 능력의 중심과 방향성을 잃게 된다. 이러한 것은 모든 교회에게 유효하다.

3. 기독교 디아코니와 디아코니 신학

3.1 기독교 디아코니

3.1.1 디아코니에 대한 개념설명과 그 정의

가. 디아코니의 성서 어원적 설명

독일어 '디아코니'(Diakonie)란 단어는 먼저, 어원적으로는 신약성서 가운데 나타나는 그리이스어의 동사형 '디아코네인'(diakonein) 그리고 명사형 '디아코니아'(diakonia)와 '디아코노스'(diakonos)와 관련되어 있다. 이는 의미적으로는 구약성서, 신구약 중간시대의 문헌들과 신약성서와 관련하여 우리말의 쓰임 가운데 섬김이라는 말의 총 집약으로서 구체적으로 나타나는 신앙인의 삶의 양태이다.

먼저, 그리이스어 동사 '섬기다'(diakonein)는 신약성서 속에서 37회 쓰였고, 이는 신약시대 이전 그리이스 주변에서 오랫동안 세속적인 의미에서 '식탁에서 시중든다'는 의미로 사용되었다. 여기로부터 파생되는 보다 광범위한 그 의미는 생명에 관건이 되는 일을 하는 것, 즉 생계부양을 의미하는 바, 그 범위는 좁은 울타리를 넘어 넓은 분야까지도 포괄하는 생계부양의 의미로 이해되었다. 명사인 '섬김 또는 일'(diakonia)의 사용은 34회, 그리고 다른 한편으로는 명사로서 '종 또는 섬기는 자, 일꾼'(diakonos)으로 29회 사용된 바[20], 대부분 바울 서신에서 쓰이고 있는 명사형 diakonos는 바울이 자신의 사도적 직무를 나타내는 표현으로 사용하였고, 예루살렘 교회를 위한 모금에 대한 것에는 diakonia를 사용하였다. 신약성서에서 명사형 (diakonia, diakonos)과 동사형(diakonein)의 쓰임을 본문별로 구분해 보면, 공관복음에서는 동사형이 거의 사용되었고 단지 누가복음 10장 40절에서 명사형 'diakonia'가 나온다. 이와는 대조적으로 바울 서신 가운데 대부분은 명사형 'diakonia'와 'diakonos'가 사용되었다.[21] 그리고 명사적 또는 동사적 사용 용법에 따라 다양한 강조점과 각각의 차이 있는 뉘앙스를 가진다. 그런데 명사의 쓰임인 섬김(diakonia)은 그리이스-헬라 세계에 있어서는 거의 긍정적인 의미로 쓰이지 않았다. 왜냐하면 그리이스 사고에서 섬김은 굴종적인 행동으로 간주되었기 때문이다. 이에 대한 그 증거로는 구약성서를 그리이스말로 번역한 70인역(LXX)에 잘 나타나고 있다. 즉, 구약성서에서 자주 사용된 '섬기다', '섬김', '종' 등의 단어들에 비해서 Septuaginta에는 그러한 말들이 그리이스말의 'diakonein'이나 'diakonia' 등으로 거의

---

20) O. Merk, "Aspekt zur diakonischen Relevanz von Gerechtigkeit, Barmherzigkeit und Liebe", in: G.K. Schaefer/Th. Strohm (Hg.), *Diakonie - biblische Grundlagen und Orientierungen. Ein Arbeitsbuch zur theologischen Verstaendigung ueber den diakonischen Auftrag*, Heidelberg 1990, p.146.

21) Ibid..

번역되지 않는다.[22]

구약성서에서 사용된 '섬기다', '섬김', '종'이라는 단어 가운데 대부분의 히브리어 명사형 '섬김'에 대한 히브리말의 표현 방법은 그리이스말의 '섬김'과는 다른 뉘앙스를 준다. 즉, 그것은 한편으로는 하나의 종속적인 관계의 표현으로서 노예의 섬기는 일과 관련하며, 다른 한편으로는 보다 강력한 종교 의식적인 섬김을 말하는 바, 예전 또는 예배와 관련하여 사용된다. 그러므로 구약성서에서의 섬김은 그 강조점이 일반적으로 인간들 사이의 관계에 대한 규율에 놓여 있다기보다는 주로 종교 의식적인 의미와 관련해서 하나님을 섬기는 일에 그 비중이 있는 것으로 볼 수 있다.[23] 그런데 이때 하나님을 섬기는 일로서의 종교 의식적 행위는 특히 계약법에서는 약자를 위한 보호, 정의의 실천과 동등한 가치를 가진다.[24] 그리고 구약성서의 헬라어 번역을 통해서 섬김에 대한 다양성이 나타나는데 이때의 그 섬김의 고유성은 그리이스-헬라 사고와는 달리 일반적으로 하나님을 신앙하는 관련성 속에서 이해되어야 한다.

나. 디아코니 개념정의

디아코니 개념 정의를 위하여 신약성서에 나타나는 단어만을 대상으로 하는 것은 충분치 않으며, 구약성서의 섬김에 대한 내적 연관성 속에서 그 의미가 규정되어야 할 것이다. 다시 말해서 하나의 디아코니적인 차원이 신약성서 안에 명백히 규정된 본문에서뿐만 아니라 신약성서 안에 전체적으로 내재해 있다면, 그것은 역시 구약성서에도 유효하다. 왜냐하면, 만일 기독교가 신구약의 연속성의 문제를 놓고 신학적 중심 주제를 전체적인 맥락

---

22) Ibid..

23) O. Merk, 위의 글, 위의 책, pp.146~147.

24) F. Cruesemann, "Das Alte Testament als Grundlage der Diakonie", in: G.K. Schaefer/ Th. Strohm(Hg.), 위의 책, p.78.

에서 파악한다면, 구약성서 속에 머물고 있는 주제가 이미 신약성서의 전제라는 유효성을 가질 수 있기 때문이다. 만일 이러한 유효성이 인정되지 않는다면 옛것과 새것에 대한 연속성이 상실될 수밖에 없다.

그러므로 신구약성서에 나타난 섬김의 의미 전체를 포괄하는 '디아코니'(Diakonie)의 개념은 다음과 같이 정의할 수가 있다. 디아코니란 우선적으로 하나님을 섬기는 일로서 복음을 받드는 사도적인 봉사와 함께 이웃과 세상을 섬기는 것이다. 그 내용으로는 인간들 사이에 개인적 혹은 사회적 관계 속에서 고통 당하는 사회적 약자들에 대한 생명보호와, 법적이고 제도적인 장치를 통해서 그들의 권리를 찾아 사회적 주체로 일으켜 주는 일이다. 이는 개인구원과 사회구원, 그리고 생태계 전체를 포함하는 창조 세계 전체의 총체적인 구원을 말한다. 다시 말해서 디아코니는 이를 위한 하나님의 말씀에 대한 교회의 행동화이며, 기독교 신앙인의 그 말씀에 대한 실천적인 삶의 외연화이다. 이는 개인적인 돌봄에서부터 기구적인 것과 시설에 이르기까지 다양한 형태를 가질 수 있다.

3.1.2 신약성서 속에서 기독교 디아코니

신약성서에 나타난 디아코니는 예수 그리스도에게 그 근거를 가지는 바, 예수 그리스도는 디아코니를 구약의 척도에 따라 그의 말씀과 삶 속에서 전승하고 확장시켰을 뿐만 아니라 전체적인 언약을 성취함으로써 구약시대의 디아코니 활동과는 질적으로 차이가 있는 새로움을 함께 가져왔다.[25] 예수 그리스도의 디아코니의 질적 특성은 "내가 이 세상에 온 것은 섬김을 받으려 함이 아니라 도리어 섬기려 하고 목숨을 내 주어 많은 사람을 대속하려

---

25) 비교: 구약성서와 고대 유대교 안에서 디아코니는 이스라엘에게는 하나님의 정의와 자비, 그리고 사랑과 긍휼이 연관된 신학적인 반성으로 나타나고 있다. 이는 이스라엘의 디아스포라 상황과 함께 자비로운 행동을 통한 속죄사상과 공덕사상으로 발전해 갔으며, 예수 당시의 유대인 바리새파는 그들의 자비로운 행동이 형식과 외식에 머무는 종교적인 관료주의 형태를 초래하였다.

함이라"(막 10:45)는 진술에 잘 나타나 있다. 예수의 섬김은 십자가에서 그의 목숨까지 내어주는 희생이었고 그의 전체적인 보내심의 특징이 바로 섬김에 있는 것이다.

예수 그리스도는 그의 말씀선포와 사역 그리고 십자가에서의 인류를 위한 희생적인 대리적인 죽음을 통해 섬김과 봉사의 원형이요, 모범이 되었다. 그리고 그의 인류를 위한 구속사건은 정의와 자비와 사랑에서 성장한 섬김의 결정체이다. 정의와 자비와 사랑은 바로 섬김의 기본질서에 대한 본질이다. 섬김의 특성에 의해 각인된 그리스도의 질서는 권력과 힘에 의한 지배의 위계 질서가 아니라 단지 인간과 만물에 대한 하나님의 주권성의 지배이다. 이때의 하나님의 주권성은 힘있는 자가 일방적으로 휘두르는 권력이 아니라 서로를 섬기고 돌봄을 통해서 얻는 통치이다.[26] 종으로서 그리스도의 승리는 기독교인이 죽음과 죄로부터의 해방을 경험하는 것과 함께 세상의 모든 억압과 고통으로부터 해방되는 기독교 공동체의 절대적인 자유를 의미한다. 여기서 기독인의 자유는 불의한 세상 권력에 항거하여 정의로운 사회 질서를 세우는 일로 향하는 자유이다. 이러한 예수의 섬김의 유효성은 우주적이다. 왜냐하면 그는 모든 만물에 유효하기 때문이다. 이는 기독교의 봉사 활동이 예수 그리스도의 사랑으로부터 출발하는 것에 대한 강조임을 의미한다고 볼 수 있으며, 나아가 이 지구 위에 있는 온 인류에 대한 경계선 없는 우주적인 사랑의 활동에 대한 요구이기도 하다. 여기서 우리는 디아코니의 영성으로서의 예수의 사랑과 디아코니의 영역으로서의 온 세상을 발견하게 된다.

원시기독교 공동체 안에는 예수의 살아 계신 동안의 발자취를 섬기는 자

---

26) P. Philippi, *Christozentrische Diakonie. Ein theologischer Entwurf*, Stuttgart 1975, pp.110~114.

(christos diakonos)로 규정하고, 섬기는 예수의 모범을 따르는 실천적 삶으로서 예수 공동체를 보증하였다.27) 이는 예수 그리스도에 기초하는 디아코니적인 삶이 그 당시 기독교 디아스포라의 결정적인 정체성임을 의미한다. 원시기독교 공동체의 자기 정체성의 구체화는 사도적 섬김과 교회공동체 내의 봉사가 개개인들이 함께 하는 개별화된 섬김의 형태로만 아니라(마 25:31~46), 기구화되어진 교회 봉사직으로서 교회의 총체적인 섬김의 임무 수행인 디아코니적 활동으로 나타났다(행 6:1~5; 딤전 3:8~13).

교회 공동체 안에서의 디아코니 가운데 하나는 예루살렘 교회 공동체의 가난한 지체들을 돕기 위해 이방인 그리스도인 교회 공동체의 모금으로 나타낸 섬김(diakonia)이었다(갈 2:10). 이는 가난한 자들과 위기에 빠진 자들을 위한 도움으로서의 디아코니였다.28) 이러한 디아코니에 대한 신학적인 반성으로는 디아코니가 예배적인 등급으로 고양되는 것(고후 8:2)과, 도움을 필요로 하는 자들에게 십자가에 못박힌 자의 부활을 알리는 복음의 삶의 형태로서 하나의 생명을 가능케 하는 돌봄과 결속되어 있는 것이다.29) 이 때에 복음은 무엇인가를 필요로 하는 자들에 대한 관심 속에서 그들을 섬기는 일로 구체화된다. 복음의 온전성은 상대방의 각각 부족한 것을 서로서로 돕는 관심 속에서 활동하는 지체들의 공동체적인 삶이다. 가난한 자들에 대한 섬김과 돌봄이 바로 교회의 표지(nota ecclesia)로 기술되어 진다. 이것이 바로 부활한 자와의 만남의 표현이다. 이러한 근거에서 초기 기독교 공동체는 그들의 부활에 대한 신앙을 디아코니 신학으로 발전시켜 갔으며, 에큐메니칼 디아코니를 수행하였다.30)

---

27) F. W. Horn, "Diakonische Leitlinien Jesu", in: G. K. Schaefer/Th. Strohm(Hg.), 위의 책, p.109.

28) T. Holtz, "Christus Diakonos. Zur christlichen Begruendung der Diakonie in der nachoesterlichen Gemeinde", in: G.K. Schaefer/Th. Strohm(Hg.), 위의 책, p.128.

29) T. Holtz, 위의 글, 위의 책, p.131.

오늘날까지 역사 속에서 현실적으로 다양하게 구체화된 교회는 예수 그리스도를 기초로 하며, 그의 인격과 사역의 총체인 하나님 나라로서의 복음을 교회의 본질로 가진다. 교회의 본질로서 복음은 변하지 않는 영속하는 것이어야 한다. 그런데 영속하는 본질로서의 보이지 않으며 변하지 않는 복음이 보이는 복음의 힘으로 나타나야만 하는 것이다.

도로테 죌레(D. Soelle)에 의하면 교회는 케리그마, 디아코니아, 그리고 코이노니아를 본질로서 가지고 있다고 본다.[31] 이러한 교회의 세 가지 본질 가운데 개신교는 말씀의 선포인 케리그마만을 지나치게 강조하다 보니 교회에 생명력을 주는 다른 두 요소인 디아코니아와 코이노니아에 대하여 소홀하게 되었다. 그 결과 교회는 하나님을 우리들의 편의를 위해서 쓰여지는 도구로 만들었고, 세상과 교회를 이분화시키면서 교회 안에서의 자족하는 모습으로 머물러 있었다고 본다. 즉, 교회는 자신을 기독교 신앙의 내적, 초월적인 면에 한정시키면서 돈과 권력을 효과적으로 관리하는 대기업의 하나로 변해버렸다. 이는 예수가 선포한 하나님 나라가 실망스럽게도 교회라고 하는 세상의 기구가 되었다는 것이다.

예수가 선포한 복음의 내용은 하나님 나라의 운동이었고, 이 운동이 구체화된 것이 바로 사회적 약자들에 대한 관심과 돌봄이었고, 예수의 자기 낮추심이었다.[32] 파울 필립피에 의하면 그리스도의 인간되심으로부터 십자가의 죽으심까지의 사건은 바로 디아코니였다.[33] 예수 그리스도의 인격과 사역의 총체로서 디아코니는 교회의 디아코니적인 삶에 대한 기독론적인 근거를 제공한다. 그러므로 디아코니는 교회의 본질로서 교회 공동체의

---

30) R. Turre, *Diakonik. Grundlegung und Gestaltung der Diakonie*, Neukirchener 1991, p.127.
31) D. Soelle, *Gott Denken. Einfuehrung in die Theologie*, Stuttgart 1990, pp.184~206.
32) F.W. Horn, 위의 글, 위의 책, pp.117~121.
33) P. Philippi, "Christozentrische Diakonie", 위의 책, pp.115~124.

틀 원리와 삶의 형식이 되어야한다.[34] 교회 공동체를 가능케 하는 디아코니는 그리스도가 제정하신 성만찬에 근거한다.[35] 성만찬 속에서 그 근거를 가지는 디아코니는 교회공동체의 내부적인 형제자매 사랑의 삶 속에서 구체화된다. 이는 약한 지체들에 대한 강한 지체들의 연대적인 관심과 돌봄의 삶인 바, 형제자매 사랑의 삶으로 인간들 사이의 공동체적 관계를 이루는 것이다.[36] 바로 디아코니는 연대하는 공동체로서의 교회 공동체를 말하며, 참다운 교회란 연대하는 공동체를 이루는 디아코니적인 교회 공동체 없이는 있을 수가 없다.[37] 교회가 참다운 교회 공동체를 이룰 때에 세상 속에서(in der Welt), 세상과 함께(mit der Welt), 그리고 세상을 위하여(fuer die Welt) 살 수 있게 된다.

그러므로 교회는 하나님 나라를 향한 개방성 속에서 자족적인 모습 대신에 타자를 위한 섬김의 공동체가 되어야 하는 바, 이때의 교회는 그 중심에 디아코니와 코이노이아를 케리그마와 함께 놓아야 한다. 디아코니 없는 말씀 선포의 예배는 하나의 기계적인 예배의식 행위이거나 빈 껍데기의 경건성을 드러내는 것일 수 있고, 또한 교회공동체의 사귐의 예배가 없이 수행되는 디아코니는 기술성과 효율성을 강조하는 행정관료적인 하나의 일반 사회복지나 다름이 없다. 그러므로 교회의 디아코니는 항상 말씀이 선포되는 제단을 중심으로 하면서[38] 교회공동체가 구체적인 행동으로 사는 삶이 되어야 한다. 그리스도의 사랑에 근거하는 공동체의 삶으로서 디아코니는

---

34) P. Philippi, "Christozentrische Diakonie", 위의 책, p.249.

35) P. Philippi, *Abendmahlsfeier und Wirklichkeit der Gemeinde*, Berlin 1960, p.108.

36) P. Philippi, "Thesen zur Ortbestimmung der Diakonie in der Theologie", in: ders./Th. Strohm, *Theologie der Diakonie*, Heidelberg 1989, p.209.

37) P. Philippi, "Christozentrische Diakonie", 위의 책, pp.252~253; 320.

38) H.-D. Wendland, "Die dienende Kirche und das Diakonenamt", in: ders., *Botschaft an die soziale Welt, Beitraege zur christlichen Sozialethik der Gegenwart 5*, Hamburg 1959, p.273.

어떠한 경우에도 목적을 위한 수단으로 사용되어져서는 아니 된다. 교회가 그의 본질로서 세가지 차원 가운데 그동안 케리그마에만 지나친 비중을 두어 개인주의적인 신앙을 강화시켜온 점을 반성하면서 이를 극복하는 공동체적인 신앙을 모색하는 길은 교회의 생명력을 주는 다른 두 본질, 즉 디아코니아와 코이노니아를 케리그마와 함께 동등한 비중을 가지는 것이 그 출발점이 될 것이다. 이 때에 교회는 참다운 공동체로서 하나님의 백성들의 모임이 될 수 있을 것이다. 이를 위해 교회는 자족적인 기구에 머무는 것이 아니라 자기를 열고 인간들에게 서로서로의 인격을 세워주어, 하나님의 형상을 회복시키는 일에 섬기는 자로 서야 하며, 미래 속에서 오고 있는 하나님 나라의 완성으로 불리움 받을 존재로서 서야 할 것이다.

3.2 디아코니 신학

기독교 신학은 사회의 한 복판에서 살고 있는 신앙인과 교회를 위하여 필요하다. 이는 신학이 신앙인과 교회를 위해 도움이 되어야 함을 말하며, 나아가 사회를 위해서도 도움이 되어야 함을 의미한다. 즉, 신학은 신앙인들이 그들이 가진 신앙을 가지고 사회적으로 어려운 문제들에 직면해서 어떻게 실천적으로 살아야 할 것인가를 제시해준다고 할 수 있다. 그런데 신앙인으로서 사회적으로 어려움에 처해 있는 자들에 대한 해결을 도모하는 것이 디아코니가 포괄하고 있는 한 영역이다. 디아코니는 교회의 본질 가운데 하나인 바, 교회가 그의 본질로서 디아코니를 공고히 하고자 한다면 디아코니는 신학화되고 발전되어야만 한다.

3.2.1 디아코니신학의 출발점

디아코니 신학은 다른 모든 신학적 주제와 마찬가지로 디아코니와 관련하는 신학적인 현상 자체로부터 출발해야 한다. 즉, 디아코니의 신학적인 주제 가운데 하나가 고통하는 인간과 피조물들에 대한 관심과 돌봄을 통하여 그 고통으로부터 인간과 피조물들을 해방하는 것이면, 고통하는 인간의 구체화된 상황-질병이나 가난, 신체적 장애, 그리고 소외당하는 이방인-을 신학적으로 해석하며, 그에 대한 실천적 해결을 신학적인 반성을 통하여 해나가야 한다. 그 방법론은 정치, 경제, 사회, 문화의 총체적인 집약으로서 나타나는 사회적 상황을 분석하고, 그에 대한 구체적인 도움인 디아코니를 성서적인 근거와 개신교 신학적인 틀 속에서 해석해내고, 현재 진행하고 있는 디아코니적 활동을 신학적으로 평가하는 작업 등이다.

디아코니는 사회 속에서 교회의 실천을 위한 이론의 핵심범주로서 교회-사회적 실천의 이론, 교회론, 사회윤리, 실천신학이 서로 함께 연관을 가지며 수행된다. 이때에 디아코니가 사회윤리의 실천적인 연관을 가진다면 사회윤리는 제1차적으로 교회의 윤리이다. 교회에 근거하여 기획된 하나의 사회윤리는 교회의 윤리로서 공동체를 위하여 교회론적인 근거를 필요로 하며[39], 교회 기능의 다양성과 통일성을 위하여 근본규정 내지 근본비판을 거쳐야 한다. 그러므로 디아코니 신학은 사회 속에서 교회의 실천을 위해 사회 윤리의 통합적인 구성요소와 함께 연속적으로 발전되어야 하며, 디아코니 활동에 대한 신학적인 반성은 교회의 디아코니가 우리를 위협하고 불안하게 하며 위기를 주는 원인에 대한 질문에 구제적으로 대답할 수 있어야 하는 것이다.[40] 여기서는 이에 대한 디아코니 신학 이론을 간략하게 살펴보겠다.

---

39) H.-D. Wendland, "Ueber Ort und Bedeutung des Kirchenbegriffs in der Sozialethik", in: ders., *Die Kirche in der revolutionaeren Gesellschaft, Sozialethische Aufsaetze und Reden*, Guetersloh 1967, pp.28~39.

40) H.-D. Wendland, "Christos Diakonos – Christos Doulos. Zur theologischen Begruendung der Diakonie", in: der., *Christos Diakonos – Ursprung und Auftrag der Kirche*. Drei Vortraege, Zuerich 1962, pp.13~24.

3.2.2 디아코니 신학의 기독론적-교회론적 차원

다아코니 신학은 예수의 총체적 보내심을 포괄하는 '섬기다'(diakonein)의 총 집약으로서 하나의 기독론적인 근거 속에 자리하고 있다. '섬기는 자로서 그리스도'(Christos Diakonos)와 '종으로서 그리스도'(Christos Doulos)란 칭호는 신약성서적인 기독론을 규정하는 원초적인 파라독스의 표현이다. 예수 그리스도의 고유성은 주님이 종이며, 종으로 계시고, 동시에 그 종은 과거에도 현재에도 미래에도 신적인 주님으로 계시다는 진술이다.[41]

이러한 근본적인 모순 내지 변증 속에서 그리스도 사건의 우주적인 성격이 입증된다. 디아코니적으로 통합된 기독론은 교회와 신앙인의 섬기는 직무의 기초로써 작용한다. 그때에 그리스도의 세상 섬김직으로부터 나오는 교회의 섬김직은 양자 사이에 하나의 기독론적인 경계설정을 가지고 있다. 즉, 교회의 섬김직은 구원하는 그리스도의 우주적인 섬김직에 대한 증언 속에서 자신의 한계를 발견해야 하는 바, 이는 교회의 섬김직이 인간적인 한계를 가지고 있음을 발견하는 것이다. 교회의 디아코니적인 실존은 그리스도의 세상 섬김직에 대한 증언으로써 실현되며 교회의 파송은 그리스도의 두 가지 형태의 현존을 통해서인 바, 그 하나는 교회와 교회의 역사 속에서 신적인 그리스도가 세상을 섬기는 자로서 현존하는 것이며, 다른 하나는 그리스도의 현재화가 세상 속에서 숨겨진 그리스도로서 기술되는 것이다.[42] 즉, 숨어 계신 현존은 그의 가장 작은 형제들 가운데 그 자리를 가진다 (마 25:40, 45). 디아코니는 이 양자의 극점 사이의 운동으로서 수행된다.[43] 교회와 세상사이의 디아코니는 가장 작은 자 속에서 숨어 계신

---

41) H.-D. Wendland, "Christos Diakonos, Christos Doulos", 위의 책, pp.17~18.
42) H.-D. Wendland, "Christos Diakonos, Christos Doulos", 위의 책, p.19.
43) Ibid..

그리스도의 현존에 대한 구체적인 고백의 삶이다.

교회의 본질로서 기독론에 근거하는 디아코니는 하나의 단편적인 교회의 실천이 아니라 그리스도의 보내심으로부터 나오는 살아있는 교회의 삶의 외연화이다. 포괄적인 의미에서 말씀의 디아코니는 교회의 존재이며 교회의 행동을 이끌며 형태화하는 하나의 규정이다. 벤틀란트는 교회의 세 가지 본질적 요소를 예전(Liturgie), 디아코니(Diakonie), 그리고 증언(Martyrie)으로 구분하는 바, 그 각각의 고유성에 대한 구분을 그리스도의 섬김직의 지평 속에서 상호적 연관 순서의 기초 위에 놓고 있다. 예전은 예배 속에서 교회공동체와 세상에 대한 하나님의 섬김으로서 디아코니적인 성격을 가지는 공동체의 사건화이다. 디아코니는 예전과의 연관을 통하여 교회의 삶으로서의 디아코니의 고유성을 얻게 된다. 디아코니의 어떠한 형태도 예전이 없는 것은 없다. 예전과 성례전적인 삶과 연결된 디아코니는 교회의 열매없는 자기중심적 폐쇄성을 막아준다. 교회의 디아코니는 인간들 사이의 얽힘으로부터 나오는 죄와 비참함을 기독론적인 치유와 용서, 그리고 구원하는 말씀과 함께 돕는 사랑의 행동이다. 교회의 말씀선포와 디아코니는 인간에 대한 그리스도의 총체적인 섬김에 기초할 때에 생명력이 있다. 이 두 가지는 그리스도로부터 오고 인간에게로 가며 교회와 세상 사이의 가교 역할을 하는 것이다.44)

디아코니적인 실존으로서의 교회는 종말론적인 다스림과 권력을 통해 인간 사회에 대하여 종말론적인 대립형태로 서있다.45) 교회는 오고 있는 하나님 나라의 기능을 함으로써 그 하나님 나라가 땅위에 이루어지는 가운데 특별화된다. 그런데 이러한 종말론적인 관점은 교회와 세상에 대한 대립성

---

44) H.-D.Wendland, "Diakonie zwischen Kirche und Welt", 위의 책, p.36.
45) H.-D.Wendland, "Christos Diakonos, Christos Doulos", 위의 책, p.15.

을 상대화시킨다. 이는 교회가 하나의 격리된 구원 공동체가 아니라, 마지막 아담을 통한(고전 15:45) 새로운 인간들의 새 인간성과 새 창조 속에서(계 21:3~5) 하나님의 구원을 현재화하기 위한 것이다. 그리스도의 이중적인 현존 속에 근거하는 교회와 세상에 대한 대립성의 상대화는 신학적인 관점으로부터 세상을 이해할 때에, 사회란 죄의 지배 아래 서 있는 것으로서 그들의 종말론적인 목적을 바라볼 수 있도록 하기 위하여 교회를 필요로 한다고 볼 수 있겠다.[46] 이와 같은 교회에 대한 이해는 동시에 교회가 세상을 위한 교회(Kirche fuer die Welt)로서 서야 하는 것을 보인다.

3.3.3 디아코니 신학의 사회적 차원

교회의 디아코니적인 근본 특성은 형제사랑과 이웃사랑의 형태를 얻는다. 형제사랑과 이웃사랑의 이중성 속에서 디아코니는 교회 회중 간에 서로의 관계를 맺는 것과 마찬가지로 사회의 질서 연관 속에서 이웃을 향하여 나아가는 관계를 가지는 존재가 된다. 이러한 디아코니적인 행동의 두 가지 기본형태의 특징은 기구화 이전의 개인적인 사랑이다. 이 차원은 디아코니적인 행동이 만인 섬김직에 기초하여 수행된다.[47] 이렇듯 사랑으로부터 나오는 디아코니는 전문적인 직무와 시설로 기구화되는 영향력이 발휘되어야 한다. 이때에는 사회적, 법적인 기관들의 형태를 포함한 세상적인 도구들을 수용하여 그것을 사랑의 섬김을 위해 사용하는 과제가 주어진다.

그리스도의 세상 섬김직을 증언하는 디아코니는 우주적이고 사회적인 디아코니로 수용되어야 한다. 사회적 디아코니는 신약성서의 진술 가운데 그리스도의 자기 비움의 능력에 대한 기독론적 근거에 기초하며, 이는 인간을 노예화시키는 세력들에 대한 우주적인 무력화를 의미하는 것이기도 하다.

---

46) H.-D. Wendland, "Diakonie zwischen Kirche und Welt", 위의 책, pp.33~34.
47) H.-D. Wendland, "Diakonie zwischen Kirche und Welt", 위의 책, p.22.

이러한 사회적인 디아코니는 사회-인간학적으로 전인적 인간에 기초하며 특수한 방법으로 현대사회에서 기구들에 얽매어 있는 인간 실존에 관계하는 것이기도 하다. 섬김직의 강조점이 먼저 불쌍한 자들을 위한 도움의 행동에 놓여 있다면, 사회적인 디아코니는 죄로 인해서 타락되었고 왜곡되어진 인간의 총체적 실존과 인간의 전인적 사회적 실존에 초점을 맞춘다.[48] 디아코니가 본질적으로 개체들에 의존한다면 바로 그 개체들의 삶은 하나의 사회적 질서 자체에 의해 세워진 섬김에 관계하는 개체들임을 암시한다. 사회적인 삶이 개체적으로 현실화된 상황 속에서 교회의 실천에 대한 하나의 이론인 디아코니 신학은, 현대사회의 역기능적 구조에서 인간의 자유와 인격성과 공동체를 가능케 함으로 봉사해야 할 것이다.

4. 디아스포라 디아코니를 위한 신학과 구체적인 실천

디아스포라 디아코니는 디아스포라의 기원과 함께 시작되었다고 볼 수 있으며, 그것이 오늘에까지 이르고 있다고 하겠다. 다시 말해서 디아스포라 디아코니는 구약성서 시대부터 시작하여 종말에 이르기까지의 교회의 존속 기간 속에 수행되어진다. 그래서 디아스포라 디아코니에 대하여는 각 시대마다 다르게 신학적으로 반성되어 다른 양태로 구체화될 수 있다. 여기서는 디아스포라 디아코니를 위한 신학적 기초에 대한 모색과 함께 그 구체적인 실천이 제시되어질 것이다.

4.1. 디아스포라-디아코니 신학

전 세계에 흩어져 있는 교회들은 그들이 모여 예배하는 곳에서 그리스도의 지체들로서 그의 몸을 세워가는 공동체들이다. 이러한 공동체들은 그들

---

48) H.-D. Wendland, "Christos Diakonos", 위의 책, p.24.

이 각각 속해 있는 사회에서 위기에 놓여있는 인간들에 대하여 섬김의 존재로 불리워진 디아코니적인 실존이다. 즉, 디아스포라 교회들은 그들이 존재하는 곳에서 끊임 없이 발생되는 사회적인 문제들에 대한 해결에로의 부름을 받고 있음을 의미하는 것이기도 하다. 교회들에게 예수 그리스도의 메시야적인 보내심으로부터 이해되어진 하나님나라에 대한 개념은 사회를 변화시키는 하나의 포괄적인 역동성을 포함한다. 이러한 하나님 나라를 위한 섬김을 위하여 교회간의 서로의 도움이 필요하다. 교회간의 서로의 도움을 위하여서는 상호 연대성을 가질 수 있는 교회의 에큐메니칼 관점이 중요하다. 여기서는 흩어진 교회들이 서로 돕는 디아코니에 대한 신학적인 수립을 모색해 보기로 하겠다.

4.1.1 디아스포라 디아코니를 위한 신학의 출발점

기독교에서 사용하는 디아스포라는 소수상황에 대한 종교적-신학적인 단어로 해석된 것이다. 다수의 이방인 가운데 흩어져 사는 작은 그룹의 신앙인들은 하나의 적응하지 않은 삶의 양식을 통하여 이러한 환경과 구별된다. 이러한 사회학적인 삶의 양식을 신학적으로 연관하여 작업화해야 한다. 그것은 다수의 환경에 대하여 특수하게 각인된 신앙이 형태화되어야 하는 관계를 소수의 상황을 고려하면서 신앙의 관점에서 해석해 내고 그들에게 점점 커져가는 위험한 상황을 극복할 수 있도록 하는 도움을 제공하는 것이어야 한다. 그리고 방법론적으로는 개별자적인 디아스포라의 기원에 대한 종교적, 정치적, 경제적, 기후적 혹은 사회적 원인을 살펴 그들에게 구체적인 도움을 줄 수 있어야 한다. 특히 사회주의 상황에서는 신앙으로부터 상황을 고려하는 해석을 발견하는 것이 필수적이다. 즉, 의문시되는 신학적인 진술 내지 성서해석과 연결되는 비신학적인 요소들에 대하여 세속적인 학문을 써서 질문하는 냉철한 현실주의를 부드럽게 할 수 있는 방법이 모색되어야 한다.

4.1.2 디아스포라 디아코니를 위한 기독론적-교회론적 지평

디아스포라인의 삶의 특징은 낯설음과 소외, 그리고 동경과 기대로 표현될 수 있다. 이는 개인 또는 집단이 사회적 환경으로 인하여 고통을 짊어지고 살아가는 존재들의 특징이라고 할 수도 있다. 여러 환경 속에서 다른 존재로 사는 개별화된 소수로 존재함은 하나의 짐이다. 신앙의 관점에서 이는 십자가 신학의 한 단편으로도 해석될 수 있다. 그러나 다른 한편으로는 디아스포라의 가난 가운데에 신앙의 기회가 열려 있다. 모든 장소에서 신앙을 알게 하는 가능성과 신앙인이 함께 사는 통일성을 촉진하는 기회일 수 있다. 여기에 디아스포라는 구속사적인 필수성으로 그들의 장소를 가진다.[49] 부활 없는 십자가는 절대로 없고 하나님의 긍휼과 새로운 약속 없는 하나님의 심판은 절대로 없다. 디아스포라에 대한 모든 해석들은 우리가 하나님의 장래 속에서 하나님의 길을 알지 못한다는 것을 인식해야 한다. 흩어져 있는 교회들은 그의 본질인 종말론적-디아코니적인 교회의 존재임을 고백하고 이에 상응하는 구체적인 실천적 삶을 살아야 한다. 이는 주님의 낮아지심에 대한 참여이며, 예수 그리스도가 타자를 위한 섬김의 제자로 우리를 부르심에 대한 상응이다.

디아스포라 디아코니는 성만찬에 근거한다. 이는 그리스도의 지체들인 개개의 신앙공동체들을 그리스도의 피와 살을 함께 받아 그리스도의 몸으로 연합하는 공동체로 만들어 준다.[50] 그리스도의 몸으로의 지체들의 연합은 단순히 하나의 지체 공동체일 뿐만이 아니라 그리스도 자체와 불가분리

---

49) L. Ullrich, "Diaspora und Oekumene in dogmatischer Sicht", in: ders./H.J. Urban(Hg.), 위의 책, p.72.
50) P. Philippi, "Abendmahlsfeier und Wirklichkeit der Gemeinde", 위의 책, pp.170~171.

의 지체연합이다. 지체들 사이에 다양성은 있으나 어떠한 존재론적 차이도 없다(엡 1:2; 2:15f). 이는 상호 서로 필요한 것들을 채워주는 서로의 연대이며 찢겨진 존재들의 하나의 통일성을 갖도록 하는 것이다. 교회 공동체는 서로 섬기는 관계 속에서 그들의 신앙을 구체적으로 경험한다. 교회는 하나님의 은사를 통한 그들의 디아코니적인 삶 속에서 그리스도의 몸을 완성시킨다. 그리스도의 몸으로서 교회는 성령을 통해 오고 있는 하나님의 나라의 형태를 이 땅에 실현해간다. 이러한 교회의 디아코니는 세상 속에서 약자와 병든 자 굶주린 자와 고통 속에 있는 자들을 그리스도의 몸의 지체로서 인식하면서 그들과 함께 사는 공동체를 세상에서 이루어가는 것이다.

비기독교인들 가운데 소수로 사는 새로운 디아스포라라는[51] 말씀을 듣고 말씀에 의해 사는 하나의 교회이다. 디아스포라 교회는 하나의 공동체교회로서 서로의 앎을 가능하게 해주며 사랑을 실천하는 디아코니적인 공동체이다. 즉, 그들은 산 위에 도시로 약속되었다. 디아스포라 교회는 밖으로 드러나는 활동을 도외시해서는 안 된다. 이러한 개방성에 대한 자의식의 형성은 사회적 약자를 위한 도움의 활동으로 구체화될 수 있으며, 그 도움의 활동은 기독교의 침묵하는 말씀의 증언으로서 이해되어져야 한다. 디아코니는 교회의 본질적 표지의 하나이지 선교의 수단과 도구가 아니다. 디아스포라 공동체는 공동체 밖에 있는 사람을 밖에다 세워두고 간과하는 일이 있어서는 안 된다. 디아스포라 공동체 속에서 신앙인이 자신을 도상의 존재로 인식하는 것은 하나의 잘못된 인간성에 대한 반성과 십자가를 함께 지는 준비와, 서로 함께 하는 삶으로의 준비를 가능하게 해준다.

디아스포라 디아코니는 교회론에 있어서 에큐메니칼적인 지평을 가진다. 이는 다양한 교파들이 실제적으로 함께 사는 삶과 기독인의 통일성에 대한

---

51) F. Fuehr, "Kirche am Anfang", in: *EvDia 29*, 1958, pp.3~23.

회복을 위한 모든 노력을 해가는 것이다. 교회는 하나님의 백성의 순례의 모형으로서 종말론적인 교회의 성격으로 기술되었고 하나의 다원주의 사회 속에서 다수의 비기독교인 가운데 소수성인 기독교인들은 세상 속에서 함께 사는 지평을 넓혀가야 한다.

디아스포라를 위한 디아코니가 교회론적으로 그리스도의 우주적인 섬김직과 관련하여 교회에게 하나의 길을 제시해 줄 수 있다면, 이는 세상 속에서 교회들이 형제자매 사랑의 연대성을 통하여서이다. 형제자매 사랑은 신앙인들의 삶의 구체적인 형태이며 이는 섬김에로 파송되어 공동체를 이루어 갈 때에 탁월해진다. 그 형제자매 사랑은 개인들을 엮어 공동체성을 가능케 하는 힘이요 동력이다.[52] 새로운 미래 제시적인 교회공동체는 상호 섬김과 나눔이라는 형제자매 사랑의 연대성을 통해서만이 가능하다.[53] 이러한 형제자매 사랑의 연대성은 전통적인 개신교적인 개인주의에 새로운 도전을 주는 것이다. 형제자매 사랑의 연대성은 이 넓은 세상에서 개별화된 신앙인들이 희망 없이 배회하는 것을 끝내도록 하며, 사회의 구조적인 억압들을 끊어내고, 세상 속에서 디아코니적인 삶을 실현하도록 추동하는 힘으로 작용한다. 이러한 힘이 전 세계에 흩어져 있는 디아스포라 교회들에게 서로의 나눔과 섬김의 삶에 대한 에큐메니칼한 지평을 열어준다고 볼 수 있다.

---

52) H.-D.Wendland, "Bruderschaft in Kirche und Welt", in: L. Praeger(Hg.), *Frei für Gott und die Menschen. Evangelische Bruder-und Schwesternschaft der Gegenwart in Selbstdarstellungen*, Stuttgart 1959, pp.13~15.

53) H.-D.Wendland, "Das Recht des Begriffs 'gesellschaftliche Diakonie'". in: *ZEE 10*, 1966, pp.171~176.

4-2. 디아스포라 디아코니의 구체적인 실천과 그 과제

4.2.1 디아스포라 디아코니의 실천을 위한 연대성의 원리

디아스포라 디아코니의 구체적인 실천을 위해서는 연대성의 원리에 의한 교회 간에 서로 도움을 주고 받음이 있어야 한다. 기독교의 디아코니는 그 도움에 있어서 어느 한편도 일방적일 수가 없는 것이다. 이는 각자가 주체로 서서 파트너로서 함께 돕는 것이다. 이러한 상호 도움의 원리는 타자를 '위하여'(fuer)를 극복하는, 타자와 '더불어'(mit und in)이다.[54]

디아스포라 디아코니와 관련하는 연대성 원리는 먼저, 연대성은 가난한 자들과의 동일시로 볼 수 있다. 이것은 가난한 자들이 스스로 가난한 자들과 동일시하는 것이다. 원시 기독교 공동체 가운데 마케도니아 공동체는 말할 수 없는 가난과 어려움 속에 있었지만 가난 속에 있는 예루살렘 교회를 도왔다(롬 15장; 고후 8장, 9장). 이는 그들이 가난한 자들을 돕는 디아코니를 통하여 복음의 온전성을 이루기 위한 연대성이다.[55] 둘째로, 연대성은 역시 부한 자들이 가난한 자들과 나눔을 통해 연대하는 것이다(행 4:32 ~37). 부와 가난은 상대적인 개념이다. 부한 자들이 대다수 가난한 자들과의 삶의 연대를 통해서 집단적인 사회적 구원이 성취될 수 있다는 것을 인식하는 일이다. 이는 이 땅에 모든 소유는 하나님의 재산으로서 땅에 거하는 나그네들이 함께 나누어 가져야 함을 의미한다. 마지막으로, 연대성은 자기 비움을 통한 화해와 그것을 통한 정의로운 사회적 관계를 이루는 것이다(고후 5:18,19). 이는 십자가를 지고 따르는 제자로서의 디아코니인 바, 하나님의 종의 고통에 함께 하는 기독교적 연대성은 비판적-예언자적 섬김과 제사장

---

54) U. Bach, *Boden unter den Fuessen hat keiner. Plaedoyer eine solidarische Diakonie*, Goettingen 1980, p.92.
55) T. Holtz, "Christos Diakonos", 위의 글, 위의 책, pp.128~131.

적-목회자적인 섬김으로써 정의와 화해를 이루는 것이다.[56]

디아코니는 연대적인 나눔과 섬김에로의 부름이다. 디아스포라 디아코니는 지역의 상황 속에서 생명의 삶을 나누기 위한 연대성으로의 부름인바, 개인적인 도움뿐만이 아니라 불의한 세력에 의해 호도되는 세계 속에서 구조적인 불의에 의해 위협받고 억압받는 자들의 생명을 보호하는 일로의 부름이다. 소수인으로서 흩어져 있는 교회들에게 그들의 어려움과 고통을 함께 나누며, 나아가 정의와 인간존엄성과 평화를 위해 싸우는 일로의 연대성은 제사장적, 예언자적인 디아코니로서 연대하는 공동체의 한 양태이다.

교회는 연대적인 나눔과 섬김을 통하여 타자에 대하여 배운다.[57] 이는 개인적인 가난이나 사회 구조적인 위기에 처해 있는 자들과의 나눔을 통하여 타자를 인정하고, 알게 되며, 배우는 것이다. 타자에 대한 배움은 나의 개방성 속에서 상대방도 동시에 나를 배우는 것이다. 서로가 함께 배움은 어느 편에도 더 많은 비중이 놓이는 것이 아니다. 교회의 연대적 디아코니가 일방적인 도움으로부터 오는 '헬퍼신드롬'(Helfersyndrom)의 위험에 빠지는 것을 막기 위해서는 양자는 서로가 주체로서 함께 돕는 파트너쉽을 가져야만 한다.

4.2.2 디아스포라 디아코니의 구체적인 실천들

디아스포라 디아코니는 교회간의 연대적인 나눔이다. 이러한 연대적인 나눔은 크게 세 가지의 유형으로 나누어 볼 수 있겠다. 먼저 모국에 있는 교회와 흩어져 있는 교회간의 도움이며, 둘째로 흩어져 있는 교회들 사이의

---

56) K. Raiser, *Das Mandat der oekumenischen Diakonie zwischen Gerechtigkeit und Versoehnung*. Vortrag bei der Jahreskonfernz des Diakonischen Werkes in Frankfurt am 16. Oktober 1996, p.6.

57) H. Steinkamp, *Solidaritaet und Parteilichkeit. Für eine neue Praxis in Kirche und Gemeinde*, Mainz 1994, pp.173~175.

도움으로서 이는 동일한 나라 안에서, 또는 국가를 넘어서는 형태로 나타날 수 있겠다. 마지막으로, 흩어져 있는 교회들이 자리하고 있는 그 지역에서 토착민들과의 나눔과 섬김의 삶이다.

연대적인 나눔의 구체적인 내용은 다음과 같이 생각될 수 있다.

첫째, 돌발적으로 일어난 자연재해나 인간재해에 대한 도움이다. 이러한 도움은 대체적으로 단기적인 도움이 될 수 있다. 이를테면, 식량지원, 천막시설, 이불, 옷 등을 도와주는 일이다.

둘째로, 경제적 개발을 돕는 도움(기술지원사업 등)을 들 수 있다. 이는 장기적인 도움이 필요하며 궁극적으로는 스스로 일어설 수 있는 기초를 제공하는 것이다. 개 교회 중심적인 한국 개신교의 역량 내에서 사안에 따라 할 수 있는 일이 될 것이다.

셋째로, 건강을 돕는 일(의료, 사회의료, 병원시설)과 사회복지 시설(고아, 노인, 장애인, 청소년문제 등)을 지원하는 일이다.

넷째로, 교육사업으로 성인교육과 직업교육 등을 포함한 포괄적인 상담 프로그램을 들 수 있다.

다섯째, 인적 자원 개발 프로그램이다. 전문인력을 양성하기 위하여 재정적인 지원과 함께 전문능력을 가진 자들과의 교류를 통하여 서로 배우며 도울 수가 있다.

여섯째, 연구 프로젝트를 개발하여 서로에게 도움을 줄 수 있다. 즉, 흩어진 교회가 자리하고 있는 지역 프로젝트라든지, 개인적 프로젝트를 통하여 특정한 주제를 가지고 장기(3~5년) 또는 단기(1~2년) 연구를 함으로써 처해진 상황의 위기를 극복해갈 수 있는 역량을 축적해내며 나아가 대안들을 찾아낼 수가 있다.

마지막으로, 국외자 프로그램을 들 수가 있다. 즉, 외국인 노동자, 망명

신청자, 난민자, 이주 등을 위하여 도움을 줄 수 있어야 한다. 이들에 대한 기초 생활에 대한 지원은 물론 법적인 권리를 가질 수 있는 일까지 도와야 한다.

4.2.3 디아스포라 디아코니를 위한 제안과 과제들

교회가 함께 하는 디아코니로서 디아스포라 디아코니는 인간의 기술과 전문성에 의한 효율성에 우선하는 하나님의 디아코니임을 전제로 해야 한다. 하나님의 디아코니는 개인적, 사회구조적인 어려움에 처해 있는 약자들을 향한 긍휼의 사랑의 행동이며, 진정한 화해에 의한 정의와 정확한 척도를 가지는 평화를 이루는 일이다.

이에 대한 구체적인 제안으로는 먼저, 모든 기독교의 디아코니는 반드시 그에 대한 신학적인 해석과 반성이 함께 이뤄져야만 한다. 기독교 디아코니는 교회의 성만찬의 축제 안에 근거를 가지는 교회의 공동체성에 기초하여야 한다. 교회의 본질로서 디아코니는 다양한 상황 속에서 디아스포라 공동체의 다양한 요구들에 구체적으로 응답하는 것이다. 모든 교회들은 영적, 물적, 인적자원과 은사들을 전체적인 하나님의 경제 속에서 함께 서로 나누어야 한다. 즉, 디아스포라 디아코니는 개인적, 사회적으로 발생한 문제들에 대한 해결 노력과 함께, 사회구조적·정치적인 원인들을 분석하며 그 원인들에 대한 예방적인 활동에까지 나가야 한다. 그리고 디아코니가 교회와 교인들에게만 한계를 가지는 도움이 아니라 인도적인 차원에로 확장되어야 한다. 이러한 디아코니는 상호 교환적이면서 세계 개방적인 디아코니가 되어야 한다. 디아스포라를 위한 디아코니에 대한 신학적인 반성은 학문적으로도 기여할 수 있다. 나아가 디아스포라 디아코니를 통하여 토착적인 신학자들의 교환에까지 열매를 맺을 수 있다.

둘째로, 교회간에 서로 돕는 도움이 연합적인 기구를 통해서 수행되어질 것을 제안한다. 연합적인 기구를 통한 디아스포라 공동체들 사이의 도움은 물질적인 도움뿐만이 아니라, 사회-구조적인 차원의 디아코니를 가능하게 할 수 있다. 나아가 연합기구는 가난한 디아스포라 지역의 생산품을 파는 상점을 공동 개설하여 대륙을 넘어 함께 나누는 삶의 구체적 실천을 경험할 수 있는 기회를 줄 수 있다. 이러한 상점운영은 교인들과 교회에게 스스로 가 세계 속의 디아스포라임을 인식시킬 수 있고 그들과 형제자매 사랑의 연대성을 증대시킬 수 있다.

셋째로, 인적교류를 통하여 일방적인 물질의 지원만이 아니라 교회간에 처한 구체적인 상황에 대한 경험을 서로 나눌 수 있다는 점이다. 이는 교회가 보다 적극적으로 연대적인 나눔과 섬김에로 참여하도록 기여할 수 있다.

마지막으로, 흩어진 교회들 사이에 함께 하는 대회를 고려해볼 수 있다. 대회의 규모와 방법은 형편에 따라 신축성 있게 할 수 있으며, 이러한 대회를 통해서 소수인의 삶에 대한 법적인 권리보장 등을 제정하여 함께 연대적인 힘을 축적해갈 수도 있을 것이다.

디아스포라 디아코니에 대한 과제로는 먼저, 디아코니가 대체적으로 목회적 디아스포라를 돕기 위한 보조수단으로 축소되어 있는 상황을 들 수 있다. 대부분의 돕는 일이 전도를 위한 수단으로 사용되고 있다. 이는 디아코니에 있어서 극복되어야 할 과제이다. 왜냐하면 디아코니는 전도를 위한 수단이 아니라 교회의 본질로서 교회의 공동체적인 삶 자체이기 때문이다. 이러한 삶의 결과로서 얻어질 수 있는 것이 비기독교인에 대한 전도의 열매이다. 디아스포라에 대한 교회론적, 선교론적, 신학적인 해석이 어떠한 경우라 하더라도 교회 공동체의 본질로서 디아코니적인 삶의 과제를 중단해서는 안 된다. 이는 디아스포라 디아코니에 대한 신학적인 작업이 동시에 함께 진행되어져야 하는 과제를 남기는 것이기도 하다.

다른 하나는, 디아스포라 디아코니가 에큐메니칼 과제를 가진다는 것이다. 세상과 사회에 대한 교회적인 소수성의 관계를 깨닫게 하는 주제는 바로 디아스포라의 삶에 대한 의미를 얻게 하는 것이다. 이러한 주제는 역시 교파와 에큐메네의 필요성과 당연성을 인식케 해준다. 개개의 디아스포라 상황에 대한 인식을 바탕으로 그 상황에 필요한 도움을 구체적으로 수행하는 교회는 교회 공동체성의 가능성을 경험한다. 이러한 교회는 항상 에큐메니칼적인 질문을 가질 수 있으며 동시에 교회간에 돕는 에큐메니칼 디아코니의 과제를 가진다. 그러므로 디아스포라 디아코니는 에큐메니칼 운동의 촉매제로도 볼 수 있다.

5. 나가는 말

기독교에 있어서 여러 유형의 디아스포라가 있는 바, 어떠한 유형으로든지 기독교 디아스포라는 교회가 존속하는 기간 동안에 계속적으로 존재할 것이다. 왜냐하면, 교회 자체가 바로 이 세상 속에서 하나의 종말론적-디아스포라적인 실존이기 때문이다. 이러한 종말론적-디아스포라적인 실존은 동시에 디아코니적인 실존인 것이다. 이와 같은 교회의 실존은 고정화된 존재가 아니라 개방적인 존재이다. 즉, 이는 흩어진 자들의 모임이며 동시에 모인 자들의 흩어짐으로서의 상호 역동성을 가진 존재이다. 상호 역동적인 교회는 세상 속에서 복음을 구체적으로 사건화시킬 수가 있다. 사건화된 복음의 구체적인 양태는 기독교의 나눔과 섬김의 삶으로 나타나는 것이다.

디아스포라 디아코니는 인간의 육체적 위급한 상황을 제거하는 개인구제뿐만이 아니라 사회적인 위급한 상황 속에서 사회구조적인 원인을 제거하는 데까지 나가야 한다. 이는 디아코니가 사회 속에서 원심력적인 영향력을 가져야 함을 의미한다. 이러한 원심력의 확장은 서로의 섬김과 나눔을 통하여 세계에 흩어진 디아스포라에게 함께 사는 삶의 실체를 경험하게 해줄 것이다. 모든 나눔과 섬김은 궁극적으로 소외되어 주변부로 밀려난 자들을 치유하고 그들에게 인간의 존엄성을 찾아주며, 이는 동시에 그들에게도 섬기고 나누는 일에 '함께 함'으로의 요청이다.

　교회가 존속되는 한, 디아스포라 디아코니 활동은 계속되어야 할 것이다. 인간들이 서로 함께 그리고 서로를 위하여 살 듯이 교회의 디아스포라 디아코니는 연대성의 원리에 의한 것이어야 할 것이다. 이는 교회의 디아스포라 디아코니가 어떠한 경우에도 일방적인 것이 아니라 함께 하는 파트너쉽을 갖는 도움을 의미하는 것이다. 聖書

바울의 제사장적 자기 이해와 바울 복음의 성격

권 연 경*

1. 시작하는 말

한국교회의 윤리적인 위기가 거론된 지는 이미 오래다. 그리고 이런 현상은 갈수록 더욱 악화되는 조짐이다. 더이상 이런저런 예를 들 필요조차 없게 되었다. 예수 그리스도를 주님으로 섬긴다는 교회가 어쩌다 이런 어처구니없는 상황까지 이르게 되었는지에 대해서는 다양한 설명이 가능할 것이다. 사회학적인 요인을 찾아볼 수도 있겠고, 경제적인 측면에서도 설명이 가능할 것이다. 이와 더불어 우리는 이러한 상황을 신학적인 차원에서도 저울질해볼 수 있다. 한국교회의 윤리적 실패는 교회가 자랑하는 멋진 신학에도 '불구하고' 생겨난 기현상인가? 혹은 우리의 신학과는 무관한 단순한 윤리적 문제에 불과한 것인가? 아니면 이런 현상 이면에 우리의 잘못된 신학이 알게 모르게 결정적인 역할을 하고 있는 것은 아닌가? 우리의 삶이 잘못된 열매를 맺는 것은 혹시 우리가 붙들고 있는 신학의 나무가 나쁘기 때문은 아닌가?

---

* 두레해외연구원1기, 현 뉴욕 한민교회 영어목회 담당목사

신약성경이 예수의 삶과 가르침을 담은 복음서로부터 시작하고 있기는 하지만 현대 개신교회의 복음 이해는 대개 바울의 가르침에 의존하고 있다고 볼 수 있다. 특별히 종교개혁 이후, 행위를 강조하는 천주교의 입장과 대비하여 '오직 은혜'(sola gratia), '오직 믿음'(sola fide) 등과 같은 표어들이 복음의 핵심으로 제시되어 왔다. 율법에 순종하여 행위로 구원을 얻을 수 있다는 전통적 유대교 사상과 결별하여 기독교인 바울은 하나님의 종말론적 구원은 오직 예수 그리스도를 '믿음으로써만' 주어지는 것이며, 그런 의미에서 구원은 오로지 하나님의 주권적인 '은혜'에만 근거한다고 가르쳤다는 것이다. 그리고 여기서 말하는 믿음은 도덕적 '행위'와 상반되는 개념으로서 '마음으로 믿는 것'(롬 10:10 참조), 곧 심리적인 수납의 의미로 이해된다. 행위 없이도 구원을 얻을 수 있다는 의미에서 믿음의 도가 '복음'(Good News)이 된다는 것이다.

의도이지는 않겠지만, 일단 믿음이 구원의 유일한 조건으로 제시되고 이 믿음이 행위와 분리된 마음의 문제로 이해되는 한, 올바른 삶의 중요성은 어쩔 수 없이 상대화된다. 물론 구원을 일단 전제한 뒤 하나님의 뜻에 대한 순종의 차원에서 기독교 윤리를 말할 수는 있다. 그러나 신앙의 궁극적 목적이 되는 구원이 인간의 윤리적 행동과 아무 상관이 없다면 '구원의 소식'으로서의 복음 자체 속에는 올바른 삶을 이야기할만한 신학적 근거는 존재하지 않는 것이 된다. 성급한 판단일지 모르나, 필자는 올바른 삶과 분리된 이러한 피상적 복음 이해가 작금 한국교회의 도덕불감증과 깊은 관련이 있다고 믿는다. 물론 한국 교회의 강단에서 행위는 구원과 상관없으니 마음대로 살아도 좋다는 식의 가르침이 베풀어졌다는 것은 아니다. 그럼에도 불구하고 오직 믿음만 있으면 된다는 식의 생각이 거룩한 삶을 향한 하나님의 요구를 비껴가려는 우리의 모습을 합리화하는 신학적 도구의 역할을 해왔다는 의구심은 피할 수 없다. 이런 교회의 상황을 바라보면서 우리는 한 가지 중대한 질문을 던지게 된다. 아무리 형편없는 삶을 살아도 교회에 가서 예수의 이름을 부르기만 하면 천국에 간다는 생각이 성경적인가? 성경은 정말로 행위가 구원과 아무런 상관이 없다고 가르치는가?

이런 질문을 염두에 두고 신약성경을 읽으면 우리는 그 속에 행위 구원의 교리를 가르치는 구절이 얼마나 많은가에 놀라움을 금치 못한다. 물론 야고보서의 가르침이 가장 두드러진다. 야고보 사도는 믿음으로만 의롭다 하심을 얻는다는 가르침을 반박하면서, 참된 믿음이란 행위가 따르는 것이며, 따라서 의롭다 하심을 얻는 것에도 올바른 행위가 필수적이라고 못박는다. 루터를 따라 야고보서의 '행위구원' 교리를 '지푸라기 서신'으로 무시한다고 해도 여전히 문제는 남는다. 예수님의 가르침을 담은 복음서 속에도 이런 가르침은 얼마든지 있기 때문이다. 예를 들어 마태복음 25장에 의하면 하나님 나라에 들어가는 것은 우리 주변의 '지극히 작은 자 하나'에게 제대로 선행을 베풀었는가 아닌가에 달려 있다. 마태복음 7장은 좀더 직설적이다. 이 말씀에 따르면 믿는다고 자처한다고 해서 다 구원을 받는다고 생각하면 오산이다. 심지어 주의 이름으로 귀신을 쫓아내고, 권능을 행하고, 선지자 직분을 감당했더라도 아무 소용이 없다. 정작 중요한 것은 주의 이름을 부르는 것이 아니라 '하늘에 계신 아버지의 뜻대로 행하는 것'이다. 혹자는 믿는 것이 바로 하나님의 뜻대로 행하는 것이라는 억지 해결을 시도하지만, 그러기에는 구원을 선행에 대한 보상으로 제시하고 있는 마태복음의 관점이 너무 분명하다.[1]

---

1) Ulrich Luz는 마태복음이 행위구원을 가르친다는 사실을 시인하고 이것을 '신학적으로는 불가능한 것'(theological impossibility)이면서도 '인간적으로는 불가피한 것'(anthropological necessity)이라고 말했다. 그러나 왜 인간적으로 필요한 것이 신학적으로 불가능해야 하는가? 이것은 오히려 신학이 인간학적 토대를 떠나 추상화되고 있음을 보여주는 것은 아닌가? *Theology of the Gospel of Matthew* (Cambridge, 1995), p.132.

　그러면 바울은 어떤가? 일견 이신칭의를 가르친 바울로서는 이것이 하나의 우문에 지나지 않을지도 모른다. 그러나 바울의 글 속에도 올바른 삶을 종말론적 구원의 조건으로 제시하고 있는 구절들은 많다.[2] 복음서의 언어를 반영하면서 바울은 '육체의 일'로 규정되는 나쁜 행위를 일삼는 자들은 하나님 나라를 상속받을 수 없다고 거듭 못박는다(고전 6:10; 갈 5:21; 엡 5:5). 악한 일을 행한 자는 멸망을, 선한 일을 힘쓰는 자는 영광을 받을 것이라는 말이나(롬 2), 성령을 따라 육체의 행실을 죽이는 자들은 구원에 이르고, 육체를 따라 사는 이들은 멸망에 이른다는 말(롬 8) 역시 같은 생각을 표현한다. 믿음으로 의롭다 하심을 받는다고 선언한 바울조차도 종말론적 구원에는 올바른 삶이 요구된다고 가르치고 있다는 것이다. 물론 바울이 믿음으로 의롭다 하심을 얻는다고 가르치고 있는 것은 사실이다. 그러나 우리는 칭의가 구원의 전체를 말하는 것은 아니라는 사실을 잊어서는 안된다. 또한 칭의를 종말론적 선물로 그리고 있는 갈라디아서에서는 믿음을 '사랑으로 역사하는'(갈 5:6) 것으로 말하고 있다는 사실을 생각해야 한다.[3] 믿음을 마음의 문제로 치부하고, 이 믿음으로 종말론적 구원을 얻을 수 있다는 생각, 따라서 올바른 삶은 구원을 위해서는 필요치 않다는 생각은 애초부터 바울의 복음을 심각하게 오해한 결과이다. 올바른 삶이 구원에 필요치 않다는 생각은 야고보서나 복음서의 가르침에만 어긋나는 것이 아니라 이런 오해의 근거로 제시되는 바울의 복음과도 어긋난다는 것이다.

---

2) 물론 많은 학자들은 순종의 삶을 구원의 '조건'이 아닌 구원의 '증거'라고 표현하고 싶어할 것이다. 그러나 구원의 증거가 없으니 구원받지 못한 것이라고 말하건, 구원의 조건을 못 갖추었으니 구원을 받지 못할 것이라고 말하건 순종이 없이는 종말론적 구원에 참여하지 못한다는 사실은 변하지 않는다.

3) 로마서에서 바울은 현재의 '칭의'를 미래의 '구원'과 분명히 구분하고 있으며, 이 구원은 성령을 따라 사는 것의 결과로 주어진다고 가르친다. 갈라디아서에서 칭의가 종말론적인 선물이라는 사실은 필자의 학위 논문, *Eschatology in Galatians (King's College, 2000)*, 제 3장에서 자세히 다루었다.

본고의 목적은 올바른 삶이 바울 복음의 핵심이라는 사실을 논증하는 것
이다.[4] 이를 위해 우리는 바울이 이방인의 사도로서 자기 소명에 대해 말
하고 있는 구절들을 살펴볼 것이다. 바울이 자기의 사도적 복음 사역을 통
해 이루고자 했던 목표를 이해함으로써 그가 전한 복음의 성격을 알아보자
는 것이다. 이런 시도는 바울의 사역과 복음 이해 저변에 이방인의 사도로
서의 소명의식이 깔려 있으며 따라서 바울의 복음에 대한 탐구는 곧 그의
사도적 자의식에 대한 탐구라는 인식에 근거하고 있다.[5] 물론 짧은 글에서
바울의 사도적 소명의식 전부를 다룰 수는 없으므로 여기서는 바울이 자기
의 사역을 설명하기 위해 사용하고 있는 구약의 제사 언어에 초점을 맞추어
논의를 전개해 나갈 것이다.

2. 제사장 바울

로마서 15:15~16절에서부터 우리의 논의를 시작하고자 한다. 이방인
의 사도로서의 바울의 자기 이해가 가장 인상적으로 드러나는 곳이기 때
문이다.

> 그러나 내가 너희로 다시 생각나게 하려고 하나님께서 내게 주신 은혜를 인하여 더
> 욱 담대히 대강 너희에게 썼노니(이 은혜는) 곧 나로 이방인을 위하여 그리스도 예
> 수의 일군이 되어 하나님의 복음의 제사장 직무를 하게 하사 이방인을 제물로 드리

---

4) 예를 들어 Michael Parsons의 논문 'Being Precedes Act: Indicative and Imperative in Paul's
   Writing'을 보라. 이 논문은 최근 Brian Rosner 편, *Understanding Paul's Ethics: Twentieth-
   Century Approach* (Eerdmans, 1995)에 다시 실렸다. 여기에 대한 선구자적인 논의는 Victor
   Furnish의 *Theology and Ethics in Paul* (Abingdon, 1968)이다.

5) 재미있는 것은 바울의 사도적 자의식이 중요하다는 신학계의 합의에도 불구하고 이를 통해 바울
   의 신학을 살펴보고자 하는 시도가 별로 없다는 사실이다. 최종상 교수는 그의 학위논문 *Paul
   Apostle to the Gentiles* (Paternoster, 1995)에서 바울의 사도적 자의식의 해석학적 중요성을
   잘 파악하였다. 그러나 그 역시 바울이 자기의 사도직에 대해 어떻게 말하는가에 주의를 기울이
   지 않고 사도직의 개념을 너무 쉽게 '이방인 변호'라는 생소한 개념으로 정의해 버리는 실수를
   저질렀다. 생소한 개념을 도입하기 이전에 '이방인을 순종케'하는 것이 자기의 사도된 목적이라
   는 바울 자신의 진술을 좀더 심각하게 받아들였어야 했다.

는 그것이 성령 안에서 거룩하게 되어 받으심직하게 하려 하심이라.

이 구절에서 바울은 로마서의 궁극적인 저술 목적을 밝히고 있다.[6] 편지의 서두에서부터 15:14까지 바울은 자기가 전하고 있는 복음을 상세히 설명하면서 로마의 공동체가 하나되어야 할 것을 역설하였다. 우리의 연구를 위해 중요한 것은 바울이 이 편지를 '내게 주신 은혜로 말미암은 (διὰ τὴν χάριν τὴν δοθεῖσάν μοι) 것이라고 말하고 있는 대목이다. 이 표현은 바울이 자기가 받은 바 사도직의 은혜를 지칭하는 숙어이다(고전 3:10; 갈 2:9). 편지의 서두에서 그가 예수 그리스도로 말미암아 '은혜와 사도의 직분' (χάριν καὶ ἀποστολήν)[7]을 받았다고 말할 것과 같은 의미이다.

여기서 우리의 주된 관심은 바울이 자기의 사도적 사명에 관해서 말하고 있는 16절이다. 이 구절에서 바울은 구약의 제사 용어를 빌려 자기의 사도직을 설명하고 있다. 바울은 예수 그리스도의 사도된 입장에서 로마서를 썼는데, 이렇게 그가 사도로 일하는 궁극적 목적은 '이방인들을 위한 예수 그리스도의 일꾼'이 되기 위함이다. '예수 그리스도의 일꾼'이라는 표현은 그가 즐겨 쓰는 '예수 그리스도의 사도'(고전 1:1; 고후 1:1; 11:13; 엡 1:1; 골 1:1; 살전 2:7; 딤전 1:1; 딤후 1:1; 딛 1:1; cf. 갈 1:1) 혹은 '예수 그리스도의 종'(롬 1:1)이라는 표현의 변형인 것 같다. '일꾼'(λειτουργός)은 '수종드는 사람'을 뜻하는 일반적인 말로서, 특별히 제사장적 섬김과 연관하여 쓰일 수도 있었

---

6) 바울이 로마서를 쓴 보다 실제적인 목적이 무엇인가에 대해서는 논란이 많다. 로마제국의 동반부에서의 선교를 마감하고 이제 서반부로 활동무대를 옮기려는 시점에서 바울은 로마교회를 향후 서방 선교의 거점으로 삼으려 하였다. 그러나 로마교회는 바울이 설립한 교회가 아니었으므로 먼저 편지를 내어 자기가 전하는 복음의 개요을 알리면서 자기의 선교를 후원해 줄 것을 요청하려는 의도가 있었다. 이에 관한 다양한 견해들이 K. Donfried가 편집한 *Romans Debate* (Hendrickson, 1991)에 잘 모아져 있다.

7) 여기서 καί는 '은혜'와 '사도직'이라는 두 독립된 개체를 표현하는 것이 아니라 두 단어를 하나로 엮어 사도직 자체가 하나의 은혜라는 생각을 표현한다. καί의 이런 용법을 보려면 *BDF* § 442 (16)을 참고하라.

다.8) 여기서 예수 그리스도의 '수종자'가 제사 일에 수종드는 일꾼이라는 의미로 쓰고 있다는 사실은 다음 구절에서 분명해진다. '예수 그리스도의 수종자'로서 바울은 '하나님의 복음의 제사장 직무를 담당한다' (ἱερουργοῦντα τὸ εὐαγγέλιον τοῦ θεοῦ). 여기서 바울은 특이하게도 '하나님의 복음'을 직접 목적어로 삼아서 '제사장으로 섬기다'는 단어를 타동사로 쓰고 있다. 다른 용례가 없는 특이한 용법인데다 비유적인 표현이어서 분명히 말하기는 어렵지만 아마도 율법을 따라 제사장 노릇을 하는 구약의 제사제도를 염두에 두고서 거기에다 율법-복음의 대조를 적용하여 만들어 낸 표현처럼 보인다. 즉, 제사장이 하나님의 '율법을 따라' 제사장 역할을 하듯이, 바울은 이제 '하나님의 복음을 따라' 제사장 역할을 감당한다는 것이다.9)

이 구절에서 바울이 자기의 역할을 일종의 제사장적 섬김으로 그리고 있는지 아니면 제사장은 아니면서 성전에서의 제사를 돕는 레위인의 입장으로 그리고 있는지는 논란이 되는 주제이다. 크랜필드(C. E. B. Cranfield)는 '일꾼'이라는 단어는 기본적으로 일반적인(행정을 담당하는) '일꾼'을 의미한다는 사실, 그리고 주로 '제사를 드리다'는 의미를 갖는 ἱερουργοῦντα가 여기서는 문자적인 제사 드림을 의미할 수는 없기 때문에 반드시 제사장의 제사일 필요는 없다는 점을 근거로 들어 바울이 자기를 제사장으로 그리고 있다는 점을 부인한다.10) 그러나 대부분의 학자들은 여기서 제사장으로서의

---

8) 예를 들어 칠십인역 이사야 61:6에서는 '하나님의 수종자'(λειτουργοὶ θεοῦ)라는 표현이 '주의 제사장'(ἱερεῖς κυρίου)이라는 말과 더불어 쓰이고 있다. 동사형 λειτουργέω나 명사 λειτουργία 는 제사의 문맥에서 대단히 자주 쓰이고 있다.

9) Stuhlmacher, Peter., Scot Hafemann trans., Paul's Letter to the Romans. A Commentary (Louiseville, KT: Westminster/John Knox Press), 1994. p.237.

10) Cranfield, C.E.B., *The Epistle to the Romans*. 2 vols. ICC (Edinburgh: T&T Clark, 1979). pp.155~156; Barth의 주석; 그리고 Vanhoye, *Old Testament Priests and the New Priest* (St. Bede's, 1986), pp.267~269 역시 같은 견해를 피력하고 있다.

바울을 말하는 것이 정당하다고 생각한다. '일꾼'이 성전 내에서의 제사장적 임무와 연관하여 쓰일 수 있었고, 특별히 '제사장 노릇하다'는 동사는 비록 비유적이기는 하지만 제사장적 섬김을 묘사하고 있는 것이 분명하다는 것이다.[11] 우리가 보기에는 초대교회에서 예수 그리스도가 제사장으로 이해되었기 때문에 바울이 스스로를 제사장으로 생각하기 어려웠을 것이라는 논리적·신학적 반대는 가능하겠지만, 바울이 자신을 제사장으로 비유하고 있음을 부정할 만한 주석적인 근거는 없어 보인다. 그러나 중요한 것은 제사장이건 레위인이건 바울은 자기의 사도직을 제사를 돕는 역할로 설명하고 있다는 사실이다. '성전 제사를 돕는 자'라고 일반적으로 이해하건, 혹은 보다 대담하게 '제사장'으로 이해하건 제사적 개념을 도입하고 있는 바울의 주된 관심은 드려지는 제사 자체에 있고, 이를 표현하기 위해 바울은 복음을 전파하는 자기의 책임을 율법을 따라 거룩한 제사를 드리는 성전 수종자의 역할에 비교하고 있다는 것이다.

그렇다면 바울의 사도적 소명의 성격을 제대로 파악하기 위해서 중요한 것은 그가 어떤 측면에서 자기의 사도직이 성전수종자의 섬김과 같다고 보았는지를 파악하는 일이다. 두말할 것도 없이, 성전수종자들의 가장 중요한 책임은 제사를 드리는 일이었다. 물론 그들의 역할이 제사에만 국한된 것은 아니었지만, 백성들을 대표하여 하나님께 제사 드리는 일이 그들이 받은 사명의 핵심인 것은 분명하다. 제사 드리는 일에 관여하지 않는 제사장이란 생각할 수 없겠기 때문이다. 그리고 제사란 하나님께 '제물'을 드리는 행위이다. 그러나 바울은 구약의 제사장처럼 짐승이나 곡식을 드리는 문자적인 의미에서의 제사장은 아니었다. 바울이 자기를 제사장으로 묘사한 것은 자

---

11) Stuhlmacher, *Romans*, p.237; Käsemann, Ernst., G. Bromiley trans., *Commentary on Romans* (Grand Rapids: Eerdmans, 1980), p.392.

기의 복음 사역을 설명하기 위한 하나의 비유일 뿐, 사실 바울이 드리는 '제사'는 구약의 제사와는 전혀 성격이 다르기 때문이다. 그렇다고 제물을 드린다는 생각이 없이 막연히 자신을 제사장으로 말하고 있는 것은 아니다. 제사 드리는 일이 제사장의 임무의 핵심이기 때문이다. 그렇다면 제사장 바울은 무엇을 제물로 삼아 하나님께 제사를 드리는가?

바울이 밝히는 바에 의하면 그가 제사장이 되어 하나님께 드리는 제물(προσφορά)은[12] 다름 아닌 '이방인들', 곧 이방의 그리스도인들이다. 문법적으로 볼 때 여기서 바울이 말하는 '이방인의 제물'(ἡ προσφορὰ τῶν ἐθνῶν)은 이방인들이 제사장이 되어 제사를 드린다는 뜻일 수도 있고 이방인이 스스로 제물이 되어 하나님께 바쳐진다는 뜻일 수도 있지만, 우리 개역성경에서 잘 번역하고 있는 것처럼 후자의 의미가 더 맞는 것 같다.[13] 여기서는 바울이 자기 자신을 제사를 수행하는 주체로 묘사하고 있기 때문이다. 즉, 제사장 바울은 이방인들을 제물로 바침으로써 하나님께 제사를 드린다.

바울이 자기를 복음을 따라 제사를 드리는 제사장으로, 그리고 자기 복음전파의 대상이 되는 이방인들을 자기가 드릴 제물로 간주하고 있다는 사실은 바울의 복음사역에 관해 무엇을 말해 주는가? 모세오경이나 에스겔에 자세히 설명되어 있는 것처럼 구약의 제사 규정이 가장 중점을 두어 강조하는 바는 하나님께 드리는 제사는 '거룩해야' 한다는 것이다(출 28:36~38). 거룩하다는 것은 물론 제사가 하나님의 정하신 규정에 일치하는 것을 의미한다. 부정한 제사와 거룩한 제사의 구분은 제물이 사람의 눈에 얼마나 흘

---

12) 이 단어는 여러 가지 뜻으로 쓰일 수 있지만, 제사적 문맥에서는 '제사' 혹은 '제물'의 의미가 된다. 칠십인역에서 이 단어는 종종 보다 강한 제사적 의미를 가진 θυσία와 결합되어 그 제사적 의미가 더 분명해진다 (1Esdr 5:51; Ps 39:7; Dan 3:38; 4:37; Sir 34:19).
13) Käsemann, *Romans*, p.393; Cranfield, *Romans*, p.756.

룡해 보이는가가 아니라 그 제물이 하나님께서 정해 두신 조건에 맞는가 하는 것이다. 따라서 제사장이 제사를 드릴 때 그의 주된 임무는 제사를 드린다는 행위 그 자체가 아니라 하나님께서 정하신 방식에 맞는 제사, 곧 하나님께서 '받으실 만한'(δεκτός, acceptable) 제사를 드리는 것이다. 규정에 어긋나는 제사가 즉각적인 죽음으로 처벌되었다는 사실은 제사가 '거룩한' 것이어야 한다는 하나님의 요구가 얼마나 엄중한 것이었는지를 잘 말해준다. (출 29:35, 43; 30:21, 33, 38; 레 10:1~2).

바울이 자신을 제사 드리는 제사장에 비유하고 있다는 것은 그가 구약의 제사제도를 익숙하게 알고 있었다는 것을 시사해 준다. 그렇다면 그 역시 자기가 드리는 이방인의 제물이 하나님 앞에 거룩한 것이 되어야 한다는 제사의 기본 요구를 잘 인식하고 있었음이 분명하다. 사실 바울은 거룩한 제사가 자기 사도직의 목적이라고 분명히 밝히고 있다. 바울이 예수 그리스도의 사도, 곧 복음을 섬기는 제사장으로 부르심을 받은 목적은 자신이 드리는 바 이방인의 제물이 하나님께 '받으실 만한 것'(εὐπρόσδεκτος)이 되도록 하는 것이다. 여기서 바울의 어조에 주의를 기울일 필요가 있다. 엄밀히 말해 바울이 여기서 말하는 바는 단순히 자기가 이방인을 제물로 드린다는 사실이 아니라, 자기가 드리는 이방인의 제물이 하나님께 '받으실만한 것'이 되어야 한다는 것이다(ἵνα γένηται ἡ προσφορὰ ἐθνῶν εὐπρόσδεκτος). 제사 자체는 당연한 것으로 전제되고, 바울의 주된 관심은 이 제사가 '받으실만한 것'이 되어야 한다는 사실에 놓인다. 여기서 바울이 쓰고 있는 εὐπρόσδεκτος라는 단어는 칠십인역에서 주로 쓰이고 있는 기본형 δεκτός와 마찬가지로 (출 28:38; 레 1:3, 4; 17:4 등; 빌 4:18) 제사가 하나님께서 정하신 조건에 맞는 것이어야 한다는 요구를 표현한다.[14) 바울이 이 표현을 자기

---

14) 베드로전서 2:5에서도 같은 단어를 써서 성도들을 '하나님이 기쁘게 받으실 신령한 제사'를 드

의 제사장적 사역에 적용하고 있는 데서 우리는 바울이 자기가 이방인을 제물로 삼아 드리는 복음의 제사에도 역시 하나님께서 정해두신 분명한 조건이 있고, 이 조건에 합당한 이방인의 제물을 마련해 드리는 것이 바로 자기의 사도된 사명이라고 여기고 있었음을 알게 된다. 자기의 제물이 성령을 통해 '거룩하게 된다'(ἡγιασμένη)는 그의 말 역시 동일한 생각을 표현하고 있다.

그렇다면 바울이 드리려고 애썼던 바 '받으실만한' 제물은 어떤 제물을 말하는가? '이방인의 제물'이 짐승을 죽여 드리는 구약의 제사와 같은 것일 수는 없겠기에, 신체적으로 흠이 없는 이방인들만 골라서 복음을 전한다는 뜻일 리는 없다. 그렇다면, 바울 사도가 드리는 이방인의 제물이 하나님께 '받으실만하다'는 것은 무슨 의미인가? 이방인을 받으실만한 제물로 드리는 것이 바로 바울의 사도적 소명의 목적이 된다는 점에서 이것은 결국 바울이 사도로서 수행하는 사역의 핵심을 묻는 질문이 된다.

3. '합당한' 제사는 '몸'을 드리는 '산' 제사이다

바울이 자기의 사도적 사역에 대해 직접적으로 말하고 있는 15장에서부터 논의를 시작하였지만, 제사 언어가 15장에서 처음 쓰인 것은 아니다. '이방인의 제물'을 거룩하게 드림으로써 복음의 제사장 노릇을 한다는 생각은 우선 윤리적 가르침이 구체화되고 있는 12장의 권면을 떠올리게 한다. "그러므로 형제들아, 내가 하나님의 모든 자비하심으로 너희를 권하노니 너희 몸을 하나님이 기뻐하시는 거룩한 산 제사로 드리라. 이는 너희의 영적 예배니라"(12:1). 바울의 이 권면이 제사적 개념에 지배되고 있다는 점은 "하나님께 제사로 드리라"(παραστῆσαι θυσίαν … τῷ θεῷ)는 말뿐 아니라,15)

리는 제사장으로 표현하고 있다.

이런 산 제사가 바로 성도들이 드릴 바 (합당한) '예배'가 된다는 말에서도 확인된다. 여기서 '예배'로 번역된 λατρεία는 '봉사'나 '섬김'을 뜻하는 일반적인 단어인데, 여기서는 특별히 성전에서 하나님을 섬기는 제사적 섬김을 의미한다.16) 15장에서와 마찬가지로 바울의 권면은 단순히 성도들이 스스로를 하나님께 제사로 드려야 한다는 것이 아니다. 바울의 요점은 성도들이 하나님께 '거룩한'(άγιασμόν) 제사, 그러니까 '하나님께서 기쁘게 받으실만한'(εύάρεστον, pleasing) 제사를 드려야 한다는 것이다. 이방인들이 자기를 제물로 하나님께 드리는 일에 있어서도 미리 정해진 분명한 조건이 있는데, 성도들은 이런 거룩함의 조건을 다 채움으로써 하나님께서 받으실만한 제사, 곧 성도들에게 '합당한'(λογικήν)17) 제사/예배를 드려야만 한다.

15장과 비교해 볼 때 눈에 띄는 것은 여기서는 성도들이 직접 제사장이 되어 제사를 드리는 것으로 그려지고 있다는 점이다. 그러나 하나님께 드려지는 제물이 성도들 자신이라는 점은 달라지지 않는다. 이러한 이미지의 융통성은 바울의 궁극적 관심이 누가 제사장이 되는가 하는 데 있는 것이 아니라 이방 성도들의 제사가 하나님께 합당한 것이 되어야 한다는 사실에 있음을 보여준다. 자기가 제사장이 되건, 성도들이 스스로 제사장이 되건, 중요한 것은 성도들의 제사가 하나님께서 받으시기에 합당하게되는 것이다. 여기서 우리는 바울이 자기를 제사장으로 묘사하고 있느냐 아니냐 하는 논쟁은, 바울이 제사언어를 써서 전달하고자 하는 의도를 놓치게 하는 것임을

---

15) 이 용법의 제사적 배경은 누가복음 2:22에서도 확인된다. 예수의 부모는 모세의 율법을 따라 예수를 '주께 드리기 위해'(παραστῆσαι τῷ κυρίῳ) 예루살렘으로 데리고 갔다. 에베소서 5:27와 골로새서 1:22에서도 '드린다'는 말의 제사적 배경이 분명히 드러난다.

16) 가령 칠십인역 여호수아 22:27(B)에서 이 단어는 여러 가지 제사를 드려 하나님께 '봉사'하는 것을 의미하고, 대상 28:13에서 역시 제사장들과 레위인들이 '주의 집에서 (수행하는) 모든 봉사의 일'이라는 의미로 쓰이고 있다.

17) 이 단어는 '합당한' 혹은 '영적인'의 두 가지 뜻으로 번역될 수 있다. 어느 쪽이건 그 예배/제사가 하나님의 정하신 규정에 맞는 것이어야 한다는 요구는 마찬가지이다. '영적인 예배'의 배경에 관해서는 Stuhlmacher, *Romans*, p.187을 보라.

알게 된다. 문맥에 따라 바울 자신이 제사장의 입장에서 이야기될 수도 있고, 또 12장에서처럼 성도들이 제사의 주체로 이야기될 수도 있다. 심지어 빌립보서나 디모데후서에서처럼 바울의 사도적 섬김조차 일종의 제물(성도들의 제사에 더해 부어지는 관제)로 표현될 수도 있었다(빌 2:17;딤후 4:6). 중요한 것은 구약의 제사제도에 정확히 대응하는 그림을 그리는 것이 아니라 제사 언어를 이용하여 자기가 드리는 복음의 제사가 역시 '거룩해야 한다'는 사실을 분명히 표현하는 것이다.

하나님께 드려진다는 의미에서 동일한 제사이기는 하지만 그리스도인이 드리는 '영적인 제사'가 구약의 제사와 문자적으로 같은 것일 수는 없다. 따라서 바울이 사용하고 있는 제사언어는 중요한 대목에서 구약의 제사 제도로부터 벗어난다. 우선 성도들이 드리도록 요구받는 제물은 다른 짐승이나 곡식이 아니라 바로 자기의 '몸(들)'(τὰ σώματα), 곧 자기 자신들이다. 이제 성도들은 짐승 대신 자기 자신을 바치도록 요구받는다. 물론 이것은 제사장들이 짐승을 죽여 제사를 드리듯 자기들의 몸을 죽여 제사 지내라는 뜻이 아니다. 성도들에게 요구되는 제사는 자기들의 몸을 통해 드리는 '산'(ζῶσαν) 제사이다. 이것은 분명 짐승을 '죽여서' 드리는 희생제사를 염두에 두고 만들어 낸 표현인 것 같다. 자기의 '몸'을 제물로 삼아 하나님께 '살아 있는' 제사를 드린다는 것은 몸이 관여하는 영역, 그러니까 삶 전체가 하나님께 살아 있는 제사로 드려져야 한다는 뜻이다.[18] 다시 말해 성도들의 삶 전체가 마치 제사장이 하나님께 드리는 제물처럼 하나님께서 기뻐 받으실 만한 거룩한 것이 되어야 한다는 것이다. 이 점은 2절에서 더욱 분명해진다. 몸을 살아있는 제사로 드린다는 것은 보다 구체적으로 말하자면 삶 속에서 '하나님의 뜻'을 '분별하고 실천하는'(δοκιμάζειν)[19] 것을 의미한다.

---

18) Stuhlmacher, *Romans*, p.188; Käsemann, *Romans*, p.327.

바울은 여기서 선하고 온전한 하나님의 뜻을 하나님께서 '기뻐하시는'
(εὐάρεστον) 뜻이라고 풀고 있다(엡 5:10; 골 3:20; 딛 2:9; 히 13:21). 물론
이것은 바로 앞에서 하나님이 '기뻐하시는 제사'를 드리라고 권유할 때 썼
던 바로 그 단어이다. 바울은 여기서 같은 단어를 반복함으로써 하나님이
'기뻐하시는' 뜻을 분별하고 실천하는 삶이 바로 성도들이 드려야 할 바 하
나님께서 '기뻐하시는' 거룩한 제사가 된다는 사실을 강조하고 있다. 하나
님의 뜻을 제대로 분별하고 실천하는 삶은 '이 세대를 본받지 않는' 삶, 이
세대의 삶의 방식에서 탈피하여 변화된 삶을 살아가는 것이다. 물론 이러한
변화는 '마음', 곧 삶의 중심이 새로워질 것을 요구한다.[20] 이것이 성도들
이 하나님께 드려야 할 '거룩한 제사'이다. 이방의 성도들이 바로 이런 거룩
한 삶의 제사를 드릴 수 있도록 만드는 것이 바로 사도로 부르심을 받은 바
울의 소명이었다는 것이었다.

성도들의 삶 전체가 (거룩한 제사로) 하나님께 드려져야 한다는 바울의 권
면은 6장에서 본격적으로 등장하는 윤리적 권면과 연관이 있다. 6장에서
바울은 의롭다 하심을 얻는 것은 죄된 삶을 그대로 둔 채 그냥 의롭다고 여
겨주는 것이 아니라, 그리스도와 실제로 하나가 되는 보다 근원적인 변화임
을 지적하고 있다. 그리스도와 하나가 된다는 것은 그의 죽으심과 부활에
동참하는 것을 의미하는데, 이것은 곧 죄에 대해 죽고 의에 대해 다시 사는
것으로 이해된다. 따라서 성도는 의롭다 하심을 받는 순간 죄와는 모든 관

---

19) 이 단순히 머리 속으로 '인식한다'는 뜻으로 쓰일 때도 있지만, 올바른 삶을 권면하는 문맥에서
   는 그런 인식을 구체적으로 실천하는 것을 포함하는 수가 많다(엡 5:10; 빌 1:10).
20) 구약의 제사를 윤리적으로 해석하는 이런 시도는 사실상 '피'를 요구하는 희생 제사의 기본을
   뒤집는 대담한 생각으로서(히 9:7, 12-22), 성전 내에서 적용되던 '거룩함'에 대한 하나님의 요
   구를 일상의 삶, 특별히 공동체 내에서의 삶의 영역으로 확대하여 적용한 결과이다. 예수 그리
   스도의 십자가 희생을 최종적이고도 완전한 희생제사로 해석함으로써 구약의 제사제도를 사실
   상 무의미한 것으로 만들었던 신약의 그리스도인들로서는 제사 언어의 비유적 해석은 어찌 보
   면 매우 자연스러운 현상이라고 할 수 있다(히 13:15, 16; 벧전 2:5).

계가 끊어지고 하나님과 관계를 맺는 새로운 삶의 정황 속으로 옮겨진다. 그러나 이런 신학적 진실은 현재의 일상적 현실 속에 한꺼번에 드러나는 현상이 아니다. 새로운 삶은 시작되었지만, 온전한 의미에서 그리스도의 부활에 참여하는 것은 종말의 소망에 속한다. 따라서 그리스도의 죽으심과 부활에의 참여라는 신학적 실재(indicative)는 종말의 소망을 안고 오늘을 살아가는 성도들에게 죄에 대해 죽고 의에 대해 살아가라는 거역할 수 없는 요구(imperative)로 다가온다. 이런 윤리적인 당위를 표현하기 위해 바울은 우리의 지체/몸을 하나님께 거룩한 제물로 드리라고 권면하고 있다.

로마서 6장에 나오는 바울의 권면은 한 마디로 "너희 자신을 (죄에게 드리지 말고) 하나님께 드리라"(παραστήσατε … τῷ θεῷ)는 것이다. 이것은 물론 우리의 몸을 "하나님께 (기뻐하시는 제사로) 드리라"(παραστῆσαι … τῷ θεῷ)는 12장의 표현과 연관된다. 재미있는 것은 6장의 문맥에서는 12장에서처럼 제사적 색채는 분명치 않다는 것이다. 바울은 우리의 몸을 의의 병기로 혹은 의의 도구로 하나님께 바치라고 권한다. 여기서 '바친다'는 말은 '처분에 맡긴다'는 의미로서 권위에 대한 절대복종의 뜻을 전달한다. 우리 자신을 누구에게 드리든지 우리는 그 드리는 자의 종이 된다는 바울의 부연설명이 바로 이런 의도를 잘 표현하고 있다 (6:16). (죄가) "왕노릇 한다"(12절) 혹은 "주인 노릇 한다"(14절)는 표현 역시 바울의 의도가 명령하고 복종하는 군신관계 혹은 주종관계를 묘사하는 것임을 분명히 해준다. 하나님께 드린 바 됨으로써 우리는 이제 하나님의 '종'이 되었는데, 이것은 우리가 하나님의 권위와 명령에 절대 순종해야 할 의무 아래 놓였다는 것을 의미한다 (6:15-23). 이런 절대복종의 관계는 우리가 죄 혹은 의의 ὅπλα가 된다는 말에서 분명히 드러난다. 이것은 일반적으로 '도구'의 의미로 사용되기도 하고, 보다 구체적으로 '무기'를 뜻하기도 하는데 어떻게 해석하든 바울이 말하고자 하는 요지는 동일하다. 사로잡은 자가 사로잡은 종을 자기의 도구로 부리듯 우리는 죄의 도구가 되거나 혹은 하나님의 도구가 된다.[21] 혹은 전쟁에서 병사가 자기가 잡은 '무기'를 자기가 마음먹은 대로 휘둘러 대듯, 우리는 죄의 세력에 혹은 하나님의 권위에 휘둘림 당한다.[22] 바울의 권면은 죄에 죽고 하나님께 살아난 자로서, 죄의 도구/무기가 되기를 멈추고(μηδὲ παριστάνετε), 하나님의 다스림 아래로 들어가 의의 무기/도구로 살아야 한다는 것이다. 이것이 바로 칭의의 의미이다.[23]

성도들이 하나님께 바치도록 요구받는 것은 자기들의 '지체' 혹은 '몸'이다. 그러니까 바로 자기 자신을(죄에게 드리는 대신) 하나님께 바치는 삶이다. 바울은 이것을 "의로움에"(6:16, 19)에 바치는 삶이라고 풀고 있다. 12:1의 표현을 쓰자면 성도는 삶 속에서 하나님의 선하고 온전한 뜻을 실천함으로써 하나님께서 기뻐 받으시는 거룩한 제사를 드린다. 그리고 우리가 앞에서 살핀 것처럼, 바울은 자기가 사도로 부르심을 받은 목적은 성도들이 드리는 이런 삶의 제사가 하나님께 받으심직한 것이 되도록 하는 것이라고 선언하고 있다(15:16). 이 두 가지 논점을 하나로 엮어 보면 우리는 바울의 사도적 자기 이해에 관하여 대단히 중요한 사실 하나를 발견한다. **바울이 이방인의 사도로서의 수행하는 모든 사역은 이방인들이 하나님의 뜻에 온전히 순종하는 삶을 살도록 하려는 한 가지 목적을 바라보고 있다. 곧 바울이 이해하고 있는 바 사도로서의 사역은 그 무엇보다도 '순종하는 삶'을 이끌어 내려는 윤리적 차원에 초점이 모아져 있다.**

이것은 단순히 바울이 사용하고 있는 제사 언어에서 연역해 낸 추론만은 아니다. 바울 스스로가 이런 윤리적 사역을 자기의 사도적 목표로 분명히

---

21) Cranfield, *Romans*, p.318.
22) Käsemann, *Romans*, p.177.
23) Käsemann, *Romans*, p.327.

제시하고 있기 때문이다. 15:17~18에서 바울은 자기가 사도로서 자랑스럽게 여기는 것은 어떤 인간적인 자질들이 아니라 바로 "그리스도께서 나를 통해 성령의 능력으로 역사하셨다"는 사실이라고 선언하고 있다. 갈라디아서 2:8에서 보는 것처럼, "그리스도께서 역사하셨다"는 것이나 "성령을 통해 역사하셨다"는 말은 하나님의 능력이 역사하느냐 아니냐가 바로 진정한 사도의 표지가 된다는 신념을 표현한다 (갈 2:8; 빌 3:3). 다시 말하여 바울은 여기서 막연히 이런저런 자랑거리를 늘어놓고 있는 것이 아니라 자기가 수행하는 바 사도적 섬김의 원동력이 바로 그리스도요 성령이 되신다는 사실을 밝히고 있다는 것이다. 주목할 것은 그리스도께서 자기를 통해 역사하셔서 사도가 되게 하신 것은 바로 "이방인들을 순종케 하기 위해서"(εἰς ὑπακοὴν ἐθνῶν)라는 바울의 진술이다(18). 적어도 스스로의 증언에 의하면 바울이 사도가 된 목적은 이방인들이 하나님께 순종하는 삶을 살도록 만드는 일이다. 이것은 이방인 성도들의 순종이 그의 사도로서의 사역의 핵심이었다는 것을 의미한다.

물론 이것은 로마서의 서두에서 그가 이미 밝힌 바 자기의 사도적 목표를 재천명하는 것에 지나지 않는다. "그(그리스도)로 말미암아 우리가 은혜와 사도의 직분을 받아 모든 이방인 중에서 믿어 순종케(εἰς ὑπακοὴν πίστεως) 합니다"(1:5; 16:26). 여기서 우리말로 "믿어 순종케"라고 번역된 말은 직역하면 '믿음의 순종'이 되는데, 문법 구조상 궁극적인 강조는 수식어인 '믿음'이 아니라 이 믿음이 수식하고 있는 '순종'에 놓인다. 물론 이것이 믿음의 중요성을 약화시키는 것은 아니지만, 바울의 궁극적인 관심이 '순종'에 있다는 점은 분명하다. 바울의 사도적 소명은 이방인들을 "순종에 이르도록"(εἰς ὑπακοήν)하는 것인데, 이 순종은 '믿음의 순종', 곧 '그리스도를 향한 믿음에 근거한 순종'이다.[24] 자기의 사도적 섬김을 통해 매개되는 성령의 역사를 따라 이방인들이 순종하는 삶에로 변화되고, 따라서 바울은 자기가 의도한 바 하나님께서 받으실만한 거룩한 제사를 드릴 수 있게 된다. 여기서 우리는 바울이 왜 자기가 드리는 이방인의 제물이 "성령으로 거룩하게 된다"고 말하는 지 알게된다(16절).

4. 흠이 없는 제물

바울이 드리는 이방인의 제사가 올바른 삶으로 이루어진다는 사실은 자기가 드리는 이방인의 제물이 '흠이 없어야' 한다는 바울의 생각을 살피면 더욱 분명히 드러난다. 제물이 하나님께 받으실 만해야 하고 거룩해야 한다는 것은 곧 그 제물이 하나님 보시기에 '흠이 없어야' 한다는 요구를 가리킨다. 구약의 제사 규정에서 '흠이 없는'(ἄμωμος) 짐승을 드려야 한다는 요구가 수없이 반복되고 있다는 사실은 '흠 없는' 제물을 마련하는 것이 바로 거룩한 제사의 관건이 된다는 사실을 잘 보여준다(출 29:1, 28; 레 1:3, 10; 겔 43:22-23 등). 흠이 없는 제사의 중요성은 그리스도의 죽음을 하나의 희생제사로 해석하고 있는 신약의 구절들에서도 잘 확인된다. 히브리서에 의하면 예수께서 자신을 '흠이 없는' 제물로 드렸기 때문에 그의 피가 우리를 죽은 행실로부터 깨끗게 하여 살아 계신 하나님을 섬길 수 있도록 한다

---

24) 많은 주석가들은 '믿음' 자체가 바로 하나님께서 원하시는 '순종'이라고 주장한다. 가령, Cranfield, *Romans,* pp.66~67; Käsemann, *Romans,* pp.14~15. 하지만, 이것은 '순종'이라는 단어를 지나치게 좁게 정의하는 것이다. 이런 자의적 해석이 설득력이 없는 것은 바울이 로마서 내에서조차 '순종'을 분명한 윤리적 개념으로 쓰고 있기 때문이다. 아담의 '불손종'과 대조된 한 사람 예수의 '순종'(5:19)을 '믿음'이라고 축소할 수 없다. 6:16에서 역시 '순종'은 죽음에 이르는 '죄'와 대조되어 있고 16:19에서도 이 단어가 윤리적인 의미로 쓰이고 있다. 바울이 '믿음'만을 의도했다면 굳이 '순종'이라는 단어를 더할 이유가 있겠는가? 따라서 믿음이 곧 순종이라고 주장하는 이들 역시 윤리적인 순종의 요소를 말하지 않을 수 없게 된다. Furnish, Victor, *Theology and Ethics in Paul* (Abingdon: Philadelphia, 1968), pp.182~87과 Dunn, The Theology of Paul the Apostle (Grand Rapids: Eerdmans, 1998), p.635에 있는 논의, 특별히 Garlington, Don. B., *Faith, Obedience and Perseverance* (Tübingen: Mohr/Siebeck, 1994), pp.10~31을 참고하라.

(9:14). 베드로전서에서도 역시 그리스도의 피를 '점 없고 흠 없는 어린 양의 피'와 비교함으로써 이 십자가 죽음이 하나님 앞에서 '흠이 없는' 제사, 곧 효과적인 제사였음을 강조하고 있다.

일단 바울이 쓰는 언어의 제사적 배경을 이해하면, 바울서신 전체를 걸쳐 후렴처럼 반복되는 바 '흠이 없는' 백성으로 살아가라는 권면 역시 새로운 의미로 다가온다(살전 3:13; 5:23; 고전 1:8; 엡 1:4; 5:27; 빌 2:15; 골 1:22). 이 점에서 가장 시사적인 구절이 빌립보서 2:14~16이다. 빌립보의 성도들에게 '모든 일을 원망과 시비가 없이'하여, 서로 하나될 것을 권고하면서 바울은 이렇게 하여 그들이 '흠이 없고 순전하여 어그러지고 거스리는 세대 가운데서 하나님의 흠 없는 자녀로 세상에서 빛들로 나타날'것이라고 말하고 있다(2:14~15). '흠이 없는 자녀'가 되어야 한다는 바울의 권면은 하나님께 드리는 제사가 '흠이 없어야'한다는 제사적 요구를 바탕에 깔고 있다. 물론 흠이 없다는 말은 제사적 뉘앙스 없이 단순한 윤리적 개념으로 쓰이기도 하지만, 제사적 배경이 바울의 자기 이해에 미친 영향을 생각해 볼 때 '흠이 없는' 자녀라는 개념 역시 '흠이 없는 제사'라는 생각을 바탕에 깔고 있을 가능성이 많다. 본 문맥 속에서 실제로 바울이 제사적 언어를 쓰고 있다는 사실이 이 해석을 뒷받침해 준다. "만일 너희 믿음의 제물과 봉사 위에 나를 관제로 드릴지라도 나는 기뻐하고 여러분들과 함께 기뻐하겠습니다"(17절). 여기서 바울은 빌립보 성도들의 삶을 '믿음의 제물과 봉사'($\theta\upsilon\sigma\iota\alpha$ $\kappa\alpha\iota$ $\lambda\epsilon\iota\tau\upsilon\upsilon\rho\gamma\iota\alpha$ $\tau\eta\varsigma$ $\pi\iota\sigma\tau\epsilon\omega\varsigma$)로 표현하고 있다.[25] 그리고 재미있게도자기의 사도적 섬김은 그 제물 위에 부어지는($\sigma\pi\epsilon\nu\delta\upsilon\mu\alpha\iota$) 하나의 관제에 비유된다(cf. 딤후 4:6). 하나님께 드리는 제사가 율법을 따른 것이 아니라 믿음에 의한

---

[25] 15장 16절에서 쓴 '복음의 제사장'이라는 표현과 마찬가지로 '믿음의' 제사라는 말은 '율법의 제사'라는 개념에서 '율법'을 '믿음'으로 대치하여 만들어낸 표현인 것 같다.

것이라는 점은 다르지만, 이 믿음의 제사 역시 하나의 제사로서 하나님 앞에서 '흠이 없는' 것이어야 한다는 요구는 달라지지 않는다. 빌립보의 성도들은 바로 '흠이 없는' 하나님의 자녀들이 됨으로써 하나님께서 기쁘게 받으실 만한 제사를 드리는 것이다. '믿음의 제물과 봉사'를 흠이 없도록 만드는 것이 바울의 사역의 핵심인 것은 그가 비슷한 의미의 단어를 세 개씩이나 반복하여 쓰고 있다는 사실에서도 확인된다(ἄμεμπτοι καὶ ἀκέραιοι, τέκνα θεοῦ ἄμωμα).

재미있게도 이 대목에서 바울의 권면은 신명기 32장에 나오는 모세의 노래를 염두에 두고 있다. 이 노래에서 모세는 광야 40년에 걸쳐 보여준 하나님의 신실하심과는 전혀 어울리지 않는 이스라엘의 사악한 태도를 상기시키며 그들을 향해 "흠이 있는 자녀들"(τέκνα μωμετά)이며 "어그러지고 거스리는 세대"(γενεὰ σκολιὰ καὶ διεστραμμένη)라고 혹독한 비난을 퍼붓고 있다(신 32:4~5).[26] 이러한 이스라엘의 불순종을 상기시키며 바울은 빌립보의 성도들은 "어그러지고 거스리는 세대"와 같아서는 안되며, "하나님의 흠없는 자녀"(τέκνα θεοῦ ἄμωμα)로 살아야 한다고 권면하고 있는 것이다. 이 구절은 또한 할례의 계약을 맺으면서 하나님께서 아브라함에게 요구하신 바 "흠이 없도록" 행동하라는 창세기 17:1과도 관련이 있어 보인다. 아

---

26) 히브리어 원문의 어조는 더 강하다. 타락한 모습을 보인 이스라엘은 '내 자녀가 아니라 타락하고 어그러진 세대'(사곡한 종류)다. 비슷한 생각이 호세아에도 나타나는데, 하나님은 선지자의 아들을 '로암미'(לֹא עַמִּי)라고 부르도록 함으로써 '너희는 내 백성이 아니며 나는 너희 하나님이 되지 않을 것'이라는 경고의 메시지를 전하고 있다(호 1:8~9). 물론 이것은 이스라엘의 자녀됨 자체를 부인하는 선언이 아니라 하나님의 자녀다운 삶으로 돌아오기를 권하는 수사법이지만, 범죄한 삶을 계속하면 결국 하나님의 자녀됨을 박탈당하고 말 것이라는 경고가 그 바탕에 깔려있다고 볼 수 있다. 따라서 신약의 그리스도인들이 광야에서 불순종하여 버림받은 이스라엘의 역사를 상기하면서 끝까지 인내하며 순종하려는 결심을 되새기곤 한 것도 전혀 이상한 것이 아니다(고전 10:1~13; 히 3:1~4:11). 이웃을 사랑하라고 가르치면서 '이같이 한즉 하늘에 계신 너희 아버지의 아들이 되리니'라고 하셨던 예수의 말씀 역시 비슷한 생각을 표현하고 있는 것 같다 (마 5:44~45).

브라함을 선택하고 그와 계약을 갱신할 때 주신 명령이라는 점에서 "흠이 없이 행동하라"는 것은 바로 하나님께서 그의 택하신 백성에게 요구하시는 순종의 삶을 한 마디로 요약하는 것이라고 볼 수 있다.

문맥에서 알 수 있듯이, 빌립보 성도들이 드리는 믿음과 제물의 봉사가 흠이 없다는 것은 그들이 온전한 순종의 삶의 사는 것을 의미한다. "항상 복종하여" 두렵고 떨림으로 구원을 이루라는 요구이다 (2:12). 바울이 지금 보는 바 빌립보 교회의 상황에서는 "모든 일을 원망과 시비가 없이" 하는 것이27) 바로 순종하는 삶, 곧 하나님의 자녀로서 '흠이 없는' 제사를 드리는 방법이 된다. 그리고 이러한 순종의 삶이 바로 제사장 바울이 자기 몸을 "관제로 부어드림으로써" 성취하고자 했던 목표이다.

물론 이런 희생은 단순한 희생이 아니라 다름 아닌 이방인의 사도로서의 희생을 가리킨다. 여기서 바울이 자기의 사도적 사역에 관해 말하고 있다는 점은 16절에서 분명히 드러난다. 바울은 빌립보 성도들이 흠이 없는 하나님의 자녀로서 살아감으로써 "나의 달음질도 헛되지 아니하고, 나의 수고도 헛되지 아니하여 예수 그리스도의 날에 나로 자랑할 것이 있게 하라"고 당부한다(2:16). "달음질"(ἔδραμον)이나 "수고"(ἐκοπίασα)라는 용어는 모두 바울이 자기의 사도적 사역을 지칭하기 위해 즐겨 사용하는 단어들이다(고전 9:24-27; 갈 2:2; 딤후 4:7; 롬 16:6, 12; 고전 4:12; 15:10; 고후 11:27; 갈 4:11; 살전 5:12; 골 1:29; 엡 4:28; 딤전 4:10; 5:17; 딤후 2:6).28) 이 구절에 의하면 바울의 사도적 사역이 성공하느냐 실패하느냐 (εἰς κενόν)는 바로

---

27) 이 대목 역시 '원망'으로 특징지워지는 이스라엘의 광야 40년 역사를 배경으로 깔고 있다. 본문에서 구약의 여러 구절들이 어떻게 반영되고 있는가에 대한 논의는 여러 주석들에 잘 논의되어 있다.

28) 칠십인역에서의 용법에 대해서는 신명기 32:47; 이사야 49:4, 8; 45:18을 보라. Cf. Pfitzner, Victor C, *Paul and the Agon Motif: Traditional Athletic Imagery in the Pauline Literature* (SNovT. Leiden: E. J. Brill, 1967)

빌립보 성도들이 하나님의 흠 없는 자녀로 살아가느냐 아니냐에 달려있다.29) 다시 말하면, 성도들이 드리는 '믿음의 제물과 봉사'가 온전한 순종으로 채워져 흠 없는 제사가 되면 바울은 사도로서 자기가 맡은 책임을 잘 완수하는 것이 된다. 그가 맡은 바 사도로서의 책임은 바로 이방인 성도들의 '순종'을 목표하고 있다는 것이다. 이것은 그가 로마서에서 "이방인들을 순종케 하기 위해" 그리스도께서 자기를 통해 역사하셨다는 진술(15:18)과 일치한다. 바울은 우상을 섬기던 이방인들이 하나님께 순종하는 삶을 살도록 변화시키는 것이 사도된 자기의 사명이라고 생각하고 있다는 것이다.

에베소서와 골로새서에서도 우리는 역시 같은 관점을 발견한다. 에베소서의 서두에서 바울은 창세 전에 하나님께서 우리를 그리스도 안에서 자기의 자녀들이 되도록 예정하셨음을 상기시키면서 그 목적이 우리가 사랑 안에서 하나님 앞에서 "거룩하고 흠이 없게"(ἁγίους καὶ ἁμώμους)되는 것이라고 말하고 있다(1:4). 그리고 5:27에서는 동일한 내용이 그리스도의 십자가 희생의 목적으로 기술되고 있다. 그리스도께서 자신을 주신 것은 우리가 "영광스러운 교회", 곧 티나 주름 잡힌 것이나 이런 것들이 없이 "거룩하고 흠이 없는" (ἁγία καὶ ἄμωμος) 교회로 "자기 앞에 세우기/드리기"30) 위해서이다. 마찬가지로 골로새서에서도 그리스도께서 자기의 죽음을 통해 우

---

29) 바울은 자신의 사역이 실패할 수도 있다는 가능성을 충분히 인식하고 있었다는 점은 그가 '헛되이'라는 말을 자주 쓰고 있다는 데서도 드러난다. 물론 이것은 종말론적 관점을 반영하는 표현이다. 이를 위해서는 J. Jervell이 편집한 *God's Christ and His People* (N.A.Dahl FS) (Oslo: Universitätsforlaget, 1997), pp.175~191에 있는 Bjerkelund, " 'Vergeblich' als Missionsergebnis bei Paulus"를 보라.

30) 여기서 '세우다'는 의미로 쓰인 παραστήση는 우리를 하나님께(거룩한 제사로) '드리라'고 할 때 사용한 단어이다. 제사적 언어로 쓰이면 '바치다'란 의미가 되고, 심판의 문맥에서 쓰이면 하나님/그리스도 앞에 '세우다'는 의미로 번역할 수 있다. 여기서는 논의할 수 없지만, 바울은 자기가 하나님께 이방인을 제사로 드리는 때가 그리스도의 날이라고 생각했고, 그런 의미에서 제물로 '드린다'는 것이나 심판주 앞에 '세운다'는 것 사이에는 아무런 실제적인 차이가 없는 셈이다. 바울의 제사언어 속에 포함된 종말론적 관점을 잘 보여주는 연구로는 Wiles, *Paul's Intercessory Prayers* (Cambridge, 1974)를 들 수 있다.

리를 하나님과 화목하게 하신 것은 우리를 "거룩하고 흠이 없고 책망할 것이 없는"(ἁγίους καὶ ἀμώμους καὶ ἀνεγκλήτους) 아들로 "자기 앞에 세우기/드리기" 위함이라고 말하고 있다(1:22).

하나님의 예정과 그리스도의 십자가라는 결정적인 사건들이 우리가 하나님/그리스도 앞에서 "거룩하고 흠이 없게" 세워지는 것을 목적으로 삼고 있다면, 이는 곧 하나님의 구원 계획이 이방인들에게 이루어질 수 있도록 복음을 전하는 사도인 바울 역시 동일한 목표를 바라보고 있다는 것을 의미한다 (엡 3:1~9; 골 1:24~29). 따라서 하나님의 예정과 그리스도의 십자가의 목적에 관한 논의는 곧 바울 자신이 받은 사도적 소명에 관한 논의이기도 하다. 골로새서에서 바울은 이렇게 쓰고 있다.

> 우리가 그를 전파하여 각 사람을 권하고 모든 지혜로 각 사람을 가르침은 각 사람을 그리스도 안에서 완전한 자로 세우려 함이니 이를 위하여 나도 내 속에서 능력으로 역사하시는 이의 역사를 따라 힘을 다하여 수고하노라 (1:28~29).

"그리스도를 전파하고", "각 사람을 권하고", "모든 지혜로 각 사람을 가르친다"는 것은 힘을 다하여 "수고한다"(κοπιῶ)는 말과 함께 바울의 사도적 사역 전체를 지칭하는 표현들이다. 이미 살핀 것처럼,[31] "그리스도께서 내 속에서 역사하신다"는 말 역시 같은 생각을 표현하고 있다. 바울이 사도로 부르심을 받아 수고하는 목적은 바로 각 사람을 그리스도 안에서 "완전한 자"로 세우기 위함이다. '완전하다'(τέλειον)는 것은 앞에서 이미 언급된 1:22에서 알 수 있듯이 악한 행실에서 벗어나 '그리스도 앞에서 거룩하고 흠이 없고 책망할 것이 없다'는 것을 의미한다. 물론 여기서도 '흠이 없다'는 것은 성도들의 삶이 하나님의 뜻에 순종하고 있다는 것, 곧 윤리적으로 올바르다는 것을 말한다. 성도 한 사람 한 사람을 바로 이런 '흠이 없는' 이

---

31) 위 로마서 15:17~18에 관한 논의를 보라.

들로 세우기 위해 바울은 이방인의 사도로 부르심을 입었다는 것이다. 성도들을 "완전한 자"로 세우기 위해 바울은 자기 속에서 일하시는 그리스도의 역사를 따라 사도로 수고하였다(골 1:29). 이것은 그리스도께서 이방인들을 "순종케 하기 위하여" 자기를 사도로 삼으셨다는 로마서의 진술과 조금도 다르지 않다 (15:18). 바울의 제사언어가 그려 보여주는 이방인의 사도란 곧 '이방인들을 순종하는 삶에로 인도하는 사람'을 의미한다.

5. 바울사역의 실제

지면상 길게 살펴볼 수는 없지만, '이방인의 순종'을 엮어 내는 자로서의 바울의 사명의식은 그의 실제 목회에서 동일하게 확인해볼 수 있다. 데살로니가 목회를 회고하면서 바울은 자기가 아버지의 마음으로 성도들을 "권면하고 위로하고 증거했다"(παρακαλοῦντες ὑμᾶς καὶ παραμυθούμενοι καὶ μαρτυρόμενοι)고 말한다. 바울이 쓰고 있는 단어에서 분명해지는 것처럼, 이것은 분명 단순한 지적인 전달을 넘어 올바른 삶을 위한 윤리적 가르침을 포함한다. 물론 그 목적은 올바른 교리를 갖도록 하는 것이 아니라 '너희를 불러 자기 나라와 영광에 이르게 하시는 하나님께 합당히 행하도록'(εἰς τὸ περιπατεῖν ὑμᾶς ἀξίως τοῦ θεοῦ) 만드는 것이었고, 이 목적을 이루기 위해 바울은 끊임없는 자기 희생으로 그들을 가르쳤다. 이것이 바로 바울이 말한 바 복음을 "말하고"(2:2) "전파하는"(2:9) 사역이었다.[32]

바울은 데살로니가전서를 쓰면서 함께 있을 때 자기가 베풀었던 이런 가르침을 상기시키고 있다. 멜허비(A. Malherbe)가 잘 관찰한 대로 바울이 이 편지에서 되새기는 내용은 대부분 교리가 아닌 윤리적 교훈이다.[33] 그들은

---

32) 바울 서신에서는 κήρυγμα와 παράκλησις가 사실상 구분되지 않는다는 사실은 이미 Furnish의 역작 *Theology and Ethics in Paul* (Abindon, 1968), pp.106~111에서 잘 포착되었다.

바울이 처음 목회할 때 그에게서 "마땅히 어떻게 행하며 하나님께 기쁘시게 할 것을 받았다"(4:1). 3절에서는 이 가르침이 '주 예수로 말미암아 준 명령'으로 표현되고 있다. 이 명령은 '하나님의 뜻'을 따르라는 말로 요약되는데, 하나님의 뜻은 곧 성도들이 우상숭배의 부정한 삶을 버리고 거룩한 삶을 살아야 한다는 것이다(4:3). 이 거룩함이 하나님께서 우리를 부르신 목적이다(4:7). 이것은 바울이 "너희를 부르사 자기 나라와 영광에 이르게 하시는 하나님께 합당히 행하게" 하려고 성도들을 가르쳤다는 말과 같다(2:12). 따라서 바울에게서 받은 바 거룩함에 대한 가르침을 저버리는 자는 그저 '사람', 곧 바울을 저버리는 수준에서 끝나는 것이 아니라 바로 바울의 사역을 통해 그들에게 "성령을 주신 하나님을 저버림"이요(4:8), 그들을 '자기 나라와 영광에로 부르시는' 분을 거역하는 행위이다. 올바른 삶을 포기하는 것은 바로 하나님의 부르심 자체를 포기하는 것이라는 바울의 선언은 '삶의 변화'가 그의 사도적 소명의 핵심에 놓여 있음을 다시 한 번 보여준다.

바울은 데살로니가에서 자기가 전한 복음이 "믿는 자 속에서 역사하는"(2:13) 것으로서, "말로만"이 아니라 "능력과 성령과 큰 확신"을 통해 전달되었다고 회고하고 있다(1:5). 말하자면 바울의 목회는 복음을 통해 성령께서 성도들의 삶에 역사하도록 돕는 '매개자'로서의 사역이었다. 여기서 우리는 바울이 로마서에서 자기가 드리는 이방인의 제물이 "성령으로 거룩하게 된다"고 했던 것을 기억한다 (15:16). 성령의 역사를 통해 이방인들이 순종하는 삶으로 돌아서도록 함으로써 바울은 하나님께 받으실만한 거룩한 제사를 드리는 것이다.

---

33) 이를 위해서는 Malherbe, *Paul and the Thessalonians: Philosophic Tradition of Pastoral Care (Fortress, 1987)*, p.60.

데살로니가전서에서 바울은 이러한 삶을 "믿음의 역사, 사랑의 수고, 소망의 인내"라는 말로 요약하고 있다(1:2). 그의 감사는 데살로니가 성도들이 어려움을 극복하고 하나님의 뜻(4:1, 3)에 합당한 성결의 삶(4:3, 7), 곧 믿음과 사랑의 삶을 잘 유지하고 있다는 사실에 대한 감사이고(3:6), 그의 권면 역시 이러한 성결의 삶을 계속 잘 지키라는 부탁이다(4:1). 이것이 바로 바울이 이방인의 사도로서 받은 소명이었다. 따라서 바울의 사도로서의 기도(apostolic prayers)가 성도의 거룩함에 초점을 모으고 있다는 사실은 너무도 당연한 일이라고 하겠다.

> 너희 마음을 굳게 하시고 우리 주 예수께서 그의 모든 성도와 함께 강림하실 때에 하나님 우리 아버지 앞에서 거룩함에 흠이 없게(ἀμέμπτους ἐν ἁγιωσύνῃ) 하기를 원하노라(3:13).

> 평강의 하나님이 친히 너희로 온전히 거룩하게 하시고(ἁγιάσαι ὑμᾶς ὁλοτελεῖς) 또 너의 온 영과 혼과 몸이 우리 주 예수 그리스도 강림하실 때에 흠 없게(ὁλόκληρον ... ἀμέμπτως). 보존되기를 원하노라. 너희를 부르시는 이는 미쁘시니 그가 또한 이루시리라(5:23-24).[34]

6. 정리하는 말

이 글에서 우리는 바울의 복음 사역의 본질에 관한 질문을 제기하면서, 그의 복음사역은 이방인 성도들의 순종을 목표로 삼고 있다는 사실을 보았다. 바울이 복음을 전하여 얻고자 한 결과가 '순종'이었다면 이는 바울의 복음 자체가 '순종'을 그 핵심에 두고 있는 것을 말해주는 것이다. 물론 이런 결론은 여러 면에서 기존의 바울 이해와는 어긋난다. 그러나 단지 그 이유 하나만으로 필자의 견해가 문제 있는 것으로 여겨져서는 곤란할 것이다. 문제는 어떤 관점이 바울의 진술을 더 충실히 설명해내는가 하는 주석의 문제

---

34) 빌립보서 2:15에서 보는 것처럼, ἄμωμος와 ἄμεμπτος는 사실상 뜻이 같다.

이기 때문이다.

기본적으로는 주석적 작업이었지만, 글의 시작에서 밝힌 것처럼 이 질문 자체는 한국 교회의 한 지체로서 갖게 되는 보다 현실적인 관심에서 생겨난 것이다. 필자가 이 글을 정리하는 시점은 종교개혁 기념주일을 맞는 무렵이다. 루터는 당시 교회가 빠져있던 잘못된 공로주의에 반기를 들고 이신칭의의 진리를 새롭게 주창하였다. 물론 이것은 단순한 신학적 주장만이 아니었다. 그는 당시 교회의 부패 이면에 공로주의라는 신학적 원인이 있다고 보았고, 이런 부패의 원인을 차단하고자 하는 열정에서 '오직 믿음'이라는 교리를 부각시켰다. 그가 야고보서를 '지푸라기 서신'이라고 무시할 수밖에 없었던 데서도 알 수 있듯이 그것은 일종의 신학적 '과장'이었다. 올바른 행위 없이는 하나님의 종말론적 구원에 참여할 수 없다는 진술이 바울의 서신 속에서도 얼마든지 있기 때문이다(롬 2:6~16; 8:13; 고전 6:9~10; 갈 5:19~21; 6:7~9; 엡 5:5; 빌 2:12; 3:10~16; 골 3:5~6, 25!). 그러나 이러한 과장은 왜곡된 공로주의에 물들어 있던 당시의 역사적 정황에서는 그 나름의 정당성을 갖는 것이었다. 잃어버린 진리를 회복하자면 이러한 일방적 강조가 불가피한 상황이 있을 수 있기 때문이다. 그러나 이러한 역사적 · 시대적 타당성이 보편적인 신학적 타당성으로 치부되면 우리는 루터가 직면했던 문제와는 정반대되는 오류에 빠질 위험이 있다. 곧 칭의가 구원의 전부인 것처럼 통하고, 따라서 올바른 삶은 우리의 구원에 기껏해야 부차적이거나 심지어는 별로 중요하지 않은 것으로 무시될 위험이 있다는 것이다. 로마서는 자주 강해되고 선포되지만 분명한 행위구원을 가르치는 야고보서나 마태복음의 종말론적 가르침은 무시당하는 현상은 우리의 편리한 '편식'을 잘 예증해 준다. 필자는 이런 '신학적' 경향이 최근 한국 교회 전반에서 나타나고 있는 도덕적 불감증과 깊은 관련이 있다고 느끼고 있다.

  잘못된 신학이 이런 현실을 야기시켰는지 우리의 비뚤어진 욕심이 이런 신학을 유행시키는지를 묻는 것은 닭이냐 달걀이냐 하는 질문이 될 것이다. 중요한 것은 '이신칭의'라는 좋은 신학도 우리의 잘못을 정당화하고 조장하는 이데올로기적 기능을 가질 수 있음을 인식하는 일이다. 교회를 섬기는 신학은 결코 구체적인 삶의 정황과 상관없이 보편적 진리를 추구하는 '순수' 학문일 수 없다. 한국의 현대 문학사에서 비슷한 예를 보듯, 구체적인 삶의 역학 속에서 '순수신학'의 논리는 곧잘 잘못된 대세에 도전하려는 목소리를 잠재움으로써 그 대세에 봉사하는 이데올로기로 전락한다. 책임 있는 신학은 루터가 자기 시대에 그랬던 것처럼 우리가 처한 구체적인 교회의 현실 속에서 교회를 가장 올바르게 섬기는 길이 무엇인지를 묻는 신학이다. 어쩌면 오늘 우리는 어처구니없는 윤리적 실패라는 우리 교회의 현실을 직시하면서 루터가 '지푸라기 서신'이라고 버려야 했던 서신을 횃불로 들어 루터와는 정반대의 종교개혁을 시도해야 할 지도 모른다. 올바른 삶의 중요성을 잊어버린 스스로를 일깨우기 위해서 '올바른 순종의 삶이 없이는 종말론적 구원은 없다'는 신학적 기치를 높이 들어야 할 지도 모른다는 것이다. 역설적이지만 이것이 참된 의미에서 루터의 신학적 전통을 이어받는 길이라고 할 수 있을 것이다. 聖書

존 칼빈, 칼 바르트, 김진홍의 교회론 비교

정 성 욱*

1. 들어가는 말

개혁교회 신학에 있어서 16세기의 종교개혁자 존 칼빈과 20세기 신정통주의 신학자 칼 바르트의 영향력은 심대하였다. 특히 이 두 사람은 신학자로서 뿐만 아니라 지역교회의 목회자로서도 훌륭한 모범을 보여주었다. 칼빈은 교부들이 주창한 바 있는 '믿는 이들의 어머니로서의 교회' 사상을 받아들여 교회의 교육적, 양육적 기능을 중시한 반면, 바르트는 교회의 기능 중 말씀선포와 복음증거의 차원을 가장 중요시하였다. 김진홍 목사는 개혁신앙과 신학을 자신의 신학적 입장으로 표명해왔고, 또 칼빈과 바르트의 신학 사상에도 관심을 가진 바 있다. 김진홍 목사는 칼빈과 바르트가 제시한 교회론의 기본적인 틀을 수용하면서도, 한국 역사와 사회의 맥락에서 창조적인 교회론을 정립하고, 이 이론을 실제적인 목회현장에서 구현하기위해 노력해왔다.

이러한 기본적 통찰을 기초로 하여 본 논문에서 필자는 칼빈과 바르트의 교회론적 특성을 고찰하고, 이것을 김진홍 목사의 교회론과 비교하면서 김

---

* 두레해외연구원1기, 현 미국 킹 칼리지 신학과 및 선교대학원 교수

진홍 목사의 교회론이 가지는 신앙적, 신학적, 교회사적 의의를 고찰해 보고자 한다. 특히 두레교회의 4대 선교목표인 ① 예수 공동체 형성, ② 기독교 문화창조, ③ 창조질서 보전, ④ 성서·통일·선교한국, 그리고 5대 교회목표인 ① 생명을 살리는 교회, ② 상처를 치유하는 교회, ③ 인재를 기르는 교회, ④ 지역사회를 섬기는 교회, ⑤ 기독교 대안 문화를 창출하는 교회 등의 아홉 항목을 김진홍 목사의 교회론의 핵심 사상으로 고찰해보고자 한다.

2. 칼빈의 교회론과 그 특성

2.1 어머니로서의 교회

칼빈은 고대교회의 교부 중 한 사람인 카르타고의 키프리안(Cyprian)이 교회에 대하여 했던 명언을 적극 수용하였다. 키프리안은 "당신은 교회를 당신의 어머니로 가지지 않는 한 하나님을 당신의 아버지로 가질 수 없습니다"라고 하였다. 즉, 하나님을 아버지로 모시고 살아가는 사람은 교회를 그들의 어머니로 인정하고 살아가야 한다는 말씀이다. 칼빈에 의하면 하나님은 당신의 자녀들을 교회로 모으시며, 하나님의 자녀들은 교회의 도움과 사역을 통하여 영적 영양분을 공급받고 자라나게 된다. 그리고 교회의 모성적인 보호와 인도를 통해 그들은 성숙한 신앙인이 되며, 마침내는 신앙성숙의 목표지점에 도달하게 된다. 칼빈은 어머니로서의 교회론을 입증하기 위해 "오직 위에 있는 예루살렘은 자유자니 곧 우리 어머니라"는 갈라디아서 4장 27절의 말씀을 즐겨 인용하였다.

칼빈에게 있어서 교회는 무엇보다도 하나님의 자녀들의 어머니이다. 한 어머니가 자녀를 그 태에 잉태하고, 낳고, 젖을 먹이며, 키우고, 돌보고, 양육하며, 교육하듯이 교회는 하나님의 영적인 자녀를 낳고, 신령한 젖을 먹이며, 돌보며, 양육하고, 교육하는 역할을 감당하는 것이다. 물론 교회는 이와 같은 일들을 성령 하나님의 인도와 능력 주심 가운데 행하게 된다. 결국 칼빈이 주창한 어머니로서의 교회론은 교회의 양육적, 교육적 기능을 강조해주는 강점이 있다고 보여진다.

2.2 그리스도의 신부, 그리스도의 몸

어머니로서의 교회 이외에 칼빈에게 있어서 교회는 그리스도의 신부이며, 그리스도의 몸이다. 그리스도의 신부라는 것은 교회의 놀라운 지위를 강조하는 것이고, 그리스도의 몸이라는 것은 교회와 그리스도 사이의 뗄 수 없는 연합적 관계를 강조하는 것이다. 그리스도의 신부로서 교회는 장차 만왕의 왕이요, 만주의 주이신 어린양 예수 그리스도와의 혼인잔치를 준비하는 과정 중에 있다. 따라서 거룩하고 순결한 신부처럼, 교회는 그리스도의 말씀에 순종함으로써 주님에 대한 순결과 거룩을 지켜나가야 한다. 그리스도의 몸으로서 교회는 이 땅에 있는 예수님의 대리자로서 세상을 섬기며, 치료하고, 잃어버린 영혼을 구원하는 일에 전심전력해야한다.

2.3 교회의 두가지 표지

칼빈에 의하면 교회를 교회되게 하는 두 가지 표지가 있다. 그것은 하나님 말씀의 순수한 전파와 그리스도의 교훈을 따르는 성례전의 집행이다. 교회는 진리의 기둥과 터이기에 하나님의 말씀이 순수하게 증거되고, 그 말씀에 순종하는 모임이어야 한다. 하나님의 말씀이 순수하게 가르쳐지지 않고, 또 그 말씀에 대한 순종 없이 참된 교회란 존재할 수 없다. 이러한 원리는 하나님의 말씀보다 교황이나 사제들의 권위를 더 높였던 중세 후기 카톨릭 교회에 대한 근원적 비판과 연결되어 있다.

한편 말씀이 순수하게 전파되는 교회에서는 그리스도께서 제정하신 성례전을 정당하게 집행하게 된다. 중세 교회는 성경이 인정하지 않는 다섯 가지를 성례전으로 인정함으로써 오류를 범했다. 그리고 성만찬을 신비주의적으로 해석함으로써 성도들의 양심의 자유를 억압하였다. 칼빈은 성찬과 세례만을 성례로 인정하였고, 이 두 가지를 말씀이 가르친 원리에 따라 집행할 것을 권고하였다.

2.4 장로교 정치와 목사의 직무

칼빈의 교회론을 구성하는 또 하나의 특징은 복수 리더쉽의 원리에 기초한 장로제 정치이다. 칼빈은 신약성경이 교인을 대표하는 복수의 장로들을 리더로 세우는 것을 권고하고 있다고 믿었으며, 자신이 속한 제네바 교회를 장로제도에 의하여 조직화하였다. 장로제도의 기본적인 정치원리는 공동의회의 권한을 강화시키는 민주적 원리이면서, 동시에 직접적이기보다는 간접적인 대의적 민주제를 원칙으로 한다. 칼빈은 이러한 대의적 민주정체와 복수 리더쉽이 성경의 가르침과 일치한다고 보았다.

복수 장로들 중에서 은사와 소명을 따라 목사가 임직되는데, 칼빈은 목사직의 핵심을 말씀선포로 보았다. 목사는 다른 장로들과 함께 교회를 치리하며, 돌보며, 양육하나, 무엇보다 말씀을 연구하고, 연구한 말씀을 정기적으로 교회에 선포하는 것을 주된 임무로 하여야 함을 역설하였다. 한 교회 안에는 복수의 장로들이 있음으로 말씀을 전담하는 목사들도 복수일 수 있음을 칼빈은 인정하였다. 또한 복수 리더쉽인 장로회 또는 당회는 성도들의 윤리적, 신앙적 삶을 감독하며 때에 따라서는 권징과 치리를 행사할 수 있음을 또한 인정하였다. 말씀을 선포하는 목사 외에 교육사(Doctor)가 있어서 교회의 교육 부문을 전담하게 한 것 또한 칼빈 교회론의 특징이다. 칼빈은 이러한 교육사들이 목사들 못지 않은 실력과 영성을 겸비해야 함을 강조하고 역설하였다.

2.5 결어

결론적으로 칼빈의 교회관은 교회의 양육적·교육적 기능을 강조하고, 또 교회가 지향해야 할 도덕적 순결과 거룩을 강조하는 교회관이었다고 말할 수 있을 것이다.

3. 바르트의 교회론과 그 특성

3.1 말씀 공동체로서의 교회

칼 바르트는 칼빈의 신학 사상 중 많은 부분을 비판하였지만, 그럼에도 불구하고 칼빈의 신학 사상 중 많은 부분을 또한 수용하였다. 그래서 칼빈 신학을 교조적으로 따르는 칼빈주의자들은 칼 바르트의 신학이 칼빈 신학과는 조화될 수 없다고 주장한다. 한편 바르트를 따르는 바르트주의자들은 바르트의 신학이 칼빈의 신학보다 훨씬 뛰어나기 때문에 개혁교회는 바르트의 신학적 입장들을 더욱 적극적으로 수용해야 한다고 주장하고 있다.

그러나 필자가 보기에 이 양자의 입장 모두 문제가 있어 보인다. 바르트의 주저인 『교회교의학』을 읽어보면 바르트가 가장 많이 인용하는 사람이 둘이 있다. 가장 많이 인용되는 사람은 마틴 루터이며, 그 다음이 칼빈이다. 그런데 문제는 바르트가 루터를 인용할 때는 비판적인 인용이 많은 반면, 칼빈을 인용할 때는 긍정적 인용이 많다는 사실이다. 그렇다면 결국 적극적이고, 긍정적인 면에서 바르트가 가장 많이 인용하는 신학자는 칼빈이라는 사실이 드러난다. 물론 바르트가 칼빈을 긍정적으로 인용한다고 해서 그가 칼빈의 신학사상의 모든 면모를 수용하거나 인준하는 것은 아니다. 때때로 바르트는 칼빈의 사상을 창조적으로 발전시키기도 하고, 때로는 비판적으로 수용하기도 하는 등 다양하고 역동적인 모습을 보여주고 있다. 그럼에도 불구하고 분명한 것은 바르트가 자신의 신학작업을 해나가는 과정에서 가장 깊이 있는 대화를 나누는 신학자는 바로 칼빈이라는 점이다.

바르트의 교회론을 살펴보면 바로 이 점이 극명하게 입증된다. 바르트는 그의 말씀론에서 성육신하신 말씀인 예수 그리스도, 기록된 말씀인 성경, 선포된 말씀인 설교를 하나님의 삼중적 말씀이라고 논하였다. 그는 자신의 입장이 정당하다는 것을 입증하기 위해 루터, 칼빈, 부처, 불링거 등의 개혁자들의 신학적 저술에 호소한다. 분명한 것은 바르트의 말씀론은 종교개혁의 '오직 성경만으로'의 사상을 비판적이며 동시에 창조적인 자세로 수용하고 발전시킨 것이라는 점이다. 종교개혁은 기록된 성경의 말씀됨을 강조하고 부각한 반면, 바르트는 성육신하신 말씀이신 예수 그리스도와 선포된 말씀인 설교를 부각시킨다. 그래서 일단의 복음주의 신학자들은 바르트의 성경론이 전통적인 성경론과 다르다는 점을 강조해왔다. 물론 성경론에 있어서 바르트의 성경론이 복음주의자들에게 받아들여질 수없는 어떤 부분이 있음을 인정할 수밖에 없으나, 그럼에도 불구하고 하나님 말씀의 권위와 중요성을 무시해오던 서구 자유주의권 내에서 말씀의 중요성을 새롭게 강조한 바르트의 공헌 역시 인정되어야 한다고 생각된다.

바르트는 이러한 말씀론을 교회론에 연결시킨다. 교회는 무엇보다 하나님 말씀의 공동체라는 것이다. 특히 교회는 하나님의 말씀이 선포되고, 그 선포된 말씀에 대하여 온 마음으로 순종함을 통해서 예수 그리스도를 증거하는 공동체라고 바르트는 주장한다. 바르트에 의하면 말씀의 선포와 설교는 반드시 기록된 말씀에 기초해야 하며, 성육신하신 말씀을 증거하고 지향하는 것이어야 한다. 교회가 그리스도의 몸이라는 것은 교회가 말씀이신 그리스도의 체현이어야 함을 의미하는 것이다. 또한 교회가 그리스도의 몸이고, 그리스도가 교회의 머리라는 것은, 교회의 중심이 하나님의 말씀이어야 함을 이야기하는 것 이상이 아니며, 교회는 말씀이신 그리스도를 머리로 모시고 그 말씀에 순종하는 공동체여야 한다는 것이다. 이토록 말씀은 교회가 교회되게 하는 지표라는 것이 바르트 교회론의 특징 중 하나이다.

3.2 선교 공동체

교회가 말씀의 공동체라는 원리로부터 자연스럽게 도출되는 원리는 교회는 선교공동체여야 한다는 점이다. 바르트에 의하면 교회는 하나님 말씀을 선포하고 그 말씀에 순종하는 공동체이다. 그런데 이 말씀의 선포라는 교회의 기능은 교회 내에서만 이루어지는 일이 아니라, 교회 밖에 있는 세상을 향한 선포도 포함하는 것이라고 바르트는 주장한다. 아직 주 예수께로 돌아오지 못한 잃어버린 세상을 향하여 하나님의 영원한 말씀이신 예수 그리스도를 증거하고 선포하는 일, 곧 선교가 바로 교회의 주된 임무라는 것이다.

바르트에게 있어서 하나님의 말씀의 중심 내용은 예수 그리스도 안에서 계시된 하나님의 은혜와 은총이다. 따라서 교회가 세상을 향하여 증거하고 선포해야 할 하나님의 말씀의 중심 내용은 바로 하나님의 은혜와 사랑이다. 교회는 하나님의 진노와 공의를 선포하고 말해야 하지만, 이러한 진노와 공의와 심판의 선포는 궁극적으로 은혜를 선포하기 위한 도구적, 과정적 차원에 불과하다. 이러한 점에 있어서 바르트는 거룩하신 하나님보다는 사랑의 하나님을 더 강조하였다는 비판을 받기도 한다. 이러한 비판이 일리가 있는 비판이라는 것은 분명하지만, 바르트가 세상을 향한 하나님 말씀의 선포, 즉 선교적 기능을 교회의 주된 기능으로 강조한 점은 주목되어야 한다.

3.3 신학 공동체

바르트에게 있어서 교회는 신학 공동체이다. 즉, 하나님을 인격적으로 알아가는 신(神)지식의 공동체라는 것이다. 바르트가 자신의 주저를 『교회교의학』이라고 명명했다는 점은 교회가 바로 교의학, 즉 신학의 주체여야 한다는 자신의 믿음을 반영하고 있다. 바르트는 '만인 사제' 또는 '만인 제사장'이라는 종교개혁의 모토를 '만인 신학자론'이라는 창조적이고 혁신적인 원리로 발전시킨 것이다. 하나님을 아는 지식을 얻는 것, 즉 신학함은 교회의 궁극적 목표라고도 할 만큼 중요한 교회의 임무이다. 그런데 여기서 하나님을 안다는 것은 단순히 머리로, 이론적으로 아는 것을 의미하지 않는다. 오히려 하나님과의 인격적인 만남을 통해서 하나님을 '당신'으로 'Thou'로 알아가는 것을 의미한다. 바르트는 교회야말로 하나님을 진실되이 알아가는 공동체라고 주장한다.

3.4 화해의 공동체

바르트는 자신의 『교회교의학』 4권에서 화해론을 논구하였다. 하나님과 원수된 죄인들과 세상을 하나님과 화목하게 하고 화해하게 하신 분이 바로 하나님의 아들 예수 그리스도이다. 교회는 그 분의 몸이기에 세상과 죄인을 하나님과 화해하게 하는 공동체여야 한다고 바르트는 주장한다. 그리스도가 화해의 역사를 감당하기 위해 십자가의 희생을 감수한 것처럼, 교회는 이 화해의 직분을 감당하기 위해 희생과 핍박을 이겨내는 공동체가 되어야 한다고 바르트는 주장한다.

3.5 믿음과 소망과 사랑의 공동체

바르트는 자신의 화해론을 논의하면서 그리스도인들의 세가지 미덕을 강조한다. 그것은 믿음과 소망과 사랑이다. 이 미덕들은 그리스도인 개인에게 주로 적용되는 것이 아니라, 그리스도인의 공동체인 교회에 먼저 적용되어야 한다는 것이 바르트의 주장이다. 교회는 믿음의 공동체이기 때문에 하나님의 말씀에 대한 신뢰와 믿음을 보여주어야 하며, 말씀에 신실하신 하나님을 따라 세상을 향하여 신실함을 보여주어야 한다. 소망의 공동체로서 교회는 절망 속에 있는 죄인들과 세상을 향하여 참 소망이신 예수 그리스도를 증거해야 한다. 사랑의 공동체로서 교회는 위로는 하나님을 사랑하고, 아래로는 이웃과 세상을 사랑함으로 그리스도의 모습을 세상에 나타내어야 한다. 세상의 빛과 소금이 된다는 것은 이러한 사랑의 본분을 잘 감당함으로써만 가능한 것이다.

3.6 결어

바르트는 칼빈의 말씀 중심 교회관을 수용하면서도 자신의 독특한 교회론을 제시하였다. 바르트에게 있어서 교회는 무엇보다 말씀을 선포하고 말씀에 순종함을 통해서 예수 그리스도를 세상에 전하고 증거하는 선교공동체이다.

4. 김진홍목사의 교회론과 그 특성

김진홍 목사는 자신을 장로교회의 목사로 또한 개혁교회의 전통을 소중히 여기는 목사라고 소개하기를 주저하지 않는다. 그는 장로교 신학대학교에서 칼빈과 바르트 등 개혁파 신학을 배우고 연구하였을 뿐아니라 목회 사역의 현장에서 개혁파의 정신을 실천하기 위해 노력해왔다. 그렇다면 기본적으로 김진홍 목사의 교회론은 개혁교회의 교회론과 일치하는 점을 많이 가지고 있음을 부인하기 어려울 것이다. 그러나 그의 교회론은 한국이라는 역사와 토양과 현장 속에서 배우고, 가다듬고, 실천되어진 교회론이기에 그 나름대로의 특징을 가지고 있다. 이러한 특징들은 그가 현재 목회하고 있는 두레교회의 선교목표와 교회목표에서 두드러지게 나타나고 있다.

4.1 5대 교회 목표에 나타난 교회론

4.1.1 생명을 살리는 교회

5대 교회 목표 중 첫째는 생명을 살리는 교회이다. 이것은 칼빈의 교회론과 유사성을 보여준다. 칼빈은 교회를 믿는이들의 어머니로서 비유하고 교회는 하나님의 자녀를 잉태하고, 낳고, 생명을 살리는 기능을 감당해야 한다고 주장했다. 죄와 허물로 말미암아 죽은 영혼을 살려 중생하게 하고 또 양육하는 기능이야말로 교회가 감당해야할 중요한 임무임은 아무리 강조해도 지나치지 않을 것이다.

4.1.2 상처를 치유하는 교회

상처를 치유하는 교회의 기능은 칼빈의 어머니로서의 교회 기능과 유사성을 가지면서도, 한국의 역사적 상황과 김진홍 목사 개인의 사역철학과 경험에서 나온 고유한 측면을 보여준다. 김진홍 목사는 청계천 사역 시절부터 상처받은 영혼들을 치유하는 사역에 큰 관심을 기울여 왔다. 그는 개인적인 상처, 가정 문제로 인한 상처, 가난으로 인한 상처 등으로 괴로워하는 사람들을 치유하는 것이 교회의 중심된 임무가 되어야 한다는 목회철학을 실천해왔다. 그러나 이러한 교회관이 단순히 개인적인 철학과 경험의 산물로만 여겨진다면 문제가 있다고 보여진다. 오히려 김진홍 목사 개인이 만나고, 알고 있는 예수 그리스도가 상처받은 자를 치료하시는 분임을 고백하고, 이 고백을 실천에 옮기는 과정에서 이러한 교회론이 정립되었다고 보는 것이 더 옳을 것이다.

4.1.3 인재를 기르는 교회

"중요한 것은 사람이다", "하나님은 우리의 기도를 응답하실 때 사람을 보내신다" 이러한 말은 김진홍 목사의 목회철학과 사역철학을 극명하게 보여준다. 그는 사람의 중요성, 인재의 중요성을 믿는 사람이며, 하나님께서 우리의 기도에 응답하시는 주된 방식은 적절한 사람과 인재를 보내주시는 것이라고 믿는 사람이다. 그래서 김진홍 목사는 사람을 기르고 인재를 양성하고 후원하는 일을 위해서라면 아무것도 아끼지 않는 사람이다. 그가 설립하여 운영하고 있는 두레장학재단은 거대한 목돈이 있어서 시작된 것이 아니었다. 오직 채워주실 하나님을 믿고 세워진 것이다. 그러나 이 장학재단으로 인해 수많은 인재들이 길러졌고, 또 지금도 곳곳에서 두레교회의 장학 지원을 받고 많은 사람들이 미래를 준비하고 있다.

물론 칼빈이나 바르트 역시 교회가 인재를 기르는 공동체여야 한다는 점에는 반대하지 않을 것이다. 칼빈 역시 목회자들을 기르기 위해 제네바 아카데미를 설립하였다. 바르트 역시 바젤대학 등에서 제자들을 길렀다. 그러나 김진홍목사의 교회관이 칼빈과 바르트의 교회관과 다른 점은 인재를 기르는 것을 교회의 주된 목표로서 적극적으로 피력하고 그러한 일을 위하여 장학재단을 설립하고 운영해왔다는 점일 것이다. 그리고 그는 지금도 사람을 기르는 일을 위하여 헌신하고 있다.

4.1.4 지역사회를 섬기는 교회

이 네 번째 목표는 제네바라는 지역사회를 섬기고, 개혁하기 위해 노력했던 칼빈의 교회관과 유사성을 가지고 있다. 종교개혁 당시 칼빈은 교회가 사회를 개혁하고, 새롭게 하는 일에 공헌해야 한다고 믿었다. 그래서 그는 교회의 개혁과 사회의 개혁이 마차의 두 바퀴처럼 함께 가야 한다고 믿었다. 김진홍 목사 역시 교회는 교회 내부의 문제만을 붙들고 씨름하는 공동체가 아니라 그 교회가 속한 지역사회의 문제를 해결하고, 어려움을 덜어주며, 지역사회의 참된 발전을 위해 공헌하는 공동체가 되어야 한다는 목회철학을 가지고 이를 실천해 왔다.

4.1.5 기독교 대안 문화를 창출하는 교회

이 다섯째 목표는 대안제시를 중요시하고, 문화의 문제를 교회가 껴안아야 한다고 믿는 김진홍 목사의 고유한 목회철학을 잘 보여준다. 계속적으로 세속화되어가는 문화를 도피하는 것이 교회의 선택이 아니라, 기독교적이면서도 창조적인 대안을 창출하여 세상 문화를 이끌어가는 것이 교회의 선택이 되어야 한다는 것이 김진홍 목사의 독특한 목회 철학이며, 교회관이다. 그는 이러한 대안 창출을 위해 대안학교나 대안공동체, 그리고 대안문화 창출 운동에 앞장서고 있다.

4.2 4대 선교목표에 나타난 교회론

5대 교회목표뿐 아니라 4대 선교목표를 설정한 것은 두레교회가 선교공동체를 지향해야 한다는 김진홍목사의 교회관을 반영하고 있다고 보여진다. 교회를 선교 공동체로 이해하는 것은 김진홍 목사의 교회관과 바르트의 교회관이 서로 유사성이 있음을 보여준다고 하겠다.

4.2.1 예수 공동체 형성

첫 번째 선교 목표는 예수 공동체 형성이다. 사실 두레운동은 공동체 운동을 그 근간으로 한다. 세계 교회사에는 다양한 신앙 공동체가 등장하였지만, 모든 신앙 공동체의 목표는 예수 그리스도 중심의 공동체를 형성하는 것이었다. 이 공동체가 일반적으로는 교회 공동체를 뜻하기도 하지만, 때로는 직업 공동체, 수도 공동체, 학문 공동체를 뜻하기도 했다. 어찌되었건 예수 그리스도를 중심하는 공동체 형성을 선교 목표로 삼았다는 것은 개인주의화 되어가는 세태를 거스르고, 기독교의 근본 이념을 실현하고자 하는 노력으로 평가되어야 할 것이다. 칼 바르트는 개인주의를 교회의 최대의 적으로 보았다. 그리고 교회는 반드시 공동체의 참된 정신을 실현하는 모임이어야 한다는 것을 거듭 강조하였다. 이러한 점에서 김진홍 목사의 교회론과 바르트의 교회론은 유사점을 가지고 있다.

4.2.2 기독교 문화창조

두 번째 선교 목표는 기독교 문화 창조이다. 이것은 5대 교회 목표중 다섯 번째와 연결되어 있다. 선교는 예수 그리스도의 복음을 전해주는 복음전도 이상의 차원을 가진다는 통찰이다. 물론 복음전도가 그 전제가 되어야 한다. 그러나 단순한 복음 전도만으로 끝나서는 않된다. 세상의 정신과 문화가 기독교적인 가치를 표현할 수 있도록 변혁적인 선교를 실행해야 한다는 것이다. 이것은 칼빈의 사회 참여와 문화 참여 사상을 한 차원 더 진전시킨 것으로 이해될 수 있다. 다른 시각으로 보면 화란의 신칼빈주의 신학자 아브라함 카이퍼(Abraham Kuyper)의 일반은총사상 및 문화변혁사상과 유사점을 가진다. 김진홍 목사는 교회가 문화의 영역을 포기해서는 않된다는 것, 오히려 적극적으로 문화영역에 참여함으로 기독교적인 문화를 창조하는 것이 선교의 중요한 측면임을 강조하고 있는 것이다.

4.2.3 창조질서 보전

세 번째 선교 목표는 창조질서 보전이다. 이것은 칼빈이나 바르트의 신학 사유 속에서 중대한 문제로 떠오르지 않은 주제이다. 왜냐하면 창조질서의 보전 문제는 20세기 후반에 와서야 기독교 신학과 일반 학문계의 주요 문제로 등장했기 때문이다. 이것은 선교의 영역을 구속의 영역에 국한시키지 않고, 창조질서의 영역에까지 확대하려는 김진홍 목사의 통찰을 보여준다. 결국 그의 신학 사상에는 창조와 구속의 이분법이 자리잡지 못한다. 창조든 구속이든 모든 영역이 하나님의 통치권 아래 있으며, 교회의 선교는 이 두 영역을 함께 부여잡는 방향성을 가져야 한다는 것이다. 지구촌 멸망 위기에 처해 있는 현대의 상황에서 교회의 선교는 창조질서를 보전함으로 하나님께서 우리에게 부탁하신 청지기의 직분을 감당하는 것과 깊이 관련되어야 한다는 것이다.

4.2.4 성서, 통일, 선교한국

이 네 번째 선교 목표야 말로 김진홍 목사의 신학적 사유와 실천이 가지는 특징을 극명하게 보여준다. '성서를 조선에'라는 김교신 선생의 통찰을 이어받아 김진홍 목사는 한국이 성서 위에 세워져야 함을 역설한다. 한국의 정치가, 경제가, 교육이 성서의 원리 위에 세워져야만 밝은 조국의 미래를 열 수 있다는 것이 김진홍 목사의 생각이다. 성서한국은 교회가 추구해야 할 선교 목표 중 가장 중요한 것이 아닐 수 없다. 한국이 성서 위에 세워짐과 동시에 교회는 분단된 조국을 통일로 이끄는 일에 힘을 쏟아야 한다. 분단은 수많은 모순과 갈등을 가져다 주었다. 같은 민족이 두 동강으로 나뉘어 이념적, 군사적 갈등을 계속하고 있는 이 부정적인 현실을 변화시키는 일은 하나님의 화해의 복음으로 무장한 교회가 감당해야 한다. 김진홍 목사는 이 통일한국을 실현하기 위해 북한 고아원 돕기 운동과 북한 두레마을 건설 등과 같은 의미있는 선교역사를 이루었다. 두레 공동체 운동이 통일한국의 도래를 위하여 지금까지 공헌한 것과 앞으로 공헌할 것에 대해서는 역사가들이 긍정적인 평가를 내릴 것임은 틀림이 없다.

성서 위에 세워져, 통일된 한국은 세계선교의 주역으로 우뚝서야 한다. 중국의 13억과 인도의 9억, 러시아와 몽고, 미얀마와 태국, 그리고 이슬람권 등 아직도 예수 그리스도의 복음이 증거되지 못한 지역이 많이 남아 있다. 앞으로 통일 한국이 지향해야 할 지상과제는 세계 선교이다. 김진홍 목사는 이 사실을 분명하게 인식하고 있으며, 이 일을 위한 중단 없는 실천을 오늘도 감당하고 있다.

5. 김진홍 교회론의 교회사적 의의

5.1 한국교회사적 의의

　김진홍 목사의 교회론과 선교론은 지나치게 근본주의화 되어있는 한국교회에 긍정적인 영향을 미쳐왔다. 한국 교회에 팽배해 있는 근본주의적 경건주의는 개인적 구복신앙, 물량적 교회성장주의, 윤리적 무책임과 같은 심각한 문제들을 산출하였다. 세상의 빛과 소금으로서 교회는 사회 정의의 추구, 책임 있는 역사의식의 실천, 가난하고 상처받은 자의 치유 등에 힘써야 함에도 불구하고, 그동안 한국교회는 복음화와 교회성장이라는 미명 하에, 교회가 감당해야 할 중차대한 책임을 회피하는 부정적인 모습을 보여왔다.

　이러한 상황에서 김진홍 목사의 교회론과 선교론은 한국 교회가 나아가야 할 대안적인 방향을 제시함에 있어서 중요한 교회사적 의의가 있다 두레공동체 운동은 공동체적인 신앙생활의 중요성을 새롭게 부각시켰을 뿐 아니라, 교회가 올바른 역사의식을 가지고 한민족의 역사에 긍정적으로 공헌할 수 있음을 보여주었다. 교회는 신앙인들의 게토가 아니라, 지역 사회와 민족과 세계를 향하여 책임 있는 행동과 실천을 통해 역사를 새롭게 창조하는 하나님의 공동체라는 것을 입증해 가고 있다. 이와 같은 실천을 통하여 두레 공동체 운동이 한국교회의 체질을 바꾸는 데 기여한 측면 또한 적지 않다. 아직까지도 한국교회는 몰역사적인 교회성장 지상주의 내지는 중산층 중심의 문화 복음주의의 질곡에서 벗어나지 못하고 있다. 그리스도의 나라와 의를 위해 고난당하는 교회의 모습은 어느덧 사라져 버렸다. 이러한 상황에서 김진홍 목사의 교회론과 선교론은 한국교회를 새롭게 하는 데 더욱 큰 역할을 감당하게 될 것이다.

5.2 세계교회사적 의의

아직까지 서구 교회에는 김진홍 목사의 사역과 신학 사상이 많이 알려져 있지 않다. 그러나 일본, 중국, 미얀마, 베트남 등을 포함하는 아시아권에서는 김진홍 목사의 사역과 사상이 상당히 알려져 있다. 앞으로 김진홍 목사의 교회론과 선교론은 세계 곳곳의 교회들에게 긍정적인 영향을 주게 될 것이다.

6. 결론

지금까지 필자는 개혁자 칼빈과 20세기 신학자 바르트의 교회론을 김진홍 목사의 교회론과 비교, 검토하였다. 김진홍 목사의 교회론은 칼빈과 바르트의 교회론과 여러 가지 점에서 유사점을 가지고 있지만, 또다른 많은 점에서 자신만의 독특성을 보여주고 있다. 이것은 한국 민족이 현재 처해 있는 역사적 상황에 대한 고민과 성찰, 그리고 이에 따른 실천을 통해 나온 것이다. 김진홍 목사의 역사의식을 반영하고 있는 교회론이 자라나는 젊은 세대들에게 창조적인 대안으로 수용되고, 또 더 나은 방향으로 발전됨으로 한국교회에 놀라운 축복이 임하게 되기를 기대해본다. 聖書

불공평한 하나님? 공평한 인간?
– 포도원 일꾼의 비유(마 20:1~16)와 두레공동체 정신

노 태 성[*]

1.

경제활동에서 별다른 거부감 없이 당연한 것으로 받아들이고 지키는 원칙이 우리에게 있다. 일한 만큼 주고 일한 만큼 받는다는 원칙이 그것이다. 많이 일한 사람에게 그 댓가를 많이 주고 적게 일한 사람에게 그에 상응한 적은 보수를 주는 것이다. 이 원칙이 좀더 발달된 형태는 능력이 많은 사람에게 많은 보수를, 능력이 없는 사람에게 적은 보수를 주는 것이다. 능력이 많아 같은 시간에 능력 없는 사람보다 많은 일을 해내니 많은 보수를 주는 것이 옳다는 생각에서 나온 원칙이다. 이러한 우리의 경제활동의 한 원칙에 이의를 다는 사람은 거의 없을 것이다. 그것은 이 원칙이 우리가 판단하건대 공평한 것이기 때문이다. 만일 어떤 사람이 조금 일한 사람에게 많은 임금을, 많이 일한 사람에게는 적은 임금을 주면 어느 누구가 차후에 다시 그에게 일하러 오겠는가? 그는 공평하지 않은 사람이라 하여 일꾼을 구하기 어려워질 것이다. 마찬가지로 능력이 많은 사람과 능력이 적은 사람을 동일한 보수로 대우하면 능력이 많은 사람은 다른 곳의 일자리를 찾아

---

* 현 하이델베르크대학교 신학과 객원연구원, DCM 독일 및 유럽 본부장

볼 것이다.

2.

이러한 원칙을 신봉 (?)하는 우리가 마태복음 20장의 포도원 일꾼의 비유를 읽으면 그 곳에서 포도원 주인으로 비유되는 하나님에 대해 질문을 갖게 된다. 도대체 하나님은 어떤 분인가? 좀 이상한 분 아닌가? 해 기울어질 무렵에 와서 한시간만 일한 사람에게나 새벽부터 시작하여 한낮의 더위와 싸우며 해질 때까지 종일 일한 사람에게나 아무런 구별 없이 동일한 임금을 지불하는 포도원 주인의 행위는 이해하기 힘들기 때문이다. 우리의 경제활동 원칙에 비추어 보면 주인의 행위는 불공평한 것이다. 종일 일한 일꾼들의 불만이 오히려 우리에게 쉽게 이해가 간다. 우리가 그런 처지였으면 동일한 불만을 토로했을 것이다. 하나님과 인간에 대한 우리의 일반적인 인식, 곧 하나님은 옳고 인간은 그릇되다는 인식이 마태복음의 이 비유에서는 적절하지 않은 것처럼 보인다. 오히려 여기서는 인간이 옳고(공평하기 때문) 하나님이 그릇된 듯(불공평하기 때문) 하다. 과연 하나님은 불공평하고 우리 인간은 공평한가? 본문을 자세히 살펴보자.

종일 일한 일꾼들의 원망을 들은 포도원 주인은 자기의 잘못이 없음을 13절에서 주장한다. 자신은 그들과 처음부터 한 데나리온이라는 임금을 약속했고 그 약속을 지킨 것 뿐이다. 그의 이 주장은 옳다. 20장 1~2절에서 그것은 분명히 드러난다.

> 천국은 마치 품군을 얻어 포도원에 들여 보내려고 이른 아침에 나간 집 주인과 같으니 저가 하루 한 데나리온씩 품군들과 약속하여 포도원에 들여 보내고

그렇다면 무엇이 문제인가? 문제는 적게 일한 사람에게도 동일한 임금인 한 데나리온을 준 것이다. 종일 수고와 더위를 견딘 일꾼들의 입장에서는

힘빠지는 일이 아닐 수 없다. 더군다나 늦게 일을 시작한 사람들에게는 한 데나리온이라는 임금을 약속하지도 않았다. 4절을 보면 단지 "상당하게 주리라"고만 나온다. 5절의 "그와 같이 하니라"를 동일하게 이해하면 한 데나리온이라는 임금을, 늦게 일을 시작한 사람들에게는 전혀 약속하지 않았다. 단지 "상당하게 주리라"고만 했을 뿐이다. 불공평하게 보이는 이 행위에 대해 포도원 주인은 "내 것을 가지고 내 뜻대로 할 것이 아니냐"는 반문으로 자신을 정당화한다. 자기의 것이니 그것으로 다소 불공평한 일을 해도 무슨 상관이냐는 말처럼 들린다.

포도원 주인의 논리와 생각이 단지 이 정도라면 불공평한 분이라는 비난을 면하기는 어려울 것이다. 그러나 그의 논리와 생각은 이 정도에서 머무른 것이 아니다. 종일토록 일한 일꾼들이 받아들이도록 공평 (?)하게 임금을 한번 지불해보면 포도원 주인의 생각이 잘 드러난다. 아침 일찍부터 일한 품꾼들은 포도원 주인과 한 데나리온이라는 하루임금에 구두계약을 했으니 이들의 임금은 그대로 한 데나리온이다. 늦게 일을 시작한 사람들은 그들의 노동시간에 적합하게 보다 적은 임금을 받는다. 종일 일한 사람이 12시간 일한 것으로 계산하면 제 삼시에 일을 시작한 사람은 9시간을 일한 것이고 제 육시에 시작한 사람은 6시간을, 제 구시의 사람은 3시간을 그리고 제 십일시에 일을 시작한 사람은 1시간을 일한 셈이다. 이들의 임금은 그러면 각각 3/4 데나리온, 1/2 데나리온, 1/4 데나리온 , 1/12데나리온이다. 한 데나리온은 당시 단순노동자가 하루 일하여 벌수 있는 임금으로, 가족이 없는 노동자가 하루를 살기에 조금의 여유가 있는 금액이지만 부양 가족이 있는 노동자에게는 지극히 부족한 돈이다(당시에 한 데나리온으로는 십여개의 작은 빵을, 삼사 데나리온으로는 12리터 밀가루나 어린 양 한마리를, 삼십 데나리온으로는 종들이 입는 옷 한벌을 그리고 백데나리온으로는 소 한마리를 살

수 있었다 한다)[1]. 미쉬나에 따르면 200데나리온이 한 사람이 일년을 살 수 있는 최저 생계비라 한다[2]. 200데나리온을 365일로 나누면 한 사람이 당시 하루를 연명하기위한 금액은 약 0.55데나리온이다. 한 데나리온이면 두 사람이 겨우 하루를 연명할 수 있는 정도이다. 4인 가족의 경우 그것만으로는 태부족이다. 4인 가족의 경우 어른 둘이 노동을 해야 겨우 연명할 수 있다는 계산이 나온다. 하루 한 데나리온은 그러면 4인 가족의 경우 자식 하나와 자신이 하루를 연명할 금액이다. 이러한 금액을 오늘 벌지 못하면 그 결과는 뻔하다. 다음날 자식과 더불어 굶는 수밖에 없다. 오늘 만일 2/3데나리온만 벌었다면 내일은 식사를 하루 3끼에서 2끼로 줄이는 수밖에 없다. 근육으로 일하는 노동자와 자식이 한끼를 걸러야 한다는 말이다. 1/3데나리온만 벌었다면 내일은 그나마 2끼도 안되고 한끼 식사로 만족해야 한다. 비유에서처럼 한 시간만 일한 사람은 1/12데나리온을 받게 되니 다음날은 한끼도 제대로 먹지 못한다. 우리식으로 얘기하면, 쌀 몇톨 없는 멀건 미음으로 배고픔을 달래되 그것도 한끼만 가능하다는 말이다.

포도원 주인의 불공평한 행위는, 이러한 사정을 감안하여 살펴보면 품꾼들의 어려운 처지를 충분히 배려한 처사였다. 품꾼들이 가족(자식)과 더불어 다음날 굶는 것을 면하게 해주는 사려 깊은 행위였다. 이러한 그의 배려는 6절에서 간접적으로 드러난다. 제 십일시, 곧 해 저물기 한 시간 전에 인력시장에 나가는 행위는 특이하기 짝이 없다. 품꾼이 주인과 더불어 포도원으로 가는 시간만 따져도 상당하기 때문이다[3]. 노동의 양을 생각했다기보다는 노동하는 시늉이라도 내라는 의도이다. 그러면 댓가를 지불하겠다는 의미이다. 은혜를 베풀고자

---

1) U. Luz, Das Evangelium nach Matthäus, EKK I-3, p.146.
2) Ibid..
3) Ibid., s.147.

하는 행위이지 노동력을 쓰고자 하는 행위는 아니다.

그러나 포도원 주인의 이러한 사려 깊음과 선함이 그의 행위를 공평한 것으로 변호하는 것 같지는 않다. 다음과 같은 비판이 가능하기 때문이다. "그가 그렇게 선한 사람이라면 하루 종일 일한 사람에게는 약속한 한 데나리온 이상을 줄 수도 있지 않았겠는가?" 물론 그랬다면 그들로부터 아무런 원망도 사지 않았을 것이다. 그러나 포도원 주인은 일을 그렇게 처리하지 않았고 따라서 다음과 같은 평가가 불가피하게 보인다. "그는 선하지만, 공평하지는 않았다." 이 판단이 과연 옳은 것일까?

질문에 곧바로 대답하기에 앞서 우리 인간의 공평함에 한번 눈을 돌려보자. 우리는 공평한 원칙—일한 만큼 주고 능력이 있는 만큼 대우해 준다—을 아무런 이의 없이 받아들이고 지키므로 우리가 사는 사회는 공평한 사회일 것이다. 비록 약간의 오차는 있다 할지라도 말이다. 과연 그런가? 올해 것도 아닌 몇 년 전의 한 통계수치는 유감스럽게도 공평함과는 거리가 먼 우리 인간 사회의 모습을 보여준다. 1998년에 유엔에서 발표한 개발계획 보고서에 따르면, 세계의 3대 부자의 재산총액이 라오스, 앙골라 등 세계 48개 빈국들의 국내 총생산을 모두 합한 것보다 많으며, 세계 15대 부자의 재산 총액은 사하라 이남 아프리카 국가 전체 국내 총생산보다 많은 반면, 전세계에서 1달라 미만의 수입으로 하루를 연명하는 사람은 1억 2천만명으로 전세계인구의 1/59이라 한다. 이러한 수치를 가진 우리 인간 사회는 과연 공평한 사회인가? 혹자는 다음과 같은 이의를 제기할지 모른다. 1달라 미만으로 하루를 연명하는 1억 2천만명이나, 사하라 이남 아프리카 국가의 국민들은 게을러서 그런 것이 아니냐고? 과연 그렇게 쉽게 판단할 수 있을까? 남미의 한 폐광지역에 사는 아이들은 하루를 연명하기 위해 하루 종일 무거운 돌을 주어 운반한다. 그 돌에 함유된 지극히 적은 광물질을 일부 광업자들이 사기 때문이다. 이 어린이들은 점심을 해결할 수 없어 마약을 만드는 코카잎을 씹으며 배고픔을 잊는다. 이들에게 게으르다는 비난은 어불성설이다. 공평한 원칙을 존중하며 철저히 지키는 우리 인간 사회가 왜 이렇게 불공평할까? 과연 우리의 공평한 원칙-일한 만큼 주고 능력있는 만큼 대우해 주는 원칙-은 정말 공평한 것인가?

　대답에 앞서 불공평한 포도원 주인에게로 돌아가자. 그는 과연 불공평하였나? 비유를 다시 살펴보자. 6절과 7절을 보면 포도원 주인과 그때까지 인력시장에 서 있는 사람들간에 한 재미있는 대화가 진행된다. 제 십일시, 즉 해 저물기 한시간 전에 주인은 인력시장에 가서 거기 있는 일꾼들에게 묻는다. 왜 종일토록 그렇게 놀고 있는가? 그들은 대답한다. 우리를 품꾼으로 써주는 이가 없다고. 이들의 대답이 솔직한 것이라면 이들은 일을 하지 않은 것이 아니라 일을 할 수가 없었던 것이다. 품꾼으로 써주는 이가 없었기 때문이다. 왜 써주는 이가 없었을까? 인력시장의 상황은 예나 지금이나 별 다를 바가 없다. 양질의 노동력을 제공할 수 없어 보이는 사람은 기회가 잘 주어지지 않는다. 빈약한 외모를 가진 자, 신체장애자, 나이 든 자…. 이런 품꾼들은 우선 선택의 대상이 못된다. 같은 비용이면 효과적으로 쓰고 싶은 것이 인간이기 때문이다. 따라서 아침 일찍부터 혹시나 하여 인력시장에 서 있어도 이런 품꾼들은 기회를 좀처럼 얻지 못한다. 이들에게 방법은 하나밖에 없다. 종일 인력시장에 서성대며, 일손이 모자라서 어쩔 수 없이 자기들도 써주기를 기다리는 것이다. 비록 그것이 어떨 때는 '헛탕 치는 것'이라 할지라도 말이다. 7절의 이야기는 바로 이 상황의 묘사이다. 불공평한 포도원 주인이 고려한 바는 바로 이점이다. 품꾼이라고 모두 동일한 전제조건을 가진 것이 아니라는 점이다. 나이가 들었거나 빈약한 신체를 가졌거나 태어나면서부터 아니면 후천적으로 생겨난 신체장애를 누가 탓할 수 있으랴! 이것들은 주어진 것이지 선택한 것은 아니다. 이들에 반하여 아침 일찍부터 선택되어 일을 할 수 있었던 품꾼들은 이미 축복받은 사람들이다. 그들은 건강하고 신체가 훌륭하고 또 운이 좋았다(동일한 조건의 품꾼들이 많은 경우 임의의 선택이 불가피하므로 그럴 경우 일을 얻은 것은 행운이 아닐 수 없다).

불공평한 하나님의 원칙은 공평한 우리 인간의 원칙이 미처 고려치 못한 이 부분을 고려한 것이다. 건강한 신체를 가진 사람이 아침 일찍 일을 얻은 것은 이미 은혜이다. 건강한 신체와 일을 얻은 것 자체가 이미 그렇지 못한 자들에 비해 선택을 받은 것 아닌가! 그러기에 그들이 자신의 노동의 대가로 한 데나리온을 받은 것은 적절한 것이다. 그들이 한 데나리온 이상을 요구하는 것은 이기주의이다. 이미 받은 은혜에 은혜를 더하라는 요구이다. 그것은 공평치 않다. 이들에게만 한 데나리온을 주고 조금 일한 사람들에게 한 데나리온이 못되는 임금을 주는 것도 공평치 않다. 그들이 조금 일하고 싶어서가 아니라 그렇게 할 수밖에 없었기 때문이다. 나이가 들었거나 신체가 빈약하거나 장애가 있어 늦게 고용된 사람은 그러한 상황을 스스로 선택한 것이 아니기 때문이다. 따라서 그들에게 은혜를 베풀어 주는 것이 공평한 것이다. 불공평하게 보이는 포도원 주인의 행위는 결과적으로 공평한 것이었다. 건강한 사람에게는 건강함의 은혜에 걸맞게 종일 땀흘려 한 데나리온을 벌게 했고, 그렇지 못한 사람들에게는 그들의 상황에 걸맞게 조금 일하여도 은혜로 하루 생계에 필요한 품삯을 받게 했다. 하나님의 불공평함은 인간의 공평함을 뛰어 넘었고, 공평한 듯 보이는 인간의 원칙은 불공평한 것이었다.

3.

두레 공동체 운동은 '나'만을 생각하는 현대사회에서 '우리'를 생각하는 운동이다. '우리'를 생각하니 '내'가 가진 바를 '우리'를 위해 나누어 써야한다. 듣기는 좋으나 실천은 어렵다. '내'가 가진 것은 '내'가 열심히 일해서 번 것이고 '내'가 잘나서 이뤄논 재산이요, 여유가 아닌가? 그런데 어찌 '나'만큼 일하지 않았고 '나'보다 못나서 재산을 만들지 못한 '우리들'과 나누어야 하는가? 또 만에 하나 나눈다 해도 그 한계가 있지 않을까? '내'가 일해서 번 것이니 '내'게 우선권이 있는 것 아닌가? 이러한 당연한 우리 인간들의 생각은 포도원 품꾼의 비유를 통해 뿌리채 흔들린다.

포도원 주인은 우리에게 가르친다. 현재의 '나', 곧 '내' 열심과 '내' 능력으로 이룬 모든 것이 '나' 혼자가 잘나서 이룬 것이 아니요 은혜로 된 것이라고. 내가 열심히 일을 할 수 있었던 것은 내게 건강한 육체가 주어졌고 건실한 교육이 허락되어서이며, 내가 남다른 능력을 가질 수 있었던 것은 하나님께서 은혜를 주셨기 때문이라고! 그러하기에 현재의 '내'가 이룬 것은 '내'것만이 아니며, '나'만을 위해 쓰라고 하나님께서 허락하신 것도 아니고, 바로 '나'와 같지 못한 사람들을 위해 쓰라고 주신 여유라고. '나'와 '내' 가족이 하루 살기에 필요한 데나리온이 있으면 그것으로 만족하고, 남는 것은 '나'와 같지 못한 사람들을 위해 사용하라고! 聖書

예수의 영성과 두레공동체운동

이 상 학*

1971년 청계천 판자촌에서 시작된 활빈두레선교운동이 30년을 지나고 있다. 한 운동이 30년간 계속되어왔음은 두가지 면을 생각해 볼 수 있게 한다. 첫째, 그 운동이 일정한 긍정적 평가를 받고 있다는 것이다. 하나의 사상과 실천이 사람의 마음을 모아 조직적으로 30년간 계속되어 왔다는 것은, 그 운동이 성과여부를 떠나 구원사적으로나 세속사적으로나 시대적 정당성을 지닌 것으로 인정받았다는 얘기이다. 둘째, 반대로 모든 운동이 그러하듯이 30년간의 세월이 운동조직과 사상에 줄 수 있는 부정적 영향력이다. 처음의 정신이 30년의 세월 속에 마모되고 흐려져, 그동안의 운동적 관성으로 조직은 작동하지만 그 내부가 경직될 가능성이 있을 수 있다.

이 글은 이런 문제의식을 갖고, 두레공동체운동이 그동안 쌓인 세월로 인해 가질 수 있는 관성과 경직성을 극복하고, 다가올 시대에도 하나님의 구원역사에 쓰임받기 위해 지속적으로 견지해야 할 태도가 무엇인지를 예수의 삶에 나타난 영성[1]을 추적해가면서 살펴보고자 한다.

---

* 두레연구원 4기, 현 두레교회 목사

1) 영성에 대해서는 다양하게 정의할 수 있다. 먼저 영성은 자신이 믿고 따르는 대상과의 관계성을 의미하는 것으로 볼 수 있다. 이런 경우 '영성이 깊다', '영성이 얕다'는 것은 그 사람과 따르는 대상과의 일체성의 정도를 말하는 것이다. 어떤 사람은 영성을 체험과 관련시켜 말한다. "기독교 영성은 기독교 신앙을 삶속에서 일반적인 형태로, 또는 보다 특수화된 형태로

1. 문제제기

그동안의 서구 기독교의 특징을 한마디로 말한다면 이성중심적 기독교라고 말할 수 있다. 목회에 있어서는 어떤지 몰라도 신학에 있어서 이런 특징은 두드러진다. 기독교 신학의 출발인 예수 그리스도에 대한 이해에 있어서도 이런 양상은 마찬가지이다. 그동안의 그리스도론은 인간 예수가 어떻게 그리스도 되시는가를 설명하는 것에 초점이 맞춰졌다. 그 열매로 451년 칼케돈 회의에서는 예수 그리스도를 '참 하나님'(Vere Deus)이요 '참 인간'(Vere Homo)이라고 확정했다. 물론 초대기독교에서 복음이 체계적이고 이성적인 사고를 존중하는 헬라세계 사람들에게 받아들여지기 위해서는, 갈릴리 나사렛 땅에서 나서 살다 죽은 청년 예수가 어떻게 신(神)이신 하나님이실 수 있는가가 충분히 설명되어야 했다. 그러나 이성적 변증과 체계적 설명으로는 이런 문제의식을 온전히 해결해 줄 수가 없다. 오히려 이런 태도는 자칫하면 예수 그리스도를 고대 헬라세계의 무감정적인 신들로 환치시켜 버릴 수 있다. 생생한 역사현장에서 그 시대 사람들과 희노애락을 나누며 치열하게 살았던 참 인간 예수가 보여주었던 성자 하나님의 진면목을 가려 버리고, 예수를 사변과 논리의 추상적 세계 안에 가두어 버릴 수 있는 것이다.[2]

그런데 김진홍 목사가 30년간 백성들의 삶의 현장에서 몸부림치면서 신학적 반성물로 한국교회에 시론적으로 제기한 「목민신학」은 서구 기독론

실제로 체험하는 것"이라고 했다. 이에 대해서는 버나드 맥길 外, 유해룡 등 공역, 『기독교 영성(1)』(은성, 1997), pp.10~11. 따라서 영성은 종교적 의식과 자기 수행을 통해 강화된 믿음이 일으키는 반응이며 교리와는 구별된다. 본인은 여기서 영성을 '영적 지향성', 즉 '개인의 지성, 정서, 의지의 궁극적 지향성'이라고 정의하겠다.

2) 몰트만은 이것을 예리하게 지적하면서 "무감정한 하나님에 대한 희랍의 철학적 개념을 초대교회가 받아들임으로써 기독론에 있어서 여러 가지 문제성을 가져왔다"고 정당하게 지적한다. 이에 대해서는 위르겐 몰트만, 김균진 옮김, 『십자가에 달리신 하나님』(한국신학연구소, 1992), p.284.

의 이러한 한계를 한국적 신학함으로 극복하려는 정당한 시도라 볼 수 있다.[3] 특히 목민신학은 서구의 기독론이 가볍게 다뤄왔던 대단히 중요한 한 단어를 정당하게 끼워 넣는다. 그것은 바로 '민망히 여기신'(개역), '불쌍히 여기신'(표준새번역, 공동번역), '측은히 여기신'이라는 형용사이다. '민망히 여기신 예수님'이라는 말은 인간 예수를 진정한 하나님되게 하는 인격적이요 인간적인 품성에 관심을 기울인 것이다.

기독교 영성은 예수의 오심, 삶, 십자가, 죽음, 부활의 일련의 과정에 나타난 영적 지향성이다. 그것은 예수 그리스도의 거룩과 완전을 이상과 목표 및 규범적 기초로 한다. 그래서 기독교 영성은 예수의 영성이요, 예수의 영성은 목민신학의 구현인 두레운동의 영성적 출발이 된다.[4] 그렇다면 '민망히 여기신 예수님'의 모습은 두레운동의 내면적 영성의 기초가 된다 할 수 있겠다.

한편, 목민신학은 다산 정약용 선생의 목민사상을 그릇으로 삼아, 여기에 복음의 내용을 담아 백성을 구원함에 이르고자 하는 것이다. 그렇기 때문에 목민신학은 출발에서부터 대단히 실천적 자세를 갖고 교회와 세상에 대한 개혁과 갱신을 추구해왔다. 이것을 실천적 영성이라고 하자. 이상을 〈그림-1〉으로 표현해 보자.

그런데 흔히 우리는 운동을 내면적 영성에서 실천적 영성으로의 확대발전과정으로 생각하기 쉽다. 즉, 예수님의 마음으로 출발하여 최종종착은 개혁, 갱신, 구원으로 나아가는 것이 두레공동체운동이라고 말하는 것이다. 우리는 두레운동의 여러 측면 중에서, 그러나 두레운동이 일반사회 운동이 아니요, 그야말로 백성을 섬겨 세상을 구원코자 하는 '목민운동'(牧民運動)

---

3) 김진홍, "목민신학 – '한국적 신학함'의 새로운 틀", 「두레사상 3호」 (1995), pp.397~399.
4) 두레운동은 땅살림, 사람살림, 교회살림, 세상살림운동이다. 여기서 목민운동은 두레운동의 여러 측면 중에서 사람살림운동으로서의 두레운동을 지칭한다고 볼 수 있다.

이 되고자 하는 한 그렇지 않은 것 같다. 우리는 '민망히 여기심'이라는 단어의 의미와 예수의 실천의 성격을 살펴봄으로써 복음을 관통하는 일관된 영성적 맥을 살펴볼 수 있다. 이렇게 함으로써 예수님의 이름으로 사람을 살리는 목민운동가(牧民運動家)로서, 두레인이 어떤 영성을 일관되게 지녀야 하는지도 자연스럽게 드러날 수 있게 된다.

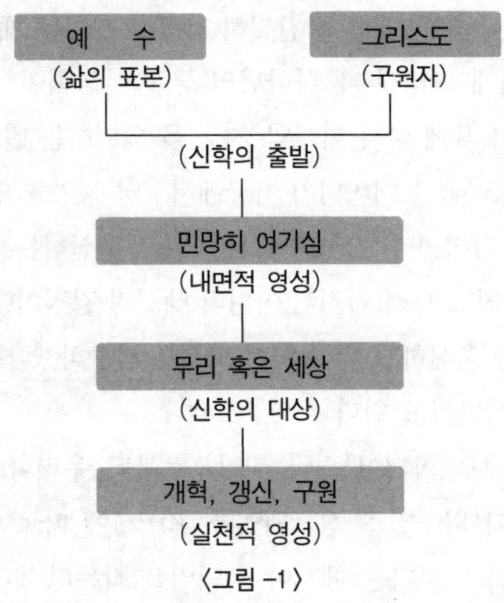

〈그림 -1 〉

2. 민망히 여기심 '스플랑크논'(σπλαvκvov)의 어원적 의미

신약시대에 헬라인들은 '불쌍히 여긴다'는 표현으로 '오이크티르모스'(οἰ κτιρμóς)를 썼다. 이 말은 동정 혹은 자비로 번역된다.5) 또 '자비를 베푼다'는 말로 '엘레오스'(ἐλεος)를 썼다.6) 그런데 성경의 기자들은 같은 뜻임에도 예수님의 마음의 정황을 말함에 이 단어를 피하고 '스플랑크논'(σπλαvκv

---

5) Walter Bauer, *Greek-English Lexicon of the new Testament and other early christian literature* (The University of Chichgo Press, 1958), p.561.
6) G. Kittel 편저, 제프리 W. 브라밀리 편역, 『신약성서신학사전』 (요단출판사, 1986), p.256.

ov)이라는 단어를 채택했다(마 9:36; 14:14; 18:27 막 6:34;, 눅 1:78; 7:13; 빌 2:1 등). 왜일까? 영어나 한글로는 잘 알 수 없지만 어원적 의미를 살펴보면 그 이유를 알 수 있다.[7]

첫째, 이 단어는 본래 신에게 드리는 제물의 중심부를 말하는 것으로 사용하였다.[8] 그러다 점차 제물 자체로 확대되었다. 즉 스플랑크논(σπλανκνov)은 인간이 하나님의 '긍휼'을 간절히 바라고 드리는 제물중의 제물로서, 이것이 정성스럽게 드려질 때 하나님의 긍휼과 능력이 선포되었다.

둘째, 그러다가 후에 다시 여성의 '자궁'을 의미하는 말로 확대된다.[9] 스플랑크논(σπλανκvov)은 어머니가 자궁에서부터 생명을 잉태시키고 성장시키는 것과 같은 감정이다. 잉태시키고, 키워, 출산하는 생명의 원천이다. 그러므로 감정이되 소모적 감정이 아니라 생산적 감정이다. 나아가 이 감정은 앞으로 자녀를 출산하기 위해 어떤 고통도 감수하겠다는 자기 희생과 이타적 사랑을 암시하기도 한다.

셋째, 이것이 보편화되어 결국 심장으로부터 우러나오는 강렬한 애정(affection)을 나타내는 말로 정착되었다. Kittel에 따르면 이 단어는 인간의 감정을 서술하기 보다는 메시야적 의미를 갖는다.[10] 왜냐하면 마 41; 6:34; 8:2; 9:22; 막 14:14; 20:34에서와 같이 이 단어는 구원역사를 불러 일으키는 하나님의 거룩한 본성을 말할 때에 쓰이기 때문이다. 특히 바울은 빌 2:1에서 성숙한 신앙인이 가져야 할 예수의 마음을 표현하는데 이 단어를 썼다.

그러므로 우리는 다음과 같이 해석할 수 있다. 동정심은 나와 너를 구별

---

7) 스플랑크논은 영어로는 '불쌍히 여기다'(feel pity), '동정을 느끼다', '함께 아파한다'(feel sympathy)로 번역된다. 이에 대해서는 Water Bauer, Ibid., p.762.
8) Ibid., p.1181.
9) Ibid., p.732.
10) Ibid., p1182.

한다. 주는 자와 받는 자가 분명히 가려진다. 고통당하는 자와 고통을 해결해 주는 자가 분리된다. 반면 예수의 '긍휼히 여기시는 마음'은 고통안에 있는 인간과 고통 밖에 있는 인간의 경계를 허물어 버린다. 인간실존의 고통 안에서 고통 받는자와 그것의 해결자가 함께 아파한다. 따라서 신약성경의 기자가 볼 때 동정심은 예수 그리스도의 오심에서부터 십자가에 매달리심에 이르는 일관된 마음을 담기에는 너무 부족했던 것이요, 반드시 생명을 잉태시키는 아픔으로서의 스플랑크논(σπλανκνον)을 써야 했던 것이다.

3. 치유와 이적의 동력(動力)으로서의 스플랑크논(σπλανκνον)

성서 안에는 예수께서 병든 사람을 낫게 하고, 지체장애인을 일으키고, 죽은 자를 살리는 치유행동이 구석구석에 기록되어 있다. 예수의 치유행동은 하나님 나라가 이미 시작되어 진행되고 있음을 알리는 상징이었다. 그런데 우리가 복음서의 예수님의 치유와 이적기사를 접하면 동일하게 질문하는 것이 하나 있다. 도대체 예수님의 치유의 동력(動力)은 어디에서 온 것인가? 하는 것이다.

성경을 깊히 들여다 보면 예수님의 이적 앞에 항상 따라 다니는 단어가 있다. '불쌍히 여기사', '긍휼히 여기사', '민망히 여기사'라는 말, 즉 스플랑크논(σπλανκνον)이다.

> 예수께서 나오사 큰 무리를 보시고 그 목자 없는 양 같음을 인하여 **불쌍히 여기사** 이에 여러 가지로 가르치시더라…예수께서 떡 다섯 개와 물고기 두 마리를 가지사 하늘을 우러러 축사하시고 떡을 떼어 제자들에게 주어 사람들 앞에 놓게 하시고 또 물고기 두 마리도 모든 사람에게 나누어 주시매…떡을 먹은 남자가 오천 명이었더라(막 6:34~44)

> 내가 무리를 **불쌍히 여기노라** 저희가 나와 함께 있은지 사흘이매 먹을 것이 없도다. 예수께서 무리를 명하사 땅에 앉게 하시고 떡 일곱 개를 가지사 축사하시고 떼어… 무리 앞에 놓더라(막 8:2~8)

위에서 우리는 예수님의 오병이어, 칠병이어의 기적은 '불쌍히 여기사' '불쌍히 여기노라'라는 마음의 정황과 깊이 관련되어 있음을 볼 수 있다.

예수님의 치유행위의 정점이랄 수 있는 죽은 자를 살리는 장면을 보면 이것을 더욱 잘 알 수 있다. 성경은 예수님의 공생애 동안에 죽은 사람을 살리신 일을 세 번 기록하고 있다. 회당장 야이로의 딸(눅 8:40~6), 나인성 과부의 아들(눅 7:12~15), 마리아의 동생 나사로(요 11장) 이야기이다. 그런데 이 부활기적 앞에는 항상 '바늘 따라가는 실'같이 예수님의 마음의 정황을 기록해 놓았다.

> 주께서 과부를 보시고 **불쌍히 여기사**(눅 7:12),
>
> 예수께서 그의 우는 것과 또 함께 온 유대인들의 우는 것을 보시고 심령에 통분히 여기시고 **민망히 여기사**…눈물을 흘리시더라(요 11:33, 35).

그렇다면 복음서의 저자들은 왜 예수님의 치유와 이적 앞에 별로 중요하지 않을 수도 있는 그의 심리상태를 일관되게 기록해 놓았는가? 혹시 예수님의 치유와 이적이 그의 마음의 정황과 깊은 관련을 맺고 있음을 보이고자 한 것이 아닐까?

독일의 신학자 본회퍼(D. Bonhoeffer)는 절대군주적 초월적 하나님 이해는 구원의 하나님의 진정한 표상일수 없다고 하면서 이렇게 말했다.

> 인간의 종교성은 그의 고뇌 속에서 세상 안에 있는 하나님의 능력을 바라보도록 만든다…성서는 인간을 하나님의 무력(無力)과 고통으로 인도한다. **오직 고통 당하시는 하나님만이 도우실 수 있다.** 이러한 한도 내에서 우리는 성인된 세상(즉, 하나님에 대한 거짓된 개념을 제거해버린 세상)으로의 발전이, **연약함에 의해서 세상의 권세와 공간에 대해 승리를 거두시는 성서의 하나님**을 볼 수 있도록 길을 열어준다고 말할 수 있다.[11]

그에 따르면 우리가 주로 고백하는 예수 그리스도 안에 나타난 하나님의

---

11) Dietrich Bonhoeffer, *Letters and paper from prison*, ed. Eberhard Bethge (New York: Macmillian, 1972), p.361.

능력은 일방적으로 작용하는 강제적 힘이 아니라, 함께 아파하고 기다리고 인내하며 설득하는 자기희생적인 사랑의 힘에서 오는 것이다. 철학자 화이트헤드(A. N. Whithead)는 신론(神論)을 형성하는 세가지 계통의 사상들을 '신격화된 절대군주', '히브리의 예언자'(도덕적 심판자로서의 하나님), 그리고 '아리스토텔레스의 신(神)'(부동의 동자)로 말했다. 그런데 성서의 하나님은 이들의 어느 것과도 맞지 않는다고 말한다.12) 장신대 윤철호 교수는 이에 대해 이렇게 말한다.

> 성서의 하나님의 힘은 관계능력으로서의 사랑에 있다. 하나님의 인간사랑이 인간의 하나님 사랑을 선행한다. 세상을 다스리시는 하나님의 전능의 본질은 바로 이 하나님의 자기 희생적인 사랑에 있다. 이 능력이 예수 그리스도의 십자가에서 궁극적으로 계시되었다. **하나님의 능력은 고통당하시는 능력이며 연약함의 능력이다. 이 능력 안에서 우리를 도우시며 구원하신다.** 하나님은 이해하면서 고난당하시는 위대한 친구이시다.13)

예수의 이 땅에서 오심에서 시작되어, 고난의 종으로 낮아져 섬기고, 십자가에 매달려 죽으시고 부활하신 일련의 과정은 기독교적인 능력의 독특성을 일관되게 드러내준다. 하나님은 자신의 약함을 통해 인간의 약함을 고치고, 자신의 낮아지심을 통해 인간을 높이는 것이다. 이것은 신약의 경계를 넘어 구약의 야훼 하나님의 마음이기도 하다. 일본의 현대신학자 기다모리 가죠는 '하나님의 아픔의 신학'이라 칭하면서 하나님 자신의 구원행동의 독특성을 적절히 묘사하고 있다.

> 하나님의 능력은 강한데서 나온 능력이 아니다. 자기의 아픔을 통해 우리의 아픔을 해결해 주시는 분이시다. 하나님이 주신 기쁜 소식은 안일하고 평온한 가운데 주시는 것이 아니라, 하나님 자신이 직접 애노의 투쟁을 통해 산출한 구원의 소식이다.14)

---

12) 이에 대해서는, 윤철호, '관계성 안에 계신 하나님', 장신대 교수 세미나 『초월적 유신론을 넘어서』의 수정 논문, p.9.

13) 윤철호, 앞의 글, p.9~10.

14) 기다모리 가죠, 박석규 譯, 『하나님의 아픔의 신학』 (양서각, 1987), p.14.

히브리서는 하나님의 아들이 인간의 고난의 자리로 내려오신 이유를 구원론적으로 설명하고 있다.

자기가 시험을 받아 고난을 당하셨은즉 시험받는 자들을 능히 도우시느니라(히 2:18)

이상과 같이 볼 때, 예수님의 치유의 내적 동력이자 직접적 힘은 그의 신적 전능성에 있는 것이 아니다. 오히려 예수님의 치유의 힘은 하나님이신 예수가 인간의 인간됨으로 인해 겪을 수밖에 없는 고통과 눈물과 한을 '긍휼히 여기는 마음'에서 온 것이요, 이것이 예수님의 참된 신성이다. 주후 451년의 칼세돈 회의는 참 하나님(vere Deus)과 참 인간(vere Homo)이 예수 그리스도 안에서 분리되지 않고, 분열되지 않고, 나누어지지 않은 채 통일되어 있다고 결정했다.[15] 그러나 참 하나님의 본성이 어떻게 참 인간의 모습으로 드러나는지에 대해서는 말하지 않았다. 그런데 예수의 '민망히 여기심'은 그의 신적(神的)본성인 사랑을 가장 적나라한 인간적 정서로 드러낸 것이다. 참 인간됨에서 참 하나님됨이 통합된 것이다.[16]

결국, 예수의 치유는 능력의 치유이기 이전에 연민의 치유요, 성자 예수의 전능성은 '민망히 여기심'으로 표현되는 그의 연약성, 무력함, 고통에의 동참에서 발산되는 것임을 알 수 있다.

4. 민망히 여기심 – 복음의 근본정신

'민망히 여기심'은 치유와 이적의 근원적 힘의 차원을 넘어 복음의 근본 정신을 이해하는데도 대단히 중요하다. 이것은 동양의 자비나 긍휼의 정신

---

15) 이에 대해서는 I.C. 헤넬, 『폴 틸리히의 그리스도교 사상사』 (한국신학연구소, 1996), pp.127 ~128.

16) 그래서 우리는 가장 인간적인 것이 가장 거룩한 것이요, 가장 거룩한 것이 가장 인간적이라고 말할 수 있다.

혹은 연민과도 다르다.

첫째, 동양의 도덕적 자비나 긍휼의 정신은 상대를 긍휼의 대상으로 상대화할 우려가 있다. 그러나 스플랑크논(σπλαγκνον)은 상대의 고통을 내 고통으로 받아들이고 일체화하는 동일시(identify)의 감정에서 출발한다.

둘째, 이것은 불교를 필두로 한 동양종교의 영성과 기독교 영성의 근본적 차이를 나타내 준다. 불교의 영성적 특징을 들여다 볼 수 있는 좋은 예가 있다.

석가모니 부처가 보리수 나무 아래에서 득도(得道) 후 천하를 돌며 진리를 설파(說破)할 때의 일이다. 하루는 갠지즈강 상류의 작은 동네 어귀를 들어서는데 너무나 슬피 울고 있는 한 여인을 만났다. 여인이 석가모니 부처를 알아보고 사연을 말했다. 남편을 일찍 여의고, 남아 있는 아들 하나를 온 정성을 기울여 키워왔다. 그런데 지난밤에 그만 원인도 알지 못할 병으로 급사했다는 것이다. 그래서 그 슬픔을 이길 수가 없어 이렇게 목을 놓아 울고 있노라고 말했다. 이윽고 석가모니가 그녀에게 말했다. "내가 지금부터 너에게 이르는대로 하라. 살던 동네로 돌아가 각 집을 돌아 초상을 치러 보지 않은 집을 찾아 각 집에서 한 홉씩 보리 7홉을 얻어오너라. 그리하면 내가 네 아들을 살려주겠다". 여인은 석가모니의 말을 따라 살던 동네로 들어갔다. 저녁 무렵이 되어 여인이 석가모니 앞에 와서는 무릎을 털썩 꿇고 앉았다. "부처님! 내가 살던 동네는 물론 이웃 동네까지 돌아다녀 보았지만 초상을 치르지 않은 집은 한 집도 없었습니다. 내가 이제야 깨달았습니다. 인간이 태어나 살다가, 늙어서 병이 들어 죽는 것은 자연의 이치요, 따라서 무엇이 그리 서러워 슬퍼할 것도 없고, 아쉬워할 것도 없다는 것을 말입니다. 우리 아들이 조금 일찍 나를 떠나갔지만, 그것도 왔다가 가는 자연 이치의 과정의 하나일 뿐입니다."

이것은 무엇을 말하는가? 석가모니 부처는 우주의 자연법칙 속에 묶여 있을 수밖에 없는 인간이 자신의 운명을 피해가려 하는 데서 고통이 온다는 것을 말하고자 했다. 부처는 참된 구원은 그 운명에 객관적으로 직면하여 운명을 순리로 받아들이는 데 있음을 가르쳐 깨닫게 해주었다. 그는 명경지수(明鏡止水) 같은 잔잔한 마음을 가진 채, 여인이 겪는 고통은 모든 인간이 동일하게 체험하는 것임을 깨닫게 하여 아들에 대한 여인의 집착을 내려놓게 했다. 그런 면에서 불교적 영성의 힘은 이성적이고, 철학적이며, 평정심을 잃지 않는 정적적(靜寂的)인 데 있다.

재미있는 것은 석가모니 부처가 당했던 비슷한 상황이 예수님의 공생애 중에도 나타난다.

> 성문에 가까이 오실 때에 사람들이 한 죽은 자를 메고 나오니 이는 그 어미의 독자요 어미는 과부라. 그 성의 많은 사람도 그와 함께 나오거늘 주께서 과부를 보시고 **불쌍히 여기사** 울지 말라 하시고 가까이 오사 그 관에 손을 대시니 멘 자들이 서는지라. 예수께서 가라사대 청년아 내가 네게 말하노니 일어나라 하시매 죽었던 자가 일어앉고 말도 하거늘(눅 7:12~15a)

나인성 어귀에서 아들을 잃은 과부와 부딪친 예수님은 석가모니 부처와 다른 태도를 보여 주었다. 예수께서는 여인의 아픔을 자기 아픔으로 가져갔다. 인간이 당할 수밖에 없는 죽음의 고통 뒤에 숨은 인간의 절규, 절망, 두려움의 실체에 정면으로 다가갔다. 그리고 같이 아파하셨다. 이것이 예수의 영성과 부처의 영성이 갈라지는 지점이다. 부처의 영성은 깨달은 철인(哲人)의 정적적(靜寂的)인 영성이라면, 예수의 영성은 하나님임에도 하나님 됨을 포기하고 인간의 자리에 내려와 인간의 고통에 같이 고통하고 아파하며 구원하는 역동적인 영성이다.[17]

---

17) 예수님의 영성은 성육신(incation)의 모습에서도 잘 드러난다. 요한복음 1:14절은 "말씀이 되어 우리 가운데 거하시매"라고 했다. 여기서 '육신'은 하나님이신 예수님의 이 땅에서의 존재방식을 말해준다. 육신은 헬라어로는 '사로코스'(ϲαρξ)이다. 이는 굳이 좀더 정확히는 '살',

부처의 가르침은 여인의 마음을 바꾸어 주었다. 그러나 그 여인의 환경은 그대로였다. 이것은 깨달은 자에게는 구원일 수 있으나, 깨닫지 못한 자에게는 더한 절망일 수밖에 없다. 반면에, 예수의 행동은 나인성의 여인과 공동체의 환경을 뒤집어 모든 것을 바꿔 놓았다. 먼저, 아들의 부활을 통해 어미의 상실감을 실질적으로 해결해 주었다. 또한 인간의 필연적 운명인 죽음이 극복가능하다는 것을 나인성 공동체에 보여줌으로써 자연법칙에 묶여 두려워할 수밖에 없는 인간을 운명의 사슬로부터 해방시켜 주었다. 불교의 정적주의(靜寂主義)적 영성은 운명을 벗어나려는 집착을 버리고 순리로 받아들이게 함으로써 평정심을 갖게 한다. 그를 위해 마음의 변화에 호소한다. 그러나 예수의 영성은 불같은 열정과 인간에 대한 휴머니티를 갖고 그들의 고통을 자기화함으로써 그 고통을 실질적으로 끌어 안는다. 그리하여 사람과 그를 둘러싼 환경을 구원한다.

그렇다면 예수의 '함께 아파하는 마음'은 단순히 목민신학과 그 구현인 두레공동체운동의 출발점으로 끝나지 않는다. 출발이요 종착이며, 구원의 시작에서 끝까지 나아가는 가운데 개인을 치유하고 나아가 사회와 민족 전체를 개혁하는 주동력인 것이다.

결국 예수님이 무리를 '민망히 여기셨다'함은 단순히 마음과 정서로 이해될 수 있는 것이 아니라, 감정과 의지적 실천이 하나되어 무리에게 전인적(全人的)으로 내달려가는 역동적 표현이다. 그러므로 스플랑크논(σπλαυκνον)

'몸덩이'로 번역된다. 같은 뜻을 가진 프뉴마(πνευμ)가 전체적/통합적 인간을 나타내는 추상적 개념인 반면, 사로코스(σαρξ)는 눈에 보이는 육체를 가진 존재를 나타내는 구체적 개념이다. 그러므로 "말씀이 육신이 되셨다"는 말은 예수의 막연한 '인간성'보다는 '신체성'을 더 강조하게 된다. "이 사로코스(σαρξ)로서의 인간은 죄에 물든 보편적 인간이 아니라 땅에 얽매인 유약한 인간이다. 즉 세상속에 던져진 나약한 존재를 말한다." 여기에 기독교적 구원의 독특성이 드러나고 있다. 하나님의 약함을 통해 인간의 약함을 고치고, 하나님의 낮아짐을 통해 낮아진 인간을 높이는 것이다. 이에 대해서는, 졸고 「성육신 사건의 현대적 의미에 대한 일고찰」(장로회신학대학교 신학대학원, 1999), pp.9~10.

은 절대 예수님의 품성에 그칠 수 없다. 만일 예수의 생애 전체가 성육신의 결단으로부터 시작하여 십자가의 고난과 죽음을 통해 인간의 고난과 죽음에 몸으로 동참하는 일련의 과정이라면 예수의 삶은 스플랑크논(σπλανκνον), 즉 '생명을 잉태하는 고통'으로 점철된다고 볼 수 있다. 이것을 신앙이 가질 바람직한 품성 내지 도덕적 목록 정도로 생각할 수는 없을 것이다.

그러므로 두레공동체운동이 목민신학의 바른 기반하에 자기 자리를 갖는 선교운동이고자 할 때 운동의 전 과정과 그 안에서의 운동성은 예수의 '무리를 민망히 여기시는 마음'에 얼마나 치열하게 동참했는가로 판단될 수밖에 없다. 이것은 백성을 섬기는 목민운동가(牧民運動家)로서 두레신앙인은 운동가적 영성과 목회적 영성이 균형과 조화를 이루어야 함을 말한다.[18] 그리고 그 영성의 기저는 '무리를 불쌍히 여기신 예수님의 마음'이 중심에

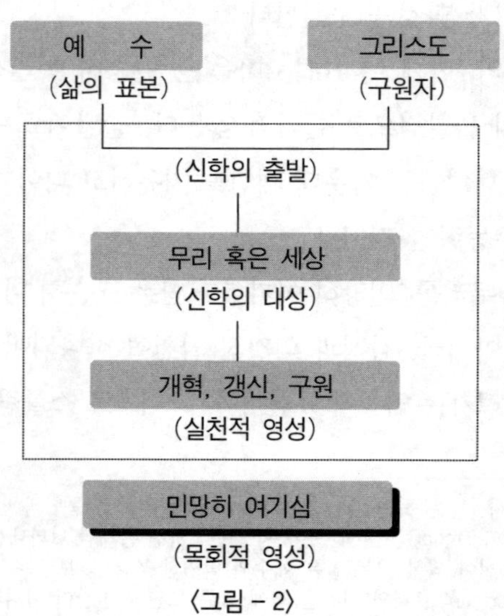

〈그림 – 2〉

---

18) 물론 목회적 영성이 목회자의 영성을 말하는 것은 아니다. 운동가도 목회적 정신을 갖고 운동함을 말한다.

서야 한다. 그러므로 스플랑크논(σπλανκνον)은 두레운동의 목회적 비판정신이다. 두레운동이 목회적 정신으로 자기를 비판할 수 있을 때, 이 운동은 비로소 성서적으로 바르게 자리매김한다고 말할 수 있다는 것이다.

이상을 도식으로 나타내면 위〈그림-2〉와 같다.

5. 결 론

무리를 보시고 긍휼히 여기신 예수님의 마음은 예수님 자신을 넘어 복음 전체를 흐르는 일관된 정신이다. 그것은 정신을 넘어 예수의 능력의 원천이다. 그것은 예수의 영성의 근본을 구성한다. 우리가 예수의 이 마음에 깊이 젖어야 하는 것은, '하나님 나라 운동'으로서의 두레공동체운동이 운동이기 때문에 빠질 수 있는 함정으로부터 끊임없이 자기를 정화할 수 있는 기본동력이기 때문이다.[19]

첫째, 운동은 관성상 사람을 대상화시킬 수 있다. 그런데 민망히 여기신 예수의 영성은 끊임없이 이런 오류에서 우리를 구원해 줄 수 있다. 복음서에 나타난 예수님의 마음은 다산 정약용 선생의 목민사상에 나타난 애민정신을 훨씬 뛰어넘는 것이다. 목민사상은 그 원천에 있어 유교사상의 테두리 안에 있기 때문에 백성을 통치의 대상으로 전락시킬 위험이 있다. 마틴 부버의 표현을 빌리면 '나와 너'가 구별되어 있다. 여전히 담이 있다. 그러나 긍휼하신 예수의 마음은 '나와 너'를 뛰어 넘고, 자신의 감정을 뛰어 넘어 무리와 자신을 일체화한다. 중간에 막힌 담을 허물어 버린다(엡 2:14). 그러므로 예수의 영성은 선교운동으로서의 두레운동을 조직운동이 아닌 사람운동, 쟁점운동이 아닌 지속적인 사람살림운동으로 나아가도록 이끈다.

---

19) 이것이 어찌 두레공동체운동에만 해당되겠는가? 교회가 부패하여 세상이 아닌 자신을 위해 존재하고, 경직된 교리와 관습으로 스스로 안에 함몰되어 갈 때 위대한 개혁자들은 어김없이 '그리스도' 그것도 '그리스도의 정신'으로 돌아가 교회를 새롭게 하지 않았는가?

둘째, 운동의 속성이 가지는 한계를 극복케 해 줄 수 있다. 운동은 어디까지나 운동이다. 운동은 문제를 객관적으로 파악하고 실천하며(과학성), 이슈를 만들고 쟁점화하여 성과가 있기까지 계속해서 싸우며(지속성), 이를 위해 대중을 동원할 힘이 있어야 한다(대중성). 우리가 기독교 운동을 한다고 이 속성이 크게 바뀌는 것은 아니다. 그러나 우리가 하는 운동이 단순한 운동이 아니라 기독교운동인 한 우리는 여기에 빠뜨릴 수 없는 한가지를 반드시 추가해야 한다. 목회적 영성이다. 운동은 끊임없이 인간을 수단으로 전락시키기 쉽기 때문에, 기독교 운동을 하는 사람일수록 '영성'에, 그것도 '예수의 목회적 영성'에 더욱 관심을 기울여야 한다. 운동이 빠질 수 있는 함정을 극복하는 안전장치는 결국 운동을 목회적으로 고려할 수 있는 눈을 키우는 것이다. 그러기 위해 목민가는 예수의 영성의 핵심인 '무리를 긍휼히 여기시는 예수의 마음'을 놓치지 않아야 하는 것이다.

셋째, 예수의 영성은 우리로 하여금 끊임없이 세상을 향해 자기를 개방하도록 한다. 연륜을 가진 운동조직은 생리상 자기 중심적으로 갇히는 특성이 있다. 두레공동체운동이 선교운동이라면, 두레는 자신을 위해 존재하지 않는다. 예수께서 죽기까지 사랑하신 세상을 위해 존재한다. 부패한 교회는 자기를 위해 있고, 참된 교회는 남을 위해 있다고 했다. 두레운동의 30년 역사가 큰 업적을 남기지는 못했지만 많은 사람의 가슴을 뜨겁게 한 것은 교회와 세상을 위한 뜨거운 열정 때문이었다. 30년이 지난 지금도 두레운동의 이 정신은 계승되고 발전되어야 한다. 예수께서는 지금도 두레운동이 세상을 긍휼히 여기는 운동, 자기조직과 운동을 무(無)로 돌리면서라도 세상을 살리기 원하시는 당신의 도구이자 운동으로 당신의 제단 앞에 드려지기를 원하시는 것이다. 聖書

 두레공동체운동의 신학적 지평

균형잡힌 전체성
- 기독교 영성의 성경적 모델

정 현 구*

최근 기독교에서 '영성'이란 단어처럼 많이 사용되는 단어도 드물다. 이는 그만큼 영성에 대한 관심이 점점 증대하고 있다는 말이다. 그러나 영성이란 단어처럼 모호하게 사용되는 경우도 역시 드물다. 따라서 우리는 영성이란 말의 의미를 올바로 이해할 필요가 있으며, 더 중요한 것은 올바른 영성이 무엇인지 살펴보는 것이다. 이 글은 기독교 영성의 성경적인 모델이 무엇인지 살펴보고자 한다.

1. '영성'의 의미

'영성'이라는 단어는 원래 가톨릭의 수덕신학이나 신비신학에서 주로 사용되었던 단어였다. 처음에 이 단어는 이원론적인 인간 이해의 바탕에서 인간의 내면성이나 신비적 경험을 주로 의미하는 것으로 사용되었고, 그러한 상태가 가장 영적이고 신령한 것으로 이해되어졌다. 또한 이러한 영적 경지는 주로 금욕적 혹은 신비적 훈련을 통해서 이루어진다고 보았기 때문에,

---

* 두레해외연구원1기, 현 서울영동교회 담임목사

이신칭의를 교리의 기초로 하고 있는 개신교 신학자들은 영성이란 단어가 하나님의 은혜보다 인간의 수행을 더 강조하는 행위구원의 요소를 담고 있다고 생각하기도 했다.

그러나 인간에 대한 이원론적 관점이 점차 극복되면서, 영성이란 단어는 보다 포괄적인 의미를 지니게 되었다. 오랫동안 영이라는 단어를 인간의 '육체'와 대립되는 인간의 '영혼'이란 협의의 의미로 이해해왔고, 이에 따라 영성의 의미도 영혼의 차원이 갖는 신비적 내면성으로 받아들여졌다. 그러나 '영'이란 단어가 인간의 한 부분인 영혼이 아니라, 하나님과의 관련 속에서 존재하는 인간 전인적 존재를 가리키는 단어로 사용되었고, 이에 따라서 영성은 역사와 타인들과 자연과 그리고 하나님과의 관련 속에서 스스로를 초월하면서 살아가는 영으로서의 인간의 생명현상을 뜻하게 되었다. 따라서 '영'이 육체와 정신을 포함한 총체적인 인간을 말하는 보통명사라 한다면, '영성'은 그 '영의 영됨'을 말해주는 추상명사라고 할 수 있겠다.

영성의 개념을 보다 더 분명하게 하기 위해서 영성과 관련된 다른 단어들과의 관계를 먼저 살펴보는 것이 필요하겠다. 우선 영성은 경건과 다소 다르다. 경건은 하나님과의 관계 속에서 살아가는 그리스도인의 삶을 뜻하는 단어이지만, 그 의미의 범위가 영성에 비하면 종교적이고 도덕주의적 영역에 국한되는 경향이 있다. 또한 영성은 종교적 정신성과도 다르다. 정신성은 인간이 생물 일반과 달리 가지고 있는 특별한 의식과 인식의 기능, 자기 초월적 정신능력을 강조한다. 그러나 하나님과의 관계에서 생겨나는 경외와 숭배의 개념을 그 속에 담고 있지 않다. 그러므로 정신성은 하나님과의 생명적 관계를 전제하는 영성과는 다른 것이다. 또한 영성은 그리스도인의 생활과도 다소 다르다. 왜냐하면 그리스도인의 생활이란 개념은 주로 실천적인 영역에만 집중되어져 있기 때문에, 영으로서의 인간이 하나님과의 관계 속에서 갖고 있는 신비적인 측면은 담지 못하기 때문이다.

우리는 물리적 법칙에 의해서 지배되는 물질적 차원과, 지각과 인식이 가능한 심리 정신적 차원, 그리고 예수 그리스도와의 생명적 관계성 속에서 인격적으로 결단하고 선택하는 심령적 차원을 다 함께 가지고 있는 '영'으로서의 인간이다. 이러한 인간이 자신의 생명을 둘러싸고 있는 자연·사회·인간·하나님과의 관계성 속에서 만들어내는 전인적인 생명성, 즉 '하나님 앞에 있는 인간 전체'가 곧 영성이다.

2. 영성의 분리 모델들

이미 살핀 것처럼 영성이란 영으로서의 인간됨의 총체적인 측면을 다 포괄해야 하는 것이다. 영성은 그 강조점과 영으로서의 인간이 맺는 관계성의 모양에 따라서 다양한 형태가 있지만, 지금까지의 대부분의 영성의 형태는 영으로서의 인간을 구성하는 요소들 중의 한 부분이나 영이 맺고 있는 관계들의 일부분만을 '영의 영됨'의 모습으로 규정하고, 그로 인하여 다른 필수적인 영의 모습들을 간과해 버리는 경향이 있었다. '영의 영됨'이 갖고 있는 다차원적 측면들을 성경적으로 통합하지 못하고, 도리어 이원론적인 전제를 가지고 서로 분리하여 생각하면서 그것을 영적인 것이라고 생각해왔던 경우를 대략 네 가지로 분류할 수 있겠다.

첫 번째는 영성을 영혼의 차원으로 국한시켜서 생각한 영성의 내면적 혹은 심리적 왜곡이다. 영적으로 산다는 것은 깊은 내면적인 상태를 포함하지만, 영성을 곧 영혼의 차원으로만 이해하는 것은 인간을 영혼과 육신으로 나누어 보는 이원론적 사고구조에서 생겨난 것이다. 이러한 영성의 길은 역사적으로 영지주의자들이나 금욕주의자들이 순수한 명상적 삶을 지향하면서 했던 방식인데, 영성을 이렇게 해석하면, 영적으로 산다는 것은 점점 세상을 초월하는 것으로 이해되고, 몸을 가지고 살아가는 도덕적이고 윤리적인 문제는 관심의 대상이 되지 못하게 된다. 물론 수도원의 금욕적 경건운동은 문명의 물질주의, 배금주의에 대한 대안적 가치를 제공하는 긍정적인 의미가 있지만, 한국교회에서 보여진 왜곡된 영성은 영혼을 지배하는 신앙적 원리와 몸을 갖고 살아가는 삶을 지배하는 세속적 원리를 이중적으로 설정하고 있기에 심각한 문제가 된다.

두 번째는 영성을 개인주의적인 차원으로 축소하는 경향이다. 영적이 된다는 것은 내면의 문제일 뿐 아니라 개인의 문제라는 것이다. 이렇게 개인과 공동체를 분리시켜 영성이 지닌 사회성을 간과하게 되면 신앙은 단순히 개인의 사적인 관심사가 되고 만다. 존재하는 모든 존재자들이 전체와의 관련성 속에서만 존재하는 것처럼, 사회 속에서 존재하는 인간 개인도 언제나 공동체적 관련 속에서 있기 때문에, 영의 영됨은 공동체성을 떠나서는 불가능한 것이다. 기독교 영성이란 기본적으로 관계 개념이고 관계 속에서 생겨나는 것임에도 불구하고, 한국교회의 영성은 개인성에 갇혀서 사물과 역사를 전체성과 공동체성의 관점에서 보지 못하고 있는 경우가 많았다. 영성이 공동체적 차원을 지니지 못함으로 기복적이고 종교 이기주의의 형태를 지니게 된 것이다.

세 번째는 영성을 내세지향적인 삶으로 이해하는 경향이다. 이러한 영성은 역사와 하나님 나라를 불연속적 구도 속에서 파악함으로 생겨난 것이다. 여기서 영적이란 것이 물질적인 역사를 벗어나고 세상으로부터 분리됨으로 이루어질 수 있는 어떤 거룩한 상태로 간주된다. 오늘날은 내세의식이 없어서 문제이지만, 그렇다고 종말론적 소망이 우리가 살고 있는 물질적인 역사에 대한 비관주의와 염세주의와 동일시되어서는 안된다. 왜냐하면 이 세상은 단지 천국으로 가기 위한 징검다리에 불과한 것이 아니라, 하나님 나라와의 부분적 연속성을 갖고 있기 때문이다. 내세중심적 영성은 세계와 우주를 자연과 초자연, 역사와 영원이란 이층구조로 보는 이원론적 실재관에 근거하고 있기 때문에, 역사 현실이 영원의 차원과 통하고 이어짐을 보여주지 못하고, 현실 역사가 지닌 영적 차원의 깊이를 드러내지 못한다.

네 번째는 영성을 인간중심적으로 해석하는 경향이다. 이것은 영성의 범위를 오직 인간 문제에만 국한시키고 그 지평을 창조된 자연과의 관계로 확장시키지 못함으로 생겨난 것이다. 인간을 영이라고 할 때 그 의미를 창조세계의 일부로서의 인간의 측면은 간과하고 오직 자연을 초월하거나 혹은 조종할 수 있는 영혼으로만 이전에는 이해했다. 따라서 종교적 차원에서 영성의 의미는 영혼이 물질세계를 떠나는 도피적인 의미로, 세속적 차원에서는 영혼이 물질세계를 지배하고 조종하는 의미로 받아들여지게 된다. 특별히 후자의 생각은 근대의 기계론적이고 기술과학적인 세계관과 만나 자연을 착취하는 생태학적인 문제를 낳기도 한다. 따라서 영성을 말할 때, '영으로서의 인간됨'의 존재조건인 몸과 그 몸이 유기적 관계를 맺고 있는 자연세계를 고려하지 않으면, 인간의 몸과 자연세계가 지닌 영적인 차원을 간과하게 되는 것이다.

우리는 영혼중심적, 내세중심적, 개인중심적, 인간중심적인 영성의 왜곡된 모델을 간단히 살펴보았다. 이러한 모델이 가진 공통된 특징은 모두 영으로서의 인간이 가진 본질적인 요소와 관계성을 '통합'하는 것이 아니고, 영혼을 몸으로부터, 개인을 공동체로부터, 역사를 영원으로부터, 인간을 자연으로부터 '분리'하는 것이었다. 이러한 분리모델이 지닌 문제점 중에 핵심적인 것은 구원의 의미가 성경에서 말하는 것처럼 만물을 회복함으로 새 하늘과 땅을 이루는 새로운 창조라는 우주적 차원에서부터 자연과 역사와 그리고 몸으로부터 인간의 영혼을 구출해내는 매우 좁은 의미의 '영혼구원'으로 축소되어 버린다는 점이다.

3. 영성에 관한 전통적 이미지들

우리가 알고 있는 영성에 대한 전통적인 이미지를 몇 개만 살펴 보면 이러한 점을 쉽게 알 수 있다. 기독교 영성의 이미지 중에 '순례자,' '그리스도를 본받음,' '점층적인 상승'(사다리) 등이 있는데, 이러한 이미지는 기독교적 특징을 잘 말해주는 이미지이지만, 이것이 앞에서 언급한 분리의 도식에서 이해되어 왔기 때문에 부정적인 영향을 미친 점도 없지 않았다.[1] 순례자의 이미지는 이 세상을 떠나서 적극적으로 하나님의 나라로 떠나는 순례자의 모습을 그려주고 있다. 그런데 이 이미지가 보여주는 영성은 영적인 세계(최종 목적지)와 일상생활의 세계(준비하고 투쟁하는 곳)를 분리시키는 것이다. '떠남'이 핵심적인 의미가 된 이 이미지는 이 세상을 나은 곳으로 바꾸려는 여러 시도가 가진 긍정적인 의미를 제대로 살려 내지 못한다. 성경적인 의미의 순례자는 이 세상 자체를 떠나는 것이 아니라, 이 세상이 지닌 오늘의 부정적인 면을 떠나서 적극적으로 하나님과 함께 이 세상의 종말론적 성취가 있을 내일에 참여하는 것이다. 그러므로 영적인 순례는 역사를 떠나는 순례가 아니라, 순례의 과정 속에서 이미 와 계시는 하나님을 만나서 역사 속에서 동행하는 순례이다. 이 순례는 세상을 버리는 순례가 아니라 세상을 새롭게 하는 순례이다.

토마스 아 캠피스가 말한 '그리스도를 본받음'은 가장 널리 알려진 영성의 이미지 중의 하나이다. 그런데 그가 말한 의미의 본받음에는 수도원적인 이데올로기가 깊이 담겨져 있다. 초대 교부 중의 한 사람인 그레고리 니사

---

1) Margaret R. Miles, *Practicing Christianity: Critical Perspectives for an Embodied Spirituality* (New York: Crossroad, 1990), pp.17~85.

는 인간의 한 요인으로서의 열정은 하나님의 형상에 속하지 않고 오히려 그리스도인을 하나님과 분리시키는 기능을 한다고 했다. 마이스터 에크하르트는 인간의 자아는 종교적인 수행과 훈련에 의해서 형성된 자아이지, 사회학적인 자아가 아니라고 했다. 토마스에게 하나님의 형상으로서의 자아는 하나님의 말씀을 듣고 하나님에게 말하는 것에 의해서 형성되는 종교적 자아일 뿐, 결코 사회학적인 의미를 지니지 못했다. 그러므로 그리스도를 본받는 것은 인간이 열정을 포기하고 참된 내면의 자아를 얻기 위해서 사회를 떠나는 것을 의미하는 것이었다. 모방의 일차적인 목표는 그리스도의 내면적인 삶과 정신이지, 그리스도의 외부적인 행동들, 즉 정치적이고 사회적인 행동들은 아니었다. 왜냐하면 하나님의 이미지는 인간의 육체 속에는 결코 나타나지 않는다고 생각했기 때문이다.

사다리의 이미지는 수도원적인 실천을 잘 나타내고 있는 또다른 전통적인 영성의 이미지이다. 여기서 영성이란 명상과 기도를 통해 영혼이 하나님에게로 사다리를 타고 올라가는 과정으로 묘사되었다. 이 메타포는 한 개인의 변화와 성장을 강조하며, 그것을 도덕적인 성실성과 연결시키는 장점을 가지고 있다. 그러나 이것은 창조된 세계를 영적인 세계의 그림자로 보고, 감각세계는 영적인 세계와 분리되어 있다고 보는 약점이 있다. 이 세 가지 메타포는 기본적으로 분리의 모델 안에서 형성되고 이해되어왔기 때문에 성경적 영성의 의미를 충분하게 살려내지 못했다.

이러한 영성의 모습을 우리는 한국교회에서 어렵지 않게 찾아볼 수 있다. 한국교회의 영성을 제대로 알기 위해서는 한국교회가 가진 문화, 종교적 요소와 사회, 정치적 요소를 고려해야 한다. 그러나 한국교회의 영성은 위에서 말한 분리의 모델을 따라서 이해되었고, 전반적으로는 개인주의적 내면화의 방향, 탈역사화의 방향, 비공동체적 방향으로 나아갔다고 말해도 크게 잘못이 아니다. 한국 기독교가 천만이 넘는 신도를 갖고 있음에도 불구하고, 사회 속에서 창조적인 영적 지도력을 갖지 못한 이유를 여기서 찾을 수 있을 것이다.

4. 영적인 몸

기독교 영성이 이렇게 분리의 모델을 따라서 왜곡되게 형성되었다면 그 바른 모델을 우리는 어디서 찾을 수 있을까? 기독교 영성의 바람직한 모델을 성경은 통합의 구도 속에서 보여주고 있다. 그러므로 기독교 영성의 분리모델을 극복하기 위해서는 성경이 말하는 영성의 통합 모델을 발견하고 그것을 역사 속에 구현하는 일이 필요하다고 하겠다. 그러한 모델은 역사 속에서 예수 그리스도의 인간존재양식에서 가장 온전한 형태로 나타났다. 기독교 영성의 통합모델에 관해서 살펴보기로 하자.

가장 먼저 살펴보고자 하는 성경적 영성의 모습은 영혼과 육체를 통합하는 모델이다. 로마서 12장 1~2절을 보면 영적인 예배에 대해서 말하고 있다. 일반적으로 '영적'으로 예배한다는 것을 '영혼으로' 예배드리는 것으로 생각한다. 이원론적 관점이 선(先)이해로 작용하기 때문이다. 그러나 본문은 영적인 예배는 '몸을 통해서' 이루어진다고 한다. 다시 말해서 '영적임' 혹은 '거룩함'은 영적인 생각이나 영적인 심령상태의 문제만이 아니라 영적인 삶의 문제라는 것이다. 기독교 영성이 추구하는 것은 '영적인 영혼'이 아니라 '영적인 몸'이라는 것을 단적으로 말해주는 부분이다. 만약 영성을 영적인 몸이 아니라 영적인 영혼을 추구하는 것으로 생각한다면, 몸으로 살아가는 삶의 윤리적 차원이 결여된 신비주의로 빠지기 쉽다. 동시에 물질적 몸이 지닌 영적인 차원에 대해서 무지할 때에는 세속적 물질주의가 된다. 로마서는 영혼과 육신을 통전적으로 합치면서 영혼과 몸의 이분법적 구조를 극복하고 있다. 영성이란 영혼의 문제나 내면성의 문제만이 아니라 몸을 가지고 살아가는 몸의 문제라는 것이다.

예수님의 성육신이 바로 이러한 영성의 모델이 된다. 일반적인 종교의 영성은 주로 그 방향이 이 땅에서 하늘로 올라가는 것이다. 그러나 예수님은 하늘에서 이 땅으로 내려왔다. 그리고 인간의 몸을 입으시고 역사 속에서 '영적인 몸'으로 사셨다. 제자들에게 이 땅을 어떻게 벗어나느냐 하는 것이 아니라, 하늘이 땅에 임하게 하기 위해서 어떻게 그들이 영적인 몸으로 역사 속에 살아야 할 것인지를 가르치셨다. 이것이 제자도였다. 그렇게 하여 제자들로 하여금 이 세상을 떠나는 것이 아니라, 거룩한 하나님과 죄많은 세상을 연결시키는 자로 살도록 교훈하셨다. 거룩하고 영적으로 되는 길은 땅으로 상징되는 더러운 곳에서 자신을 격리시키는 소극적 단계만으로는 충분치 않고, 언제나 그 곳에 사는 사람들을 깨끗하게 하고 돕기 위해서 그 속으로 들어가야 한다는 것이다. 이러한 성육신적 영성은 영적인 예배는 주일날에만 일어나는 것이 아니라 육일 동안 몸으로 살아가는 삶 속에서 일어나는 것이라는 말과 통한다. 그래서 성경적 영성은 영적인 신령주의가 아니라 영적인 물질주의, 거룩한 물질주의라고 할 수 있다. 이것은 성경이 구원을 영혼의 구원이 아니라 몸의 부활로 이해하는 것과 관계가 있다.

자크 엘룰은 『뒤틀려진 기독교』(The Subversion of Christianity)[2]란 책을 통해서 이러한 성육신적 영성이 지닌 사회학적 의미를 역사적으로 분석하고 있다. 기독교 역사를 살펴볼 때, 기독교 영성이 삶의 실천을 떠나서 관념적이고 개인적이 되고 신비적이 될 때, 다시 말해서 '몸에서 영혼으로,' '실제적인 상황에서 추상적인 원리로' 나아가는 성영혼의 방향으로 나아가게 될 때, 기독교는 언제나 주어진 시대의 체제를 정당화하는 종교에 그치

---

2) Jacques Ellul, *The Subversion of Christianity* (Grand Rapids: Eerdmans, 1986)

게 되어 마침내 기독교 자신이 뒤틀리게 되었지만, 만약 기독교가 핵심적인 진리를 역사 속에서 삶과 실천으로 그 시대에 표현해 가면, 즉 '영혼에서 몸으로,' '관념적인 이론에서 구체적인 실천으로' 나아가게 되는 성육신의 영성을 갖게 되면 그 시대의 현실을 개혁하게 되는 이른바 '뒤집는 기독교', 즉 '변혁하는 기독교'가 되었다는 것이다. 이전처럼 한국교회가 기독교의 문제를 영혼의 문제로 축소시키고, 어떻게 하면 이 죄 많은 땅에서 저 하늘로 갈 것인가 하는 것만을 가르친다면, 기독교는 우리 시대를 성경적으로 뒤집지 못하고 오히려 그 시대정신에 의해서 뒤틀리게 된다.

성육신적 영성은 땅에서 하늘로 올라감으로 땅을 버리는 것이 아니라 하늘이 땅에 내려옴으로 땅을 거룩하게 하고 땅 위에 하늘이 임하게 하는 것이다. 이러한 영성은 우리를 이 땅에서 하늘나라로 옮겨달라는 것이 아니라 하늘나라가 이 땅에 임하게 해달라고 기도하는 주기도문에도 잘 나타나 있다. 성육신적 영성에 의하면 거룩한 그리스도인이 되는 길은 영혼의 내면성을 성취함으로 이루어지는 것이 아니라, 역사 속에서 그리스도인의 책임을 다하며 살아가는 몸의 실천을 통해 이루어질 수 있다.

이러한 성육신의 영성이 말해주는 중요한 비전은 하늘과 땅이 서로 연결되어 있다는 점이다. 복음서에 나타난 변화산 사건은 이것을 잘 보여준다.[3] 산 위의 초자연의 세계와 산 아래의 자연세계가 있는데 그 자연세계 속으로 초자연적인 세계가 임했다. 자연세계와 초자연세계, 인간의 세계와 하나님의 세계가 서로 맞닿아 있다는 것을 보여주는 그림이다. 이 둘은 서로 다른 차원이면서도 서로 연결되어져 있는 하나님이 다스리는 두 현실이다. 이러한 비전이 말해주는 것은 몸으로 살아가는 땅의 모든 현실이 하늘과 연결되어져 있다는 것이다.

---

3) 마 17:1~13; 막 9:2~13; 눅 9:28~36.

자연과 초자연이 연결되어져 있고 하늘과 땅이 서로 연결되어져 있다면, 우리가 지금 서 있는 삶의 자리는 하늘과 맞닿아 있는 자리라는 말이 된다. 즉, 삶의 자리가 하늘의 문과 연결된 거룩한 자리라는 뜻이다. 그래서 우리는 우리가 몸을 갖고 살고 있는 이 현실 속에서 하나님을 만날 수 있는 거룩한 시간과 공간을 갖게 된다. 그러므로 우리들은 몸으로 사는 삶의 자리를 떠나서 하나님을 만나려고 할 것이 아니라, 몸으로 살아가는 그 자리에서 하나님의 영적인 현존을 깨닫도록 해야 한다. 왜냐하면 우리의 삶의 자리에서 하나님을 경험할 수 있고 또 예배할 수 있기 때문이다. 따라서 몸으로 사는 일상성이 영성생활의 매우 중요한 위치를 차지하게 된다. 그리하여 영혼과 몸을 통합하는 성육신적 영성의 모델은 영혼과 몸을 통합함으로 인간이 살아가는 삶의 현실까지 통합하게 되는 것이다.

5. 공동체적 개인

두 번째 살펴보고자 하는 것은 성경적 영성은 개인적 문제가 아니라 철저하게 공동체적 문제라는 것이다. 성경이 줄기차게 주장하는 것은 거룩하고 영적인 사람이 되는 것은 개인적 수양을 통해서가 아니라 공동체적 관계 속에서 가능하다는 것이다. 성경이 말하는 거룩한 사람은 고독한 성자가 아니라 이웃을 내 몸처럼 사랑하는 공동체적 인간이다.

개인과 공동체를 이분법적으로 생각함으로 영성의 사회성에 대한 인식이 부족했다는 점이 종종 영성의 문제점이 되어 왔다. 성경은 개체성과 공동체성을 늘 함께 생각한다. 모든 존재하는 개체들이 다 공동체적 관계 속에서 존재한다는 것은 만물의 구성원리일 뿐 아니라, 인간존재의 원리이다. 그래서 성경적인 영성은 얼마나 개인이 공동체성을 깊이 이해하며, 공동체는 그 속에 있는 개체를 깊이 존중하느냐를 주목한다. 인간은 원래 개인으로서 창조된 것이 아니라, 공동체적으로 창조되었기 때문이다.

창세기에 보면 하나님께서 사람을 만들 때 남자와 여자로 창조하셨고, 창조된 이들을 향하여 "둘이 합하여 한 몸이 될지니라"(창 2:24)고 말씀하셨다. 그리고 최초의 인류인 그들에게서 태어날 자녀들을 기대하시면서 "생육하고 번성하여 땅에 충만하라"(창 1:28)고 하셨다. 인간이 남자와 여자로 만들어졌을 때, 남자와 여자는 각각의 독특한 위치를 가지고 있는 개인들이었다. 수로 말하면 둘이다. 그런데 하나님은 이 둘이 합하여 한 몸이 된다고 하셨다. 이는 인간은 남자와 여자라는 독특한 개체로 존재하지만, 이 둘은 서로가 하나되는 그런 공동체성 속에 있어야 한다는 말씀이다. 1+1=2가 아니라 1+1=1이 되는 관계로 존재하는 가정공동체가 말하는 것은, 이러한 공동체적인 존재양식이 곧 인간됨의 본질이라는 것이다. 성경은 인간을 '영적인 몸'으로 본 것처럼 '공동체적 개인'으로 본다는 점을 알 수 있다.

이렇게 개체성과 공동체성이 하나로 어우러진 인간 본연의 모습은 사실상 인간이나 자연으로부터 생겨난 것이 아니고, 원래 하나님의 속성에서부터 발현된 것이다. 하나님은 삼위일체로 존재한다. 성부와 성자와 성령 하나님은 각각 다른 뚜렷한 직능을 가지고 계시지만, 동시에 같은 한 분이라는 내용이다. 이러한 신비를 숫자를 사용해서 말하자면 1+1+1=3이 아니라 1+1+1=1이 되는 것이다. 이러한 삼위일체의 신비가 말하는 것은 완벽한 개체성과 완벽한 공동체성이다. 이 둘이 함께 있을 때 성경이 그것을 '사랑'이라고 한다. "하나님은 사랑이시라"고 말했을 때 일차적인 의미는 하나님은 그 자신 안에서 완벽한 사랑의 관계를 이루고 있는 분이라는 뜻이다. 이러한 하나님의 모습에서부터 인간이 창조되었고, 그래서 인간의 공동체적 모습은 하나님 형상의 중요한 내용이 된다.

그러므로 인간에게서 공동체성이 무너지는 것은 인간의 인감됨을 잃어버리는 타락의 핵심적 내용이 된다. 범죄한 후 아담과 하와의 부부관계 파괴에 이어서 가인과 아벨의 형제관계가 깨어졌다. 깨어진 인간공동체의 역사는 창세기 11장에 파괴된 바벨탑 공동체의 모습 속에 이미 예견된 것이었고, 그 종말이 요한계시록에서 바벨론이란 도시의 모습 속에서 상징적으로 나타난다. 한편 하나님이 회복하시는 공동체가 사도행전의 초대교회에 나타난다. 초대 교회의 특징은 매우 공동체적이라는 점이다. 교회를 산 돌로 이루어지는 건물로 비유하는 베드로(벧전 2:5)와, 교회를 몸으로 비유하고 있는 바울도 그리스도인됨을 공동체적으로 해석하면서 영적인 공동체로서의 교회론을 전개해갔다.

인간됨을 공동체적 각도에서 보는 성경의 관점은 창세기의 인간창조의 기사에서 시작되어 요한계시록의 인간완성의 모습에 이르기까지 줄곧 지속되는 일관된 관점이다. 요한계시록 21장에 여러가지 보석으로 단장된 새 예루살렘 성이란 모습이 나온다. 이 성을 구성하는 수많은 보석들은 단순히 장식도구를 말하는 것이 아니고, 흙으로 만들어진 인간이 하나님의 구원경륜 안에서 아름답게 변화되어진 모습을 상징하는 것이다. 보석의 상징을 통해서 인간 개인 속에서 성취된 빛나는 구원을 본다. 그런데 이 보석들은 서로 떨어져 있지 않고 함께 모여 하나의 큰 성을 이루고 있다. 인간을 창조할 때 나타났던 공동체의 모습이 새 예루살렘 성의 모습에서 보다 크고 아름다운 형태로 나타나는 것이다. 남녀가 각각 독특한 아름다움을 가지고 있듯이 예루살렘 성을 이루는 보석들도 각각 그것만의 독특한 아름다움을 가지고 있다. 보석 하나 하나는 그 자체로 유일한 개체성이다. 그러나 많은 보석들이 서로 분리되지 않고 함께 모여서 하나의 공동체를 이룬다. 개체성과 공동체성이 절묘하게 통합된 아름다운 모습이다.

인간을 공동체적으로 이해하는 성경의 사상을 통해서, 인간의 영됨은 공동체적 개인이 되는 것임을 알게 된다. 영으로서의 인간이 영답게 된다는 것은 위대한 한 개인이 되는 것이 아니라, 관계적 개인이 되는 것이란 뜻이다. 이러한 그리스도인의 영성은 어떤 사물처럼 객관적으로 존재하는 어떤 것이 아니라, 서로 사랑하고 사랑받는 보다 완벽한 관계성 속에 존재하는 관계 그 자체이다. 남을 사랑하는 것이 곧 자기를 사랑하는 것이며, 자기는 공동체적 관계 속에서 완성되는 것을 깨닫는 것이다. 이 깨달음은 우주 안에 있는 모든 생명들이 서로 통하여 있고, 서로 의존하여 있고, 서로 빚지고 있음을 알게 해준다. 그래서 공동체적 관계 속에서 인간은 서로가 서로를 밥으로 내어주고 사랑하고 사랑을 받는 관계를 만들어 가고 그 속에 더불어 함께 지내야 됨을 알게 된다. 성경에 나타난 영성의 공동체적 관점은 개인과 공동체의 이분법을 인식론적으로 극복하고 있다.

6. 수동적 능동성

세 번째 살펴보고자 하는 것은 기독교 영성은 영원과 역사를 통합하는 영성이라는 점이다. 영원은 인간에게 영원한 뜻을 받아들이는 수동적 자세를 요청한다. 그러나 역사는 아직 이루어지지 않은 뜻을 성취하기 위해서 투쟁하는 능동적 자세를 요구한다. 이 둘이 균형있게 연결되지 않으면, 영성에 대한 오해가 생긴다. 종종 영적이란 의미가 종교적 열광주의로, 혹은 역사 속에서 무엇을 쟁취하고 성취하고 이루려는 인간적인 적극성으로 오해되기도 한다. 이것은 인간의 종교적 노력으로 신의 의지를 조종하려는 잘못된 인간중심주의와 다르지 않다. 이런 인간중심적 능동성은 역사 속에 현존해 있는 영원의 차원을 깨닫지 못하는 경우가 많다. 그러나 이러한 태도와는 대조적으로 영적이란 것을 무조건 자기의 모든 것을 포기할 뿐 아니라, 인간의 능동적인 행동까지도 포기하는 수동적 상태라고 생각하는 잘못도 있다. 이것은 거짓 겸손이다. 성경은 인간이 중심이 되는 적극적 행동주의와 신비종교에서 나타나는 잘못된 수동성을 넘어서는 통합된 모델을 제시하고 있다.

우리는 이것을 어려운 역사 현실 속에서 종종 제기되었던 기도와 정치의 관계를 통해서 살펴볼 수 있다. 역사 현실에 대해서 기독교가 취한 태도는 대략적으로 두 가지다. 하나는 종교적 세계에 더 깊이 몰두함으로 역사 현실에 대해서 비관적인 입장을 지니는 것이었다. 이러한 역사 현실에 대한 비관적 자세는 초월적인 세계로 도피하고자 하는 열망을 강화시킨다. 이러한 자세는 역사적 현실을 초월적인 세계에 가기 위한 과정으로만 생각한다. 기도자의 시선은 주로 신비의 세계에 맞추어지고, 그 세계에 대한 경험에서 신앙의 절정을 찾는다. 이 땅에서 신비주의자의 길을 걸어가는 것이 바른 영성이라고 믿는다. 그러나 이러한 영성은 하늘에 대한 수동성이 역사 현실에 대한 능동적인 책임을 포함하고 있다는 것을 간과하는 것이다.

다른 하나는 사회가 어려울 때에 사회와 현실을 떠나지 않고 도리어 그 속으로 더 깊이 들어가서 그것을 바꾸기 위해 자신을 투신하는 것이다. 인간의 행동을 통해서만 역사 현실은 바뀐다고 믿기에, 기도실로 들어가기 전에 먼저 현장으로 뛰어든다. 영적이라고 하는 의미를 역사 현실 속에서 피해당하는 자들과의 깊은 연대성을 가지고 그들과 동일시하는 행동에서 찾는 것이다. 이들은 역사 현실 속에 감춰진 하늘을 찾아내고자 하는 행동주의자의 길을 걸었다. 신비주의자의 길과 행동주의자의 길, 보수적 입장과 진보적 입장이 늘 대립되었다. 그러나 성경적 영성은 기도와 정치, 내면적인 경건과 외적인 실천을 통합하고, 신비적 영성과 사도적 영성이 함께 통

합되는 '능동적 수동성'의 모습을 제시한다.[4]

예수님께서 공생애를 시작할 때 먼저 광야에서 40일을 기도하고 성령의 충만함을 입으신 다음, 다시 도시의 현장으로 나오셔서 자신의 사역선언을 하셨다(눅 4:18~19). 예수님에게 있어서 광야는 하나님과의 관계성을 확인하는 깊은 묵상과 기도의 자리였다. 도시는 인간들의 삶의 현장에 참여하면서 그들을 가르치고 살리는 실천의 자리였다. 광야로 물러나 묵상과 기도를 통해서 자기 해방을 얻고, 도시의 현실 속에 나아가서 실천과 행동을 통해서 남을 해방시키는 사역은 늘 함께 있었다 . 이처럼 광야와 도시, 물러남과 참여함, 자기 해방과 타인 해방은 주님에게서 호흡처럼 반복되는 영적 삶의 리듬이었다.

오늘날 한국교회는 전반적으로 현실도피적인 영성주의에 빠져 있거나 혹은 활동주의에 빠져 있다. 그래서 기도와 정치, 묵상과 실천을 통합하는 그런 영성을 획득하지 못해왔다. 이를테면 보수주의는 기도를 통해서 자신의 삶을 탈역사화시켰다면, 진보주의는 기도의 능력과 차원을 무시함으로 삶을 세속화시켰다. 그래서 각각 행동이 없는 수동성이나 영감이 없는 능동성에 빠지게 되었다. 그러나 미가서 6장 8절은 수동성과 능동성, 광야와 도시의 차원이 통합된 삶을 잘 말해주고 있다. 미가 선지자는 "사람아, 주께서 선한 것이 무엇임을 네게 보이셨나니, 여호와께서 네게 구하는 것이 오직 공의를 행하며 인자를 사랑하며 겸손히 네 하나님과 함께 행하는 것이 아니냐"라고 했다. 여기서 공의를 행함과 인자를 사랑함과 겸손히 하나님과 행함이란 세 가지 선한 것들이 나타난다. 공의를 행하고 인자를 사랑하는 것이 사람들과의 관계라면, 겸손히 행하는 것은 하나님과의 관계이다. 전자는 도시의 차원이고 후자는 광야의 차원이다. 그런데 중요한 것은 이 세 가지

---

4) Francis Schaeffer, 권혁봉 역, 『진정한 영적 생활』(서울: 생명의 말씀사, 1974), p. 152.

것이 각각으로 나타나지 않고 한 가지 선한 것으로 나타난다는 사실이다. 영성이란 광야와 도시가 하나의 리듬 속에 있어야 한다는 것을 말한다.

참된 기독교 영성은 광야와 도시, 물러남과 참여함이 언제나 함께 있음으로 가능하다. 우리에게는 조용히 물러나서 하늘의 뜻을 깨닫고 그것을 받아들이는 거룩한 수동성을 경험하는 광야가 필요하다. 그런가 하면 그 뜻을 현실 속에 일구어 내기 위해서 참여하고 헌신하는 거룩한 능동성을 살아가는 도시가 또한 필요하다. 성경이 말하는 영성은 광야와 도시의 리듬 속에서 존재하는 거룩한 능동적 수동성이다. 이렇게 성경적 영성에는 능동성과 수동성이 광야와 도시의 리듬 속에서 하나로 합쳐지고 있는 것이다.

7. 인간의 구원과 만물의 회복

마지막으로 기독교 영성은 자연과 인간을 통합하는 영성이다. 기독교 영성의 범위는 개인의 내면이나 사회적 관계의 문제에 그치는 것이 아니라 인간과 자연과의 관계도 포함한다. 인간은 자연을 초월하는 영혼이지만, 동시에 자연을 생명의 터전으로 삼아 살도록 자연 속으로 창조되어진 육체이기 때문이다. 인간은 한 줌의 흙으로 만들어진 자연의 한 부분으로서 다른 창조세계와의 생명적 연대성을 떠나서 존재할 수 없다. 그러나 지금까지 기독교 영성은 주로 세계를 초월할 수 있는 영혼으로서의 인간만을 강조하면서, 자연에 속한 흙으로서의 인간에 대한 측면을 상대적으로 간과해왔다. 인간과 자연의 생명적 연대관계를 깊이 인식하지 못함으로, 자연을 함께 더불어 살아가야 할 동료이며, 나아가서 함께 구원을 받아야 할 존재라는 것을 깊이 생각하지 못한 채로, 오직 인간이 조종하고 착취할 수 있는 대상으로 생각했던 것이다.

기독교는 구원의 의미를 인간 영혼 구원을 넘어서 몸의 부활을 말할 뿐 아니라 온 창조계의 구원으로 확대시킨다. 그런데 창조세계의 구원은 창조계의 대표자인 인간의 구원과 연결되어 있다. 우리는 온 창조물이 하나님의 영광을 드러내고 창조주를 찬양한다는 표현을 시편에서 본다. 기독교 영성은 자연 속에서 인격적인 하나님을 향한 온 우주의 거룩한 합창을 듣는다. 그런데 성경은 자연으로부터 이러한 거룩한 합창과는 다른 신음소리도 들을 수 있다고 말한다. 로마서 8장 22절에 "피조물이 다 이제까지 함께 탄식하며 함께 고통하는 것을 우리가 아나니"라고 했다. 피조물의 이러한 탄식은 하나님의 구원을 고대하는 기다림의 탄식이다. 그 탄식의 내용은 무엇인가? 인간들이 하나님의 아들이 될 것을 바라는 것이다. 만물의 구원이 인간의 구원을 통해서 이루어지기 때문이다. 로마서 8장 19~21은 이렇게 말하고 있다. "피조물의 고대하는 바는 하나님의 아들들이 나타나는 것이니… 그 바라는 것은 피조물도 썩어짐의 종노릇하는 데서 해방되어 하나님의 자녀들의 영광의 자유에 이르는 것이라." 창조세계가 타락하고 고통 가운데 들어간 것이 창조의 대표자가 되는 인간의 타락으로 인한 것이었다면, 온 창조세계의 구원은 그 인간이 구원을 받을 때 이루어지게 된다는 말이다. 한마디로 인간의 구원과 창조계의 구원은 서로 연결되어져 있다는 말이다.

기독교의 구원은 개인의 영혼구원 뿐만 아니라 인간의 몸의 부활, 그리고 인간사회의 회복과 나아가서는 창조세계를 새롭게 하는 것을 다 포함한다(계 21:5). 이러한 만물의 회복은 인간들의 구원을 통해서 이루어진다. 하나님은 인간을 이 '창조세계로부터' 구원하시고자 하는 것이 아니라, 인간의 구원을 통해서 온 만물을 새롭게 하고 '창조세계까지' 구원하시려 하신다. 그렇다면 창조세계는 인간이 무관심하게 내버려 두거나 착취할 수 있는 대상이 아니라, 책임을 지고 돌봐야 할 생명체이며 이웃이다. 자연에 속해 있으면서도 동시에 그것으로부터 초월한 '영으로서의 인간'이 영적으로 산다는 것은 무엇인가? 그것은 근대 세계관에서 보듯이 자연을 인간이 마음대로 착취하고 조종할 수 있는 대상으로 보면서 자연을 비신성화하는 세속주의와는 다르고, 동시에 원시 세계관에서 보듯이 자연을 숭배의 대상으로 삼으면서 자연을 잘못 신성화하는 미신과도 다르다. 기독교 영성은 인간이 영으로 존재한다는 뜻을 다른 피조물과의 생명적 연대성에서 깨닫는 것과 동시에, 창조계에 대한 신성한 영적 책임을 지는 것에서 찾아진다. 이러한 각도에서 자연을 바라볼 때 영적인 사람은 자연속에서 신음하는 탄식소리를 듣는다. 뿐만 아니라 이 자연의 탄식소리는 곧 고통하는 인간 몸의 신음소리와 다르지 않으며 동시에 하나님의 탄식과 연결되어 있음을 알게된다 (롬 8:23~26). 아울러 자연을 회복하는 것이 곧 인간 자신의 몸을 살리는 것이요, 동시에 하나님의 구원계획에 참여하는 것임을 깨닫는다.

자연은 인간의 의지대로 조종 가능한 단순한 물질이라는 관점을 바꾸는 인식전환, 자연을 보호되어야 할 고아와 과부와 같은 약자의 범주에 포함시켜서 그들을 보호하려는 실천적 의지, 소비중심주의적인 문화에 저항하면서 절제하고 자연 친화적으로 살아가기 위해서 새로운 삶의 방식을 선택하는 것, 이것들은 다 영적인 의미를 담고 있다. 이러한 영성은 인간 생존을 위해서 자연환경을 보호하자고 말하는 그런 환경운동만으로 다 말할 수는 없는 것이다. 그리스도인에게 환경문제는 곧 영적인 문제이다.

8. 균형잡힌 전체성

우리는 지금까지 영적으로 산다는 것이 무엇인지 살펴보았다. 기독교는 초기부터 지금까지 '영적임'의 의미가 '분리의 도식' 아래서 왜곡될 위험을 가지고 있었다. 초대 교회에 그리스도의 성육신을 부정하거나 기독교를 그들의 종교와 철학의 틀 안에서 해석하려고 했던 철학자들과 신비주의적 민간종교들이 있었다. 중세에는 삶의 양면성이 신앙 안에서 하나로 연결되지 못한 채로 따로 분리되어, 신학적으로는 스콜라주의와 신비주의가 별도의 두 개의 큰 전통이 되어, 하나님을 추구하는 방식이 지적 방식과 정적인 방식으로 분리되게 되었다. 근대의 인간중심주의, 개인중심주의 등은 인간의 의식을 분리시키고 인간과 자연을 분리시키면서 분리의 도식을 심화시켰다. 기독교가 역사 속에서 이런 시대의 정신의 틀 안에서 해석됨으로 삶의 분리까지 초래하게 되었다.

그러나 성경은 기독교적 영성을 통합의 도식 속에서 파악했다. 초대교회는 영적이란 의미를 인간의 영혼이란 한 부분에 국한시키지 않고 영혼과 몸을 포함한 삶의 전체에 적용시킴으로 이단들의 그릇된 해석을 막았다. 영혼은 영적이고 몸은 속된 것으로 생각하는 이런 사고 구조는 교회와 사회, 신앙과 생활을 분리시키는 결과를 낳기 때문에 바울은 서신서에 교리와 실천을 균형 있게 강조했고, 야고보는 믿음과 행위의 균형을 주장했다.

성경은 통합의 구도 속에서 그리스도인의 영성을 이해한다. 거룩하고 영적으로 산다는 것은 하나님을 위해서 세상으로부터 구별된다는 뜻을 갖지만, 통합의 구도 속에서 그 구별됨의 의미는 우리의 삶을 역사와 세상으로부터 분리하고 단절시키는 것이 아니라, 영적인 몸으로 주어진 역사와 세계에 참여하면서 하나님의 뜻에 헌신한다는 것을 말한다. 성경적 그리스도인의 영성은 인간의 영됨을 창조계와 역사와 몸으로부터 분리함으로 순수한 영혼을 추출해내는 것에서 찾는 것이 아니라, 하나님의 뜻을 따라 몸과 영혼, 영원과 역사, 개인과 공동체, 인간과 자연을 우리의 삶 속에서 통합함으로 찾는다. 그러므로 거룩(holiness)의 가장 중요한 뜻 중의 하나는 전체성(wholeness)이다. 전체성이 온전한 형태가 되려면 반드시 그 속에 유기적 균형을 가지고 있다. 그래서 영성의 성경적 모델은 ‘균형잡힌 전체성’

(Balanced Wholeness)의 모습으로 나타난다. 프란시스 쉐퍼(Francis Schaeffer)는 이러한 것을 '살아있는 균형'(Living Balance)이라 불렀다.[5] 성경은 그리스도인의 영성을 몸과 영혼, 개인과 공동체, 기도와 정치, 묵상과 행동, 창조와 구속이 균형을 이룬 전체성의 모습으로 제시하고 있다.

'균형잡힌 전체성' 혹은 '살아있는 균형'으로서의 기독교 영성이 예수 그리스도를 통해서 온전히 구현되었듯이, 우리가 살아가는 역사 속에서 이러한 영성이 성도들의 삶과 교회를 통해서 나타나야 할 것이다. 오늘날 우리에게 필요한 것은 21세기적인 또 다른 새로운 영성이 아니라, '균형잡힌 전체성'으로서의 성경적인 영성이 역사 속에서 제대로 회복되는 것이라 믿는다. 奉事

---

5) Francis Schaeffer, *The New Super-Spirituality*, vol. 3 of *The Complete Works of F. A. Schaeffer* (Westchester: Crossway Books, 1982), pp.399~400.

하나님의 결단의 신학[1])
– 이사야의 정치신학

김 회 권 *

1. 들어가는 말

구약성경의 예언서 연구의 가장 중요한 과제들 중 하나는 예언자들의 신학적인 예지와 상상력이 그들의 현실 파악에 어떤 방식으로 개입하였는지를 밝히는 것이다. 이사야서 전반부(1~39장)는 주전 8세기 후반의 약 40년 동안(주전 738~701년)에 펼쳐진 국제적 및 국내적인 정치현실에 대한 이사야의 **신학적인** 분석을 담고 있다.[2]) 단순화시켜 말하자면 이사야의 거의 모

---

* 두레연구원1기, 현 프린스턴신학대학원 신학박사

1) 결단(decision) 혹은 계획(plan)으로 번역되는 히브리어 명사는 *에차*(עצה)(동사형은 *야아츠* יעץ)인데 이것은 심사숙고 끝에 내리는 결정 혹은 도모를 가리킨다. 특히 이것이 정치적인 전문술어로 사용될 때는 만조백관을 거느린 왕(인간 왕 혹은 신적인 왕)과 그의 어전회의에서 내려지는 아주 중요한 결단 혹은 결정을 가리킨다. 이사야 6장은 야웨 하나님과 그의 자문관들이 이스라엘과 유다 백성의 운명에 관하여 중대한 결정을 내리는 천상의 어전회의 장면을 묘사한다.

2) 이사야서와 열왕기하 18장 7~37절와 역대기하 32장을 비교해 보면, 이사야서는 앗수르의 침략의 원인과 경과에 관한 심오한 신학적인 분석을 담고 있음을 알 수 있다. 거의 전 국토의 초토화를 가져온 주전 701년의 산헤립의 유다 침략을 취급하는 열왕기하 18장 7~37절은 여호와께 연합하여 여호와를 떠나지 않았던 그 경건한 히스기야 왕(6~7절)에게 왜 산헤립의 유다 침략이라는 대파국적 위기가 몰아닥쳤는지에 대하여 어떤 신학적인 설명도 제시하지 못한다. 역대기하 32:1도 모순된 해설을 모두로 하여 산헤립의 유다 침략과 이에 맞선 히스기야의 영웅적 신앙 행위를 기록하고 있다. "이 모든 *충성된 일*(역대하 29~31장은 히스기야의 경건과 정치적 치적들을 한껏 찬양한다)*후에* 앗수르 왕 산헤립이 유다에 들어 와서 견고한 성읍들을 향하여 진을 치고 쳐서 취하고자 한지라."

든 예언들은 주전 701년에 일어난 앗수르 침략과 그것이 초래한 총체적인 정치적 위기에 대한 당대의 신학적 분석이다. 이스라엘과 유다를 둘러싼 국내외적인 위기의 순간에 이사야는 **하나님의 결단의 신학**으로 하나님의 백성들을 향한 하나님의 임박한 심판을 예고하였다. 보다 구체적으로 그는 시리아 및 팔레스틴 일대를 정복하기 위하여 서진(西進)하던 앗수르 제국이 하나님의 진노를 대행하는 주체라고 규정하였다(10:5). 이사야는 그의 동시대인들에게 앗수르의 파괴적인 제국주의가 하나님의 계획의 일부이기 때문에 앗수르와의 예각적인 충돌은 국가적인 재난을 초래할 것이라고 경고하였다. **보다 구체적으로** 이사야는 주전 735~732년 사이에 걸쳐 진행된 시리아-에브라임 전쟁(the Syro-Ephraimite War)[3]과 주전 714~711년 사이에 블레셋의 아스돗(Ashdod)이 주도한 반(反)앗수르 반역 전쟁[4], 그리고 주전 705~701년에 걸쳐 유다왕 히스기야에 의하여 주도된 팔레스틴 전역의 반앗수르 봉기의 경과에 개입하여 앗수르와의 충돌을 피하라고 충고하였다.[5]

이사야의 '하나님의 결단의 신학'에 대한 학계의 연구는 크게 두 방향으

---

3) 앗수르의 서진(西進)을 막기 위하여 동맹한 아람(시리아) 왕 르신과 북이스라엘의 베가 왕이 유다 왕 아하스를 반앗수르 동맹에 가담하도록 위협하는 과정에서 일어난 전쟁인데 시리아-에브라임 동맹군은 그들에게 협력하지 않는 아하스 왕을 폐위시키고 아람 사람 벤 다벨 (Ben-Tabʻel)을 대신 유다의 왕으로 옹립하려고 기도하였다. 이 와중에서 아하스는 이사야의 충고와는 달리 앗수르의 군사적인 개입을 요청하였다(이사야 7:1~14; 왕하 16:5). 이 전쟁의 결과 앗수르는 본격적으로 팔레스틴 및 시리아 일대의 소왕국들을 정복하거나 봉신국가로 병합하였다. 주전 732년에 앗수르는 아람을 정복하고 북이스라엘 왕국의 북쪽 지역(납달리, 스불론, 그리고 갈릴리 일대)(8:22~23)을 앗수르의 속주로 병합시켰다.

4) 아스돗의 반역 전쟁에 유다가 적극적으로 개입한 증거는 없다(14:28~32). 아마도 유다는 한 때 가담했다가 일찍 철수한 것처럼 보인다. 앗수르 왕 Sargon II의 일지는 유다, 모압 등 팔레스틴의 소왕국들도 이 반역 전쟁에 참여한 것처럼 보도하지만 명확한 증거는 대지 못한다(ANET, 285~287). 이 아스돗 반앗수르 봉기는 사르곤이 보낸 군대장관 다르탄에 의해 손쉽게 진압되었다(이사야 20:1~2).

5) 그는 또한 시종일관 하나님의 결단의 신학이라는 이름으로 애굽(19:1~15; 20:1~6; 30:1~5)-블레셋(14:28~32; 23:8~9)-유다의 현실정치가들(28:14~22; 29:14~16; 30:1~17; 31:1~3)(궁중참모들)의 반앗수르 대결정책을 규탄하였다. 왜냐하면 이사야는 앗수르의 팽창주의적 서진(西進)은 시리아-팔레스틴-페니키아-애굽에 대한 하나님의 심판의 실행을 의미한다고 믿었기 때문이었다(이사야 13~23장).

로 이뤄졌다. 그 하나는 결단 혹은 계획으로 번역될 수 있는 히브리어 에차 (עצה)와 그와 관련된 용어들(ma'aseh, 'abodah 등)에 대한 전승사 연구이다. 이 전승사 연구의 성과는 이사야가 사용한 신학적인 용어들인 에차/야아츠 의 지혜문학적인 기원을 밝혔다는 데 있다. 1940~60년대의 요하네스 피히 트너(Johannes Fichtner)[6], 한스 빌드버그(H. Wildberger)[7], 게르하르트 폰 라트(Gerhard von Rad)[8]의 에차/야아츠에 대한 전승사적인 연구들은 이사 야가 어떤 맥락에서 하나님의 결단/계획이라는 신조어를 만들어 내었는가 를 규명하는데 주력하였다. 이들의 연구는 하나님의 결단/계획이라는 개념 은, 유다의 궁중 참모들이 하나님의 계획을 배척하고 자신들의 자율적인 정 책을 입안하는 행위(22:8~11; 29:15~16; 30:1~5)를 비판하기 위하여 이사 야 자신이 창조한 신학적인 술어(theologoumenon)였다는 학문적인 합의 에 도달하였다.

한편 이상의 전승사적인 연구들이 도달하였던 합의–하나님의 결단/ 계획 이라는 용어의 이사야적 기원–는 독일을 중심으로 한 편집비평적인 학자들 에 의하여 파기되었다. 게오르그 포오러(Georg Fohrer)[9], 루돌프 킬리안 (Rudolf Kilian)[10], 오토 카이저(Otto Kaiser)[11], 헤르만 바르트(Hermann

---

6) J. Fichtner, "Jesaja unter den Weisen," *Theologische Literaturzeitung* 74 (1949), pp.75~ 80; idem, "Jahves Plan in der Botschaft des Jesaja," *ZAW* 63 (1951), pp.16~33. 1949년 논문에서 피히트너는 이사야서와 잠언서(히스기야 왕 때 수집된 잠언서 25:1~29:27) 사이에서 발견되는 언어적 및 개념적인 관련성을 중심으로 이사야의 지혜문학에 대한 의존을 강조하였다. 그는 이사야가 소명사건에서 경험한 야웨의 보좌 묵시 사건 이전까지는 왕의 궁중참모들과 같은 지혜문학적인 전승에 기반한 서기관(대하 26:22; 참조: 대하 32:32)이었다는 주장을 펼친다.

7) H. Wildberger, "Jesajas Verständnis der Geschichte," *VTSup* 9 (1962), pp.83~111. 빌더버 그는 이사야와 지혜문학과의 적극적인 관계를 논증하고 피히트너와는 달리 소명사건 이후에도 이사야가 지혜전승과는 결별하지는 않았다고 주장한다.

8) Gerhard von Rad, *Old Testament Theology*, Vol. 2, trans. D.M.G. Stalker (San Francisco: Harper & Collins, 1965), pp.160~162.

9) Georg Fohrer, "Wandlungen des Jesajas," in *Studien zu alttestamentlichen Texten und Themen (1966~1972)* (Berlin: Walter de Gruyter, 1981), pp.12~13.

10) R. Kilian, *Jesaja 1–39* (Darmstadt: Wissenschaftliche Buchgesellschaft, 1983).

Barth)(Barth의 경우 주전 7세기 요시야 시대의 편집자들),[12] 그리고 볼프강 붸르너(Wolfgang Werner)[13]는 이사야서에 등장하는 하나님의 계획/결단에 대한 언급들의 진정성(authenticity)을 부정하였다. 그들은 하나님의 결단/계획이라는 개념은 바벨론 포로기의 편집자들이 주전 8세기부터 주전 6세기까지 발생한 역사적인 재난과 대격변을 설명하기 위하여 허구적으로 만들어 놓은 신학적인 개념이라고 주장했다. 본 논문은 독일학자들을 중심으로 전개된 편집비평적인 이해를 반박하고, 전승사 연구들이 도달하였던 초기의 학문적인 합의를 재확증하기 위하여, 하나님의 결단의 신학이 이사야의 소명 경험에서 시작됨을 석의적으로 규명하려고 한다.

2. 묵시(vision)와 소명

6장 1~7절은 유다와 이스라엘의 운명과 관련하여 **심사숙고(*야아츠*)**에 몰입해 있는 하나님의 어전회의 장면을 보여주고, 8~13절은 하나님의 어전회의에서 내려진 **결정**, 즉 에차의 내용을 전달한다. 예레미야 23:18, 22에 의하면, 하나님의 참 예언자는 자신들 혹은 고객들의 소원을 성취시키기 위한 심

---

11) O. Kaiser, *Isaiah 1–12* (trans. J. Bowden; Philadelphia: The Westminster Press, 1983).

12) Hermann Barth, *Die Jesaja–Worte in der Josiazeit. Israel und Assur als Thema einer produktiven Neuinterpretation der Jesajaüberlieferung* (WMANT 48; Düsseldorf: Neukirchener Verlag, 1977), pp.277~309. 바르트에 따르면 앗수르의 몰락과 파멸에 관한 모든 이사야서의 진술들은 주전 8세기 이사야의 진정성 있는 메시지가 아니라 주전 7세기 요시야 왕 시대의 국제질서를 반영하는 편집적인 추가물이다. 예를 들면 8:23~9:6; 17:12~14; 28:23~29; 29:8; 그리고 32:1~5 등은 이사야의 예언이 아니라 요시야 시대의 편집자들의 저작이다. 로날드 클레멘츠도 마찬가지로 요시야 시대에 광범위한 전(前)이사야서(Proto-Isaiah)에 대한 편집작업이 있었다고 주장한다[*Isaiah 1–39* (NCBC; Wm. B. Eerdmans, 1980), pp.1~19]. 이 요시야 편집가설의 약점은 이미 몰락기에 접어든 앗수르에 대한 멸망 선언이 주전 7세기에 무슨 의미가 있었겠는가에 대한 대답을 제시하지 못한다.

13) W. Werner, *Studien zur alttestamentlichen Vorstellung vom Plan Jahwes*(Berlin: Walter de Gruyter, 1988), pp.1~95. Werner의 이 교수자격 취득 논문은 금세기에 진행된 이사야서-특히 하나님의 결단의 신학-에 대한 독일 편집비평학계의 학문적인 성과를 집약한 저작이다.

리적인 자기암시에서 비롯되는 비전들을 남발하지 않고 하나님의 어전회의
에서 보고들은 바를 증거한다(겔 1:4~2:1; 왕상 22:19~23; 대하 25:16~17).14)
성경은 자신들과 고객들의 소원들을 만족시키는 이상(신탁)을 들려주는 예
언자들을 거짓 예언자들이라고 한다. 이사야와 미가 시대에 많은 거짓 예언
자들은 예언들을 들려주고 생계를 유지하였다.15) 따라서 그들의 메시지는
온 민족 혹은 나라 전체의 안위와 관련된 **공공성과 역사성**이라는 지평을 결
여하고 있었다. 이런 역사적 배경을 감안하면, 이사야가 하나님의 어전회의
에 참여하였다고 주장하는 것은 그 자신이 동시대의 통속적인 선지자들과
그 유(類)를 달리할 뿐만 아니라, 그의 메시지를 들어야 할 사람들은 자신들
을 찾아온 고객들이 아니라 온 나라 백성 전체임을 가리킨다. 즉, 이사야
자신의 메시지는 고객들의 요구와 소원에 따라 전달되는 사사로운 점괘나
신탁이 아니라 하나님의 요구와 뜻에 따른–신적인 압박과 파송에 촉발된
메시지–공적인 선포임을 드러내는 것이다.

3. 높이 들린 보좌 위에 앉으신 야웨 하나님(1~4절)

먼저 1절은 이사야가 소명을 받았던 역사적 시점을 제시한다. "웃시야 왕
이 죽던 해"라는 표현은 여러 가지 면에서 의미심장하다. 웃시야 왕은 거의
반세기 이상(주전 790~738, 즉 약 52년간)의 재위를 통하여 유례없는 유다의
번영을 주도한 강력한 왕이었다. 앗수르와 애굽의 힘이 약하여졌던 주전

---

14) 역대하 25:16~17은 야웨의 선지자가 북왕국과 전쟁을 계획하는 유다 왕 아마샤와 벌이는 논쟁
   을 기록하고 있다. 야웨의 선지자는 유다의 북이스라엘 왕국과의 전쟁 돌입을 단호하게 정죄하
   였다. 그러나 아마샤는 오히려 "누가 너를 왕의 모사 (counselor: 히브리어는 *요아츠*인데 *야아*
   *츠*의 능동 분사형)로 삼았느냐?"고 빈정댄다. 바로 이때 그 선지자는 하나님의 결단을 드러내는
   특징적인 용어를 구사한다. "왕이 이 일을 행하고 나의 경고를 듣지 아니하니 하나님이 왕 *당신*
   을 멸하시기로 **결정하신**(*야아츠*) 줄 아노라 하였더라."(25:16)
15) 그들은 물질적인 보상을 적게 주는 사람들에게는 재앙을, 물질적인 보상을 많이 주는 자들에게
   는 무조건 평화를 외친 거짓 예언자들이었다."(렘 23:9~40; 미가 3:5~12)

790년부터 그가 죽던 738년까지 긴 통치를 통하여 국방, 경제(농업 및 국제 무역), 정치면에서 팔레스틴 및 시리아 일대에 유다의 영향력을 크게 확장 시킨 왕이었다. 그는 에시온 게벨이라는 항구를 장악하고 국제무역에 뛰어 들어 많은 사치품들을 수입하였다(사 3:17~4:1). 웃시야 왕은 또한 유다의 산간지를 개간하여 농업을 크게 장려하였으며16), 블레셋 지역을 장악하였 고, 주전 740년경에는 남부 시리아 동맹을 조직하여 앗수르의 디글랏빌레 셀과 충돌하기에 이르렀다.17) 그 강력한 왕 웃시야의 죽음은 유다의 정치 경제적 위세와 국운의 융성에 크게 고무되어 있던 백성들에게는 크나큰 상 실이었을 것이다. 아마도 자신의 소명 사건과 웃시야 왕의 죽음을 연대기적 으로 일치시키는 의도에 비추어볼 때 이사야 자신도 웃시야의 죽음 앞에서 국운의 몰락과 쇠퇴를 염려했던 것 같다. 자신을 입술이 부정한 사람이요, 더 나아가서 자신이 입술이 부정한 백성들 중에 거한다는 통렬한 죄책 선언 –"화로다! 나여 망하게 되었도다!"(5절)을 터뜨린 것을 볼 때에, 이사야 자 신도 그 시대의 지배적인 번영과 정치적인 위세에 기대었었던 시대 정신의 일부였음을 알 수 있다.18) 그런 점에서 1절의 첫 소절은 다음과 같이 해석 될 수 있을 것이다. "강력한 인간 왕 웃시야가 죽던 바로 그 해, 나는 높이

---

16) 역대하 26장 전체는 웃시야의 업적들을 나열하는데 할애된다. "또 거친 땅에 망대를 세우고 물 웅덩이를 많이 팠으니 평야와 평지에 육축을 많이 기름이며 또 여러 산과 좋은 밭에 농부와 포도 원을 다스리는 자를 두었으니 농사를 좋아함이라."(26:10) 대저 만군의 여호와의 한 날이 "모든 높은 망대와 견고한 성벽과 다시스의 모든 배와 모든 아름다운 조각물에 임하리니"(2:15~16)는 웃시야의 번영에 대한 이사야의 신학적 촌평의 일부다.

17) 디글랏빌레셀 III의 통치일지의 한 단편은 (ANET, 282ff. lines 103ff.) "주전 738년에 그가 '야 후디'의 아자리야를 정복했다"는 언급을 담고 있다. 문맥상 이 아자리야가 디글랏빌레셀의 서진 을 막기 위해 조직된 남부 시리아 및 팔레스틴 동맹의 수장 역할을 맡았던 것으로 보인다[M. Noth, *The History of Israel* (London: Adam & Charles Black, 1958), p.257]. 하임 타드모르 (H. Tadmor)는 매우 설득력 있게 이 아자리야가 바로 성경의 웃시야(다른 이름은 아자리야)라 고 논증하는데 다른 가설들보다 보다 더 설득력 있다["Azriyau of Yaudi," in C. Rabin(ed.), *Scripta Hierosolymitana* Vol. VIII (Jerusalem: The Magnes Press, 1961), pp.261~265].

18) 역대하 26:22(참조: 대하 32:32)은 이사야가 웃시야 (히스기야) 왕의 궁중 서기관이었음을 증거 한다. "이외에 웃시야의 시종 행적은 아모스의 아들 선지자 이사야가 기록하였더라."

들린 보좌 위에 앉아 계신 신적인 왕 야웨 하나님을 목격하였다." 여기에 이사야의 비전[vision:묵시(黙示)] 시대가 열린다. 이 변증법적인 교차 속에서 영적인 상상력과 예언자적인 예지가 이사야를 사로잡는다. 그는 이제 **왕실 의존적 서기관의 시야**에서 벗어나 천상 어전회의를 주재하는 **신적인 왕의 예언자**의 시좌(視座)를 획득한다. 인간 왕의 치적과 화려한 정치적인 위세(보좌)에 의해 고양되었을 때에는 보이지 않던 묵시적 지평이 인간 왕이 죽었을 때 비로소 열린 것이다. 묵시적인 경험의 핵심은, 육안으로 보이지 않는 세계를 하나님의 의도와 결정의 빛 하에서 더욱 현실감 있게 재구성하는 것이다.[19] '본다'는 뜻은 '관점을 형성한다'는 뜻이다. 관점(perspective)이라는 뜻은 '꿰뚫어 보는'(see through)(히 4:12~14) 현실 인식능력에 의하여 획득된다. 그럼 어디에서 복잡다단한 동시대의 역사적인 경과를 꿰뚫어 볼 수 있는 시좌를 얻을 수 있는가? 그것은 영원 전부터 만유 위에 굳건히 세워져 있는 하나님의 우주적 보좌(시 93:1~5; 103:19~22)에 서서 역사와 인생을 바라볼 때 얻어진다.[20] 묵시가 없으면 백성들이 방자히 행하고 삶은 무질서로 질주한다(잠 29:18). 하나님의 우주적인 보좌의 시좌에서 유다와 이스라엘의 역사를 바라보았을 때 이사야는 웃시야의 번영 속에서 계약 공동체의 붕괴를 보았고 그 과정에서 양산된 사회경제적 약자(고아와 과부)들의 울부짖음을 들었다(1:17, 23; 5:7). 경자유전(耕者有田)의 원칙에 의하여 지탱되던 유다와 이스라엘의 기초적인 사회조직은 수출농업을 꿈꾸는 거대한 지주(latifundizers)들의 출현을 초래하였고, 이들이 가져온 번영과

---

19) 옛날 선지자들은 '선견자' '보는 자'(이사야 30:11)로 불렸다(삼상 9:9).

20) 구약 성경의 역사는 역사적인 위기를 배경으로 등장한 묵시의 사람들에 의해 견인되어 왔다. 400년 애굽의 노예살이를 혁파하고 가나안 땅이라는 새로운 미래를 향하여 출애굽의 장도를 영도하였던 모세는, 시내산 기슭에서 떨기나무 불꽃의 비전 속에서 하나님을 만났다(출애굽기 3:1~6). 사사시대 200년간의 지파주의적인 분열과 무질서를 종식시킨 사무엘 선지의 비전은, 몰락해 가던 제사장 엘리의 성소에서 일어났다(삼상 3:1~3).

국부의 증가는 상대적으로 사회경제적인 약자에 대한 계약공동체적 우애를
파괴하였다. 결국 하나님께서 정성들여 가꾼 포도원이 망가진 것이다
(3:14~15; 5:1~7).[21] 하나님께서는 죄악과 무질서로 치닫는 인간의 역사를
항상 당신의 절대주권적인 통치권을 계시하심으로 돌파하신다(출 19:11~21;
40:34; 왕상 8:10~11).

1~4절에는 야웨 하나님의 절대주권적 왕권을 드러내는 묘사들로 가득
차 있다. 첫째 이사야는 높이 들린 보좌에 앉은 왕이신 야웨 하나님을 보았
다. 하나님의 곤룡포는 너무나 길고 커서 성전을 가득 채우며 그 높은 보좌
에서 아래로 흘러내린다.[22] 그 높이 들린 보좌는 웃시야나 디글랏빌레셀이
다툴수 없는 **절대적으로** 높이 들린 보좌다(14:12~14). 그 만왕의 왕을 스랍
들이 모셔 서 있다.[23] 스랍들은 하나님을 찬양하며 이사야의 구속(救贖)작
업에 참여한다.[24] 스랍들은 하나님의 거룩하신 엄위(majestic splendor)에

---

21) D. N. Premnath, "Latifundization and Isaiah 5:8–10," *JSOT* 40 (1998), pp.49~60. 프렘나
   트는 가장 최악의 라티푼디움 형태는 웃시야와 요담(여로보암 II)시대에 나타났다고 본다
   (p.54). 바로 이 시대에 사회경제적인 불의에 대한 주전 8세기 예언자들의 가장 생생한 탄핵이
   등장하는 것은 우연이 아니다.
22) 여기서 성전은 정관사가 붙어 있는 그 집, 즉 하나님의 집이다. 시온과 다윗의 이중적 선택을
   골자로 하는 시온신학(Zion theology)과 왕정신학(Royal theology)의 신봉자들에게는 예루살
   렘 성전이 바로 하나님의 궁전임을 쉽게 이해하였다(시 78편; 89편; 132편). 일찌기 이사야의
   시온신학 및 왕정신학에 대한 전승사적인 의존을 설득력 있게 논증한 학자는 폰라트였다
   (Ibid., pp.158~161).
23) 스랍은 그 어근 동사인 사랍(saraph, '태우다'라는 동사 שׂרף)에서 명사형으로 파생되어 나왔으
   며 뱀 혹은 코브라를 의미한다(참조 14:29; 30:6). 뱀(창 3장)을 후대의 예언자들의 전승에서
   천사로 해석한 것은 고대 이집트, 팔레스틴 및 시리아 일대에 광범위하게 사용되었던 스랍들의
   신학적인 표상(iconography)들과 관련되어 있다. 스랍(날개 달린 뱀)을 그린 형상들을 담고 있
   는 많은 고고학적인 유물들(주로 인장들)이 발견되었다. 그런데 고대 이집트의 표상들에서 발견
   되는 스랍들은 대부분 왕 혹은 신의 신성성(sanctity)을 보호하는 자세를 취하고 있다. 그런데
   이사야 6장에서는 스랍들은 야웨 하나님의 수종자로 강등되었다. 이것은 아마도 이사야식의 변
   증일 것이다[K. R. Joines, "Winged Serpents in Isaiah's Inaugural Vision," *JBL* 86 (1967),
   pp.410~415].
24) 광야에서 (불)뱀들은 죄악된 백성들을 물어 죽이는 일과 동시에 놋뱀이 되어서 치유하고 살리는
   일에 동시에 관여한다(cf. 창세기 3:24; 민수기 21장).

대하여 쉼 없는 거룩의 삼창(trishagon)을 터뜨린다. "거룩하다 거룩하다 거룩하다 만군의 여호와여 그 영광이 온 땅에 충만하도다." 스랍들은 하나님의 영광으로 충만한 세상을 미리 내다보며 찬양한다(시 103:20~21). 사실상 온 세상이 하나님의 영광으로 충만해 지는 환상(묵시)은 심히 불길한 묵시다(출 19:18). 왜냐하면 하나님의 영광의 발산은 타락한 피조물에게 심판을 의미하기 때문이다(마 26:64; 요 1:14; 2:11). 이제 하나님의 영광과 거룩한 성품을 반영하지 못하는 모든 구조물들은 진동하고 파쇄(破碎)된다. 그래서 하나님의 거룩하심에 대한 스랍들의 장엄한 삼창 앞에서 성전의 문지방의 터가 요동한다(4절). 고대 근동의 성전 구조에 대한 공통된 견해에 의하면 문지방의 터는 일종의 신적인 존재다.25) 즉 신적인 존재들마저도 하나님의 거룩하신 위엄의 발산 앞에 진동한다는 뜻이다(시편 24:1). 성전 문지방의 터가 진동하는 현상과 조응하는 다른 신 현현의 현상이 하나님의 연기(영광)가 성전을 가득 채운다는 표현이다(왕상 8장; 출애굽기 40장 38절). 하나님의 영광이 집을 가득 채운다는 표현은, 1절의 그 옷자락이 성전에 가득하였다는 표현과 댓구를 이룬다. 결국은 하나님의 충만은 삼중적으로 강조된다. 하나님의 옷자락이 성전에 **가득하였고**(성전은 성전의 지성소)(1절), 하나님의 영광은 온 땅에 **충만하였고**(3절), 하나님의 연기(영광)는 집(성전의 바깥 구조물을 포함한 성전 지대 전체)을 **가득 채웠다.** 이상의 모든 정황들을 종합적으로 고려해볼 때 이사야는 예루살렘 성전에서 예배/찬양/기도 중에, 혹은 어떤 종교제의(왕실 주관) 가운데 참석하다가 하나님의 높이 들린 천상의 보좌 위로 견인되는 경험을 했다고 추정할 수 있다. 이 비전이 일어난 지상의 무대는 분명 예루살렘 성전인데 그의 비전의 궁극적인 지평은 야웨의 천상의

---

25) F. Hartenstein, *Die Unzugänglichkeit Gottes im Heiligtum. Jesaja 6 und der Wohnort JHWHs in der Jerusalemer Kulttradition*(München: Neukirchener Verlag, 1997), p.82.

우주적인 보좌다. 여기서 이사야는 한편으로는 자신의 보좌 환상을 특별한 시공간에서(웃시야 왕이 죽던 해 성전에서) 일어난 사건으로 설정하지만, 궁극적으로 그의 비전은 천상의 보좌 앞에서 이뤄진 초월적인 경험임을 강조하고 있다.

4. 네 죄와 악이 제하여 졌느니라(5~7절)

만왕의 왕 야웨 하나님의 돌연한 자기 계시, 즉 영광의 발현 앞에 노출된 피조물인 이사야의 반응은, 성전의 문지방의 진동에 조응하는 영적인 진동이다. 이사야는 현실을 바라보는 자신의 기존의 관점이 부서지는 진동을 경험한다. "화로다 나여 망하게 되었도다!" 이 표현은 죄악된 삶 한 가운데로 돌파해 오신 하나님의 영광과 대면했던 사람들이 터뜨렸던 옛 자아의 죽음을 확증하는 절규다(눅 5:12; 행 9:3~9). 이사야는 높이 들린 보좌 위에 **앉아 계신(다스리고 계시는)** 야웨 하나님을 **보고** 야웨의 거룩하심을 찬양하는 스랍들의 삼창을 듣고, 성전 문지방의 진동을 **목격하고**, 마침내 지울 수 없는 영혼의 지진을 경험하였다. 이사야는 자신이 죽었다고 선언하는 이유를 제시한다. 입술이 부정한 자이면서 동시에 입술이 부정한 백성 중에 거하는 그 자신이 만군의 야웨 하나님과 마주쳤기 때문에 죽음을 경험하였다고 선언한다. 이사야는 여기서 하나님의 말씀의 종, 예언자를 탄생시키는 전형적인 경험을 거친다. 이사야는 자신의 죄악과 자신이 살고 있는 공동체의 죄악 모두를 고백한다. **자신이 속한 사회의 부정한 언어와 생각들로부터 자유롭지 못한 자신을 인정한다.** 예언자는 처음부터 초월적인 기원을 가진 존재가 아니라 입술이 부정한 백성들로부터 정결케 되어 다시 입술이 부정한 백성들 한 가운데로 파송된 사람이다.

절망적인 죽음의 선언으로 엎드러진 이사야에게 스랍이 날아와서 극적인 죄사함을 선포한다(출 19:12, 18, 21). 제단에서 핀 숯을 손에 가져 와서 이사야의 입에 댄다. "보라 이것이 네 **입**에 닿았으니 네 **악**이 제하여졌고 네 **죄**가 사하여 졌느니라."(7절) 여기서 입은 인간 존재의 중심을 의미한다. 또한 그것은 말씀의 대언자들이 하나님을 섬기는 중심 신체기관이다. 따라서 이 장면은 한편으로서는 이사야의 속량 사건인 동시에, 또 다른 한편으로는 이사야가 하나님의 말씀을 대언할 자로서의 품격을 획득하는 장면으로 볼 수도 있다. 이렇게 해서 이사야의 보좌 환상의 1막은 종료되었다. 이사야는 죄악의 사함을 받고 부활을 맛보면서 새로운 단계의 비전으로, 즉 하나님의 말씀을 듣는 묵시의 차원으로 이끌려 들어간다. "내가 **또** 주의 목소리를 **들은즉**…"(8절)

5. 주여 나를 보내소서(8-13절)

이제 이사야는 하나님께서 주재하시는 천상의 어전회의로 인도된다(8절). 8절의 내용에 비추어 볼 때 뭔가 아주 중대하고 심각한 결정이 이제 막 이뤄진 듯하다. 이제 남은 것은 그 중대하고 심각한 하나님의 결정(에차)을 하나님의 백성들에게 전달할 메신저를 찾는 일이다. "이르시되 내가 누구를 보내며 누가 우리를 위하여 갈꼬?"(8절) 이 지점에서 이사야 자신은 하나님과 그의 어전회의에서 무슨 결정이 일어났는지를 통보받지 못한다. 그는 하나님의 어전회의에서 이미 결정된 사항을 백성들에게 알릴 전령을 찾는 하나님의 심사숙고의 현장에 참여하여 메신저 역할을 자원한다. "그 때에 내가 가로되 내가 여기 있나이다 나를 보내소서."(8절) 언뜻 보면 이 이사야의 전향적인 자세는 모세의 겸양어린 주저함(출 3:10~12)과 예레미야의 탄식 어린 소명 거절 태도(1:5~7)와 사뭇 달라 보인다. 그러나 우리가 앞서 주목했듯이 7절의 입술의 정화 사건이 이사야에 대한 하나님의 암묵

적인 부르심으로 이해될 수 있다는 점을 감안하면, 이사야의 전향적인 태도
는 결국 하나님의 속량하심에 대한 응답으로 볼 수 있다. 하나님의 불꽃에
달구어진 화저로 정결케 된 입술을 가진 이사야는, 하나님의 메신저로서 내
적인 소명을 이미 느끼고 있었을 것이다. 이런 이유 때문인지 하나님께서도
이사야의 자원적인 자세를 그대로 받으시고 곧장 이사야의 예언자적인 과
업을 진술하신다.

9~13절이 바로 이사야가 미처 엿듣지 못한 하나님의 결정사항이다. 하
나님의 어전회의 토의 및 결정 대상은 '이 백성'의 운명에 관한 것이다. 9절
은 먼저 이사야가 상대해야 할 청중, 즉 하나님의 어전회의에서 결정된 내
용의 수신인의 정체를 밝힌다. "가서 **이 백성**에게 이르기를…" 독자들은 금
방 도대체 '**이 백성**은' 누구인지 질문할 것이다. 3인칭 단수지시대명사에
의하여 지칭되는 '이 백성'이라는 표현은 하나님과 이 백성(this people) 사
이에 있는 정서적인 간격을 드러낸다(29:13~14). 6장 전체에서 이 백성의
정체성과 관련된 표현은 이사야의 말 속에 등장하는 '입술이 부정한 백성'
이다. 하나님께서 아무런 구체적인 소개 없이 등장시키는 '이 백성'은 입술
이 부정한 백성 정도로 규정될 수 있을 것이다. 그러나 6장 안에서는 왜 '이
백성'이 하나님의 어전회의에서 내려진 결정의 수신자가 되어야 하는지가
분명치 않다. 따라서 우리는 '이 백성'은 적어도 하나님과 이사야(독자) 사
이에 공유된 이해를 전제한 표현임을 인정해야 할 것이다. 결국 이사야
1~5장에서 부정적으로 묘사된 일단의 백성들이 '이 백성'이며 보다 더 구체
적으로는 5장에 나오는 백성이 바로 *이 백성*으로 정의될 수 있을 것이다.
이사야 1~5장에 등장하는 '백성'은 깨닫지 못하는 백성이요 하나님의 말씀
을 조롱하는 백성이요(1:2~3), 그리고 하나님의 정의와 공의를 깨뜨린 자
요, 하나님이 정하신 선악과 정사진위(正邪眞僞)의 기준을 뒤엎은 백성들이

다(5:8~24). 하나님의 공의와 정의는 이스라엘의 계약 공동체를 지탱시키는 아주 구체적인 사회경제적인 장치의 유지에서 실현된다.[26] 그 시대의 법정과 관리들은 지배 계급과 귀족층에 맞서서 사회경제적 약자들을 보호하여야 할 의무를 가지고 있었지만 그들의 생존권을 보호하지 못하였다(1:16~17, 23; 3:13~15). 특히 5장 7절의 신랄한 어희(語戲, word play)는 하나님의 좌절된 기대를 잘 부각시킨다. 이스라엘과 유다 사람들은 공평(미쉬파트, mishpat)을 바랐지만 포학(미쉬파흐, mishpah: 폭력-강자의 제도적 법적 폭력 포함)의 열매를 맺고 의로움(츠다카, tsedaqah)을 바랐으나 부르짖음(차아크, tsa'aq: 강자의 압제 때문에 부르짖는 약자의 절규)을 맺은 포도원과 같다.[27] 5:11~12에는 아침부터 저녁까지 포도주에 취하여 연회에 빠진 사람들을 소개한다. 상류 계급과 지배층 사람들만이 주지육림의 연회를 즐길 수 있었을 것이다. 그들은 "가옥에 가옥을 연하며 전토에 전토를 더하여 빈틈이 없도록 하고 이 땅 가운데서 홀로 거하려 하는 자"(5:8)들이었다.[28] 독주와 포도주에 취한 그 시대의 지배 계급들과 상류층 사람들의 영적인 감수성은 완전히 도태되어 버렸다.[29] 술취함과 영적인 감수성은 양극단을 이룬다(엡 5:18). 그래서 포도주에 취한 백성들은 "여호와의 행하심을 관심치 아니하며 그의 손으로 하신 일을 생각지 아니하는도다."(5:12) 결국 '이 백성들'은 동시대의 역사 속에 작용하는 하나님의 심판의 손길을 인정치 않으려

---

26) E. R. Achtmeier, "Righteousness in the Old Testament," *IDB*, Vol. 4, pp.80~85.

27) G. R. Williams, "Frustrated Expectations in Isaiah V 1-7: A Literary Interpretation," *VT* 35/4 (1985), pp.459~465.

28) 이 말씀은 웃시야 왕 이래로 형성된 지주계급과 대규모 수출을 주도하던 조방농업 경영자들의 토지겸병과 독점을 정죄한다[Hans Bardtke, "Die Latifundien in Juda während der zweiten Hälfte des achten Jahrhunderts V. Chr. Zum Verständnis von Jes 5, 8-10," in N. Avigad et al.(eds.), *Hommages à Andres Dupont-Sommer* (Paris: Adiren-Maisonneuve, 1971), pp.235~254].

29) J. Milgrom, "Did Isaiah prophesy during the reign of Uzziah?" *VT* (1964), pp.164~182.

는 항신론적(抗神論的)이며 무신론적인 세계관을 가진 자들이다."(10:5 'a godless nation').30) 그들은 "거짓으로 끈을 삼아 죄악을 끌며 수레 줄로 함같이 죄악을 끄는 자들"(5:18)이다. 이사야의 **하나님의 결단의 신학**에 근거한 메시지에 대한 '이 백성들'의 반응은 조롱과 멸시 그 자체였다. "거짓으로 끈을 삼아 죄악을 끌며 수레 줄로 함같이 죄악을 끄는 자들이"(5:18) 이르기를 "그(하나님)는 그 일(*마아세*)을 속히 이루어 우리로 보게 할 것이며 이스라엘의 거룩한 자는 그 도모(*에차*)를 속히 임하게 하여 우리로 알게 하라 할 것이라 하는도다."(5:19)

1~5장에서 부정적으로 묘사된 사람들, 특히 유력자들과 지배 계급에 속한 사람들이 결국 6장 8절에 돌연히 등장하는 '이 백성'의 실체인 셈이다. 결국 1~5장과 6장 8절의 관계성을 볼 때 우리는 9절의 이상한 예언자적인 위임이 1~5장에 나온 백성들의 사악한 행태(behavior)에 대한 하나님의 의도적인 반응임을 짐작할 수 있다. 1~5장의 상황을 충분히 참작하시고 숙고하신 후에 하나님께서는 이 백성의 장래와 관련한 중차대한 결단을 내리셨다. 야웨 하나님께서는 이제 이사야에게 그 결단의 내용을 전달하도록 위임하신다(9절 하반절). "이 백성에게 이르기를 너희가 듣기는 들어도 깨닫지 못할 것이요 보기는 보아도 알지 못하리라." 여기서 우리는 통상 성경의 예언자들의 소명기사들에서 기대할 수 있는 적극적인 희망의 메시지를 발견할 수 없다(암 5:7; 21~24; 호 2:16~23; 6:1~3; 렘 5:1). 도대체 이게 무슨 하나님의 예언자가 하나님의 백성들에게 전달해야 할 메시지란 말인가? 쉽게 말하면 이사야는 그의 청중들에게 −이 백성−"너희들은 듣기는 들어도(원전

---

30) 그들은 악을 선하다 하며 선을 악하다 하며 흑암으로 광명을 삼으며 광명으로 흑암을 삼으며 쓴 것으로 단 것을 삼으며 단 것으로 쓴 것을 삼는 자들이다(5:20절). 그들은 스스로 지혜롭다하며 스스로 명철하다하는 자들이다(5:21; 잠언 26:5, 12). 그들은 뇌물을 인하여 악인을 의롭다 하며 의인에게서 그 의를 빼앗는 사람들이다(5:23; 3:14~15; 참조 33:14~15). 그들은 여호와의 율법을 버리며 이스라엘의 거룩하신 자의 말씀을 멸시한 자들이다(5:24).

의 뜻은 계속 듣기는 들어도) 깨닫지 못할 것이요 보기는 보아도 알지 못하리라"는 **책망과 위협의 말**을 전해야 한다. 도대체 무엇을 깨닫지 못하고 무엇을 알지 못한다 말인가? 우리는 6장 안에서는 이사야의 청중들이 무엇을 깨닫지 못하고 무엇을 알지 못하는지 확정할 수 없다. 따라서 우리는 9절의 기상천외한 예언자적인 위임을 유사한 맥락에서 선포된 다른 말씀들과의 관련성 속에서 이해해야 한다. 먼저 1:2은 하나님의 백성들의 영적인 몽매 상태를 고발한다. "소는 그 임자를 알고 나귀는 주인의 구유를 알건마는 이스라엘은 알지 못하고 나의 백성은 깨닫지 못하는 도다." 29:9~12에도 하나님의 묵시를 깨닫지 못하는 유다의 선지자와 선견자들의 무능과 좌절을 말하고 있다. "대저 여호와께서 깊이 잠들게 하는 신을 너희에게 부어주사 너희의 눈을 감기셨음이니 눈은 선지자요 너희 머리를 덮으셨으니 머리는 선견자라. 그러므로 모든 묵시가 너희에게는 마치 봉한 책의 말이라. 그것을 유식한 자에게 주며 이르기를 '그대에게 청하노니 읽으라' 하면 대답하기를 '봉하였으니 못하겠노라' 할 것이요 무식한 자에게 주며 이르기를 '그대에게 청하노니 읽으라' 하면 대답하기를 '나는 무식하다' 할 것이니라." (29:10~12) 그리하여 마침내 29장 14절에서 하나님께서는 입으로는 하나님을 공경하나 마음으로 하나님을 멀리 떠난 '이 백성' 중에 "기이하고 가장 기이한 일을 다시 행하신다." 그 결과 "그들 중의 지혜자의 지혜가 다시 없어지고 명철자의 총명이 가리워지리라."(29:14) 28장 7절에도 유사한 내용이 나온다. "이 유다 사람들도 포도주로 인하여 옆걸음치며 독주로 인하여 비틀거리며 제사장과 선지자도 독주로 인하여 옆걸음치며 포도주에 빠지며 독주로 인하여 비틀거린다." 그래서 그들은 "이상(묵시)을 그릇 풀며 재판할 때 실수한다." 이런 일련의 문맥에서 확실하게 밝혀진 것은 첫째, 하나님의 **백성들**은 그들과 야웨 하나님과의 바른 **관계성**이 어떠해야 하는지를 깨닫지 못하고 알지 못하고 있다. 이스라엘은 그 임자를 모르고 주인의 구유를 모른다는 것이다. 즉, 자신을 낳고 먹이고 양육한 부모를 모른다는 것이다. 둘째, 백성들 중에서 가장 명확하게 하나님의 뜻을 알고 해석해주어야 할 영적 지도자들이 영적인 파탄과 몽매상태에 빠져 있다. 그래서 제사장, 선견자, 그리고 선지자마저도 하나님(이사야)의 **묵시의 내용**을 깨닫지 못한다.

결국 6장 9절 하반절의 예언자적인 위임은 이사야가 하나님과 백성들의 일탈된 관계 때문에 전혀 이해받지 못할 예언자가 될 것을 암시한다. '이 백성'들로부터 오해받고 배척받음으로써 오히려 이사야는 동시대인들의 오도된 하나님 인식과 역사(현실)인식에 강력하게 도전하도록 예정된 것이다. 그래서 이사야는 지금 백성들의 오도된 하나님 인식과 현실 인식에 강력하게 도전한다. "하나님에 대한 너희들의 지식은 잘못된 것이며 너희들의 지혜와 명철은 동시대의 역사적인 맥락에서 일하시는 하나님의 궤적을 추적하고 식별하는데 전혀 쓸모 없는 도구다." 지혜자의 지혜와 총명은 정상적인 경우에는 하나님과 하나님의 뜻을 아는 도구다. 그러나 마음으로 하나님과 멀어진 경우에 구사되는 지혜와 총명은 올무가 된다(고전 2장). 이사야는 지금 정성 들여 가꾼 당신 자신의 포도원을 허물어 버리겠다는 하나님의 결단, 즉 이스라엘과 유다를 보호하던 야웨의 보호의 울타리를 걷어버리고 외국 침략 군대의 유린의 대상이 되도록 하겠다는 결단을 지금 선포하려고 한다. "이제 내가 내 포도원에 어떻게 행할 것을 너희에게 이르리라 내가 그 울타리를 걷어 먹힘을 당케 하며 그 담을 헐어 짓밟히게 할 것이요 내가 그것으로 황무케 하리라."(5:5-6) 그런데 이 백성들은 이 하나님의 결단과 계획을 깨닫지 못한다. 하나님의 결단과 계획의 필연성을 인정하지 않는다는 뜻이다. 9절 하반절의 메시지는 마음 중심으로부터 하나님과 멀어진 백성들의 삶의 기반을 폭로하고 지극히 피상적인 하나님에 대한 앎을 공격한다. 이사야는 여기서 지금 완전히 빗나간 동시대인들의 현실인식과 신인식을 통렬하게 고발하는 셈이다. 결국 9절은 동시대의 역사 속에서 활동하시는 하나님의 활동의 궤적을 도저히 추적할 수 없는 무능력에 갇혀 있는 유다 백성들의 영적 파탄을 드러낸다.

9절이 이사야가 직접 백성들에게 선포해야 할 **메시지(내용)**라면 10절은 이사야가 이 메시지를 가지고 백성들에게 끼쳐야 할 **효과**를 말한다. "이 백성의 마음으로 둔하게 하며 그 귀가 막히고 눈이 감기게 하라 염려컨대 그들이 눈으로 보고 귀로 듣고 마음으로 깨닫고 다시 돌아와서 고침을 받을까 하노라." 10절은 이사야 선지자가 9절의 메시지(내용)를 가지고 종국적으로 실현해야 할 예언자적인 사역의 목표(효과)를 취급한다. 그것은 히브리어 원전의 부정적인 목적절에서 잘 드러나듯이—"너는 그들이 마음으로 깨닫고 돌이켜 **고침을 받지 못하도록** 그들의 마음을 무디게 하고 눈과 귀가 막히도록 하라"(10절의 히브리어 원전 직역)—"마음으로 깨닫고 다시 돌아와서 고침을 받지 못하게 하는 것이다." 일찌기 이스라엘의 초기 예언자들은 회개의 설교자였다. 사무엘과 엘리야가 외친 것은 회개를 통한 민족갱생이었다. 이사야보다 약간 이른 시기에 활동한 아모스와 호세아의 메시지의 주내용도 회개를 통한 재난의 회피 가능성이었다. 그들은 야웨 하나님을 찾고 선(공의와 정의의 회복)을 행하면 살 수 있다고 믿었고 그렇게 외쳤다. 그들은 무딘 백성들의 마음을 깨우쳐서 깨닫게 하려고 애쓴 **회개와 계시의 선지자**들이었다. 그에 비해 지금 이사야는 반(反)계시와 반(反)회개의 선지자다. 그는 회개를 통한 민족 갱생과 재난의 유예를 설교하도록 부름 받은 것이 아니라 정반대의 예언자적인 과업을 위임받았다. 다시 돌아와(회개하여) 고침을 받지 못하도록 하는 역할을 부여받았다. 이사야는 9절의 메시지를 **통**

하여-위협과 책망-하나님의 심판 결정의 정당성을 입증하기 위하여 백성들의 회개와 치유를 저지해야 한다.

그러나 또 한편 10절 하반절의 행간에는 하나님과 당신의 어전회의가 비록 엄중한 결정-보다 구체적인 내용은 11~12절에 나온다-은 내렸지만 그 결정이 집행되지 못하고 좌절될 수 여지를 남겨둔다. 여기에서 우리는 하나님의 절대주권적인 결정이 갖는 변증법적인 역설을 간취한다. 하나님의 엄중한 결정에 가장 중대한 영향을 끼치는 변수가 이 백성들의 회개(요나서의 경우)와 치유(영적인 개안)다. 절대주권적인 권위를 가진 하나님의 결정을 둘러싼 이러한 역설적인 긴장은 한 도시 혹은 왕국 전체를 멸망시키기로 결정한 신들의 결심 혹은 계획을 담고 있는 많은 유사한 고대 근동 문학작품들에서도 흔히 나타난다. 그러나 고대 근동의 문학에서는 신들의 변개(變改)할 수 없는 엄중한 결정(심판/멸망)은 그 결정을 통고 받은 백성들의 회개 때문에 번복되는 것이 아니라 다른 경쟁 신들, 혹은 최고신에게 대항하는 신들에 의하여 좌절된다.31) 그런데 성경에서는 인간의 회개가 최고신인 야웨 하나님의 엄중하고 확실한 결정마저 좌절시킬 수 있는 것으로 제시된다(창 18:23~32; 겔 33 8, 11). 이렇게 보면 10절 하반절의 부정적인 목적절은 가장 역설적인 방법으로 회개의 위대한 위력을 역설하면서 또 다른 한편에서는 유다 백성들의 회개를 지극히 미세한 가능성으로 남겨둔다. 여기에 하나의 심오한 신학적인 수사(theological rhetoric)가 작용하고 있다. 하나님께서는 백성들이 돌이켜 회개하면 당신의 엄중한 결정도 취소해야 한다. 이 사야는 하나님의 결정의 확실성과 백성들의 반응 여하에 따라서 달라질 수

---

31) 아트라하시스(Atrahasis)에서 엔키(Enki)는 최고신인 엔릴(Enlil)의 결정-소음을 일으켜 신들의 안식을 방해하는 인류를 전멸시키기로 한 결정-을 좌절시킨다. 엔릴과 그의 어전회의가 비밀리에 내린 결정을 엔릴의 엄중한 경고에도 불구하고 엔키가 멸망되기로 작정된 백성들에게 미리 누설한다. 그래서 엔릴의 결정이 취소된다[W. G. Lambert and A. R. Millard, *Atrahasis: The Babylonian Story of the Flood* (Oxford: Clarendon Press, 1969), pp.100~101 vi 5~17].

도 있는 그 결정의 변개 가능성 사이를 오가며 그의 예언자적인 사역을 감당한다. 결국 이 양 극단의 중간에 바로, 이사야는 한편으로는 회개 가능성의 지점을 넘어버린 동시대의 사람들에게 심판의 불가피성을 예언하고, 다른 한편으로 회개를 통한 치유 가능성을 이야기한다.

11절에서 참으로 어처구니없는 예언자적인 과업을 위임받은 예언자는 이제서야 자신의 예언자적인 과업의 비극성을 감지한 듯 처음으로 이의 제기를 한다. "주여 언제까지 백성들의 마음을 강퍅하게해야 합니까?" "주여 언제까지니이까?"라는 질문은 애가 및 모든 탄식시편들에서 등장하는 전문적인 표현이다. 이사야는 자신의 예언자적 사역 속에 내포된 내적인 갈등과 고뇌를 미리 내다본다. 여기서 그는 이제 백성들의 자리로 **내려온다**. 그들의 처지에 연대하며 하나님의 강퍅케 하는 사역의 경계를 묻는다. 하나님께서는 11절 하반절 이하에서 12절에 걸쳐 강퍅케 하는 사역의 한시성(限時性)을 천명한다. 그 대답은 하나님의 심판의 충분한 집행이 실현될 때까지라는 것이다. 결국 하나님의 강퍅케 하는 사역은 세 가지 일들이 일어날 때까지 계속되어야 한다. "성읍들은 황폐하여 거민이 없으며 가옥들에는 사람들이 없고 이 토지가 전폐하게 되며 사람들이 여호와께 멀리 옮기워져 이 땅 가운데 폐한 곳이 많을 때까지니라." 11~12절은 주전 701년의 산헤립의 유다 침공을 내다보는 예언이다.32) 결국 이사야의 소명은 주전 705년의 히스기야의 반앗수르 봉기와 이에 대한 산헤립의 유다 침공(주전 701년)으로 종료되는 소위 앗수르 위기(the Assyrian crisis)라는 역사적인 재난을 통하여 실현되었다. 이사야 6:9~10의 관점에서 보면 주전 701년 산헤립의 유다 침공은 백성들의 마음을 무디게 한 이사야의 사역의 결실이다. 그렇다면 앗수르

---

32) 산헤립은 자신의 전쟁 연대기에서 유다의 농촌 지역 성읍 46개를 정복하고 초토화시켰으며 200,150의 전쟁 포로들을 사로잡았다고 주장한다(ANET, 287-288).

의 침략에 의한 성읍과 도시 및 가옥의 파괴, 국토의 황폐화와 거민들의 유배가 천상 어전회의에서 내려진 하나님의 결단의 궁극적인 목적인가? 다른 말로 하면 유다 왕국의 황폐화와 거민들의 유배, 도시와 가옥들의 파괴가 이사야의 사역의 궁극적인 목적인가?

13절에는 하나님의 심판의 **긍정적** 효과가 암시적으로 언급된다. "밤나무 상수리나무가 베임을 당하여도(참조 10:17~19) 그 그루터기가 남아있는 것 같이 **거룩한 씨**가 이 땅의 그루터기니라." 대 재난이 남기고 간 것은 '거룩한 씨'다. 하나님께서는 당신의 거룩함을 드러내기 위하여 넘치는 공의와 파멸의 심판을 행하시지만(5:16; 10:22~23; 28:22; 33:5) 그 심판을 통하여 당신의 거룩함을 드러낼 **거룩한 씨**를 남겨둔다. 비록 이 거룩한 씨에 관한 말씀은 이 소명기사의 제일 마지막에 첨가된 어색한 결미처럼 보일지라도 하나님께서 남겨두신 미래를 들여다보는 창문의 역할을 수행한다. 이런 점에서 이사야의 궁극적인 사역은 거룩한 씨의 보존에 남긴 하나님의 변증법적인 계획에 초점을 맞추고 있다(1:4~9; 4:2~6; 7:3~4; 10:20~23; 14:32; 28:5~6, 16; 30:14~17; 37:30~32). 이런 점에서 하나님의 백성들(유다)의 미래는 하나님의 심판과 징벌의 불길을 통과한 '거룩해진 씨'들에게 맡겨진다. 여기서 거룩한 씨란 본래부터 하나님의 심판을 피할 만큼 도덕적으로 윤리적으로 청결한 의인들이 아니라 이사야 자신처럼, 국가적인 재난의 형태로 집행될 수밖에 없었던 하나님의 심판의 불가피성을 인정하고 그 거룩한 심판의 불길을 통과한 사람들이다. 이런 점에서 이사야의 하나님의 결단의 신학은 단순히 앗수르의 제국주의에 대한 무기력한 인정이 아니라 궁극적으로 하나님의 백성들의 도덕적 및 신앙적인 책임을 천착하고 다시 한번 하나님과의 새로운 관계설정을 꿈꾸는 신학적 기도(企圖)였다. 이 거룩한 씨의 보존에 대한 가느다란 희망의 말씀은 이사야의 남은 자 사상(4:2~6;

28:5~6; 10:20~23)과 메시야적 왕의 도래에 관한 예언(9:1~6; 11:1~9; 32:1~8)으로 발전되었다. 심판의 불길을 통과한 하나님의 거룩한 씨들의 미래는 하나님의 꺼지지 않는 구원의 열심(salvific zeal)에 의하여 향도될 것이다(9:6; 37:32).

6. 결론

이사야의 **하나님의 결단의 신학에 의하면** 하나님의 백성(유다)의 공동체 안에서 벌어진 공의와 정의의 파괴는 하나님의 진노를 초래하였고, 그 당시 중근동 일대를 잔인하게 정복하고 병합하던 앗수르의 파괴적인 활동은 다름 아닌 야웨 하나님의 진노의 손길이었다(5:26~30; 10:5~6). 이사야는 하나님의 결단의 신학의 빛 하에서 저항할 수 없는 홍수와 같은 앗수르의 범람 속에서 당신의 백성들을 향하신 하나님의 의도와 목적을 읽어내었다. 그는 위기의 근본은 앗수르가 아니라 하나님의 백성들의 죄악, 즉 공의와 정의의 파괴와 이것의 필연적인 결과인 영적인 인지능력의 완전한 붕괴라고 보았다. 그래서 그는 유다의 지도자들에게 앗수르라고 하는 거대 제국과의 충돌을 감행하기보다는 사회정의를 실현하고 고아와 과부의 재판을 공평하게 하고 피곤한 자에게 쉼을 베푸는 정책을 권고하였다.[33] 그러나 히스기야의 군사주의적 정책(다윗 제국 부흥운동)을 주도하던 유다 궁중내의 반앗수르 정치가들은 이사야의 정치신학적인 충고를 유치한 어린아이들에게나 들려줄 이야

---

33) J. J. M. Roberts, "Yahweh's Foundation in Zion (ISA 28:16)," *JBL* 106/1 (1987), pp.27~45. 이사야는 애굽의 군마와 병기들을 사들이려고 막대한 돈을 낭비하고(30:6~8) 외국들(39:1~6 바벨론과 애굽 30:1~17)과 군사동맹을 맺어 앗수르와 대항하는데 골몰하지 말고 공동체내의 가장 연약한 자들을 돌보도록 권고하였다. 22:9~11은 히스기야의 단말마적인 전쟁준비에 대한 이사야의 통렬한 질책이 기록하고 있다. "너희가 다윗성의 무너진 곳이 많은 것도 보며 너희가 아래 못의 물도 모으며 또 예루살렘의 가옥을 계수하며 그 가옥을 헐어 성벽을 견고케도 하며 너희가 또 옛 못의 물을 의하여 두 성벽 사이에 저수지를 만들었으니라. 그러나 너희가 이 **일을 하신** 자를 앙망하지 아니하였고 이 일을 옛적부터 **경영하신** 자를 존경하지 아니하였느니라."

기라고 배척하였다(28:8~11; 28:14~22; 30:8~11, 15~17). 하나님과 하나님의 백성들간의 영적인 교통이 망가지면, 하나님(예언자)의 언어는 낯선 언어로 들리게 된다. 하나님의 언어는 외국어(앗수르어)처럼 들린다(33:19). 하나님과 백성들 사이에 존재하는 엄청난 간격 때문에 이사야는 "알아들을 수 없는 메시지"를 전하는 예언자로 배척받았다(28:11). 예언자는 하나님과 당신의 백성들 간에 벌어져 있는 메울 수 없는 간극을 온 몸으로 경험하면서 하나님을 대신하여 추방과 고립, 따돌림을 당하는 존재다.

그러나 이사야는 자신이 직접 경험하였던 동시대의 사회정치사를 신학적인 술어로 분석해 내고 그 시대의 현실정치의 중심과제, 즉 공평과 정의에 입각한 지도력의 확립의 우선적 중요성을 간파하였다. 그는 하나님의 결단과 실존적으로 부딪히면서 예루살렘과 시온이라는 국지적인 관점에서 벗어나서 새로운 관점으로 자신이 속한 공동체를 분석하였으며 예루살렘 궁중에 근거지를 둔 직업적인 외교관들과 왕의 측근들보다 더 나은 생존의 길을 제시하였다(28:12; 30:15).34) 그러나 이사야의 필생의 예언자적인 권계(勸誡)와 호소에도 불구하고 히스기야는 앗수르와 일전불사의 패기로 충돌하였고, 그 결과 유다의 전 국토는 초토화되었고 수많은 국가적인 손실을 당했다. 결국 앗수르의 위기(주전 705~701년)는 이사야의 신학적인 주장이 현실적합성에 있어서 다른 경쟁적인 사회 분석이나 현실 인식보다 우월함을 입증하였다. 이런 점에서 대담한 신학적인 상상력과 영감 어린 현실정치적 예지는 그리스도인들이 동시대의 인류 공동체에게 줄 수 있는 가장 놀라운 기여 중의 하나일 것이다. 奉事

---

34) 이사야와 그의 적대자들 사이에 벌어진 한 논쟁이 이사야 30:10~11에 들어있다. "그들이 (패역한 백성들이) 선견자에게 이르기를 선견하지 말라 선지자에게 이르기를 우리에게 정직한 것을 보이지 말라 부드러운 말을 하라 거짓된 것을 보이라. 너희는 이 **정로**를 버리며 이 길을 이탈하라. 그리고 이스라엘의 거룩한 자의 현존으로 우리를 옥박지르지 말라(사역)." 결국 이 말은 이스라엘의 거룩한 자의 요구와 명령, 말씀으로 우리를 대적하지 말라는 뜻이다.

예스라-느헤미야서와 협력의 공동체[1]

민 경 진*

1. 이끄는 말

　인간이 사는 세상에 갈등이 없기를 기대하는 것은 무리이겠지만 요즘 우리 사회는 다소 그 정도를 넘은 것 같아 우려된다. 사회학적 측면에서 볼 때 갈등의 순기능이 없는 것은 아니지만, 그것은 갈등이 해소될 가능성을 염두에 둘 때만 가능한 논리다. 그러면 현재 우리가 겪고 있는 갈등을 극복할 실력과 장치가 우리에게 구비되어 있는가? 이 질문에 대해 긍정적 답변을 하기는 쉽지 않을 것 같다. 오히려 디지털 시대로 대변되는 현대 문명은 그 갈등의 골을 깊게 하고, 또 확대·재생산하기 때문이다. 현대 문명의 일차적 수혜자의 위치에 있어야 할 컴퓨터 이전 세대는 오히려 펜티엄 세대로부터 소외 내지는 무시되어가고 있다. 정치인들과 언론은 말할 것도 없고 심지어 교회들마저 인터넷상의 교묘한 상징조작을 통해 지역이기주의, 집단이기주의를 부추기고 있다. 그래서 때로는 이념적 대립 뿐 아니라 감정적 대립으로 치달아 상생과 공존의 고귀한 가치들이 거부되거나 억압되고 있

---

* 두레연구원 2기, 현 영국 더럼대학교 박사과정
1) 본고는 독자층을 고려하여 신학적 주제가 되는 내용은 본문에서는 가능하면 축소하였으며, 단지 일부 독자들을 고려해서 필요에 따라 각주에 참고목록과 함께 적어 두었다.

다. 우리 모두가 꿈꾸어 오던 민족공동체의 회복이라는 통일의 가치마저 일부 폄훼(貶毀)되어 나타나고 있는 것은 작금의 사회적 수준을 그대로 반영한다 하겠다. 더군다나 IMF를 이미 경험한 우리로서는 이념적 감정적 사회적 갈등과 더불어 경제에 대한 심리적 불안을 마음 한 구석에 안고 살아가고 있다. 사회 각층에서 저마다의 해법을 가지고 고군분투하지만, 이 갈등은 여전히 뿌리채 남아 있어 우리에게 위협세력으로 상존해 있음을 부인하기는 어려울 것이다.

그러면, 이 갈등의 한 복판에 있는 우리는 어떻게 살아가야 할까? 세상을 변화시키고 빛과 소금의 역할을 부여받은 우리 기독인들이 마땅히 품고 행해야 할 준거점은 무엇인가? 현존 갈등은 복합적이기 때문에 다각적 접근이 필요할 것이며, 함께 머리를 맞대고 풀어내야 할 문제이다. 하지만 본 소고는 두레의 모토(Motto) 중 하나인 '성서 위에 한국을 세운다'는 전제 아래 이 문제에 대한 우리 기독인의 자세를 구약성서 중 '에스라-느헤미야서'2)를 중심으로 제시해 보려고 한다.

2. 왜 에스라-느헤미야서인가?

유대인들의 성경 분류에서 볼 수 있는 대로 역사가 하나님께서 말씀하시는[預言] 한 수단(channel)이었다면,3) 이스라엘 역사에 대한 연구는 개별적

---

2) 원래 히브리 성서에는 에스라-느헤미야서가 한 권으로 되어 있다. 최근에 에스라-느헤미야서를 두 권의 개별 저작으로 보아야 한다는 의견이 있지만, 학계에서는 아직 큰 호응을 얻지 못하고 있다. 두 권의 개별저자으로 보아야 한다는 의견에 대해서는 James C. VanderKam, "Ezra-Nehemiah or Ezra and Nehemiah?", in Eugene Ulrich, John W. Wright, Robert P. Carroll and Philip R. Davies (eds.), *Priests, Prophets and Scribes: Essays on the Formation of Second Temple Judaism in Honour of Joseph Blenkinsopp* (JSOTSup 149; Sheffield: JSOT Press, 1992), pp.55~75와 David Kraemer, "On the Relationship of the Books of Ezra and Nehemiah," *JSOT* 59 (1993), pp.73~92를 참조하라.

3) 타낙(TaNaK)이라고 불리는 유대교의 경전은 현재 개신교의 구약성서와 범위는 같지만 각 책들의 배열 순서는 차이가 있다. 큰 차이점 중 하나는 우리가 지닌 구약성서의 여호수아서에서 열왕

인 특수 역사적 정황에 대한 하나님의 섭리와 메시지를 추출해 낼 수 있다
는 의미가 된다. 그러면, 성경이 전해 주는 여러 이스라엘의 역사 모델 중
어느 시기가 현 우리의 정황과 가장 잘 비견되는가? 필자의 생각으로는 페
르시아 통치하의 시대라고 생각된다. 그 시대는 민족적 갈등이 오늘날처럼
심한 시대였기 때문이다.

우선, 바벨론에 포로로 잡혀가지 않고 그 땅에 남아 있던 자들과 돌아온
이들간의 갈등이 있었다. 이들의 갈등은 민족의 정통성 문제, 신앙의 정통
성 문제와 더불어서 유배 이전의 재산에 대한 소유권 문제 등으로 인한 것
이었다. 유다에 남아 있던 이들 중 일부는 주변 이방민족과 통혼하여 혈통
의 순수성을 잃어버렸다(가령, 스 10장; 느 13:23 이하 참조). 이들이 신앙을
지키지 않은 것은 아니었지만 폐허된 성전에서 정상적인 제의를 유지하기
는 어려웠기 때문에 신앙적 혼란은 가중되고 혼합주의적 성격을 띠게 되었
다. 반면에, 남아 있는 자들과는 달리 큰 꿈을 안고 먼길을 온 귀환자들은
나름대로 투철한 신앙을 유지했던 자들이다. 이들은 성전 재건을 통해 다윗
왕국의 회복을 꿈꾸었던 자들이었고 또 열악한 바벨론에서 충실한 문서 작
업을 통해 모세의 율법을 손에 들고 온 자들이었다. 동시에 선진 문명들도
일부 가지고 귀국했을 것이다. 따라서, 이런 그들과 남아있던 자들 사이의
갈등과 충돌은 충분히 예견되는 일이다.

또 다른 갈등이 있었다. 종교지도자들간의 갈등이었다. 이 갈등은 다소
뿌리가 깊다. 솔로몬의 왕위 계승 다툼에서 솔로몬을 지지했던 사독은 그
후 공식 제사장이 된 반면, 다윗시대 때는 사독과 함께 제사장으로서 봉직
했던 아비아달은 아도니야를 지지하는 바람에 예루살렘으로부터 추방되면

기하에 이르는 역사서를 히브리 성서는 세 영역 중 두 번째 영역인 느비임, 곧 예언서(預言書)에
포함시키고 있다는 점이다. 이러한 편집에 전제된 생각은 하나님께서 인간에게 말씀하시는 여러
통로 중에 '역사'도 포함된다고 보는 것이다.

서(왕상 1~2장 참조) 갈등이 본격화된다. 사독계 제사장들은 예루살렘을 중심으로 그 활동반경을 넓혔으며, 요시야 시절에는 지방산당들을 파괴함으로써(왕하 23장) 급기야 아비아달계 제사장들을 포함하는 비(非)사독계 레위인들과 신분상의 차이를 공식화시키게 된다.4) 그후 사독계 제사장들이 바벨론으로 유배되자 그동안 사독계에 밀려 주로 지방에 머물러 있거나 성전에서 잡무를 처리하던 비사독계 레위인들은 제의의 새로운 중심세력이 될 기회를 얻게 된다.5) 하지만 사독계가 다시 바벨론에서 귀환하면서, 그리고 성전이 재건되자 성전 주도권을 두고 다시 한번 갈등을 겪게 된 것이다.6)

이밖에도 당시 패권자인 페르시아 정부와 이스라엘 민족주의자들과의 갈등 및 재건된 성전이 있는 예루살렘과 그 밖의 지역간의 갈등의 문제로 포로에서 돌아온 직후의 이스라엘 사회는 어려움에 직면해 있었고, 이런 번잡한 갈등의 시대의 한 복판에서 이 문제를 껴안고 쓰여진 책이 에스라-느헤미야서이므로 이에 대한 연구는 오늘날의 갈등을 극복하는 좋은 영적 통찰력을 제공해 준다고 생각된다.

우리 현실의 산적한 갈등의 문제에 대한 한 해법을 에스라-느헤미야를 통해 제시해 보려는 다른 주요 이유는 에스라-느헤미야서가 사회 기득권층으로 분류되는 이에 의해 쓰여진 것이 아니라 소외 받고 사회 주변 언저

---

4) 벨하우젠 이후 학계에서는 제사장과 레위인들의 공식적 구분이 시행된 것을 바로 이 시기로 본다. 이러한 견해는 제사장과 레위인을 동등하게 취급해 줄 것을 규정한 신명기의 규정이 요시야가 지방산당을 파괴한 후 예루살렘으로 이들을 흡수하려고 했지만 예루살렘의 사독계 제사장들이 이것을 반대한 것에 대한 경고로 작성되었을 것이라는 추정에 근거해 있다. Julius Wellhausen, *Prolegomena to the History of Ancient Israel* (Atlanta: Scholars Press, 1994: Reprint of the edition of 1885), pp.121~67을 보라. 신명기가 제사장과 레위인들을 동등하게 취급하고 있는 문제에 대한 두 상반되는 주요 견해에 대해서는 G.E. Wright, "The Levites in Deuteronomy," *VT* 4 (1954), pp.325~30과 J.A. Emerton, "Priests and Levites in Deuteronomy," *VT* 12 (1962), pp.129~28을 보라.

5) 가령, Roland de Vaux, *Ancient Israel: Its Life and Institutions*, trans. by J. McHugh (New York: Darton-Longman-Todd, 1961), p.387 참조.

6) Paul D. Hanson, *The Dawn of Apocalyptic* (Philadelphia: Fortress Press, 1975), pp.46~134.

리에 있던 이들에 의해 아래로부터의 사회개혁 프로그램으로 작성된 책이기 때문이다. 바로 이 점이야말로 우리가 주목하는 점이다. 경험으로부터 익히 알고 있듯이, 위로부터의 개혁만을 기다리는 것은, 이제껏 충분히 기다려 온 우리에게는 너무 가혹한 일일 것이기 때문이다.

3. 에스라-느헤미야서는 누가 썼는가?

본 소고의 목적과 관련해서 집고 넘어가야 할 것이 있다. 곧 방금 말한 대로 에스라-느헤미야서는 사회주변 언저리에 있는 이들에 의해 작성된 작품이라는 점이다. 그러면 구체적으로 누구를 가리키는가?

얼마 전까지 학계에서는 이 에스라-느헤미야서를 역대기에서 시작되는 일련의 거대한 역사서의 일부라고 보면서 당시 소외된 계층에 속했던 레위인에게 특히 관심이 많았던 역대기 저자(the Chronicler)에 의해 집필된 것으로 보았었다.7) 에스라-느헤미야서가 과연 역대기 역사서의 일부인가에 대한 문제는 얼마 전까지 구약학계에서 가장 치열하게 토론된 문제이기도 했지만, 현재는 에스라-느헤미야서는 역대기와 전혀 상관없는 독립된 작품이라는 쪽으로 의견의 일치가 모아져 가고 있다.8) 역대기 저자가 에스라-느헤미야를 쓰지 않았다는 학계의 합의로 인해 에스라-느헤미야서의 저자 문제는 자연스럽게 새로운 논의 주제로 떠오르게 되었다.

그러면 에스라-느헤미야서는 어떤 그룹에 의해 저술되었는가? 이 저자

---

7) L. Zunz, *Die gottesdienstlichen Vorträge der Juden, historisch entwickelt. Ein Beitrag zur Alterthumskunde und biblischen Kritik, zur Literatur und Religionsgeschichte* (Berlin: 1832), 제 2장, 특히 p.19와 M. Noth, *überlieferungsgeschichtliche Studien I* (Halle: 1943) 참조.

8) Sara Japhet, "The Supposed Common Authorship of Chronicles and Ezra- Nehemiah Investigated Anew," *VT* 18 (1968), pp.330~71과 Hugh G.M. Williamson, *Israel in the Books of Chronicles* (Cambridge: CUP, 1977), pp.1~86 참조.

문제는 저술목적과 직결되기 때문에 우리의 논의에도 중요하다. 현재 가장 폭넓게 수용되고 있는 이론은 옥스퍼드 대학교 교수인 윌리암슨(H.G.M. Williamson)의 견해다.9) 그는 먼저 에스라-느헤미야서에 있는 많은 양의 자료를 저술한 자들을 저자(author)로 부르고, 이 자료들을 후대에 모아 현 형태로 배열한 이들을 편집자(editor)라고 부르며 두 용어를 구분해서 사용한다. 그는 중복되어 나타나는 에스라 2장과 느헤미야 7장의 귀환자 명단에 대한 문학적 분석을 통해 에스라 2장이 느헤미야 7장에서 빌려온 것이라고 결론지으며 느헤미야 7장은 8장과 함께 에스라 7장~느헤미야 13장이 현재 형태로 완성된 형태를 가장 잘 반영해 주는 곳이기 때문에, 에스라 2장의 편집자 앞에는 에스라 7장~느헤미야 13장이 완성된 형태로 이미 주어져 있었다고 본다.10) 따라서 그에 의하면 에스라-느헤미야서는 주요 두 단계 편집을 거친 작품으로서, 에스라 7장~느헤미야 13장이 에스라와 느헤미야가 활동 후 얼마 되지 않은 시점에서 편집되었고, 후에 사마리아로 예루살렘 제사장들이 집단적으로 이동한 후 제사장 조직의 필요성을 강하게 느끼던 제사장 그룹에서 에스라 1~6장을 작성한 후, 이것을 에스라 7장~느헤미야 13장의 서론으로 놓았다는 것이다.11) 직접 언급하지는 않지만 에스라 1~6장의 편집자가 에스라 7장~느헤미야 13장을 가감 없이 그대로 수용했다고 보기 때문에 이 뒷부분 역시 제사장 그룹에서 나왔던 것으로 보는 것 같다.

이 견해가 일부 설득력을 갖기는 하지만 그가 제시한 근거들은 오히려 다른 방식으로도 이해될 수 있기 때문에 수용하기는 어렵다.12) 오히려 다

---

9) Williamson, *Ezra, Nehemiah* (Texas: Waco, 1985), xxxiii~xxxv.

10) Williamson, "The Composition of Ezra i-vi," *JTS* ns 34 (1983), pp.4~7.

11) 윗 글, pp.26~29. 예루살렘의 집단적 사마리아 이주에 대해서는 Williamson, "The Origins of the 24 Priestly Courses," *VTS* 30 (1979), pp.268~69 참조.

12) 가령, 윌리암슨은 에스라 6:20에서 제사장들에 대한 언급을 제사장 저작설의 증거 중 하나로

음과 같은 점들을 고려해 볼 때 에스라–느헤미야서는 레위인들에 의해 편집된 작품이었을 가능성이 높아보인다.

첫째, 구약문서에서는 흔하게 나타나는 신분과 역할에 있어서 제사장들에 대한 레위인들의 종속성이 에스라–느헤미야서에는 전혀 암시되어 있지 않으며, 오히려 레위인들이 상당히 우호적으로 묘사되고 있다.[13] 이러한 묘사는 레위계 저자의 작품으로 통상 간주되는 원역대기서와 상당히 근접되어 있는 반면,[14] 제사장과 레위인 사이의 신분상의 확연한 차이를 강조하고 레위인들을 종속성직자(clerus minor)로 묘사하는 제사장 그룹에서 나온 작품들과는[15] 크게 다르다는 점에 근거해 볼 때 레위계 저작설이 더 설득력 있어 보인다.

보지만 (Williamson, *Ezra, Nehemiah*, p.72), 대부분의 학자들이 동의하는 대로 후대에 첨가된 '제사장'은 제사장 저작설을 보여주는 것이 아니라, 에스라–느헤미야서의 다른 곳에서 잘 확인될 수 있는 대로 이들의 협력관계를 보여주는 구절로 해석될 수 있다.

13) 에스라–느헤미야서에는 레위인(לוי)이라는 단어가 65회 사용되고 있으며, 좀 더 상세하게는 '제사장들과 레위인' 이라는 표현을 통해 제사장들과 나란히 나오는 곳이 25번이며[스 1:5; 2:70; 3:8,12; 6:16,20; 7:7,13,24; 8:29,30; 9:1; 10:35; 느 7:72; 8:13; 10:1,29,35; 11:3,20; 12:1,30,44(x2); 13:30], 제사장이라는 단어에 뒤이어 나오지는 않지만 내용적으로 나란히 나오는 곳이 31번이며[스 2:40; 3:8,9,10; 6:18; 8:33; 10:23; 느 3:17; 7:43; 8:7,9,11; 10:10,38(x2), 39(x3); 11:15,16,18,22,36; 12:8,22,24,47(x2); 13:5,13,29], 9번만이 제사장들과 무관하게 나타나고 있다[스 8:20; 10:15; 느 7:1; 9:4,5; 12:27; 13:10(x2),22]. 앞의 두 경우는 짐작할 수 있는 대로 제사장들과 사역에 있어서 동등하게 나오며, 세 번째 경우에는 제사장과 관계를 규정할 수는 없지만, 레위인들의 신분이 상승되어 있는 것과 관련되어 나타난다.

14) 역대기는 친레위적 구절들 뿐 아니라, 친제사장적 구절들이 함께 나타나기 때문에 학자들은 일부는 레위그룹에서 또 일부는 제사장그룹에서 쓰여졌다고 본다. 레위인이 원역대기를 썼고 후에 가벼운 제사장적 첨가가 이루어졌다고 보는 학자들로는 웰취(A. Welch), 윌리암슨(Williamson), 드 프리스(De Vries)등이 있으며, 핸델(Händel), 노트(M. Noth), 루돌프(W. Rudolph), 핸슨(Hanson)등은 그 반대로 본다. 최근에 노퍼즈는 두 상이한 전승의 흐름이 있는 것은 사실이지만, 이 전승을 토대로 한 저자가 저술했다는 이론을 주장한다. G.A. Knoppers, "Hierodules, Priests, or Janitors? The Levites in Chronicles and the History of the Israelite Priesthood," *JBL* 118 (1999), pp.49~72 참고.

15) 이 시대와 관련있는 대표적인 구약의 문학작품으로는 에스겔과 오경 자료 중 하나인 제사장문서(the Priestly Code)가 있다. 또 역대기 중 제사장들이 관여한 부분들도 포함시킬 수 있겠다. 이 작품들의 공통점은 이 작품들이 모두 제사장적 관점을 반영하는 동시에, 제사장과 레위인들의 신분 및 역할의 차이를 강조한다는 점이다.

둘째, 구약성서 중 레위인이라는 단어가 가장 빈번히 나타나고 있는 곳이 바로 에스라-느헤미야서이다. 이곳에서는 이 단어가 10,000 단어 중 71번 사용되는 반면, 두 번째로 자주 쓰이는 곳은 역대기로서 10,000 단어 중 41번이 사용되고 있다.[16) 이 단어가 이곳에서 자주 쓰이고 있을 뿐 아니라, 문학적 분석을 통해 보면 위에서 말한 대로 레위인들이 거의 예외 없이 긍정적으로 묘사되고 있다. 특히 편집층으로 분류되는 곳에서 레위인에 대한 신분상승이 특히 현저하며, 레위인들은 더 이상 제사장의 하위 신분이 아니라 사역의 파트너로서 초대되고 있다는 점은 주목할 만하다.[17)

셋째, 에스라-느헤미야서 안의 여러 자료들 중 친레위적 성향을 지니고 있는 느헤미야 회고록은[18) 편집자의 설명이나 첨가 없이 본문에 거의 그대로 들어와 있는 반면에, 제사장 그룹에서 나온 것으로 추정되는 에스라 자료(스 7~10장)는 여러 곳에서 에스라 개혁에 반대하는 것으로 보이는 편집적 첨가가 이루어지고 있다.[19)

---

16) F.I. Andersen & A. Dean Forbes, *The Vocabulary of the Old Testament* (Roma: Editrice Pontificio Istituto Biblico, 1989), pp.350 참조.

17) 편집층의 범위에 대해서는 논란이 많다. 루돌프의 편집층 구절을 활용할 경우 그가 편집층 구절로 간주한 72 구절 중 24절[스 1:5; 3:8(x2), 9,10,12; 6:20; 7:7; 느 9:4,5; 10:1, 29, 35, 38(x2), 39(x3); 11:20,22; 12:44(x2), 47(x2)]에 나오므로 3구절 중 한 번 꼴로 레위인이 언급되고 있으며, 윌리암슨의 편집층 구절을 활용해도 비슷한 결과가 나온다(2.91구절 중 한 번). 이러한 편집층에서의 레위인들에 대한 잦은 언급은 이들에 대한 우호적인 서술과 더불어 우연의 결과라고 보기는 무리이다. 루돌프가 편집층으로 간주한 부분은 스 1:1~7, 11b, 3:1~4:5; 4:24; 6:19~22; 7:1~11; 느 9:3~5a; 10:1; 10:29~11:2; 11:20~25a; 12:44~13:3이며(W. Rudolph, Esra und Nehemia, HAT 20; Tübingen: Mohr, 1949, pp.xxiii-xxiv), 윌리암슨의 편집층은 스 1:1, 5~8; 3; 4:1~5; 4:23~5:5; 6:1~2, 13~22; 7:11, 27~28; 느 9:1~5; 10:1, 29~40; 12:44~47이다. Williamson, Ezra, Nehemiah, pp.xxiv-xxxiii. J.C. VanderKam, 'Ezra-Nehemiah or,' p.63 각주 29 참조.

18) 느헤미야의 회고록의 범위는 통상 느 1~2; 3:33~7:4; 12:27~29,31~32,37~40; 13:4~31로 본다.

19) 에스라는 에스라 7~10장의 중심인물로 나와 있지만, 이 에스라 자료 중 그의 순수 회고록으로 돌릴 수 있는 범위는 스 7:27~28; 8:15~19, 21~25, 28~29, 31~32, 36; 9:1~11a,13~15로서 그 이외의 부분은 에스라의 활동에 대한 설명이다. 이 설명 중 에스라의 개혁에 대한 반대자들에 대한 기록(10:12~14,44)이 덧붙여 있는 것은 흥미롭다.

넷째, 레위계와 긴밀한 관련이 있는 문구가 여러 곳에서 나오고 있다. 가령, 고레스가 귀환을 허락하게 된 배경이 되는 말씀(스 1:2~4)은 제2이사야의 말씀(사 41:2, 25; 44:28; 45:1, 13)이지만,[20] '예레미야의 입'을 통해 하신 말씀을 이루려 한 것이라는 본문의 설명은 비사독계 레위인에 속했던 예레미야를 의도적으로 부각시키려는 의도가 담긴 용어로 생각된다.

이러한 점을 근거로 우리는 에스라_느헤미야서가 레위 그룹에 의해 작성되고 또 편집되었다고 볼 수 있겠다.

4. 페르시아 정부와 레위인

레위인들은 통상 성경 안에서 이스라엘 공동체가 경제적으로 돌보아야 하는 대상으로 각별히 묘사되고 있다. 그만큼 과거 이스라엘 역사 안에서 이들은 경제적으로는 자급이 힘든 상황이었고, 신분적으로는 제사장 업무를 도와 주로 성전 막일이나 잡무 등을 하는 하류 성직자로 소개되고 있다. 레위인에 대한 이러한 자리매김은 과거 솔로몬 성전 시대뿐 아니라 포로기 이후 새 시대를 꿈꾸었던 이들의 프로그램에서도 별반 차이가 없었으며 오히려 더 강화되는 측면이 있었다.[21] 그래서 에스라가 예루살렘으로 돌아가자고 깃발을 올렸을 때 많이 모였던 제사장들과는 달리 수소문하여 모집한 결과가 겨우 38명이었다는 증언은 이러한 상황을 잘 반영해 준다(스 8:15~19).

하지만 에스라_느헤미야 시대의 레위인의 지위는 과거의 그것과는 다소 차이를 보인다고 보아야 한다. 곧 페르시아 정부의 이른 바 권력분산(decentralization of the power)과 세력균형(balance of the power) 정책이 페

---

20) Williamson, *Ezra, Nehemiah*, pp.9~10 참조.
21) 특히 에스겔 44장과 민수기 18장을 참조하라.

르시아 정부에게 위협으로 여겨졌던 제사장들을 견제하는 세력으로서의 레위인에 대한 후원을 야기했고, 이에 따라 레위인은 다소간의 현실적 영향력을 행사할 모처럼의 위치를 지니게 되었다는 것이다.

이를 좀 부연하자면, 페르시아 정부의 이스라엘에 대한 일련의 조치들은 사실 분명 정치적 관점에서 이해되어야 한다. 가령 고레스(Cyrus) 칙령은 이미 폭넓게 수용되고 있는 대로 이집트의 동진(東進)정책과 이집트의 사주를 받고 있는 팔레스틴 지역에 위협을 느꼈던 페르시아가 친(親)페르시아 정부를 세우려는 다분히 계산된 정략에 의한 것이었다.22) 이에 고레스는 양면 정책을 구사한다. 곧 한편에서는 여전히 바벨론에 남아 있었던 유대 민족주의자들을 달래고 제2이사야 등 친페르시아인들에 대한 보답이라는 명분을 내세워 귀환을 허락해 주면서도, 다른 한편에서는 이들을 보냄으로써 정치적인 실리를 노린 계산된 포석이었다고 볼 수 있겠다. 이러한 양면 정책은 자연스럽게 유화정책용으로 성전재건을 포함시키게 되었다.

돌아온 이들은 성전 짓기를 시작한다(스 3장). 하지만 이 성전 재건하는 일이 내부의 반대로 중단되고 만다. 즉, '그 땅 백성'의 방해로 인해 건축이 중단되게 된다(스 4:1~6). 에스라 4:1은 여기서 여호와의 전을 건축하는 이들을 '사로잡혔던 자의 자손'이라고 소개하고 있다. 곧, 다름아닌 바벨론에서 돌아온 자들이 중심이 되어 성전을 짓고 있다고 소개한다. 따라서, 이를 방해하는 '그 땅 백성'은 아마 바벨론에 끌려가지 않고 유다에 남아 있었던 비사독계 레위인들과 일반 백성들을 칭하는 것 같다. 이런 추론이 가능한 것은 본문에서 중단의 이유로 내세운 '뇌물제공'(4:5)은 근거가 미약하다는

---

22) 이것을 종교적 포용정책의 일환으로 볼 가능성이 없는 것은 아니지만 그가 왕으로 등극한 지 1년이 채 안 되어 이스라엘 백성들의 귀환을 허용한 것은 다분히 정치적이다. 당시의 정치적 상황에 대해서는 특히 M. Noth, *The History of Israel* (London: Adam & Charles Black, 1960), pp.300 이하를 보라.

판단에서다. 왜냐하면, 성전재건은 고레스 칙령에 분명히 명시되어 있으므로(스 1:2; 6:3), 한갓 의사들(counselors)에게 준 뇌물로 이 왕의 칙령이 효력을 상실했다고 보기는 어렵기 때문이다. 오히려 성전재건이 중단된 이유는 '그 땅 백성'들이 페르시아 정부가 가장 두려워하는 권력집중 문제를 제기한 데서 찾아야 한다. 곧, 여호수아와 스룹바벨을 중심으로 성전이 재건되고, 왕이 부재한 상태이므로 권력은 자연스럽게 성전 관할자인 사독계 제사장들에게 넘어갈 것이고, 그래서 궁극적으로는 반(反)페르시아적인 민족주의 운동을 통해 다윗 왕가의 회복을 꿈꾸게 될 것이라는 식의 모함을 페르시아 조정에 했을 것이다. 페르시아 정부는 이때 새 예루살렘 성전에서 사독계가 다시 성전 주도권을 갖게 될 것이라고 예언했던 에스겔 44장을 접하게 되었는지도 모른다.

그러면 페르시아 정부는 왜 다시 성전 건축을 허락해 주었는가? 우선 페르시아와 성전건축 재개 문제에 대한 논의를 전달해 주고 있는 에스라 5:5,9; 6:7~9에서 유다 쪽의 대화 창구가 '장로'들로 바뀌고 있고, 또 성전 건축의 주체가 장로로 표현되고 있음을 주목할 필요가 있다. 이것은 성전지대를 제사장이 중심이 되어 놓았다는 3장의 기사와 대조된다. 아마 유다 쪽의 대화 창구 역할을 했던 이 장로들은 페르시아 정부를 향해 성전이 이미 상당히 건축된 상태였고, 이것은 고레스의 칙령으로 시작된 일이며, 성전 건축은 순수히 종교적 목적의 것이라는 점(스 6:10) 등을 부각시켜서 성전 재개를 요청했을 것이다. 성전재건이 반페르시아 운동의 중심이 아니라는 점을 설득시키려는 이들의 이러한 노력은 에스라 5:16에서 성전 지대를 놓은 주체였던 '스룹바벨'이라는 이름을 숨기고 '세스바살'로 대신하고 있는 점에서 잘 드러난다.²³⁾ 왜냐하면, 여호야긴의 손자로서 다윗 왕가에 속한

---

23) S. Japhet, "Sheshbazzar and Zerubbabel: Against the Background of the Historical and

스룹바벨을, 스룹바벨 중심의 메시야운동을 경계하고 있었던 페르시아 정부에 그대로 알리는 것은 분명 어리석은 일이었기 때문이다. 결과적으로 성전재건이 허락되었고, 성전 건축 후 제사장들은 아마 사회의 중심세력으로 형성되었을 것이다. 성전건축 직후 제사장들은 페르시아를 의식해서 곧바로 집단화·세력화하지는 않았겠지만, 시간이 지나면서 비사독계 제사장들의 위협과 주변국들과의 관계 안에서 이들은 독자세력을 꿈꾸기 시작했을 것이고, 이것을 페르시아는 큰 위협으로 간주했을 것이다.

에스라의 귀환도 이러한 정치적 배경을 전제로 이해될 수 있다. 에스라 7장의 아닥사스다 왕이 에스라에게 내린 조서에 의하면, 에스라는 두 가지 목적 때문에 파견되었다. 하나는 율법을 가르치는 것이고 다른 하나는 정형을 살피라는 것이었다(14절). 페르시아가 에스라에게 이런 호혜를 베풀며 이들을 보낸 것은 페르시아 편에서는 다분히 계산된 것이었다. 즉, 에스라가 손에 들고 온 율법책이 폭넓게 받아들여지고 있는 대로 오경과 관련된 것이라는 점과[24] 오경 중 제사장 그룹에서 나온 제사장 문서(the Priestly Code)는 페르시아 정부가 제시한 세계의 질서에 순응해야 한다는 이념을 반영하고 있는 것이라는 최근의 일부 학자들의 주장을 받아들인다면,[25] 페르시아는 학사 에스라를 통해 바로 이 이념을 유다 백성들에게 주입시키려 했던 것으로 볼 수 있겠다. 동시에 유다의 정치적 상황이 제사장들을 중심으로 권력이 집중되어 있는 지를 살피고, 만일 그렇다면 이들을 견제할 다른 세력인 레위인들을 키우도록 임무를 부여받았다고 볼 수 있겠다.[26]

Religious Tendencies of Ezra-Nehemiah," *ZAW* 94 (1982), p.80 이하를 보라. 참고로 세스바살(스 1:8; 5:16)과 스룹바벨이 동일인가에 대해서는 많은 논쟁이 있어왔다. 사라 야펫의 경우는 이 둘을 동일인으로 보지 않는다. 윗 글, pp.94~98을 참조하라.

24) U. Kellermann, "Erwägungen zum Esragesets," *ZAW* 80 (1968), pp.373~85와 Williamson, *Ezra, Nehemiah*, xxxvii~xxxix을 참조하라.

25) 가령, Samuel E. Balentine, *The Torah's Vision of Worship* (Minneapolis: Fortress Press, 1999), pp.39~57을 보라.

하지만, 에스라는 유다에 도착하자 페르시아 정부가 부여한 임무와는 달리 성벽 재건을 시도했던 것 같다. 에스라 4:11 이하에는 아닥사스다 때 성읍을 재건하려던 시도가 무산되었음을 전해주는 기사가 나오는데, 아마 이것은 에스라가 이끈 무리를 가리키는 것일 것이다. 이로 인해 페르시아 왕은 아마 에스라에게 경고를 했거나, 아니면 에스라를 소환했을 것이고, 만일 그랬다면 그 이후 느헤미야와 비슷한 시기에 혹은 함께 돌아왔을 것이다. 이러한 추정은 느헤미야 8장의 율법 낭독기사(8:9) 및 다른 곳에서 에스라와 느헤미야를 동시대인이라는 성경의 증언(느 10:1; 12:26, 36)과 잘 어울린다.27)

이러한 정치적 정황을 전제로 재구성해 본 역사는 느헤미야 1장에서 느헤미야가 성벽이 무너진 채로 여전히 방치되어 있음에 대해 슬퍼 금식하며 하늘의 하나님께 도움을 간구했던 느헤미야의 기도의 주요 배경을 이룬다. 곧, 에스라가 시도한 성읍 재건이 실패로 돌아간 것에 대한 소식을 하나니로부터 듣게 되었을 것이다. 느헤미야는 용기를 내어 아닥사스다에게 성읍 중건을 허락해 줄 것을 요구한다. 이때 아닥사스다 역시 페르시아의 양면 정책을 구사한다. 유화정책으로 성읍 재건을 허락해 주면서도, 아마 다른 중요한 임무(mission)를 주었을 것이다. 곧, 성읍 짓는 것은 좋지만, 더 중

---

26) 그래서 제사장들로 이미 권력이 넘어갔고 그 상황에서는 레위인들이 종속된 위치 이상을 기대할 수 없었으므로 페르시아에 남는 것이 더 낫겠다고 생각해서 에스라와 함께 올라가는 그룹에 레위인들이 한 명도 나타나지 않게 되자, 황급히 에스라가 사람들을 풀어 레위인들을 '모셔 오게' 했던 사건(에스라 8장)도 이런 맥락에서 잘 이해가 된다.

27) 에스라의 연대에 대해 격렬한 논쟁이 있어왔다. 이 논쟁의 중심에는 에스라와 느헤미야를 동시대인으로 보기 어렵다는 전제가 깔려 있다. 그래서 보통 동시대인이 아니었으며, 동시대으로 보는 것의 의미를 찾거나 후대의 필사가의 실수로 보기도 하였다. 하지만 우리가 재구성한 역사를 근거로 볼 때 본문 수정 없이 쉽게 이해될 수 있다. 에스라의 연대를 둘러싼 논쟁에 대해서는 J. Bright, *A History of Israel* (Philadelphia: Westminster Press, 19813), pp.391~402를 보라. 에스라와 느헤미야를 동시대인으로 보는 전통적 견해를 대변한 좋은 글로는 Williamson, *Ezra and Nehemiah* (Sheffield: JSOT Press, 1987), pp.56~64를 보라.

요한 느헤미야의 임무는 제사장을 견제할 수 있는 유일한 집단인 레위인들을 키워주고 세력화해 줄 것을 요구했을 것이다. 하지만 느헤미야 역시 에스라처럼 성벽 재건하는 일을 우선적으로 했고, 이로 인해 곧 페르시아로 소환되었을 것이다. 다시 파견되었을 때, 느헤미야는 페르시아 왕들의 집요한 요구에 맞춰 드디어 레위인들을 돌보고 세력화시키는 일을 했던 것 같다. 이것은 느헤미야서의 가장 특징적인 문학적 문구인 '기억문구'(Remember formula)를 볼 때 충분히 가능한 추론이다. "나의 하나님이여… 나를 기억하옵소서"라는 이 기억문구가 느헤미야서에는 6번 쓰이는데(느 5:19; 6:14; 13:14, 22, 29, 31), 하나님 앞에서 자신을 기억해 달라고 말하면서 하나님께 내세울 수 있는 자신의 최고의 업적은 성벽재건이었을 것이다. 하지만 이 기억문구 단락들 중 어느 한 곳도 이 성벽재건 업적과 관련해서 사용되고 있지 않다. 따라서 자신의 보고서를 작성할 때 이 문구의 청자(聽者)는 하나님이 아니라, 아닥사스다 왕으로 보는 것이 가능해 진다. 왜냐하면, 이 문구는 느헤미야 당시 이스라엘 주변국가에서 특정 임무를 맡은 신하가 왕에게 자신이 임무에 충실했음을 알리는 공식 보고문에서 빈번히 쓰이는 문구이기 때문이다.28) 그러면 여기서 느헤미야는 왕 앞에서 자신의 업적 중 무엇을 기억해 달라고 하고 있는가? 후대에 문학적으로 첨가되어서 본 논의에서 제외되는 6:14을 제외하면,29) 나머지 구절들은 레위인들에 대한 배려와 관련이 있다는 점은 매우 주목할 만하다. 특히 13장에서 자신이 레위인들을 향해 얼마나 충실히 배려했는지를 집중적으로 소개한 뒤, 단락 끝마다 '기억문구'를 통해 자신의 이 업적을 왕이 알아주기를 의도하고 있다. 이러한 반복되는 강조는 유다 사람들이 이방여인과 확실히 관계를 단절하도록

---

28) S. Mowinckel, *Studien zu dem Buche Ezra-Nehemia II: Die Nehemia-Denkschrift* (Oslo: Universitetsforlaget, 1964), pp.50~92.

29) Williamson, *Ezra, Nehemiah*, xxvii.

취한 조치가 마무리되는 13:28에는 앞 뒤 단락들에서 반복되었던 기억문구가 이곳에서는 생략되고 있다는 점으로 미루어, 이 문구가 레위인들의 신분 상승 및 그들에 대한 배려와 직접적으로 관련되어 있는 문학적 술어임을 증거한다 하겠다.

정리하면, 그 동안 학계에서는 페르시아 시대의 레위인들을, 당시 재건된 성전에 대한 사독계 제사장들과 주도권 싸움에서 패배하였고, 그래서 종말론적 사상의 모태가 된 집단으로 보았다.[30] 하지만 살펴본 대로, 에스라_느헤미야서의 집필자로 생각되는 이 레위인들은 이스라엘 역사 내내 소외되고 경제적으로 가난한 자들의 대명사로 여겨졌었지만, 이제 페르시아의 특별한 정치적 역학관계 속에서의 지원 아래 주류로 편입될 수 있는 기회를 얻은 자들로 볼 수 있겠다. 그것이 항존적이거나 전폭적인 것은 아니었지만 말이다.

5. 레위인들의 개혁방식

페르시아 정부는 제사장들 쪽으로 권력이 집중되어 가자 이들을 경계하는 의미에서 견제세력으로 활용키 위해 레위인들을 지원했음을 살펴보았다. 지원은 했지만, 전폭적인 것은 아니었을 것이다. 제사장들의 견제세력을 원했지, 대체세력을 바란 것은 아니었기 때문이다. 대체세력이 된다면, 페르시아 입장에서는 그것 역시 또 다른 위협 요인이 될 수 있었기 때문일 것이다. 그럼에도 불구하고 자신들과 제사장들 사이의 신분과 역할의 엄연한 차이를 강조했던 에스겔이나 제사문서(the Priestly Code)의 규정에 갇혀 살던 레위인들에게 있어, 그러한 페르시아의 시혜(施惠)는 새 날을 위한 징

---

30) O. Plöger, *Theocracy and Eschatology* (Oxford: Blackwell, 1968); P.D. Hanson, *The Dawn Apocalyptic*.

조로 볼 수 있었을 것이다. 그리고 기존 질서에 대한 개혁 내지는 대안 세력으로 자신들을 정위시킬 기회를 얻었다고 생각했을 것이다.

바로 이러한 역사적 정황 한 복판에 서 있던 레위인들은 자신들에게 주어진 이 기회를 어떻게 활용했을까? 소외되고 음지에서 새 날을 바라보며 숨죽여왔던 이들이 사회의 중심세력으로 편입될 기회를 얻었을 때, 그래서 자칫 더 큰 세력다툼으로 확대될 수 있었던 이 정황에서, 레위인들은 자신들과 그동안 경쟁 관계에 있던 제사장들을 어떻게 대했고, 또 예견되는 갈등과 여러 얽혀 있는 사회 문제를 어떻게 극복해 갔는가? 레위인에 의해 집필된 이 에스라–느헤미야서 안에는 그들이 당시의 현실적 문제들을 어떤 이념과 신학을 기반으로 극복하려 했는지 엿볼 수 있다. 이들의 이념과 이에 대한 실천 방식은 다음과 같이 네 가지 정도로 요약될 수 있겠다.

5.1 현실에 대한 긍정

예루살렘 히브리 대학교 교수 야펫(S. Japhet)이 잘 지적하고 있는 바와 같이 에스라–느헤미야서에 깔려 있는 가장 중요한 이념 중 하나는 당시의 정치적 현 상황(status quo)을 수용하여 정치질서 변혁에 거의 관심을 두지 않고 있다는 점이다.[31] 이러한 이념은 학개 등 당시의 다른 문학작품에서 볼 수 있는 대로(가령, 학 2:6, 21~23), 다윗계 후손으로서 이스라엘의 구원의 희망의 담지자로 간주되어 이스라엘의 메시야 운동의 진원지 역할을 했던 스룹바벨에 대해, 소개는 하되 철저히 그의 왕족으로서의 신분은 감추고 있는 반면, 당시의 민족주의적 관점에서 볼 때는 다소 의외적으로 자신들을 실질적으로 통치했던 페르시아 왕들을 오히려 하나님의 뜻을 구현시키는 거룩한 도구로 인식하고 있다는 점(가령, 스 1:1; 4:24; 7:27~28; 9:9 등)에서

---

31) Japhet, "Sheshbazzar and Zerubbabel," pp.71~3.

잘 나타난다.

이러한 현실긍정 사상은 성전 주도권 다툼에서 유리한 위치를 점했던 사독계 제사장들의 현실관을 그대로 반영한다고 보아 저자 문제도 결국 제사장 그룹과 연결시켜 이해하는 것이 학계의 일반적인 견해였다. 이들의 설명에 의하면 성전 주도권 다툼에서 옛날 솔로몬 시대 이후 또 한번의 패배를 경험한 이들, 즉 비사독계 레위인들은 현실을 악이 다스리는 현장으로 보아 현 세계를 부정하고 새 시대의 도래를 꿈꾸는 묵시문학적 사고를 갖게 되었다고 본 것이다.[32]

하지만 이러한 견해는 당시 페르시아의 정치적 영향력을 무시할 때만 가능한 해석이다. 레위인들이 성전 주도권 싸움에서 패배했을 것이라는 점에는 이견이 없지만, 앞에서 살펴 본 대로 당시 레위인들은 페르시아의 지원을 받고 있는 상황이었기 때문에 이러한 현실긍정 사상을 제사장 그룹과 연결시켜 이해하는 것은 다소 받아들기 힘들다.

또한, 이러한 이념의 배후에는 에스라–느헤미야서를 집필하기 100여년 전에 스룹바벨과 제사장 그룹이 중심이 되어 벌인 메시야 운동이 좌절된 이후 어떤 희망의 싹조차 보이지 않는 현실이 있었고, 현실긍정 사상은 역설적이게도 이러한 현실을 긍정하지 않으면 가슴이 터져 버릴 것만 같은 정황에서 나온 유일한 선택이었다고 볼 수 있다. 그러나 이러한 견해 역시 페르시아 정부로부터 후원을 받고 있던 레위인들이 에스라–느헤미야서를 집필했고, 따라서 이 책이 이들의 이념(ideology)을 반영하고 있다고 볼 때는 받아들이기 어렵다. 또한 이 견해에는 페르시아가 다스리는 현실에 대한 염세적 인식을 일차적으로 전제하고 있지만, 에스라–느헤미야서에는 그런 암시를 찾기 어렵다. 오히려 언급한 대로, 곳곳에서 페르시아 왕에 대한 긍정적

---

32) Hanson, *The Dawn of Apocalyptic*, pp.95~100.

묘사만이 나와 있다.

에스라−느헤미야서에 분명하게 나타나는 이러한 현실에 대한 긍정사상은 오히려 역사를 주관하시는 분이 하나님이시라는 이스라엘 고대의 예언자들의 역사의식에 근거한 것으로 보는 것이 더 자연스럽다. 이런 점에서 에스라−느헤미야서의 집필자는 예언자들과 사상적인 연속선상에 놓여 있다고 할 수 있다. 이런 역사의식은 종종 이방 왕들의 정치적 목적을 지닌 정치 행위들을 하나님의 구체적 역사개입의 결과로 해석해내는 기지(機智)로 이어졌다. 그래서 이들에게 있어 가령 고레스의 칙령은 제2이사야(예, 45장)와 에스라 1장에서 잘 지적되었듯이, 역사를 초월해 계시지만 역사 안에 사건들을 통해 끊임없이 개입하시는 역사의 주관자이신 하나님께서 고레스의 마음을 감동시킨 결과이며, 자기의 최측근이었던 느헤미야의 청을 쉽게 들어주게 된 것 역시 역사의 주관자이신 하나님을 향해 드린 느헤미야의 기도와 믿음의 결과가 된다. 곧, 이 역사의식에서는 현 정치적 상황의 세속적 군주가 누구이든지 간에, 그 군주 역시 역사를 이끌어 가시는 하나님의 도구로 인식하게 된다. 이러한 인식의 전환은 페르시아 정부와 레위인 사이의 우호적 관계가 일부 영향을 미쳤을 것이다.

결론적으로, 레위인들이 갈등의 사회 현실을 앞에 두고 독자들에게 주는 메시지의 첫 번째는, 현실에 개입하고 계시는 하나님에 대한 전적인 신뢰를 토대로 한 역사 인식의 요구였다.

5.2 동역하는 자세

이러한 역사해석은 과거에 자신과의 적대적 위치에 있던 자들을 '적'이 아니라 '동역자'로 사고를 전환하도록 이끌어준다. 살펴본 대로, 포로기 전뿐 아니라 포로기 후에도 제사장 중심의 문서들에 나타나는 레위인들에 대한 태도는 한결같이 동역 개념보다는 종속개념, 혹은 기껏해야 종속적 동역

개념을 전제했었다(가령, 민 18장; 겔 44장). 따라서 레위인들은 오랜 세월 동안 제의와 권력의 중심에 있던 이들을 변화되고 개혁되어야 할 대상으로 인식했을 것으로 예상되지만, 에스라-느헤미야서 안에는 놀랄 만큼 이들을 사역의 파트너로 의식하고 또 초대하고 있음을 알 수 있다.

레위인이 집필했음에도 불구하고, 자신들을 제사장들보다 우월하게 말하거나 제사장들을 부정적으로 서술하고 있는 곳이 전혀 없다. 이것은 하나님 앞에서의 레위인의 상대적 신실함 등을 말하고 있는 레위계 작품으로 분류되는 일부 역대기 구절들(가령, 대하 29:35, "… 이는 레위사람의 성결케 함이 제사장들보다 성심이 있었음이라"; 34:8~14; 36:14)과 잘 대조된다. 에스라-느헤미야서에 제사장들을 일부 부정적으로 묘사하고 있는 곳이 없는 것은 아니지만, 그러한 묘사는 보통 레위인과 관계 없는 제사장 자체의 문제이거나(스 2:59~63) 혹은 제사장의 잘못이 서술되어 있는 곳에 레위인들 역시 동일한 잘못이 기록되어 있다(스 9:1; 10:10, 15 등).

반면에, 레위인들과 제사장들은 이스라엘 사회를 재건하는 주요 사역에 거의 예외 없이 '함께' 참여하고 있음을 알 수 있다. 제사장 있는 곳에 레위인이 있으며, 레위인 있는 곳에 제사장이 있다.[33]

5.3 백성들에 대한 관심, 그리고 그들과 더불어

또 한 가지 주목할만한 것은 에스라-느헤미야서가 전체 사회의 개혁과 발전이라는 중요 명제 앞에 일반 백성 전체를 적극 참여시키고 이들과 더불어 일을 진행시켜 나갔다는 점이다. 에스라-느헤미야서 안의 자료 중 에스라와 느헤미야가 직접 자신들의 전기적 관점으로 쓴 에스라 자료와 느헤미야 회고록을 제외하면 어느 곳에서나 이 백성들에 대한 관심을 읽을 수 있

---

33) 앞의 각주 13을 보라.

다.34) 가령, 에스케나지(T.C. Eskenazi)가 잘 관찰하고 있는 대로, 에스라 1장에 나오는 고레스 칙령 역시 어느 특정 그룹의 백성들만이 아니라 전체 백성들에게 주어지고 있다(스 1:3).35) 이들은 에스라-느헤미야서의 주요 자료 중 하나인 명단에서 거의 빠지지 않고 등장하고 있으며,36) 율법을 읽고 신앙각성으로 가는 기사에서는(느 8장) 오히려 주체가 되고 있는 것으로 묘사되고 있다. 즉, 느헤미야 8장의 핵심 어휘인 율법책을 두고 볼 때, 이 율법책이 낭독된 것은 백성들이 먼저 한마음으로 율법책을 가져 올 것을 부탁했고(1절), 또 낭독될 때 이들은 자신들의 귀를 그것에 향하게 했고(3절), 능동적으로 일어나 손을 들고 고백했으며(5~6절), 율법의 가르침을 깨닫게 되자 눈물 흘리며 반응했고(9절), 그 말씀대로 가서 먹고, 마시고, 남을 돕고 크게 즐거워한다(12절). 이 중요한 율법 낭독 의식을 이끌어준 주체 중 하나가 백성들임을 묘사하고 있는 것이다.

좀 더 나아가 전 백성을 참여시키면서도 사회적 통합을 이룰 수 있는 방법으로 에스라-느헤미야서는 경제적·윤리적 개혁을 통해 좀 더 실질적인 개혁을 요구하고 있다. 이것은 느헤미야 5장에 잘 나타나 있다. 느헤미야 5장은, 3장에서 시작되고 6장에서 완성된 것으로 묘사된 성벽재건 사역 기사 가운데 놓여 있어, 성벽기사의 순조로운 읽기를 방해하는 것 처럼 보인다. 내용적으로는 많은 대적자들의 위협 속에 이 거대한 사역을 52일이라

---

34) 사실, 느헤미야 회고록에서조차 백성들의 능동적 역할에 대한 관심이 많다(가령, 성벽 쌓은 사역에 백성들이 적극적으로 참여한 기사들을 보라: 느헤미야 3~4, 6장).

35) Tamara C. Eskenazi, *In an Age of Prose* (Atlanta, Scholar Press, 1988), p.43. 저자의 강조점이 백성들에게로 흐르고 있다는 점은 야펫에 의해서도 이미 관찰되었다. Japhet, "Sheshbazzar and Zerubbabel," p.83.

36) 에스라-느헤미야서에는 명단이 292절 나오므로 전체 685구절 중 42.6%를 차지한다. 성전 기명에 대한 기록인 에스라 1:9~11a의 명단을 제외하면 모든 명단들은 사람들에 대한 명단들이다. 전체적으로 8개의 명단(스 2:1~67; 8:1~14; 10:18~44; 느 3:1~32; 7:5~71; 10:2~28; 11:4~35; 12:1b~26) 중 제사장과 레위인의 명단을 특별히 다루고 있는 12:1b~26을 제외하면 모든 곳에서 백성들의 명단이 포함되어 있다.

는 단시일 내에 마쳐야 하는 긴박한 와중에서, 다소 한가롭게(?) 경제적 불평등 및 비윤리적 사회를 향해 개혁을 촉구하는 것은 중요하기는 하지만 내용의 흐름으로 볼 때 뭔가 어색한 것임에는 틀림없다. 하지만 이러한 의외의 편집방식은 오히려 사회 구성원들 간의 내부적 통합-지도자와 백성들 사이의 경제적·이념적 갈등이 해소되는 통합-이 외형적 성벽재건 사역보다 우선되는 것임을 드러내려는 집필자의 강한 의도가 나타난 것이라 볼 수 있겠다.

5.4 신앙각성을 통한 연대

에스라-느헤미야서는 포로기 이후 갈등의 사슬에 얽혀있는 유대 공동체를 풀어 평화와 화해의 공동체로 일구어 내는 일에 관심을 갖고 있다고 앞에서 지적하였다. 애초에 이 일은 뜻을 가진 일군의 무리들, 특히 제사장 집단에 의해 시작되었고, 또 그 뜻을 구현해 나갈 외형적 장치로서 이들이 우선적으로 관심을 가졌던 것은 성전의 재건이었다. 신앙의 구심점을 통해 이 일을 이룰 수 있다고 생각했던 이들에게 이는 당연한 논리적 귀결이었을 것이다.

하지만 예상과는 달리 성전재건이 이루어지기는 했지만, 새 사회의 중심적 기능을 하기 이전에 해결해야 할 사회적 갈등이 산적해 있었다. 내부로는 성전 유지와 성전 예배 주도권을 둘러싼 제사장들(아비아달계 제사장 포함)과 레위인들 간의 해묵은 갈등이 싹트기 시작했고, 외부적으로는 살펴본 대로 페르시아가 경계의 눈을 게을리 하지 않았다. 성벽의 재건 역시 성전 및 예루살렘 방어에는 유효할 수 있어도 예루살렘 성 밖에 사는 유대 안의 다른 이들에게는 별다른 의미를 부여하지 못했을 것이다.

바로 이때 페르시아의 양면 정책을 등에 업고 지원을 받기 시작한 레위인들은 이 절호의 기회를 신앙각성을 통해 공동체의 회복을 꾀하려 했던 것 같다. 그래서 에스라가 백성들에게 율법을 읽어 주는 일에 적극 참여하여 그들에게 성경을 풀어 이해시키고(느 8장), 듣고 깨달은 것에 근거해서 금식과 참회의 운동과 말씀대로 살기를 맹세하는 서약에 이르기까지 일련의 일을 주도적으로 이끌어간다(느 9장). 이 신앙각성 운동에는 과거의 행적이 문제되고 있지 않으며 오히려 전 사회계층이 다 참여해서 결단을 내리는 일련의 조치들로 이어지고 있다(느 10장).

6. 에스라-느헤미야서와 협력의 공동체

현재 우리 사회가 안고 있는 갈등에 대한 기독교적 반성과 대안이라는 문제의식에서 우리는 논의를 시작하였다. 동시에 두레의 주요 목표 중 하나인 '성서한국'이라는 이념에 동의하면서, 현 상황에 대한 성서적 대안을 에스라-느헤미야서를 중심으로 살펴보았다. 우리가 고찰한 바에 의하면, 에스라-느헤미야서는 당시 세력균형과 권력분산 정책이 외교국시였던 페르시아가, 귀환 허용 이후 위협세력으로 성장한 제사장들에 대한 견제 세력으로 레위인들을 후원했고, 이 후원을 업은 레위인들에 의해 기록된 작품이었다. 이러한 시대적 흐름을 활용하여 사회의 주류집단으로 편입될 기회를 부여받은 레위인들은 기존 적대세력이었던 제사장들과의 세력다툼 등을 통해 자신들의 입지를 공고히 한 것이 아니라, 여전히 갈등의 고리를 벗어나지 못한 채 불투명한 미래를 살아가던 당시의 독자들에게 포로기 이후에 하나님께서 자신들에게 베푸신 은혜를 상기시키고, 제사장들과 자신들을 대결관계가 아닌 협력관계로 재술(retelling)해 줌으로써 협력과 공생의 당위성을 심어줄 뿐 아니라, 일반 독자들 역시 포로기 이후 유다 사회를 이끌어가는 데 있어 엄연한 주체요, 또 협력자가 되어야 한다는 강한 메시지를 심어 주려는 목적으로 에스라-느헤미야서를 집필한 것으로 생각된다.

　현재 우리는 초두에서 기술한 바와 같이 좁은 땅덩어리에서 영호남의 갈등, 세대간의 갈등뿐 아니라 호전 기미는 보이지만 여전히 전 세계에서 유일한 분단국가의 오명을 가진 채 남북 간의 갈등을 그대로 안고 살아가고 있다. 더욱 가슴 아픈 현실은 사회의 파수꾼으로서의 역할을 부여받은 교회가 개혁의 대상이 되어가고 있고, 후임자 문제를 비롯해서 여러 비상식적 논란의 집단이 되어 가고 있는 실정이다.

　이러한 시점에서 우리는 에스라–느헤미야서를 집필한 저자의 영성(靈聲)을 들어야 한다. 우리도 바로 이 저자처럼, 세대를 거치며 갈등을 세습시키고 재생산하던 사회를 향해 하나님께서 이방 왕을 들어 일말의 개혁의 권한을 우리에게 주셨을 때, 소시민적 영웅주의에 빠지지 않고 대결하지도 않으며, 사회 공동체 전체가 하나님의 사랑의 대상이요, 하나님의 나라를 위해 함께 협력할 동역자라는 의식을 가지고 겸손하게 철저히 개혁의 깃발을 들어야 한다. 우리 두레인들은 바로 이 일에 부르심을 입은 자들이 되어야 한다. 누구는 레위인들처럼 날카로운 지성과 영성을 통해 깃발을 휘날리는 자들이 나와야 하며, 누구는 성벽을 쌓을 때 묵묵히 벽돌 한 장을 놓는 일군이 되어야 하며, 누구는 개혁이 미진할 때 에스라를 향해 왜 그러고 있느냐고, 말씀을 우리에게 가르쳐 주어야 하지 않느냐고 교회 지도자들을 향해 질책하는 목소리가 되어야 하며, 또 누구는 골방에 무릎꿇고 앉아 낙타 무릎이 되도록 하늘 아버지를 향해 피맺힌 눈물이 되어야 할 것이다. 바로 이러한 자세야말로 오늘날 갈등 가득한 구름하늘을 이고 살아가지만 그 속에서도 한 줄기 하늘의 빛을 바라며 살아가는 우리 민족 모두가 우리 두레인에게 기대하는 자세일 것이다. 奉事

이웃 사랑의 실천
- 초기 기독교적 특징

박 정 수*

1. 문제와 정의

종교는 신과 인간 사이의 관계와 인간과 인간 사이의 관계라는 두 가지 본질적 차원, 즉 종교적 차원과 사회적 차원을 갖는다. 여기에서 종교적 가르침을 실행하는 공동체의 가치관과 삶의 양식(lifestyle)은 그 종교의 사회적 차원의 중심 내용이 된다. 내면화된 삶의 체계로서의 가치관은 그것을 토대로 살아가는 공동체의 삶을 통해 사회와 작용하기 때문이다. 한 공동체 속에서는 도덕적으로 요구되고 인정받을 만한 행동이 있고, 그렇지 못한 행동이 있다. 그것을 판단하는 기초가 되는 것은 그 구성원들에게서 정당하다고 생각되는 가치, 즉 규범이다. 그러한 가치전체는 단지 굳어진 시스템으로 존재하는 것이 아니라, 그 공동체의 도덕적 성향과 구체적인 삶의 형태로 드러나는데, 이것을 그 공동체의 '에토스'(ethos)라고 정의할 수 있다[1].

---

* 두레연구원3기, 현 하이델베르크대학교 신학박사

1) 에토스에 대한 좀 더 친숙한 어휘를 든다면 Moral을 들 수 있겠다. 한 집안에는 家風이 있듯이 공동체에도 자기만이 가지는 독특한 도덕적 성향이나 기풍이 있을 수 있는데, 이것을 에토스라고 말할 수 있다. 이 정의에 대해서는: W. Kluxen, *Ethik des Ethos* (Freiburg, 1974), p.22; L. E. Keck, "Das Ethos der früen Christen", in: ed. by W. A. Meeks, *Zur Soziolgie des Urchristentums* (München, 1970), pp.13~26; Meeks, W. A., *The Origins of Christian Morality. The First Two Centuries* (New York, 1993), pp.1~4.

에토스는 하나의 공동체가 그의 주변세계와 서로 접촉하며 자신의 가치를 실현하고 자신을 정의하는 중요한 매개체가 된다. 그 예로서 초기기독교의 할례를 들 수 있다. 기독교는 유대교의 할례를 받아들이지 않고, 그 종교적 상징을 "예수 이름으로의 세례"를 통해 대신한다. 그러나 세례라는 하나의 제의만이 제시되는 것이 아니라 하나의 도덕적 가치기준이 제시된다.

> 할례를 받거나 안 받는 것이 중요한 것이 아니라, 새롭게 창조되는 것이 중요합니다. 이 표준을 따라 사는 사람들에게와 하나님의 백성 이스라엘에게 평화와 자비가 있기를 빕니다.(갈 6:15f)

기독교 공동체가 외면적 할례를 거부한다는 것은 유대교의 종교적 제의와의 차별성을 보여주는 것만이 아니다. 사회적 차원에서 보면 그것은 유대교적 에토스와 구분되는 초기기독교인들의 에토스를 반영한다고 볼 수 있다.

여기서 한가지 주목할 것은 초기기독교에 있어서 그 종교적 근본가치[2]가 사회적 차원의 에토스로 형성될 때, 그것은 '텍스트'를 통해서 매개된다는 것이다. 초기기독교는 그들의 '텍스트'인 성서를 통해 종교적 근본가치를 매개할 뿐만 아니라, 그것을 중심으로 그 자신의 에토스를 형성했다. 무엇보다 교회는 그들과는 다른 삶의 체계-"다른 가르침"-에 대하여 자신의 근본가치와 삶의 근거를 설명해야 했고, 그것을 지켜나가고 발전시켜 나가야 했다.[3] 예배가 중심이 된 제의와 설교는 그 형성과정의 가장 중요한 매개체가 된다. 그래서 전승된 '텍스트'와 그것을 형성해온 초기기독교의 '삶

---

2) '가치'라는 용어는 사회학적 개념으로, "행동의 취사선택에 있어서 상대적 선호도가 반영된 의식 무의식의 관념"으로 정의할 수 있다(J. Friedrichs, *Wert und soziales Handeln* (Tuebingen, 1968), p.113. 이 글에서는 가치가 사회적 행동과 밀접한 연관을 맺고 있음을 강조하고 넘어가자. 이웃사랑은 그런 의미에서 기독교적 교의가 기초되어 특정한 사회적 행동을 동기화하는 하나의 가치로 파악할 수 있다.

3) "여러분이 가지고 있는 소망을 설명하여 주기를 바라는 사람에게는, 언제나 누구에게나 답변할 수 있도록 준비하십시오."(벧전 3:15) 앞으로 이 글에서 성서본문은 표준 새번역으로 인용하기로 한다.

의 자리' 속에서 우리는 초기기독교적 에토스가 사회적 차원에서 작용되었던 역사를 읽을 수 있게된다.

이 글은 초기 기독교적 '에토스'의 근본가치는 무엇이며, 그것은 그들에게서 어떻게 실천되었는가에 대해 언급하고자 한다. 이 글에서는 그 근본가치 중의 하나로 '이웃사랑'을 선택하여, 그것이 초기기독교 공동체에서 '형제사랑'이라는 에토스를 통해 창의적으로 실천되었던 특징을 언급하고자 한다. 여기서 문제삼을 수 있는 것은 만일 사회적 차원에서 어느 한 종교의 건강성을 그 종교의 도덕성으로 판단할 수 있다면, '에토스'의 건강성은 내적으로는-그 종교의 기본가치와 삶의 일목요연함을 의미하기에-그 공동체의 '건강함'을 말하는 것이 되고, 외적으로는 그들이 사회에 영향을 줄 수 있는 '강건함'의 척도가 될 수 있을 것이다.[4] 만일 초기기독교가 기독교적 근본가치를 그들의 에토스를 통하여 실천했던 하나의 '원 모델'(ein Urbild)로 평가될 수 있다면, 그것은 모든 기독교 공동체에 '모범'(das Vorbild)으로 작용할 수 있을 것이다. 우리는 이러한 평가를 통해 한국의 기독교가 가지고 있는 사회적 차원의 과제를 서술할 수 있을 것이다.

2. 예수의 이웃 사랑

초기기독교의 에토스는 그 근본가치로서 무엇을 가지고 있을까? 한 그룹에 영향을 주는 가치는 다양하기 때문에, 초기기독교적 에토스의 근본가치는 하나라고 볼 수는 없다. 다양한 가치가 서로 갈등하고 조화를 이루며 공존하고 있다고 볼 수 있다. 그 근본가치들에 대한 선별로 G. Theissen은 "이웃사랑과 신분포기"를 들고 있다[5]. 여기에서 초기기독교 방랑 선교사

---

4) 초기기독교가 사회적으로 '약한자'의 위치에서 '강한자'로 위상이 변할 때, 그러니까 콘스탄티누스 시대의 '전환'에 있어서 이 사회적 '강건함'이 작용했는지, 아니면 정치적인 역학의 결과였는가는 역사적으로 해명해야 할 과제이다.

들의 주된 에토스의 하나였던 "신분포기"는 기독교뿐만 아니라 유대교에서도 "새로운 것"이었다. 그것은 하나의 사회적 덕으로서의 '낮아짐'(Demut)이 유대교의 '사랑'의 가치와 연관됨으로써만 초기기독교적 에토스의 근본가치가 될 수 있었다[6]. 그렇지만 이웃사랑은 초기기독교인들이 예수운동으로부터 물려받게 된 근본가치로서 그들의 에토스를 형성하는 주된 모티브가 되었던 것이다. 그렇다면 이웃사랑의 '계명'이 어떻게 초기 기독교의 근본가치로 자리잡을 수 있게 되었을까?

우리는 예수운동과 초기기독교가 전수 받았던 공동의 유산으로서 두 가지, 즉 그 근본뿌리로서의 유대교의 유산과 주변세계인 그리스-로마의 유산을 들 수 있다. 우선 역사적 예수운동에 대해서는 그것의 분명한 유대교적 뿌리를 말할 수 있다. 예수는 유대교의 가르침을 결코 폐하러 오지 않았다. 도리어 완성하러 왔다(마 5:17). 그의 사랑의 계명은 신명기의 하나님 사랑과 레위기의 이웃사랑에 기초하고 있다. "너는 네 이웃을 네 몸처럼 사랑하여라"(레 19:18). "너희는 마음을 다하고 뜻을 다하고 힘을 다하여, 주 너희의 하나님을 사랑하라"(신명기 6:5). 그러나 예수에게 있어서 특징적인 것은 사랑의 계명이 구약율법의 핵심으로 '요약'되고, 더 나아가 두 계명이 하나의 '이중계명'으로 표현된다는 것이다. 사랑의 이중계명에 대한 공관복음서 전승은 예외 없이 이것을 보여준다(막 12:28~34; 마 22:34~40; 눅 10:25~27). 그런데 서기관·율법학자도 예수와 같이 그것을 하나의 '이중계명'으로 알고, 그것을 구약에서의 계명의 중심으로 이해하고 있다(막 12:32~34; 눅 10:28). 여기서 우리는 유대교의 변화를 본다. 우리는 적어도

---

5) G. Theissen, *Die Religion der ersten Christen: Eine Theorie des Urchristentums* (Guetersloh, 2000), pp. 99~167.
6) Ibd., 113: 이가치는 공관복음서에서는 공동체의 권위구조에서 '낮아짐'으로, 서신서에서는 주로 사회적 관계에서의 '겸손'으로 표현된다.

구약성경 내에서는 그러한 계명의 '핵심적 요약'이나 사랑의 '이중계명'의 형태를 찾을 수 없다. 사랑의 계명에 대한 서기관과 예수의 그와 같은 공동 인식은 구약적 전승보다는 헬레니즘 유대교[7]적 전승을 반영한다고 할 수 있다. 헬레니즘 유대교에서는 구약의 유대교보다 사랑의 계명이 더욱 중요성을 갖게되었으며, 사랑의 이중계명도 등장한다[8]. 예수는 더 나아가 구약의 사랑의 계명을 그의 가르침의 중심에 놓았고 최상의 가치를 부여했다. 이것을 어떻게 설명할 수 있을까?

무엇보다도 이웃사랑의 계명은 예수의 윤리의 핵심에 자리한다. 예수는 구약의 계명을 하나님 사랑과 이웃사랑이라는 이원화된 가치로 요약한 것이 아니다. 그는 인간의 하나님과의 관계가 인간과 인간 사이의 사회적 관계를 기초하고 있음을 말함으로서, 인간의 사회적 행위의 동기를 규정한다: "너희의 아버지께서 자비하신 것과 같이, 너희도 자비로운 사람이 되어라" (눅 6:36; 비교: 마 5:48; 6:12). 이것은 인간의 사회적 행동이 하나님 나라의 종말론적 빛 아래 놓이게 됨을 의미한다. 이렇게 예수의 윤리는 '철저화'된다. 그래서 사랑의 '이중계명'은 둘이 아닌 하나의 계명으로서, 그 정점인 원수사랑에 도달한다(마 5:43f // 눅 6:27f). 예를 들면 예수는 구약의 사랑의 가치와 연관된 하나님의 용서를 어떠한 제의적 조건에 매어두지 않고 인간과 인간의 용서의 행위에 둔다(마 6:12 // 눅 11:4 비교. 마 5:24). "우리가 우리에게 죄 지은자를 용서해준 것과 같이, 우리의 죄를 용서해 주시고." 이것은 예수에게서 구약의 사랑의 계명이 종교적 차원과 연관되어 사회적 차원으로 더욱 첨예화되어졌다는 사실을 입증한다.

그러나 초기기독교가 이웃사랑에서 그들의 에토스 형성의 중심가치를 발

---

7) 이것은 예수 및 초기기독교와 구약의 유대교의 연결하는 다리역할을 한다.

8) 대표적으로 Die Testament der zwoelf Patriarchen(이것에 대한 설명은 아래를 볼 것): "너희는 전심으로 주를 사랑하고 참 맘으로 이웃을 사랑하라"(단서 5:3); 잇사갈서 5:1 외.

견하게 되었던 것은 좀더 구체적인 예수의 지상사역에 근거한다. 예수는 이웃사랑을 그의 지상사역에서 상징적 행동으로 드러낸다. 그것은 예수의 식탁공동체에서이다. 그의 가르침과 논쟁 그리고 특별히 비유의 많은 부분은 식탁을 중심으로 전개된다. 하나님의 나라는 식탁의 잔치에 비유되고, 그 종말론적 앞당김은 최후의 만찬에서 이루어진다(막 14:25 병행). 이 식탁공동체는 당시의 사회문화적인 보편적인 현상일뿐만 아니라 일상의 일이었다. 모든 종교적·사회적 그룹은 그들만의 식탁 공동체를 갖는다. 그것을 통해서 그들은 자신들의 규범을 표현하고, 자신들을 다른 그룹으로부터 구분한다9). 여기에서 특징적인 것은 식탁공동체와 공동의 식사를 중심으로 사회적 계층화가 이루어진다. 그러나 예수의 식탁공동체는 근본적으로 식탁공동체의 이러한 본질을 깨뜨린다. 예수는 그의 식탁공동체에 "세리와 죄인"을 참여시키기 때문이다(막 2:15f 병행; 마 11:19 // 눅 7:34). 예수는 식탁공동체를 통해서 도리어 사회적 계층화를 허문다. 의심할 나위 없이, 예수는 식탁공동체에서 죄인들을 향한 하나님의 사랑을 선포했고―이것이 가장 선명하게 나타나는 것이 눅15장이다― 동시에 그 행동은 그를 따르는 제자들의 '제자도'의 기초가 된다. 제자들에 대한 예수의 요구는 세리와 죄인과의 연대를 통해 드러나는 예수의 이웃사랑의 행위를 따르는 것을 의미하며(막 2:13~17 병행), 이웃사랑의 계명은 거기에서 가장 상징적으로 표현된다. 예수가 대적자들에게 "세리와 죄인의 친구"(마 11:19 // 눅 7:34)로 인상지어지게 된 것은 바로 예수의 지상사역에서 이웃사랑의 삶의 형태를 가장 구체적으로 드러내는 것이다. 예수를 따르는 제자도란 사회적·공동체적 한계를 넘어가는 이웃사랑을 의미한다. 그런 의미에서 그것은 초기기독교

---

9) 참조. M. Klinghardt, *Gemeinschaftsmahl und Mahlgemeinschaft: Soziologie und Liturgie frühchristlicher Mahlfeiern*, Tuebingen 1996, 26; B. Kollmann, *Ursprung und Gestalten der fruehchristlichen Mahlfeier* (Goettingen, 1990), pp.190~265중 251.

에게 분명 "새 계명"(요13:34)이었다.

3. 형제 사랑: 예수에게서 초대기독교에로

초기기독교는 물론 예수의 이웃사랑을 전수하고 실천했다. 바울은 분명히 율법의 요약을 이웃사랑으로, 더 나아가서 그것의 완성으로 이해했다.

> 모든 계명은 "네 이웃을 네 몸과 같이 사랑하여라"하는 말씀에 요약되어 있습니다. 사랑은 이웃에게 해를 입히지 않습니다. 그러므로 사랑은 율법의 완성입니다(롬 13:9; 비교. 갈 5:14).

야고보서는 이웃사랑의 계명을 공동체의 으뜸가는 행동의 규범으로 여기고 있다(약 2:8). 공관복음서에서는 이웃사랑을 "모든" 제의보다 선행하는 것으로(막 12:33), 또 "온 율법과 예언서"로(마 22:40) 혹은 "영생"을 얻기 위한 행위의 규범(눅 10:25)으로 전수한다.

그런데 초기기독교가 예수의 이웃사랑의 요구를 중심가치로 받아들여 실천하는 과정에서, 우리는 매우 중요한 변화를 발견하게 된다. 신약성서에는 이웃사랑이 공동체 내에서의 형제사랑이라는 하나의 새로운 에토스를 통하여 구체화되고 실현된다. "내 이웃이 누구인가?"(눅 10:29)라는 질문은 그들에게 중요했다. 분명히 바울이 사용하고 있는 이웃사랑은 대부분 그의 공동체 내에서 '형제사랑'을 의미했다. "형제자매를 사랑하는 것을 두고서는, 여러분에게 더 쓸 필요가 없겠습니다. 여러분이 직접 하나님께로부터 서로 사랑하라고 하시는 가르침을 받아서, 온 마게도냐에 있는 모든 형제자매에게 그것을 실행하고 있기 때문입니다"(살전 4:9f). 베드로전서에는 분명하게 형제사랑이 이웃사랑을 대신한다(1:22; 2:17; 3:8)[10]. 그것의 특징은 서로 사랑하는 것이다. "여러분은 모두 한 마음을 품으며, 서로 동정하며, 서

---

10) W. Schrage, Ethik des Neuentestaments [Goettingen, 1989(2.auf.)], p.281.

로 사랑하며, 자비를 베풀며, 겸손하십시오"(벧전 3:8). 또한 "형제애로 서로 사랑하며[11], 서로 존경하기를 먼저 하십시오"(롬 12:10). 공관복음서의 '형제(adelphos)'라는 용어는 이미 공동체 내의 구성원을 지칭하는 용어가 되었고(마 5:47), 모든 서신서의 수신자는 "사랑하는 형제"였고, 서로를 그렇게 불렀다. 이것의 가장 두드러진 경향은 신약성서의 사랑의 용어 'agape'의 대다수를 점유하는 요한 공동체에서 드러난다. 아예 예수의 사랑의 계명을 형제사랑으로 구조화했다. "하나님을 사랑하는 사람은 자기의 형제도 사랑해야 합니다. 우리는 이 계명을 주님에게서 받았습니다"(요일 4:21b; 비교: 요 13:34 외).

'형제애'(philadelphia)는 또한 '인류애'(philanthropia)와는 구별된다. Philanthropia는 헬레니즘적 배경에서 이해될 수 있는 모든 인간에 대한 보편적인 사랑을 의미한다. 로핑크(G. Lofink)가 바로 지적했듯이, 그것과는 다르게 초기기독교는 예수의 이웃사랑의 가르침을 어떤 '보편적 인류애'로 이해하지 않았다. 그들은 바로 공동체내의 형제자매를 사랑하는 그들의 삶의 형태를 통해서 예수의 이웃사랑을 실현해 나갔다[12]. 초기기독교 공동체를 내적으로 통합했던 '사랑의 가부장제'는 바로 예수의 이웃사랑의 계명을 아버지이신 하나님의 가족인 형제적 공동체 안에서 실행했던 에토스가 아니고 무엇인가?[13]. 또한 하나님 사랑과 이웃사랑을 가장 상징적으로 드러냈던 예수의 식탁공동체와 최후의 만찬은 초대교회의 중요한 삶의 형태였던 공동식사와 성만찬으로 이어졌다. 초기기독교는 이렇게 예수의 이웃

---

11) 표준새번역에는 이 부분이 "육친의 사랑으로 서로 다정하게 대하며"로 조금 확대번역되어 있다. 그러나 philadelphia는 "형제사랑"로 번역함이 옳다. 비교: 벧전 1:22; 3:8; 벧후 1:7; 살전 4:9 히 13:1.

12) G. Lofink, 강한수 역, 『예수는 어떤 공동체를 원했나?』 (분도:왜관 1985), pp.175~189.

13) G. Theissen, "Soziale Schichtung in der Korinthischen Gemeinde", in: G. Theissen, *Studien zur Soziologie des Urchristentums* [Tuebingen, 1989 (3.Auf.)], p.268.

사랑의 요구를 그들의 사회적 행동을 위한 중심적 가치로 받아들였고, 동시에 그들은 새로운 에토스인 '형제사랑'을 통해 공동체 내에서 그것을 실현하게 되었다. 그러면 예수의 이웃사랑의 계명이 초기 기독교 공동체에서 이렇게 '형제사랑'의 에토스로 형성될 수 있었던 데에는 어떤 동기나 영향이 존재하지 않았을까?

우리는 초기기독교가 예수의 이웃사랑의 계명을 전수하는 과정에서 그것과 헬레니즘 유대교와의 상호 작용했던 좀더 구체적인 자료를 갖고 있다. 헬레니즘 유대교의 중요한 문서가운데 하나인 「12족장 언약서」가 그것이다14). 이웃사랑은 여기에서 주요테마로 다루어지고 마치 후렴처럼 "네 이웃을 사랑하라"(갓서 6,1; 벤야민서 3,3 외)고 권면한다. 이것은 유대교에 존재하던 이웃사랑의 재 발견이었다고 평가할 수 있다. 그런데 중요한 것은, 이웃사랑의 계명이 '12지파'를 향하고 있다는 것이다. 12지파는 이스라엘의 언약공동체로서의 형제를 상징한다. 이것을 통해서 나오는 자연스러운 결과는 이웃사랑이 직접적으로 형제사랑으로 연관되어진다는 것이다. 그러니까 이스라엘은 언약공동체적 형제로서 이웃사랑을 요청받고 있는 것이다15). 12족장 언약서에서 이웃사랑이 형제사랑으로 나타나는 것은, 단지 어휘적 표현이 아닌 중요한 모티브로 나타난다. 이 문서 전체를 관통하는 형제사랑의 모티브는 요셉이다. 그의 형제들은 요셉을 곤경에 처하게 함으로 형제애를 실천하지 못했다면, 요셉은 그럼에도 그들을 형제로 사랑함으로서, 단지 형제중의 하나가 아니라 참된 '형제애'를 실천한 모델이 된다.

---

14) 이 가명의 작품은 창 49:27~50, 26에 나오는 야곱이 그의 12아들들에게 차례로 권면하는 고별사 형식을 모델로 하여, 12아들들이 그들의 자녀들에게 고별사를 하는 것으로 이루어져 있다. 이것의 형성시기는 약 B.C. 2C초부터 유대교적 골격으로 시작해서 A.D. 1C 후반에 기독교적 가필로 최종손질이 되었다고 본다 J. Becker, *Untersuchung zur Entstehungs-geschichte der Testament der zwoelf Patriarchen* (Leiden, 1970), pp.373~377.

15) J. Becker의 테제: Ibid., 396.

> 보라 내 자녀들아. 내가 나의 형제들에게 수치를 당하게 하지 않기 위해 얼마나 참
> 았는가. ⋯ 그들이 이집트에 왔을 때, ⋯ 나는 그들이 미미한 것에라도 곤욕에 처하
> 는 것을 허락하지 않았다. 그리고 내 수하에 속했던 모든 것을 그들에게 주었다. 그
> 들의 아들들은 나의 아들들이었으나, 나의 아들들은 그들의 종과 같았다. 그들의 삶
> 은 나의 삶이었고, 그들의 고난은 나의 고난이었으며, 그들의 질병은 나의 약함이었
> 다.(요셉서 17,1~7)[16]

그의 형제 벤야민은 그래서 "선하고 경건한 요셉을 본받음으로서" 하나
님과 이웃을 사랑하라고 한다(벤야민서 3:1~3). 신앙과 인격의 사람 요셉은
창세기 이외에 구약 어느 곳에서도 언급되지 않다가 비로소 헬레니즘-유대
교시대에 그 에토스에 부합하는 모델로 빛을 발한다. 헬레니즘-유대교 시
대의 한 개인의 삶의 에토스는 그렇게 표현되었다. 그들에게 경건은 곧 하
나님을 두려워함으로 이웃사랑이라는 가장 중요한 '계명'을 지키는 삶의 형
태요 공동체의 규범이었다. 흩어진 디아스포라와 팔레스틴 유대교는 이웃
사랑의 계명을 통해 이스라엘의 형제사랑을 실현할 언약공동체로서의 희
망을 새롭게 한다.

12족장 언약서가 초기기독교의 형제사랑의 에토스(Bruderschaftsethos)의
형성에 주었던 영향은, 무엇보다도 이 형제애가 인간 상호간의 용서의 모티
브가 되고 있다는 것에서 찾아볼 수 있다. 우리는 눅 17:3(//마 18:15)의 형
제를 용서하라는 권면에 대한 매우 유사한 표현을 거기에서 뚜렷이 찾아볼
수 있다.

> 서로가 진심으로 사랑하여라. 그리고 만일 누가 너에게 죄를 짓거든 그에게 평화 가
> 운데 말하고, ⋯ 그가 만일 회개하고 돌이키면 그를 용서하라.(갓서 6:3)

물론 초기기독교에서는 요셉이 아닌 예수 그리스도가 그들의 형제사랑의
모델이었다. 예수는 단지 공동체내의 한 형제로서만이 아니라, 하나님의 아

---

16) 원문인용은 J. Becker의 번역을 따름. J. Becker, *Die Testamente der zwoelf Patriarchen*
(JSHRZ III-1), 1980(2.Auf.), p.128.

들로서 형제사랑을 실현한다. 고난 속에서도 하나님과 사람을 원망하지 않은 예수의 삶은 공동체 속에서 깊이 각인되었다. 신약성서에 배어있는 '하나님을 본받음'(imitatio dei)의 모티브는 공동체내에서 '그리스도를 본받음'(imitatio christi)으로 동일시되었다.

> 서로 친절하며, 불쌍히 여기며, 하나님께서 그리스도 안에서 여러분을 용서한 것과 같이, 서로 용서 하십시요(엡 4:32).
> 이제 나는 너희에게 새 계명을 준다. 서로 사랑하여라. 내가 너희를 사랑한 것같이 너희도 서로 사랑하여라(요 13:34).

이웃사랑이 형제사랑으로 변화하며 헬레니즘—유대교에서 그 삶의 자리를 확보하게 된 것과 같이, 초기기독교는 예수의 이웃사랑을 공동체에서 형제사랑의 에토스로 실현하려 했다고 생각할 수 있다. 그러나 둘 사이에는 근본적인 차이가 존재한다. 그 차이는 단지 이러한 텍스트의 유비로는 파악되기 어렵다. 더 나아가 저 이웃사랑의 근본가치가 형제사랑으로 구현된 초기기독교인들의 삶의 특성을 파악함으로 분명히 할 수 있을 것이다.

4. 이웃사랑의 에토스와 초기기독교인의 삶

이것을 위해 우리는 초기기독교적 이웃사랑의 실천을 비판적으로 검토해야 한다. 형제사랑의 에토스를 통해서 초기기도교인들은 예수의 이웃사랑의 가르침과 요구를 바르게 따랐는가?

만일 예수의 이웃사랑이 그들에게서 '공동체적 내면화'로만 향했다면 그것은 예수의 가르침에 대립되는 것이된다. 왜냐하면 예수의 이웃사랑은 결코 공동체 내에서의 형제사랑에 중심을 두었다고 할 수가 없기 때문이다. 그렇다고 그것이 "보편적 인류애"를 의미하는 것도 아니다. 왜냐하면 이웃사랑의 계명은 폭력포기의 요구라는 역사적 예수의 구체적인 상황에서 요구되었고, 거기에서 원수사랑으로 그 상황을 넘어서기 때문이다[17]. "네 뺨을 치는 사람에게는, 다른 뺨도 돌려 대고, 네 겉옷을 빼앗는 사람에게는 속옷도 거절하지 말아라"(눅 6:29 // 마 5:39f). "네 원수를 사랑하고, 너를 박해하는 자들을 위하여 기도하라"(마 5:44 // 눅 6:27). 분명 예수의 이웃사랑은 사회적 제한과 역사적 상황을 넘어 나아가는 하나님 나라의 한 실현방식이었다고 할 수 있다.

그렇다면 초기기독교의 형제사랑의 에토스는 이런 관점에서 예수의 이웃사랑에서 빗나간 실천방식이었는가? 이것에 대한 대답은 그들의 에토스에 대한 역사적 평가에 의존된다. 만일 그들의 에토스가 형제사랑의 공동체 내에서 머무르고자 하는 한 그들은 거기에서 빗나간 것이 된다. 그러나 예수의 이웃사랑에 대한 초기기독교인들의 삶은 그 반대라는 것을 보여줄 뿐이다. 무엇보다도 그들은 공동체의 경계를 넘는 형제사랑의 에토스를 형성시켰다. 이것에 대한 하나의 예는 누가복음의 원수사랑의 삶의 자리에서 보여진다. 누가 공동체에서는 예수의 원수사랑의 요구가 재미있게도 "돈을 빌려주는 문제"와 구체적으로 연관된다[18]. "그러나 너희는 너희 원수를 사랑하고, 좋게 대하여 주고, 또 아무것도 바라지 말고 꾸어 주어라"(눅 6:35). 채권자들은 그리스도인이다. 그들은 물론 공동체 안의 형제들과의 관계뿐 아니라, 공동체 밖의 사람들과의 관계에서도 받을 것을 포기하고 빌려주도록 요구된다. 이렇게 형제사랑의 에토스는 공동체 내에서만이 아니라, 외부로도 실현되어야 한다는 것은 바울 공동체에서도 당연한 것이었다. "주께서 여러분끼리 서로 나누는 사랑과, 모든 사람에게 베푸는 여러분의 사랑을 풍성하게 하고, 넘치게 해 주시기를 빕니다"(살전 3:12). "기회가 있는 동안

---

17) 이것에 대해서는 G. Theissen, "Gewaltverzicht und Feindesliebe", in: G. Theissen, *Studien*, 191~197. 그리고 L. Schottroff, "Gewaltverzicht und Feindesliebe in der urchristlichen Jesustradition. Mt 5,38~48; Lk 6,27~36", in: Strecker, G. (ed.), *Jesus Christus in Historie und Theologie* (Tuebingen, 1975), pp.197~221.

18) G. Theissen, pp.180~183.

에, 모든 사람들에게 선한 일을 합시다. 특히 믿음의 식구들에게는 더욱 그렇게 합시다"(갈 6:10).

신약성서의 어느 곳에서도 초기기독교 공동체가 예수의 이웃사랑을 형제사랑으로 실천할 때, 그것을 공동체 내에서 국한시켰다는 증거를 찾을 수 없다[19]. 구약의 이웃사랑의 텍스트를 더욱 공고하게 전수했던 동시대의 쿰란공동체와는(IQS 1,9f) 달리 초기기독교 공동체는 분명 배타적 섹트의 길을 택하지 않았다. 그들은 이웃사랑을 그렇게 성문화된 텍스트로 전수하기보다, 도리어 동시대의 헬라화된 유대교 공동체들과 부딪히는 많은 문제들과 씨름하면서 그 근본가치를 '형제사랑'이라는 구체적인 에토스로 형성시켰기 때문이다. 달리 표현해 보자면, 동시대의 유대교적 전승이 형제사랑에서 이스라엘의 언약공동체의 회복을 추구했다면, 초기기독교의 형제애는 이방인과 유대인의 사회적 한계를 허물고 만민에게로 나아갔다. 바울에게서는 그것이 서두에 언급한 대로 유대교의 결정적인 에토스였던 할례를 버림이었다면, 마태공동체에서는 윤리적 차원의 "더 나은 의"(마 5:20)를 실천함으로, 이웃사랑이 공동체 내에 머무는 것을 경고한다. 이것은 원수사랑의 동기에서 분명히 보여진다:

너희가 너희의 형제들에게만 문안하면, 너희의 더 나은 것이 무엇이냐?(마 5:47)

또한 분명히 바울은 예수의 복음으로 살아가는 형제공동체의 구체적인 삶의 형태를 통해 당시의 사회적 장벽들을 지양하고자 했다[20] 그들의 에토스 안에서는 이방인과 유대인, 종과 자유인, 여자나 남자는 차별이 없어야

---

19) G. Lofink, op. cit., pp.188f, 의 견해는 이점을 분명히 하고 있다. 그러나 그는 시간적 선후관계의 도식에 얽매이고 있다. "우선 일단은 그네들 자신들(초기기독교)의 대열 속에서 형제에를 구현하고자 했고." 그것은 그가 예수의 보내심이 일차적으로는 "이스라엘의 부름"에 있었고, 초기기독교가 이것에 따라 공동체내에서 형제사랑을 행한 것으로 보기 때문이다.

20) Ibid., pp.145~162.

했다(갈 3:28). 그들은 그래서 노예의 신분이었던 오네시모를 형제로 받아들일 수 있는 공동체였다. 또한 그들의 교회의 구조는 권위주의적 세상질서 뿐만 아니라(마 20:24~28 병행), 유대교와도 대조를 이루어야 했다. 마태의 공동체는 어느 누구도–사도적 계승을 자처하는 제자도 주의 형제 야고보일지라도–교사도 지도자도 될 수 없었다. 그들에게 가능한 교회는 형제적 공동체였다(마 23,8~10).

> 또 너희는 지도자라는 칭호를 듣지 말아라. 너희의 지도자는 그리스도 한 분뿐이다 (23:10)

우리는 그러므로 초기기독교의 이웃사랑의 실천을 이렇게 요약할 수 있다. 초기기독교는 분명 유대교에 뿌리를 두고 출발했고, 동시대의 헬레니즘 유대교와 필연적으로 종교적 · 사회적으로 조우해야 했다. 거기가 그들의 삶의 자리였다. 바로 그 자리를 넘어, 만민을 위한 종교가 되었다. 이를 위해서 그들은 예수에게 시작된 새로운 삶의 중심가치인 이웃사랑을 교리나 시스템이 아닌 형제사랑의 에토스로, 그들의 삶의 스타일로 교회와 사회 속에서 충분히 실현했다고 볼 수 있다. 더 나아가 그들은 '예수의 전승'을 단지 '텍스트'로서 전수한 것이 아니라, 공동체적 에토스를 통해서 창의적으로 생산했다고 판단할 수 있다. 만일 그러한 초기기독교적 에토스를 통한 기독교적 근본가치의 실천이 역사 속에서 하나의 원 모델(Urbild)로 평가될 수 있다면, 그것은 단지 그들의 역사적으로 예수의 전승의 최초의 담지자들이었기 때문만은 아닐 것이다. 그렇다면 그것은 그들의 삶의 자리에서 그들의 에토스를 통해서 예수의 사랑의 '철저성'을 실천했기 때문일 것이다. 하나의 과제를 제시하는 것이 된다. 기독교적 근본가치는 그것이 위임된 역사 속의 모든 기독교 공동체에게 사회적 차원의 창조적 재생산을 요청한다.

5. 한국교회의 과제

여기서 시간적·공간적으로 차이를 갖는 한국교회의 이웃사랑의 실천의 특성을 생각해 볼 수 있다.[21] 한국 개신교 초기역사는 매우 특이하게 교회가 민족의 운명에 자신을 연대해야 했던 역사를 갖고 있다[22]. 식민지 하의 삶을 살아가는 동포들은 절실하게 교회의 '이웃'으로 다가올 수 있었고, 교회 공동체는 그 고난받는 백성들과 매우 깊게 연대했다. "그들이 고난은 나의 고난이요, 그들의 삶은 나의 삶"이었다. 교회는 그 '이웃'에게 자신을 열었다. 3·1 운동이라는 민족운동이 교회조직을 통해 전국으로 확산될 수 있었던 것은, 교회가 민족을 '이웃'으로 생각하지 않는 한, 그리고 교회가 자신의 공동체를 그 '이웃'을 향해 개방하지 않는 한, 아니 더 정확하게 표현해서 교회가 공동체 안으로 향했다면, 불가능했을 것이다. 교회에서 나라빚을 갚기 위해 금주/금연가를 부르며 모금을 하는가 하면, 인재를 길러 도탄에 빠진 백성과 나라를 구하고자 기독교 학교가 세워졌다. 이렇게 한국의 초기교회는 초기기독교와는 다른 양상으로 '이웃사랑'이 '나라사랑'으로 이루어지는 특이한 '삶의 자리'를 갖게 되었다. 그러나 실상 이웃사랑이 나라사랑이란 에토스로 형성되었다면, 그것은 바로 식민지 상황이 만든 교회 공동체의 모습임을 부인할 수 없다. 교회는 그 시련을 통과하면서 민족과 나라가 아닌 '이웃'으로서의 인간을 발견해야 했다.

해방 이후 이웃사랑은 교회공동체 내에로 뚜렷한 방향전환을 하게 된다. 이것은 이미 존재하던 '교회의 비정치화' 프로그램과 연관되어 이해할 수 있을 것이다. 여기서 한편으로는 이웃사랑은 근본주의적으로 표현된 '영혼사랑'으로 확립되고, 교회는 내부지향적으로 구조화되어간다. 다른 한편으

---

21) 이 글의 한계 상 여기서는 단지 한국교회 역사와 삶에 대한 '우리의 충분한 공감대' 수준에서 언급할 수밖에 없다.
22) 민경배, 『한국교회사』 (대한기독교서회:서울, 1972)의 테제.

로 이웃사랑은 교회공동체의 구성원들에게 하나의 윤리적 요구로 인식되어진다. 신앙과 윤리, 믿음과 선행은 이렇게 이원화되어 간다. 이렇게 하여 '한국교회적' 이웃사랑의 실천은 이원론적 에토스로 특징지어진다. 이러한 경향에 대한 비판적 흐름으로서 우리는 70년대 이후의 교회의 사회적·정치적 실천중심의 신학을 경험했다. 이웃사랑은 거기서 경제적 약자와의 연대를 의미한다. 교회는 민중들과의 연대를 통해서 자신의 정체성을 이루고자 한다. 그러나 거기서 더 이상 이웃사랑의 가치의 내면화와 창의적 삶의 형태로서의 에토스는 보이지 않는다. 형제사랑이 어떠한 사회적 모순을 극복해나가는 '강건함'으로도 나타나지 않는다.

내가 아는 한 두레운동의 모티브는 바로 이러한 한국교회의 긴장에서 시작되었다. 신앙적·교회공동체적 삶의 역사적·사회적 지평을 열고자 하는 끊임 없는 도전이 두레를 시작하게 했고, 지금의 위치에 서게 했다는 것이다. 그 도전이 공동체적 삶의 모델을 찾는 것으로 시도된 것은 예수운동으로의 합당한 지향이었고, 초기기독교적 에토스 형성의 '원 모델'에도 부합된다고 본다. 문제는 우리 사회와 교회의 현실에서 기독교적 근본가치를 어떠한 삶의 형태로 창조해 내느냐이다. 그런 의미에서 이웃사랑의 가치가 한 시대의 한국기독교적 에토스로 형성될 수 있는가는 역시 과제로 남는다. 분명한 것은 지금의 우리사회는 종교적 차원으로 경도된 기독교에게 사회적 차원의 선명한 삶의 가치와 형태를 요구하고 있다는 것이다. 奉事

안디옥의 이그네이셔스(Ignatius of Antioch)
- 제자도의 영성

최 승 기*

1. 들어가는 말

작금의 한국교회는 위기를 맞고 있다. 한국교회가 한국사회의 희망의 등불이 되는 것은 고사하고 오히려 한국사회의 부패지수를 높이는데 상당한 공헌을 하고 있음이 만천하에 드러나고 있기 때문이다. 옷사건의 주역들, 시민단체에서 선정한 낙천자 전체 명단에 속한 기독교인 국회의원의 수, 순례자 혹은 구도자의 이미지는 간데 없고 기업가나 관리자의 이미지만을 풍겨대는 많은 목회자들…. 이런 상황에서 한국교회가 어디에서부터 빗나가게 되었는가에 대한 깊은 성찰과 회개가 절실하게 요구되고 있다. 여러 가지 원인들이 제기될 수 있지만, 무엇보다도 본회퍼의 통찰이 오늘 한국교회의 현실을 가장 잘 드러내고 있다고 생각한다. 값싼 은혜만을 강조함으로 제자도를 상실한 교회의 모습이 바로 오늘 우리들의 모습이다. 제자훈련이 유행처럼 한국교회를 휩쓸고 갔지만, 그것 또한 교회 안의 평신도를 활용한다는 실용주의적 관점을 벗어나지 못한 것이 사실이다. 제자도는 우리 신앙의 본질이다. 그 실현의 자리는 우리의 삶이다. 모든 것을 버리고 고난을

---

* 두레연구원4기, 현 토론토대학교 낙스신학원 박사과정

기꺼이 감수하면서 주를 따르는 제자도, 믿음과 행동의 이분법을 용납치 않는 제자도, 하나님 앞에 홀로 서서 동료들과 함께 한 순간이 아닌 일생 동안 정진해나가는 제자도, 이 제자도가 한국교회 안에 회복되어야만 한다.

물고기는 강물이 혼탁할 때 맑은 물을 찾아 발원지로 거슬러 올라간다. 기독교 전통의 의미도 이와 같다. 참된 제자도의 영성을 찾아 기독교 전통을 거슬러 올라가다 보면 초대교회의 한 신앙의 선배가 있다. 바울과 바나바를 선교사로 파송했던 안디옥 교회의 2대 주교로서 2세기 초에 순교한 이그네이셔스가 바로 그다. 이 글의 초점은 그의 제자도의 영성과, 이 제자도의 영성이 그의 강렬한 순교에 대한 열망과 어떤 관련이 있는가를 알아보고, 나아가 그의 제자도의 영성이 한국교회의 목회를 위해 던지는 시사점이 무엇인지를 찾아보는 데 있다.

더러의 학자는 그의 몸이 로마의 맹수에 의해 한 조각의 살점도 남지 않게 되기를 소망하는 그의 순교에 대한 열망을 노이로제 때문이라고 격하시키기도 한다.[1] 그러나 그의 순교에 대한 열망은 박해로 대변되는 당시의 역사적 상황과 그의 제자도의 영성 사이의 역동적 관계에서 빚어진 자연스런 산물이다. 이것이 이 글의 논지이다.

2. 역사적 상황들

블라시(A.J.Blasi)는 그의 짧은 글에서 순교라는 것은 결코 개인의 정신적인 상태에 의해 발생하는 것이 아니라 그 개인이 속해 있는 사회적 조건 속에서 발생한다고 지적한다.[2] 따라서 안디옥의 이그네이셔스에게 순교가

---

1) B. H. Streeter, *The Primitive Church* (London: Macmillan, 1929), p.168.
2) Anthony J. Blasi, "Marginalization and Martyrdom: Social Context of Ignatius of Antioch," *Listening* 32 (1997): p.68~74.

진정으로 무엇을 의미했는지를 알기 위해서는 먼저 1세기 말과 2세기 초의 기독교와 세속 사회 사이의 역동적 관계를 이해해야만 한다.3) 즉, 로마와 헬라인들은 크리스천들을 어떻게 보았는가? 크리스천들, 특별히 안디옥의 이그네이셔스는 세상과 로마 권력을 어떻게 이해했는가, 하는 질문을 검토해야만 한다.

유대인들이 로마나 헬라의 도시에 정착할 때 그 도시의 법에 의해 보호를 받았던 것과는 달리, "기독교는 자신들의 본토나, 역사나, 그 역사를 기록한 책이나, 존경과 환대를 받을 수 있는 것들이 거의 없었다."4) 당시 로마 총독 플리니(Pliny)가 로마 황제에게 보낸 편지에 의하면, 기독교 운동은 하나의 미신으로 간주되었다. 이것이 외부인들에게 비추어진 기독교에 대한 이미지였다.5) 당시에 미신이란 로마인들에게는 익숙하지 않은 종교적 행위를 함으로써 로마인들이 생각하는 참된 경건을 해치는 종교적 그룹을 의미했다. 당시 참된 경건에 대한 정의는 그레코-로만 세계의 도시들 안에서 이루어지는 공공의 삶과 관련지어져 결정되었기 때문에, 미신이란 단순히 종교적 문제만이 아니라 사회·문화·정치적인 문제였다. 미신은 로마에 대한 충성심과 사회적 통합력의 상실, 불성실, 도덕적 해이를 야기하는 것

---

3) 비록 이그네이셔스의 순교가 정확히 언제 이루어졌는지에 관해서는 논란이 있지만, 현대 학자들의 공통적 견해는 유세비우스의 기록대로 트라쟌 통치 시기(98년~117년)에 로마에서 순교가 이루어졌다는 것이다.

4) Robert Wilken, "The Christians as the Romans (and Greeks) Saw Them," in *Jewish and Christian Self-Definition: the Shaping of Christianity in the Second and Third Centuries,* ed. E. P. Sanders (London: SCM Press, 1980), p.104.

5) 플리니는 그의 편지에서, 기독교를 "전염성 강한 미신"이라고 칭했다. 그는 계속해서 전지역에 연령과 남녀와 계층의 구별없이 기독교가 번져가고 있다고 언급했다. "나는 집사로 불리우는 노예계급 출신의 두명의 여자를 고문하면서 기독교가 무엇인지를 알아내려고 했다. 그러나 내가 알아낸 바로는 기독교는 지나친 미신에 다름 아니었다…기독교에 대한 문제는 당신께 보고할 필요가 있다고 느껴집니다. 왜냐하면 잡혀온 기독교인들은 어떤 특정 계층에 속한 사람들이 아니라 모든 계층과 연령에 속한 사람들이고, 남자와 여자 모두 골고루 있기 때문입니다. 도시지역 뿐 아니라 시골지역에도 이 전염성 강한 미신은 전파되고 있습니다." Pliny, *Pliny Letters,* trans. William Meloth(London: William Heinemann, 1927), p.405.

으로 간주되었다. 따라서 초기 기독교가 이방인의 눈에는 자신들에게 해로운 것으로 비추어졌다. 이로 인해 이방인들의 적대감을 직면해야만 했다. 이 점은 플리니가 트라쟌에게 보낸 편지에서도 확인된다. 플리니는 계속해서 기독교에 남아있겠다고 고백한 사람들은 처형시키라고 명령했다고 그 편지에 기록하고 있다.

그렇다면 초기 기독교인들은 이러한 이방인들의 적대감에 어떻게 반응했는가? 초기 기독교인들의 반응은 그들이 지닌 세상에 대한 이해와 긴밀하게 연결되어 있다. 여기서는 이그네이셔스가 각 교회에 써보낸 여러 편지에 담긴 그의 세상에 대한 이해에 초점을 맞추고자 한다. 이그네이셔스의 세상에 대한 이해는 그의 기독론 이해에 근거를 두고 있다. 그의 기독론 이해의 중심에는 그리스도의 고난이 자리 잡고 있다. 그리스도 또한 세상에서 공평치 못하게 취급당했고, 무시당했고, 고난당했다.[6] 그러니 크리스천들이 세상의 적대감에 직면하게 되는 것은 당연하다. 이그네이셔스는 심지어 "기독교의 위대함은 기독교가 세상에 의해 미움을 당하는 그 사실에 있다"(Rom. 3.3)고까지 생각한다.

이그네이셔스는 교회와 세상 사이에 확실한 경계선을 긋는다. 다시 말하면, 이그네이셔스는 비록 교회가 세상 안에 있지만, 세상에 속하지는 않는다고 생각한다. 그는 말하기를,

> 두 개의 동전이 있다. 하나는 하나님의 것이고, 다른 하나는 세상의 것이다. 각각 그 동전에는 자신이 어디에 속해 있는지 스탬프가 찍혀있다. 불신자에게는 세상의 스탬프가, 성도들에게는 예수 그리스도를 통해서 하나님의 스탬프가 찍혀있다. (Magn. 5)

이점에서, 크리스천들은 사회 안에서 자신들의 안전을 추구하려 하지 않

---

6) Ignatius' letter to Ephesians 10. 3(=Eph. 10.3). 앞으로 본문 중에 언급된 구절은 모두 이그네이셔스의 편지의 구절들이다.

고, 그 안전을 크리스천 공동체 안에서 추구했다. 게다가 크리스천 공동체 들은 자신들이 세상과의 전투를 하고 있다고 느꼈다.

그러면 크리스천들은 이 세상의 적대감에 어떻게 반응했는가? 이점에서 이그네이셔스는 주위에 사는 이방인 이웃들과 로마 왕국을 분리한다. 이그 네이셔스는 주위의 이방인 이웃들에 대해서는 긍정적인 견해를 지닌다. 그 는 이사야 52: 5을 인용하면서 크리스천들이 이방인 이웃들에게 절대로 교 회의 비난거리를 제공하지 말 것을 강력하게 권면한다.

> 아무도 자신의 이웃들에게 해가 되는 어떤 것도 행하지 말라. 절대로 이방인들에게 하나님의 백성이 조롱을 당하는 실마리를 제공하지 말라. "자신의 어리석은 행위로 나의 이름이 조롱을 당하게 하는 자에게는 화가 있을진저."(Tral. 8.2)

그러나 이그네이셔스는 기독교인들이 단지 비난거리를 제공하지 않는 수 동적인 위치에 머물러 있기를 원치 않는다. 그는 기독교인들이 보다 이방인 이웃들에게 적극적인 태도를 취하기 원한다. 그는 기독교인들이 말로가 아 니라 행동으로 본을 보여 이방인들이 기독교인들의 행동으로부터 배울 수 있도록 하라고 촉구한다(Eph. 10.1). 그 행동으로 인해 이방인 이웃들이 기 독교를 받아들일 가능성도 있다는 것을 그는 염두에 둔다. 그래서 이그네이 셔스는 기독교인은 끊임없이 이방인 이웃들을 위하여 기도해야 한다고 말 한다(Eph. 10.1). 이그네이셔스는 다시 한 번 기독론에 근거하여 이방인 이 웃들을 대할 때 그리스도를 본받도록 크리스천들을 권면한다. 그는 크리스 천들에게 억울하게 고난을 당하되 결코 대항하지 않는 그리스도를 열심히 본받아 행동하도록 요청한다. 따라서 크리스천들은

> 이방인 이웃들의 적대감을 온유함으로 갚아주고, 그들의 우쭐댐을 겸손으로, 그들의 심한 행동을 기도로 갚아주어야 한다. 그들의 잘못된 행동들을 직면했을 때, 믿음에 굳게 서 있어야 한다. 폭력을 부드러움으로 되돌려주고, 절대로 그들을 적대하지 말 라. 우리들보다 훨씬 더 멸시당하고, 억울하게 고난당한 그리스도를 닮고자 하는 열

심을 품고 인내함으로 우리가 그들의 형제들임을 보여주도록 하라.(Eph. 10.2, 3)

결론적으로 크리스천들은 이방인 이웃들에 대해 그리스도의 모델을 따라 행동함으로써 자신들이 그들의 형제임을 보여주어야 한다는 것이다.

반면, 로마 권력에 대해서는 이그네이셔스는 매우 부정적으로 생각한다. 그는 로마 권력이 초대 교회 성도들의 박해자임을 잘 알고 있으며, 그로 인해 로마 권력을 악마적 세력으로 간주한다. 따라서 자신이 죄수의 몸으로 시리아에서 로마로 압송되어가는 과정을 "이 세상의 권력잡은 자"(Rom. 7.1)와의 영적 전쟁으로 그는 간주한다. 로마 권력은 "이 세상의 권력잡은 자"의 대리인이고, 그를 압송해가고 있는 10마리의 표범(로마 군인들)은 로마 권력의 대리인들이다. 이그네이셔스에 의하면, 이 영적 전쟁에서의 승리는 오직 그리스도의 고난의 모델을 따름으로써만 얻어질 수 있다. 즉, 순교를 통해서 그 승리는 획득되어진다. 이 점에서 이그네이셔스는 로마 교회의 성도들에게 자신이 풀려나도록 노력함으로써 악마를 돕는 오류를 범하지 말도록 권면한다.

> 이 세상의 권력잡은 자는 나를 납치해서 나의 선한 목적이 이루어지지 못하도록 하려고 합니다. 그러니 여러분 중 누구도 그의 부추김에 넘어가지 마십시오. 나의 편, 즉 하나님의 편에 서십시오… 만약 내가 그 곳에 도착해서, 혹시라도 마음이 변해 현재 편지에 담고 있는 내용과 다른 말을 하면서 당신들에게 도움을 청하더라도 나의 말에 귀 기울이지 말고, 현재 이 편지에 담긴 내용에 따라 행해주십시오.(Rom. 7.1, 2)

로마는 이그네이셔스가 살해당하고 사라지게 되는 곳이다. 그러나 동시에 로마는 이그네이셔스의 영적 여정이 하나님께 온전히 이르게 되는 곳이며 악마를 정복하는 곳이다. 이점에서 로마로 압송되어가는 그의 발걸음은 로마에서 얻게 될 악마와의 전투에서의 승리를 드러내는 개선 행진이다.[7]

---

7) William Schoedel, "Theological Norms and Social Perspectives in Ignatius of Antioch," in *Jewish and Christian Self-Definition: the Shaping of Christianity in the Second and*

게다가 순교를 통한 영적 전투에서의 승리는 이방인들에게 복음을 증거하는 기회가 될 수 있다. 이그네이셔스는 이같은 기회를 결코 잃고 싶지 않다는 그의 소망을 분명하게 밝힌다. "여러분들이 나를 그냥 내버려두면, 사람들은 내 안에서 하나님의 말씀을 보게 될 것입니다."(Rom. 2.1)

이상에서 본 바와 같이 우리는 로마와 헬라사회는 기독교에 대해 적대적이었고, 이그네이셔스의 견해에 의하면 기독교는 주변의 이방인 이웃과 로마권력을 구별하여 대했음을 알았다. 주변 이웃들이나 로마 권력을 대할 때의 기준은 모두 그리스도였다. 초기 기독교인들의 삶과 행동에 기독론이 차지하는 중요성을 보았다. 이제 적대적 세상에 의해 둘러싸인 초기 기독교인들이 생각한 제자도가 무엇이었는지를 이그네이셔스를 통해 알아보겠다. 그리고 그의 제자도의 영성과 그의 순교에 대한 열망이 어떤 관계에 있는지 알아보고자 한다.

3. 안디옥 이그네이셔스의 제자도의 영성

이그네이셔스의 순교에 대한 열망의 바탕에는 어떤 영성이 자리잡고 있는가? 순교에 대한 그의 열망을 고취시킨 영성은 제자도의 영성이다.[8] 그러나 제자도란 진공상태에서 논의 되는 것이 아니라 구체적인 역사적 상황 속에서 논의되어야만 한다. 따라서 우리는 앞서 논의한 역사적 상황과의 관

Third Centuries, ed. E. P. Sanders (London: SCM Press, 1980), pp.52~3.

8) 버지니아 크로인은 제자도와 예수를 본받음이 이그네이셔스 신학의 중심 주제라고 지적한다. 그에 의하면, 제자도는 리더에 대한 헌신과 리더의 패턴을 따른다는 점을 모두 함유한다. 반면, 본받음은 헌신보다는 패턴을 훨씬 강조한다. 그러나 대체로 그 둘은 같은 의미를 지닌다. Virginia Corwin, *St Ignatius and Christianity in Antioch* (New Heaven: Yale University, 1960), p.227. 반면 스왈틀리는 "이그네이셔의 편지에서 본받음이란 용어는 제자도의 용어보다 훨씬 덜 사용되고 있다"고 주장하면서, "이그네이셔스를 이해하기 위한 핵심은 본받음에 대한 그의 개념이 아니라 제자로서의 그의 역할을 그 스스로가 어떻게 이해하고 있는가라는 점이다"라고 결론을 내린다. Willard Swartley, "the Imitatio Christi in the Ignatian Letters," *Vigiliae Christianae* 27 (1973), pp.81~103. 따라서 이 글은 스왈틀리의 견해를 따른다.

련 속에서 이그네이셔스의 제자도 개념을 알아보고자 한다. 초대교회는 1세기 중반 정도에 형성되었다. 그리고 그레코-로만 사회로 전파되었다. 신조와 교회의 조직이 견고해지기 시작하였다. 기독교의 전파와 교회의 견고화가 진행되면서 이단의 위험도 점증하였고, 로마 권력으로부터의 박해도 가속화되었다. 바로 이러한 상황을 염두에 두고 이그네이셔스의 제자도 영성을 알아보고자 한다.

제자라는 용어의 의미를 먼저 살펴보자. 이그네이셔스의 편지에 제자란 용어는 9번, 제자가 된다는 동사는 4번, 가르침이란 의미의 명사는 1번 나타난다. 이그네이셔스는 제자라는 용어를 외관상 서로 대립되는 두 가지 방식으로 사용하고 있다. 좀더 폭넓게 제자란 용어는 모든 크리스천들을 의미한다. 그들의 현재 영적 수준에 관계없이 크리스천이면 모두 제자이다. 이것은 Pol. 2.1, Magn. 10.1에 잘 드러나 있다.

> 당신(폴리캅)이 좋은 제자들만 사랑한다면, 당신에겐 아무 상이 없습니다. 오히려 문제를 야기시키는 사람을 온유함으로 대하여 순종케 하십시오.(Pol. 2.1)
> 우리는 그(그리스도)의 온유함에 무감각해져서는 안됩니다… 우리는 모두 그의 제자들입니다. 그러니 우리는 반드시 크리스천으로서 살아가는 법을 배워야만 합니다.(Magn. 10.1)

반면, 좁은 의미에서는, 제자라는 용어는 보다 영적으로 높은 단계에 오른 사람들만을 의미하는 것처럼 보인다. 즉 순교자와 같은 특별한 사람들을 지칭한다는 것이다.

> 여러분의 기도로 인해 로마에서 맹수들과 싸우는 행운을 얻을 수 있기를 나는 참으로 소망합니다. 그렇게 함으로써 나는 참된 제자가 될 수 있습니다.(Eph. 1.2)
> 나는 오히려 맹수들을 꼬드겨 그 맹수들이 나의 무덤이 되고, 내 몸의 한 조각도 남지 않기를 바랍니다…그래서 세상이 나의 몸을 더 이상 보지 못하게 될 때에 나는 예수의 참 제자가 될 것입니다.(Rom. 4.2)

제자라는 용어가 외관상 서로 대립되는 방식으로 사용된 것처럼 보이는 것과 같이 제자도도 그에 상응하는 두 가지 의미를 지니는 것처럼 보인다. 넓은 의미로 제자도는 크리스천의 삶을 의미한다. 반면 좁은 의미로 제자도는 보다 높은 단계의 크리스천 삶을 의미한다. 그렇다면 외관상 상호 대립적으로 보이는 이 두 의미가 실제로 상호 대립적인가를 살펴볼 필요가 제기된다.

좁은 의미로 해석되는 위의 양 구절에서 이그네이셔스는 그가 순교자가 될 때 그리스도의 참 제자가 될 수 있다고 말한다. 그렇다면 정말로 이그네이셔스는 제자라는 용어가 순교자에게만 한정된 것으로 생각하고 있다는 말인가? 이에 대한 답은 Rom. 3.2에서 발견된다.

> 나의 영과 몸이 힘을 얻어서 내가 순교에 대해 말만 하는 것이 아니라 실제로 순교를 원하도록 기도해주시오. 내가 원하는 것은 단순히 크리스천이라고 불리는 것이 아니라 실제로 크리스천이 되는 것입니다. 그렇습니다. 만약 내가 크리스천임을 입증한다면, 나는 크리스천이란 이름을 소유할 수 있습니다. 그리고 세상이 나를 더 이상 보지 못하게 될 때 나는 크리스천임을 입증한 크리스천이 될 것입니다.

여기서 이그네이셔스는 제자라는 용어 대신 크리스천이란 용어를 사용하고 있다. 그가 순교자가 될 때 그는 신실한 크리스천이 될 것이라고 말하고 있다. 그리고 이 구절에서 크리스천이란 용어가 오직 순교자에게만 한정된 용어가 아니라는 점은 분명하다. 이그네이셔스에겐 크리스천이란 용어와 제자란 용어는 서로 교환해서 사용할 수 있는 용어이다.[9] 따라서 제자란 용어는 순교자에게만 한정되어 사용되는 용어가 아니다. 심지어 제자란 용어가 순교와 관련지어 사용될 때에도, 제자란 용어는 영적으로 높은 수준에 오른 영적 엘리트 집단을 의미하지 않는다. 제자가 영적 엘리트들을 의미하는 것은 이그네이셔스 이후 오리겐에 의해 형성된 개념이다.[10]

---

9) Daniela Norman McNamara, "Ignatius of Antioch on His death: Discipleship, Sacrifice, Imitation,"(Ph.D. diss., McMaster University, 1978), p.119.

그렇다면 이그네이셔스에겐 무엇이 중요한 점인가? 그것은 단순히 크리스천이나 제자라고 불리는 것이 아니라 참으로 크리스천과 제자가 되는 것이다. 그는 분명하게 "우리는 크리스천으로 불리울 뿐만 아니라 참으로 크리스천이 되어야만 합니다."(Magn 4)라고 말한다. 이 점에서 우리는 무엇이 참된 크리스천의 특징인가를 질문할 수 있다. 이에 대한 이그네이셔스의 답은 당시 초대교회가 놓인 역사적 상황을 필연적으로 담고 있다.

참된 제자의 특징들을 다루기 전에, 먼저 이그네이셔스의 성장단계를 포함하고 있는 제자도의 개념을 검토해보자. 이그네이셔스에 의하면 어떤 사람이 기독교로 개종할 때 제자가 된다. 그리스도의 제자가 된 사람은 반드시 크리스천으로서의 삶을 배워야만 한다(Magn. 10.1). 따라서 제자도란 크리스천으로서의 삶의 표출을 의미하며, 참된 제자란 기독교의 가르침과 일치한 삶을 사는 사람을 의미한다. 이 점에서 크리스천의 삶, 즉 제자도란 정적 현상이 아니라 '예수 그리스도처럼 되어감'의 목표를 향해 성장해 가는 역동적 과정이다. 그래서 이그네이셔스는 보다 나은 제자가 되어감에 대해 Rom. 5.1에서 말하고 있다.

> 나는 사나운 맹수와 싸우고 있습니다. 바다와 땅에서, 쇠사슬에 묶인 채로 열 마리의 표범과 싸우고 있습니다. 여러분들이 그들을 잘 대우해주면 줄수록 그들은 나를 더욱 심하게 대합니다. 그러나 나에 대한 그들의 불공정한 행위들로 인해 나는 더욱 나은 제자가 되어가고 있습니다.

그러나 이그네이셔스는 더욱 나은 제자가 되어갈수록 자신이 완전한 목표에는 아직도 멀리 떨어져 있다는 것을 더욱 잘 인식한다.

> 주를 위하여 죄수가 됨으로 인해 내가 여전히 완전에서 멀리 떨어져 있다는 것을 두려운 마음으로 느낍니다. (Phil. 5.1)
> … 주의 이름을 위해 죄수가 되었다 할지라도 나는 아직 크리스천의 완전에 이르지

---

10) John D. Zizioulas, "The Early Christian Community" in *Christian Spirituality* I, eds. Bernard McGinn and John Meyendorff(New York: Cross Road, 1985), p.39.

못했습니다. 나는 다만 참된 제자가 되어가기 시작하고 있을 뿐입니다.(Eph. 3.1)

이그네이셔스가 크리스천의 완전에 이르는 시점, 즉 참된 제자가 되는 시점은 세상이 더 이상 그를 보지 못하게 될 때이다. 점점 더 그의 인생을 마감할 때가 가까이 다가옴에 따라 그는 점점 더 온전한 제자가 되어야 한다. 따라서 우리는 이그네이셔스가 제자도를 인생 전체에 걸쳐 계속해서 진행되는(on-going) 과정으로 보고 있다는 것을 알 수 있다.

이그네이셔스에게 순교는 참된 제자의 길의 종착점이다. 그러나 순교가 참된 제자가 되는 유일한, 혹은 가장 주요한 자격 조건은 아니다. 이그네이셔스에게 중요한 것은 크리스천으로서의 믿음의 삶이며, 순교는 당시의 상황에서 참된 제자가 되는 가시화된 하나의 길이다. 따라서 이그네이셔스는 순교를 박해의 상황에서 하나님께 이르는 보다 큰 신앙의 여정의 한부분으로 간주한다11). 즉 박해의 상황에서, 크리스천의 삶을 살아가는 연장선상에서 순교를 바라보는 것이지, 순교 자체만이 참된 제자가 되는 조건이라고 생각하고 있는 것은 아니다. 이 점은 이그네이셔스가 생각하는 참된 크리스천, 즉 참된 제자의 특징을 알아보면 더욱 분명하게 드러난다.

참된 제자도의 특징은 크게 두 가지이다. 하나는 믿음과 사랑이 일치된 삶을 사는 것과 교회의 일치를 유지하는 것이다. 또 다른 하나는 모든 것을 끝까지 견디는 인내이다. 먼저 참된 제자란 믿음과 사랑이 일치된 삶을 사는 크리스천, 교회의 일치를 유지하는 크리스천을 의미한다. 믿음과 사랑은 크리스천의 삶의 가장 주요한 요소이다.12) 믿음은 크리스천의 삶의 시작이며 사랑은 끝이다(Eph. 14.1). 따라서 믿음과 사랑은 크리스천의 삶의 모든

---

11) Robert Stoops, "If I Suffer… Epistolary Authority in Ignatius of Antioch," *Harvard Theological Review* 80 (1987), p.167.

12) 이그네이셔스의 편지에는 믿음이란 용어는 사랑이란 용어와 결합되지 않은 채로는 9번 등장한다. 그러나 사랑과 결합하여 사용된 경우는 16번이다. 이것은 이그네이셔스가 얼마나 강하게 믿음과 사랑의 일치를 강조하고 있는 지를 잘 보여준다. Schoedel, *Ignatius of Antioch*, p.24.

것이다(Smyr. 6.1). 믿음과 사랑은 단지 원인과 결과나 혹은 순전히 윤리적인 차원의 문제는 아니다. 그것은 신성의 표현들이다. 왜냐하면 이 둘의 일치를 통해 하나님의 신성이 드러나기 때문이다.

이그네이셔스에 의하면, 믿음과 사랑의 일치의 원형은 오직 예수 그리스도 안에서만 발견된다. 그는 믿음을 그리스도의 몸과, 사랑을 그리스도의 피와 결부시킨다(Tral. 8.1). 다시 말하면, 처음 즉 믿음은 성육신에서 드러났으며, 끝 즉 사랑은 그리스도의 고난에서 드러났다. 그러므로 온전한 믿음과 사랑의 일치는 하나님, 보다 정확히 말하면 육신이 된 하나님, 즉 예수 그리스도이다.[13] 이점에서 크리스천은 믿음과 사랑의 일치를 드러내야 한다. 이 말은 크리스천의 행동이 자신의 내적 믿음과 일치해야 한다는 것을 의미할 뿐 아니라 더욱 더 중요하게는 자신들을 통해 그리스도를 드러내야 한다는 것을 의미한다.

믿음과 사랑의 일치는 두 가지 차원에서 이루어진다. 하나는 개인적 차원이고 다른 하나는 공동체적 차원이다. 우선, 믿음과 사랑의 일치는 자신이 내적으로 지니고 있는 기독교의 신앙과 외부적 고백의 일치로 표현된다. 외부적 고백은 말로만이 아니라 행동으로 고백하는 것 모두를 포함한다. 이그네이셔스는 크리스천들이 자신들의 행동으로 크리스천임을 입증하도록 권면한다.

> 믿음을 고백하고 죄악 가운데 거할 수 없다. 사랑을 고백하고 미워할 수 없다. 나무는 열매로 알 수 있다. 크리스천임을 고백하는 사람들은 그들의 행함으로 알 수 있

---

13) 이그네이셔스에게 예수 그리스도는 온전한 인간이 된 하나님이다. 그는 그리스도가 온전한 인간임을 강조한다. 다윗의 후손으로 나셨고, 실제로 먹고 마셨고, 실제로 고난당하셨고, 십자가에 못박혀 죽으셨다는 사실을 강조한다(Tral. 9.1). 그리스도가 온전한 인간이었다는 사실은 이그네이셔스의 제자도 개념과 그의 순교에 대단히 중요한 토대가 된다. 만일 그리스도가 온전한 인간이 아니었다면, 그리스도의 고난은 실제가 아닌 것이 되며, 그로 인해 믿음과 사랑의 일치는 그리스도 안에서 발견될 수 없기 때문이다. 그 결과 그의 순교 또한 의미 없는 것이 되어버리고 말기 때문이다.

다. 왜냐하면 행함이란 단순히 말로 고백하는 것이 아니라, 일생 동안 믿음의 능력 안에 거하는 것이기 때문이다.(Eph. 14.2)

여기서 우리는 이그네이셔스가 행함을 "일생 동안 믿음의 능력 안에 거하는 것"이라고 정의하는 것을 알 수 있다. 행동으로 믿음을 고백하는 것은 일시적인 과제가 아니라 평생의 과제임을 드러내고 있다. 믿음과 사랑의 일치가 우리를 통해서 그리스도를 드러내는 것이기 때문에, 그리스도께서 십자가에서 죽기까지 그 일치를 지키셨던 것처럼 그리스도의 제자들도 죽음의 순간까지 혹은 순교의 순간까지 이 일치를 드러내야 한다. 따라서 크리스천의 행함은 적대적인 이방인 이웃들에게 온유함으로 대하는 것으로부터 그리스도를 위하여 죽는 것을 기꺼이 받아들이는 것까지를 모두 포함한다.

다른 한편으로, 보다 중요하게는 믿음과 사랑의 일치는 기독교 공동체의 일치와 긴밀하게 연결되어 있다. 믿음과 사랑의 일치는 일차적으로 공동체의 일치와 그 안의 아름다운 질서를 의미한다.[14] 이점은 Magn. 13.1에 잘 드러나 있다.

> 주님과 사도들이 명한 것을 굳게 붙잡도록 배전의 노력을 다하시오. 그래서 무엇을 하든지, 몸과 영혼, 믿음과 사랑, 아들과 아버지와 성령안에서 끝까지 승리하도록 하십시오. 여러분의 주교와 장로들과 함께 걸어가면서.

공동체의 일치가 없이는 개인의 믿음과 사랑의 일치는 획득할 수 없다. 따라서 이그네이셔스에 의하면 참된 제자도는 오직 크리스천 공동체와의 관련성 속에서만 획득되어질 수 있다. 다시 말하면, 참된 제자도의 획득은 오직 공동체 안에서만 가능하다.

참된 제자도의 또 다른 특징은 모든 것, 특히 고난을 인내하는 것이다. 참된 제자란 적대적인 세상 속에서 그리스도의 고난을 본받아 끝까지 모든

---

14) William Schoedel, *Ignatius of Antioh*, p.25.

것을 인내하는 사람이다. 이그네이셔스의 관점에서 보면, 믿음은 그 본질상 불가피하게 이 세상 안에서 고난을 야기한다. 하나님과 세상을 겸하여 섬길 수 없기 때문이다. 따라서 고난은 크리스천이 바른 길에 서 있다는 것을 보여주는 참된 표징이다. 뿐만 아니라 자신의 제자도의 신실함을 드러낼 기회이기도 하다. 이그네이셔스는 크리스천들에게 모든 것을 끝까지 참도록 권면한다. "주를 위하여 모든 것을 인내하면, 주를 얻게 될 것입니다."(Smyr. 9.2)

그러나 이그네이셔스는 고난 그 자체에 긍정적 가치를 두지는 않는다. 오직 그 고난이 그리스도와 결부될 때 그 고난을 인내하는 것이 의미를 지닌다. 따라서 크리스천은 고난 자체를 위하여 인내하는 것이 아니라 그리스도를 위하여(Smyr. 4.2), 그리스도 안에서 발견되기 위하여(Pol. 7.1) 인내하는 것이다. 우리의 인내는 우리를 위하여 고난을 인내하신 그리스도의 인내에 바탕을 두고 있다. 즉, 먼저 모든 것을 인내한 분은 우리가 아니라 그리스도이다(Pol. 3.2).

그리스도는 인내의 목적일 뿐만 아니라 인내할 수 있도록 우리를 강하게 하는 힘의 공급원이기도 하다(Magn. 1.2). 따라서 동료 크리스천들의 중보기도가 모든 것(이그네이셔스 자신의 순교를 포함하여)을 견딜 수 있는 힘을 공급해 준다. 그래서 이그네이셔스는 편지 곳곳에서 자신을 위하여 기도를 부탁한다(Eph. 1.2, Magn. 14.2, Rom 3.2, etc). 여기서 우리는 다시 한 번 공동체의 중요성을 본다. 끝까지 인내하는 것, 즉 참된 제자가 되는 것은 공동체의 중보기도를 필요로 한다.

지금까지 이그네이셔스의 순교에 대한 열망은 자신의 제자도의 영성과 당시의 상황의 역동적 관계 속에서 산출된 것임을 보았다. 적대적 세계 속에서 끝까지 모든 것을 견디는 것, 교회의 일치를 유지하는 것, 믿음과 사랑의 일치됨을 행동으로 보이는 것, 제자라고 불리는 것만이 아니라 참된 제자임을 보이는 것, 이러한 이그네이셔스의 제자도의 영성의 자연스런 연장선상에서 그의 순교에 대한 열망이 나온 것이다.

4. 맺음말: 한국교회에 주는 목회적 시사점

이그네이셔스의 제자도 영성은 작금의 한국교회를 새롭게 하는 데 큰 도움이 되는 목회적 시사점을 제공해준다. 여기서는 세 가지 시사점을 거론하겠다. 먼저 한국교회는 모든 크리스천이 예수 그리스도의 제자라는 사실을 회복해야 한다는 점이다. 이 사실은 이그네이셔스의 이해일 뿐아니라 성경의 이해이기도 하다. 신약성경에서 제자라는 단어와 그와 관련된 단어들은 250번 이상 언급된다. 반면 크리스천이란 단어는 세 번 정도 언급된다. 현대 신학자 중 본회퍼는 모든 크리스천이 그리스도의 제자란 사실을 가장 강력하게 주장한다. 모든 크리스천은 초대교인들이 지녔던 그리스도의 제자로서의 자의식을 반드시 회복해야만 한다고 그는 그의 책 *Nachfolge*에서 설득력 있게 주장한다. 이그네이셔스의 주장과 같이 제자를 특정한 영적 엘리트 그룹에 한정하지 않고 모든 크리스천이 제자임을 말한다. 본회퍼는 수도원 영성의 긍정적 측면을 인정하면서도, 중세의 수도원이 제자도를 특정한 엘리트 그룹에 한정시킴으로 교회의 타락을 방조한 역설적 오류를 범했다고 강하게 비판한다. 본회퍼에 의하면, 중세 수도원은 크리스천의 삶에 이중의 기준을 설정함으로써 교회의 타락을 오히려 묵인하고 합리화시키는 오류를 범했다. 즉, 교회는 자신이 타락했다는 비판에 직면할 때마다 수도원을 가리키면서, 보다 더 온전한 크리스천의 삶을 원하는 사람들은 수도원을 택하라고 말함으로써 자신의 타락을 합리화시켰다. 자기를 버리고 그리스도를 따르며 순종하는 제자도는 모든 크리스천이 가야 할 길이다. 수도원은 그 모든 크리스천이 가야 할 길을 몇몇 영적 엘리트들만이 가는 길로 만들어 버렸다. 제자도의 삶은 특정한 영적 엘리트들의 삶이 아니라 모든 크리스천의 삶을 의미한다.

본회퍼는 또한 값싼 은혜의 문제점을 신랄하게 비판한다. 루터에게 있어 믿음을 통한 의는 그의 치열한 구도자적 씨름 끝에 주어진 것이다. 그러나 값싼 은혜는 그러한 치열한 구도자적 전투가 없는 사람들에게 교리로서만 주어지는 것들이다. 그러니 값싼 은혜만을 강조하는 기독교는 루터가 믿음을 통한 의를 깨닫게 됨으로 얻었던 영적 자유와 해방을 누리지 못하는, 제자도를 상실한 크리스천만을 양산하고 있다는 것이다. 이 본회퍼의 비판은 당시의 독일의 루터교를 대상으로 한 것이지만, 오늘날 한국교회의 모습에도 그대로 적용되는 비판임에 틀림없다. 본회퍼의 이러한 견해는 이그네이셔스의 제자도의 영성을 현대적으로 표현한 것임에 틀림없다. 한국교회는 모든 크리스천이 믿음과 사랑의 일치를 삶(교회와 사회) 속에서 이루며, 끝까지 그리스도를 따름으로 고난을 인내하며, 이웃들에게 행동으로 형제와 자매임을 보이는 제자들이라는 사실을 회복해야만 한다.

두 번째 시사점은 이그네이셔스의 제자도의 영성이 그리스도 중심적인 영성이라는 사실에서 발견된다. 이 그리스도 중심적 영성은 믿음과 사랑의 일치, 그리고 고난을 끝까지 인내하는 것을 강조한다. 즉, 이그네이셔스는 그리스도의 고난에 기반을 두고, 그리스도를 위하여 기꺼이 고난을 받고 그 고난을 끝까지 인내하는 것이 제자임을 밝혀주는 표징이라고 생각한다. 이 이그네이셔스의 그리스도 중심적 제자도의 영성은 두 가지 측면에서 오늘날 한국교회에 큰 도움을 줄 수 있다. 먼저, 한국의 상황은 더 이상 이그네이셔스가 처했던 박해의 상황이 아니다. 그러나 한 번 더 깊게 한국사회를 들여다보면, 고난이라는 측면에서는 그리 다르지 않다는 것을 발견할 수 있다. 비록 한국사회에서 이제 더 이상 크리스천이라는 이유만으로 박해를 당하지는 않지만, 제자도의 삶을 살아간다는 것은 돈 중심적이고 출세 지향적인 사회속에서 여러 가지 불이익과 고난을 감수해야만 한다. 따라서 그리스도의 제자임을 드러내는 표징인 기꺼이 그리스도를 위하여 고난받고 그 고난을 끝까지 인내하는 것은, 오늘 한국교회에서도 마찬가지로 강조되어야 할 점이다. 크리스천들이 이 제자도의 삶을 살아갈 때 한국 기독교는 다시 한 번 한국사회의 희망의 빛이 될 수 있을 것이다.

또 하나는 이그네이셔스의 그리스도 중심적 영성이 한국교회의 하나님의 영광에 대한 그릇된 이해를 수정해줄 수 있다는 점이다. 이그네이셔스는 그의 순교를 통해서 로마 사람들이 하나님의 말씀을 보게 될 것이라고 주장한다. 이는 그의 순교 가운데 하나님이 드러나고, 하나님의 영광이 드러나게 된다는 것이다. 작금의 한국교회는 주로 개인의 출세와 성공, 그리고 교회의 성장을 통한 큰 교회가 하나님의 영광을 드러내는 것이라고 보고 있다. 성공, 놀랍고 엄청난 일, 승리 이런 것들이 물론 경우에 따라 하나님의 영광을 드러내는 하나의 통로가 될 수 있다는 점을 부인하지는 않는다. 그러나 이것은 결코 일반적인 성경의 개념이 아니다. 요한복음과 바울서신에서 보면, 하나님의 영광은 무엇보다도 예수 그리스도의 고난의 신비 가운데서 가장 극명하게 드러난다. 요한복음에 의하면, 하나님의 영광은 예수 그리스도의 전 삶을 통해 드러나며, 십자가에서 그 영광의 드러남이 절정에 도달한다. 요한은 그리스도를 통한 하나님의 영광을, 그리고 그리스도의 영광을 십자가 상에서의 그리스도의 죽음과 일치시킨다. 갈보리 산상의 공포와 멸시 받음, 그리고 낮아짐의 순간에 그리스도와 하나님의 영광이 가장 온전히 드러난 것이다. 요한에겐 하나님은 사랑이다. 하나님의 사랑의 드러남은 하나님의 드러남이요, 하나님의 드러남은 하나님의 영광의 드러남으로 우리에게 보여진다. 우리를 구원하는 하나님의 사랑이 가장 완벽하게 드러난 곳이 바로 그리스도의 십자가 상의 죽음이며, 그 곳에서 하나님의 영광이 가장 찬란하게 빛난 것이다.15) 요한과 마찬가지로 바울에게도 십자가가 하나님의 영광이 온전히 드러난 곳이다. 하나님의 능력과 힘은 자기를 비우는 사랑으로 표현된다. 이 자기를 비우는 사랑이 죄와 죽음을 이기는 하나님의 절대적 능력인 것이다. 이 사실은 부활을 통해서 증명된다. 자기를 비우는 사랑의 십자가와 부활, 이 둘은 뗄 수 없으며 이를 통하여 하나님의 영광이 온전히 드러난다. 십자가가 없이는 부활이 없으며, 부활이 없는 십자가는 의미가 없다. 이것이 그리스도의 고난에 담긴 신비이다. 바울은 이 고난의 신비에 크리스천들이 참여한다고 말한다. 따라서 하나님의 영광은 개인의 출세와 성공, 큰 교회로 대변되는 자본주의적 승리주의에 의해서가 아니라, 이그네이셔스의 제자도의 영성에서 강조된 것 처럼 우리 일상의 삶 속에서 그리스도의 고난의 신비에 참여하는 것을 통해서 더욱 온전히 드러난다는 것이다. 이점 또한 한국교회에서 강조되어야만 한다.

세 번째 시사점은 이그네이셔스의 제자도의 영성이 공동체를 강조하고 있다는 점이다. 이그네이셔스는 참된 제자도의 성취는 오직 크리스천 공동체와 더불어 가능하다고 주장한다. 이 공동체의 강조 또한 오늘날 한국교회에서 반드시 회복되어야만 한다. 교회뿐 아니라 한국 사회안에 개인주의에 바탕을 둔 영성이 활개치는 것을 보게 된다. 개인의 내적 평안, 개인의 건강, 개인의 카타르시스 등이 다 개인을 위한 영성이다. 참된 제자도는 개인만을 위한 것이 아니라 공동체를 위한 것이다. 그리스도를 온전히 드러내는 것은 공동체를 통해서 가능하다. 왜냐하면 공동체가 그리스도의 몸이기 때문이다. 그러므로 이그네이셔스가 말한 것처럼, 공동체가 온전하지 못하면

---

15) Thomas A. Hoffman, "A.M.D.G. According to John," *Review for Religious* 48(1989) p.596.

개인의 참된 제자도란 있을 수 없다. 또한 공동체를 떠나서 참된 제자도를 획득한다는 것은 불가능하다.16) 공동체를 떠나 제자도를 말하는 것은 기독교의 제자도가 아니다. 이 공동체의 강조는 한국 개신교의 다수를 점하고 있는 장로교의 종교개혁자 캘빈에 의해 확증된 바다. 캘빈에 의하면 크리스천의 성화, 크리스천 삶의 성장과 훈련과 교육은 크리스천 공동체가 없이는 불가능하다. 한국교회 안에 이 공동체성이 회복되어야 하며, 이 공동체 안에서 참된 제자도의 성취가 이루어져야 한다.

마지막으로, 이그네이셔스의 제자도의 영성이 한국교회에 주는 세 가지 시사점을 실천하는 데 있어 주의해야 할 한 가지를 언급하고자 한다. 이그네이셔스의 제자도의 영성이 하나의 율법으로, 끝없는 무거운 짐으로, 행위를 통한 의를 주장하는 견해의 현대적 표현으로 제시되지 않도록 주의해야 한다. 이그네이셔스는 하나님의 은혜와 인간의 행위를 이분법적으로 분리하지 않는다. 하나님의 은혜의 우선적 개입에 의해 인간의 행위는 촉발된다. 그리고 하나님의 은혜가 현실로 이루어지기 위해선 성육신에서 드러난 것처럼 인간의 반응을 필요로 한다. 본회퍼는 1944년 7월 21일자 편지에서 많은 독자들에 의해 자신의 제자도의 개념이 '행위를 통한 의' 개념의 현대적 표현으로 잘못 이해되고 있다는 사실에 염려를 표현했다. 마찬가지로 이러한 위험을 피하면서, 이그네이셔스의 제자도의 영성은 그리스도 안에서 우리를 자유케 하시는 하나님의 은혜라는 테두리 안에서 이해되고 실천되어져야 한다. 이렇게 되면 그의 제자도의 영성이 작금의 한국교회에 큰 도움이 될 것을 확신한다. 奉事

---

16) John Calvin, *Institutes of the Christian Religion*, ed. John T.McNeil(Philadelphia: Westminster Press), 3.7.1~3.9.6

복음주의적 정치참여의 방향성에 대한 고찰

민 종 기*

1. 조선의 멸망을 미리 축하함

19세기 말엽 일본의 대표적인 사상가로서 조선에 대한 일본의 정치·경제적 침투를 적극 선동한 후쿠자와 유기치(福澤諭吉)가 있었다. 그는 김옥균, 박영효, 유길준, 서재필 등에게 개화사상과 정치적 혁신을 고취하였고 조선 정부에 자신이 경영하는 학교 경응의숙(慶應義塾)의 문하생들을 진출시키기도 하였다. 1884년 후쿠자와의 지도가 주효하여, 조선의 개혁을 주도하던 개화파는 일본군의 도움을 받아 갑신정변이라는 쿠데타를 일으켰다. 이들 개화당 정부의 혁신 정강은 문벌의 폐지와 국민 평등권의 확립, 관제의 개혁과 부패의 청산, 토지제도의 개혁과 세제의 개혁, 재정의 개혁과 형법의 정비, 군제와 경찰제도의 쇄신, 그리고 고관회의에 의한 정책심의 등 정의롭고 효과적인 정부에 관한 것이었다.

그러나 개화당을 지원하며 고종을 옹립하는 일본군 200명은 청병 1500명의 상대가 되지 못하였다. 갑신정변이 일어난 1884년 12월 4일로부터 3일째 되는 6일 오후, 조선의 왕 고종이 머물고 있는 창덕궁과 비원 일대에

---

* 두레해외연구원1기, 현 웨스트민스터신학대학원대학교 교수

서는 일본군과 청나라 군대 사이에 격전이 벌어졌다. 이때 벌어진 격전에서 패퇴한 일본군을 따라 개화당인 김옥균, 박영효, 서광범과 서재필은 일본으로 망명하였다.

갑신정변의 삼일 천하가 실패로 끝이 난 8개월 후, 일본의 『시사신보』(時事新報)는 조선에 대한 1885년 8월 13일자 사설 때문에 발행정지 명령을 받았다. 이 사설은 개화당의 정신적 지도자이며 당시 한국에 관한 수백 편의 논설을 쓴 바 있는 후쿠자와 유기치가 쓴 글이었다. 사설의 제목은 「조선 인민을 위해 그 나라의 멸망을 축하한다」라는 제목이었고, 그는 정부를 만드는 이유가 주권을 가진 국민의 명예를 지키고 국민의 생명과 재산을 보호하는 것인데 조선 정부는 이들 중 아무 것도 효과적으로 할 수 없기 때문에 차라리 망하는 것이 낫다고 주장했다.

> 지금 조선의 상황을 보니 왕실은 무법하고 귀족은 발호하며, 세법마저 문란의 극에 빠져 인민에게는 사유의 권리가 없다. 또 단지 정부의 법률이 불완전하여 무고한 자를 죽이는 것뿐만 아니라, 귀족과 사족(士族)의 무리가 사욕과 사원(私怨)을 가지고 사적으로 구류하거나 다치게 하고, 심지어 죽이는 일이 있어도 인민은 이를 호소할 방법이 없다. … 적어도 사족 이상, 직접 정부와 관련이 있는 자는 무한한 권위를 자행하고, 하층민은 상류계급의 노예에 불과하다. 인민이 이미 이렇듯 국내에서 경멸을 당하는 터이므로, 그 밖에 독립국민으로서의 영예를 운위하는 것은 거론하는 것조차 민망하다. 정부는 왕실을 위해, 또는 인민을 위해 외국과의 교제를 담당하면서도 세계의 사정을 이해하지 못하고, 문명의 풍조를 이해하지 못한다. 어떠한 외환을 당하고 어떠한 굴욕을 당해도 감각이 없는 사람처럼 태연하며, 전혀 우고(憂苦, 근심하여 고통함)하는 기색이 없다. 오로지 바쁜 것은 조신(朝臣)의 권력영화를 정부에서 다투는데 있을 뿐이다. … 따라서 나는 조선의 멸망, 그 시기가 머지 않음을 헤아려서 일단은 정부를 위해 이를 조문하고, 돌이켜보아 그 국민을 위해서는 이를 축하하려는 사람이다.[1]

이웃나라의 멸망을 바라보며 조선을 대륙진출의 교두보로 삼으려는 탐욕스런 지식인의 주장을 모두 인정할 수는 없다. 그러나 그는 한 나라의 기능

---

1) 후꾸자와 유기치, 「조선인민을 위해 그 나라의 멸망을 축하함」, 『시사신보』, 1885. 8. 13.

이 "국민의 생명과 재산, 그리고 주권국가로서 국민의 명예를 지키는 것"이라고 말하고 있다. 조선은 국가로서의 효율성을 상실하였고, 열강의 침탈을 효과적으로 격퇴함으로 국체를 보전하지 못하였다. 러시아와 청나라 등 조선 주변의 열강을 굴복시키고 어떤 나라보다 조선을 면밀히 장악하였던 일본은 결국 조선을 식민지로 삼는데 성공하게 되었다.

2. 한국 교회의 역사적 책임과 국가

우리는 지난 세기 국가가 독립되면서 양분된 채로 50년을 보냈으며, 남북의 분단된 체제가 많은 구조적 문제점을 가지고 있음을 목도하여 왔다. 21세기에 들어서면서 급변하는 세계정치질서 속에서 우리 나라를 정상적인 국체로 발전시켜야하는 과제는 민족사의 큰 일이라 하지 않을 수 없다. 더구나 대한민국의 초기에 국가의 발전에 크게 공헌했던 한국 교회는 통일 조국을 바라보면서, 그리고 선진 정치개혁을 위하여 어떠한 참여의 방향성을 가질 것인지 연구하여야 할 필요성이 있다. 특히 정치참여의 스펙트럼이 다양하게 열리고 있는 21세기의 시민사회를 맞이한 한국 복음주의 교회와 그 구성원은 어떠한 정치적 대안을 예비할 것인가를 살펴보자.

구원받은 신자들이 모여서 이룬 신앙공동체인 교회와 대조를 이루며 병치되는 다른 한 영역은 역사적 발전과정을 따라 온 국가라는 정치적 공동체이다. 윤리적으로 심각한 타락의 현상을 보이는 국가라는 정치적 공동체 속에서 살아가는 성도는 국가 속에서 자신의 신앙적 윤리와의 긴장을 경험하게 된다. 그것은 산상수훈의 절대적 명령을 강요할 수 없는 정치기구의 속성과 대치할 때 더욱 그러하다. 무조건적인 아가페의 사랑은 정치기구를 작동시킬 수 없다는 말은 부분적으로 옳다.[2] 위대한 광채로 빛났던 정치적

---

2) Max Weber, *Politics as a Vocation*, trans. H. H. Gerth and C. Wright Mills (Philadelphia:

지배자들과 군주들의 역사는 지금도 정치의 영역에서 유효하게 작동하고 있는 강제력과 폭력의 질서이며, 앗시시의 성자 프랜시스나 '맨발의 성자' 이현필[3]이 추구했던 하나님 나라의 질서와는 심각한 차이가 있다. 두 나라의 긴장은 '사랑의 윤리'와 '힘의 윤리'의 긴장이며 절대적인 선을 목표로 삼는 윤리와, 체제의 수호를 위한 세속적인 결정 속에서 도덕적 차선책을 구하는 상대적 윤리의 갈등이다. 그리스도의 제자된 성도가 교회의 영역을 벗어나 정치선교현장에 선교사─정치인이나 여론형성자─로 파송되었을 때 처음 부딪히는 문제는 이같은 윤리적 긴장의 문제이다. 징계하는 칼을 가진 관헌에게 무장해제를 요구할 수는 없는 것이며, 전쟁을 준비하는 군대에게 무저항의 희생을 요구할 수는 없다. 오히려 성도가 공직자로서 정책결정자가 될 때 부딪히는 문제는 원수를 사랑하는 것이 아니라, 악은 악으로 갚으며(render evil for evil) 강제력을 통해 법과 질서를 유지하는 것이다.[4]

그러나 정치선교현장의 기독교 정치인이 산상수훈의 윤리를 거스르면서도 고통이 없는 것은 아니다. 이 두 영역의 윤리적 긴장 속에서 기독교인은 윤리적 갈등을 체험한다. 이는 신자가 국가 속에서 아가페의 절대적 요청을 상대화시키고, 종교적 신념을 희석시켜야 하는 고통이다. 특히 정치적 행동이 간헐적인 것으로부터 직업적인 것이 될 때, 관리로서의 기독교인은 국가운영의 효율성을 위해 상대적 선을 택하므로 갈등을 겪게 된다.

이처럼 윤리적 갈등을 일으키는 근본적인 이유는 국가의 본질이 권력의 강제력에 기반을 두고 있다는 사실에 있다. 국가로 대표되는 정치영역의 본질적 특성은 권력의 세계이며, 권력은 물리학에 있어서의 에너지처럼 정치

Fortress Press, 1965), p.52.

3) 맨발의 성자라는 명칭은 수도자로서 일생을 보내며 제자를 양육했던 이현필 선생의 별칭이다. 엄성옥, 『맨발의 성자』 (서울: 은성출판사, 1988) 참조.

4) Weber, *Politics as a Vocation*, pp.46~49.

의 기본 개념이다. 그러나 권력현상이 사회의 정점에서 정책결정을 하는 국
가의 독점물인 것만은 아니다. 정치를 "사회통합을 위한 권력관계 혹은 권
위관계"로 볼 때, 권력현상은 일반사회의 각 공동체와 제도에서도 보편적
으로 볼 수 있다. 다만 그 규모와 강도에 있어서 국가권력(state power)은
사회권력(social power)이나 사회적 권위(authority)와는 비교될 수 없다는
것이다. 국가권력으로 표현되는 권력의 속성은 "물리적 강제력을 동반하는
최종적 권위이며, 체포, 구금, 사형의 재가를 도구화시킨 합법화된 폭력인
데, 이는 정치선교현장의 기본 환경을 이룬다."[5]

　　모든 국가는 강제력에 의존하고 있다는 트로츠키의 말은 기억할 만하다.
비록 강제력이 국가의 유일한 수단이라고는 할 수 없으나 강제력은 국가의
근본적인 수단이다. 그 이유는 강제력에 기반을 두지 않은 국가는 존립할
수 없으며 질서를 유지할 수가 없기 때문이다. 막스 웨버(Max Weber)가 "일
정한 영토 내에서 물리적 강제력을 합법적으로 사용하는 권리를 독점한 공
동체"[6]를 국가라고 규정한 것은 국가의 본질에 관한 정확한 통찰이다.

　　강제력에 의해 대표되어지는 국가의 본질적인 속성은 폭력을 향해 무제
한으로 열려진 권력을 가졌다는 것은 아니다. 국가의 존립을 위해서는 마키
아벨리가 천명했듯이 "사자의 힘과 여우의 간교함"이 필요하다는 말은 군
주의 강제력 이외에도 대중조작의 능력과 지혜의 필요를 의미한다.[7] 거의
많은 정권의 시작이 지주, 군벌, 노예소유자, 불법적 정복자의 폭력으로 시
작하지만, 곧 이어 도입하는 합리적 수단—입법기관, 사법기관과 행정관서
—은 정권의 정당성을 부여하고 체제의 안정을 위해 사용된다. 폭력적 실체

---

5) 이극찬, 『정치학』 (서울: 법문사, 1993), pp.199~201.
6) Weber, *Politics as a Vocation*, pp.1~2.
7) Nicollo Machiavelli, *The Prince and the Discourses*(New York: Modern Library, 1950),
　　pp.64~65.

인 국가의 알리바이를 위한 합헌성(constitutionality)과 행정을 맡은 관리체의 구성은 국가의 강제력을 순화시키므로 권력을 장기화시키려는 의도로 차용되는 강제력의 외피이다. 이처럼 무력과 합법성, 강제력과 합리성은 정치선교의 영역을 관통하는 논리이다.[8]

국가는 합리성을 차용하나 강제력을 그 기본적 속성으로 한다. 강제력을 방법론적으로 수용하며 계산된 유죄성의 윤리-책임윤리 (the ethics of responsibility)-를 따르는 국가질서는 종말 이후에도 지속될 종국적인 질서가 아니다. 오스카 쿨만(Oscar Cullmann)에 의하면, 그리스도는 국가를 종말적 제도로 보거나 하나님의 나라와 동일시하지도 않았다. 이 나라는 하나님 나라의 완성과 함께 해체되는 질서이며 죄에 의해서 더하여진 질서인 것이다.[9] 죄악이 없는 세계에서는 법률의 제재나 경찰이나 군대 같은 것은 생각할 수도 없다. 누가 부러지지 않은 곳을 싸매며, 건강한 자에게 지팡이를 주겠는가?[10] 따라서 쿨만은 국가를 다만 '이미와 아직'(already but not yet)의 긴장 속에 존재하는 잠정적(provisional)인 질서로 보았고, 그리스도와 제자들도 당시의 로마국가를 무비판적으로 절대화하거나 최종적인 제도로 재가하지 않았다고 말한다.[11]

3. 공중정의를 수행하는 국가

하나님의 나라는 역사 속에 있는 국가를 무효화하지 않으며 그 존립근거를 부정하지 않는다. 그리스도의 복음은 국가에 대해서도 복음이다. 바울

---

8) Alan Storkey, *A Christian Social Perspective*(Leicester, England: IVP, 1979), pp.303~4.

9) Oscar Cullmann, *The State in the New Testament*(New York: Charles Scribner's Sons, 1956), p.37, p.50.

10) Abraham Kuyper, *Lectures on Calvinism*(Grand Rapids: Eerdmans, 1931), 박영남 역, 『칼빈주의』 (서울: 세종문화사, 1971), p.109.

11) Cullmann, *The State and the New Testament*, pp.19~23.

에 의하면 국가는 하나님의 선을 위하여 있다. 종교적 순수성의 유지와 진리수호라는 명제를 위해 국가를 부정하는 것은 공중정의(public justice) 혹은 공의를 위해 강압적 교육과 질서유지기능을 수행하는 국가의 역할을 가볍게 여기는 것이다. 무정부주의자의 정치무용론(政治無用論)은 인간의 자유를 제약하는 어떤 굴레도 없는 세계를 원하지만 이것은 인간의 윤리적 허약성과 죄에 대한 친밀성을 망각한데서 생기는 근시안적 견해이다. 정치질서는 타락을 향해 열려진 인간의 열정을 부분적으로 억제하는 정의를 위한 도구이다.[12)]

그런데 정의를 이루어야 할 국가가 보여주는 가장 큰 해악 중의 하나는 전제(tyranny)이다. 이는 강력한 정권이나 지도자가 각기 다른 사회영역의 분배의 구획을 짓는 담장을 파괴하는 것이며, 사회의 다원주의적 경계선을 넘어서는 것이다. 이러한 전제의 형태는 다원적 영역의 조합만큼이나 다양하다. 아울러 전제는 분배의 영역 중에서 현저하게 드러나는 정치의 영역에서만 아니라 관직의 분배와 금전의 사용으로, 또한 일과 휴식의 영역에서 인간의 분배 기준을 파괴한다. 권력과 돈의 전제라는 현상은 오늘날 어디에서나 쉽게 발견되는 명백한 영역파괴의 현상이다. 이 때문에 소유의 권력과 국가 공무원의 권력이 적절히 견제되지 않는 한, 그들은 항상 한 나라 속에서 전제군주가 될 가능성을 가지고 있다.[13)]

비록 한 국가의 정치권력이 가진 힘이 막강한 것이라 하더라도 국가 권력은 그 자체로 악한 것은 아니다. 국가의 정치권력은 이중성을 가진다. 국가의 정권은 상이한 모든 가치의 추구를 규제하므로 분배정의의 중요한 매개

---

12) Paul Ricoeur, *History and Truth*(Evanston: Northwestern University Press, 1965), pp.121~122; p.236.

13) Michael Walzer, *Spheres of Justice: A Defense of Pluralism and Equality*(New York: Basic Books, 1983), 정원섭 외 역, 『정의와 다원적 평등: 정의의 영역들』 (서울: 철학과 현실사, 1999), pp.478~479.

수단이 된다. 그것은 모든 사회적 가치가 분배되고 채택되는 영역의 경계를 보호한다. 정치지도자들은 세습적인 지위를 제한하고, 또 한편 영웅으로부터 범죄자를 구별해 낸다. 그들은 교회와 국가 사이의 경계의 벽을 보호하며, 부모의 강압적 권위를 규제한다. 그들은 군대의 징병방식을 결정하며 공무원 임용고시의 공정성을 확보한다. 아울러 그들은 이러한 일을 수행하는 자신의 권력을 헌법으로 제한하고 스스로 복종한다.[14]

그러나 권력은 그 강력함으로 말미암아 그 자체가 항상 전제적인 것이 될 가능성이 있다. 권력이 유지되는 한편 동시에 억제되어야 한다는 이유가 여기에 있다. 권력이 전제의 왜곡된 형태를 가지는 경우는 다음의 두 가지로 집약된다.

첫째는 국가의 권력과 재산, 재능, 혈통의 구분이 무너짐으로써 국가 권력이 다른 가치에 의해 식민화되는 경우이다. 식민화된 권력은 자신의 영역을 지키지 못하고 다른 가치에 의해 폭군화된 전제적인 권력이 되어버린다. 사회의 다양한 가치는 상실되고 국가는 자율적 분배의 영역을 단속하는 것이 아니라 오히려 가치의 영역 속으로 들어가 다른 사회적 가치를 유린하도록 도구화된다.[15] 국가가 자본가의 도구이자 경제의 부수현상이라는 비판은 권력의 영역이 자율성을 상실한 채 경제에 의해 식민화되어버린 상태에 대한 언급이다.

둘째의 경우는 정치권력의 영역이 강력한 영역으로 등장함으로 다른 영역의 사회적 가치들을 정치화시키는 전체주의의 경우이다. 현대의 전체주의는 전제의 최고형태이다. 이는 고도로 분화된 사회에서 생기는 체제로서 다원주의적 평등과는 대척점에 서있는 체제이다. 전체주의는 관료체제와

---

14) Walzer, *Spheres of Justice*, pp.439~440.
15) Ibid., pp.439~441.

법정, 시장과 공장, 정당과 노동조합, 학교와 교회, 친구와 연인, 친척과 이웃시민들을 막론하고 국가의 도구로 만듦으로 새롭고도 근본적인 불평등을 일반화시킨다.[16]

따라서 우리는 사회적 규제를 담당하는 권력은 유지시키되 왜곡된 권력이 다른 가치로 교환되는 가능성은 제한하고 봉쇄하여야 한다. 이를 위해 탁월한 정치사상가의 한 사람인 마이클 월쩌(M. Walzer)는 정치권력이 다음과 같은 한계 안에 있어야 함을 말한다. 이는 국가와 다른 영역, 즉 가정, 사법체제, 종교, 교육의 영역의 경계와 그 의미를 확정짓는 것이며, 정실주의를 극복하고 각 영역의 합종연횡을 방지함으로 다양한 영역의 다원적 평등을 확보하려는 것이다. 마이클 월쩌는 국가의 권력이 머물러 있어야 할 한계를 다음과 같이 구체화시킨다.

> ① 국가의 주권은 노예화를 이루는 데까지 확장되지 않는다. 국가 관리들은 그들의 동료 시민이기도 한 국민들의 인격을 탈취할 수 없으며, 국민의 봉사를 강요할 수 없다. … ② 친권과 결혼에 관한 봉건적 권리들은 국가의 법적 능력과 도덕적 능력 밖에 자리하고 있다. … ③ 국가 관리들은 유죄와 무죄에 관해 공유하고 있는 이해를 위반할 수 없으며, 사법체계를 붕괴시킬 수 없을 뿐만 아니라 그것을 정치적 억압의 수단으로 전용할 수도 없다. ④ 국가 관리들은 정치권력을 매매하거나 특정한 결정을 경매에 내맡길 수 없다. 또한 그들의 권력을 그들 가족의 이익을 증대하기 위해 사용할 수 없으며, 정부의 관직을 친척이나 동료 친구들에게 분배해줄 수 없다. ⑤ 모든 국민/시민은 법 앞에 평등하며, 따라서 국가 관리들은 인종적, 민족적, 종교적 차이에 따라 국민들을 차별대우하는 방식으로 행위 할 수 없다. … ⑥ 사유재산은 자의적인 세금부과나 몰수로부터 피해를 입을 가정이 없어야 한다. … ⑦ 국가 관리들은 그들 국민들의 종교적 삶을 통제할 수 없으며, 그 어떤 방식으로도 신의 은총의 분배를 규제하고자 시도할 수 없다. ⑧ 비록 국가 관리들이 교과과정을 법제화할 수는 있지만, 그럼에도 그들은 그러한 교과 과정의 실질적인 교육과정에 관여할 수 없다. ⑨ 국가 관리들은 사회적 가치의 의미와 적합한 분배 범위에 대해, 정치 영역뿐만 아니라 모든 영역에서 진행되고 있는 논의를 규제하거나 검열할 수 없다.[17]

---

16) Ibid., p.478.
17) Ibid., pp.442~443.

국가에 관한 자유주의적 접근과 전체주의적 접근에 대하여 비판하는 다원주의적 국가론에 있어서 국가의 절대주권에 대한 거부는 그리 생소한 것이 아니다. 다원주의의 한 고전적 이론가라 할 수 있는 아브라함 카이퍼에게 있어서, 인간 세상에는 다양한 분화된 영역이 존재하고 그 각각은 나름대로의 주권을 가지고 있다. 우리 인간의 삶은 보이는 물질계의 앞마당과 보이지 않는 영계의 뒷마당을 가지는 데, 이는 단순하지도 획일적이지도 않으며, 무한히 복잡한 유기적 총체로서 구성되어진다. 개인은 오직 다양한 집단 안에서 형성되어지며 이 다양한 집단은 인간의 총체성을 드러낸다. 이러한 총체를 이루는 각각의 톱니바퀴들은 자신의 축을 가지고 있으며, 각각은 자신의 정신, 혹은 지도적 지침을 가지고 있다. 아울러 이러한 각 영역들은 넘을 수 없는 자신의 한계와 담장을 가지고 있다. 이러한 세계를 우리는 도덕적 세계, 과학의 세계, 비즈니스의 세계, 예술의 세계라고 말하는데, 이는 영역이라는 말을 사용하여 도덕의 영역, 과학의 영역, 비즈니즈의 영역, 예술의 영역, 교회의 영역, 가정의 영역이라고 명명된다. 이러한 영역은 자신의 범주와 자신의 주권을 가지는 것을 그 특성으로 한다. 아울러 이러한 영역은 각기 다른 법칙에 의하여 존재하며 자신의 규칙과 각 영역의 전문가나 수장에게 복종한다. 사상의 영역에는 논리의 법칙이 주도하며, 양심의 영역에는 하나님의 말씀이 주장을 한다. 아울러 믿음의 영역에서는 그의 삶의 변화를 통하여 믿음으로 자신을 변화시킨 자가 강력한 주도권을 가진다.[18]

---

18) Abraham Kuyper, "Sphere Sovereignty," James D. Bratt ed. *Abraham Kuyper: A Centennial Reader*(Grand Rapids: Eerdmans, 1998), p.467.

4. 21세기 시민사회와 다원적 국가의 형성

새로운 천년이 시작된 지금 세계 속에는 다원주의적 관점으로 설명될 수 있는 시민사회의 확장운동이 일어나고 있다. 억압적 국가의 시대가 물러가고, 이제 체제에서 해방된 시민들의 활동이 세계적으로 확산되고 있는 것이다. 시민의 참여증대와 권위주의의 퇴조는 20세기의 마지막 한 세대를 장식한 세계적 현상이다. 70년대 말부터 시작된 남미의 군사독재체제의 붕괴, 80년대 말부터 동유럽의 폴란드, 체코와 루마니아의 공산정권 붕괴가 있었으며, 아시아에서도 필리핀의 권위주의체제의 붕괴와 한국의 1987년 6월 항쟁으로 이러한 경향은 극명하게 확인된 바 있다. 아울러 1990년대 초반 구 소련의 해체 또한 시민사회의 확장을 보여준 대표적인 모습이다.

이러한 경향은 유명한 미국의 미래학자 존 네이스비트(John Naisbitt)에 의해서도 확인되고 있다. 그는 『메가트렌드』(Megatrends)라는 자신의 저서 속에서 미래의 사회가 중앙집권화에서 지방분권화로, 제도와 기구에 대한 의존에서 개인과 시민의 자조독립(自助獨立)적 활동의 증가로, 대의제 민주정치에서 참여민주주의로 변화될 것을 예고한 바 있다.

새롭게 변화된 시민사회에서 나타나는 역학 구도는 국가라는 정치적 영역, 시장이라는 경제적 영역, 그리고 시민사회의 영역으로 재편되는 경향이 확연하다. 권위주의적 국가의 쇠퇴는 시민들의 정치적 자율성의 확보로 끝나지 않는다. 이는 국가와 시장, 혹은 국가와 자본가의 결합 해체를 요구하기 시작하는 것으로도 나타난다. 과거 개발독재국가에서 경제발전을 주도하던 권위주의 정부는 시장에 과도하게 개입하는 과대성장국가였다. 그러나 새로운 국가는 기업이라는 경제영역에 대하여 자율성을 부여하고, 시장 개입과 통제 대신 시장의 관리자로 내려앉는 합리적 국가로 변화되고 있다.

그러나 우리는 산업화에 의하여 강력한 부문으로 성장한 시장이 윤리적인 중립상태에 있다고 간주하지 않는다. 시장주의자들은 이익추구라는 기업의 사적인 욕구가 시장의 힘을 통해 공적인 덕으로 승화된다고 말한다. 그들은 시장의 메카니즘이 자기 규제적이고 자기 수정적이며 자기 충족적이므로 그 자체로 균형상태를 유지할 수 있다고 주장한다. 그들의 어떠한 주장에도 불구하고 역사는 시장의 결함을 보여주는 실례로 가득 차있다. 시장의 과도한 자율성과 주도적 역할은 반드시 부와 소득의 불공정한 분배를 야기시킨다. 더 나아가 경제적 자원의 불평등한 확보는 자본가들에게 조직적 정치활동을 위한 유리한 고지를 제공한다. 자본가의 압도적 지위는 돈과 재화가 교환되는 시장의 어두운 모습을 낳는다.

종종 시장에는 기업가의 강력한 대성공이 발생하며, 이 성공자들은 시장으로부터 부와 함께 위신과 영향력을 독점하면서 시장에서 강력한 권력을 가지게 된다. 이 때 시장은 소비자를 주체로 모시던 시장이 아니다. 소비자가 왕이라는 말은 이제 순전한 시장의 신화로 남으며, 실제의 시장에서 발생하는 '엄청난 생산품과 판매 독과점'은 소비자를 철저한 객체로 전락시킨다. 소비자는 자기에게 제공된 것 대신에 필요한 다른 상품을 만들 힘을 가지지 못한다. 회사는 우리들이 선택하는 상품의 범위를 정하며 중요한 의사결정은 기업에 의하여 이루어진다. 만일 이러한 기업의 패권주의에 시장이 넘어가 버린다면, 기업가에 의해서 주도되는 급진적인 자유방임경제는 다른 모든 영역을 침범하여 분배과정을 장악하는 전체주의 국가와 같아질 것이다. 이는 모든 사회적 가치가 상품으로 변형되는 '시장 제국주의' 현상을 낳는데, 이는 경제적 가치가 시장의 영역 외곽에까지 영향을 미치는 돈의 지배, 부유한 자들을 위한 면죄부의 판매, 관직의 매매, 법정의 타락, 그리고 정치권력의 이기적 행사와 같은 악을 발생시킨다. 이것이 시장에서 발생

하는 경제적 전제이다.[19)]

　돈의 정치적 영향력이 관리를 굴복시키고 정치지망생과 공무원을 부리며, 노동자를 무력화시킬 때, 우리는 사회적 가치의 울타리를 다시 조정하여야 할 필요성을 느낀다. 이는 경제적 가치의 재분배를 통하여 이루어진다. 즉, '절망적인 교환을 금지'시키거나 '노동조합을 육성'하는 것, 강력한 세금제도와 재산권 소유권의 상속에 대한 제한을 통해 우리는 정치와 경제 간의 구분선을 다시 그을 수 있다.[20)] 이러한 상황에서 비로소 "시장은 정치의 영역을 대신하는 것이 아니라 정치의 영역과 나란히 서있게 된다." 돈의 권력이 자신의 영역에 머물러 있을 때, 건전한 사회는 다음의 제 가치를 매매의 대상에서 제외시켜야만 한다.

　① 인간은 매매의 대상이 될 수 없다. ② 정치권력과 정치적 영향력은 매매의 대상이 될 수 없다. ③ 형사적 정의가 매매의 대상이 되어서는 아니 된다. ④ 언론, 집회, 결사, 종교의 자유를 위해 돈을 지불할 필요는 전혀 없다. 또한 이중 어느 것도 경매될 수 없다. ⑤ 결혼과 생식의 권리는 매매의 대상이 될 수 없다. ⑥ 정치 공동체를 떠날 수 있는 권리는 매매될 수 없다. ⑦ 병역 면제, 배심원 의무의 면제 또는 공동체로부터 부과된 여하한 형태의 과업에 대한 면제를 정부가 팔 수 없을 뿐만 아니라 시민 또한 이런 면제를 살 수 없다. ⑧ 정치적 관직은 매매될 수 없다. ⑨ 경찰에 의한 보호나 초등, 중등 교육 같은 기본적 복지 서비스는 최소한의 비용으로 구매될 수 있어야 한다. ⑩ '최후 수단을 통한 흥정,' 즉 절망적 교환은 … 금지된다. 하루 8시간 노동, 최저 임금, 보건과 안전에 관한 규정 등이 여기에 해당된다. ⑪ 포상과 명예는 사적이건 공적이건 매매의 대상이 될 수 없다. ⑫ 종교적 은총도 매매의 대상이 될 수 없다. ⑬ 사랑과 우정은 매매의 대상이 되어서는 아니 된다. ⑭ 범죄 행위도 돈으로 살 수 없다.[21)]

　고도로 분화된 오늘날의 사회에서 사회영역의 고유한 주권에 대한 주장, 즉 영역주권의 확보는 세속적인 권위주의나 탐욕스런 시장지배에 대한 방어책을 제시하여 준다. 영역주권은 모든 지상적 권세의 한계를 설정하며 권

---

19) *Walzer, Spheres of Justice*, p.192; pp.195~196; pp.205~206.
20) Ibid., pp.208~209.
21) Ibid., pp.178~182.

위의 적절한 분배를 지지한다. 이러한 분화된 영역이 존재한다는 신념의 기저가 상실되거나 통합적인 비젼이 결여될 때, 사회는 파편화되거나 전제화된다. 그러나 이러한 원리들이 살아 있을 때, 분화된 영역은 더욱 성숙함에 이르러 각양의 섬김이 가능하게 된다. 다양한 지체가 한 몸을 이루듯이, 많은 영역들이 유기적으로 연결되어 공동체를 이룬다. 그러나 이러한 영역주권은 사회의 분열을 획책하지 않는다. 한 영역의 주권확보는 각각의 타영역을 존중하고, 상호작용을 해야 하며, 모든 종류의 협조, 즉 영역의 보편성의 인정 속에서 이루어져야 한다.[22] 이러한 모든 과정에서 각종 영역의 톱니바퀴는 서로 맞물려 있으며, 인간의 삶의 다양한 측면의 풍요한 다차원성이 긴밀히 연결되어 있음을 원리적으로 재확인하여야 한다. 따라서 한 톱니바퀴가 회전축을 벗어나서 돌아간다면 다른 것에 영향을 주어서 전체의 운동을 불규칙하게 만들어가는 것으로 여겨야 한다.[23] 다양하게 성숙된 시민사회의 필요가 여기에 있다. 그 이유는 발전되어진 다양성 있는 시민사회는 정치의 영역과 경제의 영역을 적절하게 견제하고 균형을 이루는 신삼권분립(新三權分立)-국가의 정치적 영역과 기업의 경제적 영역, 그리고 비정치·비경제 영역인 시민사회의 영역-을 형성하기 때문이다.

5. 공의로운 한국 사회를 위한 복음주의적 대안

시민사회의 발전은 역사적 상황의 변화를 그 맥락으로 하고 있다. 그것은 '분화와 해방'(differentiation and liberation)이라는 인류 문명의 발전법칙에 기원을 두고 있는데, 이는 조직과 제도가 분화되고 이에 상응하는 의

---

22) Gorden Spykman, "Sphere-Sovereignty in Calvin and the Calvinist Tradition," David E. Holwerda ed. *Exploring the Heritage of John Calvin*(Grand Rapids: Baker Book House, 1976), pp.167~168.
23) Kuyper, "Sphere Sovereignty," p.468.

식의 변화가 역사의 철칙이라는 확신에 근거한다. 이는 이미 화란의 철학자 헤르만 도예베르트에 의하여 문명과 제도의 '분화'라는 말로 설명된 바 있다. 실제로 분화와 해방의 장구한 역사는 먼저 정치적 압제로부터 종교의 분화가 이루어지는 것으로 시작되었다. 종교와 정치는 오랫 동안의 융해 상태를 거쳐왔다. 고대국가에 있어서 제사장과 같은 종교의 직분은 분화되었으나 아직도 종교는 정치를 제한하고 견제하는 데는 역부족이었다. 이후 유대국가는 역사 속에 최초의 제한군주제를 형성하고 선지자와 율법을 통하여 국가의 정치질서를 견제하고 비판하게 되었다. 이후 중세의 종교적 영향력으로부터 학문의 분화가 이루어졌다. 철학은 신학의 시녀였으며, 과학은 아직도 종교적 지식을 탈각하지 못하였다. 과학의 발전은 종교의 후원 아래 있었다. 그러나 중세 이후 대학의 발전과 계몽주의적 이성의 강조는 과학의 문제를 신학으로부터 분리시켰고, 학문은 종교의 울타리를 벗어나기 시작하였다. 프랑스 혁명을 전후하여 국가와 정치부문의 우위로부터 근대의 경제적 영역의 분화가 이루어졌다. 시민은 경제적 실력을 통하여 국가에서 정치적 지분을 얻었으며 시장은 이제 국가의 영역에 내재한 것이 아닌 독립적인 영역으로 자리를 잡게 되었다. 그러나 경제적 영역이 거대화되어지면서 기업의 영역은 이제 국가에 필적하는 대등한 위치를 확보하게 되었다. 그 결과 사회는 다양하게 분화되어진 국가, 기업, 종교, 학교, 가정 및 문화 예술 영역으로 다원화되었다.

　이러한 상황 속에서 정의로운 사회를 유지한다는 것은 각 영역간의 공정한 사회적 가치의 분배가 존재하며 다양한 시민단체의 생성과 참여가 보장되는 것이다. 이러한 사회는 어떤 영역에서 지배적인 사람들이 다른 영역의 '가치의 분화'를 저지하지 않는 그리고 다른 가치에 대한 '독점'이 배제된 상태이다. 하나의 사회적 가치가 다른 가치와 구별된 형태를 지니며 특정

방식으로 분배되는 것이 당연하다는 것을 이해하게 될 때, 사회의 각 영역은 조화롭게 발전되어질 가능성을 가지게 된다.[24]

사회는 분화와 함께 해방의 역사를 가진다. 따라서 공의로운 사회를 위한 복음주의적 시민운동이란 사회의 분화에 의해서 확보된 피조물을 해방시키는 사역이다. 우리는 시민운동의 방향성을 파악하기 위해 서구의 해방의 역사적 방향을 살필 수 있다.

해방의 역사적 시나리오는 첫째, 1215년 대헌장(Magna Carta)을 통해 왕권에 대하여 귀족의 권리와 위상 높이는 것으로 나타났다. 권위적 정권의 제한은 피조물 해방의 첫 단계였다. 둘째, 해방의 위대한 사건은 1776년 식민지 독립선언을 통한 미국 민중의 권리 찾기로 나타났다. 민중의 해방은 식민지의 독립을 통해 미국 발전의 길을 열었다. 셋째, 또 다른 위대한 해방의 사건은 흑인 노예들이 1863년의 노예해방을 통해 소외와 착취로부터 해방된 것이다. 넷째, 미국은 1920년에 들어 제19차 헌법개정을 통해 여성의 권리, 즉 참정권의 회복에 이르게 되었다. 다섯째, 1934년 미국은 이제까지의 원주민 박해의 정책을 포기하고 인디언 보호법을 통하여 소수계의 인종 보호를 의무로 삼았다. 여섯째, 미국은 1960년대에 이르러 흑인 참여법을 통과시키고 소수계로 하여금 자유로이 투표하고 피선거권을 가지게 함으로 참정권을 보장하기에 이르게 하였다. 일곱 번째로, 1973년에는 멸종단계의 생물보호법을 통해 자연을 보호하고 환경을 지키려는 노력을 하게 되었다. 여덟째, 동년에 미국은 GNP의 3%를 장애자를 위해 투자하여, 400억불로 64개의 장애인 프로그램을 출범시켰다. 이러한 해방의 방향성은 시민운동의 주제와 방향성을 파악하는데 도움을 준다.

분화와 해방을 통한 다원주의적 분배체제의 유지는 다음의 두 가지 요건

---

24) Walzer, *Spheres of Justice*, pp.481~485.

을 확립할 때에만 이루어질 수 있다. 첫째는 다원주의적 국가에서 다원적 평등을 용이하게 만드는 제도적 편제를 유지하는 것이다. 그러나 이러한 체제가 우리에게 주어졌다 하더라도 이같은 다원적 평등 안에서 안온함을 향유하기만 하고 그것을 방어할 태세가 전혀 되어 있지 아니한 시민이라면 이러한 체제는 지속적으로 유지되지 않는다. 이는 시민의 의식의 문제이기도 하며 한편으로 시민의 능력에 관련된 문제이기도 하다. 따라서 정의로운 사회를 유지하는 둘째 조건은 시민들이 하나의 지배적 가치에 순응하지 않고 '여러 가치의 범위를 아우르며' 자신이 속한 '고유한 영역의 의미를 방어'하면서 다른 여러 가치에 의해 함몰되지 않는 견고한 '거리 두기'에 성공하는 것이다. 이렇게 할 때, 정의로운 분배 체제는 흔들리지 않는다.

이러한 정의로운 분배 영역의 유지를 확보하여주는 시민의 역량을 우리는 '비판의식'이라고 한다. 아울러 이러한 비판의식은 사회비평을 낳는데, 이는 정의의 영역들이 무너지는 병리현상을 가리우거나 이 현상을 위장하는 베일을 벗기기 위한 작업을 효과 있게 해준다. 중세시대의 비극은 사회평론, 사회비판의 부재에 있었다. 그들은 위계적 체제에 압도된 나머지 비판 의식을 상실하였고 새로운 사회의 발전적 이상은 부각되지 못하였다. 중세의 '위계'는 단지 신민의 '봉사'를 요청하였고, 오직 봉사는 중세 봉건시대의 사회적 이상이었다. 이는 교권과 그 시대의 정신에 의해서 유지되고 있었다.[25] 평등의 성숙은 그러므로 봉건사회를 이루는 위계질서에 대한 '내부적 비판'(internal critique)이 없이는 시작되지 않았다. 그러므로 사회비평가는 자신이 처한 가치의 분배체제가 가지는 긴장과 갈등을 드러내는 것이며, 이는 보통 자신이 처한 현실로부터 시작하며 혹은 이미 공감된 사

---

25) Walzer, *Thick and Thin: Moral Argument at Home and Abroad*(Notre Dame: Univ. of Notre Dame, 1994), pp.41~44.

항을 드러내므로 확실한 적용점을 가진다.[26]

　마이클 월쩌에 의하면 개혁자 마틴 루터는 영웅적인 사회비평가였다. 그는 교회의 비평가로서 당시 의심할 수 없을 정도로 분명한 교회 내부의 부조리에 대하여 말하였다. 그는 '엷은 보편주의'(thin universalism)에 머무르지 않았으며, '두터운 특수주의'(thick particularism)에 머물렀다.[27] 다원적 평등을 확보하기 위한 가장 효과적인 비판의 방식은 그러므로 일상생활의 각기 다른 영역에 대하여 공유할만한 부분을 반복적으로 말하는 것이며, 사회적 분화의 총체적 영역을 소수의 전문가의 언어가 아닌 공통의 언어로, 소수의 특별한 의무가 아닌 다수의 공통의 관심사로 전하는 것이다. 그러므로 사회비평가는 가장 효과적이기 위하여 가장 지역적이며 특수주의적이어야 한다.[28] 그 이유는 분배정의야말로 추상적인 것이 아니고 가장 구체적인 것이며, 분배를 논하는 정의야말로 그 의미가 사회, 시간, 장소를 배경으로 하는 최대주의적 도덕성이기 때문이다.

　사회적 평론의 목표는 사회가 다원적이라는 확신을 가지고 우세한 사회적 가치가 낮은 영역의 침범으로부터 다원적인 '영역을 방어하려는 것'이다. 따라서 사회적 비평은 금전지배, 신정정치, 엘리트 지배, 노인지배, 기술지배 등을 극복하려 노력하고, 사회는 어떤 하나의 가치에 통일시키려는 노력을 거부한다. 그러나 사회를 일원론적 단일구조로 보는 전체주의적 극단과 함께 사회를 거대한 교환체제라고 보는 사회에 대한 자유주의적 접근, 즉 자율적인 개인의 상호작용으로 보려는 논리는 배제되어야 한다. 사회는 자유로운 시장의 논리로 모두 설명할 수 있는 영역이 아니다. 아울러 사회는 인간의 자유를 제한하는 여러 가족적, 지방적, 정치적 및 종교적 공동체

---

26) Walzer, *Thick and Thin*, p.45; pp.47~50.
27) Ibid., p.50.
28) Ibid., pp.60~61.

의 관여가 있다는 사실을 자각하지 않으면 아니 된다.[29)]

6. 시민운동의 다양한 방법

이러한 정의사회의 이념을 위한 방법은 다양하다. 현재 우리 나라에는 매년 초 시민단체 공동정책협의회에 참여하여 연합활동을 위한 정책기조를 확인하고 동역을 다짐하는 60여 개의 공식적인 시민단체가 활동하고 있다. 이러한 단체들은 다양한 강조점을 가지면서 사안별로 연대사역을 한다. 이들 여러 단체의 사역 영역은 시민사회의 다양한 부분을 보호하며 분화와 해방을 추구하려는 것이다. 그들의 운동의 목표는 각각 교육, 교통, 농업, 문화생활, 보건의료, 사회복지, 생활협동, 소비자, 실업극복, 언론, 장애우, 정보화, 정치, 청소년, 통일, 행정, 환경 등이 있는데, 특별히 다음의 몇몇 단체들은 고도의 전문성을 가진 시민단체이다.

첫째로 경제의 영역에서는 〈경실련〉과 〈경제정의실천 불교시민연합〉, 그리고 〈참여연대〉를 들 수 있다. 둘째로 국민생활 부문에서는 〈교통문화운동본부〉, 〈녹색소비자연대〉, 〈녹색연합〉, 〈걷고 싶은 도시만들기 시민연대〉 등이 있다. 셋째, 교육부문에서는 〈교육개혁, 교육자치를 위한 시민연대〉, 〈대한 YWCA연합회〉, 〈서울 YWCA〉, 〈한국YMCA 전국연맹〉, 〈흥사단〉 등이 있다. 넷째, 윤리적인 구체사안의 실천을 위한 모임으로는 〈기독교윤리실천운동〉, 〈한국교통장애인협회〉, 〈청소년을 위한 내일 여성센터〉, 〈그린 훼밀리 운동연합〉 등이 있다. 다섯째, 환경부문의 시민단체로는 〈기독교 환경운동연대〉, 〈환경운동연합〉, 〈환경마크〉 등이 있으며, 여섯째, 소외층을 위한 운동단체로는 〈다일공동체〉, 〈전국철거민협의회 중앙회〉, 〈한국교통장애인협회〉, 〈장애우권익문제연구소〉가 있다.

---

29) Ibid., pp.34~38.

위와 같은 과제들을 성취하기 위하여 시민운동은 다양한 방법을 강구할 수 있다. 그중 첫 번째의 방법은 개인을 통한 방법이다. 예컨대, 24세의 여성 줄리아 힐은 북가주 태평양 연안에 있는 삼나무 숲의 가치를 확신한 환경운동가이다. 그녀는 50~60미터의 거대한 삼나무로 이루어진 숲, 나이가 1,000~2,000년을 먹은 생태학적으로 기적인 나무들, 그리고 그 숲 속에 살고 있는 수많은 동식물의 가치를 보고, 그것의 벌채를 막기 위해 60미터의 나무에 올라가 천막을 쳤다. "오래된 나무들을 존중하라"는 구호를 내걸고 그녀는 아래로 내려오지 않았다. 1997년 12월 10일부터 1999년 3월 2일까지 1년 2개월 이상을 그녀는 환경운동가들의 도움을 받아 나무 위의 원시적 생활을 계속하므로 결국 정부는 막대한 돈을 들여 이 삼나무 숲을 목재회사로부터 매입하여 보호하기로 결정하였다.

둘째는 집단을 통한 방법이 가장 일상적이고 지속적인 방법의 하나이다. 예를 들어 하천을 오염으로부터 지켜나가는 것은 개인으로서 성취하기는 매우 방대한 작업이다. 1995년 경기도 안성시에서는 십 여명의 교인들이 모여 안성천 생태탐사를 하였다. 신음하는 강을 확인하면서 교회 목사님과 성도들과 주민이 연합하여 〈안성천 살리기 시민모임〉을 만들고 환경 청지기 사역을 시작하였다. 본류에 이어 수 십개의 실개천도 생태탐사를 하였다. 계속된 항의와 고발은 안성천을 복원시키고 폐수에 밀려 쫓겨간 붕어, 잉어, 모래무치가 돌아오게 만들었다. 시에서는 하수종말처리장과 친수공간을 건설하는 투자를 시작하였다. 마음이 거듭난 성도들의 단체활동에 의해 시민과 시공무원이 거듭나고 환경이 거듭나게 된 것이다.

셋째로 시민단체의 연대 행동을 통해서 효과적인 압력을 행사할 수 있다. 예컨대, 지난 수년 동안에는 몇 개의 시민단체가 연합하여 의정사상 처음으로 시민이 국회상임위를 직접 감시하고 평가하는 〈의정감시단〉을 출범시키기도 했다. 이제 정부도 시민단체의 직접적인 감시활동으로 질 높은 정치의 강력한 요구를 피하기 어렵게 되었다.

정치적 영역과 함께 재벌 또한 연합된 시민운동을 통해서 전달되는 욕구를 무시할 수 없는 단계로 진입하고 있다. 1999년 초에는 온 몸을 구리빛으로 채색한 한 벌거벗은 남성이 자신의 성기와 휴대폰을 동시에 움켜쥐고 있는 유수한 기업의 핸드폰(PCS) 광고가 일간신문에 나온바 있다. 이는 즉시 〈음대협〉(음란폭력성을 조장하는 매체에 대한 대책을 세우는 시민협의회)란 시민단체에 의해서 항의를 받고 그들의 요청을 정중히 받아들였다. 공문발송과 항의전화, 불매운동, 가두집회와 켐페인, 그리고 서명운동을 하겠다는 선언은 이러한 운동의 효과를 증대시켰다.

7. 시민운동은 복음주의적 선교운동이다

복음주의적 기독시민에게 있어서 시민운동은 시대의 요청이다. 시민운동에 대한 당위성은 다음과 같다. 첫째로 21세기의 시민사회를 맞는 우리는 전례가 없는 사역의 자유를 구가하고 있기 때문이다. 성도들은 자유로우며 어떠한 영역도 시민사회의 한 부분인 교회에 대한 우월한 권위를 주장할 수 없게 되었다. 대부분의 시민사회에서 성도들의 사역은 거의 무제한으로 열려 있다. 둘째로 21세기의 시민사회 속에 있는 교회와 기독시민은 정치나 경제나 사회나 문화나 예술이나 모든 영역에서 그 선지자적 메시지의 총체성을 발견할 수 있는 가능성을 부여받고 있다. 모든 삶의 영역은 만개되고 있으며 인간성의 발현은 그 전체적인 스펙트럼을 보여주고 있다. 셋째로 시민사회 속의 교회는 이제 개인의 구원과 내적 경건에 과도하게 집중하였던 몇 세기를 보내면서 개인의 구원과 함께 교회 공동체의 회복, 그리고 개인의 내적 경건과 함께 사회의 변혁을 위해 존재한다는 사실을 인식하게 되었다. 이제 우리는 복음이 개인과 집단의 모든 영역에서, 하나님과 자연의 모든 관계에서 단절될 수 없음을 심각히 고려하게 되었다.

시민운동의 확산은 세계적인 현상이다. 구미의 선진사회나 권위주의를 극복한 제3세계에서 시민의 참여증대는 보편적인 현상이 되고 있다. 그것은 시민이 기존의 체제에 불만을 느끼기 시작하면서 시작되었다. 다양한 시민의 욕구에 둔감한 공공기관이나 정부의 시책이 시민사회의 자의식을 불러일으키도록 한 것이다.

우리나라 시민운동의 시작도 이와 동일한 맥락 위에 서있다. 유권자인 시민을 의식하지 않는 끝없는 정쟁(政爭), 정부와 공공기관이 시민에 대해 취하는 고압적 자세, 그리고 주민의 정서와는 상관없이 결정되는 정책의 방향은 이미 국가에 대한 시민의 자의식을 고취시켰다. 좋은 품질의 서비스를 제공받지 못하는 것으로 생기는 환멸은 경제영역에서도 예외는 아니다. 정경유착의 상징인 천문학적인 액수의 정치자금과 중소기업이나 영세업종에 대한 대기업의 무자비한 횡포는 경제의 영역에서 소시민에게 주는 또 다른 종류의 실망이다.

그러나 복음주의적 그리스도인에게 있어서 시민운동을 정치적·경제적인 관점에서만 해석하는 것은 그 운동의 의미를 모두 설명할 수 없다. 유형교회는 시민사회의 한 부분으로 있다. 그리스도의 몸 된 교회는 사회학적인 관점에서 국가나 시장의 일부라기보다는 시민사회의 한 중요한 영역이라고 봄이 마땅하다. 하나님의 말씀을 받고 그것을 이루려는 교회는 21세기를 눈앞에 둔 세상 속에서 다음과 같은 중요한 비전을 새롭게 발견할 수 있다. 신자들에게 있어서 시민운동은 통전적인 선교의 일환이다. 이는 정의와 사랑의 성품을 가지신 하나님의 명령에 대한 응답이며 영혼의 구원과 함께 공동체적인 삶에서 샬롬을 추구하려는 성도들의 노력이다.

매년 모이는 〈한국시민단체협의회〉에서 많은 단체가 목사, 장로를 비롯한 압도적으로 많은 그리스도인으로 구성되었다는 사실은 한국교회의 성도들에게 선교적 실천의 장을 열어주고 있다. 다원화된 시민사회 속에서 그리스도인들을 통한 시민운동의 확산은 또한 한국교회의 성도들에게 새로운 소명을 부여하고 있다. 교회가 선한 사마리아인이 되도록 요청 받고 있는 이 시대 속에서, 우리는 이 사회의 가정 파괴, 경제적 부정, 정치적 부패, 교육의 타락, 환경파괴 그리고 도시의 비인간화 등 여러 형태의 '강도 만난자'—실직자, 장애자, 여성, 아동, 노숙자, 그리고 노인 등—를 도울 수 있다. 소수이지만 잘 뭉쳐진 기독시민은 종종 오만한 정치영역과 경제영역이라는 골리앗을 무찌르는 물맷돌이 될 수 있다. 奉事

21세기의 문턱에서 다시 생각하는 민중신학
- '民衆' 理解의 새 지평을 모색하며

박 성 준*

1. 문제제기

　서남동은 한국민중의 '한(恨)'을 그리스도교 신학의 중심 주제로 삼는 독특한 기여를 했다. 나는 '한'을 민중신학의 핵심 주제로 설정하는 데 대하여 서남동에게 확고한 지지를 보내왔고 그 점에 있어서 지금도 변함이 없다. 그런데 최근에 나는 민중이 '자기 안에 모시고 있는 한울님'(동학=최수운) 또는 '내재하는 빛'(the Light within)(퀘이커=George Fox)을 민중신학적 성찰의 중심에 놓는, 그래서 '한'과 더불어 또 하나의 핵심되는 주제로 삼는 민중신학의 새로운 얼개를 구상해 보게 되었다. 민중의 '한'이라는 하나의 핵심에 편중되면 역사창조 주체로서의 민중의 생명력(자율성, 자주성, 창조성, 자기 구원의 주체성)이라는 다른 하나의 핵심이 가려지거나 약화될 우려가 있다고 보기 때문이다. 민중 안에 있는 '한'은 보면서 민중이 자기 안에 모시고 있는 '빛'(=그리스도, 하나님)을 보지 못하면 민중의 일면만 보고 전체를 보지 못하는 우를 범하는 것이다. 서남동이 지배자의 언어인 '죄'에 대해서 민중의 언어인 '한'을 제시한 것은 옳다. 그러나 이제는 지배자의 언어인

---

* 두레해외연구원1기, 현 〈움직이는 학교〉 대표, 성공회대학 강사

‘죄’에 대해서 민중 안에 있는 ‘빛’을 제시할 차례이다. 민중의 ‘한’과 함께 ‘빛’을 보고 그 상호관계를 알아내려고 노력하면서 그 양자를 민중신학의 중심에 역동적으로 위치시켜야 한다고 생각한다.

서남동의 신학에서 민중의 ‘한’과 ‘고난’이 민중의 ‘메시아성’으로 연결되는 통로는 그리스도의 ‘대속적 능력’이라는 기독교의 정통 교의(正統 敎義)에 있었다. 민중의 메시아성을 이렇게 대속적 능력 쪽으로만 치우쳐 이해할 것이 아니라 민중이 자기 안에 지니고 있는 빛과 창조력에도 동시에 주목하면서 그 메시아성의 본질을 파악해야 한다고 나는 생각한다. 안병무가 이따금 언급하며 경탄해 마지않았던 민중의 자기초월의 능력은 ‘초월’이면서 동시에 민중에게 본래 ‘내재’하는 생명력에 다름 아니다. 이제 우리는 씨울(함석헌)인 민중의 속 깊이 숨겨져 있는 무궁무진한 잠재 가능성을 들여다 보아야 한다. 씨울의 살아 숨쉬는 보배로운 생명력, 그 경이로운 역동성에 새삼 눈뜨고 이를 주목하고 적극적으로 평가하면서 21세기와 새 천년(the New Millenium)의 ‘새 민중신학’을 힘차게 열어가야 한다.

나는 결코 민중에 대한 미화(美化)나 낭만화(romanticize)를 찬성하지 않는다. 우리는 현실의 있는 그대로의 민중을 말해야 한다. 낭만화된 관념 속의 민중, 비현실화되고 박제화된 민중이 아니라 살아 숨쉬는 민중, 질긴 생존력으로 일상의 삶의 터전에 뿌리내린 ‘생활하는 주체’로서의 민중을 있는 그대로 다루어야 한다. 자기 속에 ‘한’을 품고 살지만 ‘빛’도 품고 살아가는 온전한 민중을 제시해야 한다. 그러기 위해서 나는 서남동, 안병무의 민중 이해에 다음과 같은 점들을 보완하거나 새롭게 추가할 것을 제안하는 바이다.

첫째로, 함석헌의 민중 이해로부터 ‘씨울’을 받아들이되 〈ㅇㆍㄹ〉의 각 요소를 적극적으로 심화 발전시킨다. 즉 〈ㅇ〉은 초월적인 하늘을, 〈ㆍ〉는 내재적인 하늘을, 〈ㄹ〉은 활동하는 생명을 나타낸다고 그가 스스로 설명해 놓은 그 각 항(項)을 적극적으로 탐구해서 한층 더 심오하고 풍부하게 전개할 필요가 있다.

이 과제를 수행함에 있어서 우리들이 지원받을 수 있는 사상적 원천(resources)으로서는, 한쪽으로는 동학(東學)이라는 큰 사상의 젖줄이 있고, 다른 한쪽에는 함석헌 자신이 훗날 그 멤버가 되었던 퀘이커의 사상, 그 중에서도 특히 초기 퀘이커 사상(Early Quakerism)이라는 큰 광맥이 우리의 손길을 기다리고 있다.

둘째로, 민중의 목마름의 중층구조를 천착하는 것이다. 민중이 갈구해 마지않는 구원과 해방에의 타는 목마름 곧 민중의 영성은, 예컨대 민주주의와 사회정의, 일상(日常)의 안전과 편안함, 경제적 안정 등에의 갈망이라는 층위가 있는가 하면, 우정과 고독, 사랑의 아픔과 번뇌, 인간관계의 어려움에서 오는 고민 등의 층위가 있으며, 영혼의 허기(虛飢), 생애를 통해 지속되는 인격의 성숙과 자기완성에의 갈구, 진실과 진리를 향한 목마름, 질고와 죽음에 대한 불안과 공포 등의 층위 등으로 복잡하고 중층적이다. 민중신학은 민중의 이 목마름을 '민중의 거룩한 갈망'(the holy longing of minjung) 또는 '민중 영성'(minjung spirituality)이라는 범주로서 다루어 볼 수 있다.

셋째로, 민중신학은 '사건'의 신학을 보완하기 위해 '사건'과 '일상'을 손의 앞뒷면처럼 설정하여, 사건과 일상이 갖는 각각의 의미와 함께 둘 사이의 긴밀한 상호관련성을 올바르게 밝힐 필요가 있다. 민중은 1970년대, 80년대에 그랬던 것처럼 연쇄적으로 분출하는 활화산 기슭에서, 또는 언제 터질지 모르게 꿈틀대는 화산맥 위에서 살아가고 있는 것만은 아니다. 민중은 아마도 더 많은 일상의 시간을 너른 들녘을 유유히 흐르는 강물처럼 살아갈 수도 있으며 때로는 여름 한철 가뭄에 강바닥으로 스며들어 소리 없는 지하수로 흐르고 있는 지도 모른다. 땅 속으로 흐르는 지하수가 없다면 장대비가 아무리 퍼부어도 샘의 분출은 있을 수 없다. 물이 콸콸 솟는 샘은 실은 땅 속을 흐르는 저류(the underground stream)와 연결되어 그것에 의해 지탱되고(sustained) 있는 것이다. 사건과 일상의 관계도 이와 같다. 그러므로 '사건'의 신학에 균형을 가져다주는 '민중적 일상'의 신학화가 요청된다.

넷째로는, 민중 공동체 운동이다. 이거, 저 70년대, 80년대부터 귀가 아프게 들어왔던 이야기가 아닌가? 그렇다. 해 아래 새 것은 없다. 그러나 질적으로 다른 이야기가 되어야 한다. 민중이란 무엇인가? 공동체란 무엇인가? 운동이란 무엇이며 어떻게 하는 것인가? 근본적으로(radically) 다시 묻고, 다시 시작해야 하겠다.

2. 민중 이해의 새 지평

2.1 민중신학의 선구: 함석헌의 씨을 사상

함석헌은 씨을의 은유로 역사와 사회를 구성하는 가장 근간이 되는 사람, 곧 민중을 나타내고자 했다. 민중은 씨을이다. 태어난 그저 그대로인 씨을, 풀씨 같은 존재. "씨을이란 다른 거 아니고 자연이지요. 문명은 결국은 자연에서 멀어져 가는 방향이고(참 문명이 그럴 리가 없겠지만). 그러니깐 지금은 사람의 큰 잘못이 자연을 잊어버리고 자연에 반항하고 하는 건데, 근본의 절대적인 의지랄까 그게 곧 자연인데, 자연 속에 있는 건데…"("씨을의 소리, 씨을의 사상" 『씨을의 소리』 76년 9월호)

씨을은 이 끝에서 보면 있는 그대로인 '나'이고 저 끝에서 보면 하나님이라고 한다. 결국 민중, 곧 씨을과 하나님은 이 끝과 저 끝으로 서로 연결된, 둘이 아닌 한 〈을〉이다.

"민중이 뭐냐? 씨올이 뭐냐? 곧 나다. 나대로 있는 사람이다. 모든 옷을 벗은 사람, 곧 올 사람이다. 올은 실(實), 참, real이다…정말 있는 것은, 올은, 한 올 뿐이다. 그 한 올이 이 끝에서는 나로 알려져 있고, 저 끝에서는 하나님, 하늘, 브라만으로 알려져 있다."("씨올의 설음", 『함석헌 전집』 제4권, 66면)

나아가 함석헌은 씨올의 속에 있는 것, 곧 씨올의 '혼'을 불러내자고 한다. 그렇게만 하면 산을 옮기고 바다를 메우는 것 같은 위대한 일을 이룰 수 있다고 한다.

"속에 있는 것을 어떻게 불러내느냐가 문제다. 속에는 다 개인의 행위와 역사의 사건으로 영향을 입지 않는, 입힐 수 없는 혼이 잠자고 있다. 그것을 불러내기만 하면 된다…씨올 속에 잠을 자고 기다리고 있는 나라가 있다. 그것은 일할 터를 찾고 일할 거리를 기다린다. 그것을 능히 알아 불러내어 동원하면 산을 옮길 수 있고 바다를 메울 수 있을 것이다."("죽을 때까지 이 걸음으로", 『함석헌 전집』 제4권, 129면)

이와 더불어, 씨올은 마땅히 '남의 종교'가 아닌 '내 종교'를 가져야 한다. "(불교와 기독교가) 다 위대한 종교지. 하지만 남의 고래등같은 기와집은 우리 초가삼간 보다 작은 집이다. 내 종교가 큰 종교지, 내 것이 되지 못한 종교…종교의 허울이 무슨 위대한 종교일 수 있을까? 제 종교만이 큰 종교다. 제 종교를 가진 한 사람만 있어도 온 세상이 다 구원될 것이다."("씨올의 설음", 『함석헌 전집』 제4권, 65면)

"큰 것은 하나님이요, 큰 것은 나다. 하나님과 직접 연락된 내가 '한' 곧 큰 것이요, 그 직선을 종축으로 삼으면 온 우주를 돌릴 수 있다. 그러니 나에게까지 뚫리지 못한 종교, 나와 하나님을 맞대주지 못하는 종교는 참 종교 아니다. 나의 종교가 종교다. 교도(教徒)가 있는 것은 종교 아니다. 참

종교는 한 사람의 신자를 가질 뿐이다…나로 하여금 하나님을 직접 만나게 하라…아무도 이 결혼의 중간에 서지 마라.”(“씨올의 설음”, 『함석헌 전집』 제4권, 65면)

민중은 자기 속 깊이 계신 하나님, 그 창조적인 생명과 무한한 힘의 원천(源泉)에 깊숙이 다가갈 수 있어야 한다. 민중 곧 씨올은 자기 속의 하나님을 직접 만나야 한다. 그 하나님을 모시고 섬겨야 한다. 내 안의 하나님을 모시고 섬기기 위해서는 어떻게 살아야 하는가? 그 해답을 간절히 구하고 거기에 맞추어 각자 자기의 삶의 방향과 목적을 재정립하고 자신의 생애를 통해 이를 관철해야 한다.

씨올 속에, 곧 내 속에 잠을 자고 기다리고 있는 나=하나님(‘나라’, I am)을 일깨우고 ‘불러내자.’ 그리하여 하나 하나의 씨올은 함께 새 시대, 새 나라를 바로 지금 새 천년의 시작과 함께 힘차게 열어가야 한다.

2.2 퀘이커 사상과 민중신학의 만남의 가능성

퀘이커는 17세기 중엽 영국에서 일어났다. 그 시대는 종교적으로도 정치적으로도 격동의 시대, 혁명과 변화의 시대였다. 당시 영국 국교회에서는 외적인 종교의식에 중점을 두고 있었고, 국교에 반대하는 침례파와 장로회파의 교회들은 신앙을 성경의 권위나 공식적 신조와 대체로 동일시하고 있었다. 그러나 종교의식이나 신조에 염증을 느끼게 된 수많은 사람들은 교회를 떠나갔다. 혹은 개별적으로 혹은 집단적으로 사람들은 개인적 체험의 종교, 하나님과의 직접적인 교통을 갈구하고 있었다.

조지 폭스(George Fox, 1624~1689)도 그런 사람들—당시 영국에서는 그들을 ‘구하는 자들’(seekers)이라고 불렀다—중의 하나였다. 어릴 적부터 그는 매사에 진지하고 성실했다. 제화공의 도제, 소먹이 목동 등으로 지내는 동안 홀로 고요한 묵상에 잠기는 습관을 익혔고, 성경을 읽고 깊이 생각에 잠 겼으며, 온 피조세계의 오묘하고 미세한 소리에도 예리하게 반응하곤 했다. 열 아홉 살 때에 집과 부모의 곁을 떠나 절절한 목마름으로 진리를 찾는 영 적 여행(spiritual journey)에 나섰다. 4년간의 영혼을 달구는 숱한 시험과 연단 끝에 펜들 힐(Pendle Hill)이라는 작은 산정에서 그는 드디어 진리를 깨닫고 환상(vision)을 보았다. 그때의 경험을 그는 이렇게 썼다.

"그들(성직자들)에게 걸었던 나의 모든 희망이 사라졌을 때, 그리하여 외 적으로는 내가 의지할 아무 것도 없게 되었을 때, 내가 어찌 해야 할 바를 알지 못하게 되었을 때, 바로 그때 나는 한 소리를 들었다. 그 소리는, '오직 한 분, 그리스도 예수가 계시니, 그는 너의 처지에 맞게 말씀하신다(There is one, even Christ Jesus, that can speak to thy condition)'라는 것이었다. 이 소리를 듣자 내 가슴은 환희작약(歡喜雀躍)하였다. …주님을 향한 나의 갈 구, 그리고 하나님과 그리스도에 대한 순수한 지식에의 열망은 더욱 거센 불길로 타올랐다."(Fox, 11)

그가 얻은 다음과 같은 진리는 재래적이고 인습적인 신조들(creeds)과 날 카롭게 충돌하는 것들이었다.

"사람은 누구나 자기 안에 하나님의 그것을 지니고 있다."(that of God in everyone) 이것이 퀘이커 신앙의 정수이다. 우리 각자의 깊은 속에 하나 님의 씨앗(the Seed), 하나님의 영(the Spirit), 그리스도(the Christ), 내면의 빛(the inner Light)을 지니고 있다는 것, 모든 사람이 하나님께로 직접–즉 성직자나 교회의 의식(儀式)이나 어떤 다른 매개 없이–나아갈 수 있다는 것, 역사적인 예수가 기름부음을 받아 (신적인) '그리스도'가 되었듯이 우리 도 그렇게 될 수 있다는 것, 계시는 일회적인 것이 아니고 영속된다는 것 (the continuing revelation). 이것이 그의 새로운 깨달음의 내용이었다. 자기 자신 속에 불타오르는 이 깨달음(revelation)을 지니고서, 조지 폭스는 세상을 향해서 힘차게 선포하기 시작했다. "우리 모두 회개하고 돌아섭시다. 자기 자신 안에 계신 하나님을 스스로 발견하고 그러한(즉, 하나님을 모신) 존엄한 존재로서 살아갑시다."라고.

그 깨달음을 근거로 그는 오늘날 *The Religious Society of Friends*(Quaker는 별명이다)로 알려진 신앙적 결사(結社)의 기치를 올렸다. 조지 폭스는 거듭 거듭 "예수 그리스도가 그의 백성들을 몸소 가르치시기 위해 오셨다"(Jesus Christ is come to teach his people himself)라고 외쳤다. 이것은 두말할 여지도 없이 'the Second Coming of Christ'를 선포한 것이다. 그러나 이것은 예수가 하시 하처에 육신적으로(physically) 재림했다는 뜻이라기보다는, 민중의 마음 속에 이미 '내면의 빛', '씨앗', '하나님의 영'이 들어 있음으로 해서 이미 '그리스도'가 와 계신다는 것을 알리려 했던 것이다.

조지 폭스의 새 진리를 따라 새 사람으로 변화된(transformed) 수많은 사람들은 그들의 삶을 통해서 그리스도가 말씀하시고 행동하신다는 것, 그리스도가 그 시대와 사회의 불의와 폭력에 도전하고 계시다는 것을 보여주었다. 그러므로 내면의 빛과 씨앗, 영을 통한 그리스도의 재림이란 단지 사적인 내면의 경험에 그치는 것이 아니었다. 그것은 변화된 남녀들이 새 삶의 방식으로 그리스도를 따를 때, 밖으로 사회와 역사 속으로 나아가는 종말론적 운동을 뜻했다. 초기 퀘이커들(Early Friends)은 당대의 사회에 불을 지피는 불씨의 전령이었다. 그들은 만나는 모든 사람, 온갖 종교집단, 모든 사회조직에 불을 붙였다.

조지 폭스는 17세기 영국인이었지만 오늘의 우리들과 우리 시대를 위해서도 빛을 던져주는 사람이다. 그는 과거의 사람만이 아니라 현재의 사람이기도 하다. 그의 깊은 개인적 경험과 메시지, 그리고 초창기 퀘이커들의 묵시록적인 삶과 행동은 우리 시대의 긴박한 필요에도 절실하게 말을 걸어오는 보편적 호소력을 지니고 있다. 함석헌은 1970년대 초 미국 필라델피아 근교의 펜들 힐(Pendle Hill: A Quaker Center for Study and Contemplation)에서 퀘이커의 회원이 되었다고 한다. 그가 '씨올'이라는 용어를 사용하고 씨올 사상을 전개한 것은 그보다 훨씬 이전으로 거슬러 올라간다고 하지만, 나 자신이 비교 검토해 본 바로는 그의 씨올 사상의 핵심 내용은 퀘이커 사상과 혹사(酷似)하다. 민중신학의 창시자 격인 서남동과 안병무에게 미친 씨올 사상의 영향을 생각할 때, 민중신학과 퀘이커사상의 만남은 일찍 이뤄지고 있었다고 할 수 있다. 민중신학이 민중의 '한'(恨)과 더불어 민중 한 사람 한 사람 속의 '빛', '영', '그리스도'에 주목할 수 있다면 주체로서의 민중을 바르게 이해하고 그 민중을 세계와 역사의 중심에 세우는 데 새로운 기여를 할 수 있을 것이다.

2.3 동학의 전통으로부터 배우기

우리는 이제 19세기 말엽 한반도에서 출현한 동학운동, 그 중에서도 1860~98년의 수운 최재우(水雲 崔濟愚)와 해월 최시형(海月 崔時亨), 그리고 갑오농민혁명이 실패로 끝난 후 동학의 재건을 의도했던 증산 강일순(甑山 姜一淳)의 사상과 실천에 주목할 차례다.

동학은 19세기말, 조선의 봉건제가 한계에 도달, 근대사회로 이행되기 시작하는 세기말적인 일대 전환기에 피어난 한국사상·문화·종교의 꽃이고, 조선의 근대역사가 시작되는 발원지(發源地)에 해당한다고 할 수 있다.

2.3.1 동학이 창시되던 1860년 당대의 조선의 현실에 대한 수운의 인식은 개인과 사회, 국가와 세계 질서의 모든 차원에서 총체적 위기 그것이었다. 조선왕조는, 지배층의 부패와 타락, 신분제의 문란(紊亂), 도탄(塗炭)에 빠진 민중의 잦은 봉기와 사회적 혼돈과 무질서 속에서, 몰락의 길을 재촉하

고 있었다. 서양세력의 동아시아 침략으로 과거의 중국 중심의 질서가 무너
지고 구미제국의 근대문명이 압도해오는 가운데, 전통적 종교인 유불선(儒
佛仙)은 정신적 지주나 새로운 사회이념의 기능을 이미 상실하고 있었다.
그리하여 윤리와 가치규범의 붕괴, 사상의 혼돈, 민중의 정신적 방황이 극
도에 달한 시대였다. 설상가상으로 당시 조선사회에는 각종 전염병이 창궐
하여 민중은 불안과 공포에 떨고 있었다.

　절망과 암흑의 시대, 바로 그 한가운데서, 수운은 선천(先天)문화 질서의
종말과 후천개벽의 새 문화, 새 시대의 도래를 예감했다. 수운은, 동양문명
의 해체와 몰락, 서양문명의 침략적 폭력성을 확인하면서, 전통적 지배이념
인 주자학(朱子學)을 대체할 새로운 도학(道學)을 갈구했다. 그는 전인미답
(前人未踏)의 새 길, 동서양의 기존의 종교와 사상을 넘어서는 새로운 삶의
원리를 찾아내어 신천지(新天地), 신문명(新文明)을 구현하고자 고난에 찬
구도의 길을 홀로 걸었다.

　"경신년(庚申年)에 이르러 전하여 오는 말을 들으니 서양사람들은 한울님
을 위한다는 뜻으로 부귀는 취하지 않는다고 하면서, 천하를 쳐서 빼앗아
그들의 교회당을 세우고 그들의 교를 널리 퍼뜨린다는 것이므로, 나는 과연
어찌 그럴 수가 있을까 하는 의심을 가지게 되었느니라."(『東經大典』, 前編
五) "서양사람들은 전쟁을 하면 이기므로 쳐서 빼앗아 그들의 뜻대로 이루
지 못하는 일이 없다. 이리하여 천하가 다 멸망한다면, 어찌 입술이 상하여
없어지면 이가 시려 견디기 어려운 것과 같이 되지 아니하겠는가."(『東經
大典』, 前編 九) 본격적인 구도의 길을 걷기 시작한지 6년째 되던 1860년 음
력 4월, 그의 나이 37세 때 그는 결정적인 종교적 체험을 통해 득도(得道)에
이른다. 그의 신비체험은 한울님 마음과 하나가 된 경지에서 '천어'(天語)를
듣게 된 것이었는데 그것은 한울님과의 사이에 문답 형식으로 여러 달 계속

되었다고 한다. 그는 그 내용을 냉철히 반성, 체득하면서 일년 여에 걸쳐 동학의 신관, 세계관, 인간관, 수행법(修行法) 등을 글로 체계화해 나갔다. 득도한 이듬해(1861년) 6월부터 그는 포고(布敎)에 나섰다. 득도로부터 체포되기까지 불과 2년 6개월 사이에 수운은 漢文體의 『동경대전』(東經大典)과 한글로 된 『용담유사』(龍潭遺詞)를 저술하여 후세에 전하게 되었다.

수운의 가르침은 고통과 시련에 찬 현실을 극복하고 근본적으로 새로운 역사를 이 땅에서 다시 시작할 수 있다는 희망의 씨앗을 그 시대의 민중들의 가슴에 심었다. 사방에서 그의 소문을 듣고 그의 거처인 경상북도 경주(慶州), 용담정(龍潭亭)으로 찾아오는 민중들이 줄을 이었다. 그들은 수운의 가르침을 듣고 바로 그 자리에서 그를 따랐다.

1864년 3월, 수운은 41세의 나이로 참수형(斬首刑)에 처해졌는데, 세상을 어지럽게 한 사술(邪術)의 괴수(傀首)라는 죄목이었다.

수운의 제자이자 동지였던 해월은 도통 승계(道統 承繼) 후 순도(殉道)할 때까지 30여년 간 가시밭 길을 걸으며 조선 땅에 동학을 뿌리내리게 하는 데 헌신했다. 그는 '인내천'(人乃天), '사인여천'(事人如天)의 교의로써 교도들을 지도하는 한편, 지배권력의 감시와 탄압 속에서도 '접'(接)조직을 확장해나가다가 1898년(72세) '좌도난성'(左道亂正)의 죄목으로 스승 수운의 뒤를 따라 교수형에 처해졌다.

2.3.2 동학의 인간 이해의 핵심은, 사람은 한울님의 신령한 본성을 몸 안에 모시고 있는 신령하고 존엄한 존재라는 데 있다. 사람이 곧 한울님, 한울사람, 섬김 받아야 할 신령한 존재이다. 사람은 자신이 이러한 존재임을 자각하게 될 때 자기 자신과 타인을 지극히 공경(敬人)하게 되고, 한울님을 공경(敬天)하게 되며, 한울님의 뜻을 이 세상 속에서 실현할 수 있는 능력을 부여받은 주체로서 바로 서게 된다. 즉, 현재의 일상생활 속에서 그분의 뜻

에 일치하는 삶을 사는 신령한 인격체가 되는 것이다. 그러한 한울사람 (God's person)을 통해서만 사회와 세상의 성화(聖化)(한울나라의 실현)가 가능해진다. 뿐만 아니라, 사람의 주체성은 우주 가족의 일원으로서 더 큰 생명인 우주를 어버이로서 섬기며(敬物), 우주 자연계의 질서와 조화를 이루어 상생(相生, 서로 살림)의 삶을 살아야 하는 책임적 존재이다.

동학에서는 지금까지 저 밖에 있는 신(God without)을 향해 놓았던 제상 (祭床)과 위패(位牌)를 나를 향해[向我] 돌려놓도록 하는 새로운 제사법(祭祀法)을 창안했다. 이것을 '향아설위'(向我設位)라고 하는데, 저 밖에 있는 초월적 신을 상정한 인류 문명 문화 양식(樣式)의 일대전환과 정신개벽을 이로써 상징한다.

또한 '동귀일체'(同歸一體)라고 하여 후천개벽운동의 동반자들의 공동체, 새 인간(한울사람), 새 천지(한울나라)의 비전을 가지고 인류문명사의 새 지평을 열어가고자 하는 신령한 도덕적 주체들의 공동체를 제시한다. 이 공동체는 타종교 공동체의 전통을 존중하며 관용의 정신과 개방적 태도로써 후천개벽의 역사를 창조해나가는 길동무[道伴]들의 공동체이다. 동학에서는 특히 생활의 주인이자 신천지(新天地) 창조의 주역으로서의 여성의 지위가 강조된다.

2.3.3 강증산은 스무 살 무렵에 동학당에 들어가 활동하다가, 갑오 동학혁명이 실패한 뒤, 시체가 가득 널려진 폐허의 강산을 여러 해에 걸쳐 편력했다. 그 때에 그는 구천에 사무치는 울부짖음과 살을 저미고 뼈를 깎는 민중의 고통을 보았으며, 민중이 그 얼마나 절실하게 생명의 회복을 바라고 있는가를 사무치게 절감했다. 따라서 강증산은 자기의 목표를 동학의 동세개벽 실패 이후의 민생의 재건과 활인(活人)에 두게 되었다.

갑오동학혁명이 민중반란의 조직적 확대를 통해 사회의 구조적 모순을

혁파함으로써 후천개벽을 실현하려 했다면, 강증산의 실천은 하나 하나의 이름 없는 민중들의 그날 그날의 먹고 살고 입괴[衣食住] 고통받고 병들고 죽고 두려워하고 굶주리고 죽임 당함으로부터 벗어나고자 몸부림치는 구체적인 삶, 곧 민중생존을 중심으로 하여 그것을 해결하기 위해 노력하는 매일 매일의 자조 자활(自助 自活)의 작은 공동체 건설과 협동생활의 조직을 통해 후천개벽을 실천해 나가는 방향이었다(『김지하 사상기행』, 2권, 206~9면 참조).

그렇다면 강증산의 사상과 실천은 '민중적 일상'의 신학화를 꾀하려는 우리들의 작업에 크게 도움이 될 것이 분명하다. 사람은 한울님의 신령한 본성을 몸 안에 모시고 있는 신령하고 존엄한 존재라고 하는 동학의 인간관은, 매개 사람 속의 빛, 영, 그리스도를 인정하는 퀘이커 사상과도 일맥 상통하는 바가 있다. 민중신학은 퀘이커 사상의 인간이해로부터 배움과 동시에, 동학의 인간관을 민중이해에 적극 도입함으로써 민중의 대상화 · 객체화를 극복하고 민중의 '주체화'에 진실로 기여하는 큰 길을 열 수 있을 것이다.

3. 민중적 영성론의 가능성

3.1 영어권에서도 'spirituality'란 말이 등장한 것은 지난 30년 어간의 일이라 한다. 이렇게 새로운 말이고 보니 한국에서는 그 용법이나 의미를 둘러싸고 적잖은 오해와 혼선이 있기 마련이었다. 처음에는 이 말이 카리스마 집회나 성령파 교회들에서 주로 사용되었던 연유로 해서 민중신학자들은 애써 이 말을 기피했고 금기시하는 경향마저 있었다. 1980년대에 들어와 남미 해방신학 쪽에서 spirituality라는 범주를 사용하여 심도있는 신학 작업을 전개하는 것은 보고서야 새로운 관심과 눈으로 이 말을 대하기 시작했다. 그러나 민중신학 내부에서 spirituality에 관한 본격적인 논의는 아

직 드문 것 같고, 여전히 개념의 혼란이 가셔지지 않은 것이 사실이다.

나 자신 아직 본격적인 공부가 부족하여 spirituality의 정의조차 내리기가 쉽지 않은 형편이지만, 민중적 영성론의 필요성과 가능성의 예감만은 절실하다.

3.2 함석헌은 씨올의 속에 있는 것, 곧 씨올의 '혼'을 불러내자고 했다. 그렇게만 하면 산을 옮기고 바다를 메우는 것 같은 위대한 일을 이룰 수 있다고 했다. '씨올의 혼'이라. 혹시 이것이 바로 민중의 영성 아닐런지? spirituality는 사람의 존재 깊은 곳에서 그 존재를 관통하고 그 존재를 떠받치고 그 존재를 추동(推動)하는 영적 힘, 에너지, 불꽃과 같은 그 무엇과 관련된 것이라고 말할 수 있지 않을까? 만약에 그렇다면, 우리가 원하든 원치 않든 간에, 우리가 종교적이든 아니든 간에, 사람은 누구를 막론하고 spirituality를 지니고 있다고 할 수 있다. 즉, spirituality는 기독교에 고유한 것이 아니라 인간에게 보편적인 것이다. 따라서 불교인의 영성, 무신론자의 영성도 있을 수 있다(나는 사실 감옥에서 무신론자들의 심오한 영성을 무수히 접했다).

3.3 민중이 갈구해 마지않는 구원과 해방에의 타는 목마름이 바로 민중의 영성 아닌가. 나는 앞에서, 민중신학은 민중의 이 목마름을 '민중의 거룩한 갈망'(the holy longing of minjung) 또는 '민중 영성'(minjung spirituality)이라는 범주로서 다루어 볼 수 있다고 했다. 이것은 민중신학이 민중의 '한'이라는 범주로 다루어온 영역과 크게 겹치는(overlap) 영역이어서 민중의 '한'과 민중 spirituality의 관계와 구조는 무엇인가 하는 문제제기가 가능하다.

3.4 spirituality는 우리의 일상과 분리될 수 없다. 우리의 욕망과 애정, 고통과 슬픔, 고독, 야심과 좌절감, 불안과 초조, 공포와 희망 등등, 이 하나 하나가 spirituality와 깊이 관련된다. 어떤 사람의 영성은 그가 자기 속

의 그 영적 에너지 혹은 불꽃을 가지고 실제로 현실 속에서 무엇을 행하는가와 깊이 관련된다. 즉, spirituality는 신앙이나 종교성과 관련된 것 이상으로 우리가 살아가는 현실, 매일 매일의 일상과 관련된 것이다. 사랑(compassion)과 자비(mercy), 평화와 화해를 간절히 구하는 마음, 참된 민주주의와 사회적 정의를 갈구하는 정치적 각성, 깨어있는 양심, 도덕적 민감성 등은 민중적 영성의 불가결한 요소들(integral elements)이다.

3.5 spirituality는 개인적인 것만이 아니다. 개인적인 것임과 동시에 사회적·공동체적인 것이다. '나의 영성'과 동시에 '우리의 영성'이 존재한다. 개인주의에 물든 사회와 그 문화(individualistic culture)에서는 하나님과의 개인적 관계에 촛점이 맞춰지기 쉽다. 그래서 개인적 영성은 자칫하면 '개인주의적 영성'으로 퇴락(頹落)할 수 있다. 개인적 영성에만 집착하거나 매몰되면 영적 개인주의와 영적 이기주의에 빠질 수 있고 영적 우상숭배의 위험에 떨어질 수 있다. 반면에 공동체적 영성의 경우에는, 개인의 영적 생활(personal spiritual life)에 기울이는 집중력이 떨어질 때, 영적 메마름과 세속화라는 또 다른 위험이 있다.

개인의 영적 체험과 공동의 영적 수련은 상호 의존적이다. 양자는 서로 보완하고 서로 북돋아 준다. 민중신학은 개인의 영적 체험 또는 개인적 영성수련과, 공동체적 영성 또는 영적 공동 생활(spiritual life together)에 같은 비중을 두어 이 양자 사이의 조화와 균형을 도모해야 한다.

공동체적 영성은 함께 드리는 예배에서 집중적으로 표현된다. 각자가 자신의 일상생활 속에서 바친 영적 생활의 밀도는 함께 드리는 예배의 질을 좌우한다. 하나님에게 귀를 기울이는 고요한 묵상과 기도가 쌓이고 쌓여서 깊이를 더해갈 때, 개인과 공동체의 영성을 고양시켜주는 높은 질의 예배를 드릴 수가 있다.

3.6 밥상(식탁)공동체는 공동체적 영성의 실천 모델이 되며 민중적 영성의 고갱이를 집약한 것이다. 민중신학은 해월의 밥 사상과 향아설위의 밥상차리기로부터 배우면서 다음과 같은 상생(相生)의 식사예법을 고안할 수 있을 것이다.

① 남녀노소를 가리지 않고 누구나 음식을 만드는 과정에 참여한다. ② 원을 그리고 둘러앉는다. ③ 기쁨과 감사에 넘치는 순수한 마음으로 서로 손을 잡고 잠시 묵상(또는 짧게 한마디씩 기도)한 후 함께 담소하며 서두르지 않고 즐겁고 느긋하게 식사한다. ④ 설거지도 음식을 만드는 과정과 마찬가지로 남녀노소를 가리지 않고 누구나 참여한다. ⑤ 음식찌꺼기는 버리지 않고 따로 모아서 거름으로 쓴다.

3.7 민중적 영성은 서로 모시고 섬기는 상생(相生)의 영성이다. 그 고갱이는 겸허하게 온 마음과 정성을 다해 깊이 귀기울여 듣는 데[敬聽, mindful listening] 있다. 나의 존재의 가장 깊은 곳을 열어 놓고 하나님에게, 자연에게, 그리고 사람에게 고요히, 정성을 다해 귀를 기울이는 것이다. 민중신학에는 이 경청(敬聽)의 영성이 부족하지 않은가 여겨진다. 불의한 권력에 맞서서 억눌린 자들의 목소리를 대변하는 증언자의 역할을 자임하다보니 민중, 씨올에게 귀기울여 듣는 마음의 餘白이 부족했던 것이 사실이다.

일반적으로, 기독교는 '말하는'(preaching) 종교지 '듣는'(listening) 종교가 아니다. 이것은 기독교의 큰 약점의 하나다. 하나님과 자연과 사람이 관계의 그물에 얽혀 서로 연관되어 있고 상호의존하고 있는 이 우주와 세계 공동체 안에서 '경청의 spirituality'가 없이는 상생(相生)의 관계를 창조해나갈 수가 없다. 이제 21세기와 새 천년의 입구에서 기독교는, 그리고 민중신학은, 말하는 '입'으로부터 듣는 '귀'로의 근본적이고도 철저한(radical) 패러다임 전환을 꾀하지 않으면 안 된다.

3.8 예언자적 선포(prophetic speaking)는 중요하다. 그러나 예언자적 경청(prophetic listening)도 이에 못지 않게 중요하다. 예언자적 경청은 권력과 부에 억눌리고 빼앗겨온 자연과 민중, 곧 씨올에게 귀를 기울이는 것이다. 씨올에게 경청한다 함은 하나님께 경청한다는 것과 같은 말이 된다. 아무 소리도 들려오지 않는 것 같을 때, 더 깊숙이 귀를 기울여 고요히 기다려 보라. 소리 아닌 소리가 내 마음의 귀에 들려오지 않는가. 민중인 씨올(들)에게 말과 설교를 가지고 가는 대신에 마음의 귀를 가지고 가본 사람은 안다. 경청하는 사람이 자신의 계획이나 용건, 판단이나 충고 따위를 완전히 접어놓고, 오로지 상대방에게 전적으로 나를 내맡기는 방법으로 귀를 기울일 때, 지금까지와는 전혀 다른 새로운 관계가 둘 사이에 싹튼다는 것을.

듣기에만 길들여져 있는 것으로 보였던 씨올이, 그래서 자기 주견이나 이야기거리를 가지고 있지 않은 듯이 보였던 민중이 비로소 가슴을 열고 이야기 꾸러미를 풀어놓기 시작할 때, 그(들) 자신조차도 의식하지 못했던 놀라운 지혜와 꿈과 비전이 엉킨 실타래 풀리듯 술술 풀려 나오지 않던가. 이 새로운 관계, 새 카이로스 속에서 상처가 아물고 한풀이가 시작된다. 씨올이 제 이야기에 스스로 격려를 받고 힘이 북돋아져 현재의 곤경을 박차고 일어설 수 있는 계기가 열리고 문제에 해답이 주어진다. 이것이 바로 함석헌이 말한 "씨올의 혼(魂)을 불러내는" 방법이 아닐까.

4. 21세기, 새 천년기에 민중은 어떻게 살 것인가?
– 민중적 삶의 양식으로서의 '살림 공동체' –

공동체 운동은 개인과 민족의 생존(survival)을 위해, 우리들의 문화와 지구 자체의 존속을 위해 비상히 중요하다. 현대 사회와 현대적 생활양식은 자연적 내지 가족적 공동체를 해체한 결과이다. 현대인의 삶은 파편화되었고 공동체 감각을 잃어버렸다. 하루에도 수많은 사람들과 접촉하고 있음에도 불구하고 현대인은 고립되어 있고 까닭 모르는 불안감과 두려움을 갖고 있다. 한편 그들은 사랑받고 싶어하고 함께 살아갈 동반자를 찾고 있으며, 꿈과 이상을 서로 나눌 친구를 필요로 한다. 한마디로, 현대인은 공동체를 필요로 하고 있는 것이다.

현대인에게 절실히 필요한 공동체, 그 중에서도 민중적 삶의 양식으로서의 공동체는 어떤 내용, 어떤 모습의 공동체일까? 우리는 김지하가 먼저 주목해서 그의 생명사상 체계 속에서 중요하게 사용하기 시작했던, 그리고 안병무가 몹씨도 아꼈던 아름다운 우리말 '살림'을 붙여 '살림공동체'를 구상해 볼 수 있다. '살림'이란 무엇인가?

살림은 상생(相生) 즉 서로 살리기, 살림은 생명경외(生命敬畏), 살림은 죽임의 반대, 살림은 물질의 나눔, 살림은 상호존중, 살림은 차이와 다양성의 존중, 살림은 거룩한 경청, 살림은 섬김, 살림은 그저 우리네 살림살이. 그럼 살림공동체는?

나는 살림 공동체의 살림살이를 다음의 7가지 원리로 정리해 본다.

첫째로, 개인과 공동체 사이의 균형과 조화이다. 김지하식 표현을 빌리면, "개별 인격들의 자유로운 전체인 민중"의 공동체이다. 살림 공동체 안에서는 개인의 인격과 존엄성이 존중된다. 개인의 자율성과 창조성이 진정으로 존중된다. 그러나 그 개인들이 뿔뿔이 흩어지지 않고 전체를 형성하되 그 전체가 또한 자유와 창의성이 넘치는 탄력적인 전체를 이룬다. 이 자유로운 전체인 살림 공동체 안에서는, 개인의 창의성(individual initiative)과 공동생활(corporal life)의 규율이 조화를 이루며 개인적 생활영역과 공동 생활영역이 공존하고 균형을 유지한다.

둘째로, 다양성과 차이가 존중된다. 인종, 성, 피부색, 민족, 종교, 사상, 문화, 언어, 음식, 관습 등에 있어서의 차이와 다양성이 권장되고 존중된다.

셋째로, 깊은 영성적 수행(spiritual practices in depths)과 활발한 사회적 관심과 행동(social concern and action) 간의 균형이 가능하다고 믿으며 이 균형을 강조하고 이의 실현을 위해 노력한다. 예를 들면, 영성적 수행을 통해 사회적 불의와 정치적 억압과 경제적 착취에 의해 야기되는 고통에 대해 민감해지도록 노력하면서, 고통 당하는 사람들에게 동참하고 그들을 돕기 위해 일하는 방법을 개발하고 배우려고 노력한다. 또한 사람들이 타인의 고통이나 지구상의 다른 종(species)의 고통을 이용해서 이익을 추구하지 못하도록 감시하며 그것을 저지하기 위해 힘쓴다.

넷째로, 일의 평등성(equality at work)을 추구한다. 공동체 내에서 일과 역할의 기능적 분화가 인정되나 신분이나 지위의 개념은 인정되지 않는다. 역할의 기능적 분화가 가져올 수 있는 공동체 성원간의 평등성의 저해 또는 약화를 방지하기 위한 방도가 강구되며 평등성을 높이기 위한 다방면적인 노력이 경주된다.

다섯째, 공동체성원 간의 인간관계는 동학의 '시(侍, 모심)'을 기본정신으로 한다. 즉 누구든지 사람을 대할 때 그 분 안에 계신 하나님을 모시는 마음과 자세로써 대한다. 이것은 기독교의 사랑, 불교의 자비에 통하고, 베트남 출신의 스님 Thich Nhat Hanh이 강조해 마지 않는 '정념'(正念, mindfulness)과 일치하는 것이다.

여섯째로, 질소(質素)한 삶(plain life)을 산다. 질소한 삶이란 (1) 자원과 물자를 아껴 쓰고 사치를 하지 않으며, (2) 경제적 정의에 우선적 관심을 갖고 세계의 가난한 사람들의 삶을 이해하고 그들의 편에 서려고 노력하며, (3) 기도와 묵상을 생활화한 삶의 방식을 말한다. 질소한 삶은 단순함

(simplicity)을 소중히 여기고 여백(餘白)이 있는 삶을 사랑한다. 여기서 여백이라 함은, 일을 너무 많이 하거나 너무 바쁘게 살지 않고, 남을 위해 일하면서도 나 자신을 위한 시간을 알맞게 남길 줄 아는 여유를 말한다. 또한 너무 많이 말하지 않고 남이 말할 여지를 남기며 언제나 상대방에게 조용히 귀를 기울일 줄 아는 마음가짐을 말한다. 현대인의 삶의 병적 분망(奔忙)을 경계하면서 우리는 이따금 물어야 한다. "말씀이 들릴 만한 고요함이 있는가?"(Are there enough silence for the Word to be heard?)

일곱째로, 축제가 있는 공동체를 가꾼다. 축제(festival)와 축하(celebration)는 공동체 생활의 한 중심축(中心軸)이다. 축제와 축하는 우리들에게 희망을 불어넣어 주고 생활의 시련과 고통을 감내할 수 있는 힘을 북돋아준다. 가난한 나라 사람들이 부유한 나라 사람들 보다 축제를 더 사랑한다. 부유한 나라 사람들은 축제의 감각과 기술을 상실했다. 그것은 공동체의 전통을 상실한 것과 관계가 있다. 축제는 음식을 나누는 것과 함께 공동체 성원들에게 공동체의 참 의미를 손으로 만지듯이 구체적으로 느끼게 해 준다. 축제는 생활 속에 일어나는 마찰과 사소한 분쟁의 찌꺼기를 말끔히 씻어내는 청량한 바람이 된다. 축제 속의 환희와 엑스타시(ecstasy)의 요소는 생명의 흐름이 공동체를 구성하는 모든 성원을 관통해서 흐르게 해주며 우리들의 가슴을 하나로 묶어 준다. 축제는 육체와 감각의 기쁨을 영의 기쁨에 연결시켜 주는 경이로운 시간이다. 따라서 축제는 공동체 생활에 필수적 요소이다.

살림 공동체는 대안적 문화로서의 음악, 시, 춤, 노래, 이야기, 연극 등을 적절히 생활 속에 도입한다. 노약자나 장애자 등 누구나 쉽게 배워서 출 수 있는 춤(universal dances)을 개발하고 쉬운 춤사위에 공동체의 정신을 나타내는 소박한 말을 붙여(곡에 가사를 붙이듯이) 일하는 틈틈이 함께 추기도 한다.

5. 에필로그

나는 미국 펜실바니아주에 있는 펜들 힐(Pendle Hill)이라는 퀘이커의 공동체에서 지난 한 해를 보냈다. 위에서 제시한 공통체상은 그 펜들 힐을 모델로 하여 대체적인 윤곽을 그려본 것이다. 다만 펜들 힐을 좀 더 민중적인 쪽으로 끌어당겼다고 할 수 있겠다.

살림공동체의 7가지 원리 하나 하나를, 구원과 해방을 절절히 갈망하는 민중의 가슴과 눈으로 읽으려고 노력하면서 이해하고 해석해야 할 것이다. 그리고 이 원리들을 구체적인 공동체운동에 응용할 때에는 내가 몸담고 사는 사회현실과 자신의 문화전통, 그리고 공동체의 조건에 맞추어 창조적으로 적용해야 할 것이다.

세계의 중심부가 아닌 아시아 대륙의 동쪽 한 주변부에 떨어진 작은 씨을들의 눈이 지금 터지고 있다. 민중이라고도 불리는 이름 없는 사람들, 그들이 자신 속에 모시고 있는 하나님에 눈떠 깨어나고 있다. 그들이 세계를 변화시킬 수 있는 힘의 근본이다. 씨을들은 자신의 문화와 사상과 전통에 돌아가 그 토양에 튼튼히 뿌리를 내릴 것이다. 나아가 그들을 에워싼 동양과 서양의 온갖 문화, 문명, 사상, 전통들로부터 자양분을 흡수하여 그들 자신의 잠재력, 생명력을 꽃피워 나갈 것이다.

바야흐로 21세기, 새 천년의 새 문명, 새 문화, 새 인류의 도래를 예비하는 새로운 삶의 양식, 곧 '살림 공동체'의 창조라는 가슴 뿌듯한 과제가 아시아의 민중에게 맡겨져 있다. 이 창조에서 민중신학의 몫은 결코 작지 않을 것이다. 이 글이 민중신학의 새로운 전개 가능성의 단초만이라도 전달할 수 있었다면 다행이겠다. 奉事

역사와 문화의 이해

선교사들의 단군신화 이해, 1884~1934

옥 성 득*

이 글의 목적은 해방 이전 개신교 선교사들의 단군(檀君) 신화 이해를 검토하는 것이다.[1] 한말과 일제 시대에 선교사들은 꾸준한 연구와 논쟁을 거쳐 환인-환웅-환검으로 이루어진 한국 고유의 삼일신론을 기독교의 성부-성령-성자로 구성된 삼위일체론과 유비적으로 대응하는 것으로 해석하고, 성육신한 제삼위의 단군을 창조주 '하ᄂᆞ님'(桓因)을 예배한 한국 원시 유일신 신앙의 제사장(무당)으로 이해하였다는 것이 이 논문의 주 논지다. 단군 신화에 그 원형이 상징적으로 표현되어 있고 전통적으로 믿어온 고유의 '하ᄂᆞ님'이 성경의 여호와와 동일하다는 기독교 복음의 토착적인 해석은 한국인들의 개종에 결정적인 접촉점을 제공하였고, 한국 선교의 성공과 급성장의 주요한 한 요인이 되었다.

선교사들의 타종교 신학에 대한 이러한 새 해석은 지금까지 일반적으로 수용되어 온 문화 제국주의자로서의 선교사들의 이미지를 재고하고, 그들이 보수적 근본주의자였다는 기존 해석에 이의를 제기할 것이다. 이 글은

---

* 두레연구원1기, 현 보스톤대학교 신학박사

1) 이 글은 2000년 11월 18일 필자가 미국 내쉬빌에서 열린 미국종교학회(American Academy of Religion) 연례모임에서 발표한 논문을 수정, 요약한 것이다.

단군신화 해석에 나타난 선교사들의 온건한 복음주의적인 토착화 신학과 성취론을 밝히고, 일본 제국주의에 대항하여 한국 종교문화의 정체성과 영성을 보존, 계승한 선교사들과 한국 교인들의 신학적 노력을 드러냄으로써, 기존 사학계의 틀에 박힌 서술을 반박, 수정하려고 한다. 동시에 이 글은 타종교를 적대시하는 현재의 전투적인 근본주의자들이 초기 선교사들의 소위 보수 정통 신학의 유산을 이어받고 있다는 오해도 불식시킬 것이다. 이 글이 현재 진행 중인 단군 논쟁에 새로운 교회사적 자료를 제공하여 좀더 건설적인 토론으로 나아가는 데 도움이 되기를 바란다.

1. 서론: 두 전통의 만남

선교사들의 단군 연구에는 두 가지 다른 전통, 곧 19세기 말 20세기 초 북미 복음주의의 타종교 선교신학과 조선조 한말 역사서의 단군 이해간의 만남이 있었다. 19세기말 한국에 전래된 개신교의 주류 신학인 온건한 복음주의는, 자유주의 신학이나 진화론과 마찬가지로, 아시아 종교에 대한 기독교의 우월성을 주창하였다. 한국의 경우 미국 북장로교와 북감리교로 대변되는 북미 복음주의 선교신학은 비교종교학이 주장한 종교 상승설 내지 진화론과 달리, 원시 계시와 원시 일신교가 인간 죄의 개입으로 말미암아 점점 부패하여 우상숭배, 범신교, 다신교로 타락했다는 종교 하강설 내지 타락설(the theory of degradation)을 주장했다. 이 이론은 원시 계시를 그대로 보존하고 있는 성경을 가진 기독교, 특히 종교개혁 이후 성경적 신학을 회복한 개신교의 배타적 우월성을 변증하고 저급한 이방 종교의 파괴, 개종을 정당화하려는 이론이었다.2) 그러나 '하강설'이 제기한 원시 일신교(original

---

2) S. H. Kellogg, *The Genesis and Development of Religion* (New York: Macmillan, 1892); F. F. Ellinwood, *Oriental Religions and Christianity* (New York: Scribners Sons, 1892).

monotheism) 개념은 일부 지역에서 그 흔적을 찾으려는 노력으로 발전하였다. 중국의 진보적인 복음주의 학자 선교사들—James Legge, William Martin, John Ross 등—이 원시유교의 상제(上帝)를 유일신적 주재신으로 이해한 것이나, 한국 선교사들이 진보적인 중국선교사들의 원시유교의 상제관을 수용하면서 동시에 한국 고유의 단군신화에 남아 있는 원시 샤머니즘의 유일신 흔적인 '하ᄂ님' 신앙에 주목한 것은 그 예들이었다.

한편 자유주의 신학자들은 보수적 복음주의자들이 사용한 기독교의 '성경적' 우월성 개념 대신 다윈의 진화론을 수용하여 '문명'과 '진보'라는 개념으로 기독교의 우월성을 주장했다. 곧 나무는 그 열매로 알 수 있듯이, 기독교의 열매는 가장 개화된 앵글로색슨계의 영미 개신교 국가들이며, 기독교와 기독교 문명만이 계속해서 진화, 발전한다고 주장했다. 19세기 말 20세기 초에 본격적으로 대두된 이 '기독교 문명'(Christian civilization) 이론은 한국의 경우 북감리교 선교사들이 적극 수용하였다.[3] 아펜젤러, 올링거, 존스로 대변되는 이들 기독교 문명론자는 총체적인 한국 사회의 기독교화 내지 기독교 문명화를 추구하였다. 따라서 그들은 단군과 기자 연구에서 그들의 문명적 역할을 강조하였다.

20세기로 접어들면서 좀더 진보적인 인도와 중국의 학자 선교사들은 하강설을 넘어 '성취설'(the fulfillment theory)을 주장하기 시작했다. 곧 타종교가 가진 기독교와의 '접촉점들'(points of contact)을 복음에의 준비로 보고, 기독교가 타종교의 근본적인 영적 갈망을 성취, 완성한다고 보았다. 1910년 에든버러 세계선교대회는 성취설을 공식적 입장으로 채택하였다.[4]

---

3) James F. Clarke, *The Great Religions Part II* (Boston: Houghton, Mifflin, & Co., 1883), pp.354~6; James S. Dennis, *Christian Mission and Social Progress* (New York: Revell, 1987-1906); 옥성득, 「초기 한국 북감리교의 선교 신학과 정책」, 『한국기독교와 역사』 11 (1999. 10).

4) Cf. Cracknell, K. *Justice, Courtesy and Love* (London: Epworth Press, 1995).

성취설은 이후 일부 진보 학자들이 '성취'의 개념에 기독교를 포함시키면서, 타종교와의 공존, 협력을 통한 기독교 자체의 완성이라는 포괄주의로 발전하였다. 1910년대 한국 선교사들은 성취설을 수용하면서, 단군신화와 '하ᄂ님'을 적극 수용할 수 있었다.

19세기말 20세기초 재한 선교사들의 단군 연구는 또한 14세기 말 이후 기록된 유교 사서의 영향을 받았다. 단군 이후 고려말 까지를 다룬 첫 관찬 사서인 『東國通鑑』(1485)은 3조선설(단군조선–기자조선–위만조선)을 수용하였고, 조선 건국의 정통성을 옹호하기 위해 단군의 정치적 역할을 강조하였다. 성리학 이데올로기가 구축된 16세기의 주류 역사서의 도덕사관과 17세기의 '삼한정통론'은 기자(箕子)를 유교 도덕의 시조로 높이고, 단군을 기자 밑에 부속시켰다. 이러한 주류 유교사관은 19세기말 20세기초 대한제국 시대 교과서에 반영되었는데, 기자는 개화 문명의 기초로 인식되었다. 초기의 게일(James S. Gale)은 이러한 주류 사관을 수용하였다.

그러나 비주류 사서들은 단군의 민족적, 문화적 역할을 강조하였다. 예컨대 북인인 조정의 『東史補遺』(1630)는 고려 불승 일연의 『三國遺事』의 단군 본문을 수용하고 중국과 동일한 조선의 역사적 유구성을 강조하였다. 18세기에는 도교와 무교측이 단군을 신으로 숭배하였다. 소론인 이종휘의 『東史』(1780)는 환웅이 무교 곧 신교(神教)를 설립하였다고 서술하였다.[5] 헐버트(H. B. Hulbert)가 주로 사용한 장동의 『東史綱要』(1884)는 주류 사서의 사관을 일부 수용하면서 비주류의 고대사 이해를 종합, 정리하였다.

---

5) 박광용, 「단군 인식의 역사적 변천」, 『단군 그 이해와 자료』 (서울대 출판부, 1992), pp.158~81.

2. 본론: 단군과 '하ᄂᆞ님'

2.1 1895년 단군 신화의 첫 번역

약 10년 간의 준비기를 거친 뒤 재한 개신교 선교사들은 1895년부터 *The Korean Repository*에 단군 신화를 번역 소개하기 시작하였다. 아펜젤러는 기자를 소개하는 글에서 『동국통감』과 『童蒙先習』 본문에 기초하여 단군신화를 자유롭게 번역하고, 단군의 문화적 역할을 강조하였다. 존스(G. H. Jones) 역시 중국과 동일한 한국의 역사 유구성을 강조한 『동몽선습』을 번역하였다. 헐버트는 다양한 사서들을 이용하여 중국과 구별되는 한국 북방족의 유래를 탐구하는 글에서 단군 신화를 인용하였고, 웅녀도 언급하였다. 정치참여에 적극적이었던 헐버트는 1890년대 개화 지식인들이 가졌던 자주적 역사관과 독립의식을 수용하였으므로, 한국 민족의 주체성과 정체성을 강조하였다. 반면 게일은 『동국통감』의 본문을 문자적으로 번역하면서, 평안도 중화에 있는 단군 묘가 1890년에 수리된 이후 매년 두 차례에 걸쳐 정부 차원의 제사가 행하여진다는 사실을 언급하였다.[6]

2.2 1900년 게일과 헐버트의 논쟁

헐버트는 단군신화를 한국의 고유한 문화와 정치가 시작된 기초로 이해하였다. 그는 선교사의 정치 참여에 긍정적인 신학을 가졌다. 그러나 게일은 역사적 단군을 믿지 않았고, 기자 이후 중국이 한국에 미친 영향에 관심을 가졌다. 게일은 종교분리 정책을 지지하였다. 이러한 게일과 헐버트의 한국 고대사와 당대 정치에 대한 시각 차이는 1900년 충돌하였다.

---

6) H. G. Appenzeller, "Ki Tza," *The Korean Repository* [hereafter *KR*] (March 1895), p.81; G. H. Jones, "Historical R sum of the Youths Primer," *KR* (April 1895), p.138; J. S. Gale, "Korean History," *KR* (Sep. 1895), p.321; H. B. Hulbert, "The Origin of the Korean People," *KR* (June 1895), p.220; Cf. H. B. Hulbert, *The Passing of Korea* (New York: Doubleday Page, 1906), pp.27~9.

1900년 11월에 열린 첫 왕립아시아학회 한국지부 모임에서, 게일은 "한국에 대한 중국의 영향"이라는 논문을 발표하였다. 게일은 한국은 기자 이후 작은 중국이 되었으며, 한국 문화는 중국 문화의 복사품에 가깝다고 주장하였다. 한 달 후에 열린 2차 모임에서 헐버트는 "한국적 유풍"이라는 논문으로 게일의 해석을 반박하였다. 헐버트는 한국사를 단군에서부터 추적하고, 단군의 문화적 역할을 강조하였다. 이어서 열린 토론에서 존스는 순수 한국적 문화 유산이 잔존한다는 헐버트의 주장과 중국 문화의 점진적 영향력이 증대해 왔다는 게일의 주장을 동시에 인정하였다. 그러나 존스는 샤머니즘이야말로 가장 중요한 한국적 문화 유풍이라고 지적하고, 단군 신화의 환인, 곧 제석(帝釋)은 일연이 해석한 대로 불교의 천신이 아니라 무교의 천신(하ᄂᆞ님)이라고 주장하였다. 존스는 한국 선교계가 무교의 '하ᄂᆞ님'과 단군 신화를 연결시킬 수 있는 해석학적 근거를 마련하였다.[7]

2.3 1901년 헐버트의 삼위일체론적 단군 신화 해석

1901년 게일과 헐버트는 자신들이 편집하던 선교잡지에 단군에 대한 의견을 표현하였다. 헐버트는 *The Korea Review*에 자신의 한국사 통사인 "The History of Korea" 연재하면서, 그 서론에서 단군의 역사성을 주장하고, 고인돌과 같은 청동기 시대 유물이 한국에 편재해 있는 것을 그 방증으로 들었다. 이어 제1장 첫머리를 단군신화로 시작하였다.

> 태고 시대에 환인 혹은 제석, 곧 창조주인 신적 존재가 있었다고 한다. 그의 아들 환웅은 천상의 권태를 벗어나고자 허락을 받고 지상에 하강하여 세속 왕국을 건설하였다. …호랑이와 곰은…그것을 먹고 동굴 속으로 은거하였다. … 곰은 완벽한 여인으로 걸어 나왔다. 그녀의 첫 소원은 수태였다. 그녀는 부르짖었다. "아들을 낳게

---

7) J. S. Gale, "The Influence of China upon Korea,"*The Transaction of the Korea Branch of the Royal Asiatic Society* I [hereafter *TKB*] (1900), pp.1~24; H. B. Hulbert, "Korean Survivals," *TKB* (1900), pp.25~6; "Discussion," *TKB* (1900), pp.48~9; G. H. Jones, "The Spirit Worship of the Koreans," *TKB* II-1 (1901).

해주십시오!" 신왕(the Spirit King) 환웅은 바람으로 지나가면서 시냇가에 그 여인을 앉아 있도록 한 뒤, 그녀 주위를 돌면서, 그녀에게 숨을 불어넣었다. 그녀의 부르짖음은 응답되었다. 그녀는 아기를 박달나무 아래의 이끼로 만든 강보로 감쌌다.… 이 아이가 단군, '박달나무의 주'였다. 그는 또한 잘 알려져 있지는 않지만 왕검으로도 불린다.…문화에는 한국 삼신(the Korean trinity)인 환인, 환웅, 단군을 모신 사당이 있다.[8]

헐버트는 단군신화에 나타난 한국 삼신론을 기독교의 삼위일체론과 유비적 관계에 있음을 암시하였다. 곧 환인 제석을 창조주(Creator)로, 환웅을 신(Spirit)으로, 단군을 성령의 숨에 의해 처녀 웅녀에게서 수태되어 태어난 주(Lord)로 번역하였다. 헐버트의 단군신화의 삼신론과 기독교 삼위일체론 간의 유비적·상징적 해석은 이후 선교사들로 하여금 단군신화를 기독교적으로 해석, 수용할 수 있는 전기를 마련하였다.

반면 게일은 자신이 편집인으로 있던 『그리스도신문』에 한국 고대사를 소개하는 글에서, 단군의 역사성과 신성을 완전히 부정하였다. 게일은 한국 고대 신화에 나타난 신화적 요소를 고대인들의 비합리적 사고를 반영하는 것으로 비판하였다.[9] 1900~01년 어간에 진행된 게일과 헐버트의 단군신화 논쟁은 당시 언더우드가 제기한 용어문제와 맞물리면서 새로운 방향으로 전개되었다.

2.4 '하ᄂ님' 채택과 단군신화

성경의 'Elohim' 혹은 'Theos'를 다른 언어로 번역할 때 발생하는 용어문제(term question)는, 중국의 경우 비생산적인 오랫동안의 논쟁을 거쳐 '上帝本'과 '神本' 성경의 공존이라는 타협으로 미해결 되었으나, 한국에서는 약 20년간(1893~1904)의 짧은 논쟁을 통해 전통적 '하ᄂ님'을 기독교적 '하

---

8) H. B. Hulbert, "Ancient Korea, Chapter I," *The Korea Review* (January 1901), pp.33~5.
9) 게일, 「단군죠선」, 『그리스도신문』, 1901. 9. 12.

ᄂ님'으로 수용하여 해결하였다. 이는 한국인의 전통적 신관이 기독교와 유사하였기 때문에 가능하였지만, 선교사들이 전통적 신관을 적극적으로 해석, 수용하였기 때문이기도 하였다.10)

만주의 존 로스가 1882년 '하느님'을 채택한 이후, 대부분의 북미 선교사들은 그 표준 형태인 '하ᄂ님'을 수용하였다. 로스와 한국 주재 선교사들은 모두 그 어원을 '하늘'(天)로 이해하였다. 그러나 1893년 이후 용어논쟁 과정에서 일부 선교사들은 한자의 '天'이 '一'과 '大'로 이루어져 있듯이, 한글 '하늘'의 본 어원 속에는 '하나'(一)와 '한'(大)의 뜻이 있음을 주장하였다. 1906년 한글 신약전서 공인본이 채택한 '하ᄂ님'은 따라서 '크신-한-하늘'의 세 의미가 창조적 긴장 속에 공존하는 용어였다.

1900년에 이르면 대부분의 선교사들은 신용어로서 '하ᄂ님'을 수용하였다. 그들은 한국인들이 전통적으로 예배해 온 '하ᄂ님'을 수용하되 '하ᄂ님'의 유일신적 속성을 강조, 교육하면 된다고 보았다. 그러나 언더우드(H. G. Underwood)는 이런 쉬운 해결책을 혼합주의로 비판하였다. 그는 최소한 1903년까지 '하ᄂ님' 대신에 '텬쥬'(天主)와 '상뎨'(上帝)의 조합어인 '샹쥬'(上主)를 사용하였다.

언더우드로 하여금 '하ᄂ님'을 수용하도록 만든 신학적 근거는 1900년~06년에 게일과 헐버트에 의해 제공되었다. 1900년 게일은 한국인 주씨로부터 기독교가 들어오기 전부터 한국인이 섬겨온 '하ᄂ님'의 뜻은 조화옹(창조주)인 '크신 한 님'(One Great One)이라는 설명을 듣고, 이를 수용하였다. 헐버트가 단군 신화의 '환인'을 창조주로 보았다면, 게일은 '하ᄂ님'의 어원적 연구를 통해서 유일하신 창조주로 이해하였다. 헐버트는 1906년 *The Passing of Korea*에서 단군은 아브라함과 동시대에 강화도 마니산

---

10) 용어논쟁사는 옥성득, 「개신교 전래기 용어 논쟁」, 『기독교사상』(1993. 10)을 참고하라.

정상에 단을 쌓고 번제로 '하ᄂᆞ님'을 예배하였다고 지적하고, 이후 '하ᄂᆞ님'을 경배해온 한국인들은 "엄격한 유일신교자들"이었다고 주장하였다. 게일은 1909년 유일신적 '하ᄂᆞ님' 이해를 재확인하였다. 게일의 '크신 한 님'으로서의 '하ᄂᆞ님' 이해와 헐버트의 유일신론적 '하ᄂᆞ님' 이해가 결합되었을 때, 그 결과는 '하늘의 주'로서의 전통적 '하ᄂᆞ님'이 기독교의 유일신적 새 '하ᄂᆞ님'으로의 변형이었고, 언더우드는 이를 반대할 이유가 없었다.

언더우드가 '하ᄂᆞ님'을 수용한 두 번째 신학적 근거는 자신의 단군신화 연구였다. 1910년에 출간한 *The Religions of Eastern Asia* 에서 언더우드는 다음과 같이 썼다.

> 원시시대에 환인이라는 하ᄂᆞ님이 계셨는데, '제석' 곧 창조주였다. 그에게서 나온 한 다른 존재인 환웅이 계셨는데, 그는 이 세상 아래로 내려가겠다고 부탁하여 허락을 받았다. 하지만 신령(the spirit)으로서 세계를 다스리는 데 어려움을 발견하고, 성육신(incarnation)을 바라셨다. 자기 부정으로 인하여 동물 상태에서 기적적으로 인간이 된 아름다운 여인을 보았을 때, 환웅은 그녀에게 숨을 불어넣었고, 그녀는 수태하여 단군을 낳았으니, 곧 한국의 첫 임금이 되신 분이다.[11]

언더우드는 단군 신화에 나타난 삼위일체론적 상징 구조에서, 영적 존재인 환웅의 인간의 몸을 입고자 하는 바램과, 동물적 존재인 웅녀의 인간이 되기 위한 자기 부정의 결합을 강조하고, 환웅의 영과 웅녀의 육의 통합을 통한 단군 수태를 강조하였다. 언더우드는 또한 단군이 환인 곧 '아버지 하ᄂᆞ님'(Father God)을 예배한 사실을 지적하고, 한국인은 처음부터 "순수한 일신교"(a pure monotheism)를 소유하였다고 주장하였다. 곧 언더우드는 한국 고대 신화 연구를 통해 한국인들이 '크신 한' '하ᄂᆞ님'을 섬겼다는 사실을 발견하였다. 그는 또한 한국인의 '하ᄂᆞ님' 개념은 유대인의 야웨 개념보다 덜 신인동형론적이라고 결론지었다. '하ᄂᆞ님'이 한국 무교에서 왔지

---

11) H. G. Underwood, *The Religions of Eastern Asia* (New York: Macmillan, 1910), pp.105~6.

만, 유불선 삼교 신자 모두 이 '하ᄂᆞ님'의 최고 신성을 인정한다는 사실을 지적하고, 기독교가 '하ᄂᆞ님'을 그 본래 의미로 사용하면, 당대의 타락된 '하ᄂᆞ님' 개념이 치유되리라고 믿었다.

따라서 1910년 선교사들은 선교 25년만에 25,000명의 교인을 가진 한국 교회가 용어문제를 해결했다고 선언하였다. "25년전 한국 선교 사업이 시작되었을 때, 한국어에는 God 이름을 번역할 용어가 없었다. 마침내 선교사들은 가장 가까운 용어에 동의하였고, 전에 없던 새로운 의미를 추가하였다."[12] 1906~10년에 한국교회와 선교사들은 유일신적 의미가 강조된 새 용어로서의 '하ᄂᆞ님' 채택에 합의하였으며, 그 역사적 자료 근거는 단군신화였다.

2.5 1910년대 성취론에서 본 단군과 '하ᄂᆞ님'

1910년 에든버러 세계선교대회가 타종교와 기독교간의 관계를 포괄적 성취론으로 공식 채택한 이후 한국 선교사들의 다수도 이를 수용하였는데, 그 대표적 인물이 게일과 존스였다. 존스는 비록 한국을 떠나 1909년부터 이후 10년간 뉴욕에서 미국 북감리교 해외선교부 총무로 일하였지만, 1910년대 초기에 쓴 한국 관련 글들은 그가 한국에서 활동한 20년간(1888~1909)의 신학을 정리하고 있다. 1915년경 존스는 초기 한국교회사를 정리하면서, 한국 종교들이 가진 기독교와의 다섯 가지 '접촉점'(points of contact)이 한국인의 신관, 인간의 도덕적 책임, 예배, 기도, 영혼불멸론이었다고 지적하였다. "하ᄂᆞ님 개념은 기독교와 한국 종교 개념들간의 일차 접촉점 중의 하나로 증명되었다. 선교사들은 이를 일찍부터 이용하여 큰 실질적인 결과를 얻었다."[13] 존스는 선교사와 한국인이 서로 만날 수 있는 첫 공통분모가

---

12) "Korea-The Changes of Seven Years," *Missionary Review of the World*, Feb. 1911, p.144.
13) G. H. Jones, "The Rise of Church in Korea," Ch. 5, typescript, Jones Papers (New York:

'하ᄂ님' 개념이었고, 이 고유한 '하ᄂ님' 용어를 도구로 한국 기독교는 불교의 우상 숭배, 유교의 무신론, 무교의 범신론을 고칠 수 있었으며, 풍부한 성경적 신관으로써 한국인의 사상계를 풍성하게 확장시켰다고 설명하였다.

한편 1911년 첫 한글 성경전서 출판 기념식에서 게일은 '하ᄂ님'이 성경을 위한 한국의 첫 준비였다고 선언하였다. "첫째 준비는 신명 하ᄂ님으로, 그 뜻은 '크신 한 님,' 최고자, 절대자로, 신비한 히브리어 명칭 '여호와'를 연상시킨다."14) 게일은 성취론을 받아들였다. 무교의 범신론적 '하ᄂ님'을 새 기독교적 유일신 '하ᄂ님'으로 변형시킴으로써, 게일은 그 용어가 가진 본래 의미와 한국인의 종교적 열망을 성취, 완성시켰던 것이다. 게일은 1916년 성취론을 재확인하고, 한국 영성사에 나타난 하나님의 계시의 선재성(preexistence of God's revelation)을 주장하였다.

> 하ᄂ님께서 참된 히브리인들에게 언제나 나타나셨고 여러 가지 이름으로 말씀하시고 불리었듯이, 한국인에게도 마찬가지였다. 히브리인들이 엘, 엘로힘, 엘로아, 엘 샷다이, 여호와 등으로 하ᄂ님의 여러 다른 속성과 관계를 나타내지만 그 모두는 한 하ᄂ님을 지칭하듯이, 한국인은 무한, 영원, 불변하는 동일한 한 신을 지칭하기 위해 많은 이름들을 사용해 왔다. 비록 눈에 보이지 않는 곳에 거하시지만, 그는 지상의 모든 일을 다스리신다. 그 이름들의 일부를 예로 들면, '하ᄂ님' 과 '천'–한 크신 분, '상제'–최고 통치자, '신명'–모든 것을 보시는 하ᄂ님, '대주재'–주님, '천군'–신왕, '주공'–천상의 조물주, '옥황'–최후 완성의 황제, '조화옹'–창조주, 그리고 '신'–신 등이다.15)

게일은 히브리 종교사와 마찬가지로 한국 종교사에서 하ᄂ님의 계시가 계속되어 왔음을 강조했다. 그리고 수천 년간 한국의 구도자들이 사용해 온 여러 신 명칭들–하ᄂ님, 천, 상제, 대주재, 조화옹, 신, 심지어 신명, 주공,

---

Union Theological Seminary).

14) J. S. Gale, "Korea's Preparation for the Bible," *The Korea Mission Field* [hereafter *KMF*] (March 1912), p.86.

15) J. S. Gale, "The Korean's View of God," *KMF* (March 1916), pp.66~7.

옥황상제-을 한 하느님을 가리키는 것으로 해석하고 이들을 기독교가 수용할 수 있다고 밝혔다. 그는 한국종교사에서 하느님을 더듬어 찾아간 많은 구도자들-예컨대, 고구려의 왕, 신라의 백결, 추원, 최승로, 고려의 임완, 이규보, 박의중, 조선의 조춘, 권발, 김덕성, 송시열, 강필호 등-을 열거하고 이들이 모두 하느님을 섬겼다고 주장했다. 다만 단군에 대해서는 추가 연구가 필요하다는 이유로 자신의 견해를 유보했다. 하지만 1901년 단군 전통에 대해 완전히 무시하던 태도는 버렸다. 1916년 게일은 단군을 한국 유일신 전통과 관련시키고 연구를 계속했다.

그 결과 1917년 게일은 *The Korea Magazine*에 단군과 연관된 본문들에 대한 연구를 발표했다. 단군을 "한국의 모든 종교적 영향 가운데 가장 신비하고 가장 흥미로운 인물"로 전제한 뒤, 여러 자료를 번역 소개하였다. 비록 본문에 대한 해석은 시도하지 않았지만, 게일은 그 본문들을 여러 범주-"삼일신-하느님," "단군의 가르침," "단군의 능력에 대한 기적적 증거들," "예배 처소들," "태백의 단군 송"-로 분류하였다. "삼일신-하느님" 항목에 소개한 첫 본문은 『古今記』였다.

> 환인, 환웅, 환검은 삼신이시다. 때때로 그는 단인, 단웅, 단군으로 불리신다. 상운 갑자년(2333 BC) 10월 3일 환검께서는 천상의 홀과 삼부인을 가지시고 신에서 인간으로 변화하셨다. 태백산에 하강하셔서서 박달나무 아래 서셨다. 그 곳에서 하느님의 진리를 드러내시고 백성들을 가르치셨다. 환인은 하느님(天)이시고, 환웅은 신(神)이시고, 단군은 신인(神人)이시다. 이 세 분은 삼일신(三神)을 이루신다.[16]

게일이 널리 알려지지 않은 고금기를 선택하고 그것을 가장 중요한 첫 본문으로 삼은 것 자체에서 우리는 게일의 태도 변화를 엿볼 수 있다. 게일은 한국의 삼신을 삼일신(the Triune Spirit) 단수 남성(He)으로 번역하였다.

---

16) J. S. Gale, "Tan'goon," *The Korea Magazine* (September 1917), p.404.

곧 단군신화를 삼위일체론적 구조(환인은 God, 환웅은 Spirit, 단군은 God-man)로 이해하였던 것이다. 동시에 게일은 단군의 영이 신라의 솔거나 김생과 같은 탁월한 예술가에게 환상으로 나타나 창조적 영감을 준 사실을 강조하였다.

하ᄂᆞ님과 단군에 대한 게일의 새로운 이해는 1919년 3·1운동 당시 한국을 방문했던 일본 주재 저널리스트 스코트 여사(Mrs. R. Scott)의 방문기에 잘 드러나 있다. 그녀는 여러 선교사와 한국인들을 만난 뒤 다음과 같이 결론지었다. "일본인들에게는 보이지 않는 중심의 창조적 능력으로서의 유일하신 하ᄂᆞ님에 대한 이해가 없다. 한국인들은 유일하신 최고신인 하ᄂᆞ님을 늘 섬겨왔다. 한국인의 이 하ᄂᆞ님은 유대교 구약의 엘로힘과 비슷하다. … 이 깊이 자리잡은 유일신 사상 위에 복음을 세운 개신교 선교사들은 놀라운 성공을 거두었다."17) 스코트 부인은 일본인이 형이상학적이고 영적인 한국인의 정신을 이해하지 않는 한 한국 문제는 해결되지 않는다고 주장했다. 유일신 하ᄂᆞ님 사상을 가진 한국인은 일제의 물질주의적 진보에 만족하지 못하고, 한국 역사와 언어, 영성을 가진 한국인으로 남기 원했기 때문에 독립운동을 전개했다는 것이다. 다시 말하면 한국 기독교인의 하ᄂᆞ님 신앙은 일제의 군국주의와 물질주의에 대항하는 한국 민족주의와 영성주의의 기초가 되었던 것이다.

2-6. 1924년 게일의 삼위일체론적 단군신화 해석

마침내 게일은 1924년 단군신화의 삼위일체론적 상징 구조를 수용하였다. 그의 일생에 걸친 한국 문화와 역사 연구의 열매인 *History of the Korean People* 연재를 시작하면서, 그 첫 머리를 다음과 같이 썼다.

---

17) Mrs. R. Scott, "Warring Mentalities in the Far East," *Asia* XX (August 1920), p.699.

한국의 첫 위대한 조상은 단군으로 불린다. 그가 신화이든 실재이든지 간에, 희미한 선사 시대로부터 솟아나서 한국과 만주 사이 백두산 위에 서 있다. 여기서 그는 단순한 백성들에게 바르게 살도록 첫 교훈을 주었고, 그들은 그를 신인(神人)으로 불렀는데, 그것은 신적 사람, 천사, 신령, 혹은 신의 뜻으로 번역될 수 있다. 그에 관한 놀라운 이야기가 전해지고 있는데, 곧 그는 신성한 삼일신의 제 삼위였다는 것이다. 고금기에 의하면, "환인은 하ᄂ님이고, 환웅은 신이며, 단군은 신인이다. 이 셋은 신성한 삼일신을 이룬다." … 단군의 가르침은 하ᄂ님 숭배로 알려져 있는데, 전능자 앞에 절하며 희생 제사를 드림으로써 예배한다. 이 위대하신 불가시의 하ᄂ님과의 관계에서 공자, 부처, 노자와는 별개로 단군은 모든 시대에 걸쳐 한국인에게 영감을 주는 천재적 인도자였다.[18]

게일은 비록 역사적 단군 문제에 대해서는 여전히 불확실성을 전제했지만, 단군신화의 삼일신론을 수용하면서 단군을 성육신한 제삼위 하ᄂ님으로 서술하였다. 곧 단군신화에 나타난 한국 고유의 유일신인 '하ᄂ님'을 수용하면서. 그 하ᄂ님의 삼일신론적 구조를 기독교위 삼위일체론과 상징적·유비적 대응 관계에 있음을 인정하였던 것이다. 마침내 게일의 필생의 과제였던 한국문화 연구는 단군을 한국 삼일신론의 제삼위로 이해함으로써 완성을 보았다. 그의 "한 크신 님"으로서의 '하ᄂ님' 이해가 한국인의 본래적인 신관을 회복하고 성취하는 것이었다면, 그의 단군신화의 삼일신론적 구조의 수용은 그의 한국학 연구를 완성, 성취시켰다고 하겠다.

2-7. 클라크의 단군 연구사 정리 (1932)

1932년 클라크(Charles A. Clark)는 선교사로서는 처음이자 마지막으로 한국 종교를 체계적으로 정리한 *Religions of Old Korea* 라는 연구서를 출판했다. 이 책에서 그는 30년간에 걸친 선교사들의 단군 연구를 간단히 정리했다. 그는 헐버트와 게일의 번역과 해석을 수용하였다.

많은 한국 기독교인들이 처음 기독교 복음에 대한 관심을 가지게 된 것은 그들의

---

18) J. S. Gale, "A History of the Korean People, Chapter I," *KMF* (July 1924), p.134.

단군과 그의 하느님에 대한 지식을 통해서였다. 그들은 그 하느님이 유일하시며 성
경의 하느님과 동일하다는 것을 인식하였다. 모든 한국이 그런 지식에 도달하는 날
이 오기를 바란다.[19]

클라크는 많은 한국의 초기 신자들이 기독교 복음에 관심을 가진 것은
그들이 전통적으로 섬겨온 하느님, 곧 단군이 처음으로 예배한 하느님이 기
독교의 하느님과 동일하다는 사실 때문이었다고 설명하였다. 한국에서 성
경적 신명 용어를 찾아온 선교사들은 단군신화에 신화적·상징적으로 표현
된 환인-환웅-단군의 삼일신에서 그 해결책을 찾았던 것이다. 따라서 클
라크는, 비록 그가 보수적인 신학을 가졌음에도 불구하고, 초기 한국 기독
교인들과 선교사들이 단군신화의 환인(하느님)이 성경의 창조주 하느님과
동일하다고 인식했음을 증거하지 않을 수 없었다.

3. 결 론

개신교 선교사들은 원시 일신교의 흔적 혹은 기독교와의 접촉점을 발견
하기 위해 꾸준히 한국 고대 종교사를 연구하였다. 그들이 단군신화를 깊이
파고들어 갔을 때, 그들은 원시 유일신인 샤머니즘 신인 '하느님'을 만났다.
한국 교인들은 신명 용어로서 '하느님'을 선호했다. 그것은 그들의 첫 조상
인 단군을 포함하여 조상들이 '하느님'을 섬겨 왔기 때문이었다. 비교적 짧
은 기간의 용어 논쟁을 거친 후 개신교 선교사들은 한국인들의 주도로 '하
느님'을 공식적인 성경 용어로 채택하였다. 하지만 그들은 그들 나름대로의
신학적 사색과 방법 위에서 '하느님'을 수용하였다. '하느님' 수용은 그들의
온건한 복음주의가 가졌던 타종교 신학에 부합하였다. 첫째, 한국인의 '하
느님' 개념은, 19세기 말 복음주의 개신교 선교사들이 간직했던 종교 타락

---

19) C. A. Clark, *Religions of Old Korea* (New York: Revell, 1932), p.143.

설, 곧 원시 일신교 계시가 인간 죄로 인해 점점 범신교, 물활론, 혹은 다신교로 타락해 왔다는 하강설에 부합하였다. 한국인들이 간직하고 있는 '하ᄂᆞ님' 사상은 비록 역사를 통해 무교와 여러 종교에 의해 한국의 범신론적·다신론적 신 체계에 편입되어 최고신의 위치에 놓여 있었지만, 단군신화에 그 삼일신론의 흔적이 남아 있었고 유일신적 의미를 완전히 상실하지는 않았다. 따라서 언더우드가 예견하였듯이, 한국교회가 '하ᄂᆞ님'을 채택하여 그 유일 신성을 강조, 교육함으로써, 본래 그 안에 있던 유일신성과 삼위일체성 의미가 살아날 수 있었다. 둘째, '하ᄂᆞ님' 채택은 선교사들의 1910년대 이후 '성취론' 신학에 부합하였다. 개신교 선교사들은 한국 종교에서 기독교와의 '접촉점들'을 찾아 이를 '기독교 복음의 준비'로 수용하였는데, 그 첫 번째 대화의 접촉점이 '하ᄂᆞ님' 개념이었다. 그들은 단군신화의 환인을 '하ᄂᆞ님'으로 수용하고 단군신화를 삼위일체론적 구조로 파악하였다. 그들은 기독교 복음과 성경이 제시하는 '하ᄂᆞ님'이 한국인의 종교적 영성과 갈망을 회복, 완성하고 더욱 풍부하게 할 것을 믿었다. 비록 1920년대 후반 이후 한국교회가 미국 근본주의의 영향을 받아 신학이 보수화 되는 방향으로 경도되었지만, 여전히 감리교와 일부 장로교 안에는 성취론적 흐름이 공존하였다.

재한 개신교 선교사들은 한 세대라는 짧은 기간을 통해 단군을 한국 민족의 시조요 첫 임금에서 문화적 영웅으로, 샤머니즘의 제사장 무당으로, 한국 삼일신론의 제삼위로, 그리고 마침내 기독교 용어인 '하ᄂᆞ님'의 영적 근거로 변형시켰다. '하ᄂᆞ님'을 믿은 한국교회는, 그 '하ᄂᆞ님'이 민족주의적인 단군 신앙과 연관되어 있었고, 물질적 혜택을 내세운 일본 제국주의와 다신교적인 일본의 신도와는 도무지 영합할 수 없는 영성과 유일 신성을 지닌 것이었기에, 일제 식민지하에서도 한국인의 민족적 정체성을 유지하는 데 기여하였다. 특히 '하ᄂ님' 신앙은 일제의 물질주의와 군국주의에 대항한 1919년 3·1 운동의 영성주의·민족주의의 기초가 되었고, 1930년대 말 신사참배 투쟁의 신학적·영적 기반이 되었다.

결론적으로 단군신화의 '하ᄂ님'을 기독교 용어로 채택한 과정은 다음 몇 가지 특징을 드러내었다. 첫째, 한국 기독교인들의 신학적 주도성이다. 곧 선교사들은 '하ᄂ님'을 수용하자는 한국인들의 주장을 마침내 수용하였다. 둘째, 북미 복음주의 개신교 선교사들의 토착화 노력이다. 그들에게 한국 전통 문화와 종교를 무시, 파괴하려고 한 측면이 없지 않았으나, 좀더 근본적 태도는 선교를 가능하게 하기 위해 한국 종교와의 접촉점을 찾고 이들을 기독교 복음으로 완성하려고 하였다. 물론 그들은 복음주의 선교사들로서 개인의 개종과 한국 문화 전체의 기독교화와 성화를 최종 목표로 삼았다. 그러나 지금까지 일반적으로 서술되어 온 것처럼 그들은 배타적인 (exclusive) 종교 정복자, 문화 제국주의자로 일관한 것이 아니라, 이 글에서 살펴본 대표적 선교사들의 경우처럼 한국의 다종교 상황을 인식하고 포괄적(inclusive) 성취론자들로 변화해 나갔다. 일부 선교사들은 한국종교사에 면면히 나타난 하ᄂ님의 계시의 선재성을 인정하고, 다양한 한국의 신명칭도 기독교 용어로 수용할 수 있다는 주장까지 하였다. 그들은 한국 기독교 토착화의 선구자들로 정당한 평가를 받을 가치가 있다. 그들의 토착화 노력의 유산을 바로 찾을 때, 한국교회는 건설적인 타종교 신학의 지평을 넓힐 수 있을 것이다. 셋째, '하ᄂ님' 신앙은 한국인과 한국 교인들이 일본 식민지하에서 일제의 물질주의와 신도(神道)에 투쟁하는 영적 기초가 되었다. 3·1운동에서, 그리고 1930년대 말 소위 '보수적인' 한국교회가 단군신화에 나타난 민족주의와 성경적 민족주의 양자를 통합하는 역량을 가졌다면, 오늘의 소위 '정통 보수'를 자처하는 교회들이 이를 외면할 이유가 없을

것이다. 마지막으로 한국 개신교 용어 '하ᄂᆞ님'은 유일신 요소와 함께 삼위일체적 구조를 가진 탁월한 용어였다. 이를 중국의 '上帝'와 일본의 'かき'와 비교하면 분명해진다. 기독교의 삼위일체론 교리는 타종교와의 열린 대화를 가능하게 한다. 특히 한국의 무교, 불교, 도교를 비롯하여 단군신화에 존재하는 삼일신론과 기독교와의 대화는 앞으로의 과제라고 생각한다. 용어 '하ᄂᆞ님'의 채택 역사는 그 용어가 무교와의 혼합주의, 평안도 사투리를 바탕으로 한 지역주의, 그리고 가부장적 이미지를 벗고, 삼위일체론적 구조를 더욱 발전시키는 방향으로 나아가기를 요구한다고 하겠다. 學文

한말(韓末) 세속 정권의 기독교에 대한 정책

김 승 태*

보아라, 내가 너희를 내보내는 것이 마치 양을 이리 떼 가운데로 보내는 것과 같다. 그러므로 너희는 뱀과 같이 슬기롭고, 비둘기와 같이 순진하게 되어라.(마태복음 10:16)

1. 머리말

개신교 선교사들이 우리 나라에 공식적으로 입국한 것은 1884~5년까지 거슬러 올라가지만, 본격적인 선교활동을 전개한 것은 1890년대 이후라고 할 수 있으며, 이러한 선교활동이 급격한 교세 확장을 가져온 것은 청일전쟁 이후의 일이다. 이 무렵 한국 사회는 1894년 동학농민전쟁의 실패로 아래로부터 반봉건 · 반외세의 개혁 요구가 좌절되고, 1895년 갑오개혁에서 김홍집을 비롯한 온건 개화파 세력에 의해 시작되어 1897년에 성립된 대한제국의 광무개혁으로 이어지는 이른바 위로부터의 개혁이 이루어지고 있었다. 그러나 이러한 개혁도 보수적 유생층의 반발과 한반도에 대한 독점적 지배를 노리는 외세, 특히 일제의 간섭과 압력에 의해 많은 제약을 받고 있

---

* 두레연구원2기, 현 사단법인 한국기독교역사연구소 연구실장, 향린교회 준목

었다. 더욱이 일제는 1894년 한반도에서 청일전쟁을 일으켜 군사력을 다시 한반도에 주둔시키고, 이 전쟁에서의 승리를 계기로 한반도에 대한 독점적 지배권을 확립함과 동시에 대륙침략의 교두보를 마련하고자 하였다. 그러나 러시아를 비롯한 프랑스, 독일의 3국간섭과 한국인들의 반발로 그 뜻을 이루지 못하고 있었다. 1895년 민비시해사건과 단발령에 반발하여 일어난 을미의병 봉기, 국왕이 일제의 감시를 벗어나 미국공사관으로 피신하려다가 미수에 그친 춘생문사건(春生門事件), 그리고 그 이듬해에 일어난 아관파천(俄館播遷)은 모두 이러한 일제의 마수에서 벗어나려는 몸부림이었다. 그러나 국왕이 러시아공사관에 피신하여 1년간이나 그곳에 머무름으로써 국위가 실추되고, 각종 이권들이 러시아를 비롯한 서구 제국에 넘어가게 되었다.

한편, 1896년 망명에서 돌아온 서재필과 윤치호를 비롯한 기독교인들, 남궁억을 비롯한 개신유학자들이 중심이 되어 조직한 한국 최초의 근대적 사회단체인 독립협회(獨立協會)가 독립신문을 발간하여 계몽운동을 전개하면서, 1898년 만민공동회를 열어 열강의 이권침탈을 비판하고 국권운동과 민권운동을 전개한 것도 바로 그 무렵이었다. 이러한 운동이 의회설립 운동으로까지 확산되자 정부는 이를 반정부운동으로 규정하고 탄압하여 해체시키고 말았다.

이에 앞서 정부는 1897년 국왕이 러시아공사관에서 경운궁으로 환궁함에 따라 실추된 왕권과 국위를 높이기 위해서 국호를 조선에서 대한제국(大韓帝國)으로 바꾸고, 연호를 광무(光武)라 하여 자주독립국가임을 내외에 선포하고 국왕을 황제로 부르도록 하였다. 그와 함께 실시된 일련의 개혁정책을 우리는 광무개혁이라고 하는데, 그 이념은 구본신참(舊本新參)이라 하여 복고성이 강하였고 그 목적도 근대적 개혁보다는 전제 왕권의 강화에 더 비중을 두어 민중적인 지지를 얻지 못했다.

그런 가운데 일제는 한반도에서 그들의 군대를 철수시키지 않고 거류민을 증대하여 각종 이권에 개입하면서 기회를 엿보고 있었다. 그러다가 한반도에 대한 독점적 지배권을 확립하기 위해서 영·미 제국과의 협력하에 1904년 러일전쟁을 일으키고 대한제국 정부에 한일협약을 강요하여, 러일전쟁의 승리가 확실하게 되자 1905년 11월 '을사늑약(乙巳勒約)'으로 외교권을 박탈하고 그들의 '보호국'으로 삼았다. 이에 한국인들은 각성하여 각지에서 의병을 일으키고, 국권회복운동과 애국계몽운동이 일어났으나, 그 이듬해 2월 통감부를 설치하여 한국인들의 반발을 무력으로 탄압하고 때로는 회유하면서 본격적인 식민통치의 기반을 닦기 시작하였다. 그러다가 마침내 일제는 1907년 헤이그 밀사사건을 계기로 고종을 강제 퇴위시키고 군대를 해산하여 그들의 지배력을 더욱 강화하다가 1909년 10월 안중근(安重根) 의사의 이토 히로부미[伊藤博文] 암살을 빌미로[1] 이듬해 8월 '합병조약'을 강요하여 한반도를 그들의 식민지로 병탄하고 말았다.

이제 이러한 한말의 시기에 세속 정권의 기독교에 대한 정책을 대한제국 정부와 일제 통감부 시기로 나누어 정리해보고자 한다.

2. 대한제국 정부의 기독교에 대한 정책

개신교 선교사들은 선교 대상국 세속정권의 기독교에 대한 태도에 영향을 받았을 것은 분명하다. 그런데 한말에 실제적인 권력을 행사한 주체는

---

[1] 일제는 '한국인들의 합방청원'과 '안중근의 이토 암살'이 한국 병탄의 원인인 것처럼 선전하였기 때문에 선교사들을 포함한 외국인들은 그렇게 알고 있는 사람들이 많았다. 그러나 이른바 '합방청원'은 일제의 공작과 사주에 말려든 일진회 소속 친일파들의 소행이었으며, 안중근의 이토 암살 (1909. 10. 26) 이전에 이미 일본 내각에서는 「대한정책 확정의 건」(1909. 7. 6)이라는 한국 병탄 계획을 수립해놓고 있었다(山辺建太郎, 『韓併合小史』, 岩波書店, 1966, pp.222~224).

1905년 11월 '을사늑약'을 경계로 대한제국 정부에서 일제로 변화되었다고 볼 수 있다. 특히 을사늑약의 주요 내용이 외교권의 박탈이었고, 선교사는 외국인이었기 때문에 이 늑약의 체결 이후 선교사에 대해서 이름만 남은 대한제국 정부는 일제의 꼭두각시에 불과하였고, 이들에 대한 실제적인 권한은 모두 통감부가 행사하고 있었다. 그러면 대한제국과 일제 통감부는 선교사 내지 기독교에 대해서 어떠한 정책을 폈을까? 명문화된 기독교에 대한 정책이 따로 남아 있지는 않지만, 여러 가지 자료들을 종합해 볼 때 어느 정도 그 정책의 성향들은 짐작할 수 있다.

대한제국이 출범하기 바로 전해인 1896년 10월의 일이기는 하지만, 당시 학부대신 신기선(申箕善)이 『유학경위』(儒學經緯)라는 책을 출판하였는데, 그 가운데 기독교를 비판하는 내용이 있어서 선교사들과 미·영·불·러 등 외교관들의 강력한 항의를 받고 사임한 일이 있었다.[2] 여기에서 보수적인 유학자들 내지 당시 관리들이 기독교를 어떻게 생각하고 있었는 지가 잘 드러난다.

근세 서양인의 이른바 예수교 같은 것은 비천하고 망녕되어 곧 오랑캐 풍속의 비천한 것일 뿐이요, 더불어 말하기에도 부족하다. 예수의 가르침에 그 이른바 천당화복(天堂禍福)의 설은 불교의 지류(支流)에 가깝고 사람을 가르치는 것은 시골의 천한 풍속의 이야기에 불과할 뿐이다. 천신(天神)을 예배하고 부모의 제사를 지내지 않는, 종종 하늘을 속이고 인륜을 어지럽히는 풍속은 저절로 오랑캐의 비천한 풍속일 뿐이어서 본래 이단의 목록에도 넣기에 부족하며 요즈음은 그 교(敎)도 조금 쇠퇴하였다. 그러나 아시아대륙[中州]의 여러 나라 외에 모든 지구상의 구라파 종자들은

---

2) 이 사건과 관련된 문건들로는 다음과 같은 것들이 있다.
『外衙門日記』 구한국외교관계부속문서 제6집, 건양 원년(1896) 10월 5일, 8일자; 『舊韓國外交文書』 제11권, 미안 2, p.1512, 「유학경위의 야소교 배척에 대한 항의」, 1896. 10. 5., p.1513, 「동상답서」, 1896. 10. 8 ; 『舊韓國外交文書』 제19권, 법안 1, p.738, 「신간 유학경위의 훼판 요청사」, 1896. 10. 5, p.739, 「동상건에 대한 답신」, 1896. 10. 8 ; 『舊韓國外交文書』 제17권, 아안 1, p.772, 「학부간행의 '유학경위'가 기독교를 모욕한 데 대한 항의」, 1896. 10. 5, p.773, 「동상조복」, 1896. 10. 8 ; 『舊韓國外交文書』 제13권, 영안 1, p.1198. 「유학경위에 대한 항의와 동 책자 철수 및 동 저자 혁직 여부탐문」, 1896. 10. 5, p.1199, 「동상건 해명」, 1896. 10. 8.

오히려 모두 그 교를 숭상하고 중국의 선비와 백성도 간혹 그에 오염된 자가 있는
것은 홀로 무엇 때문인가.[3]

외교적 압력에 못이겨 신기선을 사직시키기는 하였지만, 대한제국의 성
립 이후에도 기독교에 대한 이러한 부정적 인식은 사라지지 않았던 것 같
다. 대한제국 정부는 앞의 머리말에서도 언급하였지만, 실추된 왕권을 강화
하기 위해 복고적인 성격의 제한된 개혁을 추진하여, 당시 농민들이나 도시
지식인들의 광범위한 개혁의 요구를 수렴하지 못하고 오히려 탄압하였다.
특히 당시 기독교인들은 복음을 통하여 인간의 존엄성을 자각하고 불법적
착취를 일삼는 봉건적 지방관들에게 저항하는가 하면, 독립협회를 통하여
철저한 개혁과 민권운동에 적극적 관심을 가지고 있었으므로 정부의 관리
들은 기독교를 경계하고 있었다. 이러한 분위기는 대한제국이 출범한 이듬
해인 1898년 가을에도 계속되고 있었다. 특히 그 해 12월에 조병식의 무고
로 독립협회 간부들을 구속하고 보부상 단체인 황국협회 회원들을 동원하
여 독립협회를 해산시키고 말았다. 이에 앞서 길영수, 홍종우를 중심으로
한 보부상 대표들이 기독교학교인 배재학당과 이화학당에 경고문을 보내
고, 정동교회 앞으로도 다음과 같은 경고문을 보냈다.

길영수 찰(札) 초록
삼가 알리는 것은 무릇 대한의 신민이 된 자는 모두 마땅히 공자를 외우고 맹자를
배우는데 오호라 너희들은 도대체 어떤 마음으로 우리 도(道)를 버리며 우리 스승을
배반하고 저 눈이 쑥 들어가고 콧대가 높은 양놈들을 스승으로 삼아 저 임금도 모르
고 애비도 모르는[無君無父] 천주교를 배우고 독립협회 역당(逆黨, 반역 무리)의 미
친 귀신[倀鬼]이 되니 어찌 통분하지 않으며, 또 이화학당 여교인(女敎人)은 규방(閨
房)의 범절(範節)을 알지 못하고 그 도(道)에 잘못 들어가 역당 김덕구(金德九)의 장
례에 도로에서 저주(咀呪)하는 것이 참으로 한심하지 않는가. 우리들 부상(負商)은

---

3) "若近世 西人之所謂耶蘇教者 鄙俚淺妄 乃夷俗之陋者耳 不足與辨也 耶蘇之教 其所謂天堂禍福之
說 近於佛氏之支流而 所以勸善而 敎人者不過閭巷淺俗之談耳 禮拜天神 不祀父母 種種誣天亂倫之
風 自是夷狄之陋俗耳 本不足以處異端之目而 近日則其教亦少衰矣 然中州諸國之外 凡地球上歐邏
種子 尙皆尊尙其教而 中國士民 或有染之者亦獨何哉"(申箕善,『儒學經緯』, 1896, pp.476~477).

본디 충의(忠義)를 품고 황상(皇上, 임금)의 성의(聖意)를 체득하여 위로 황실을 보
호하고 아래로 상무(商務)를 확실히 하니, 우리 신민된 자가 이를 버려 두고 어찌
가리오. 이 때문에 충곡(忠曲)하니 남녀 교인이 즉각 어두움을 버리고 밝은 데로 나
아오면 그만이려니와 그렇지 않으면 곧 교당을 훼파하고 교도(敎徒)를 도륙(屠戮)하
리라. 이로써 깊이 헤아려 후회가 없기를 간절히 바라노라.
무술(1898) 10월 21일 부상(負商) 도반수 길영수, 상무장 박유진, 의관 홍종우4)

그러자 기독교계에서는 즉각 이에 반발하여 『황성신문』에 다음과 같은
공고를 내고 항의하였다.

교인 고백(告白)
음력 10월 23일에 소위 부상(負商) 도반수(都班首) 길영수(吉永洙) 상무장(商務長)
박유진(朴有鎭) 홍종우(洪鍾宇) 등이 정동교회에 기송(寄送)한 서자(書字)를 간(看)
한즉 패악한 언사는 불가진거(不可盡擧)이되 교우를 지목하여 독립협회 역당(逆黨)
의 창귀(倀鬼)가 되었다 하며 우왈(又曰) 부상(負商) 등이 장차 교당을 훼파하며 교
도를 도륙하겠다 하였으니 부상의 행위를 궁구하건대 전매(全昧)한 완습(頑習)이 극
히 통분한지라 복원(伏願) 첨교우(僉敎友)는 금일 하오 2점종(点鐘)에 제회 상동 달
성회당전(尙洞達聖會堂前)하야 상의 조처하심을 망(望)함
광무 2년 12월 9일 교인 송기용(宋綺用) 등5)

더욱이 이 문제가 외교문제로까지 비화하여 미국 공사관에서 문제 삼
자6), 보부상 대표들은 한 발 물러나 그것은 자신들의 소행이 아니며 자신
들을 모함하려는 자들의 소행이라고 성명하고7) 미국 공사관에도 해명서를
보냈다8). 그러나 이러한 기독교에 대한 적대적 분위기가 완전히 사라진 것
은 아니었다. 심지어 보수적인 관리들은 기독교 자체를 위험한 것으로 보고
음모를 써서 제거하려고까지 하였다. 그 대표적인 사건이 1900년 가을에
있었던 이용익(李容翊)과 김영준(金永準) 명의의 기독교인 박멸 음모이다.
이 사건에 대해서 『조선예수교장로회 사기』(상)에 기록된 것을 풀어 옮기

---

4) 『舊韓國外交文書』 11, 美案 2, p. 462.
5) 『皇城新聞』 제1권 제81호, 1898년 12월 9일자.
6) 『뎨국신문』, 1898년 12월 9일자.
7) 위와 같음.
8) 『舊韓國外交文書』 11, 美案 2, p. 465.

면 다음과 같다.

> 이해 겨울에 미국인이 경성 시내에 전차를 부설하니 승객이 많은지라. 군부대신 이근택(이것은 경무사 김영준을 잘못 기록한 것임)과 내장원경 이용익이 건의하되 전차를 그대로 두면 재원이 반드시 고갈하리라 하여 시민으로 하여금 차를 타지 못하게 하니, 미국인이 탐지하고 황제 폐하에게 아뢰어 (차 타는 것을 금지하지 말라는) 엄한 칙령을 내렸더니, 두 대신은 이를 깊이 원망하여 서양인과 기독교를 함께 멸할 계획으로 이 교(敎, 기독교)의 폐해(弊害)를 황제 폐하에게 거짓으로 아뢰고 칙교(勅敎)를 내려 같은 해 12월 초 1일에 국내에 거주하는 선교사와 예수교도를 일시에 도륙 소탕할 밀지(密旨)를 각 도에 비밀리에 포고하였으니, 당시 교회의 운명이 곧바로 위급에 처해 있었느니라. 이 때에 선교사 언더우드(元杜尤)가 해주에 잠시 머물러 있는데 관찰사 부중에 있는 한 사람이 그 뜻을 알고 (다른 사람을 통하여) 언더우드 군에게 밀고하매 언더우드 군은 즉시 라틴어로 에비슨(魚丕信) 의사에게 전보함으로 미국 공사(알렌)는 폐하를 뵙고 상주하여 엄준한 칙전(勅電)을 각 도에 급히 발하여 외국인과 교도(敎徒)를 도리어 보호하라 함으로 잔혹한 화를 겨우 면하였나니, 이는 옛날 페르시아 시대에 하만이 모르드개와 이스라엘 민족을 소멸하려던 흉악한 책모와 비슷하니라. 당시 교회가 이러한 위기를 벗어난 것은 진실로 하나님의 은혜의 풍성함을 입음이니라.[9]

당시 이 사건의 주동 인물로 지목되던 이용익과 김영준은 황실의 재정을 확보해 주어 고종의 신임을 받던 친러파 고관들이었다. 이들이 기독교인과 미국인 선교사들을 미워하게 된 이유를 위에서는 1898년 미국이 부설권을 따내 이듬해 5월에 개통한 전차 때문이라고 하나, 이에 앞서 기독교인들이 많이 가담하여 활동하였던 독립협회에서 이들을 탐관오리로 지탄하여 고종의 개인적인 신임에도 불구하고 경질을 당한 적도 있었다. 게다가 마침 이 무렵 청나라에서 외국인과 기독교를 배척하는 의화단(義和團) 사건이 일어나자 이를 계기로 우리 나라에서도 서양인과 기독교인을 박멸할 계략을 꾸몄을 가능성을 배제할 수 없다.

이 사건이 탄로난 것은 앞의 자료에서도 보이듯이 해주 관아에 근무하던

---

9) 車載明, 『朝鮮예수敎長老會史記』(상), 조선기독교창문사, 1928, pp.79~80; 같은 사건의 내용이 한국기독교사학회 편, 『朝鮮예수敎長老會史記』(하권), 연세대학교출판부, 1968, pp.161~162에도 기록되어 있다.

사람이 언더우드 선교사에게 알려주었기 때문이다.[10] 언더우드는 이 사실을 급히 당시 주한미국공사 알렌에게 알렸다. 강화도나 평양에 있던 선교사들로부터도 비슷한 보고가 들어왔다[11]. 알렌은 여러 선교사들로부터 이러한 보고를 받자 즉시 대한제국의 외부대신에게 공문을 보내 선교사들과 기독교인들을 보호해 주도록 요청하였다. 1900년 9월 14일자로 주한 미국공사 알렌이 조선 외부대신 박재순에게 보낸 「선교사 및 교민(敎民) 보호 요청」이라는 제목의 공문이 바로 그것이다. 그는 여기에 1900년 9월 10일자 마펫 선교사의 보고를 첨부하여 이런 음모를 상세하게 전하고 있다.[12] 당시 진남포 일본영사관 사무대리 기리노[桐野弘]가 주한일본공사 하야시(林勸助)에게 보낸 「평안도 황해도 지방 소요에 관한 건」(기밀 제8호, 1900년 11월 26일자)에 김영준과 이용익 명의의 「비밀 통문」(通文)이 첨부되어 있다.[13] 그 내용은 사본마다 약간씩 차이가 있으나[14] 대략 다음과 같다.

대저 우리 강토는 기자 성인의 교화에서 시작하여 현 조정에 이르렀는데, 예와 악은

---

10) 언더우드 부인은 그의 회고록에서 그 때의 일을 이렇게 회고하고 있다.
"(1900년 가을) 해주에서 머무른 지 겨우 며칠 되었을 때에 발 빠른 심부름군 하나가 은율에서 편지 한 통을 가지고 도착했다. 그 편지에는 그 지방의 여러 원님들에게 임금의 비밀 명령이 두루 내렸다는 소식이 담겨 있었다. 그 명령이란 다음 달 초 이튿날 밤(보름쯤 뒤였다)에 모든 유생들은 자기 지역에서 가장 가까운 사당에 모일 것이며, 그때부터 한꺼번에 모든 서양인과 서양인의 가르침을 따르는 자들을 죽이고, 그들의 집과 교회와 학교를 때려부수라는 것이었다. 이 소식이 닿은 것은 관아에서 하찮은 직책을 맡고 있는 우리 친구가 하나 있었기 때문이다. 그는 관리들이 뭔가를 읽고 잔뜩 흥분하고 수런거리면서 그것을 남의 눈에 띄지 않게 잘 간수하는 것을 이상스럽게 생각하고는 대체 거기에 무엇이 씌어 있나를 알아 보려고 마음을 먹었다. 그는 용케도 남몰래 그것을 읽어 볼 기회를 얻었고, 마침 가까운 자기 친척들 중에 기독교인이 몇 있었기 때문에 곧장 그들에게 이 끔찍한 소식을 알렸다. 이 식구들 중에서 발이 빠른 젊은이가 당장에 그 명령의 사본을 갖고 우리에게로 왔다."(L. H. Underwood, *Fifteen Years among the Top-knots or Life in Korea*, 1904, pp.249~251)
11) 위의 책, pp.250~251.
12) 『舊韓國外交文書』 12, 美案 3, p.14.
13) 국사편찬위원회 편, 『駐韓日本公使館記錄』 14, 국사편찬위원회, 1996, pp. 492-494.
14) 예를 들면 1900년 11월 8일자 야마자(山座) 주한일본 대리공사가 가토(加藤) 일본 외무대신에게 보낸 "發第 82호, 평안도 황해도지방 소요에 관한 건"에 별지로 첨부된 「평안 황해도 소요선동 격문」인 "비밀 통문(秘通)"도 거의 비슷한 내용이다(Ibid., pp.450~451).

중국[中華]에서 본받아 한줄기 양맥(陽脈)이 우리 나라에 깃들어 있다. 그런데 서양인들과 일본인들의 준동하여 사악한 가르침으로 선동 유혹하고 역적들이 몰래 국모를 살해하고 백성들을 해치는데, 원수와 함께 살 수 없다 하여 한 두 사람이 순절하였지만, 누가 그들의 뒤를 이을 것인가. 조정에서 신하를 부르면 그 곁에 일본이 아니면 서양인들이니, 황제 폐하께서는 남모를 근심으로 평안하지 못하시다. 밀조(密詔)를 내리셔서 몰래 많은 지방으로 전하게 하시며 이르시되 우리 유지들은 일제히 성토하고 의리 있고 충성스러운 사람들은 역사를 바로 잡고 사직(社稷)을 도우라. 10월 보름을 기하여 약속을 어기지 말고 개항장의 외국인 가옥들을 불태워 훼파하고 그릇된 무리들을 죽여, 사람과 짐승이 함께 거처할 수 없도록 구별하라. 만약 명령을 거스리는 자는 역적으로 취급될 것이다.
광무 4년 경자 윤 8월 일(1900년 10월)
김영준 인(경무사, 시종원 시종)
이용익 인(탁지부 전환국장)
삼화(三和) 용강(龍江) 삼화와 용강으로부터 향교의 담당자가 급히 급히 즉시 전하라. 때가 이르면 개항장에 모두 모여 외국인 가옥과 교회당(敎堂)이 설립된 곳마다 불태우고 파괴하라. 전신줄을 끊으라. 증남포항을 먼저 훼파하는 것이 좋을 것이다.15)

주한 미국공사 알렌은 이와 같이 증거 자료들을 첨부하여 대한제국 정부에 강력히 항의하는 한편, 미국의 국무장관에게도 이를 보고하면서 최악의 경우 미해군 군함의 파송을 요청하겠다고 알리고 있다. 그리고 이틀 후에는 상세한 보고서를 국무장관에게 보내고, 같은 날 선교사들에게도 다음과 같은 비밀 회람을 돌려 이 기간 동안에 가능한 한 여행과 노출을 삼가도록 권고하고 있다.

---

15) 위의 책, pp.493~494; 이 통문의 영문 번역문이 Enclosure No. 2 with despatch No. 307 of Dec. 14, 190, Despatches from U. S. Ministers to Korea에도 실려있다; 한국 관리에게 우편으로 보내진 김영준과 이용익의 기독교인 살해와 교회 파괴 지시 통문은 이런 것도 있었다. 비밀 통문이었기 때문에 전달된 지역에 따라 거사 일자가 약간씩 달랐던 것 같다.
"우리 이용익과 김영준은 조선의 국왕 폐하로부터 비밀 명령을 받아 내려보낸다. 서양 종교를 신봉하는 자들은 비루한 교리를 믿는 자들이다. 그들이 그러한 교리를 따르는 것을 시인하는 한 그들은 사실 악한 마음을 가진 사람이다. 10월 30일 각 군에서 그날 저녁에 유생들을 향교에 모이게 하여 기독교인들을 죽이고 교회를 파괴하라."(이 통문의 영문 번역문은 Enclosure No. 3 with despatch No. 307 of Dec. 14, 1900, Despatches from U. S. Ministers to Korea 참조)

미국 선교사에게 비밀 회람
미국 공사관
한국, 서울, 1900년 11월 22일
이 나라의 혼란한 상황에 비추어, 그리고 (음력) 10월달에 일으키기로 계획된 반외
세와 반기독교 운동이 일어날 것 같은 소문 때문에, 나는 여러분들이 12월 중에는
가능한 한 여행을 하여 여러분 자신을 노출시키지 않기를 바랍니다. 그 달에 선교부
에 소속된 여자들은 한국 내지를 여행하지 마시기 바랍니다. 계획된 운동이 새어나
갔다는 것을 알고 있기 때문에, 나는 그다지 심각한 일은 일어나지 않으리라 생각하
지만, 위와 같이 여러분에게 주의를 주는 것이 좋다고 생각합니다.
호레이스 H. 알렌16)

아무튼 이 사건은 사전에 탄로가 나 미국 공사 알렌의 강력한 항의를 받
고 대한제국 정부에서 전국에 이를 취소하는 강력한 전문(電文)을 보내 불
행을 미연에 방지할 수 있었다. 그리고 이 사건에 연루되었던 이용익과 김
영준은 처벌을 받았다. 반드시 이 사건 때문만은 아니었지만,17) 이용익은
그 해에 감봉을 당하고 김영준은 반역죄에 연루되어 이듬해에 교수형을 당
하였다. 이 사건은 일부 관리들의 모략에 의한 것이었고 중국의 의화단 사
건에 영향을 받은 것이기도 하였지만, 선교사들의 대한제국 정부에 대한 신
임을 잃게 한 결정적인 사건이었다. 미국 선교사들은 자주 미국 정부와 본
국의 선교본부로부터 정치불간섭의 권고를 받고 있었기 때문이기도 하였지
만18), 이 사건을 계기로 대한제국 정부로부터 더 멀어졌으며, 심지어는 일

---

16) "Confidential Circular to American Missionaries, Ligation of the United States, Seoul,
Korea, Nov. 22, 1900", Enclosure No. 1 of Despatch No. 300, from Allen to John Hay,
Nov. 22, 1900, Despatches from U. S. Ministers to Korea.
17) 이 사건의 주동자의 한 사람인 김영준은 『皇城新聞』, 1900년 11월 23일자에 다음과 같이 기고하
여 이것은 남을 모함하려는 자의 소행이니 절대 믿지말라고 발뺌하고 있다.
"有一惡心者가 欲爲陷人ᄒ야 以無根荒誕說노 稱以排斥外人ᄒ고 本人에 圖章을 僞造ᄒ야 匿名
書로 或傳致外邑云ᄒ니 聞甚駭怪ᄒ지라 此等悖類誑說은 切勿信聽흠 金永準 告白"(『皇城新
聞』, 光武 4년 11월 23일자).
18) 미국정부는 1895년 11월 28일 국왕 이어(移御)미수사건인 춘생문 사건이 일어나 일본 정부로부
터 주한미국공사관과 선교사들이 개입되었다는 비난을 받자 마침내 1896년 1월 11일에는 주한
미국공사에게 한국에 있는 모든 미국인들에게 어떤 반일적인 견해도 표명하지 말도록 경고하라
고 지시하였다. 이러한 지시는 1897년 5월 11일자로 다음과 같은 내용으로 발표되었는데, 이것
이 그후 선교사에 대한 미국 정부의 공식적인 정책이 되었다.

"○○ 귀하

국무장관의 지시에 따라 잠시거나 혹은 영구히 한국에 체재하는 모든 미국 시민들에게 누차 표명한 바 있는 미국 정부의 견해를 통보한다. 즉 외지에 나가있는 미국 시민으로서 올바른 길은 주재국 국내문제에 전혀 개입하지 아니하는 것이 본국 정부에 대한 국민의 의무로 되어 있다. 그 국가의 내정에 관하여 어떤 견해를 피력하거나 충고를 주는 일을 엄격히 삼가야 하고 또한 정치적 문제에 개입하는 일도 없어야 한다. 만일 개입한다면 스스로 위험에 빠지게 된다. 체류국 주재 미국정부의 대표자나 또는 미국정부 자체도 그러한 행동을 인정하지 아니하며, 만일 이 충고를 무시한다면 이로써 생기는 모든 결과에 대하여 적절한 보호 조치가 어렵다고 생각한다. 모국을 떠나 타국에 머무는 미국 시민들의 올바른 길은 외지에 머무는 동안 선교사업이나 교육사업이거나 환자를 돌보는 일이나 어떤 다른 직업이나 사업에 있어서 합법적인 일에만 종사함으로써 본국 정부에 충성하는 것이요, 또한 외지에서 지속적이고 유효한 보호를 받을 수 있다.

1897년 5월 11일

주한 미국영사관 거주지 총영사 존 M. B. 실(John M. B. Sill)"

이 지시는 회람 형식으로 선교사들과 미국인 각 개인에게 전달되었는데 혹시 받지 못한 사람이 있을까 염려하여 1897년 5월 15일자 영문판 「독립신문」에까지 이 회람장을 받지 못한 사람은 미국공사관으로 연락하도록 광고문을 싣고 있다. 선교사들은 대부분 이러한 본국 정부의 지시에 충실히 순응하였다.

한편 미국 선교본부의 방침도 미국 정부와 다른 의미에서이기는 하지만 '정교분리'와 '내정불간섭'을 표방하고 선교사들에게 그와 같이 권고하였다. 미국 북장로교 해외선교부 총무로 1897년 한국을 방문한 바 있는 스피어는 그의 방문보고서에서 이 점을 다음과 같이 서술하고 있다. "그러나 현재 정치적 상황은 반동적이다. 기독교를 자유주의적이거나 진보적인 정치운동으로 잘못 인식시킨다면, 지금 우호적이지는 않지만 중립적인 관리들의 반감과 거부를 초래할 것이다. 그것은 '이웃 세력'의 불쾌감을 일으킬 것이며, 국왕이 말한 대로 그가 우호적인 관계를 발전시켜 왔는데 그들에게 무례하다면 누구에게나 현명하지 못한 것이다. 일본이 시작한 개혁은 무효로 될지 모른다. 모든 정치적 개혁도 그럴지 모른다. 우리는 아주 신중하게 결코 무효화시킬 수 없는 영적인 개혁들을 시작하자. 우리는 속으로든 겉으로든 모든 정치적 운동에 개입하는 것을 피하자. 우리는 아무도 거슬리지 말자."(Robert E. Speer, *Report on the Mission in Korea of the Presbyterian Board of Foreign Mission*, 1897, p.37.) 이러한 선교본부 책임자의 상황 판단과 권유는 분명히 일리가 있는 것이었으며, 선교사들의 태도 결정에 중대한 영향을 미쳤을 것이다.

1901년에 선교지 한국을 방문한 같은 선교본부 브라운 총무도 다음과 같이 권고하고 있다. "현지 선교사들은 선교본부와 같은 보조를 취하여 합법적으로 성립된 관권을 존중하고 그들이 하는 일을 필요 없이 방해하지 않도록 각별히 주의할 것이며, 또한 그 나라의 모든 법령을 준수하며 자기들이 일하고 있는 나라의 정부를 대항하면서 기독교를 전하는 것보다 그리스도의 제자로서 다소간 불의가 있더라도 참고 견뎌야 한다."(A. J. Brown, *Report of a Visitation of the Korea Mission of the Board of Foreign of the PCUSA*, 1902, p.6.)

1901년 9월 장로회공의회에서 「교회와 정부 사이에 교제할 몇 조건」(『그리스도신문』, 1901년 10월 3일자)이라는 권계 편지를 작성하여 각 지교회에 보내고 발표한 것도 선교본부의 이러한 방침과 일치하는 것이다. 이것은 선교사들의 한국 내정불간섭과 한국 교인들의 국가에 대한 충성과 복종, 그리고 교회나 교회 부속 건물에서의 정치에 대한 공론 금지를 권고한 것이었다. 그리고 한국 교인들이 자신들의 양심과 결단에 따라 개인의 자격으로 교회 구내 이외의 장소에

제의 침략 지배가 한국의 복음 선교와 한국민의 복지에 더 도움이 된다고까지 생각하는 사람들이 생겨났던 것이다. 사실 대한제국 정부는 일제의 식민지하에 들어갈 때까지도 공식적인 선교의 자유를 인정하지 않고 묵인하는 정도에 그쳐, 기독교와 선교사에 대해서 상당히 유보적인 태도를 가지고 있었다. 그러다가 러일전쟁을 계기로 일제의 한반도 독점적 지배를 위한 침략이 노골화된 다음에야 고종을 중심으로 선교사를 이용, 미국정부에 호소하여 일제의 야욕을 철회시키려는 움직임이 있었으나, 헐버트 이외에는 이에 응하는 선교사도 없었고, 1905년 7월 미일 간의 가쓰라—테프트 밀약으로 이런 호소가 미국정부에 받아들여질 리도 없었다.

3. 일제 통감부의 기독교에 대한 정책

3·1운동 직후 악화된 국제 여론을 무마시키기 위해서 총독부에서 일본어와 영어로 발간한 『조선통치와 기독교』라는 책에서 '이토 통감의 종교 방침'에 대해서 다음과 같이 기록하고 있다.

메이지 39(1906)년 2월에 고(故) 이토 공작이 통감으로서 부임하였는데 통감은 열심히 반도의 교화에 힘쓰고, 당시 일본 및 조선 메소디스트교회 감독이던 엠. 씨. 해리스 씨와는 특별히 친밀한 교제를 하여 서로 속마음을 털어놓고 의견을 교환하였는데, 하루 저녁은 해리스 씨와 회의 중에 공작의 말로서 '정치상 일체의 사건은 제가 그것을 담당하지만 금후 조선에서 정신적 방면의 계몽 교화에 관하여는 바라건대 당신들이 그 책임을 담당해 주시오. 그리하여야만 조선 인민을 유도하는 사업은 비로소 완성될 수 있습니다.'라고 한 한마디는 지금도 사람들이 전하여 알고 있는 바이다. 또한 이토 통감은 평양에 있는 일본메소디스트교회의 교회당 건축 때에는 금 1만 원을 기부하고 그 사업을 원조하였으며, 그밖에도 경성에 있는 조선인 소속의 중앙기독교청년회 사업을 유지하기 위하여 매년 금 1만 원을 내려주어 장려한

서 정치활동에 참여하거나 논의하는 것조차 금지한 것은 아니었다. 더욱이 이 때의 정부는 부패하기는 하였지만 합법적인 조선 정부였으며 그 당시로서는 독립협회 활동 참여 이후 정치활동의 의심을 받고 있던 유아기 교회의 보호를 위해 타당성이 있는 조치였다. 그러나 문제는 선교사들이 일제의 불법적인 한국의 국권 침탈 후에도 이러한 방침을 고수하였다는 데 있다.

바 있었다.[19]

이토의 선교사 회유정책을 잘 드러내 주는 자료이다. 당시 일본 국내 여론은 선교사를 한국 지배에 장애가 되는 세력으로 보고 점진적으로 이들을 철수시키자는 것이었다. 그러나 이토는 오히려 선교사를 회유·이용하여 일본의 한국 국권침탈에 대한 세계 여론의 비판을 무마하고, 한국인들의 저항의식을 분열·저지시키고자 하였다. 그리하여 '선교의 자유'를 공인하고,[20] 선교사들과의 접촉을 강화하여 "외국 선교사들과 협동하는 현명함

19) 半井淸, 『朝鮮の統治と基督敎』(조선총독부 학무국, 1921), p.6. 이 책의 영문본 Kiyoshi Nakarai, *Relations Between the Government and Christianity in Chosen*, Government-General of Chosen, 1921, p. 6에는 같은 내용이긴 하지만 훨씬 구체적으로 적고 있다. 옮겨보면 다음과 같다. "일본이 한국을 보호국으로 만들자 1906년 통감부 체제를 시작하였다. 초대 통감 고 이토 공은 한국인들을 향상시키는 데 외국 선교사들과 협동하는 현명함을 보였다. 그가 그 해 2월에 서울에 도착하여 가장 먼저 한 일 중의 하나는 대표적인 선교사들을 만난 것이었다. 그는 특별히 북감리교 고 M. C. 해리스 감독과 각별한 사이였다. 한번은 이토 공이 해리스 감독에게 '한국문제의 정치적 측면에 대해서는 내가 모든 것이 잘 되도록 하려고 하겠지만, 한국인의 도덕적 영적 구원은 당신과 당신의 동료 선교사들이 취급하기를 부탁한다. 그러면 우리는 조선에서 우리의 일을 완성할 수 있을 것이다' 라고 했다는 것은 잘 알려진 사실이다. 이토 공은 항상 기독교 사업을 기꺼이 도왔다. 그는 평양의 한 감리교회에 건축기금으로 1만 엔을 기부하였고, 서울에 있는 한국의 YMCA에 수년 동안 매년 1만 엔씩을 기부했다."

20) 구한국 정부는 기독교의 포교를 묵인하기는 하였으나 국권을 일본에 탈취당할 때까지 한 번도 포교를 법령으로 공인한 적은 없었다. 가톨릭에서 주장하는 1904년의 이른바 '선교조약'이라는 것도 실은 교인들의 교폐와 분규를 원만하게 해결하기 위하여 제안된 것으로 원 명칭은 '교민 범법의 단속을 위한 조례'였으며(『구한국외교문서』 법안 2, pp.458~459, 「犯法敎民의 團束을 爲한 條例作成件」), 이것조차도 정식으로 체결되지 못하고 1905년 11월 '을사늑약'으로 외교권을 박탈당했던 것이다. 이러한 구한국정부의 기독교와 선교사에 대한 모호한 태도도 선교사들이 일제의 지배를 인정하고 쉽게 회유당하게 된 주요한 원인의 하나였을 것이다. 일제는 통감부를 설치하고 나서 얼마 후 「종교 선포에 관한 규칙」(1906. 11 통감부령)을 발포하였다. 물론 이 규칙의 의도는 '포교의 자유' 인정보다는 종교계를 통제하는 데 있었다. 이것은 1915년 '포교규칙'의 모태가 되었던 것으로 그 주요 내용은 다음과 같다. "(1) 한국에 포교하고자 하는 신도, 불교, 기타 종교에 관한 교·종파는 해당 관장 또는 이에 준하는 자가 한국에서 관리자를 선정하여 포교의 방법 및 포교자의 감독 방법을 구비하여 통감의 인가를 받아야 한다. (2) 그밖의 제국신민으로서 종교의 선포에 종사하고자 하는 자는 필요한 사항을 구비하여 이사청을 경유, 통감의 인가를 받아야 한다. (3) 사원, 회당, 기타 종교의 쓰임에 제공되는 영조물의 설립은 이사관의 인가를 받아야 한다."(『한국시정년보』 (통감부관방, 1906~7), p.396] 더욱이 선교사들에게는 이 규칙을 엄격히 적용하지 않고 자발적 인가를 유도하였으며, 치외법권적인 특권을 인정하여 환심을 샀다.

을 보였다." 그가 1906년 2월에 초대 통감으로서 "서울에 도착하여 가장 먼저 한 일 중의 하나는 대표적인 선교사들을 만난 것이었다."21) 그 후에도 선교사들을 수시로 초빙하여 연회를 열어 이들을 회유하고22), 일본인이나 한국인 관리들에게도 선교사들의 권리를 침해하지 말도록 공언하였다.23)

일제의 한국 침략에 대하여 비판적이었던 맥켄지 기자도 이토의 선교사 회유공작과 선교의 자유에 대한 공언을 다음과 같이 기록하고 있다.

> 이토 공작은 선교사들과 그들의 의료 및 교육 사업에 대하여 호감을 표시해왔다. 한 번은 서울에서 있었던 공식회합에서 그 이유를 설명하였다. "일본이 개혁을 단행하던 처음 몇 해 동안 원로 정치인들은 신앙의 자유에 대해서 반대하였는데, 그것은 특히 기독교에 대한 불신 때문이었습니다. 그러나 나는 신앙과 포교의 자유를 위하여 열렬히 투쟁하여 마침내 승리를 거두었던 것입니다. 내 논리는 이러했습니다. 문명은 윤리 여하에 달려있으며, 최고의 윤리는 종교에 있습니다. 따라서 종교는 허용되고 권장되어야 합니다."24)

---

21) Kiyoshi Nakarai, 앞의 책, p. 6.

22) 이러한 연회가 주일날에 개최되거나 술이 제공되어 여기에 참석하는 것은 선교사들 사이에서도 문제가 될 정도였다. 연합선교잡지였던 *The Korea Mission Field* 1908년 3월호 사설은 다음과 같이 이 문제를 거론하고 있다. "일본이 이 나라를 점령한 이래 서울에서의 사회생활은 유명한 사람들을 축하하거나 역사적 사건들을 기념하기 위한 만찬회와 정원 파티로 활기를 띠고 있다. 물론 이 만찬회들은 주로 외교관 사회에 국한되지만, 상당수의 선교사들도 참석 초청을 받는다. 우리는 최근에 안식일을 특별히 고려하지 않는 것 같다는 것을 알았다. 만찬회 같은 것을 안식일로 정하고 선교사들에게 초청장을 널리 보낸다.⋯우리는 선교사가 붉은 술이 자유롭게 흐르는 만찬에서 그의 포도주 잔을 엎어놓기를 기대하는 것과 마찬가지로 그가 일요일 만찬의 초청장을 엎어놓기를 기대하는 것이다."

23) 이토 통감은 지방관찰사들을 소집한 한 만찬회에서 다음과 같이 훈시하고 있다. "한국에는 조약상 아직 치외법권이라는 것이 있다. 이는 아마 여러분도 그것이 어떠한 것이라는 것을 잘 알고 있으리라 믿는다. 만약 한 나라의 지방 장관으로서 외국과의 조약을 알지 못하면 함께 한 나라의 정치를 논할 수 없다. 치외법권의 결과는 한국의 법률에 복종하지 않고 국내에서 함부로 행동한다 하더라도 이것이 조약에 기인하는 것이라면 헛되이 분개하더라도 어쩔 수 없다. 국제조약은 한결같이 국민이 모두 협의한 결과 체결된 것은 아니다. 조약 체결은 이른바 주권의 작용으로서 주권자 사이에 체결되는 이상 국민은 이에 복종할 의무가 있다. 이와 같은 도리를 상세하게 논하는 것은 즉 헌법론으로 들어가게 되므로 오늘 저녁에는 이를 생략하지만 요컨대 국민은 이미 체결된 국제조약을 준수할 의무가 있으므로 여러분은 외국인에 대하여 한인과 같이 취급할 수 없다. 여러분 관내에는 예수교사(선교사) 및 광산기사 사무원으로서 다수의 외국인이 거주하고 있기 때문에 이 점에 대하여 특히 여러분의 주의를 환기한다."(「明治 41년 6월 17일 만찬회 석상 이토 통감 훈시 연설」, 1908, pp.27~29)

24) F. A. 맥켄지, 이광린 역, 『한국의 독립운동』(일조각, 1977), p.150.

이러한 발언을 이토가 한 것이 사실이었음은 1908년 11월 게일(J. S. Gale)이 회장으로 있던 황성기독교청년회관 개관식 만찬회에 대한 다음과 같은 기사에서도 확인된다.

> 후에 통감부에서 또 그 손님들을 청하야 대접하는데 이등 공작이 연설하기를 내가 청년회와 예수교회를 많이 사랑하며 또 어느 나라든지 문명하려면 먼저 예수를 믿어서 마음에 터를 세우는 것이 좋은 자라. 우리 일본에 불도와 신도와 공맹의 도가 있는데 처음 개혁 때에 내가 예수교를 행하자 한즉 사람이 다 불가한 줄로 알기로 내가 말하기를 범위를 너무 좁게 하지 말고 종교는 마음대로 하게 하자 하였더니 지금은 내가 이기었노라 하고 말이 매우 간절하게 하더라.25)

뿐만 아니라 이토는 일본 국내 여론이 반미감정으로 선교사들에 대한 감정까지 악화되어 선교사들이 한국인들을 선동하여 일본에 반항하도록 하고 있다며 비판하고 나서자 오히려 그렇지 않다고 선교사들을 두둔하고 있다.26)

이토가 선교사 및 미국과의 관계에 대해서 얼마나 신경을 쓰고 있었나 하는 것은 '송병준의 선교사 비난 사건' 처리에서도 잘 드러나고 있다. 송병준은 친일파의 거두로서 이토의 심복이었고 이토의 배려로 당시에 내부대신으로 있었다. 그런데 1909년 초 이토[伊藤]와 함께 일본에 건너갔을 때 한국의 선교사와 기독교인들을 비난하는 발언을 하여 일본 현지 신문에 다음

---

25) 「청년회만찬회」, 『예수교신보』 26호, 1908년 11월 30일자. 이 만찬회에는 게일, 여병현, 최병헌, 윤치호, 윤치오, 전덕기, 청국 대표, 일본 대표 등 교계 대표 13명이 참석하였으며, 이에 앞서 이토는 1907년 11월 14일 이 청년회관 상량식에도 참가하여 연설한 적이 있었다(「기독청년회 상량식」, 『예수교신보』, 1907년 11월 27일자).

26) 이토는 이 문제에 대하여 『國民新聞』 사장 도쿠토미(德富)와의 회견에서 다음과 같이 이야기하였다. "나는 친히 이토 통감의 말에 의하여 이를 확인하였는데 한국에서 선교사 다수는 통감 정치에 대하여 전혀 반항하지 않을 뿐만 아니라, 또한 소홀한 틈에 방해를 꾀하는 일 같은 것도 없을 뿐만 아니라, 또 한국민을 선동하여 일본을 증오하는 악감을 도발시키는 것 같은 일도 없을 뿐만 아니라, 오히려 통감 정치에 기꺼이 복종하는 것 같고, 또 항상 그 감화를 건전한 방면, 즉 한국민으로 하여금 통감의 신정(新政)에 귀복(歸服)하도록 힘쓰고 있는 것 같다고 하였다." 〔『福音新報』 1907년 9월 5일자 ; 「한국선교사문제」, 『日韓キリスト敎關係史資料』(新敎出版社, 1984), p.374〕

과 같이 보도되어 문제가 되었다.

> 현재 가장 우려해야 할 것은 그 본질이 애매한 기독교도 약 35만의 일단이다. 그들
> 은 대개 대한(大韓) 방해의 명분 아래 결합하여 실제로 괴이한 행동으로 나오고 있
> 지만, 나는 그들이 폭동을 일으키는 것을 기다려 큰 철퇴를 가하여 그것을 전멸시킬
> 각오이다. 더욱이 그들의 배후에는 미국선교사 일단이 있다면 기독교도 문제는 필
> 경 장래에 한국문제 가운데 중요한 것이 될 것이다.27)

국내의 『대한매일신보』는 『대판매일신문』 보도된 것을 인용하여 송병
준의 발언 내용을 다음과 같이 전하고 있다.

> 한국 각 지방에서 통감의 정치를 반대하야 인민의 소동을 일으킴은 미국 선교사들
> 이 충동함이라. 그 교민들은 대한협회라 하는 회에 입참하야 정치운동을 간예하고
> 행정상에 방해가 심히 많은데 미국 선교사는 말하기를 일본은 빈국인즉 무슨 일이
> 든지 성공하기 어려우나 미국은 부국이라고 유인하므로 어리석은 백성들이 다 믿고
> 또 척식회사에 대하여도 예수교인들이 종종 방해한다.28)

이러한 소식에 접한 선교사들은 종로 청년회관에 모여 이에 대한 대책을
논의하였고,29) 도쿄 주재 미국대사 오브라이엔이 2월 26일부로 이토 통감
에게 직접 서면 질의서를 보내 해명을 요구하였다. 그러자 이토 통감은 그
다음 날로 다음과 같은 회신을 보내고 그 날로 송병준을 사임하게 하였
다.30)

> 저는 원래 한국 정부로 하여금 신교의 자유를 구속하지 않는 방침을 취하게 하고
> 있기 때문에 한국인 기독교도도 옛날대로 다른 한국인과 동등한 대우를 향유하고
> 오직 그들이 국법을 범한 경우에만 제재를 가해야 함을 언명하고 있습니다. 만일 한
> 국 정부가 그런 방침에 위배되는 정책을 취하는 일이 있으면 이 정부 감독의 위치에
> 있는 저는 결코 이를 시인하지 않을 것입니다만, 한국민 중에는 새로 들어온 기독교
> 에 불쾌한 감정을 가지는 자가 많이 있는 것은 각하가 쉽게 알 수 있는 바라고 생각

---

27) 「재한미국선교사문제」, 『基督敎世界』, 1909년 3월 11일자. 『日韓キリスト敎關係史資料』(新
　　敎出版社 1984), pp.399~400.
28) 「선교사회의」, 『대한매일신보』, 1909년 2월 21일자.
29) 『대한매일신보』, 1909년 2월 21일자 및 25일자. 이 기사에 의하면 선교사들이 회합을 가진 날
　　짜는 20일과 23일 두 차례이다.
30) 『구한국관보』, 융희 3(1909)년 2월 27일자 호외 ; 『대한매일신보』, 1909년 2월 28일자.

합니다. 또한 많은 기독교인 중에는 기독교를 이용하여 독립사상을 고취하려는 자
도 없지 않습니다. 그러나 이것이 한국에 있는 미국 선교사의 사주에서 나온 것이라
고 인정할 수는 없으며 따라서 그들 선교사들로 하여금 그 책임을 지게 할 수도 없습
니다.[31]

이와 같이 이토는 자신의 심복을 희생하면서까지 선교사들의 환심을 사
려고 노력하였던 것이다. 그리고 선교사들에게는 "나는 일본인들의 부정행
위 억제에 힘쓰려니와 여러분은 한인들의 선생이요 지도자로서 가지고 있
는 힘을 다하여 한인들의 부정행위를 억제하는 데 협력하여 주리라고 믿고
있다"고 하면서 한국인들에 대한 단속을 하도록 부탁하였다.[32] 선교사들
을 회유한 것은 그뿐만이 아니었다. 소네[曾彌荒助] 부통감도 한국을 방문한
한 선교사에게 "멀리 일본에서 와서 한국의 선교사들을 방문하고 다니시
니, 부디 그들에게 결코 정치에 간여하지 않도록 권고하시기를 부탁합니
다"라고 하였다.[33]

일제가 '선교의 자유'와 함께 선교사 회유에 이용한 또 하나의 수단은 '기
독교 교육'이었다. 일제가 '선교의 자유'는 먼저 허용해 주고 그 대가를 요
구한 반면에 '기독교 교육'의 자유는 타협을 거쳐 요구조건을 미리 내걸고
허용해 주었다. 그리고 이 타협에는 미국·영국의 영사들도 적극적으로 개
입하여 중재 역할을 하였다. 이 회담의 편모를 엿볼 수 있는 자료가 '회견각
서' 형태로 남아 있다.[34] 이 각서에 따르면 회담은 1908년 3월 9일에 개최
되었으며, 일본측에서는 소네 부통감과 고마쓰[小松] 서기관이 참석하고 영
국과 미국의 총영사와 선교부 대표로는 장로교의 위원장 마펫과 게일, 해리
슨, 벙커, 휘트모어, 하운셀 등이 참석하였다. 이 회담에서 일제측은 선교

---

31) 『日韓キリスト教關係史資料』, (新教出版社, 1984), pp.399~400.
32) M. E. North Report for 1908, p. 384 ; 백낙준, 『한국개신교사』(연세대출판부, 1973), p.434.
33) 『基督教世界』 1908년 11월 5일자, 『日韓キリスト教關係史資料』(新教出版社, 1984), p.396.
34) 「재한국개신교전도협회연합회 교육부위원과 통감 대리와의 회견 각서」(1908. 3) ; 이 자료는
　　필자가 번역하여 『한국기독교역사연구소소식』제4호(1991. 5), pp.17~19에 소개한 바 있다.

사들이 그들의 교육정책에 따를 것인지를 조심스럽게 타진하고, 선교사들은 "교회는 정치적 단체는 아니지만 법률을 준수하고 정부에 대하여 호의를 가지도록 교훈하고 있다"는 것과 '종교 교육'의 자유를 허용하고 관립학교와의 차별을 없애준다면 그들의 교육방침에 충실히 따르겠다는 희망을 표시하였다. 여기서 주목할 것은 이 회담이 1908년 8월 사립학교령이 발령되기 훨씬 이전에 이루어졌으며, 이러한 교섭이 그 이듬해에 가서야 마무리되었다는 점이다. 미국 총영사 새먼즈(Thomas Sammons)는 1909년 5월에야 이 회담의 결과를 선교사들에게 통보하였다.[35] 그 요지는 기독교계 학교에 한하여 등록 기간을 6개월 연장한다는 것, 종교 교육의 자유를 보장하며, 성경을 교과서로 사용할 수 있고, 이미 설립된 기독교계 학교에 대해서는 지속적인 활동을 보장하고 졸업생들도 관립학교와 동등한 자격을 인정한다는 것이었다. 사실 일제로서는 선교사들이 경영하는 사립학교의 통제와 선교사의 치외법권 인정이 상호 모순되는 정책이어서 선교사들의 의견을 먼저 타진하고나서 그러한 정책을 추진하였던 것이다. 그리고 이것을 시행하는 과정에서도 선교사에 대하여 세심한 배려를 하였다. 즉, 「사립학교령 반포에 관한 훈령」 가운데서도 "외국인이 설립한 학교는 사립학교령에 적용을 받지 않는다. 따라서 인가를 신청하지 않더라도 학부는 불인가 학교로서의 제재를 가하지 않는다. 외국인이 설립한 학교에 대하여는 사립학교령은 어떠한 강제력도 없고 오직 외국인이 자발적으로 인가를 신청하기를 정부가 기다리고 있는 것에 불과하다"고 하였던 것이다.[36] 그러면서도 인가를 받지 않으면 보호할 수도 지원할 수도 없다고 하여 자발적으로 인가를 받도록 유도하였다. "학부는 이들 선교사의 실적은 충분히 인정하고 보호

---

35) Minutes of the Korea Annual Conference of the Methodist Episcopal Church, Second Session, June 23~29, 1909, pp.37~39.
36) 高橋濱吉, 『朝鮮教育史考』(제국지방행정학회 조선본부, 1927), p.319.

를 하면서도 보통학교의 설립은 보통학교령에 의하여, 고등학교의 설립은 고등학교령에 준거하여, 각종학교의 설립은 사립학교령에 의하여 인가를 받지 않으면 학부는 보호 장려의 길도 없다. 그리고 또 학교에서 종교를 가르치는 종교학교로서 경영하는 것은 학부에서 조금도 반대할 의사가 없다. 종교학교에 대한 편의 혹은 학교의 자격 승인 등은 다른 학교와 마찬가지로 법령에 기초하여 편의를 제공하는 데 인색하지 않을 것이라는 학부의 언명(言明)에 대하여 선교사들은 만족하여 학교의 인가를 학부에 출원하여도 괜찮다고 말하게 되었다"는 것이다.[37]

일제는 이와 같이 선교사들을 회유 · 이용하면서도 결코 그들을 신뢰하지 않았다. 일제는 헌병 경찰들을 이용하여 선교사 한 사람 한 사람을 철저히 감시하였고 조금이라도 배일적인 태도가 발견되면 트집을 잡고 압력을 가하였다. 이들이 남긴 감시 기록의 일부가 지금까지도 남아 있다.[38] 한국을 병탄하기 직전에 일제는 "한국에 있는 선교사의 태도"를 다음과 같이 파악하고 있다.

> 한일합방문제가 선전되자 경성 주재 영국총영사는 영국 선교사들에 대하여 오늘날 시국에 관하여 종교가로서 마땅히 근신하는 태도를 가질 것을 유시하고, 그밖의 선교사들도 일반적으로 모두 신중한 태도를 가지고 있는 듯하다. 그 가운데 두세 선교사 같은 이는 그 소속 교회와 학교 생도 및 학생에 대하여 비합방연설회에 참석하는 것을 금지하고, 또 모 선교사 같은 이는 소속 교회원이 시국문제에 관하여 동지를 규합하려는 것을 제지한 사실이 있다. 그러나 경성기독교청년회측에서는 별도로 반대행동을 표면으로 나타내지 않고 있지만 음으로 회원과 청년 학생들에 대하여 국권회복 사상을 주입 고취하고 있는 듯하며, 특히 만주철도 중립문제의 발현은 회원의 기세를 앙양하게 하는 듯하여 상동청년회관 안에 있는 미국성서공회 주임 같은 이는 시국문제를 이용하여 지방의 한인 사이에 기독교 신봉을 권하기 위하여 각 도에 그 지회를 설립하고 13명의 한국인 전도사를 파견하려고 계획하기에 이르렀다.[39]

---

37) 위의 책, p.320.
38) 그 대표적인 것이 국사편찬위원회에서 영인한 『주한일본공사관기록』 28권에 수록된 「1906~1909년 선교사 및 기독교도에 관한 서류」와 정부기록보존소에 보관되어 있는 「耶蘇敎ニ關スル諸報告」(1910년 6월)이다.

일제는 그들의 선교사 회유·이용 정책이 어느 정도 주효하였다고 판단하면서도 경계를 게을리 하지 않았던 것이다. 나아가서 일제는 선교사에 대한 대책을 마련하고 있다. 그 대표적인 것이 학부 차관이었던 다이라 마고이치(俵孫一)가 1910년에 작성한 것으로 보이는 '선교사에 대한 의견서'이다. 이 문서는 앞부분에서 한국 기독교의 교세와 선교사의 영향력, 선교사의 태도, 기독교의 활동 등을 상세히 논의하고 "기독교의 전파는 점점 민심의 불온을 증가시키는 결과를 가져오고 나아가서 장래의 시정(施政)상 일종의 병의 근원을 낳기에 이를 것이다. 특히 인민의 신정(新政)에 대한 불평과 일본에 대한 악감과 같은 것은 침소봉대로 선교사가 듣고 있는 바이며 그들에 의한 편견 오류는 각각 그 본국에 파급하여 왕왕 일본의 대한(對韓) 식민 정책에 대하여 구미 천지에 오해를 유포시키는 일이 없지 않다. 이와 같은 것은 한국의 통치상은 물론 일본의 국제 관계상 깊이 생각하지 않을 수 없는 바라고 믿는다"고 하면서 마지막 장에서 그 대책을 논하고 있다. 그 대책으로 그는 일본 불교 전도를 후원하여 기독교에 대항하게 하는 방법, 일본 기독교의 전도로 선교사의 세력을 구축하는 방법 등을 검토하면서 이것은 모두 당시로서는 불가능하다고 판단하고, 선교사 중앙감독자와의 긴밀한 연락, 선교사의 적절한 보호와 책임 추궁, 한국인에 대한 덕정(德政-이것은 회유 수단으로 보인다), 일본인 목사와의 협력·조화와 같은 대책을 제시하고 있다.40) 이러한 대책은 그 동안의 경험을 통하여 실행하던 것을 정리한 것으로 점진적으로 선교사들의 세력과 영향력을 축소시키고, 일본 종교가의 그것을 증대하여 종교 분야에서도 일본인이 한국 교계를 지배하도록 하려는 것이었으며, 따라서 이 시기에 실시한 선교사 회유·이용도 잠정적

---

39) 市川正明 편, 『日韓外交史料』 제8권, 原書房, p.319.
40) 김승태 편역, 『일제강점기 종교정책사 자료집』(한국기독교역사연구소, 1996), pp.15~28; 渡部學·阿部洋 편, 『日本植民地教育政策史料集』 제67권 (龍溪書舍, 1991).

인 정책이었음을 드러내는 것이다.

4. 맺음말

이상에서 대한제국 정부와 일제 통감부의 기독교에 대한 정책을 개략적으로 정리해 보았다. 이렇게 국권이 기울어가던 한말의 시기에 이제 막 선교를 시작한 선교사들은 선교하는 데는 여러 가지 제약과 어려움이 많았다. 당시 대한제국 정부는 선교에 대해서 묵인하기는 하였지만 공식적으로 승인한 것은 아니었고, 보수적인 관리들은 기독교에 대해서 적대적인 태도마저 가지고 있었다. 1905년 11월 '을사늑약'으로 외교권이 일제에게 넘어가고 일제의 통감부가 설치된 이후에는 한국에 대한 식민통지의 기반을 다지려는 일제와 이에 저항하는 한국인의 사이에서 외국인 제3자로서 선교사들의 지위와 행동은 더욱 큰 제약을 받을 수밖에 없었다. 사실 그런 상황에서 엄정한 중립이란 있을 수 없었으며, 그런 중립적인 자세를 가지고 있었다고 하더라도 민족적 대립을 하고 있던 한일 양측으로부터 비난을 면하기 어려웠을 것이다. 그런 가운데 선교사들은 일제의 회유와 선교부의 '정치불간섭' 정책 때문에 친일로 기울거나 어정쩡한 중립의 입장을 고수하기도 하고, 헐버트나 캐나다장로회 소속 선교사들의 경우와 같이 비교적 일관되게 반일적 태도를 가지고 한국인을 동정하며 한국인들의 선교에 힘쓴 선교사들도 있었다. 그러나 그 어떤 경우든 당시 세속 정권의 기독교에 대한 정책을 정확히 꿰뚫어 볼 수 있었더라면, 좀더 적극적이고 효과적인 선교 정책을 채택·시행할 수 있었을 것이다. 이런 역사 가운데서 배우는 교훈은 제자들을 파송하시며 "뱀같이 지혜롭고 비둘기 같이 순결하라"고 당부하신 예수 그리스도의 가르침과 함께 '선교한국'을 꿈꾸는 우리 두레운동에도 시사하는 바가 크다고 생각한다. 學文

지도자의 역할
- 호세 마리아 아리스멘디아리에타 신부와 몬드라곤

황보 영조*

살아가는 환경에 대해 어떤 태도를 취하느냐 하는 것 만큼 사람을 잘 구별지어 주는 것은 없다. 역사를 만들어 나가고 사건의 흐름을 변혁시키기로 한 사람들이 그냥 수동적으로 변혁의 결과를 기다리기로 한 사람들보다 유리한 법이다.(호세 마리아 아리스멘디아리에타 신부)

1. 참여를 이끌어 내는 리더십

1997년 3월 빠이스 바스코 자치체의 수도인 비토리아에서 '21세기 기업경영을 위한 협동조합주의와 참여'라는 주제의 국제 심포지엄이 열렸다. 이 심포지엄에 참가한 열 명의 발표자들 중에 예수회가 설립한 데우스토대학교의 부총장이자 대학부설 협동조합연구소 소장인 디오니시오 아란사디는 「조직을 위한 지도자의 역할」이란 내용의 글[1]에서 참여를 이끌어내는 리더십을 강조하였다.

사실, 리더십에 주의를 환기시키기 시작한 지는 벌써 십 수년이 지났고,

---

* 두레연구원2기, 현 서울대학교 강사, 두레연구원 간사

1) S. J. Dionisio Aranzadi, "Papel del líder en la Organización", en Simposium Internacional: *Cooperativismo y participación en la Gestión empresarial en el siglo XXI* (1997, Vitoria-Gasteiz), Libro de Actas Oficiales, Vitoria-Gasteiz, 20 y 21 de marzo, 1997.

그에 관한 연구도 이미 봇물 터지듯 쏟아져 나왔다. 그로 말미암아 리더십에 대한 관심도 극적으로 늘어났다. 아울러 리더십이란 신비적인 무엇이며, 그래서 일반인들은 배울 수 없는 것이라는 통념에 반론을 펴는 새로운 접근 방식도 제기되었다.

디오니시오 아란사디는 기업 경영에 괄목할 만한 혁신이 이루어진 경우를 조사해 보면 결국 그 기업의 선두에 지도자가 있었음을 발견한다고 했다. 지도자가 없이 지속적인 좋은 결과를 이끌어낼 수는 없는 것이다.

그는 여기서 베니스와 나누스의 연구2)를 인용하면서 지도자를 경영인과 구분한다. "경영인(manager)은 일을 잘 해 내는 사람이고 지도자는 해야 할 일을 하게 하는 사람"이다. 지도자는 '어떻게'라는 방식의 문제나 일상적인 일, 기술적인 문제들과 그 해결에 시간을 쏟는 것이 아니라, 활동의 패러다임과 "해야 할 일을 하게 하는 것"에 정력을 기울인다. 지도자의 리더십은, 전략적인 표현을 쓰자면, 사람의 가치를 내다보고 더 장기적인 면을 바라본다는 것이다.

지도자의 주요 임무는, 첫째로 혁신과 변혁을 주도하고, 둘째로 비전을 고무시키며, 셋째로 추종자들을 동원하는 것이다. 이를 위해서는 추종자들의 참여가 필수적임은 말할 나위도 없다. 이 참여를 이끌어내는 리더십은 다름 아니라 지도자의 자질에 달려 있는 것이다. 다시 말해, 지도자들이 지도자의 자질을 지니고 있어야 추종자들이 신뢰를 하게 된다. 참여를 이끌어내는 지도자의 자질 네 가지를 든다면 정직과 비전, 영감, 능력이다.3) 이들 가운데 최대의 자질은 역시 정직이다. 신뢰란 정직할 때 벽돌이 하나씩 쌓

---

2) W. Bennis y B. Nanus, *Líderes. Las cuatro claves del liderazgo eficaz* (Norma, Barcelona, 1985)

3) Kouzes와 Posner는 만 5천 건에 달하는 다양한 인터뷰와 문건, 설문조사를 통하여 지도자의 신뢰성에 대해 집중적으로 조사했다. 그 결과 이들 네 가지 자질을 제시하였다 [J. M. Kouzes and B. Z. Posner, *Credibility*, Jossey-Bass Publishers (San Francisco, CA, 1993)].

여지듯 쌓여 올라가는 것이다. 그러므로 정직은 리더십에 절대 필수적인 요소다. 추종자들은 항시 지도자들의 행동에 주목하고 있고 말이나 약속을 이루는지 어떤지를 살피고 있다.

> 다른 무엇보다도 우리는 우리의 지도자를 믿을 수 있어야만 합니다. 지도자의 말이 신뢰할 만하고, 말하는 것을 이룰 것이고, 지도할 능력과 수완을 지니고 있으며, 앞으로 나아갈 바에 대해 열심과 열정으로 가득 차 있음을 믿을 수 있어야 합니다.[4]

신뢰를 통해 구성원들의 참여를 이끌어 내는 리더십, 이러한 리더십이 발휘된 대표적인 경우를 호세 마리아 아리스멘디아리에타 신부와 몬드라곤에서 찾아볼 수 있다.

2. 몬드라곤 협동조합 실험

몬드라곤은 아직 일상용어가 될 만큼 친근한 말은 아니다. 하지만 최근 들어 몬드라곤에 대한 관심이 부쩍 늘어나고 있다. 협동조합 관련 지도자들 사이에서는 물론이고, 특히 유럽과 미국에서 노동자 생산협동조합과 종업원소유기업이 폭발적으로 늘어남에 따라 그 관심은 더욱 고조되었다. 몬드라곤이 전하는 메시지가 이제 세계의 많은 사람들에게 확산되어가고 있다. 몬드라곤, 더 정확히 말해, 몬드라곤 협동조합체(MONDRAGÓN CORPORACIÓN COOPERATIVA, MCC)[5]는, 1956년 석유난로와 주방기구를 생산하는 조그만 공장에서 출발하여, 43년이 지난 1999년 말 현재, 생산과 유통분야 매출액이 1조 438억 9천3백만 페세타(62억 7천4백만 유로)에 이르고, 금융 관리 자산이 1조 589억 2천2백만 페세타(63억 6천4백만 유로)에 달하며, 46,861명의 일꾼을 거느린, 빠이스 바스코 지역의 제일 기업 그룹으로, 스페인 전

---

4) Kouzes와 Posner의 설문에 응한 응답자들의 결론이다.
5) 몬드라곤 협동조합체는 스페인 국내외에 있는 120개 이상의 협동조합 기업으로 이루어진 일종의 기업 그룹이다. 이하에서는 MCC라 약한다.

체의 제 8대 기업 그룹으로 성장하였다. 이로 말미암아 노동자 생산협동조합이 경제적으로 성장하고 존속하기 힘들다는 종래의 통념은 강한 반론에 부딪히게 되었다. 이들 조합은 놀라운 고용증가와 존속비율을 보여 주었다. 화이트 부부가 제시한 수치에 따르면, 몬드라곤에는 1956년부터 1986년까지 103개의 신규조합이 만들어졌으며, 이 중 파산한 조합은 단지 3개에 불과하다. 이는 미국의 신규설립 기업체 중 단 20%만이 평균 5년 간 존속했다는 사실에 비추어 볼 때 주목할 만한 가치가 있음에 틀림없다.[6]

이와 더불어 "노동자들이 기업의 사회적·경제적 경영에 주도적인 역할을 하게 하는" 불굴의 목적으로 시작된 이 몬드라곤 협동조합체는 지금까지 다음과 같은 강점[7]을 보여주었다. 첫째는, 몬드라곤 지도자들이 협동조합의 이상에 대해 철저한 헌신을 보여 주고 있다는 점이다. 그들은, 창립자의 이상을 따라 이상 사회에 대한 전망과 고도의 전문기술 능력을 겸비하고, 변화하는 조건에 맞추어 그 이상을 적응시키면서 뛰어난 조직문화를 건설해냈다. 둘째는, 자기 자신의 경험에 대한 비판적 검토에 대해 높은 가치를 부여한다는 점이다. 바로 이 점이 사회적 이상을 추구하는 다른 조직들이 흔히 갖고 있는 점과 확연히 구별되는 몬드라곤의 특징이다. 셋째는, 직업이 보장된다는 점이다. 빠이스 바스코 지역의 실업률이 27%였던 1985년에 몬드라곤 협동조합에서는 성원의 0.6%만이 실직상태였다.[8] 넷째는, 미래의 성장과 근대화를 위해 투자하는 능력이다. 다섯째는, 협동조합 내부구조와 협동조합 간의 역동적인 관계다. 몬드라곤이 갖고 있는 저력의 중요한

---

6) William Foote Whyte and Kathleen King Whyte, *Making Mondragon: the growth and dynamics of the worker cooperative complex* (2nd ed., 1991)[김성오 역, 『몬드라곤에서 배우자』 (나라사랑, 1993)], p.20.
7) 위의 책 pp.295~97를 참고하였다.
8) 1999년 5월 필자가 몬드라곤을 방문했을 당시 몬드라곤의 실업률이 3%에 달했는데 관계자는 그 대부분이 자의에 의한 실업 상태라고 설명했다.

원천은 바로 이 조직구조에 있다고 볼 수도 있다.

이러한 강점을 토대로 MCC는 앞서 얘기한 대로 획기적인 경제적 성공을 이루어내고 있다. 몬드라곤의 이러한 성공은 노동자 생산협동조합이 더이상 몽상가 몇 사람의 유토피아적 망상이 아니라는 메시지를 세계에 널리 전했으며, 노동자와 경영진의 보다 나은 관계를 모색하는 전 세계의 실천가와 학자들의 관심과 흥미를 끌고 있다.

그러면 어떻게 오늘의 이 몬드라곤이 있게 되었을까? 어떤 이는 제철제강공업이 발달한 지역이라는 데서 그 이유를 찾기도 하고, 어떤 이는 역사적으로 협동조합 전통이 있었던 지역이라는 데서 그 까닭을 찾기도 한다. 하지만 다른 어떤 배경을 떠올리기 전에 MCC의 창립자이자 기획자인 호세 마리아 아리스멘디아리에타 신부를 주목해야 할 것이다. 그의 제자이자 첫 협동조합 기업 울고르의 창립 멤버인 호세 마리아 오르마에체아는 "몬드라곤의 실험을 다른 어떤 시도로부터 구별시켜주는 유일한 요인은 몬드라곤에는 돈 호세 마리아 아리스멘디아리에타가 있었다는 점"[9]이라고 했다. 그의 법률 자문 역할을 한 호세 루이스 델 아르코도 "몬드라곤 협동조합 실험은 기본적으로 한 사제, 호세 마리아 아리스멘디아리에타 신부의 작품"[10]이라고 했다. 1997년에 발간된 『몬드라곤: 협동조합 40년사』[11]에서도 몬드라곤 협동조합체를 일궈낸 호세 마리아 아리스멘디아리에타 신부의 리더십을 누누이 강조하고 있다.

---

9) José María Ormaechea, *La experiencia cooperativa de Mondragón*, 1991, p.10.

10) José Luis del ARCO, *El complejo cooperativo de Mondragón* (Asociación de Estudios Cooperativos, Madrid, 1983), p.11.

11) MCC, Mondragón, *Cuarenta Años de Historia Cooperativa* (Litografía Danona, S. Coop., Mondragón, 1997)

3. 호세 마리아 아리스멘디아리에타 신부의 리더십.

3.1 생애

호세 마리아 아리스멘디아리에타는 1915년 4월 22일 몬드라곤에서 약 50킬로미터 떨어진 비스카야주의 마르키나라는 마을에서 부유한 자영농 집안의 맏아들로 태어났다. 그는 어린 시절부터 사제로의 부름을 느껴 열두 살 되던 해에는 결국 맏아들의 상속권을 포기하고 신학공부를 위한 예비학교에 들어갔다. 이런 결단의 과정에 참 교사 역할을 해 준 사람은 바로 그의 어머니였다.

호세 마리아 아리스멘디아리에타는 그후 비토리아에 있는 신학교에서 신부 수업을 계속했는데 신학뿐만 아니라 사회문제와 사회운동에 대해서도 폭넓게 독서했다. 스페인 내전 중에는 나이 관계상 군 복역을 하게 됐지만 말기에 이르러는 짬을 내서 신학공부를 계속해 나갔다. 신부서품이 얼마 남지 않자, 그는 대주교에게 벨기에 루뱅대학에서 사회학을 공부하도록 허락해줄 것을 간청했다. 하지만 대주교는 그의 요청을 무시하고 몬드라곤 성당의 보좌신부로 파견했다. 이로써 대학에서 사회학을 공부하려던 그의 희망은 비록 좌절되었지만, 대신에 몬드라곤 지역이라는 사회적 생명체 속에서 사회학 공부를 하게 됐고, 1976년 11월 29일 세상을 떠날 때까지 그 공부를 계속하게 됐다.

그가 사회적 갈등과 내전으로 황폐화된 몬드라곤에 도착한 것은 1941년 2월 5일이었다. 설교를 통하여 사람들의 기대를 충족시켜 주지는 못했지만12) 활동은 적극적이어서 처음 5, 6년 동안 스포츠, 건강, 경건, 교육, 건

---

12) 돈 호세 마리아의 설교는 사실 사람들을 매우 실망시켰다. 그는 단조로운 목소리로 알아듣기도 어려운 산만하고 반복적인 화법을 사용했다. 그 결과 신자들이 보인 첫 반응은 '대주교가 우리에게 보낸 이 신부를 갈아치우자', '그는 기품 있게 책을 낭송할 줄도 모른다' 등이었다고 한다. 그는 화려한 웅변보다는 일대일의 대화나 소규모의 토론에서 훨씬 더 자연스럽고 감명 깊게 말할 수 있었다.

축 등의 각종 조직을 결성했다. 청소년 도서관을 건립하였으며 각종 독서클럽도 조직하였다. 1940년대 몬드라곤은 처절한 내전의 후유증과 굶주림에 시달리고 있었다. 따라서 그는 노동세계와 긴밀한 관계를 맺었고 실업, 주거 부족, 결핵, 아이들의 불행 등에 지대한 관심을 보였다. 25살의 젊은 사제로서 아무런 지적인 준비도 없이 이러한 현실을 직면해 나갔다.

1943년 6월 1일에는 청년스포츠단을 창설하였고, 같은 달에 미래의 노동지도자를 양성하기 위한 사회학 아카데미를 설립하였다. 이어 몬드라곤 주민들에게 기술교육의 필요성을 천명하고서 1943년 10월에는 모든 노동자들의 자녀들에게 문을 개방하는 기술전문학교를 열었다. 1948년에는 학교와 기타 교육활동의 후원단체로 교육문화연맹을 결성하기도 했다.

1955년에는 용단을 내려 준비된 제자들로 하여금 다니던 공장을 그만두게 하고 그의 이상을 실현할 기업 창립을 독려하였다. 그리하여 1956년 4월 14일 마침내 몬드라곤의 첫 생산협동조합 기업인 울고르의 정초를 놓았다. 1959년에는 노동인민금고를 설립하고 사회보장 서비스(이후의 라군—아로)도 시작했다. 1960년 9월에는 그의 주도로 기관지 『협동』(이후의 『노동과 단결』)지를 발행했다. 1962년에는 기술전문학교를 이투리페에 신축했으며 학생 수는 이제 천명을 넘어섰다. 1965년에는 국가로부터 노동훈장을 수여받았다. 1968년 봄에 협심증 증세를 보이기 시작했고 결국은 그로 인해 1976년 11월 29일 사망했다.

이것이 몬드라곤 협동조합운동의 설립자요 기획자인 호세 마리아 아리스멘디아리에타의 간략한 인생 역정이다.

3.2 사상

호세 마리아 아리스멘디아리에타 신부는 자신의 사상을 책 속에다 체계화하여 발표한 적은 한번도 없지만 집필작업은 계속했다. 1984년에 노동인민금고는 몬드라곤 운동의 기관지인 월간 『노동과 단결』에 쓴 그의 글과 설교, 그리고 기타 논문 등을 『협동조합의 사람: 돈 호세 마리아 아리스멘디아리에타의 사상』이라는 제목의 책[13]으로 엮어냈다.

그의 사상은 시대와 개인의 발전, 그리고 변화하는 정치정세라는 맥락에서 파악되어야 한다. 이를테면, 젊었을 당시에는 피임, 낙태 같은 문제에 대해 전통적인 가톨릭 원칙에 찬성하였으나 시간이 지남에 따라 그와 같은 개인의 도덕적 문제에 대해서는 별 주의를 기울이지 않았다. 또한 젊은 시절에는 정통 가톨릭 교리를 추종하는 학생이었으나 나중에는 이에 대한 관심이 점점 약해졌다. 오히려 그는 종교와 교회에 대하여 상당히 비판적인 시각을 지니게 되었다.

> 종교라는 미명 하에 만행이 행하여져 왔다. 우리는 어떤 형태의 독단주의도 경계해야만 한다. (…) 종교는 지금까지 널리 전파됐으나 그들이 과연 올바른 일을 한 적이 있었던가? 교회는 절대적이고 관념적인 방향으로만 우리를 인도해 왔다. 신학자와 사회학자, 철학자들은, 그들이 옳다고 생각하는 것이 아래에서 위로 진행될 때에도 언제나 위에서 아래로 내려다만 보고 있다.

그의 관심은 교회가 등한시하고 있던 사회문제에 집중되었다. 사회 위기의 핵심을 그는 신앙의 문제가 아닌 소유의 문제로 이해하고 그 해결에 몰두하였다. 그래서 한 사제는 "그 친구는 오직 경제학에 대한 것만 생각한다"고 말할 정도였다.

그는 종합적인 경제체제로서의 자본주의에 반대했다. 자본주의 체제는 "긍정적인 영향이나 이상, 그리고 도덕적인 것을 만들어내지 못한 채 단지 이기적이고 물질적인 욕망만을 부추기면서" 발전되어 왔다고 보았다. 하지만 협동조합 노동자들이 자본주의로부터 배울 점이 있음을 간과하지 않았다.

---

13) J. Azurmendi, *El hombre cooperativo: Pensamiento de José María Arizmendiarrieta* (Caja Laboral Popular, Mondragón, 1984) 이하 그의 사상에 관한 내용은 주로 이 책에서 인용했음 (화이트 부부의 책에서 재인용).

협동조합주의를 건설하는 것이, 마치 자본주의 제도가 하등의 유용한 측면도 없다는 듯이 자본주의에 적대하는 것은 아니다. 실제로 자본주의는 조직과 경제활동에 있어서 흥미 있는 경험을 가지고 있으며, 그 능률성 또한 의심할 여지가 없다. 협동조합주의는 자본주의를 능가하여야만 하며 이 목표를 달성하기 위해서는, 어느 정도의 제한과, 그리고 인간의 존엄성과 개인의 가치를 개선시키는 보완책과 함께 자본주의적인 방식과 자본주의의 동력을 활용하여야 한다.

그는 그러면서도 자본주도의 사회를 노동주도의 사회로 전환하는 구조적인 개혁을 부르짖었다. 젊은이들이 그에게 어떤 조언을 구하러 가면 사회를 변화시키기 위해 항상 헌신하라고 격려하면서 일시적 개혁이 아니라 구조적인 개혁을 해야 한다고 강조하였다.[14] 하지만 그는 철저한 실용주의자였고 현실주의자였다.

우리가 공상적인 이념을 위해 일하고 있는 것은 아니다. 우리는 현실주의자다. 우리가 할 수 있는 일과 할 수 없는 일을 잘 인식하여 (…) 변화시킬 수 없는 일보다는 변화의 희망을 가질 수 있는 일들에 집중하여야 한다. (…) 우리가 변화시킬 수 있고 실제로 변화한 일에 전념했기 때문에 우리는 이 운동이 만들어 낸 힘을 의식하고 있다.

호세 마리아 아리스멘디아리에타는 혁명을 믿었지만 그가 추구하는 혁명은 점진적이고 평화적인 방법에 의한 것이었다. 그는 예수가 역사상 가장 위대한 혁명가라고 말했다. 1966년에는 다음과 같이 썼다: "우리는 기독교 사상가인 무니에(Mounier)가 주장하는 혁명의 공식에 전적으로 동의한다. 즉 경제적 혁신은 도덕적이어야 한다. 그렇지 않다면 존재하지 않을 것이다. 도덕적 혁명은 경제적이어야 한다. 그렇지 않다면 일어나지 않을 것이다." 그의 절친한 친구 가운데 한 사람은 이렇게 말했다.

그에게 있어 혁명은 정치적인 측면보다는, 가장 초보적이고 기본적인 세포에서부터 가장 포괄적인 것(국가)에 이르기까지 사회의 기본구조에 집중하는 것이다. 나는 그

---

14) 그는 여러 저술가 중에서 프랑스 좌파 사회철학자인 쟈끄 마리텡과 엠마누엘 무니에의 저술을 탐독했다. 그밖에도 프레이리의 『피억압자들의 교육학』, 모택동어록, 마르크스 문헌 등에 정통하였다. 이런 저런 이유로 당시 그를 추종하던 사람들도 그를 사회주의자라 생각했고 또 일부 보수적인 마을 주민들은 그를 '빨갱이 신부'라고 불렀다.

가 혁명을 정치권력의 문제로 좁히는 정치적 강박관념에 대해 비판하는 것을 여러 차례 들었다. 정치적인 것을 절대적인 것으로 삼아서 그것에 의해 혁명을 달성하려고 하는 것은 기본적으로 위험한 것이라고 생각했다. 그는, 자기 자신을 혁명적이라고 생각하고 있는 사람들은 이러한 정신적 태도를 극복하여야만 한다고 말했다. 그렇지 않으면 그들의 혁명은 단순히 권력을 한 독재권력으로부터 색깔만 다른 또 다른 독재권력에게 이양하는 것이 될 뿐이라는 것이었다.

그는 또한 협동조합주의를 포함한 모든 '주의'에 알레르기적인 반응을 보였다. '주의'란 최종적인 해답을 주지도 못하면서 그것에 얽매이기를 요구한다는 것이다. 『인간을 위한 기업』이란 책15)에서 기업 협동조합주의를 주창했는데, 그와 아울러 이 기업 협동조합주의라는 것이 결코 완성된 이념이 아니라 끊임없이 재평가하고 상황에 적응해 나가야 하는 일종의 실험임을 거듭 강조했다.

> 동지들! 대화와 회의를 통하여 비판과 자기비판을 함으로써 전진하여야 합니다. 조직을 튼튼하게 보호하는 가장 적절한 방법은 비판과 자기비판을 적절하고 철저하게 실시하는 것입니다. 이는 어떤 경우에도 적절하게 사용될 수 있으며, 대부분의 경우에 필요합니다. (…) 다른 사람을 비판하기에 앞서 자기 자신을 더 비판할 수 있어야 합니다.

> 몬드라곤 협동조합의 경험이 완벽한 사례는 아니다. 그것은 열려진 길이며, 노동자들의 생각과 결과와 방법을 비교하는 곳이며, 모든 경험양식의 결과를 시험하기 위해 제안된 것이며, 근본적으로 인간의 의식이라는 견지에서 해석되는 것이다.

> 우리는 매일 새로운 것을 정복하기 위해 전진해야 한다. 협동조합 기업은 매일 매일의 일이다. (…) 협동조합은 계속 세워지고 끊임없이 새로워져야 한다.

이렇게 그는 변화하는 상황에 대처하기 위해 끊임없이 새로운 목표를 찾아 정진해야 함을 역설하였다.

호세 마리아 아리스멘디아리에타의 친구이자 전기작가인 헤수스 라라냐가에 따르면, 그는 항상 피상적이 아닌 본질적인 것을 지향하는 대단한 추

---

15) José María Arizmendiarrieta, *La empresa para el hombre* (A.G. Elkar, S. Coop., Bilbao, 1984)

진력을 지니고 있었고 실제적인 감각으로 여러 가지 방향을 제시해 주었다고 한다. 교육기관을 설립하고 협동조합 기업을 창립하는 일에서, 은행을 설립하고 기술연구소를 세우는 일에서, 사회보장제도를 마련하고 협동조합 그룹을 조직하는 일에서 이러한 그의 리더십을 확인할 수 있다.

3.3 기술전문학교 설립

호세 마리아 아리스멘디아리에타 신부에게 있어 가장 중요한 관심사는 어떻게 하면 몬드라곤 주민들에게 사회적 전망이 있는 숙련된 기술을 제공할 수 있을까 하는 것이었다. 그의 모든 사고체계와 활동의 근간을 이룬 것이 교육이라고 할 수 있다. 그는 "내가 했던 일은 사상을 만들고 젊은이들을 고무시키는 것이 전부였으며 그 이상은 아무것도 하지 않았다"고 말했다. 이 젊은이들로 하여금 협동조합을 이끌어 가게 하였고 이들이 실제로 모든 일을 실천해 나간 주역들이었다.

그러니까 그의 교육 목적은 "사람을 변화의 주체로 길러내는 것" 외에 다름 아니었다. 그래서 1943년에 "지식을 사회화시켜야 권력이 민주화된다"는 기치를 내걸고 기술전문학교를 열었다.[16] 처음에는 기업체에서 일을 하면서 교육을 담당하게 되는 교사진과 20명의 학생, 42,000 페세타의 예산으로 시작했다. 40년대 말에는 109명의 학생이, 50년대 말에는 333명의 학생이 등록을 하여 배움의 길을 걸었고, 1962년에는 그 수가 천 명을 넘어섰다.[17] 이들이 몬드라곤 협동조합체의 요체가 되는 협동조합들인 울고르

---

16) 호세 마리아 아리스멘디는 몬드라곤에 도착한 뒤 그 지역의 유력한 개인 기업인 세라헤라 유니언이 운영하는 견습공 교육과정에서 종교교육을 담당하고 있었다. 하지만 회사 경영진들에게 그 교육과정을 회사종업원들과 관련이 없는 소년들에게도 개방해줄 것을 요청했다가 거절을 당하자 독자적인 학교 설립에 나섰다.

17) 1990/91 학기에는 1,923명의 학생이 등록하였다. 1994년에 이 기술전문학교의 창설 50주년 기념으로 『호세 마리아 아리스멘디아리에타 종합기술학교의 역사』[Juan Leibar y Joxemi Azkarate, *Historia de Eskola Politeknikoa José María Arizmendiarrieta* (Caja Laboral

와 아라사테, 코프레시, 에데를란, 라나, 우르사 등의 설립자들과 주요 지도부를 구성하였고, 이 기술전문학교야 말로 훗날 이케를란(기술연구소), 알레콥(학생 생산협동조합), 사이올란(기업혁신과 발전연구소), 이라운코르(평생교육원), 고이어(외국유학원), 꼴레히오 메노르 비테리(학생 기숙사), 디아라(디자인 연구소) 등의 여러 기관과 단체들의 긴 목록을 만들어내는 모판이 되었다. 다시 말해, 몬드라곤 협동조합 실험이 태동, 발전되어 나가는 데 결정적인 역할을 한 것이다.

기술전문학교의 교육이념은, 기독교적으로는 교회로부터 소외된 채 살아가는 빈민들의 복음화, 도덕적으로는 정직하고 존엄한 통합적인 인간양성, 사회적으로는 무지와 몽매, 불행으로부터 해방 받기 위한 지성계발 이었다. 젊은 사람은 실제적인 활동에 익숙해져야 하며 크리스마스 때 쓸 물건을 만드는 일에서부터, 다른 활동에 참여하는 것까지 솔선해서 해야 한다는 것이 호세 마리아 아리스멘디아리에타의 교육이념이었다고 전기작가 헤수스 라라냐가는 전하고 있다. 몬드라곤 최초의 생산협동조합 울고르를 설립한 사람 가운데 하나인 고로뇨고이티아는 통합적인 인간 교육에 대해 다음과 같이 지적했다:

우리가 기업가로서 가지고 있는 시적·철학적 특징들은 다른 기업가들을 무척 놀라게 합니다. 그들을 놀라게 하는 인간주의적 경향은 돈 호세 마리아의 성과입니다. 왜냐하면 그와 접촉한 이후로 우리는 철학이나, 이데올로기를 기업가적인 태도와 결코 분리시켜 생각하지 않았기 때문입니다. 우리는 화학이나 물리학, 반도체 등에 대해서는 완벽히 알고 있으나, 그 밖의 것은 아무것도 모르는 단순한 기술자는 결코 아닙니다. 우리는 단순한 기술자였던 적이 없습니다. 우리는 이러한 성격의 기업을 발전시키는 것이 사회적 투쟁이자 의무라고 생각하고 있습니다.

아리스멘디아리에타 신부는 기술전문학교의 졸업생 가운데 취직을 하여 일을 하면서도 계속 교육을 받고 싶어하는 이들과 매주 토론 모임을 진행했

EUSKADIKO KUTXA, 1994)]가 간행되었다. 교육에 관한 내용은 이 책을 참고하였다.

다. 그의 가장 친한 동료 중의 한 사람인 호세 마리아 오르마에체아는 "1956년을 곰곰이 생각해 보면, 그는 2000개 이상의 공부모임을 이끌고 있었습니다. 그 모임의 일부는 종교적이고 인문주의적인 성향을 갖고 있었지만, 나머지는 대부분 사회적인 성격을 띠었습니다"라고 회고했다.[18]

호세 마리아 아리스멘디아리에타는 또한 협동조합은 교육의 기초 위에 세워지며 이 기초 위에 세워진 협동조합은 새로운 사회질서를 지향하는 경제적 진보를 위한 교육을 제공한다고 보았다. 그래서 그는 협동조합 실험을 "그 자체로 교육활동의 의미를 갖는 경제적 노력, 혹은 (…) 경제활동을 변혁의 수레바퀴로 이용하는 교육적 노력", "새 질서를 요구하는 많은 사람들을 훈련시키고 성숙시키는 학교"라고 정의했다.

한편, 처음에는 2년 과정이던 기술전문학교가 상급과정으로 확대됨에 따라, 달리 재정지원을 받지 못하는 한 수업료를 인상하지 않을 수 없었고, 결국 가난한 집안의 유능하고 야심 있는 아이들이 교육을 받을 수 없게 되었다. 게다가 학비를 부담할 능력이 있는 가정에만 교육혜택이 돌아간다는 것은 협동조합의 원리에도 어긋나는 것이었다. 이러한 현실에 직면한 호세 마리아 아리스멘디아리에타는 대부분의 조합원들이 기술전문학교 학생들로 이루어지는 알레콥 노동자 생산협동조합을 창안하도록 지도하였다. 이 알레콥은 학생의 학비와 주거비용 충당, 노동현장에서의 산 체험, 학교에서 배운 내용 숙련, 사회 참여 및 기업 경영 참여 등을 목적으로 1965년에 첫 걸음마를 시작하였다.

1966년에 노동부의 승인을 받은 알레콥은 설립 당시부터 오전과 오후에 각각 4시간씩 나누어 근무하는 2교대로 운영되었다. 학생들은 공장에서 하

---

18) 호세 마리아 아리스멘디는 또한 개인의 육체적 활력과 도덕적 함양을 위해 스포츠를 장려하고 개발하였다. 그 노력의 일환으로 1944년 소속주인 기푸스코아 주 정부에 "몬드라곤청년스포츠단"을 공식 등록하여 결성하기도 했다.

루에 4시간을 일하고 또 4시간은 학교에서 수업을 받았다. 알레콥은 다른 협동조합이 주문한 부속품들을 생산하는 데서부터 출발하여 다른 사기업체로부터도 점차 많은 주문을 받아냈다. 1992년 현재 노동자 조합원 43명과 학생 453명으로 24억 6천만 페세타의 매출을 올렸다.

하지만 이러한 알레콥을 설립하는 데는 아이디어와 엄청난 용기가 필요했다. 그 설립자요 기획자는 바로 아리스멘디 신부였다. 기술전문학교의 일부 베테랑 교사들은 이렇게 회고했다.

> 우리 대부분이 배후에 있는 난제 때문에 회의적인 반응을 보임에도 그는 그 실현성을 확신했다. 알레콥도 그렇게 생겨났다. 우리는 그가 학생들로 이루어지는 기업에 대해 얘기하는 것을 처음 들었을 때 마음 속으로 그를 '유토피아적 이상주의자'라 비난했다. 하지만 그의 유토피아는 결국 이루어지고 말았다.

이들 기술전문학교와 알레콥에서 경험한 협동조합적 생활은 노동자 생산협동조합의 정식조합원의 경험과 거의 비슷하다. 이런 훈련을 받은 졸업생들은 협동조합에서 일자리를 찾았고 다른 곳의 더 높은 보수에도 흔들리지 않았다. 알레콥에서 성적이 우수한 학생은 특히 경영진의 주목을 받게 되었다.

아리스멘디아리에타 신부는 생선을 주면 하루를 먹고 살지만 고기잡이를 가르쳐주면 평생을 먹고 산다는 중국 속담을 붙들고 1941년 2월 몬드라곤에 도착한 뒤 첫 15년을 이렇게 젊은이들 교육에 헌신하였다. 그 결과 시간이 흐르면서 교육그룹 에시비데와 교육재단 히사비데아가 생겨났고 이 둘이 협력하여 현재 몬드라곤 협동조합체의 인적·경제적 자원의 최적 활용을 이끌어 내고 있다.

3.4 협동조합 기업 설립

기술전문학교를 졸업한 호세 마리아 아리스멘디아리에타의 제자들 가운데 다섯 사람, 즉 루이스 우사토레, 헤수스 라라냐가, 알폰소 고로뇨고이티아, 호세 마리아 오르마에체아, 하비에르 오르투바이는 1956년 최초의 생산협동조합인 울고르를 설립하였다. 세라헤라 유니언에서 노동자의 자식은 하급 관리직 이상으로 승진할 수 없다는 점을 깨달은 이들과 호세 마리아 아리스멘디아리에타는 지금까지 토의해온 사회경제적 노선에 맞는 새로운 회사를 설립할 기획을 하기에 이르렀다. 호세 마리아 아리스멘디아리에타는 우선 회사 설립에 필요한 자금을 모으기 위해 지역사회에 도움을 요청하였다. 약 100여명이 다섯 사람의 개척자들과 돈 호세 마리아의 지도력을 믿고 도와주겠다는 약속을 하였고 다섯 사람의 설립자들이 낸 돈을 합쳐 1,100만 페세타를 모아 회사 설립에 필요한 자금으로 사용하였다.

사람들은 서로를, 특히 아리스멘디아리에타 신부를 신뢰했기 때문에 자신들의 조직이 지녀야 할 형태를 제대로 알지 못하면서도 함께 일할 수 있었다. 울고르는 3년이 넘도록 법적 정관이나 내규도 없이 운영되었던 것이다. 그 정관과 내규는, 호세 마리아 아리스멘디아리에타의 주도로, 그리고 마드리드의 협동조합 사업국 고문인 호세 루이스 델 아르코의 협력을 통하여, 여러 번의 수정을 거쳐 만들어졌으며 법적 승인을 받을 수 있었다. 이 정관과 내규는 이후 생겨날 여타의 노동자 생산협동조합의 모델이 되었다.

울고르의 조직에 나타난 최초의 주요 변화 가운데 하나는 조합평의회를 설립한 것이다. 조합평의회는 몬드라곤에서 독특하게 고안된 기구로서 특별한 관심의 대상이다. 그것은 호세 마리아 아리스멘디아리에타의 생각에서 나왔으며, 울고르의 정관과 내규에 조합평의회가 갖는 기능과 임무를 규정하는 조항을 초안한 것도 그였다. 조합원을 대표하는 기구로 이사회가 있음에도 이 조합평의회를 둔 것은, 만일 이사회가 유일한 대표기구라고 한다면 최소한 노동의 일상적인 문제와 관련해서 볼 때 조합원들의 참여는 거의 없는 것이나 마찬가지일 것이라는 문제의식에서였다. 이러한 소극성을 피하고 많은 문제들을 직접 경험할 수 있도록 하기 위해 이 조합평의회를 마련한 것이다. 하지만 다른 사람들은 당시 아리스멘디아리에타 신부가 무엇을 염두에 두고 조합평의회를 설립했는지 확실하게 알지 못했다. 이 조합평의회는 경영자 측에 요구하는 기능보다는 오히려 회사 내의 의사소통과정을 폭넓게 함으로써 협동조합을 하나로 만드는 데 도움을 주는 역할을 한다.

이렇게 최초의 생산협동조합인 석유난로와 주방용품을 생산해내는 울고르에 이어 공작기계를 만들어내는 아라사테, 가전제품 부품생산 업체인 코프레시, 주물 생산업체인 에데를란 협동조합 등이 이후에 계속 설립되어 현재는 몬드라곤 협동조합체에 120여 개의 기초 협동조합들이 있게 됐다.

3.5 은행 설립

호세 마리아 아리스멘디아리에타는 노동자 생산협동조합이 성공하려면 신용조합이나 협동조합은행이 없어서는 안된다는 확신에 기술문제, 시장개척문제에 당면해 있는 울고르의 지도자들에게 협동조합은행의 설립에 대해 설명하기 시작했다. 협동조합은 개인투자가들을 끌어들여 주식자본을 모을 수가 없고, 민간은행은 노동자 생산협동조합에 대부하기를 꺼릴 것이며, 만일 노동자 생산협동조합이 민간은행에 빚을 지게 되면 그 독립성을 잃어버리고 말 것이라는 게 그 핵심 논리였다. 뿐만 아니라 그는 국내 은행법을 면밀히 검토하여, 민간은행이 결코 이용한 적이 없는, 협동조합이 저축을 끌어 모으는데 매우 유리한 프로그램[19]을 발견해냈다.

하지만 울고르의 지도자들은 은행설립에 반대했다. 그 지도자들 가운데

---

19) '아보로 오브레로(육체노동자를 위한 저축)'라는 이 프로그램은 은행이 다른 저축구좌보다 0.5% 더 높은 이자율을 책정할 수 있게 되어 있었다. 이하 은행설립에 관하여는 특별한 인용을 제외하고는 화이트 부부의 책, pp.75~78; 97~99; 101~102; 245; 332~333를 참고하였다.

한 사람인 알폰소 고로뇨고이티아는 당시를 다음과 같이 회고했다:

우리가 울고르의 경영평의회를 열고 있을 때 그가 갑작스레 방문하여 협동조합 형
태의 은행을 세워보라고 하였다. 우리는 그의 제안에 곤혹스러워 하며 반대의사를
분명히 했다. (…) 우리는 그것이 비현실적인 생각에 불과하다고 생각했다. 또 금융
과 은행에 대해서는 너무 몰랐기 때문에 그러한 것은 우리가 가진 지식이나 경험,
사고로서는 도저히 상상할 수 없는 것이었다. 그것은 단지 우리에게 환상일 뿐이며
환상 중에서도 좋지 않은 환상처럼 여겨졌다.

이런 반대에 부딪혔음에도 불구하고 호세 마리아 아리스멘디아리에타는
자신의 길을 포기하지 않고 혼자서 정관과 내규를 준비했다. 추측컨대 순진
한 젊은이들을 설득하는 대신 그들 앞에 기정 사실이 된 은행을 내보이고
싶었던 것 같다. 그래서 울고르의 승인을 도왔던 호세 루이스 델 아르코와
의논하면서 은행(노동인민금고)을 공식적으로 설립할 수 있는 길을 닦아 나
갔다.[20] 또한 그는 협동조합은행이 공식적으로 설립인가를 받기도 전에 기
술전문학교와 가톨릭행동단의 사무실에서 사무를 처리하고 돈을 기푸스코
아 저축은행에 예치할 준비를 했다. 이렇게 하여 울고르가 창설된 지 3년
만인 1959년에 기푸스코아와 알라바 두 지역에서 노동인민금고의 설립인
가를 받아냈다. 결국 1959년 7월 24일 울고르, 아라사테, 푼코르 노동자 생
산협동조합과 산 호세 소비자협동조합이 합동으로 노동인민금고를 창설하
였다.

호세 마리아 아리스멘디아리에타의 끊임없는 설득으로 1961년에는 울고
르의 창립자 중 네 사람이 그 주요 직책을 맡게 되었다. 이들이 적극적인
지도력을 발휘하게 되자 은행에 대한 일반인들의 인식이 달라졌으며 그에

---

20) 그 일환으로 정부에 '결성준비회의' 의사록을 제출하였는데, 그 서류에는 1959년 3월 15일에
회의가 열렸으며, 그 회의에서 의원들은 정관과 내규를 승인하고 임시이사회와 감사위원회를
구성했다고 기록돼 있고, 의사록에는 알폰소 고로뇨고이티아와 호세 마리아 오르마에체아의 서
명이 날인되었다. 하지만 이 회의는 열린 적이 없었다. 날인된 서명도 본인들에게 알리지도 않
은 채 위조했다.

따라 은행은 큰 규모로 성장해 나갔다. 1960년 직원 두 사람으로 문을 연 노동인민금고는 4반세기가 지나는 동안 스페인에서 가장 수익성이 높은 저축기관 중 하나로 성장했고 몬드라곤 복합체를 강화시키는데 중추적인 역할을 하게 됐다.

이렇게 설립된 노동인민금고는 최초의 2차 협동조합으로서 협동조합 그룹 내에서 3대 역할을 수행하고 있다. 첫째는 각 협동조합들의 독립성과 주권을 존중하면서 그룹에 응집력을 부여하는 역할을, 둘째는 각 협동조합들에 필요한 자금을 지원하는 금융기관의 역할을, 셋째는 협동조합을 신설하거나 기존 협동조합을 평가하는 평가기관의 역할을 하고 있다.[21] 노동인민금고와 개별 협동조합의 관계는 노동인민금고가 협동조합의 정관을 결정하고 조합의 발전을 지도할 만큼 긴밀하다. 이러한 규범적인 통제 덕분에 몬드라곤이 느슨한 연합체가 아니라 탄탄하게 묶인 협동조합 그룹이 될 수 있었다.

노동인민금고가 만들어진 이후 거의 전 기간에 걸쳐 총전무이사를 맡고 있는 호세 마리아 오르마에체아는, 노동인민금고의 방어와 구제가 없었더라면 아마도 몬드라곤협동조합의 절반 정도는 살아남기 어려웠을 것이라고 한다. 이러한 자금 소모에도 불구하고 노동인민금고는 바스크 주에서 재정적으로 가장 성공한 저축은행이면서 동시에 몬드라곤의 협동조합들 중 가장 번창한 협동조합이다.[22] 한마디로 말해, 노동인민금고가 없는 몬드라곤협동조합그룹을 생각하는 것은 어려운 일이 됐다.[23]

---

21) José Luis del ARCO의 책 p.76.

22) 호세 마리아 아리스멘디는 융자와 투자의 중요성을 다음과 같이 거듭 강조하였다: "우리는 단지 운좋은 소비자에 머물러서는 안된다. 즉 우리는 동시에 투자가가 되어야 한다"; "융자분야에서의 해결 없이는 적극적이고 발전적인 협동조합운동을 생각할 수 없다. (…) 재원이 부족한 협동조합주의는 나약하고 무너지기 쉬우며, 장인적 수준을 벗어나기 어려우며, 가내공업이나 소규모 조직 등 협소한 분야에서나 살아 남을 수 있을 뿐이다. (…) 융자는 모든 공동체 조합원들에게 활력을 불어넣어 주는 피와 같은 것이다."

3.6 사회보장 협동조합 라군-아로의 설립

1958년 12월 15일 법령으로 노동자 생산협동조합의 조합원들이 피고용자로 인정되지 않아 전국사회보장제도의 혜택을 받을 수 없게 되자 호세 마리아 아리스멘디아리에타는 정부의 이러한 결정을 활용하여 보다 효율적인 의료서비스를 제공하고 노동인민금고에 주요 재정을 제공할 목적으로 사회보장 협동조합을 구상하였다.[24] 조합원들의 건강 뿐만 아니라 정년퇴직 이후의 물질적 보장을 위한 기구가 필요했던 것이다. 협동조합들은 급여에서 공제한 자금으로 라군-아로('보호사업'을 의미하는 바스크어)의 설립에 필요한 거의 모든 자금을 마련했다. 라군-아로는 1967년에 자체의 건물과 이사회를 갖춘 독립된 협동조합으로 설립되었다.

연계된 회원 협동조합이 늘어나면서 라군-아로는 빠르게 성장했다. 1984년 말경에는 140개의 협동조합과 관계를 맺었으며 18,266명의 조합원들과 부양가족을 포함하여 47,465명의 고객을 위해 일하게 되었다.[25]

라군-아로는 조합원들과 그 가족을 위해 근대적이고 우수한 진료제도를 운영해 오고 있다. 따라서 몬드라곤 협동조합원들은 전국사회보장제도에서 제외되긴 했지만 오히려 재정과 서비스의 면에서 유리한 혜택을 받게 되었다. 라군-아로는 뿐만 아니라 노동자 재배치와 실업, 조기퇴직, 보상금, 재훈련을 위한 금융지원을 해준다.

3.7 협동조합 그룹 울라르코의 설립

울고르는 1960년대 초반에 이르러 초창기의 기술문제와 시장문제들을 극복하고 스페인의 100대 기업 중 하나가 되었다. 설립자들은 이러한 성장

---

23) José María Ormaechea의 책, p.41.
24) José Luis del ARCO의 책, p.37.
25) 화이트 부부의 책, p.79.

규모와 성장속도를 전혀 예상하지 못했다. 그들의 이상은 모든 성원들이 서로 얼굴을 알 수 있어서 개인상호 간이나 조직 간 조정이 용이한 소규모의 조직을 만드는 것이었기에 울고르의 사업적 성공은 이러한 이상에 배치되는 것이라고 볼 수 있다. 만일 사기업이 울고르와 같이 성장할 경우, 기업의 경영은 모든 부문이 최고경영의 확고한 통제 아래 놓이는 부문별 조직형태를 띠거나 자회사 설립방식을 취하는 경향이 있을 것이다. 이러한 체제는 재정 자원을 집중시키고 생산과 판매 분야에서 '규모의 경제'를 실현하며 사업전략과 연구개발계획을 지원할 수 있다는 이점이 있다. 하지만 여기에는 방만하고 비능률적인 관료제의 폐단이 수반된다. 따라서 유연성과 진취성, 그리고 창조성을 현저하게 떨어뜨리고 노동자들을 경영자들로부터 분리시키기 쉽다. 이러한 성장 모델은 몬드라곤 지도자들의 사회관에 적합하지 않았다.

그들의 목표는 관료제의 경직성에 빠지지 않으면서 성장의 이점을 얻는 것이었다. 이를 위해 자신들의 경험과 다른 협동조합 회사 및 개인기업이 성장과정에서 직면했던 문제를 연구함으로써 기업의 성장과 조직의 자치가 균형을 이룰 수 있는 일련의 원칙을 생각해냈다. 곧, 고용을 확장하면서 동시에 기존조직의 확대를 제한하기 위해 어떤 생산부문이라도 생산과 판매에 독립적인 조직이 될 수 있을 정도의 효율적인 규모에 이르면 언제나 원래 회사로부터 분리시킨다는 방침이었다. 그리하여 울고르에서 필요로 하는 생산부품이나 공작기계를 만들기 위해 새로운 회사가 설립되었다. 아라사테는 울고르의 공구를 생산하기 위해 설립되었고, 코프레시는 울고르의 가스레인지와 석유난로의 부품을 생산하기 위해 만들어졌다.

이렇게 하여 최초의 협동조합 그룹인 울라르코[26]가 생겨났다. 울라르코

---

26) 이 울라르코(ULARCO)라는 이름은 몬드라곤의 최초 세 협동조합인 울고르(Ulgor), 아라

그룹의 네 번째 회원 협동조합인 에데를란은 사기업이던 주물공장을 인수하여 울고르의 주물공장과 합병함으로써 생겼다. 전자부품과 전자설비를 생산하는 파고르 전기회사는 최초의 세 협동조합의 몇 부문이 통합되어 만들어졌으며 이 그룹의 다섯 번째 회원사가 되었다.[27]

몬드라곤 지도자들은 이렇게 자회사를 설립할 때, 첫째로 각 회사의 자치권을 부당하게 침해하지 않으면서 그 회사들을 서로 연결시킬 수 있는 방안을, 둘째로 자회사 조합원의 이익과 모회사에 남아 있는 조합원의 이익이 균형을 이루도록 하는 방안을 고려하였다. 울라르코는 조직면에서도 전혀 새로운 형태를 취하였다. 몬드라곤 협동조합의 대부분은 몇 년 후 노동인민금고의 추동과 지원으로 이러한 형태의 협동조합 그룹을 형성해 나갔다.

이 울라르코의 기본적인 구상을 제시하고 조합원들로 하여금 직접 이것을 실행하게 한 사람은 바로 호세 마리아 아리스멘디아리에타였다. 그는 울라르코가 만들어지기 2년 전인 1963년에 이미 협동조합간의 연대의 중요성을 인식하고 "우리는 성장으로 인해 생기는 문제를 해결할 수 있는 유일한 원천을 조합간의 연대라는 견지에서 생각하여야 한다"고 강조했다. 그 결과 최초의 개척 그룹인 울라르코가 설립되었고 또한 다른 그룹들도 형성되었다. 이들 협동조합 그룹들은 최상의 상부구조인 몬드라곤 협동조합체에 연결된다. 호세 마리아 아리스멘디아리에타 사후 10주년을 기념하는 논문에서 "우리가 아리스멘디아리에타 신부님께 드릴 수 있는 최상의 경의는 그룹으로 일하는 것"[28]이라고 할 정도로 그의 그룹 구상은 협동조합 발전에 지대한 영향을 미쳤다.

　사테(Arrasate), 코프레시(Copreci)의 첫 두 자를 따서 붙인 것이다.
27) 이상 울라르코 설립에 대해서는 화이트 부부의 책, pp.85~87 참고.
28) MCC, *Mondragón: Cuarenta Años de Historia Cooperativa*, pp.10; 70.

3.8 기술연구소 설립

이케를란(공업기술연구 협동조합, 기술연구소)은 기술전문학교에서 공장운영에 관한 과목을 담당하고 있던 교사 마누엘 케베도의 지도 하에 만들어졌다. 케베도를 비롯한 몇몇 사람들이 1965년 공업기술연구의 가능성을 검토하기 시작했고 1966년에는 이미 몇 가지 계획을 착수하였다. 초기의 연구목적은 협동조합의 기술과 생산 실태를 관찰하여 이를 바탕으로 학교교과과정을 강화시키는 것과 협동조합의 효율향상을 도모하는 것이었다.

호세 마리아 아리스멘디아리에타는 연구개발 조직이 필요하다고 생각하여 기술전문학교 젊은 교사들의 이러한 시도를 격려함으로써 그 꿈을 추진하게 했다. 또한 다른 사람들이 너무 큰 재정부담을 걱정하고 있을 때 건물과 설비에 막대한 투자를 하도록 강하게 촉구했다.[29] 처음에는 반대했지만 1974년 결국 그의 제안을 받아들여 노동인민금고와 많은 협동조합들이 연구소에 대한 지원을 약속했다. 이렇게 하여 이케를란은 1977년 초 새 건물로 옮길 수 있었다. 기술전문학교 교장인 하비에르 레테기는 당시를 회상하면서 "그는 미래를 내다보고 우리에게 그것을 직시하도록 하였습니다"라고 말했다. 호세 마리아 아리스멘디아리에타는 몬드라곤이 외부의 과학기술과 자본에 대한 의존에서 탈피해야 할 필요성을 제기하였다. 미래에 대한 그의 관점은 사회·경제적 측면에만 한정되지 않고 최근의 공업기술 발전에까지 이르렀다. 이케를란은 이렇게 미래의 기술발전을 위해, 시장에서 보다 나은 조건으로 경쟁할 수 있는 기술력을 고양시키기 위해 설립되었다.

이케를란은 초기에 전적으로 몬드라곤 협동조합의 지원에 의지했으나 1982년부터는 바스크 지방정부의 지원을 받을 수 있었다. 1984년에는 프로

---

29) 일차로 약 1억 1,200만 페세타(75만 달러)가 몇 개의 사무실과 실습실, 1개의 기계작업장을 갖춘 새 건물을 짓는 데 투자되었다. 이 투자는 사실 당시로서는 매우 큰 부담이었다. 화이트 부부의 책, pp.90~95.

젝트 계약을 맺은 회사들이 예산의 38%를 지불했다. 예산의 나머지 부분은 매년 각 지원조직의 회원들이 납부하는 1인당 연회비로 충당되었다.[30]

이케를란은 몬드라곤에만 봉사하는 것이 아니라 바스크 지방 전체의 사회와 경제, 그리고 산업부분의 발전에 기여를 하고 있고, 스페인의 주도적인 산업연구 기관들 중 하나로 명성을 얻고 있으며, 국제사회에서도 상당한 주목을 받고 있다.

4. 글을 맺으며

이상에서 살펴본 바와 같이, 호세 마리아 아리스멘디아리에타는 기술전문학교를 설립하여 일꾼을 길러내는 일에, 그리고 그 제자들과 협동조합 기업을 창설하는 일에, "모든 조합들에게 활력을 불어넣어 주는 피"를 공급하는 은행 설립에, 사회보장을 위한 라군-아로를 설립하는 일에, 협동조합 그룹을 조직하는 일에, 기술연구소를 설립하는 일에 창안자이자 기획자 역할을 하였다. 그는 몬드라곤 협동조합 실험의 배후 추진력이요, 끊임없는 비전의 원천이었으며, 1976년 그의 사망시까지 모든 조합원들에게 하나의 모델이요 참조점이었다.

노동자 생산협동조합은 대개 한 개인의 창의와 조직적 지도에 의하여 설립되며 또 그에 의해서 운영되고 그의 신봉자들은 그를 의지한다. 그리고 그가 조직을 떠나거나 죽으면 그 협동조합은 붕괴되거나 영원히 사라지는 경향이 있다. 하지만 호세 마리아 아리스멘디아리에타는 노동인민금고의 설립을 제외하고는 조합원들을 대신해서 어떤 결정을 내리지도 않았고 또

---

30) 이케를란은 회원의 범위를 넓히기 위해 회비 액수를 가능한 낮은 수준으로 유지하고 있다. 회원 협동조합들과 사기업들은 이케를란이나 그 외의 연구소에서 개발된 새로운 기술이나 제조방법에 관한 회보를 매달 받을 수 있다.

결정권이 있는 직위에 앉은 일도 없었다. 다만 일을 기획하고 영향력을 행사했을 뿐이다. 직접적인 결정과 판단은 항상 조합원들에게 일임하였다.

한 사람의 참여를 이끌어내는 이러한 리더십으로 형성된 몬드라곤 협동조합체는 호세 마리아 아리스멘디아리에타의 정신을 이어받아 지금도 끊임없는 실험에 도전하고 있다. 『몬드라곤: 협동조합 40년사』를 편찬하면서 "우리는 우리의 목적을 다 이루었다고 말하는 것도 아니고 우리의 협동조합 실험 싸이클이 완벽하다고 말하는 것도 아니다. 우리가 전달해주고 싶은 것은 점증하고 있는 국제 시장의 요구에 부응하기 위하여 우리의 사회적인 목표와 우리의 능력을 끊임없이 발전시키고 적응시켜나가는 과정에 있다는 것이다. 국제 시장에서는 아무도 우리의 '사회적 증명서'를 보려고 하지 않고 다만 우리 협동조합들의 효율성과 실적을 보려고 한다"고 강조했다.

> 백성들은 나무와 마찬가지로 뿌리를 깊이 내려야 활기차고 견고하게 자라간다: 보이지 않는 공동체의 뿌리는 투자가 잘 된 결과물이다. (호세 마리아 아리스멘디아리에타 신부)

초기 식민주의 담론에 나타난 여성의 몸

김 화 선*

(Figure 1)
'America' (c. 1600): an engraving by Jan van der Straet (Stradanus). In line with existing European graphic convention the 'new' continent was often allegorized as a woman and surrounded with the paraphernalia seen as typically American: parrots, tapirs, bows and arrows, and cannibal feasts. The sexual dimension of the encounter with Vespucci is both visually and linguistically explicit.

1. 몸의 이미지의 정치성

위 그림은(Figure 1) 서구 기독교 문화와 신세계 토착 문화와의 만남을 단

---

* 두레연구원2기, 현 천안외국어대학교 전임강사

적으로 보여주고 있다. 식민 개척자는 십자가 모양을 한 지팡이와 제대로 갖춘 복장을 하고 위엄 있는 자세로 신세계로 다가간다. 원주민인 여자는 무기력한 자세로 도움을 요청하듯 오른손을 내밀어 식민주의자를 맞이한다. 〈아메리카〉라는 제목의 위 그림은 당대 식민개척의 열풍이 유럽, 특히 스페인, 영국, 포르투갈 등의 국가를 휩쓸던 시기에 사람들의 관념에 고정화된 서구와 신대륙의 이미지를 남성과 여성의 만남으로 형상화하고 있다. 식민개척자들의 처녀지를 착취하고자 하는 열망은 남성화된 서구와 여성화된 식민지라는 이분법에 의하여 나타나고 있다. 위의 담론에서 여성의 몸은 서구의 우월성과 주체성을 돋보이게 하는 매개체로서 기능하고 있으며, 차별화의 과정과 밀접하게 연관되어 있다.[1] 정복과 성의 은유적 관계는 신세계를 여성의 몸으로 묘사하는 콜럼버스(Christopher Columbus)의 글과 정복을 강간으로 묘사하는 랄리(Walter Ralegh)의 글 등 초기 식민주의 담론에서 찾아볼 수 있으며, 세익스피어(William Shakespeare)의 「폭풍」에서도 식민지의 여성화가 드러나 있다. 본론에서 구체적으로 세 작품을 살펴보기 전에 우선 당대 16세기 영국의 문화 속에서 몸의 이미지가 어떤 기제로서 이데올로기 형성에 기여하였는지 살펴보기로 한다.

1.1 엘리자베스 신화

세익스피어가 활동하던 시기에 강력한 왕권을 행사하였던 엘리자베스 여왕은 평생을 독신으로 살았고 결혼을 거부함으로써 가부장제에 편입되기를 거부하였다. 적자계승의 문제와 관련하여 늘 반란의 위험 속에서 통치하였던 그녀로서는 강력한 왕권의 창조가 늘 숙제인 셈이었다. 그런데 Roy Strong에 의하면 엘리자베스는 자신의 처녀성을 영국 국민들의 애국심을

---

1) Peter Hulme, *Colonial Encounters: Europe and the Native Caribbean 1492–1797* (London and New York: Routledge, 1986).

자극하는 기제로서 적극적으로 사용하였다고 한다.[2] 그는 그의 저서 *The Cult of Elizabeth* 에서 엘리자베스 당대의 유명한 그림과 시들을 분석하고 있는데 특히 1장에서는 많은 초상화에 형상화되어 나타난 여왕의 이미지에 초점을 두고 있다. 여왕의 초상화들은 군주에 대한 국민들의 정신구조를 형성시키는데 핵심적인 역할을 하고 있다. 즉, 여왕의 몸을 영국의 영토로 환원시키고 그 과정에서 민족주의를 고무함으로써 여왕에 대한 절대적인 숭배사상을 고취하고 있는데 이는 거의 종교적인 수준에서 찾아볼 수 있는 그런 정도의 포괄적이고 복합적인 것이었다. 이러한 예를 단적으로 보여주고 있는 초상화가 바로 〈The Rainbow Portrait〉(Figure 2) 이다. 이 초상화는 안정과 평화를 구가하던 엘리자베스 통치시기의 황금시대를 여왕의 복장에 나타난 그림들을 통해 형상화함으로써 이 초상화가 내포한 이데올로기를 보여주고 있다. 황금시대의 재현은 구체적으로 봄꽃들—pansies, gillyflowers, cowslips and honeysuckle—과 지성을 상징하는 눈들(eyes), 그리고 귀들(ears), 영속성을 상징하는 기둥들(pillars), 바위들(rocks), 그리고 엘리자베스 여왕이 바다와 육지의 여왕 Cynthia라는 것을 암시하는 초승달(crescent moon)의 메타포를 통해, 그리고 시각화를 통해 그 구체성을 획득하고 있다. 여왕이 오른손에 쥐고있는 무지개는 폭풍 후에 다가올 평화에 대한 전망을 제시하며, 왼쪽 소매에 그려진 하트모양을 입에 물고있는 뱀은 여왕이 지혜로써 열정을 다스려야 함을 암시하고 있다.

　실제로 이 초상화가 그려지던 시기에 여왕의 나이가 60세가 넘었다는 사실은 이 초상화가 지닌 이데올로기성에 대하여 시사하는 바가 크다. 이 초상화는 실제 여왕의 모습을 그린 것이 아니라 튜더왕조에게 정당성을 부여

---

2) Roy Strong, *The Cult of Elizabeth: Elizabethan Portraiture and Pageantry* (London: Thames and Hudson, 1977).

하기 위하여, 그리고 국민들에게 애국심을 고취하기 위하여 황금시대를 이끌고 있는 강력한 여왕의 상징으로서 그려진 것이다. 엘리자베스는 자신의 처녀성과 모성을 온전히 영국이라는 국가를 위하여 헌신하였던 여왕으로서 자신의 이미지를 강하게 부각시켰고 자신의 통치시기 동안 수많은 반란들을 경험하면서도 강력한 왕권을 발휘하였던 것으로 유명하다. 이 시점에서 성과 민족주의의 연관성은 중요한 위치를 차지한다. 여왕에게는 육체적 몸과 정치적 몸이 존재하는데 철저하게 전자를 희생시킴으로써 그리고 변증법적으로 그 전자를 이용함으로써 후자에게 그 강력함을 부여하고 있는 것이다. 엘리자베스의 몸은 개인의 몸이 아니라 국가의 정체성을 공고히 하는, 그녀가 구현하고 있는 몸의 정치에 대한 하나의 보기였다.

(Figure 2)
'Elizabeth 1: The Rainbow Portrait', C. 1600. Queen Elizabeth
I presented as an object of worship

1.2 복장전이를 통한 주체성 추구

르네상스시기에 몸의 이미지의 정치성이 가장 확연하게 구현되었고 요즘 셰익스피어 연구자들에게 흥미를 불러일으키고 있는 분야가 바로 복장전이 현상이다. 르네상스 시기 영국에서는 의복이 단순한 옷의 의미만이 아니라 신분이나 계급의 척도였다. 그래서 옷에 대한 엄격한 규제가 존재했고 실제적으로 '어느 계급이상이어야만 어느 색깔의 옷을 입을 수 있고 여성은 남성의 복장을 흉내내면 안 된다'는 법이 존재했다. 이 법을 어긴 사람들은 공개처형을 당했고 역사기록을 보면 상당수의 여성들이 처벌을 받았다.[3] 의복에 대해 이렇게 민감해진 데는 사회적·역사적인 배경이 작용하였다. 당시는 인구증가, 상업활동의 증가, 교육 확대 등으로 사회 계급간의 변동이 전례 없이 활발하게 이루어지던 시기였고, 이러한 대격변의 시기에 사회질서의 붕괴에 대한 공포를 느끼는 것은 어쩌면 당연한 일이었다. 이러한 맥락에서 돈을 많이 번 상인계층의 사치스런 옷차림은 사회의 위계질서를 흐리는 행위로써 배척되었고, 특히 남녀의 차별화를 흐리는 남장은 반사회적이고 반윤리적인 행위로 낙인찍혔다.

셰익스피어의 희극들에는 남성의 복장을 착용한 여성들이 많이 등장한다. 예를 들면 「좋으실대로」(*As You Like It*)의 여자주인공 Rosalind가 그렇고 「십이야」(*Twelfth Night*)에 나오는 Viola, 그리고 「베니스의 상인」(*The Merchant of Venice*)에 나오는 Portia가 그렇다. 「좋으실대로」에 나오는 여자주인공 Rosalind는 추방당한 아버지를 찾으러 먼길을 떠나는 과정에서 자신을 보호해야 하는 현실적 필요에 의해 남자 옷을 입고 남자로 행세하게 된다. 사랑하는 연인을 발견했을 때에도 수동적이고 수줍어해야 하

---

3) Jean Howard, "Crossdressing, the Theatre, and Gender Struggles" in *Shakespeare Quarterly* 39(1988). pp. 418~440

는 여자로서가 아니라 적극적인 남자로서 행동하고 사랑을 쟁취한다. 이 극에서 여성의 복장전이는 여성의 주체성 추구를 위한 하나의 매개체로서 역할을 하고 있다. 복장전이에 대한 찬반논쟁이 치열하게 전개되었던 1620년에 런던에서 출판되었던 *Hic Muller: or, The Man-Woman*이라는 팜플릿의 표지를 보면(Figure 3 참조) 머리를 짧게 자르기 위해 이발소에 앉아있는 여자와 깃털장식이 된 남자의 모자를 쓰고 자신의 모습을 거울로 바라보고 있는 두 여자의 모습이 등장한다. 이 두 여자는 '타고났다고 세뇌된' 성별의 차이에 반항하고 도전하는 당시 소수 급진 여성들의 목소리를 대변하고 있다.

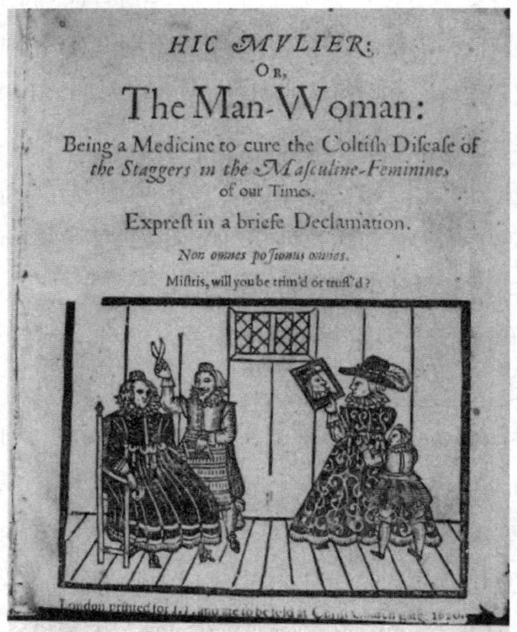

(Figure 3)
Hic Muller: or, The Man-Woman, pamphlet published in London,
1620. An early diatribe against gender confusion.

2. 초기 식민주의 담론에 나타난 여성의 몸

이 글에서는 크리스토퍼 콜럼버스의 『일기』, 월터 랄리의 『가이아나의 발견』, 그리고 윌리엄 셰익스피어의 「폭풍」을 살펴봄으로써 초기 서구 식민주의 담론에 나타난 여성의 몸에 대하여 연구한다. 위의 글에서 우리는 식민개척자들의 처녀지를 착취하고자 하는 열망을 찾아볼 수 있으며, 이러한 열망은 남성화된 서구와 여성화된 식민지라는 이분법에 의하여 나타나고 있음을 알 수 있다. 정복과 성의 은유적 관계는 신세계를 여성의 몸으로 묘사하는 콜럼버스의 글과 정복을 강간으로 묘사하는 랄리의 글에서 찾아볼 수 있다. 위의 담론에서 여성의 몸은 서구의 우월성과 주체성을 돋보이게 하는 매개체로서 기능하고 있으며, 차별화의 과정과 밀접하게 연관되어 있다. 셰익스피어의 작품 「폭풍」에서 클라리벨의 아프리카 왕과의 결혼은 전혀 반갑지 않은 매매로 그려져 있으며, 미란다의 순결성과 시코락스의 악마성과의 대조는 식민주의자와 피식민주의자의 도덕성을 대표하는 전형적인 재현으로 분석될 수 있겠다. 그런 의미에서 시코락스의 형상화는 피식민주의자의 입장에서 새로 쓰기를 요하는 중요한 대목이라고 본다. 성적으로 타락한 시코락스의 상태는 프로스페로의 정복을 합리화하는 방편으로 이용되고 있으며, 프로스페로가 미란다의 처녀성에 전전긍긍하며 훈시하는 것은 아버지로서의 당연한 의무감이기도 하지만 자신의 딸의 순결성이 자신의 정치적 재기에 있어 얼마나 중요한가라는 문제와 맞물려 있기 때문이다. 시코락스와 미란다의 재현은 성(sexuality)과 식민주의 담론의 연관성에 대해 시사하는 바가 크다. 흥미로운 사실은 위의 세 가지 글에서 사회적 결집과 국가적 운명의 이름으로 행해진 식민개척이 여성의 몸과의 밀접한 관계 속에서 행해졌다는 사실이다.

2.1 콜럼버스의 『일기』 4)

콜럼부스의 『일기』는 허구라는 테두리 안에 갇혀있는 문학작품과는 상당한 차이를 보일 수 있는 가능성을 다분히 지니고 있다. 그러나 피터 흄 (Peter Hulme)의 논의에서 볼 수 있듯이 식민주의 담론에서 진실과 허구의 구분은 다소 경계를 명확히 하기에는 어려운 점이 노출된다.5) 콜럼버스의 『일기』가 여행기라는 형식을 취하고 있고 좀 더 사실에 기초하고 있다는 점을 감안한다면 사실에 기초한 담론인가, 아니면 허구에 좀더 기초를 두고 있는 문학작품인가의 논의는 사실은 좀 더 지면을 요구하는 문제이다. 그러나 이 글에서는 장르의 문제보다는 그의 글에 나타난 신세계의 형상화 문제에 좀더 초점을 두고 있기 때문에 장르의 문제는 여기서 더이상 다루지 않기로 한다. 여성을 물화하고 차별화하는 과정을 콜럼버스의 원문을 직접 인용함으로써 살펴보기로 한다.

> 이제, 제가 이미 말씀드렸던 것처럼, 저는 대단한 불규칙성을 보았습니다. 그래서 그 결과 지구에 대하여 저는 다음과 같은 견해를 가지게 되었습니다. 제가 발견한 바로는 다른 사람들이 지구에 대하여 묘사하는 것처럼 지구가 그렇게 둥글지 않다는 것입니다. 지구는 배의 모양을 하고 있고, 꼭지부분이 있는 매우 눈에 뜨이는 여자의 유두부분과도 같은 일부분을 제외하고는 거의가 매우 둥글다는 것입니다. 그리고 이 부분은 가장 높고 천상에 가장 가까운 부분입니다.

> Now, as I have already said, I have seen so great irregularity, that, as a result, I have been led to hold this concerning the world, and I find that it is not round as they describe it, but that it is *the shape of a pear* which is everywhere very round except where the stalk is, for there it is very prominent, or that it is *like a very round ball*, and *on one part of it is placed something like a women's nipple*, and that *this is the highest and nearest to the sky*… (Italics are mine)6)

---

4) Christopher Columbus, *Journal of the First Voyage*. Ed. and Trans. By B. W. Ife. (Warminster: Aris and Phillips Ltd., 1990)

5) Peter Hulme, *Colonial Encounters: Europe and the Native Caribbean, 1492–1797* (London and New York: Methuen, 1986), pp.7~8.

6) Christopher Columbus, *Select Document Illustrating the Four Voyages of Columbus, Vol.*

신대륙의 위치를 여성의 몸에 비유하고 그것을 하늘에 가장 가까운 곳이라고 묘사하는 것은 흥미롭다. 콜럼버스의 관점에서 보면 신대륙은 여성의 몸에 비유되면서 설득력을 얻고, 그리고 그곳은 천국에 의해 비유됨으로써 많은 예비 서구 식민개척자들의 구미를 자극한다. 영토의 여성화를 통하여 권력의 위계질서가 확립되어지는 것이다. 즉, 식민개척자는 권력을 지닌 남성, 그리고 신대륙은 그 권력에 의해 착취되어질 수 있는 여성이라는 이분법이 성립되어지는 것이다. 그러므로 성별의 정치학이 민족의 정치학과 맞물려 식민지 여성은 이중억압의 객체로서 기능하고 있는 것이다. 이를 통해 재현의 정치성, 특히 여성의 타자화와 관련한 정치성의 문제가 야기된다. 신대륙과 에로틱하게 재현된 여성의 몸의 강한 은유는 성별화된 문화적 가치를 초기 식민주의 담론에서 차용하고 있는 방식으로 작용하고 있는 것이다. 즉, 성별의 정치학이 가치, 권력, 그리고 지배의 문제와 관련된 문화적 경제의 문제로 환원되어 나타난다.

2.2 랄리의 『가이아나의 발견』[7]

랄리의 가이아나라는 섬을 찾기 위한 끈질긴 항해는 당대의 식민주의와 상업주의의 사회적 환상을 반영하고 있다. 또한 타자의 몸을 형상화하는 과정에서 단순한 묘사나 진정한 만남을 넘어선 상징적 폭력의 징조가 드러난다. 그의 글에서 신세계는 처녀의 몸으로 묘사된다.

> 결론적으로 말하자면 가이아나는 아직도 그 처녀성을 간직하고 있는 지역입니다.
> 결코 강탈당한 적도 없고 땅이 파헤쳐진 적도 없고 노동이 가해진 적도 없습니다.
> 땅의 표면이 갈라진 적도 없고…금을 찾기 위해 무덤이 열린 적도 없고 쇠망치에

II. Trans. and Ed. with additional material, an introduction and notes by Cecil Jane (Oxford: Oxford UP, 1932). p.30

7) Walter Ralegh, *The Discoverie of Guiana from Principal Navigations, Voyages and Discoveries of the English Nation*. Compiled by Richard Hakluyt. Volume X (London, 1955).

의해 탄광이 파헤쳐진 적도 없고 신상들이 성전에서 끌어내려진 적도 없습니다. 힘
센 군대에 의해 침략 당한 적도 없고 기독교 국가의 군주에 의해 정복당하거나 소유
되어진 적도 없습니다.

To conclude, Guiana is a countrey that hath yet her maydenhead, never *sackt*, *turned*, nor *wrought*, the face of the earth hath not bene *torne* ⋯ the graves have not bene *opened* for golde, the mines not *broken* with sledges, nor their Images puld downe out of their temples. It hath never bene *entred* by any armie of strength, and never *conquered* or *possessed* by any Christian Prince. (Italics are mine)[8]

가이아나의 처녀성의 강조는 영토와 여성의 몸의 동일시, 그리고 식민지
화와 성적 지배의 동일시속에서 그 설득력을 얻는다. 이 글에서 쓰고 있는
동사들을 주의해서 살펴보면 성적 이미지가 강하게 사용되었음을 알 수 있
다. 예를 들어 인용문에서 이탤릭체로 처리한 동사들을 분석해보면 식민주
의자의 욕망이 표출되는 과정에서 신세계가 여성의 몸으로 그것도 정복되
기를 갈망하는 처녀지로서 묘사되고 있음을 알 수 있다. 강탈한다, 찢는다,
들어간다, 정복한다, 그리고 소유한다 등의 동사들은 처녀막의 파열과 밀접
하게 관련된 행위동사들이며 여성의 몸에서 처녀성을 빼앗는 행위를 강하
게 연상시킨다. 그리고 그러한 성적 지배의 논리가 자연스럽게 받아들여지
는 문화 속에서 식민주의자의 신세계의 개척과 착취는 그 정당성을 확보하
게 된다. 성별의 위계질서가 민족의 위계질서에 그 합리성을 부여하고 있는
셈이다. 이러한 차별화의 정치성을 띤 성별의 문화적 가치와 교환이 초기
식민주의 담론에서 여성의 몸의 형상화와 그에 가해진 언어적 폭력을 통해
이루어지고 있다.

---

8) Walter Ralegh, *The Discoverie of Guiana from Principal Navigations, Voyages and Discoveries of the English Nation*. Compiled by Richard Hakluyt. Volume X (London, 1955). p.428.

2.3 셰익스피어의 「폭풍」[9]

셰익스피어의 「폭풍」의 공간적 배경은 지중해의 한 섬이다. 폭풍에 의해 표류한 배가 지중해의 한 외딴 섬에 상륙하면서 이야기가 전개된다. 그런데 이 섬의 공간적 배경이 지중해일 뿐만 아니라 신대륙이라는 견해가 학계에서 지배적으로 인정되고 있다.[10] 이러한 관점의 주요한 근거는 칼리반의 형상화에 초점을 두고 있는데, 「폭풍」에서 칼리반은 당대 영국 사람들의 상상력 속에 강하게 자리잡았던 신대륙의 원주민의 모습과 너무나 흡사하게 형상화되어 있다. 작품에서 칼리반은 원래 그 섬의 주인이었던 시코락스의 아들로서, 시코락스가 등장인물들의 기억 속에서만 회상되어지고 실제로 무대에 나타나지 않는 반면 칼리반은 자신이 그 섬의 주인임을 내세우며 프로스페로의 통치에 대적해 반란을 꾀하는 인물이다. 서구 식민개척자와 신세계 원주민과의 대립이라고 보면 되겠다. 그런데 칼리반의 형상화와 관련하여 주지할 점은 당대 17세기 영국에서 실제로 런던거리에서 원주민을 전시하며 돈을 받던 관행이 있었다는 점이다. 칼리반의 형상화와 관련하여 (Figure 4)를 참조하기 바란다.

다음 그림에서 칼리반은 반인간 반야수의 모습을 취하고 있다. 미개인의 전형으로서 존재하며, 셰익스피어의 작품 「폭풍」에서 다음과 같이 묘사된다.

> 이상한 생선이군! 만일 내가 지금 전에 가본 적이 있는 영국에 있다면 이 물고기에 색칠을 해서 구경거리로 내세워 한몫 잡을텐데. 구경온 사람들이 은전 한 닢쯤은 선선히 내겠지. 영국에서는 이 괴물로 한 밑천 잡을 수 있을 거야. 어떤 괴상하게 생긴 짐승도 영국에서는 돈을 벌어들일 수 있지. 그곳에선 절름발이 거지에겐 한푼도 인심을 쓰지 않으면서 죽은 인디언을 구경하기 위해서라면 은전 열 닢도 아끼지 않거든.

---

9) William Shakespeare, *The Tempest*, Ed. Stephen Orgel (Oxford and New York: Oxford UP, 1987).

10) L. Fiedler. *The Stranger in Shakespeare* (St. Albans: Paladin, 1974), pp.167~212; Peter Hulme, *Colonial Encounters: Europe and the Native Caribbean 1492-1797* (London and New York: Routledge, 1986), pp.89~134.

(Figure 4)
'The Enchanted Island: Before the Cell of Prospero'(1803); One of
the many attempts to represent Caliban's strangeness of form.

A strange fish! Were I in England now, as once I was, and had but this fish
painted, not a holiday-fool there but would give a piece of silver. There
would this monster make a man-- any strange beast there makes a man.
When they will not give a doit to relieve a lame beggar, they will lay out
ten to see a dead Indian. (*The Tempest*, 2. 2. 27-34)

칼리반이 이상한 냄새가 풍기는 생선, 내지는 괴물로 묘사되고 있는 대
목이다. 칼리반은 당대 영국 식민 개척자들이 신대륙에서 마주쳤음직한 원
주민의 모습을 갖추고 있다. 이러한 신대륙으로의 식민개척 열풍이 유럽을
휩쓸고 있었던 당대에 서구 유럽인들의 머리 속에 상상되어지던 신대륙 원
주민들의 모습은 동등한 인간으로서가 아니라 반야수의 모습을 취하는 열
등한 존재로서 자리 매김 되어지는 것이다. 이처럼 칼리반이 시각화되어 무
대 위에 등장하는 원주민의 모습의 전형으로서 존재하는 반면, 그의 어머니
시코락스는 프로스페로와 에어리얼, 그리고 칼리반의 기억 속에서만 존재

하는 인물이다. 시코락스의 재현은 그의 정적인 프로스페로에 의해서 왜곡되어 나타나는데 이는 프로스페로가 계속해서 에어리얼에게 시코락스의 사악함을 반복적으로 언술하도록 강요함으로써 나타난다. 프로스페로의 관점에서 쓰여진 시코락스는 사악한 악마이며, 성적으로 타락한 여자이고 마녀의 모습을 취한다. 이러한 경멸받을만한 그녀의 성적타락은 프로스페로의 섬에서의 지배자의 권력을 합리화하는 한 방편으로 기능하게 된다. 시코락스는 성적으로 타락한, 그래서 아비가 누구인지도 모르는 아이를 임신하고서 북아프리카의 알제리라는 자기의 조국에서 추방당한 여자인 것이다. 반면 프로스페로 자신은 이탈리아 밀란의 공작인데 동생의 반란으로 이 섬에 추방되어진 인물이다. 지중해의 한 섬에서 만난 이들은 비록 시코락스가 먼저 이 섬에서 자신이 주인으로서 살았지만 프로스페로와의 권력투쟁에서 패배했고, 그래서 작품이 시작되기 전에 죽음을 맞이했고 무대에 나타나지 않는다. 그러므로 시코락스에 대해 우리가 알 수 있는 것은 다른 등장인물들의 회상을 통해서일 뿐이다.

그런데 시코락스의 재현의 문제와 관련하여 서구 식민주의자의 관점에서 본 신대륙의 모습이 성적으로 타락한 여성의 몸과 연관되어 나타났다는 점이 흥미롭다. 위에서 살펴본 콜럼부스의 『일기』나 월터 랄리의 『가이아나의 발견』에서는 신대륙의 이미지가 단지 천상의 희열을 줄 수 있는 매력적인 여성의 몸, 그리고 강탈하고 싶은 욕망을 불러일으키는 처녀지로서 재현되었던 반면, 셰익스피어의 「폭풍」에서는 비록 자신의 목소리로 자신의 입장을 언술할 수 있는 위치는 아니지만 상당히 위협적이고 공격적인 모습을 취하고 있다는 점이다. 실제로 시코락스는 자신의 주술의 힘과 마술을 통하여 에어리얼에게 권력을 행사했던 인물로 회상되어지기 때문이다. 위의 세작품의 분석을 통해 살펴보았듯이 초기 서구 식민주의자의 담론에서 신세계는 여성의 몸과 직결되어 묘사되었고, 성적 위계질서는 민족적 위계질서에 정당성을 부여하는 방식으로 기능했다. 그런데 흥미로운 점은 아니러니컬하게도 그들의 의도와 상관없이 여성의 몸에 가해진 치명적인 언어폭력을 행하려는 그들의 시도는 시코락스와 같은 위협적이고 강력한 이미지를 가진 원주민의 재현을 통해 해체되어 나타난다는 점이다. 學文

종교계의 인터넷 운영현황과 발전방향

박 문 수*

1. 인터넷의 특성과 확산요인

최근 진행되는 커뮤니케이션 혁명의 중심에 인터넷이 있다. 20세기 초반에 등장한 신문과 방송을 축으로 하는 기존 미디어 시스템→ 독립적이고 개별적인 미디어들이 상호결합·융합되는 멀티미디어 시스템→ 인류의 사고체계에 커다란 변화를 초래하고 있는 하이퍼텍스트→ 멀티미디어와 하이퍼텍스트를 융합한 하이퍼미디어 시스템에 이은 웹이라는 물리적 양태로 나타난 토털(total) 미디어 시스템으로 커뮤니케이션 혁명의 정점에 인터넷이 자리잡고 있는 것이다.[1] 인터넷은 자유로운 정보의 공유, 자유분방한 의사개진과 자기표현, 열린 마음과 정보, 정보분배를 통한 민주화, 규제와 단속이 없는 네트워크를 통한 자유로운 정보흐름의 보장, 컴퓨터와 정보매체에 대한 무제한적인 접근, 전세계를 연결하는 지구사회의 구현을 기본 정신으로 하고, 어떠한 상황에서도 안전하게 접속하여 이용할 수 있는 단속 없는

---

* 두레연구원3기, 현 우리신학연구소 연구위원장
1) 윤준수, 『인터넷과 커뮤니케이션 패러다임의 대전환』 (서울: 커뮤니케이션북스, 1988). pp.157
　~159

개방형 네트워크의 구축, 전세계 어디서나 누구나 자유롭게 접속하여 원하는 정보를 창출하고 유통하며 획득할 수 있는 네트워크 구축, 전세계를 연결하는 컴퓨터 네트워크의 구축을 통한 전자지구촌의 구현을 목표로 하면서,[2] 인간 생활의 모든 영역에 중심적인 커뮤니케이션 수단으로 자리잡고 있다.[3] 종교 영역도 예외는 아니어서, 인터넷은 단순한 의사소통의 수단을 넘어 미래의 선교와 내부 커뮤니케이션 활성화에서 무시 못할 요소가 되고 있다. 본고에서는 이러한 인터넷이 종교 안에서 어떻게 활용되고 있으며, 현재 활용과정에서 나타나는 특징은 무엇인지 분석하고, 이런 분석의 바탕 위에 앞으로의 발전방향을 모색해보고자 한다.

2. 인터넷이 커뮤니케이션 행위에 미치는 영향

인터넷이 종교영역에 영향을 미치는 것은 대략 다음과 같은 미디어 시스템의 특징과 미디어의 특성에 있다. 아직 경험적인 연구가 전무하여 단언할 수는 없으나, 인간의 커뮤니케이션 행위에 미치는 영향은 인간 전체에 해당되는 것인 바, 종교적인 행위도 어느 정도는 영향을 받을 것이라고 가정할 수 있다.

우선, 수용자 개념의 변화에서 오는 영향이다. 미디어의 상호작용성과

---

2) 앞의 책, pp.52~53

3) 인터넷이 이토록 빠른 성장속도를 보이는 이유는 대체로 다음의 여덟 가지이다. ① 경제적 측면에서 비교 우위를 지니고 있을 뿐 아니라, 자유스러운 정보유통이라는 목적에 부합할 수 있는 장점, ② 본질적으로 국가 간의 경계 및 지리적 거리감을 초월하는 특성 때문에, 지구화된 세계의 신경망으로 가장 적절하고, 늘어나는 커뮤니케이션 수요를 가장 잘 충족시킬 수 있는 점, ③ 인터넷 상에서 제공되는 방대한 양의 정보 및 자료의 존재, ④ 인터넷 이용을 통해 사용자가 직접적으로 경제적인 이익을 얻을 수 있는 점, ⑤ 인터넷 사용자의 심리적 요인(세계화와 국제화가 진행 중인 현대사회에서 고립에 대한 위기감을 느끼는 일반대중들이 전세계를 실시간으로 연결하는 인터넷을 이용함으로써 심리적으로 안정감을 느낄 수 있기 때문), ⑥ 인터넷 구축과정에서 다양한 민간부분의 참여가 적극적으로 이루어져왔던 역사적인 특성으로 말미암아 많은 일반인들이 자발적으로 인너넷에 접속하도록 유도하는 사회적 요인으로 작용, ⑦ 월드 와이드 웹의 등장과 같은 사용자 환경의 구축, ⑧ 접속의 용이성 증가 및 다양한 접속 도구의 발전 등이다(앞의 책, pp.69~74).

쌍방향성에 기초하여 정보의 수용자(과거의 메시지 수신자)는 수동적인 정보 소비자에 머무르지 않고, 적극적인 정보사용자로 커뮤니케이션 과정에 참여한다. 적극적 개입과 참여로 스스로 미디어의 내용과 형식을 창출하는 창조적인 주체가 되는 것이다.[4] 종교에서는 평신도 계층의 참여가 늘어나는 현상이 이를 대변한다고 볼 수 있다.

두 번째로, 선형(linear) 패러다임의 변화가 미치는 영향이다. 매스미디어는 대부분의 정보가 수용자가 개입할 수 없는 생산자 중심의 배열과 구조(전자 미디어에서는 시간)를 가지고 있었다. 그러나 이러한 선형 미디어들은 하이퍼텍스트를 기반으로 한 웹(Web)의 등장으로 의미생산 과정의 변화를 초래한다. 하이퍼텍스트(하이퍼링크)는 순서 없이 필요한 부분만을 자유자재로 불러들일 수 있어, 선형 모델을 탈피할 수 있다. 이로써 수용자는 정보와 미디어에 대한 통제능력을 강화할 수 있게 된다.[5] 이 역시 종교 안에서는 교리교육과 종교적 가르침에서 나타나는 일방성과 단조로움에 영향을 미쳐, 종교에서 제공하는 메시지의 영향력을 떨어뜨릴 가능성이 있다.

세 번째로, 임의성에 기반을 둔 넓은 행동 스펙트럼은 사고구조를 유연화시켜, 인과적으로 사고했던 과거의 방식에서 행위자들이 기존 가치를 전복하고 각종 위반행위를 할 확률을 높인다.[6] 이로 인해 종교 안에서 정당화되었던 기존의 가르침들이 상대화될 가능성이 높고, 신자들의 충성심도 약화될 것으로 보인다.

네 번째로, 현실공간에서는 지리적인 차이 때문에 불가능하던 동공간적 인식이 인터넷에서는 공간을 초월하여 동시간적으로 공존하게 됨으로써 지

---

4) 앞의 책, pp.136~139.
5) M.Ethan Katsh, *Law in a Digital World* (London: Oxford Univ.Press), pp.299~322.
6) Douglas Rushkoff, Playing the Future: How Kid's Culture Can Teach Us to Thrive in an Age of Chaos, 김성기 · 김수정 역, 『카오스의 아이들』 (서울: 민음사, 1995).

리적으로 가까운 이웃보다 의식이 비슷한 지구 반대편의 이웃을 더 가까운 이웃으로 느끼게 할 수 있다. 나이, 인종, 성(gender), 국적에 관계 없이 나의 이웃이라는 지구촌 의식을 갖게 만들 수 있는 것이다. 게다가 공간개념이 축소됨으로써 첨단정보통신기기를 이용한 원격거래, 원격회의, 원격근무, 원격시술 등이 빠른 속도로 실용화되고 있는 데, 향후 종합정보망 체계가 구축되면(정보고속도로, B-ISDN 등) 지역개념의 변화는 물론, 공간구분 자체가 완전이 무의미해지는 반(反)공간적 사고도 늘어날 가능성이 있다. 이렇게 나타나는 변화는 종교의 초월적인 세계에 개방하는 긍정적인 측면도 있지만, 기존의 체계에 대해 가졌던 당연한 가정들을 의문시하게 만들어 종교에 부정적인 영향을 줄 수 있다.

다섯 번째로, 미디어가 탈대중화·탈획일화 경향을 띠면서 종교집단 내에서 특정 계층의 지식독점 해체를 촉진할 것이다. 미디어의 다양화로 선택의 범위가 넓어져 특정 정보를 독점할 수 있는 가능성이 줄어든다. 그래서 특정 관심사에 맞는 자료를 제공하여 그 분야에 관심을 갖는 신자들에게 호소하도록 성직자들에게 압력을 행사할 것이다. 그리고 이것은 다시 성직자 중심의 종교관련 지식과 정보의 영향력을 약화시킬 것이다. 또한 정보의 탈중앙집중화 경향은 중앙집중적인 권력구조를 유지하고 있는 종교에 권한 이양을 내용으로 하는 분권화와 지역문화에 대한 관심을 더 갖도록 하는 토착화를 요구할 것이다.[7]

마지막으로, 종교 행정에도 교구간 전산망·전국단위의 통합전산망 구축 등 첨단 미디어 시스템 도입으로 종교 안에서 평신도 전문가들의 수요가 늘어나게 된다. 이것은 비단 인력의 증가만이 아니라 기존 행정체계, 조직 관리방식, 선교(포교)방식에 근본적인 변화를 초래하게 되리라는 것을 의미

---

7) 박문수, 『정보사회와 가톨릭교회』 (서울: 우리신학연구소, 1998), pp.126~128

한다.

3. 종교계의 인터넷 활용실태

종교계의 인터넷 활용실태를 파악하기 위하여 필자는 한국 야후(Yahoo Korea) 검색엔진을 이용하여 KCRP의 주축을 이루고 있는 6대 종단의 사이트 수를 확인하고, 이어 검색된 사이트 가운데 각 종단의 대표적인 사이트의 컨텐트(content)를 관찰하는 방법을 사용하였다.[8] 아직 경험적인 조사가 없는데다, 동일 검색 엔진마다 검색 결과가 다르고, 동일한 검색 엔진에서도 카테고리에 따라 중복 검색되는 경우가 많아 실제 정확한 사이트 수를 확인하기는 불가능하였다. 또한 현실공간에서 대표성을 갖는 기구의 사이트도 마땅히 자신의 종교를 대표한다고 보기도 어려워서, 이 사이트들에서 제공하는 해당 종교의 사이트 수를 전체라고 단정할 수도 없었다. 이러한 한계에도 불구하고 검색되는 사이트 수는 현재 각 종교의 인터넷 활용실태를 보여주는 유용한 지표이다.

3.1 사이트 개설 실태

95년 인구 및 주택 센서스 결과에서 보여주는 교세의 순위대로 살펴보도록 하겠다. 숫자가 질을 결정하는 것은 아니지만, 활용실태를 파악하는 지표로서는 의미가 있다.

3.1.1 불교

현대불교신문이   운영하는   '부다피아'(http://www.buddhapia.com/site/menu/)에서 제공하는 추천 사이트 350을 기준으로 삼았다. 국내와 해외를 망라하고 있어, 순수 국내 사이트의 수만을 표시하는 것은 아니지만 검색엔

---

8) 2000년 4월 30일 기준

진에서 검색한 수보다 많았다. 종류별로는 종합정보센터, 불교신문 및 방송, 국내사찰, 국내 불교단체, 국내 불교미술, 국내 개인 홈페이지와 각종 주제별 사이트 등으로 불자 네티즌의 방문 빈도가 비교적 높은 사이트들이 수록되었다. 이 정도가 가장 많은 사이트를 열거하고 있는 수준이다. 그러나 이 부다피아의 목록에서 해외 사이트를 제외할 때 150여개 이상, 여기에 포함되지 않은 빈도가 낮은 사이트를 포함시킬 경우 2백여개 이상의 국내 사이트가 존재한다. 야후는 15개의 카테고리에 244개를 검색해냈는데, 중복되는 것을 제외하면 2백여개가 조금 넘는 것으로 추정된다. 해외 사이트를 포함하면 천여개 이상이 존재한다.

3.1.2 개신교

한국 기독 신학원 대학교 '한국 기독교 웹 디렉토리'(http://www.thine.net)에서는 문화·예술, 교육·학교·기독교 세계관, 건강·병원, 언론출판, 교회·선교단체 등 12개 카테고리에 247개의 등록 사이트를 수록하고 있고, 야후 검색엔진에서는 12개 카테고리에 382개의 사이트를 검색해냈다. 개신교의 경우 교단별로 차이가 크고, 교계와는 별도로 운영되는 사이트들이 많기 때문에 실제 국내 사이트는 5백 개를 넘을 것으로 추정된다. 해외 사이트를 포함하면 세계 종교에서는 천주교 다음으로 가장 많은 사이트를 자랑한다.

3.1.3 천주교

한국 야후에서 천주교로 검색할 경우 13개의 카테고리에 84개의 사이트가 검색되는데, 중복되는 것을 제외하면 70여개 정도이다. 그러나 이 수치는 교단 자체 내에서 계산하고 있는 사이트수에 훨씬 못미친다. 천주교의 경우 수도회들이 천주교라는 이름을 사용하지 않고, 자신의 수도회 이름을 사용하는 경우가 많고, 교회 내 단체들도 대부분 천주교를 앞에 붙이지 않기 때문에 교구나, 본당 사이트 외에는 검색되지 않을 확률이 높다. 일례로 천주교 서울대교구의 '가톨릭 굿뉴스'(http://www.catholic.or.kr/goodnews)는 46개의 수도회 사이트를 등록하고 있는데, 실제 다른 검색엔진에서는 불과 서너개 미만의 사이트만이 검색된다. 각 본당과 기관, 개인의 홈페이지 수를 합하면 검색된 수의 4, 5배에 이르는 4백여개 이상의 사이트가 존재한다. 그리고 현재 서울대교구, 인천교구가 이미, 수원교구는 별도의 종합정보망을 구축하고 있어서, 풍부한 컨텐트를 구축하고 있다. 해외의 네트워크를 포함하면 천주교는 세계 종교 가운데 가장 정보화된 종교이다.

3.1.4 유교

유교의 이름으로 검색된 사이트 수는 16개가 존재하는데, 대부분이 건축 또는 학계의 것이었고, 성균관에서 설정한 것으로 추정되는 '유교'라는 이름의 사이트만이 유일하게 비교적 본 논문의 취지와 맞았다(http://my.netian.com/~bookac/).

3.1.5 원불교

원불교는 4개의 카테고리에 29개 사이트가 검색이 되었는데, 일부 중복되는 사이트를 제외하면 이십개 안팎의 사이트가 존재한다. 원불교의 공식 사이트인 원불교 중앙총부 홈페이지(http://won.wonbuddhism.or.kr)의 링크 항목에서도 20개의 사이트를 수록하고 있어, 이 정도가 현재 원불교의 사이트수인 것으로 추정된다.

3.1.6 천도교

천도교는 야후에서 3개가 검색되었다. 천도교 중앙총부(http://www.chondogyo.or.kr/) 링크 항목에서도 교단과 직접 관련이 없는 사이트들을 제외하면 5개 내외에 불과하다. 따라서 5개 미만의 사이트를 갖고 있는 것이라고 추정할 수 있다.

3.1.7 기타 종교

비교적 많이 알려진 증산도나 무속 역시 10개 내외의 사이트를 개설하고 있었다. 교세와 사이트수가 일치하는 것은 아니지만, 숫자에 있어서는 현실공간에서의 우위가 사이버 공간에서도 지속되고 있는 것으로 확인된다.

3.2 컨텐트 분석

사이트의 숫자가 질을 보장하는 것은 아니라고 하였지만, 실제 우리나라 종교의 경우, 양 속의 질이라고 말할 수 있다. 컨텐트가 부실한 사이트를 제외한다 하더라도 이미 양적인 우세에 있는 종교들의 컨텐트가 양도 더 많고 질도 더 높은 것이 현실이다. 컨텐트의 우수성은 결국 디지털화된 정보의 양과 가공 수준이 결정하는 것이기 때문에, 현실공간에서 인적·물적 자원의 규모가 우위에 있는 종교들이 유리하게 마련이다.

먼저, 모든 종교에서 공통되는 것은 해당 종단의 홍보를 일차적인 목표로 삼고 있는 것이 특징이다. 공히 선교의 목적을 띠고 있는 것이다.

두 번째로, 대부분의 종교가 내부 커뮤니케이션의 활성화를 도모하고 있다는 것이다. 현실공간의 연장 혹은 보완관계라고 할 수 있는 데, 현실공간에서 부족한 내부 커뮤니케이션을 확장·심화하고자 한다. 상담, 문의, 정보 제공 등 대부분을 내부 구성원들만을 위해 제공하고 있기 때문이다. 일부 종교는 타종교와의 연결을 차단하고 있어, 이러한 판단이 옳다는 것을 추정케 한다.

세 번째로, 정보생산 주체가 다양화되고 있는 것이다. 현실공간에서는 성직자와 수도자들이 생산을 거의 독점하고 있는 데 반해, 사이버 공간에서는 평신도들이 더 많은 참여를 보이고 있다. 실제로 개설된 사이트 수에서 절반 이상을 평신도 그룹과 개인이 차지하고 있다. 이는 한편으로 현실공간에서 표출되기 어려운 종교적 욕구의 발산이라는 것과 다른 한편으로 미래 사이버 공간 내에서 종교의 주도 세력이 이들 평신도 그룹이 될 가능성이 높다는 것을 의미한다. 물론 이들이 제공하는 컨텐트는 현실공간의 종교 생산계층의 것을 단순 반복 내지는 낮은 수준의 가공단계에 불과한 것들이 대부분이다. 열의는 넘치나 전문성이 결여되어 있기 때문에, 순수 종교 정보의 경우엔 성직자들의 영향력이 여전하다고 할 수 있다. 그러나 다른 신학 외 전문분야의 경우 이들의 전문성이 성직자를 능가한다. 점차 종교 내의 권위 행사 패러다임의 변화를 촉진할 흐름으로 평가되는 현상이다.

세 번째로, 교세가 작은 후발주자들은 이제 필요성을 깨달아가는 단계라고 할 수 있다. 단순히 내부 커뮤니케이션의 활성화 수단을 넘어 장차 가장 큰 선교의 수단이 될 수 있는 잠재력을 평가해가고 있는 것이다. 급조되어 여전히 건축을 계속하는 군소(群少)종단의 사이트들은 이러한 사실을 반증한다. 한국 종교 전체적으로는 경제분야, 사회·문화분야에서 급속히 진행되는 커뮤니케이션 패러다임 전환 열풍에 휩쓸려 필요성과 방향을 가늠하지도 못한 채 유행을 탔다고 할 수 있다. 이제 한숨을 돌리고 커뮤니케이션 혁명과 미디어 시스템의 발전에 대한 관조가 가능해지면서 관건은 컨텐트이고, 컨텐트는 결국 고도의 지식·정보·자본의 집약이라는 사실을 깨달아가고 있는 것이다.

마지막으로, 인터넷의 정신과 같이 국제적인 네트워킹을 통한 지구적 차원으로의 외연확대가 두드러져 보인다. 우선은 현실공간에서 지구적 규모의 네트워크를 가진 그리스도교가 우위에 있고, 불교가 그 뒤를 따른다. 웹 환경의 이점을 활용, 한국의 3대 종교는 활동과 인식의 범위를 지구적 차원으로까지 확장하고 있는 것이다. 물론 이것은 어디까지나 규모에 있어서 이지 인식의 지구화라고 보기는 어렵다. 이제 지구무대에서 자신의 정체성을 찾아가는 단계라고 할 수 있을 것이다.

4. 활용실태 평가

CMC(Computer, Mediated Communication)의 대표격인 인터넷의 종교적 활용을 살펴볼 때 다음의 두 가지 특징을 확인할 수 있다. 먼저 현실공간과 사이버 공간의 연속성과 불연속성이다. 연속성은 현실공간인 종교시장 내에서 나타나는 현상이 종교내부에서도 그대로 이어지는 것이고, 불연속성은 부분적이지만 사이버공간에서 현실공간의 열세를 극복할 수 있는 측면을 가리킨다. 그러나 현실적으로 판단해볼 때 현실공간의 우위가 대체로 사이버공간에서의 우위를 보장한다. 먼저 연속성의 측면부터 살펴보자.

4.1 현실공간과 사이버공간의 연속성

첫째, 현실공간에서 규모의 우위는 사이버 공간에서도 지속되고 있다. 95년 11월 1일 현재 인구 및 주택 센서스 결과 종교인구는 남한 인구의 50.7%를 차지하였고, 불교는 23.2%, 개신교 19.7%, 천주교 6.6%, 유교 0.8%, 천도교 0.1%. 원불교 0.2%, 대종교 0.02%, 기타 종교 0.5%였다.[9] 종교인구 안에서 앞의 3대 종교가 차지하는 비중은 불교가 45.76%, 개신교가 39.16%, 천주교가 13.12%로 전체 98.04%를 차지한다. 이 가운데 단일 교단으로는 천주교의 규모가 가장 크다. 이러한 현실공간에서 나타나는 규모의 차이는 인터넷 이용현황 안에서는 어떻게 나타날까?

검색 엔진에 따라 차이가 나타나고, 증가속도도 매우 빠르기 때문에 아

---

9) 한국 갤럽, 『한국인의 종교와 종교의식』 (서울: 한국 갤럽, 1988). p.198.

직 단정하기는 어려우나 한국 야후(Yahoo Korea)를 이용하여 검색되는 순수 국내 사이트 수만을 기준으로 하면 단일 교단으로는 천주교, 불교의 조계종 순이고, 교단이 포함된 종교를 기준으로 할 때는 개신교, 천주교, 불교 순으로 나타난다. 이용자의 수, 조회수 역시 정확하지는 않으나 기존 대(大)종교들이 우위에 있는 것으로 추정된다. 컴퓨터 보급율과 인터넷 이용율도 조사된 바가 없어 정확한 수치를 내놓을 수 없으나 신자 계층 분포를 기준으로 하면 개신교와 천주교가 불교에 비하여 다소 우위에 있을 것으로 보인다.[10] 개신교의 우위가 두드러진 것은 종교의 특성상 세속질서의 변화에 민감하고, 타종교에 비하여 미디어를 이용한 선교에 관심이 많으며, 사용자층이 두텁기 때문으로 분석된다. 천주교는 개신교에 비하여 순발력이 떨어지나, 조직적 통일성이 뛰어나 교구, 전국규모에서 자원을 효율적으로 배분할 수 있는 이점이 있고, 타종교에 비하여 일찍 이 분야에 대한 관심을 가졌기 때문에 두 번째의 지위에 있는 것으로 해석된다. 불교는 상대적으로 교세에 비하여 조직적 통일성의 정도가 낮고, 조계종단을 제외하면 효과적으로 대응할 수 있는 교단이 거의 없고, 교리의 특성상 적응도 쉽지 않기 때문으로 보인다. 앞으로는 인터넷의 특징이 지구를 무대로 하는 개방형 네트워크인 까닭에, 국제적인 네트워크를 갖는 종교들이 훨씬 더 우위에 있을 것이다. 그렇다면 현재의 추세를 기준으로 할 때 규모는 앞으로 천주교, 개신교, 불교의 순이 될 것이다. 규모상 주요 종교를 제외하면 원불교가 가장 우세한 편이고, 경우에 따라서는 불교를 추격할 수 있는 잠재력을 가지고 있다. 이처럼 현실공간의 규모의 우위가 대체로는 사이버공간 안에서도 지속되나, 원불교와 같이 규모의 열세에도 불구하고, 탄탄한 컨텐트와 자원의 효율적인 배분을 바탕으로 기존 선발주자들을 추격할 수 있

---

10) 한미준-한국 갤럽, 『한국 개신교인의 교회활동과 신앙의식』(서울: 두란노, 1999), pp.141~142.

다. 불교는 교세의 절대적인 우위에도 불구하고, 교리상, 조직의 특성상, 국제적인 네트워크의 규모상의 이유로 사이버 공간 안에서는 그리스도교에 뒤쳐진다.

둘째, 사이버 공간에서 나타나는 규모의 우세보다 중요한 것이 컨텐트인데, 이 역시 예외적인 경우를 제외하고는 기존의 규모의 우위를 갖는 종교들이 우세하다. 디지털화된 컨텐트, 즉 문자·시청각 텍스트(방송국, 신문사가 생산한 텍스트)와 종단 산하 연구소 및 기관의 생산물들의 우위는 교세와 경험의 양이 결정한다. 이를 기준으로 하면 역시 군소 종단이나 후발주자들은 기존 규모상의 대종교들을 단시일 내에 극복할 수 없다. 수요자(이용자)의 규모, 전문인력의 규모, 재정적인 자원동원 능력, 정보에 대한 자원할당의 필요성을 인정하는 종교지도자들의 의식 등의 측면에서 볼 때 역시 첫번째에서 나타나는 차이가 그대로 드러날 것이라고 추측할 수 있다. 이런 현실을 감안하면 천주교, 개신교, 불교나 원불교 순이 될 것이다. 이렇게 현실공간에서 나타나는 경쟁우위가 사이버공간에서도 커다란 차이 없이 나타날 것이다.

세 번째로, 미디어 시스템의 발달은 후발주자들에게 비용상의 열세를 만회해주는 측면이 있으나, 시스템 이용경험과 컨텐트의 부족으로 선발주자를 추격할 수 없다는 점이다. 외부적인 환경요인으로 말미암아 소수종교가 각광을 받는 경우를 예상할 수 있으나, 해당 종교 내부에서 준비가 될 가능성이 부족하고, 실제 규모가 큰 종교들이 역설적으로 이런 변화에 적응이 용이한 자원을 더 많이 소유하고 있고, 실제 활용할 수 있기 때문에 기존 현실 공간의 우위가 사이버 공간에서도 지속될 것이라고 보게 된다.

4.2 현실공간과 사이버공간의 불연속성

앞에서 가능성이 낮은 것으로 상정한 외부 환경의 급속한 변화가 초래하게 될 후발주자들의 추월 가능성이다. 한국에서는 상상하기 어려운 것이나, 서구사회의 경우 뉴에이지 운동, 현대인들의 사고와 현실에 적응하는 신종교가 현실공간에서의 열세를 딛고, 사이버 공간 안에서 우세를 점할 가능성이 있다. 그러나 이런 종교 역시 현재의 종교시장 구조에서는 나타나기 힘들다. 현실공간과 사이버 공간 간의 괴리가 커지고, 사이버 공간의 독자성이 확대되면 될수록 예외적인 소수의 후발주자들이 성공을 거둘 수 있다.

또 하나의 가능성은 후발주자들이 선발주자보다 월등하게 우수한 컨텐트를 구축하는 일이다. 사이트 수보다 사이트의 조회수가 더 중요하기 때문에, 컨텐트에서 앞서면 조회수를 늘릴 수 있다. 그럴 수 있으려면 풍부한 디지털 정보와 현대인들의 종교적 욕구에 부응하는 컨텐트, 수요자들의 안정적인 관리가 필요하다. 물론 사이트수가 많고, 조회수가 높다고 하여 그 종교의 영향력이 크다고는 아직 단정하기 힘들지만, 앞으로 전자결제방법이 더 세련되고, 사이버공간 안에서 종교활동이 많아지면, 사이트수가 많고 조회수가 많은 것은 강점으로 작용할 것이다.

4.3 문제점

사이버 공간과 현실공간 사이에 생기는 괴리는 모든 종교가 공통적으로 안고 있는 문제점이다. 사이버 공간도 현실공간과 마찬가지의 문제를 안고 있는 것은 사실이나, 상대적으로 아직은 공동체로써가 아니라 제한적인 영역에서 체험하는 것이기 때문에 존재하는 괴리는 문제가 될 수 있다.

먼저, 사이버 공간의 개방성과 현실공간의 폐쇄성이 이루어내는 부조화이다. 대부분의 종교 사이트들이 개방성을 표방하고 있다. 그리고 아직은 종교 내부에서 간혹 나타나는 갈등의 표출을 제외하고는 현실공간에서 꿈도 꿀 수 없는 언론과 사상의 자유를 보장하고 있다. 물론 이 자유도 제한적인 것이지만 현실공간보다는 상대적으로 더 큰 자유가 존재한다. 또한 현실공간에서와 같이 의무가 많지 않다는 장점 때문에 사이버 공간은 이 자유를 누리기가 더 용이하다. 앞으로 현실공간은 멀리하고, 사이버 공간만을 종교적 욕구의 충족 공간으로 삼는 사람들이 늘어날 수도 있으나, 현재로는 두 공간이 상호보완관계에 있다. 현실공간에서 만족되지 않는 것을 간접적으로 사이버 공간 안에서 충족시키는 형식이다. 아직 반대의 경우는 드문 것으로 보인다. 만일 이러한 경우가 생긴다면 현실공간은 현재의 문제를 고스란히 노출시킬 수밖에 없기 때문에 괴리가 커질 것이다. 아직 사이버 공간은 현실과는 거리가 먼 원론과 이상만이 존재하기 때문이다. 이것은 모든 종교에서 공통적인 것이다.

두 번째로, 일부 사이트를 제외하면 대부분의 종교 사이트는 과거의 낡은 컨텐트(교리, 기타 종교적 가르침)를 초현대적인 수단을 통해 전달하고 있는 양상이다. 현대적인 신앙·종교의 언어(해석학적)를 초현대적인 미디어를 통해 전달하는 것이 아니라, 수단만 새 것이고 메시지는 낡았다. 현대적 적응과는 거리가 먼 사고방식과 표현으로 현대인들을 만나고 있다는 면에서 모든 종교는 닮아 있다. 그러다 보니 이러한 컨텐트의 수요자는 결국 현실공간에서도 열성적인 신도들이 주축이 된다. 선교와는 거리가 멀고, 신자 재교육이나 그들의 관심사와 네트워크의 확장 정도의 의미를 갖게 된다. 이런 정도라도 의미가 없는 것은 아니겠으나, 장차 사이버 공간에서만 종교생활을 하게 될 사람들과 이 공간을 해당 종교의 개혁의 장으로 삼는 이들에게는 또 하나의 실망스런 현실공간이 아닐 수 없다.

현실공간에서 종교들이 갖는 경쟁력과 사이버 공간에서 갖는 경쟁력이 아직은 보완관계에 있다. 현실공간에서 경쟁력이 있으면 사이버 공간에서도 더 선호되는 경향이 있는 듯 하다. 현실공간에서 경쟁력이 있는 종교사이트들은 조회수가 더 높기 때문이다. 물론 이 조회수가 해당 종교에 힘을 실어줄 능력을 갖추고 있는지는 알 수 없으나 잠재력은 갖고 있다.

5. 발전방향

인터넷이 각 종교에서 원하는 미디어 시스템이 되려면 다음과 같은 일반적인 원칙이 실현되도록 힘써야 한다. ① 정보의 공공성(公共性) 확보, ② 보편적 수혜(Universal Service)와 접근 개방성(Open Access) 확대, ③ 커뮤니케이션에서 발생하는 근본적인 문제들의 해결지향성, ④ 집중과 독재를 탈중심화하고 다양한 가치를 생산하며 사회를 다원화하는 데 기여할 가능성 증대, ⑤ 선교·내부 관리수단으로서의 효용성 추구, ⑥ 커뮤니케이션의 효율성과 경제성 등이다. 이를 보다 구체적으로 실현하려면 다음의 과제를 수행해야 한다.11)

최우선적 과제는 과연 이런 미디어 시스템이 종교에 왜 필요한가에 대한 근본이유부터 재검토하는 것이다. 정보이용자는 구체적으로 누가 될 것이며, 또한 이 체계의 구축으로 누가 최대의 수혜자가 될 것인가를 면밀하게 검토하는 것이다. 이를 통하여 보편적 수혜의 원칙과 정보의 공공성을 확대시킬 방안을 모색해야 한다. 이 과정이 생략되면 추진주체의 비밀주의와 정보사회에 대한 낙관적인 전망에 의존하는 기술결정론에 기울게 될 가능성이 있다.

두 번째로, 각 종교들은 새로운 미디어 시스템의 정기능과 역기능의 조화를 모색하기 위한 단계적인 중장기 대안을 수립해야 한다. 이를 위해서 외부적으로는 국가와 기업이 추진하는 정보기술의 개발·추진에 대한 감시기능을 수행하고, 모든 이들이 정보화의 혜택을 골고루 받을 수 있도록 올바른 정보문화 확산과 정보윤리의 정착을 위한 운동, 그리고 정보의 보호정

---

11) 박문수, 앞의 책. p.6

책 등 중장기적인 방향성을 갖는 정책을 추진해야 한다. 아울러 종교집단 내에서는 보편적 수혜와 접근 공개의 원칙이 지켜지도록 고려해야 한다.

세 번째로, 현실공간과 가상공간 사이에 존재하는 괴리를 줄여야 한다. 현재 가상공간에서 유통되는 정보는 현실공간에서 발생하는 대부분의 문제들이 드러나지 않고 있다. 가상공간이 이상화될 수 있는 것이다. 따라서 가상공간에서 표현되는 장점들이 현실공간 안에서도 실현되도록 내부 쇄신과 개혁과정에도 많은 주의를 기울여야 한다.

네 번째로, 이용할 수 있는 정보의 양을 다양화하고, 종교적 깊이도 더 담아내야 한다. 양보다 질의 추구가 중요하다. 현대인들이 원하는 종교적 정보는 단순한 지식 이상이다. 각 종교의 본질에 충실하게 뿌리내린 오랜 수행과 노력 끝에서 나온 통찰과 지혜들이 필요하다. 이를 위해서는 현실공간에서 끝없는 정진이 필요하다. 이것이 정보화보다 더 중요하다.

다섯 번째로, 선교 · 행정효율 향상의 명분으로 업무의 효율화만을 추구해서는 안 되고, 인간존중과 수렴 커뮤니케이션을 추구하는 방향으로 기조를 잡아야 한다. 사실 종교단체에 행정업무가 많아 선교나 신자관리가 안 되는 것은 아니기 때문이다. 그리고 불필요한 인력이 많아 예산을 낭비하게 된 것도 아니다. 그러니 그동안 정보화가 안 되어, 또는 미디어 시스템이 부족하여 신자관리가 안 되고, 주변적 신자층이 늘어난 것처럼 목적을 과장하는 것은 문제가 있다. 미디어 시스템이 업그레이드가 된다 하여 주변적인 신자층들이 적극적이 되는 것은 아니다. 사회변동의 영향과 종교자체 내의 문제가 더 중요한 것이다. 그동안 무수하게 제기되어온 각 종교 내부의 문제들은 미디어 시스템이 업그레이드가 되어도 존재한다. 그러니 정보화가 만능의 해결책이 아니라고 보아야 한다.

여섯 번째로, 앞으로 예상되는 교육 영역의 변화에 부응하는 신도교육기능의 수단으로 활용되어야 한다. 미래 교육은 과거 공급자 중심에서 수요자 (소비자) 중심으로, 지식의 일방적 전달과정에서 창의적 상호작용으로, 대규모 집단에 대한 동일한 교육에서 개개인의 교육수요에 대응한 다양화된 교육으로, 학교라는 물리적 장소 중심에서 네트워크상의 가상공간을 활용한 교육으로, 유아기와 청소년기라는 특정 생애주기 중심에서 평생교육 중심으로 전환될 것이므로 교육연구와 새로운 교재 및 교육방법의 개발 등이 교육의 질을 결정하는 요소로 자리잡아 갈 것인즉, 종교의 미디어 시스템도 이러한 조류에 부응할 수 있어야 할 것이다.

일곱 번째로, 종교의 정보화는 사회·문화적인 정책지향을 가져야 한다. 정보통신 기술이 가지고 있는 기술적 가능성을 광범위하게 사회화함으로써 구성원들에게 필요한 정보를 제공하고 공적 여론을 활성화하는 데 이용할 뿐 아니라 사회적으로 긴요한 교육과 문화의 발전을 위한 기술적 하부 구조로 활용하는 것이 우선적으로 요구된다. 이러한 정책지향은 '정보의 사회화'를 더욱 중시하며, 정보나 정보 통신 기술의 사적 전유보다는 그에 대한 공적 규제나 사회적 자산화(資産化)의 필요성에 더 큰 의미를 부여하는 것으로써, 종교의 경계를 너머 사회에도 긍정적인 기여를 할 수 있는 요소이다.

마지막으로, 이런 과제들의 바탕 위에 각 종교들은 종교상호간 네트워크를 구축하여 서로를 더 잘 이해하고, 공동의 목표에 더 잘 매진할 수 있도록 힘써야 한다. 타종교에 대한 이해는 결국 자신의 종교를 더 심화시킨다는 인식 하에 서로에게 서로를 개방하고, 상호존중을 실천한다면 새로운 미디어 시스템은 인간 복지 실현에 커다란 기여를 할 수 있을 것이다. 學文

복잡화시대의 학문세계

문 영 빈*

우리는 복잡화(complexification)시대에 살고 있다. 이 시대의 양상은 다양화(diversification)와 통합화(integration) 간의 긴장관계로 나타난다고 볼 수 있다. 우리는 다양화를 강조하는 포스트모더니즘의 강한 밀물과 동시에 통합을 강조하는 통전주의(holism)의 또 다른 밀물을 경험하고 있다. 통전주의의 밀물은 여러 면에서 감지되고 있지만 특별히 학문간의 상호연계성을 강조하는 흐름에서 볼 수 있다. 계몽주의 이후 학문의 발전은 학문들의 전문화와 세분화를 가져왔으나 이제 학문들이 극도로 세분화되자 이에 대한 보완으로 학문들간의 상호연계성을 강조하는 움직임이 활발해지고 있다. 20세기 중반 학문들의 일체성(the unity of science)을 추구하던 과학철학의 패러다임이 무너지고 20세기 후반 학문들간의 상호연계성(interdisciplinarity)을 추구하는 새로운 패러다임이 등장하고 있다.[1]

이런 시점에서 본 논문은 학문분야들의 전문성(disciplinarity)과 상호연계성(interdisciplinarity) 간의 긴장관계를 사회철학적(socio-philosophical) 관점과 신학적 관점에서 재조명해보고자 한다. 어떻게 학문의 특수성과 상

---

* 미주두레연구원1기, 현 서울여자대학교 기독교학과 조교수
1) Stephen Jay Kline, *Conceptual Foundations for Multidisciplinary Thinking* (Stanford: Stanford University Press, 1995).

호연계성이 공존 가능한 것인가? 이 문제를 특별히 신학, 과학, 예술 간의 관계성에 초점을 맞추어 고찰해보고자 한다. 이 문제는 신학이 점점 다른 학문들과 유리되고 영향력을 잃어가고 있는 현 시점에서 매우 시급하며 또 이 문제는 대학에서의 신학의 역할, 문화 속에서의 신학의 역할 등을 재설정하는 문제와 밀접한 상관관계가 있다. 본 논문은 이 문제를 독일의 저명한 사회학자인 니클라스 루만(Niklas Luhmann)의 시스템이론과 복잡이론(complexity theory) 간의 상호보완을 통해 사회철학적으로 또한 신론과 창조론의 재해석을 통해 신학적으로 고찰하고자 한다.

1. 학문분야의 전문성(disciplinarity): 자기지향성(self-referentiality)

먼저 어떻게 학문의 전문성(disciplinarity)이 가능한 것인가? 이 문제를 사회철학적인 관점, 특별히 루만(Luhmann)의 시스템이론으로 고찰해보고자 한다. 나는 여기서 학문의 전문성은 학문의 자기지향성(self-referentiality)을 통해 가능하다는 논조를 전개해나가고자 한다. 이를 위해서는 먼저 루만의 이론에 대한 소개가 필요하다. 루만은 미국의 저명한 사회학자인 탈콧 팔슨즈(Talcott Parsons)의 시스템이론을 출발점으로 훗설(Husserl)의 현상학과 여러 과학들, 즉 정보과학, 사이버네틱스, 생물학, 커뮤니케이션 등을 종합하여 독창적인 시스템이론을 정립했다. 이 이론의 주요 개념은 복잡성(complexity)이며 이 이론 역시 많은 추상적 개념들이 복잡하게 상호 관련되어 있다. 여기서는 그의 대표적 저서인 『사회시스템』을 중심으로 그의 사상을 설명하면서 나의 논조를 전개하고자 한다.2)

루만의 사상체계를 이해하기 위해선 먼저 그의 핵심적인 방법론을 잘 이

2) Niklas Luhmann, *Soziale Systeme: Grundriss eniner allgemeinen Theorie* [Frankfurt am Main: Suhrkamp, (1984) 1985]; *Social Systems*, trans. John Bednarz, Jr. and Dick Baecker (Stanford: Stanford University Press, 1995).

해하는 것이 중요하다. 문제는 그가 어떻게 많은 자연과학적 개념을 사회학적 개념으로 확대·발전시킬 수 있었는가 하는 것이다. 그는 이를 위해 '기능적 일반화'(functional generalization)라는 방법론을 개발했다. 이 방법론은 각양 다른 시스템간의 기능동등성(functional equivalents)을 기능분석(functional analysis)을 통해 파악하고 이러한 기능동등성을 일반화(generalize)하는 것을 말한다. 예를 들면 사회시스템의 구조변화가 생물시스템들의 구조변화와 기능적으로 동등하다면 이러한 기능동등성을 근거로 구조변화를 기능적 일반화할 수 있다는 것이다. 루만은 이 방법론을 통해 많은 자연과학적 개념을 각양의 시스템에 모두 적용시킬 수 있는 일반시스템이론(general systems theory)을 정립할 수 있었다. 따라서 그의 이론은 상당히 추상적이지만 개념적으로 엄밀하다.

"시스템이 존재한다." 이것이 루만의 시스템이론의 기본전제다. 시스템은 반드시 그에 상응하는 환경이 있어야 하는데 시스템과 환경은 분명한 경계선(boundary)으로 구별된다. 즉, 한 시스템이 있다는 것은 그에 해당하는 환경과 기능적으로 차별화된다는 것이다. 시스템에는 그 종류에 따라 물리시스템, 생물시스템, 심리시스템, 사회시스템 등이 있다. 예를 들면 병원은 사회시스템으로 생물시스템인 생물세포와 기능적으로 구별된다. 병원이란 구체적으로 병을 고친다는 기능을 갖고 있는 사회시스템이며 이러한 독특한 기능으로 다른 시스템, 즉 환경과 구별된다. 따라서 시스템은 환경이나 경계선 없이 생각될 수 없다. 이러한 시스템/환경의 구별이 루만의 시스템이론의 출발점이다.

이렇게 시스템과 환경이 분명한 경계선으로 구별된다면 이들은 어떤 관계성을 갖고 있는가? 루만은 이를 '자기지향성'(self-referentiality)이라는 새로운 개념으로 설명한다. 이 개념을 이해하려면 먼저 시스템이론 특유의 관점을 이해해야 한다. 시스템이론은 시스템관점에서 모든 것을 본다. 시스템을 구성하고 있는 구성원들(constituents)이 보는 것이 아니라 시스템 자신이 본다. 즉, 거시적 관점(macro-perspective)이다. 시스템이 자신을 관찰하고 있을 때 이를 '자기관찰'(self-observation)이라고 한다. 시스템이 다른 시스템의 관찰을 관찰하고 있을 때 이를 '이차관찰'(second-order observation)이라고 한다. 모든 학문분야는 각 학문대상 시스템을 관찰하는 이차관찰시스템이다. 예를 들면 물리학은 물리시스템을, 생물학은 생물시스템을, 심리학은 심리시스템을, 사회학은 사회시스템을 관찰한다. 여기서 말하는 '관찰'(observation)이란 일상의미의 관찰을 기능적 일반화한 개념으로 단순히 구별한다는 뜻이다. 즉 자기관찰이란 시스템이 자신을 환경과 구별하는 것을 뜻한다.

그러면 무엇이 자기지향성인가? 자기관찰이 곧 자기지향성이다. 시스템의 자기지향성은 자신과 환경을 구별하는 것을 뜻하므로 자체지향(self-reference)과 동시에 타체지향(other-reference)이 없이는 불가능하다. 즉, 자기지향성은 시스템이 환경에 대해서 기능적으로는 닫혀 있는 동시에 정보 교환적으로는 열려 있음을 뜻한다. 자기지향성은 시스템이 환경으로부터 들어오는 모든 정보를 해석하고 또 선택하는 내적 능력과 자원이 있음을 의미한다. 즉, 시스템은 그 환경에 대해 자기지향성이라는 '눈'을 통해서만 열려있다. 이런 의미에서 모든 학문분야는 고유의 자기지향성을 가지고 있다고 볼 수 있고 이를 통해서 각 학문분야의 전문성과 특수성을 유지하는 동시에 또 그 환경에 대해 정보 교환적으로 열려있다. 예를 들면 신학은 고유의 자기지향성을 통해 과학이나 예술과 구별된다. 신학의 자기지향성은 하나님, 성경, 계시, 전통, 교회 등 고유의 개념으로 표현되며 이를 통해 신학은 그 환경(과학, 예술, 사회현상 등)으로부터 흘러들어오는 모든 정보를 선택하고 해석한다. 이런 의미에서 각 학문분야의 자기지향성은 그 분야 고유의 해석적 내부자원(interpretive intrasystemic resource)을 말한다. 이와 같은 학문분야 고유의 해석적 내부자원은 각 분야의 전문성을 의미하는 동시에 그 환경에 대해 정보 교환적으로 열려 있음을 의미한다. 즉, 자기지향성 없이는 학문분야의 전문성은 물론 학문간 상호연계성도 불가능하다.

루만은 사회시스템을 커뮤니케이션시스템으로 보는데 커뮤니케이션시스템은 독특한 '상징코드'(symbolic code)로 구별되는 서브시스템(subsystem)으로 구성되어 있다. 예를 들면 경제시스템은 화폐, 정치시스템은 권력, 종교시스템은 믿음이라는 상징코드로 구별된다. 이에 따르면 학문분야는 독특한 상징코드를 갖고 있는 이차관찰 커뮤니케이션시스템으로 볼 수 있다. 과학은 진리(truth), 예술은 미(beauty), 신학은 초월(transcendence) 등 차별화된 상징코드를 갖고 있다. 또 각 학문분야는 '프로그램'으로 더욱 세분화된다.

그러면 어떻게 각 학문분야의 시스템 기능진행이 가능한가? 루만은 이를 훗설의 현상학적 개념인 '의미'(meaning)로 설명하는데 이 개념은 커뮤니케이션시스템이 가지고 있는 경험가능성의 과잉(surplus of possibilities)을 뜻하며 바로 이것이 계속적인 시스템 기능진행을 가능케 하는 원천이다. 이 개념은 '복잡성'(complexity)과 밀접한 관계가 있다. 복잡시스템(complex system)은 구성요소들간의 연결가능성이 풍부한 시스템이다. 다시 말하면 시스템이 복잡하면 할수록 시스템의 선택가능성(selectivity)이 풍성해진다. 즉, 경험가능성의 과잉이 생긴다. 예를 들면 성숙한 언어는 복잡시스템으로 구문적·의미적 선택가능성이 무궁하기 때문에 창조적 문학이나 커뮤니케이션이 가능하지만, 반면 소수의 어휘만 있는 초보적 언어에서는 이런 창조적 문학이나 커뮤니케이션이 가능하지 않다. 바로 이것이 복잡시스템과 단순시스템의 차이다. 단순시스템은 내부가능성이 쉽게 말라 버리지만 복잡시스템은 내부적으로 새로운 가능성이 끊임없이 생성된다. 이런 의미에서 각 학문분야는 무궁한 커뮤니케이션의 가능성이 있는 복잡시스템이라고 볼 수 있다.

한 예로 이런 관점에서 물리학이라는 학문을 보자. 이런 관점에서는 물리학은 다양한 물리시스템(스트링, 쿼크, 원자, 분자, 반도체, 초전도체, 우주 등)에 대한 커뮤니케이션이다. 물리학에는 그 학문의 대상인 물리시스템의 복잡성, 정교한 해석적 내부자원(수학, 컴퓨터, 실험기구, 이론 등) 때문에 무궁한 커뮤니케이션의 내부적 가능성을 지니고 있으며 이를 통해 끊임없이 새로운 커뮤니케이션을 생산하고 있다. 루만은 이런 시스템 구성요소의 끊임없는 생산을 자기창조(autopoiesis)라고 부른다. 커뮤니케이션시스템에서는 새로운 커뮤니케이션의 생산이 바로 자기창조다.

이 자기창조라는 개념 역시 시스템적 관점(systemic perspective) 혹은 거시적 관점(macro-perspective)으로 이해해야 한다. 즉, 시스템이 자신의 생산을 관찰하고 있는 것이다. 이런 관점에서 보면 물리학이라는 시스템이 자신의 커뮤니케이션을 자기관찰(self-observation)하는 것이다. 루만의 시스템이론에는 이런 거시적 관점이 일관성 있게 나타나고 있다. 하지만 미시적 관점(micro-perspective)으로는 물리학자들에 의해 이런 커뮤니케이션이 생성되는 것이다. 하지만 루만에 의하면 물리학이라는 커뮤니케이션 시스템의 구성요소는 물리학자들이 아니라 커뮤니케이션 이벤트이다. 이렇게 루만은 사회시스템(social system)의 심리시스템(psychic system)으로의 환원(reduction)을 철저히 배격한다. 다시 말하면 사회현상은 사회구성원에 대한 이해와 별개의 차원이고 커뮤니케이션 흐름의 차원에서 이해해야 한다는 것이다. 이런 면에서 루만은 베버(Max Weber)의 사회학을 비판한다. 사회시스템에는 개인구성원들이 감추어져 있고 오직 커뮤니케이션 이벤트만이 드러나 구성요소가 되는 것이다. 그러면 이 이론에서는 사회시스템과 심리시스템이 어떤 관계성을 가지는가? 개인구성원들, 즉 심리시스템은 사회시스템의 환경으로 나타나며, 개인과 개인 간의 대화는 사회시스템의 배경소음(background noise) 혹은 파동(fluctuation)으로 나타난다. 이런 의미에서 커뮤니케이션 시스템은 어떤 구성원들의 집합이 아니라 커뮤니케이션 이벤트의 흐름(flow) 혹은 담론(discourse)의 장(field)이다.

그러면 어떻게 복잡시스템이 조직되는가? 루만에 의하면 조직(structure)은 시스템 내부구속(intrasystemic constraints)이며 커뮤니케이션 시스템의 내부구속은 커뮤니케이션 주제예상(thematic expectations)이다. 학문 분야에서는 쿤(Tomas Kuhn)의 패러다임, 라우단(Larry Laudan)의 연구전통(research tradition), 라카토스(Imre Lakatos)의 연구프로그램(research program), 맥킨타이어(Alasdair MacIntyre)나 가다머(Hans-Georg Gadamer)의 전통(tradition) 등이 이러한 주제예상을 말한다. 이들 주제예상은 학문적 담론에 대한 구속력을 나타낸다.

조직의 변화는 어떻게 이루어지는가? 학문적 담론의 주제에 대한 기대가 어떻게 변화되는가? 이를 루만은 생물학적 개념인 적응(adaptation)과 형태발생(morphogenesis)을 기능적 일반화하여 설명한다. 그는 먼저 적응이라는 개념이 가지고 있는 수동적인 뉘앙스를 자기지향성이란 개념으로 극복한다. 즉 시스템의 모든 적응은 자기지향성에 의한 자기적응(self-adaptation)이다. 시스템은 환경에 적응하지만 자기지향성 때문에 환경에 의해 결정되지는 않는다. 자기지향성을 통해 시스템은 환경으로부터 들어오는 모든 정보를 스스로 선택하고 해석한다. 이렇게 시스템은 환경의 변화에 대해 스스로의 선택과 해석에 의해 능동적으로 적응하며 변화해 간다.

　환경은 시스템보다 훨씬 복잡성을 가지고 있으며 시스템은 환경의 복잡성에 대해 두 종류의 적응전략을 가진다. 첫째는 시스템내부갈등(intrasystemic conflict)이다. 이 내부갈등은 자기지향(self-reference)과 환경지향(other-reference) 간의 긴장관계 때문에 나타난다. 이것이 학문분야에서는 전통지향과 혁신지향 간의 긴장관계로 나타난다. 이것을 쿤은 보통과학(normal science)와 과학혁명(scientific revolution)으로,[3] 종교시스템에서는 이런 긴장관계를 구데나우(Goodenough)가 자체유지(self-maintenance)와 자체개혁(self-transformation)으로, 트뢸취(Troeltsch)가 분리타입(sect-type)과 교회타입(church-type)으로 표현한다.[4] 20세기 초 신학에서는 이 긴장관계가 전통을 강조하는 바르트의 신학과 적응을 강조하는 틸리히의 신학 간의 대립으로 나타나고 있으며, 현대에선 이런 긴장관계가 예일학파의 후기자유주의(Postliberalism)와 시카고학파의 수정주의(Revisionism) 간의 대립으로 나타난다. 이런 관점에서 보면 이런 내부갈등이나 긴장관계는 부정적인 것이 아니라 환경복잡성에 대한 적응전략으로서 불가피하고 긍정적인 것이다. 이런 내부갈등 없이 시스템은 살아남을 수 없다.

　시스템의 환경복잡성에 대한 또 다른 적응전략은 기능분화(functional differentiation)다. 몸의 기능분화가 없었다면 인간은 복잡한 환경에 효과적으로 적응할 수 없었을 것이며 살아남을 수 없었을 것이다. 시스템의 이와 같은 기능분화를 시스템의 기능극대화(optimization)로 볼 수 있다. 역사적으로 학문분야가 계몽주의 이후에 지속적으로 세분화되고 전문화된 과정

---

3) Thomas Kuhn, The Structure of Scientific Revolutions(Chicago: University of Chicago Press, 1970).

4) Ward H. Goodenough, "Being Religious: Working at Self-Maintenance and Self-Transformation" in *Zygon: Journal of Religion and Science* 1999: 34 (June), pp.273~306; Ernst Troeltsch, *The Social Teaching of the Christian Churches*. trans. Olive Wyon [Louisville: Westminster/John Knox, (1912) 1992].

역시 학문시스템의 기능극대화를 위한 기능분화로 볼 수 있다.

시스템의 조직변화를 설명하기 위해 루만은 적응이라는 개념 외에 형태발생(morphogenesis)이라는 또 다른 생물학적 개념을 일반화한다. 이 개념은 패턴형성(pattern formation) 또는 물리학적 개념인 핵형성(nucleation)과 동일하다. 어떻게 복잡시스템에서 새로운 패턴들이 형성되는가? 어떻게 학문세계에서 새로운 담론들이 형성되는가? 이에 대해 루만의 설명은 충분치 못하다. 그 이유는 시스템이론 특유의 거시적 관점이라는 한계성 때문이다. 따라서 루만의 이론은 미시적 관점의 복잡이론(complexity theory)의 보완이 필요하다. 복잡이론은 특별히 미국 산타페연구소(Santa Fe Institute)를 중심으로 개발되고 있는 이론으로 특히 패턴형성에 대해 효과적인 설명을 제공한다.5) 이 이론에 의하면 복잡시스템은 다차원공간에서 시스템의 가능상태들을 확률적으로 나타낸 다차원적 평면으로 기술할 수 있는데 이를 랜드스케이프(landscape)라고 말한다. 이 다차원적 평면에는 많은 굴곡와 우물들이 있는데 이들을 유인자(attractor)들이라고 부른다. 이런 우물의 골이 깊으면 깊을수록 시스템이 그 상태에 있을 수 있는 확률이 높아지는 것이다. 복잡시스템은 많은 유인자들간의 경쟁이 치열하기 때문에 시스템이 어느 한 상태에 있을 수 없으므로 끊임없는 변화, 끊임없는 자기창조(autopoiesis) 또는 자기조직화(self-organization)가 가능하다. 이런 상태를 다안정(multistable) 상태라고 말한다.

그러면 복잡시스템에서 어떻게 새로운 패턴이 형성되는가? 시스템의 새로운 패턴형성은 새로운 유인자의 형성으로 기술되며 이는 환경의 유도에 의한 시스템 내부의 파동(fluctuation)에 의해 형성된다. 일단 형성된 유인

---

5) Mitchell Waldrop, *Complexity: The Emerging Science at the Edge of Order and Chaos* (New York: Simon & Schuster, 1992).

자는 다른 유인자들과 경쟁을 하며 궁극적으로 시스템전체에 영향을 미치게 된다. 이 유인자가 급격히 전체 시스템의 구조에 영향을 미치는 경우를 일차적 상변환(first-order phase transition), 서서히 영향을 미치는 경우를 이차적 상변환(second-order phase transition)라고 부른다. 예를 들면 물리학에서는 뉴턴의 고전역학, 양자역학, 상대성이론, 생물학에서는 진화론, 또 신학에서는 루터의 프로테스탄트 사상 등은 학문 전체의 패턴을 변화시킨 학문랜드 스케이프에서 강력한 유인자들이었다고 말할 수 있다. 여기서 나는 이런 자연과학적 개념들이 학문담론들의 패턴형성을 기술하는데 있어 은유적(metaphorical)이 아니라 기능적 일반화(functional generalization)를 통해 엄밀하게 쓰여질 수 있다고 생각한다.

2. 학문분야간의 상호연계성(interdisciplinarity): 횡단성(transversality)

지금까지 우리는 어떻게 학문분야의 전문성이 가능한가 하는 질문을 사회철학적으로 고찰해 보았다. 각 학문분야는 자기지향성을 지닌 이차적 관찰 커뮤니케이션시스템으로 볼 수 있음을 논증하고, 특히 자기지향성이 바로 학문의 전문성(disciplinarity)을 가능케 하는 사회사상적 개념이라는 것을 강조했다. 이제 우리는 어떻게 학문들간의 상호연계성(interdisciplinarity)이 가능한가 하는 질문을 사회철학적으로 고찰해 보고자 한다.

이 질문은 시스템간의 상호관계를 묻는 말이다. 루만은 이런 시스템간의 관계를 상호침투(interpenetration)라는 개념으로 기술한다. 여기서 침투는 한 시스템의 복잡성이 다른 시스템에게 드러내어지는 것을 말한다. 이것이 학문분야 간의 관계성을 어떻게 기술하는가? 루만에 의하면 상징코드가 틀린 학문간, 즉 신학과 과학, 예술 간의 상호침투는 가능하다 하더라도 의미 있는 교류와 연계는 불가능하다. 그는 이렇게 신학과 과학과 예술의 상징코드의 차별화를 지나치게 강조한 나머지 이들간의 의미 있는 교류의 가능성을 원천적으로 배제하고 있다. 이에 대해 나는 횡단성이란 개념을 소개하면서 비판하고자 한다.

철학자 쉬라그(Calvin Schrag)는 횡단성(transversality)라는 수리물리학적 개념을 은유적으로 일반화하여 포스트모더니즘의 극단적 상대주의를 극복하고자 한다.6) 횡단성이란 시스템과 시스템 사이의 의미 있는 대화의 가능성을 뜻한다. 그는 극단적인 포스트모더니즘은 모더니즘의 획일화된 이성관을 지나치게 비판하다가 다른 전통 사이에 공유되고 있는 이성의 역할을 배제하고 있다고 지적한다. 이런 이성의 역할은 비판적 분별, 이성적 기술 등을 말한다. 이런 공유된 이성의 역할이 바로 다른 전통, 다른 시스템 간의 대화를 가능케 하는 근거라고 논증한다. 이는 하버마스의 이론을 비판적으로 수용한 것으로 쉬라그는 이런 대화의 근거를 대화의 선험적인 차원에 있다는 하버마스의 이론을 비판하고 또한 하버마스와 달리 의견일치(consensus)가 아니라 넓은 반성적 평형(wide reflective equilibrium)을 대화의 목표로 생각한다.

프린스턴신학교의 신학과 과학분야 교수인 밴 호이스틴(Wentzel van Huyssteen)은 쉬라그의 횡단성이란 개념을 수용하여 학문 분야간의 상호연계성에 대한 근거로 사용한다.7) 그는 또 이성의 횡단성에 대한 생물학적 근거를 제시한다. 그는 이런 이성의 횡단성이 가능한 이유는 인간의 환경에 대한 효율적 적응을 위해 인식의 유동성(cognitive fluidity)이 발전되었기 때문이라고 논증한다. 인간은 복잡한 환경에 대한 적응을 위해 극대의 이해(optimum

---

6) Calvin O. Schrag, *The Resources of Rationality: A Response to the Postmodern Challenge* (Bloomington: Indiana University Press, 1992).

7) Wentzel van Huyssteen, *The Shaping of Rationality: Toward Interdisciplinarity in Theology and Science* (Grand Rapids: Eerdmans, 1999).

understanding)가 필요한데 이를 위해 인식의 유동성이 필수이고 이런 인식의 유동성이 바로 학문간 횡단성의 생물학적 근거라는 것이다. 그는 또한 실용주의 철학적 근거를 제시한다. 우리는 일상의 복잡한 상황 속에서 대처하기 위해 이성적 판단이 필요한데 이는 인간이 공유하는 생존을 위한 일종의 기술이라고 볼 수 있다. 또 각양 학문분야에서 우리는 이런 일상적인 이성적 판단의 기술(skill)을 사용하고 있으므로 각 학문분야의 상호연계성이 이런 공유된 이성적 판단의 기술에 근거를 둔다는 것이다. 즉, 학문간의 상호연계성은 궁극적으로 이성의 유동성 혹은 횡단성에 근거를 둔다는 것이다.

이제 나는 이 횡단성이란 개념을 통해 루만이 종교(신학), 과학, 예술을 각각 믿음(초월), 진리, 아름다움 등의 상징코드로 극단적 차별화하는 것을 비판하고자 한다. 먼저 신학은 믿음만이 아니라 진리에도 깊은 관심을 가지고 있다. 신학을 '이해를 추구하는 믿음(faith seeking understanding)'이라고 보는 전통적 견해와 '믿음과 이성', '과학으로서의 신학', '대학에서의 신학의 역할' 등의 신학논쟁은 신학이 진리의 영역에 깊은 관심을 갖고 있음을 잘 보여준다. 또한 성경의 많은 상징과 이미지를 다루는 신학은 예술의 영역인 미(beauty)와 분리해서 생각할 수 없으며 조나단 에드워드, 발타살(Balthasar) 등은 미를 신학의 중심주제로 다루고 있다. 따라서 신학은 믿음 또는 초월이라는 상징코드 외에도 진리와 아름다움의 상징코드를 과학, 예술과 공유하고 있다. 또한 과학 역시 믿음과 아름다움의 상징코드와 관련있다. 최근 과학철학에서는 기본적으로 공유된 헌신이 없이는 과학존립이 불가능하다고 말하고 있다. 또한 이론의 선택에 있어서 과학자들은 단순성이라는 기준을 종종 사용하는데 이는 이론의 아름다움을 추구하는 것으로 볼 수 있다. 특히 복잡이론은 패턴을 강조함으로써 과학과 예술 간의 깊은 관계가 있음을 보여준다. 또한 예술 역시 진리 또는 믿음과 깊은 상관이 있다.

가다머(Gadamer)는 『진리와 방법』이라는 고전적 명저에서 예술을 진리의 영역에서 분리하려고 하는 칸트(Kant) 이후의 미학을 비판하며 예술이 진리의 영역에 속함과 동시에 해석자의 참여성을 주장함으로써 예술이 믿음의 영역에도 속함을 설득력 있게 주장하고 있다.[8] 따라서 우리는 신학, 과학, 예술 간에 상징코드의 횡단성이 있음을, 따라서 루만의 엄격한 차별화는 문제가 있음을 알 수 있다.

그러면 학문분야의 횡단성이 어떤 과정을 통해 나타나는가? 나는 여기서 학문의 상호연계성이 나타나는 과정을 복잡이론을 통해 새롭게 조명해 보고자 한다. 먼저 우리는 모든 학문담론의 총체를 상상할 수 있는데 이를 '아카데믹 커뮤니케이션 시스템'(the academic communicative system)으로 부를 수 있다. 그러면 복잡이론에 의해 이 시스템에 해당하는 '전체 담론 랜드스케이프'(the global discourse landscape)를 생각할 수 있다. 이 전체 담론 랜스케이프에서 각 학문분야는 안정된 유인자 송이집단(stable cluster of attractor)으로 나타난다. 송이집단의 형성은 각 학문분야의 기능분화(functional differentiation) 때문이고 이 송이집단의 안정성은 그들의 자기지향성(self-referentiality)때문이다.

그러면 이와 같은 새 개념화의 강점은 무엇인가? 먼저 이 개념화는 각 학문분야의 자기지향성과 횡단성 사이의 긴장관계를 잘 나타낸다. 한편으론 모든 학문분야는 아카데믹 커뮤니케이션 시스템에 소속되어 있으므로 이성의 자원들과 담론의 기술을 공유하고 있다는 것, 즉 횡단성을 강조하고 있다. 또 한편으론 각 학문들을 전체 담론 랜드스케이프에서 안정된 유인자 송이집단(stable cluster of attractor)들로 봄으로써 그들의 자기지향성을 강조하고 있다. 이 개념화는 한편으로 포스트모더니즘에 부응해 충분히 국소

---

8) Hans-Georg Gadamer, *Truth and Method*, trans. J.C.B. Mohr [New York: Continuum (1960) 1989].

적 담론(local discourse)을 인정하면서 또 한편으로 상대주의를 반박하며 담론들 사이의 전체적 네트워킹(global networking)을 강조하고 있다.

또한 이 개념화는 횡단성의 역학과정을 새롭게 기술한다. 이 개념화에 의하면 새로운 상호연계성담론(interdisciplinary discourse)은 전체 담론랜드스케이프에서의 새로운 유인자 송이집단 출현이며 이 유인자 송이집단은 국소파동(local fluctuation)이나 전체파동(global fluctuation)을 통해 발생한다. 예를 들면 복잡이론의 많은 학문분야로의 파급현상을 자연과학에서 발생한 국소파동이 인근 학문들에 추계학적 공명(stochastic resonance)으로 전달되어 새로운 유인자 송이집단이 발생되는 현상으로 볼 수 있다. 또 생태위기에 대한 많은 담론의 파급을 환경의 자극으로 인해 학문시스템 안에서 전체파동이 강하게 파생되고 이로 인해 수많은 새로운 유인자 송이집단이 발생되는 현상으로 볼 수 있다. 이렇게 발생된 상호연계성담론은 준안정적인데 그 이유는 역사적·시간적 검증을 거쳐야 하기 때문이다.

그러면 왜 학문의 상호연계성이 중요한가? 이는 시스템의 환경적응 극대화(optimization)로 이해할 수 있다. 저명한 이론생물학자 카우프만(Stuart Kauffman)은 복잡시스템의 상태가 질서와 혼돈의 경계선상에 있을 때 시스템의 환경적응성이 극대화된다는 유명한 논증을 했다.9) 이를 학문분야에 적용하면 학문분야의 자기지향성(질서)과 횡단성(혼돈)간 긴장관계가 유지될 때 학문시스템의 환경적응성이 극대화된다고 볼 수 있다. 한마디로 학문시스템의 생존이 여기에 달려있다.

3. '복잡미'(complex beauty): 신학적 고찰

여기에선 학문적 전문성과 상호연계성 간의 긴장관계에 대해 지면관계상

---

9) Stuart A. Kauffman, *The Origins of Order: Self-Organization and Selection in Evolution* (New York: Oxford University Press, 1993).

간략히 신학적 고찰을 하고자 한다. 조나단 에드워드는 '일차적 복잡미'(primary complex beauty)라는 새로운 개념을 통해 삼위일체론을 재조명했다.10) 단순미가 평범한 균형(trivial proportionality)을 뜻한다면 복잡미는 비범한 균형(nontrivial proportionality)을 뜻하며 전체적인 관점으로만 인지될 수 있다.11) 나는 삼위일체 안에서의 다양화와 통합화 간의 긴장관계를 복잡미라는 개념으로 볼 수 있다고 생각한다. 이런 긴장관계가 페리코레시스(perichoresis)라는 전통적 교리에서 잘 나타나고 있다.

창조론에 의하면 인간은 삼위일체의 복잡미를 닮아 드러내는데 이를 '이차적 복잡미'(secondary beauty)라고 말할 수 있다. 하나님의 형상(imago Dei)의 교리는 이런 창조주와 피조물 간의 유사성의 신학적 근거를 제시하고 있다. 이 교리에 대해선 다양한 신학적 해석들이 가능하지만 하나님과 인간 사이의 관계성을 강조하는 해석과 하나님과 인간 사이의 기능적 유사성을 강조하는 해석이 주조를 이룬다. 헤프너(Philip Hefner)는 인간을 '창조된 공동창조자'(created cocreator)라고 보는 기능적 해석을 제안하며 인간의 문화창조 역할을 강조한다.12) 나는 이런 헤프너의 생각을 수용 발전시켜 인간 창조능력을 잘 나타내는 학문은 이런 문화창조에서 핵심적 역할을 감당하며 학문의 전문성과 상호연계성으로 드러나는 다양화와 통합화의 긴장관계가 하나님의 복잡미를 불완전하게나마 잘 드러낸다고 볼 수 있다고 생각한다.

---

10) Jonathan Edwards, "The Mind" in *Scientific and Philosophical Writings*, ed. Wallace E. Anderson, Vol. 6 of *The Works of Jonathan Edwards*, ed. John E. Smith (New Haven: Yale University Press, 1980).

11) Sang Hyun Lee, *The Philosophical Theology of Jonathan Edwards*, (Princeton: Princeton University Press,1988).

12) Philip Hefner, *The Human Factor: Evolution, Culture, and Religion* (Minneapolis: Fortress Press, 1993).

4. 결론

　본 논문은 학문세계의 복잡화(complexification), 즉 전문성(disciplinarity)과 상호연계성(interdisciplinarity) 간의 긴장관계를 니클라스 루만(Niklas Luhmann)의 시스템이론과 복잡이론(complexity theory)을 통해 사회철학적 관점에서 새로운 개념화를 시도했다. 각 학문분야를 이차관찰 커뮤니케이션시스템(communcative system of second-order observation)으로 개념화하고 각 학문분야의 전문성을 자기지향성(self-referentiality)이라는 개념으로 설명했다. 또 학문분야의 상호연계의 가능성을 횡단성(transversality)이라는 개념을 통해 설명했다. 복잡이론을 통해 학문세계를 학문시스템의 전체 담론 랜드스케이프(global discourse landscape)로 기술하고 여기서 기존 학문분야를 안정적 유인자 송이집단(stable cluster of attractors)으로 또 새로운 상호연계성담론(interdisciplinary discourse)을 새로운 준안정적 유인자송이집단의 출현으로 새로운 개념화를 시도했다. 이와 같은 개념들이 은유적으로가 아니라 기능적 일반화(functional generalization)를 통해 엄밀하게(rigorous) 쓰여질 수 있음을 논했다. 이 새로운 개념화는 학문분야들의 전문성과 상호연계성 간의 긴장관계를 잘 나타내고 있으며 이런 긴장관계는 학문의 환경적응 극대화(optimization)를 위해 필수적이라는 것을 주장했다. 이와 같은 사회철학적 근거 외에 조나단 에드워드의 복잡미(complex beauty)라는 개념을 통해 신학적 근거를 간략하게 제시했는데 이런 학문세계의 전문성과 상호연계상 간의 긴장관계가 삼위일체의 복잡미(complex beauty)를 불완전하게나마 드러낸다는 것이다. 이런 개념화는 포스트모더니즘의 다양화(diversification)와 통전주의의 통합화(integration) 간의 긴장관계에 있는 이 시대에 신학과 학문세계의 관계성 설정에 있어서 매우 긴요하다고 본다. 　學文

하나님의 말씀은 살았고 운동력이 있어

좌우에 날선 어떤 검보다도 예리하여

혼과 영과 및 관절과 골수를

찔러 쪼개기까지 하며

또 마음의 생각과 뜻을 감찰하나니

(히 4:12)

하나님나라 운동과
두레공동체운동의 가능성

두레운동의 꿈

김 호 열*

1. 서론

두레운동은 청계천의 활빈교회를 중심으로 도시 빈민 선교와 남양만 활빈교회를 통한 농어촌 선교를 거쳐서 두레마을을 근간으로 한 공동체 선교로 이어졌다. 그리고 국내외 두레성서연구모임을 거점으로 한 사회개혁, 교회갱신, 북한 주민 섬김과 중국과 미얀마 선교에 이르기까지 성장해왔다. 현재 국내외 여러 두레교회와 대안학교, 출판사, 사회복지법인, 한국·중국·미국의 두레마을을 운동의 기반으로 삼고 있다. 이처럼 두레운동이 다양하게 발전하게 된 데에는 몇 가지 이유가 있다.

첫째는 출발 시 두레운동에 대해 어떤 경직된 목표나 조직을 채택하지 않은 것이다. 이점은 교권화되어 있고 제도화된 교회나 교단의 한계를 극복하는 데 결정적인 역할을 하며 공동체로서의 운동성을 유지시켜 주었다.

둘째는 운동체 답게 그 시대와 민족의 정황에 대해 가장 솔직하고 정직하게 대응하려고 노력해 왔다는 점이다. 가장 어둡고 소외된 사망의 음침한 골짜기를 찾아서, 물이 낮은 곳으로 찾아 스며드는 것이 법(法)이듯, 두레운

---

* 두레연구원1기, DCM 국제본부장

동의 법(法)으로 삼아 잦아든 것이다. 청계천, 남양만, 연변, 미얀마, 대안학교, 사회복지법인 등이 이런 '운동의 물 흐름' 원칙에 의해서 태어나고 성장한 것이다.

셋째는 복음에 대한 영접과 고백이다. 두레운동의 생명과 힘의 원천은 주어진 처지에 대한 복음의 적용이다. 복음의 재해석과 솔직하고 용기있는 복음적 결단이 두레운동을 지켜왔다. 어찌 보면 산만해 보일 수 있고, 자칫 곁다리로 빠질 수 있는 위험에서 운동을 지킬 수 있었던 것이 바로 복음이다. 반대로 교조화되고 이념화되어 공룡으로 사멸될 오류에서 지켜온 것도 복음이 주는 살림의 힘이었다.

넷째는 무엇보다도 하나님의 직접적인 간섭이다. 하나님이 개입하실 수 있는 여지를 갖춘 열린 공간이 준비된 것이다. 청계천부터 지난 30년간 두레운동의 결정적인 고비마다, 하나님께서는 말씀으로 역사하셨다. 운동의 방향과 길을 말씀으로 개입하셔서 정화시킨 것이다. 이 점이 두레운동을 평가할 때, 제일 소홀히 하는 측면이다. 겉으로 드러난 업적과 개인의 헌신의 축적물로 두레운동을 평가해서는 절대 안 된다. 김진홍 목사의 전기에도 분명히 언급되듯이 인간의 한계와 좌절의 순간에 하나님이 말씀으로 분명히 역사하셨다. 이는 두레운동 영성의 핵심이다. 결코 인간의 의지와 조직의 힘으로 흘러온 운동이 아니다. 이러한 직접적인 하나님의 간섭이 아니었다면 전 세계 2만 두레회원으로의 두레운동은 불가능하다. 반대로 아무리 힘없고 연약해도 두레운동은 가능하다는 증거이자 근거가 되기도 한다. 30년이 흐른 이 시점에서 특히 이점이 도전받고 위기를 겪고 있다. 회원과 교인의 숫자가 아무리 많고, 예산이 확보되고, 잘 갖추어진 조직이라도 하나님의 간섭이 없을 때, 이 일은 우리의 만족을 위하는 일에 불과할 뿐이다. 30년은 한 세대이다. 따라서 어떤 운동이든 사멸되지 않으면 자생적으로 존재할 수 있는 시점이 된다. 즉, 하나님의 간섭 없이도 존재가 가능해진다는 이야기이다. 그래서 위기의 시기인 것이다.

이처럼 두레운동은 "복음에 기초한 시대와 민족의 섬김"으로 지난 30년 간 존재해 왔다. 어떻게 보면 '그 시대에 따른, 복음에 중심한 신앙고백'으로서의 운동변화와 성장이라고 할 수 있다.

2. 본론

2.1 두레운동은 무엇인가

두레운동은 한 마디로 하나님나라운동이며, 하나님나라를 실천하는 방식으로서 공동체운동을 따르고 있으며, 그 운동의 정신적 사상적 근거를 복음에 둔 복음운동이며, 특히 이 시대의 어두운 이웃을 섬기고자 하는 목민운동이다. 따라서 두레운동은 하나님나라운동, 공동체운동, 복음운동, 목민운동의 4대 운동이다.

2.1.1 하나님나라운동

가. 기독 신앙과 하나님나라

기독신앙의 핵심은 이 땅에 오신 예수님을 믿고 구원을 얻는 것이다. 구원은 여러가지 개념으로 설명할 수 있으나, 바울이 로마서에서 강조하는 바는 '하나님과의 올바른 관계' 이다. 우리가 예수님을 믿음으로 인해서 하나님과의 올바른 관계를 회복하는 것이 신앙의 본질이다. 하나님과의 관계회복은 영생, 의, 성령충만, 말씀충만, 예수님과의 교제, 성화, 자기 부인, 사망 후 천국으로 올라감 등으로 다양하게 표현된다. 이러한 개념들은 하나님과의 올바른 관계를 유지할 때 소유하게 되는 하나님나라의 풍성함과 넉넉함의 다양한 표현이다. 즉, 기독신앙은 하나님나라를 소유하는 것이다. 그러므로 하나님나라는 신학이나 교리, 혹은 제자도나 프로그램, 교회나 교단 안에 결코 제한시킬 수 없는 '큼'이다. 그래서 '두레운동은 인위적이고 제한적인 한계들을 뛰어 넘어 여하히 하나님나라의 풍성함과 넉넉함을 누릴 것인가를 모색하는 운동'인 것이다.

나. 하나님나라의 개념

하나님나라의 정의는 '하나님의 통치가 임하는 것'이다. 하나님의 통치가 임하는 곳은 어느 곳이든, 어느 때든지 하나님나라이다. 반대로 아무리 하나님의 이름으로 모인 때와 장소라도 하나님이 다스리지 않고 인간이나 인간의 뜻 혹은 조직이 지배하는 곳은 하나님나라가 임한다고 할 수 없다. 대표적 예가 예수님을 제거한 유대교회나 중세 가톨릭 교회이다. 그래서 어떤 면에서 교회 왕국, 기독교 왕국이 하나님나라의 적대세력이 될 수 있다. 오늘날의 전도나 선교, 교회 건립과 교회 성장, 교단 확장이 반드시 하나님나라 확장과 일치할 수 없음은 당연하다. 상한 갈대 같고, 꺼져 가는 심지 같은 두레운동이 존립해온 이유가 바로 이것이다.

다. 하나님나라의 성격

하나님나라의 첫 특징은 넉넉함, 풍요로움, 부족함 없음, 자유로움 따위이다. 혼인 잔치같이 배부르고 마냥 행복한 것이다. 에덴 동산처럼 '충만함과 완전함'이라고 할 수 있다. 여러 탁월한 신학과 교리 혹은 제자도가 하나님나라의 풍성함을 부분적으로 증거하기 때문에 유익하다. 그러나 그 어떤 신학과 제자도 그리고 교회 프로그램이 하나님나라를 온전히 드러낼 수는 없다. 따라서 하나님나라의 풍요를 누리기 위한 부단한 부인과 새로움의 노력이 요구된다.

하나님나라의 둘째 특징은 그 이중성이다. 초월적인 요소와 역사 내재적인 요소가 있다. 따라서 하나님나라의 넉넉함을 누리려면 이 두 가지 요소를 균형 있게 누릴 줄 알아야 한다. 또 다른 이중성은 현재 이 땅에서 부분적으로 이루어지고, 종말에서야 하나님나라는 완성된다는 긴장이다. 이점이 우리로 하여금 늘 깨어있게 하는 성질이다.

라. 하나님나라운동

두레운동을 하나님나라운동이라고 하는 이유가 여기에 있는 것이다. 굳이 전도운동, 선교운동, 교회 세우기 운동, 사회운동, 시민운동 등으로 불리우기를 원치 않는 이유가 '어떻게 하면 하나님나라를 있는 그대로 우리가 누릴 것인가'가 운동의 화두이기 때문이다. 그래서 두레 운동은 특정교회나 교단, 신학에 매이지 않으려고 애써온 것이다. 한국 교회의 현실에서 이런 입장은 너무나 어려운 길이다. 온갖 오해를 받을 수 있을 뿐 아니라, 자체 내에도 치우칠 위험을 항시 내포하고 있다. 그럼에도 불구하고 이 입장을 견지하는 것이 두레운동의 정체성이다. 두레운동은 인간사 모든 부분, 나아가서 자연계까지 모든 피조물이 하나님의 통치를 받아 넉넉해지기를 바라기 때문에 특정한 모습의 제약을 받는다면 그 꿈을 결코 이룰 수 없다.

지난 30년간의 두레운동이, 그 다양한 하나님의 쓰임이─남양만 두레마을, 연변 두레마을, 베이커스필드 두레마을, 전 세계 성서연구모임, 문서선교, 테이프 선교, 대안학교, 복지법인, 연구원 등─어느 한 교회나 교단, 혹은 연합체에서 가능했을까? 결코 아니라는 확신이 지금도 든다. 하나님나라운동을 꿈꾸었기 때문에 분명 가능했다.

'하나님나라운동으로서의 두레운동'은 지난 20세기 한민족과 한국교회의 고난과 축복의 열매임을 자부한다. 그 치열했던 현장의 고통과 하나님의 치유와 회복 속에서 진주처럼 앙금 되어 남은 운동이다. 하나님나라운동인 두레운동은 수많은 이 민족의 눈물과 좌절, 교회의 한계와 갈등을 겪은 지난 100년 세월의 열매이며 축복이다. 이 축복과 열매는 앞으로 100년 세월 잘 감당해야 할, 주님이 주신 과제로서 우리에게 주어진다.

2.1.2 공동체운동

공동체란 말이 유행이다. 다원화와 후기 산업사회의 피곤이 막연히 공동체를 필요로 하는 것 같다. 그러나 필요에 의한 공동체는 필요에 의해 와해되거나 해산된다. 두레운동이 공동체운동인 것은 필요에 의한 것이 아니라, 공동체는 창조질서이자 구속의 필연이기 때문에 신앙의 순종이며 표현으로 공동체운동을 하고 있다. 즉 하나님나라를 실현하는 방식으로서 공동체운동에 임하는 것이다. 우리가 전술적으로 공동체를 채택한 것이 아니라, 하나님께서 공동체로의 초청에 믿음의 고백으로 응한 것이다. 선택과 필요가 아닌 당위와 신앙으로서의 공동체운동이 두레공동체운동이다.

가. 창조 질서에 나타난 공동체

하나님이 창조하신 우주 자체가 하나의 공동체이다. 그리고 우주 만물이 공동체로서 창조된 이유는 하나님 속에 내재된 공동체성 때문이다. 3위 1체 하나님이야말로 가장 전형적인 공동체이다. 따라서 하나님의 형상대로 창조된 인간, 즉 남자와 여자의 대표적인 속성은 그 공동체성이다. 이처럼 창세기에 의하면, 하나님 그 자신과 그가 만드신 우주 만물과 인간이 철저히 공동체이다. 따라서 우리의 공동체운동은 우주질서 회복운동이며, 인간회복운동이다. 신앙인 이전에 인간으로서 공동체운동의 당위성이 있는 것이다. 따라서 하나님의 공동체는 구속적인 신앙공동체만 중요한 것이 아니라 그 모든 피조세계가 공동체이어야 한다. 자연과 인간, 민족과 민족, 국가와 국가, 경제 질서, 정치 체계, 교육, 복지, 문화 등 모든 차원에서 공동체는 구현되어야 한다.

나. 구속의 공동체

죄의 대표적 속성은 단절과 분리이다. 창세기 3장에 의하면 아담의 범죄 이후 4가지 측면의, 즉 사차원의 관계파괴가 나타난다. 하나님과 인간의 관계 파괴, 인간과 인간(아담과 이브)의 관계 단절, 인간 스스로 자기와의 괴리(부끄러워 함), 그리고 인간과 자연의 갈등 관계 돌입이다. 죄로 인해 사차원의 모든 공동체가 파괴된 것이다. 곧 죄의 핵심은 공동체 파괴인 것이다. 그렇다면 죄로부터의 구원은 무엇이어야 하는가? 당연히 구원은 공동체의 회복이어야 한다. 예수님이 우리를 죄로부터 구원하심은 우리로 하여금 하나님과 이웃과 기타 모든 막힌 것을 허물어 하나되게 하는 것이다. 주님의 병 고침, 귀신을 물리치심, 배고픔을 해결해 주심 등 모든 사역은 본질로의 회복 역사이다. 이처럼 공동체는 구속사역의 핵심인 것이다. 따라서 두레공동체운동은 하나님의 구속 역사에 의한 섭리임이 분명하다. 구속 역사에의 초대에 순종함의 표현으로써 두레 공동체운동은 존재하고 가능해진다.

　다. 신앙생활인 공동체

　예수님의 십자가 처형 과정에서 드러난 유다의 배반, 베드로의 실수 등은 제자 공동체를 철저히 파괴해 버렸다. 이것은 십자가 이후 장차 교회를 통한 구속역사를 계승할 제자로서 치명적인 문제다. 따라서 사도행전 초기 역사의 핵심은 제자 공동체 회복이 핵심이었다. 유다를 대신할 제자를 선출하고, 모여서 합심하여 더불어 기도에 힘쓴 것은 그들의 하나됨을 위해서였다. 오순절 성령강림 역사의 핵심도 방언과 무수한 사람들을 전도한 능력의 사건 이전에 제자들을 회복시켜서 온전한 공동체를 만드는 것이었다. 초대교회를 보면 사도들이 공동체 유지를 위해 큰 희생을 치르면서 노력한 것을 볼 수 있다. 개인적인 허물(사도행전 5:1~11), 구조적인 문제(사도행전 6:1~7), 교리적인 문제(사도행전 15:1~35) 들을 직면할 때마다 교회 공동체의 순결과 하나됨을 위해 힘썼다. 이처럼 우리 신앙생활의 핵심인 교회의 가장 중요한 정체성은 그 공동체성에 있다.

라. 공동체운동

공동체는 역사적으로 세 부류가 존재한다. 신앙공동체, 생활공동체, 경제공동체이다. 대부분 어느 한 측면을 중심으로 하면서 다른 요소가 부수적으로 따라오는 형태로서 존재해 왔다. 그러나 두레운동은 세 가지 측면을 모두 구현하는 총체적 공동체를 구현하고자 한다. 신앙, 생활, 경제가 분리될 수 없기 때문이다. 특히 하나님나라 측면에서 더욱 그렇다. 종합적인 공동체를 추구하는 것이 훨씬 어렵다. 기도만 하든지, 일만 하든지, 아니면 복지적 생활만 우선시하기는 쉽다. 그러나 하나님나라의 그 풍성함을 누리기 위해서, 그 어느 하나를 포기할 수는 없다. 종합적인 공동체만이 참된 대안공동체가 될 수 있다. 물론 두레공동체운동이 이런 공동체 마을을 실제로 만드는 것만이 아니다. 공동체 마을에서 생산된 공동체 정신, 공동체 에너지를 확산하는 것도 두레공동체운동이다. 대안학교나 사회복지운동, 미얀마나 북한주민지원도 공동체운동이다.

2.1.3 복음운동

그럼 하나님나라 운동과 공동체운동을 무엇으로 할 것이냐? 그 정신과 이념은 무엇이며, 내용은 무엇이냐 하는 질문이 제기된다. 물론 복음이다. 예수 그리스도의 복음이 두레운동의 내용이다. 하나님나라운동은 두레운동의 목표라 할 수 있고, 공동체운동은 형식이라 볼 수 있다. 그리고 복음운동은 두레운동의 내용이다. 두레운동은 결코 민주화운동도, 인권운동도, 시민운동도, 사회운동도 아니다. 복음운동이다. 복음운동을 통해 민주화나, 인권증진이나 사회정화를 할 수 있으며 NGO 활동도 비로소 가능하다. 가치적 우선 순위와, 시행적 혹은 시간적 우선 순위를 혼동하지 않는다.

가. 복음의 핵심

복음의 핵심은 예수 그리스도의 십자가와 부활이다. 따라서 복음 정신은 십자가의 도와 부활의 능력이다. 십자가의 도와 부활의 능력을 선포하거나, 가시화하는 복음선포와 실현이 복음운동의 내용이다. 이런 십자가와 부활의 도는 우선 두레운동 자체를 끊임없이 정화시킨다. 그리고 힘을 공급해 준다. 다시 말해 두레운동 자체를 복음화시키는 것이다. 운동자체를 복음화시키지 않을 때, 오류와 만용이 드러난다. 두레의 다양한 운동들은 우리가 믿고 고백하는 바의 복음을 증거하는 것에 불과하다. 어떤 사회과학적 분석이나 이념 혹은 역학관계에 의한 운동이 아니다. 더구나 요즈음 운동 단체가 빠지기 쉬운 유행을 타는 행위나 운동을 위한 운동이 아니다. 부딪히는 사건에 대한 복음적 적용과 이해에 따른 표현으로서 두레 운동은 존재한다. 따라서 복음은 모든 두레운동을 규제하고 규범 짓는 시금석이다. 단지 두레운동이 제시하고 선포하는 복음의 내용과 형식이 기존의 교회나 단체와 다를 뿐이다. 그러나 예수님의 복음과는 절대 다르지 않다. 그러므로 두레운동의 복음운동은 단순한 전도나 선교로서만 표현되는 것이 아니라, 생명운동, 살림운동, 개혁운동 등으로 그 정신과 힘이 분출된다.

나. 복음의 이해

두레운동의 복음 이해는 종합적이다. 복음의 온전성을 체득하고 증거하는 것을 중요시한다. 많은 교회나 신학, 그리고 제자도들이 파편적인 복음의 내용을 지나치게 강조함으로서 절름발이 교회와 기형적 신앙인을 양상하고 있다. 하나님나라 운동인 두레운동은 하나님나라의 그 넉넉함에 따른 복음 이해를 비싼 대가를 치루고 이룩해 왔다. 예를 들면, 두레마을에서 살면서 깨닫는 복음의 능력은 너무나 귀한 것으로서, 단순한 교회생활에서 얻을 수 없는 풍성함이 있다. 경제적으로는 너무나 비효율적인 대안학교를 통해서 교육에 역사하는 복음의 신비한 능력을 체험할 수 있다. 중국 지하 교회의 수천만 명에게 일어나는 성령의 기적적 역사와도 두레 운동의 열린 복음으로 협력이 가능한 것이다.

이처럼 두레의 복음에 대한 이해는 그 개방성, 온전성, 통전성에 있다. 다시 말해 복음을 이해함에 있어서, 예수 그리스도 외에는 얽매이지 말자는 것이다. 필자 자신이 이토록 두레운동에 헌신하는 유일한 이유가 이것이다. 그 다양한 운동성이나, 이념, 혹은 영향력 때문이 절대 아니다. 두레 안에서 그 어느 다른 곳보다 복음의 생명력을 풍성히 누릴 수 있기 때문이다. 솔직히 이런 유익과 계산 없이, 가치 지향만으로 운동하는 것은 재미가 없거나 위선임이 분명하다. 감히 '두레복음'이라고 할만큼 복음이해와 누림에 차별성이 있다. '순복음'처럼 '두레복음'이란 개념을 확산하고 싶다. 이단이 아니라, 예수 복음에 대한 이 시대적·교회적 재해석으로서의 '두레복음'을 선포, 증거하는 것이 교회사적 과제임을 고백한다.

2.1.4 목민운동

목민신학과 목민신앙에 따라서 두레운동이 실천하고자 하는 운동이 목민운동이다. 목민운동은 단순한 빈민운동이나, 이념적인 민중 운동과는 다르다. '포괄적으로 백성을 섬기는 국민목회 차원에서 비롯된 운동'이다. 목민운동은 두레운동의 스타일이다. 하나님나라운동이 두레운동의 주제요, 공동체운동이 두레운동의 형식이요, 복음운동이 두레운동의 내용이라면, 목민운동은 두레운동의 문체라고 할 수 있다.

가. 성경의 목민운동가―모세, 다윗, 바울―

훌륭한 지도자는 목민운동가라는 진실을 성경은 말해준다. 성경에 의하면 하나님이 쓰시는 사람은 다양하다. 출신성분, 교육정도, 직업, 기질조차도 개의하지 않고 하나님은 사람을 들어 쓰신다. 그런데 하나님께 쓰임받는 사람의 공통점이 하나 있는데 그것은 백성을 위한 자세다. 목민의 심정이 없는 사람은 요나처럼 훈련을 시켜서라도 목민의 심정을 갖도록 하신다. 또한 목민사상을 잃어버린 지도자는 사울왕처럼 도중에 용도 폐기시켜버린다. 다윗도 후에 왕이 된 후 부하는 전쟁터에 보내고 자신은 침상에서 간음을 즐기자, 하나님은 다윗을 회개시키고 벌을 주신 다음 목민의 마음을 품도록 하신 후 다시 쓰셨다. 모세는 언약을 파괴하고 심각한 죄에 빠진 이스라엘 백성을 징벌하려는 하나님께 자신을 대신 거두어 달라는 참 지도자의 목민관을 보여준다(출애굽기 32:7~14, 30~34; 33:12~16). 모세의 이런 목민관은 바로의 궁에서 왕자로 교육받으면서 형성된 것은 아니다. 그때 모세가 할 수 있는 일은 백성을 위한 살인뿐이다. 그가 광야에서 40년간 철저한 바닥 훈련을 겪은 후 목민운동가의 자질을 갖추게 된 것이다. 그리고 바로 그때에 하나님은 모세를 들어 쓰셨다. 사도 바울을 위대하게 만든 것은 바로 그의 소명사상이다. 그리고 그의 소명사상은 한 마디로 '빚진 자의 심정'으로 표현된다(로마서 1:14-15). 이방인에게 생명의 빚을 졌기 때문에 그들에게 어떻게 하든 복음을 증거하겠다는 마음이다. 고압적이고 정복적이며 시혜적인 오늘날의 지도자와는 너무나 다른 자세다. 목민운동가는 백성에 대한 이같은 빚진 심정을 지님으로부터 시작된다.

나. 목자이신 예수님

성경에서는 예수님을 여러가지 모습으로 제시한다. 그 중에서 우리 인생들에게 가장 실질적이며 구체적으로 와닿는 모습은 목자이신 예수님이시다. 유리 방황하는 백성을 목자 없는 양 같이 보시고 마음이 민망하셨다고 했다. 우리 식으로 표현하면 백성을 보고 애간장이 끊어진다는 마음일 것이다(마태복음 9:35~36). 예수님이 이 땅에 오신 목적은 바로 섬기러 오신 것이다(마가복음 10:45).

어떤 면에서 우리 자신이 목민운동가가 되려면 목자이신 예수님께 우리를 철저히 의탁해야 한다. 그럴 때 비로소 목민정신을 갖게 된다. 사랑을 받아야 사랑할 수 있다.

다. 목민운동

목민운동이 우리 역사에 뿌리내렸다면, 우리의 역사가 바꿔었을 것이다. 가까이 해방 이후만 하더라도 공산주의와의 충돌, 빈부격차가 준 갈등, 지도자 결핍에서 오는 시달림, 경제적 모순 등을 겪지 않았을 것이다. 교회내의 모순과 한계도 목민적 지도자가 몇 명이라도 있었다면 많이 해소되었을 것이다. 목민신학, 목민신앙, 목민운동은 함께 가야 한다. 신앙 없는 운동은 건조하고 생명이 없다. 또한 신학 없는 신앙은 치우치게 되고 지속성이 없다. 반면에 신앙 없는 신학은 그저 학문일 뿐이다. 그리고 운동 없는 신앙은 이기적이고 자기도취적일 수 있다. 두레의 목민운동은 목민신학, 목민신앙과 함께 굴러가는 운동이다.

2.2 두레운동의 과제

훌륭한 운동들이 교회사에 등장했다가 사라지곤 한다. 대개는 이단화되어 물의를 빚거나, 조직의 미숙과 갈등으로 분열되기도 한다. 혹은 교회에 여러 긍정적 영향을 끼치고 스스로 그 역할을 다하고는 소진해 버린다. 두레운동을 하나님께서 언제까지 쓰실지는 아무도 모른다. 그러나 단순한 바람은 21세기 100년간만은 한국 민족과 교회, 그리고 세계의 구속사와 세속사에 쓰임받았으면 한다. 그런 후에 다른 운동으로 발전되거나 흡수되어 자연스럽게 소멸된다면 바람직할 것이다. 운동은 그 기능을 잘하면 잘 할수록 일찍 소멸되는 자기모순적인 정체성을 갖고 있다. 예를 들면 현재 두레운동의 좋은 내용을 지역교회가 흡수하여 선한 영향력을 끼친다면 두레운동은 존재할 이유가 없는 것이다. 운동의 성격상 잘 하면 잘 할수록 단명하는 것이다. 이런 전제하에서 현재의 우리 민족과 교회 현실을 볼 때, 최소한 100년은 두레운동이 다듬어지고 열매를 맺어야 할 것 같다. 그러기 위해서는 현 시점에서는 다음과 같은 과제가 주어진다.

2.2.1 신학화

두레운동을 역사화시키기 위해서는 여러 가지 체계화가 필요하다. 그 중 가장 우선적으로 요구되는 것이 신학화이다. 다행히 두레운동은 목민신학을 두레의 신학으로 방향을 잡게 되었다. 그러나 목민신학이 학문적 틀을 갖추기 위해서는 아직 많은 연구와 검증이 요구된다. 물론 목민신학이란 이름까지도 바뀔 수도 있을 것이다. 지난 10여 년간 배출된 국내외 두레연구원들이 해야 할 가장 중요한 일일 것이다. 이 작업은 두레운동의 자체 존속을 위해서 필요한 것이 아니라, 한국 교회에 쓰임 받는 두레운동으로서 존속하기 위해 필요하다. 이를 위해서 구체적인 연구소나 평신도 교육프로그램, 출판을 통한 토의와 대화 마당이 요구될 것이다.

2.2.2 경영

두레운동의 가장 큰 약점이 경영체계의 미숙이다. 두레뿐 아니라, 한국 교회나 비영리 단체가 겪는 최대의 문제점이 경영이다. 미국의 몇 신학교에서 '신학과 경영' 혹은 '교회와 경영'이란 과목을 개설한 것이나, 일반 경영대학원에서 '비영리 단체의 경영'에 대해 많은 강조를 하고 있다. 아무튼 하나님이 주신 자원을 합리적으로 관리 운영하기 위한 노력이 믿음만큼이나 중요하다.

2.2.3 리더십 공동체

공동체운동이 걸맞는 리더십 개발과 형성이 숙제이다. 지난 세월 동안 우리는 이 훈련을 받지 못했다. 민중시대라고 하는 80년대를 겪으면서도 공동체적 리더십을 배우지 못했다. 두레운동도 공동체운동을 표방하면서도 아직 리더십 공동체를 이루지 못했다. 그만큼 중요하면서도 어려운 일이다.

이 일을 위해서는 사상의 일치뿐 아니라, 개인 영성의 탁월함, 인격의 성숙 등 종합적 요인들이 함께 뒷받침 될 때만 가능하다. 현재로서는 지난 3년간 형성되어온 간사공동체에 기대를 걸어볼 만하다. 간사공동체와 아울러 전 세계에 흩어진 지역운동 리더십의 공동체 형성은 더 어려운 일이 될 것이다. 이는 각 지역 운동의 거점이 되고 있는 두레마을이 그 역할을 할 수 있도록 준비해야 한다.

2.2.4 운동체와 지역교회

두레운동은 두레교회를 포함한 여러 교회들과 두레마을을 위시한 운동체들로 양축을 이루고 있다. 이 두 축이 서로 어떻게 잘 협조하느냐가 향후 두레운동의 과제다. 교회와 운동 사이에는 본질적인 차이가 있다. 교회는 지역성, 조직체계, 신학과 신앙의 견고성, 자원 확보의 용이성에 반해서 운동체는 공간의 개연성, 조직의 탄력, 운동의 기민성 등이 장점이다. 이같은 장점을 서로 보완하는 작업이 반드시 있어야 한다. 영적 흐름을 교회가 잡아주어야 하며, 반면에 운동체는 끊임없이 교회에 자극을 주어야 한다. 그리고 서로의 기능을 잘 조절해야 한다. 지역성을 중요시하는, 지역 복지나 대안 학교 등은 지역 교회가 감당하는 것이 바람직하다. 반면에 운동성을 담보로 하는 대안교육연구나 사회복지연구 따위는 운동체가 감당하는 것이 좋다. 운동체와 교회간에 신경계와 순환계가 형성되어 하나님나라 운동을 감당해야 한다.

3. 결론

하나님께서 지난 30년간 두레운동을 쓰신 것은 분명하다. 하나님께서 친히 말씀하시기도 하시고 나타나 주시기도 하면서 이 귀한 역사를 독수리 날개로 업어 지금까지 인도해 오셨다. 이제 한 세대를 마감하고 새로운 세대를 맞이하는 시점에 중요한 전기를 맞고 있다. 하나님께서 계속 함께 하셔서 한 세기를 더불어 진행할 것인가의 기로에 선 것이다. 결론은 간단하다. 우리의 힘과 능력으로 앞서 나간다면, 하나님께서 간섭할 여지가 없어지고 주님은 그만 떠날 것이다. 지속적인 하나님의 도우심과 간섭을 받아야 한다. 그러기 위해서는 하나님께서 직접 두레운동에 말씀하시고 나타나신 아름답고 귀한 영적 전통을 계승해야 한다. 두레의 고귀한 영성과 영적 역사를 어떻게 계승, 발전하느냐에 앞으로의 두레운동의 소망이 달려있다. 재정을 확충하고, 회원을 늘리고, 조직을 체계화시키고, 운동을 신학화하는 일은 부차적인 과제이다. 이런 것이 우선되면, 두레운동은 인간의 역사로 전락한다. 하나님의 음성을 듣고 그의 긍휼과 자비를 구하는 꿇은 무릎으로 앞으로 나갈 때, 두레운동은 비로소 하나님나라운동으로서 한 세기를 자리매김할 것이다.

두레운동과 지역교회 개척
- 괌두레교회 창립 5주년을 뒤돌아보며

최 동 묵*

1. 여는 말

괌두레교회를 방문하시는 분들은 두 번 놀란다고 한다. 교회에 들어오기 전에 놀라고 들어온 이후 놀라는데, 형편없이 보이는 창고교회라서 놀랐고, 들어와서 보니 작은 교회의 아기자기한 아름다운 모습에 놀랐다고 말한다.

괌두레교회는 처음, 매월 4,000불씩 비싼 임대료를 지불하며 상가건물을 임대해서 사용하였다. 그러다 보니 불필요한 곳에 적지 않은 귀한 헌금이 지출되었고, 이를 있음을 안타깝게 생각하여 교우 중에 창고업을 하시는 집사님께서 자진하여 창고건물을 예배처소로 선뜻 내놓았다. 그래서 2년여 동안의 비싼 임대료 지불을 청산하고 드디어 우중충한 창고건물을 교우들의 땀흘림과 기도 속에 작고 아담한 교회로 만들어서 예배하게 되었다. 비싼 임대료를 사람을 키우는 장학사업과 선교 쪽으로 지불하게 되었음에 감사하고 있다.

창고교회로 입주한 그 해 12월에 세계에서 가장 강한 태풍이 지나간 후 괌 전체는 엄청난 피해를 입었다. 전봇대가 쓰러지고, 창문이 깨어지는가

---

* 두레연구원1기, 현 괌두레교회 담임목사

하면, 차량들이 뒤집어지고, 각 교회들마다 창문이 깨어져 비가 쏟아져 들어와 크고 작은 피해를 입었다. 그때에도 괌두레교회는 전혀 피해를 입지 않았다. 왜냐하면 창고건물에 창문이 없기에 깨어질 것도 없고 물도 들어오지 않았다. 그래서 "괌에서 목회하려면 창고교회가 좋다"라고 말하곤 했다.

괌두레교회 주보

　　두레운동이 이 시대에 쓰임 받는 운동으로서 국내외적(國內外的)으로 점차 자리 매김 하는 것을 보면서 참으로 흐뭇하고 보람된 마음을 금할 길이 없다. 이 멋진 운동이 목민신학(牧民神學)의 토대 위에서 활력 있는 생명의 운동으로, 시대의 대안을 제시하는 두레운동으로 성장하기 위해서는, 전략

성을 띨 필요가 있다. 그래서 두레 운동에 속한 구성원들은 현장에서 지역
사회를 섬기면서 영적(靈的), 재정적(財政的)으로 뒷받침할 수 있는 지역교
회의 필요성을 절감하게 되었다. 그러던 차에 괌두레교회가 해외 지역교회
1호로 출발하였다. 이제 창립 5주년을 지나면서, 아직은 비록 걸음마 단계
에 있지만 지난 5년을 돌아보려고 한다.

2. 괌두레교회의 목표와 현황

괌두레교회는 1995년 6월 11일 기존 교회에서 소외된 한 집사 내외가 자
신의 집에서 가정예배로 출발하였다. 헌신적이고 신앙심이 좋았던 부부는
김진홍 목사를 초청하여 다음달인 7월 13~15일까지 '괌 힐튼호텔'에서 초
교파 평신도집회를 개최하였다. 집회 후, 몇몇 가족들이 섬기는 교회 없이
가정예배를 드린다는 소식을 전해 듣게 되었다. 그래서 김진홍 목사는 무리
를 민망히 여기신 예수님 마음처럼, 유리하는 교우들의 딱한 사정을 보시고
이들을 위하여 스스로 당회장을 자처하셨다. 이것이 한국 활빈두레교회 지
교회인 괌두레교회의 시작이었다.

1995년 9월 3일, 괌두레교회 당회장인 김진홍 목사와 활빈두레교회에서
파견된 교우들과 김호열 총무(미주 본부장)가 참여한 가운데 10가정의 식구
들과 다른 교회에서 안수 받은 장로 1명, 집사 5명을 세우는 창립예배를 드
리면서 김진홍 목사는 괌두레교회가 지향해 나아갈 4가지 목표를 설교를
통하여 다음과 같이 제시하였다. 괌두레교회는 생명(生命)을 나누는 초대교
회와 같은 심정으로 첫째, 말씀에 든든히 서는 교회, 둘째, 평신도 중심의
교회, 셋째, 한인 중심의 교회, 넷째, 어린아이 중심의 교회를 지향한다. 그
실천방법으로서 시대를 움직이는 차세대 지도자를 키움으로 민족과 지역사
회를 섬기는 데에 중점을 둘 것을 강조하였다. 이에 따라 괌두레교회는 '사

람을 키우는 교회'로서의 정체성에 따라 교회의 모든 역량을 사람을 키우는 쪽으로 집중토록 하였다.

처음 몇 가정이 모여서 시작한 괌두레교회는 성도들의 헌신적인 참여와 노력으로 인해 재빠른 정착을 이루어 나갔으나, 97년 8월 난데없는 KAL 비행기 추락사고는 한때 교회의 위기가 되기도 하였다. 사고가 나기 전 괌 전체의 인구는 약 15만이었고, 한국교민들은 약 10%에 해당하는 1만2천명 정도가 살고 있었다. 대개 교민들은 건설업체와 슈퍼마켓, 식당, 세탁소, 그리고 여행사를 운영하며 살고있었다. 그 당시만 해도 한국여행객에 많이 의존하고 있던 여행사와 가이드, 식당 등은 하루 4편에 비행편이 1편으로 줄어들고, 엎친 데 덮친 격으로 한국의 IMF로 인하여 여행객이 90%까지 줄어들자 교민들은 상당한 충격을 받았다. 비행기 사고와 IMF로 인한 정신적 충격과 경제적 타격을 입은 교민들이 지역을 떠나는 분위기가 휩쓸어, 한 때는 교우들이 상당히 줄어들기도 했었지만, 이제는 다시 회복이 되어 현재는 장년 75명, 학생·어린이 20여명, 중고등부 25여명으로 도합 약 120여명이 예배에 참석하고 있다. 또 비록 현재에는 교회에 출석치 않고 있으나 향후 두레교회에 출석하고 싶다는 뜻을 가진 예비 두레교회 교인들도 상당수 있으며, 지속적으로 조금씩 새 교우들이 등록하고 있다. 현재 교회의 월 평균 재정은 약 $10,000~15,000 정도이다. 이제는 재정적으로 자립(自立)이 되어서 매년 장학금으로 $20,000, 해외 선교비로 $15,000씩 지원하고 있으며, 지역사회를 섬기는 일과 연합사업에도 지원할 수 있는 행복한 교회로 정착되고 있다.

3. 두레교회가 접근했던 차별화 목회

일반적으로 기성교회에 출석하고 있는 많은 교우들의 한결같은 불만은 지금의 교회생활이 행복하지 않다는 것이다. 또한 분열하는 교회는 구성원들 간에 많은 상처와 한을 남긴다. 이러한 것을 보면서 맨 처음 두레교회는 '예수님 안에서 교인들을 행복하게 해주어야 하겠구나'라고 생각을 했었다. 그래서 교우들에게는 **"우리 교회는 생긴 대로 놀자"**라고 말을 했다만, 그리스도인으로서 교회 내의 생활과 교회 밖의 생활이 일치되는 '생활 속의 신앙'이 절실함을 느꼈다.

3.1 행복한 예배가 있는 교회

이와 같은 생각에서 두레교회는 예수님이 주시는 평안함과 기쁨, 행복함을 체험키 위해 예배 분위기를 축제 분위기로 바꾸려고 다양한 시도를 하였다. 가능한 기존 틀을 유지하지만 그러면서도 동시에 자유함을 누리는 예배를 위하여 기도와 고민을 하였으며, 성도들과 함께 이러한 예배를 통하여 한 주간의 삶을 살아가는데 필요한 힘을 얻었다. 필자는 교회학교 유년부 시절부터 교회를 다녔기에 교회예배에 대한 진부함을 누구보다 잘 아는 터라 어떻게 하면 교회예배를 행복한 예배분위기로 지속시킬 수 있을까 고민했다.

필자가 처음 부임한 것은 96년 6월이다. 부임하자마자 어떤 상당한 영향력이 있을 것 같은 교우가 정중하게 부탁을 했다. "여기는 더운 지방이고 많이 늘어지는 곳이기에 설교가 길면 안됩니다. 제발 설교를 짧게 해주십시오." 그래서 저는 죽은 사람 소원도 들어주는데 산 사람 소원 못 들어주랴 생각하고, 안 그래도 설교 밑천이 시원찮은데 잘 됐다며 그 다음 주일에 5분 설교했더니 그 분이 이렇게 말했다. "5분은 너무 짧다." 그래서 다음 주일에는 10분을 설교했더니 모두들 아쉬우니 좀더 해달라고 해서 15분, 20

분으로 늘였고, 지금은 열 받으면 30분 이상도 하는데 모두들 하나 같이 시간이 길지 않다고 말하는 것을 보면 처음이 중요하구나 하는 생각이 든다. 일단 예배에 대한 신선함, 그리고 예배는 지루하지 않다, 즐겁다, 행복하다는 것을 인식시키는 데 조금은 성공하였다. 그래서 지금도 두레교우들이 어디 가도 예배분위기를 자랑하는 것을 보면서 감사하고 있다. 이러한 예배분위기를 통하여 얻은 힘을 '**사람을 키우는 일**'에 직접 참여토록 하고 구체적으로 적용시키기 위하여 노력하여 왔다.

3.2 두레도서실 시작

괌두레교회는 어떻게 하면 구체적으로 교민사회를 섬길까 논의하다가 우리가 해야 할 첫 번째 일은 도서실이라고 판단하였다. 두레마을에서 15년 있으면서 배운 것이 너무도 많은데 특별히 김진홍 목사님으로부터 배운 것 중에 독서하는 법, 좋은 서적구입 하는 법, 그리고 시와 장소를 가리지 않고 무차별 독서하는 법은 너무나 충격적으로 다가왔다. 그래서 그런 모습을 눈여겨보면서 나도 모르게 조금씩 배우고 실천하여, 틈틈이 눈여겨보고 구입

매주 밥상공동체로 사용하는 두레독서실은 식사후 가족들이 책도 읽고 휴식공간으로 활용한다.

해둔 양서들을 무리하게 운임비를 지불하면서까지 괌으로 가지고 오게되었다. 처음에는 내 서적을 내놓으려니 아까웠다. 어떻게 모은 책인가. 그렇지만 내놓지 않고는 시작이 안되겠다는 생각이 들었다. 그것을 시초로 일차 오천여 권으로 '두레도서실'을 시작하였다. 감사하게도 교민들에게서 매우 긍정적인 호응을 받았고, 적잖은 교민들은 가지고 있던 도서를 기증해주었다. 이에 힘을 얻은 두레교회는 지역사회에 꼭 필요한 도서실로 키울 것을 다짐하고, 98년부터 매월 $500을 투자하여 한국으로부터 신간을 구입하기 시작했다. 교회에 다니는 사람이든지 안 다니는 사람이든지 누구든지 이용하도록 교민사회에 개방하였는데, 믿음에 관한 책과 오래된 서적만 가지고서는 아무래도 안되겠기에, 인터넷을 통하여 정치, 경제, 문화, 예술, 소설 등 다양한 책들을 구입하여 비치해놓으니 훨씬 호응도가 좋았다. 이에 힘입어 한 교우는 매월 월간지 6종류(월간조선, 월간동아, 여성동아, 주부생활, 우먼센스, 여성중앙)를 무료로 기증해 주었다. 이렇게 되니 도서실이 좁아져서 부득불 확장해야 할 지경에 이르렀다.

99년 12월에 넓은 공간에 새로운 도서실을 꾸몄다. 이사 가시는 분들이 많은 책을 기증해 주셨고, 또한 도서를 빌려 가시는 분들도 집에 가지고 있는 도서를 많이 기증해 주었다. 그러다 보니 현재는 도서가 약 2만권에 이를 정도로 방대하여졌다. 처음에는 무료로 대여할까 하다가 아무래도 빌려서 가져가야 책임감을 갖고 읽을 수 있을 것 같고, 또 대여료를 보람 있는 곳에 사용해야겠다는 생각에, 신간(新刊) 대여 시 $2, 구간(舊刊) 대여 시 $1을 대여료로 받고 있으며, 수입금 전액은 장학금으로 쓰여지고 있다. '좋은 도서도 읽고 사람을 키우는 일에도 참여한다'는 취지에 동참하여 많은 교민들이 기쁜 마음으로 참여해주고 있다. 아직 큰 금액은 못되지만 그래도 수익금이 적잖게 들어오고 있어 장래에 더욱 좋은 기대를 갖게 한다. 처음에는 교우 중에 몇 분들이 이의를 제기하였다. 수익금도 시원찮은데 매월 $500을 투자하는 건 무리가 아니냐고. 그래서 필자는 이렇게 대답을 하였다. "그 말씀도 일리가 있습니다만 한번도 교회에 발걸음을 하지 못한 사람이 도서실을 통하여 교회에 올 수 있다는 사실은 대단히 중요합니다. 그리고 일반 소설책을 보다가 어쩌다 믿음에 관한 글을 읽어서 한 생명이라도 구원받는 역사가 일어난다면 그것을 돈으로 환산할 수가 있겠습니까? 어찌 돈으로 한 생명을 구원할 수 있습니까?" 이렇게 말씀드리자 그분들이 그때서야 충분히 이해하고 잘 협조해주었다.

실제로 교회의 예배에 한번도 참석치 않았던 교민이, 일반도서에서 시작하여 신앙서적으로 옮겨가고, 그 계기로 교회에 나온 사람도 있었다. 지금도 불교신자나 천주교인이나 무종교인들, 타교회 교인들 등 교민이라면 누구든지 자유롭게 드나들면서 도서실을 이용하는 것을 보면서 상당한 보람을 느끼고 있다. 그래서 지금은 두레도서실이 교민사회에 꽤 알려져서 좋은 명소로 이용되고 있다.

3.3 사람을 키우는 교회

모든 프로그램을 '사람을 키우는 교회'에 초점을 맞추고 각 기관들로 하여금 행사를 주관하도록 하자 기관들의 관심과 열의를 끌어낼 수 있었다.

3.3.1 남선교회 활동

우선 남선교회는 물품구매권(생활에 필요한 물건을 구입하는 현금과 동일하게 사용할 수 있는 $10짜리 쿠폰)을 남선교회 이름으로 발행하여 교인들과 주위의 교회 및 교민들에게 판매하였다. 가정주부들이 가정에서 필요로 하는 부식비 및 재료들을 구입하려면 어차피 슈퍼마켓을 이용해야 한다. 이왕 슈퍼마켓을 이용하려면 현금으로 하지 말고 물품구매권을 구입, 사용하자고

하여 판매에서 얻어지는 수익금 중 10%를 사업자들로부터 후원받았다. 그 돈은 장학사업과 북한선교사업에 상당한 도움을 주었다.

3.3.2 여선교회 활동들

괌두레교회는 여선교회 활동이 활발하게 진행되고 있다. 작은 교회, 작은 인원이지만 어떤 큰 교회 부럽지 않게 당당하게 일하는 여선교회 회원들의 모습이 아름답다.

가. 일본어 교실

첫 번째로 여선교회는 일본어 교실을 열었다. 일본 관광객들이 많은 괌에서 일본어를 못하면 취직이 어렵다는 것을 누구나가 잘 안다. 이렇게 일본어가 절실하기에 일본어 교실을 열면 교민사회에 조금이라도 도움이 될 것이라는 생각에 먼저 교회식구 중심으로 시작했다. 처음 12명으로 시작하였지만 점차 교민들로부터 좋은 반응을 얻어 그 후로 여러 차례 실시하였고 큰 호응을 얻었다. 처음에는 무료 봉사를 생각했는데 참여율과 책임감을 갖게 하기 위해 1인당 회비 $50씩 신청비를 받기로 했다. 모든 교육에서 얻어지는 회비 수익금은 전액 장학금으로 쓰기로 뜻을 모음으로써 교육에 임하는 교민들이나 교우들 모두 자부심이 대단하다.

나. 달려라 삼천리

수익성 있는 사업을 해야 장학사업과 선교사업을 지원하겠기에 좋은 사업이 없을까 찾고 있던 차에 먹물주머니를 만들게 되었다. 한국 동원참치 회사는 이곳 괌에서 멀지 않은 곳에서 참치를 잡는데, 참치 잡을 때 사용하는 먹물주머니가 있다. 떼지어 다니는 참치를 발견하면 참치떼 가운데 우두머리 쪽에다가 조그만 삼베 같은 주머니에 먹물을 담아서 대량으로 살포한다. 그러면 참치떼가 눈이 멀어 우왕좌왕하게 되는데, 그때 그물을 쳐서 참치를 잡는 것이다. 그 참치 잡는 먹물주머니 만드는 것을 일명 '달려라

북한동포돕기 조끼 뜨개질을
하는 여선교회 회원들

3000리'라고 한다. 왜 그렇게 이름을 붙였냐 하면 삼베주머니를 가로10㎝, 세로15㎝ 크기로 한쪽만 남겨두고 세 군데 면을 재봉틀로 밟아서 만드는데, 여선교회 회원들이 모여서 몇 명은 쉴새없이 재단하고 몇 명은 쉴새없이 재봉틀을 밟아야 하겠기에 이름 붙여 "달려라 3000리" 라고 하였다. 이 사업을 통하여 매년 $8,000씩의 수익금을 올려 한국 두레운동의 사모수련회와 장학사업, 북한선교에 많은 지원을 해오고 있다. 또한 2001년 1월 8일부터 12일까지 남양만 두레마을에서 열렸던 제12회 농어촌교역자사모수련회의 모든 경비(1,500만원)를 대었고, 괌에서 여선교회 회원 9명이 직접 참여하여 봉사하고 온 것은 참으로 보람된 일이었다. 물질만 지원하는 것이 아니라 직접 참여하여 봉사함으로서 생활 속에 신앙을 몸소 경험하는 좋은 계기가 되었다.

다. 북한돕기 조끼 뜨개질

또한 여선교회 회원들은 매주 2회 모여서 성경공부 1시간씩 하고, 추위와 헐벗음에 떠는 북한 어린이들을 생각하며 손수 뜨개질하여 겨울 조끼를 만들어 왔다. 그 동안의 노력으로 인해 완성된 조끼 1,500벌(500벌은 직접 뜨개질하여 만들었고, 1000벌은 시장에서 구입)은 이미 북한에 전달하였다. 지금도 계속해서 뜨개질을 하고 있으며, 이를 매년 겨울마다 북한에 전달할 예정이다.

전에는 교민사회에서는 모였다 하면 쓸데없는 말들이 많았는데, 이 일이 빌미가 되어 함께 모여 좋은 일을 하다보니 회원들 스스로가 얼마나 행복해 하는지 모른다. 이 뜨개질이 재미있는 교훈을 주었다. 뜨개질하다가 쓸데없는 잡담을 하다보면 코를 놓쳐 버리기 때문에 조끼에 구멍이 나게 되니, 집중해서 뜨개질을 해야 하니까 말이 많이 줄어들었다. 그러다 보니 모이면 그저 격려해주고, 다른 회원이 뜨개질한 것을 칭찬해주는 아름다운 모습을 보게 된다. 교회사업이 텔레비전 광고로 나간 적이 있었는데, 그것을 보고 교회 안 다니는 사람들이 털실을 사다주면서 좋은 일 계속하라고 격려하는가 하면, 또 교회를 안 나오는 어떤 여성분은 매주 조끼 두벌씩을 뜨개질해서 교회 문 앞에 두고 가는 일도 있었다. 그 분은 괌에서 하와이 혹은 본토로 자주 여행을 하시는 분인데, 보통 비행기 타는 시간들이 7시간 이상이라 전에는 늘 피곤하고 힘든 여행이었지만 뜨개질을 하면서부터는 얼마나 행복한 여행이 되었는지 모르겠다고 한다. 조끼 한 벌 뜨면 목적지에 도착하고, 또 한 벌 뜨면 괌에 돌아오게 되니 여행 한번 갔다오면 매번 조끼 두벌씩을 가져온다. 뜨개질을 하게 된 것에 정말 감사한다며 오히려 우리보다 감격해 하는 것을 보니 보람을 느낀다.

라. 장학바자회

지난 2000년 4월 중순에 장학바자회를 개최하였다. 대개 일반적으로 바자회는 김치와 간단한 음식을 마련해 하루정도 행사한다. 장학바자회는 이틀동안 철저한 준비와 홍보를 거쳐 교우들이 갖고 있는 일상생활용품을 모두 가져와서 우리 교포들이 아닌 원주민과 외국 사람들에게 Garage Sale로 판매한 결과, 괌에서는 여선교회 단독으로 실시한 바자회 중 가장 많은 수익금($10,054)을 올려 교포자녀 2명과, 선교사 자녀 1명에게 장학금 $7,000을 지원하였다.

사진으로 보는
장학바자회 행사

마. 무료 SAT(토요 School) 운영

여선교회가 최근에 하고 있는 좋은 사업을 하나 더 소개한다. 바로 SAT(미국대학입학학력고사) 토요 School 운영이다. 미국에서는 대학을 가려면 SAT시험을 잘 치러야 하고, 따라서 SAT성적을 높이기 위해 과외를 하다보니 경비도 많이 들어가곤 한다. 이에 본 교회에서는 여선교회 주관으로 무료 SAT교육을 하기로 하여 학생모집 광고를 하였더니 학부모들의 반응이 대단하였다. 이렇게 좋은 일을 교회에서 해주니 너무 고무적인 일이라고 칭찬하면서 적은 돈이지만 우리도 함께 동참하겠으니 잘 해달라고 많은 격려가 있었다. 처음 광고에 40여명(괌에서는 상당히 많은 숫자임)의 청소년들이 신청해왔지만 부득불 24명만 선착순으로 뽑아서 4개반으로 나누어서 4명의 우수한 선생님들을 선발, 교회에서 장학금을 지불하고 SAT 교육을 진행해오고 있다. 정당한 이유 없이 2번 결석하면 제명당한다는 것을 처음부터 약속조항에 넣어두었더니 참여율이 상당히 좋은 편이다. 현재는 대기자 명단에 있는 학부모들의 거센 항의에 밀려 추가로 몇 명을 더 받아서 34명으로 늘어난 상태이다. 선생님들도 최선을 다해서 가르치고 있고, 학생들도 처음에는 회의적이지만 이제는 스스로 좋아서 참여하는 아름다운 프로그램으로 정착되어가고 있다. 이대로만 진행된다면 우리의 젊은 청소년들이 틀림없이 좋은 성적으로 대학에 진학할 것을 의심치 않다.

이제는 두레교회 하면 '사람을 키우는 교회, 유익한 교회, 열심히 일하는 교회, 뭔지는 잘 모르겠으나 뭔가 있는 교회, 기분 좋은 교회'로 소문나 있다. 허나 교민들의 수는 제한(制限)되어 있으며, 반면에 조그마한 교회들은 많은 교민사회의 특징으로 인해 장학사업(獎學事業), 선교사업(宣敎事業) 등의 프로그램을 규모 있게 운영하기에는 역부족임을 느낀다. 그것을 극복하기 위한 방법으로서 교회 연합 사업을 시작하였다.

3.4 교파가 다른 세 교회 연합사업

교세가 비슷한 세 교회(구암감리교회, 괌한인침례교회, 괌두레장로교회)가 연합(聯合)을 위한 다양한 일들을 시도하여 교민사회로부터 큰 호응을 불러일으켰다. 분열만 일삼아왔던 교민사회에서 세 교회가 하나되는 연합사업의 모습들을 보면서 많은 이들이 격려와 지지를 표해주었다. 현재 진행되고 있는 연합사업은 1년 1회 야외 연합예배, 1달 1번 교환설교(交換說敎), 고난주간 연합성찬예배, 부활절 연합성가대 칸타타, 금요연합철야기도회, 연합부흥회(1회 : 김진홍 목사/두레교회, 2회 : 이재철 목사/주님의 교회, 3회 : 김웅민 목사/하와이 감리교회, 4회 : 최일도 목사/청량리 다일공동체), 교회학교 세 교회 연합여름성경학교, 중고등부 및 청년 연합수련회, 달력 함께 만들기, 우리한글학교, SAT(토요 School), 남선교회 매월 1회 골프모임, 여선교회 연합바자회 및 행사와 연합모임, 담임교역자 출타 시 연합예배 등이다. 이같은 연합사업의 지속적 추진이 교민사회의 분열된 모습을 보아왔던 교민들에게는 신선한 충격으로 느껴진 것 같다. 그 반응으로 한 교민은 세 교회연합사업에 써달라고 2에이커의 땅을 기증해 주었다. 현재 어떻게 활용해야 할지 연구하고 있다.

두레교회에 대한 기존교회들에 반감도 만만찮은 때에 연합을 통하여 두레교회 때문에 다른 교회들도 행복하고 지역사회에 희망을 줄 수 있는 연합사업을 궁리하였다. 마침 교파가 다른 세 교회 목사님들끼리 자연스럽게 만남의 기회가 주어졌고, 만남에 횟수가 늘어남에 따라 좋은 건수가 없을까 하는 일반적인 대화를 나누다가, 누가 먼저랄 것 없이 함께 연합하여 일을 해보자는 합의를 보고, 우선 한 달에 한 번씩 교환설교를 해 보자는 것부터 시작하다보니 지금은 두레마을처럼 사모만 교환 안 하고 다 교환하는 열린 교회로서의 연합활동을 오늘에 이르기까지 해오고 있으며, 애초에 생각했던 것보다 훨씬 더 많은 아름다운 열매들을 맛보고 있다. 필자는 지금도 변함 없는 소신이지만 두레교회가 가는 곳에서는 분열에서 일치로, 불행에서 기쁨으로, 행복을 안겨주는 멋진 교회가 되어야 한다고 믿는다. 이렇게 아름다운 연합이 이루어지다 보니 세 교회의 위상이 향상되었고, 좋은 소문은 전도로 연결되어 세 교회는 점차적으로 성장하고 있다.

3.5 괌두레교회의 시련들

괌두레교회가 창립한지 다섯 해를 지나면서 교회와 지역사회에 도전과 소망을 주었다는 여러가지 사실을 확인하면서 하나님께 감사드린다. 하지만 늘 좋은 일만 있었던 것은 결코 아니다. 이만하면 이제 후임자가 와서 좀더 세밀하게 다질 수 있겠구나 판단한 김진홍 목사께서, 부족한 필자를 한국으로 불러서 한국으로 가려고 준비하고 있었는데, 후임자로 오실 분에게 사정이 생겨서 오지 못하게 되었다. 또한 그 시점에 이미 선발된 제2기 장학생들에게 장학금을 지급하려고 하였는데, 교회재정을 맡은 재정담당이 헌금관리를 부실하게 하여 장학금을 지급하는 데 상당한 어려움을 겪었다. 그뿐 아니라 교회개척부터 혼자서 재정장부와 현금을 관리하다보니 본의 아니게 헌금을 유용한 사실이 감사결과 뒤늦게 밝혀졌다. 이 과정 중에 재정담당을 옹호하는 몇몇 교우들과 기존교우들 간에 반목이 생기고 서로 비방하는 전혀 예상하지 못했던 일들이 일어났다. 사실 문제는 간단한 것이었는데 중간에 말을 옮기는 과정에서 증폭되어 유언비어들이 난무하여 몇몇 교우들이 상처를 입고 교회를 떠나기도 하였다. 특히 이민사회에서는 모두가 자기중심적인 경향이 많아 어려움이 더하였다. 3년 혹은 5년마다 찾아오는 어려움이긴 하지만 이번 사건을 통하여서 몇 가지 교훈을 얻었다.

하나는 기도가 부족했다는 것이다. 사업과 일에 치중하다보니 기도를 열심히 하지 못하였다. 사건이 터지자 본질은 제쳐놓고 공궤만 일삼는 일이 일어난 것이다. 두 번째는 교회 시작부터 재정문제에 있어서 장부와 현금을 철저히 분리시켰어야 하는데, 너무 사람을 믿고 확인하지 못한 목회자의 책임이 크다는 것을 배웠다. 또 한가지는 동질의 신앙이 너무나 필요하다는 사실을 깨달았다. 함께 교회를 다니지만 같은 교회교인이 아니었다. 전혀 다른 생각을 품고 있었다. 이래서 동질의 신앙을 김진홍 목사께서 강조하셨구나 하고 많이 배웠다.

이제는 2000년 8월에 일어난 일들이 잘 수습되어서 오히려 더 바람직한 교회의 모습으로 나아갈 수 있게 된 것은 꽴두레교회를 사랑하시는 하나님의 은혜라고 확신한다.

4. 지역에서 필요로 하는 두레운동

두레 공동체운동 본부가 하나님 나라의 총체적 운동으로서 발전하려면 첫째로 건전한 상식과 행복하고 평안한 마음으로 예배드릴 수 있는 활빈·두레 스타일의 교회가 더욱 많아야 한다. 왜냐하면 일반교회에서 적응 못하는 성도들이 상당수 있음을 목회하면서 발견하게 되었다. 일반교회에서 적응 못한다면 두레교회에 와서 자기 역할을 할 수 있는 장을 만들어 주어야 한다. 그래서 교회 오는 것이 즐겁고 행복하고 신바람나야 한다. 그 점에서 두레교회는 목민목회로 다져진 목회자들이 배출되어 그 사명을 감당해야 한다.

둘째로 지역교회 및 타 교회와의 연합(聯合)을 위해 노력하는 자세가 필요하다. 한국교회도 그렇겠지만 특히 이민사회는 갈등과 상처와 한이 많아 조그마한 일에도 하나되지 못하고 분열만 일삼아 온 것이 사실이다. 이러한 틈바구니 속에 다른 교회 애기 할 것 없이 우리 두레교회부터 실천하자는 의미에서 교파가 다른 감리교회, 침례교회와의 연합을 통해 이민 사회에 하나된 소망을 보여줄 필요가 있으며, 예수님의 하나되게 하심을 되살리고 그 속에서 교회의 갱신을 추구한다.

셋째로 섬김의 정신이 교회를 통하여 지역사회 속에서 상처받은 백성들을 치료하고, 소외된 백성의 친구가 되고, 서러운 백성들에게 위로가 되는 교회를 이루는 일에 정성을 기울여야겠다.

이제 교우들에게 '생활 속의 신앙'이 정립되도록 두레가족들의 쓰임 받는 역사(役事)와 함께 이제 창립 5주년을 맞이한 괌두레교회에 두레 일꾼들의 충고와 격려, 협조가 요청된다. 勞動

일본과 안디옥 공동체

김 응 교*

1. 일본과 두레운동

오늘의 역사란, 우연히 형성되어진 것이 아니다. 오늘이란, 과거라는 씨앗에 의해 태동된 새싹일 것이다. '일본두레공동체운동'(JDCM : Japan Doorae Community Movement)도 귀중한 과거의 유산을 갖고 있다. 일본두레운동은 1997년 3월 1일에 시작되었다고 소개되곤 한다. 그러나 오늘날 일본에서 두레운동이 펼쳐지기까지는 오래 전부터 뿌려져 온 묵은 노력들이 있었다. 그 과정을 대체로 세 단계로 나누어 설명할 수 있을 것이다.

첫 단계로, 1970년대 초반기에 일본인에 의한 후원회를 들 수 있다. 그 뿌리는 1970년대 초반 「한 알의 밀알회(一粒の麥の會)」부터 시작된다. 1974년부터, 약 100여명의 일본인들이 젊은 김진홍 전도사를 돕는 '김진홍 전도사 돕기 모임'을 만들어 청계천 활빈교회를 돕기 시작했다. 노무라(野村基之) 목사가 중심이 되어 「활빈교회와 김진홍 전도사를 지원하는 회 — 한알의 밀알회 회보(活貧教會と金鎭洪傳道師を支援する會 : 一粒の麥の會會報)」 라는 소식지도 내면서, 적지 않은 지원금을 송금하기도 했다. 돈만 보낸 것이 아

---

* 두레연구원2기, 현 와세다대학교 객원교수, DCM 일본본부장

일본어판 『새벽을 깨우는 종(曉を呼び覺ます鐘)』

니라 직접 청계천 활빈교회를 방문하여 일을 돕기도 하고, 남양만 이주 계획 단계에서 함께 노동하며, '독일-한국-일본'을 연결하는 국제적 연대사업을 하기도 했다. 그들의 획기적인 활동 중에 하나는 1975년에 일본어판 『새벽을 깨우는 종(曉を呼び覺ます鐘)』이라는 책을 발간한 일이다. 책이 출판되던 시기에 김 목사는 감옥에 있었다. 그래서, 그 책의 머리말을 보면, 얼마나 어려운 시기에 이 책을 내게 되었는가, 아울러 김진홍 목사(당시 전도사)에게 폐가 없기를 바라는 일본인들의 마음이 이렇게 기록되어 있다.

> 먼저, 첫째로 확인해두고자 하는 것은, 당연한 것이지만, 이 출판에 의해 만일 문제가 생길 때의 책임은 전부 「한 알의 밀알회」가 책임진다는 것이다. 우리들은, 일본어에 의한 이 책이, 김 전도사 및 활빈교회의 성도들에게 어떤 어려움이라도 끼치는 것을 바라지 않는다. 만약, 당국의 분노와 비판을 살지도 모르는데, 많은 사진을 전제한 것에 대해서도, 그 책임은 그것들을 촬영하고, 선전한 우리들에게 있음을 선언해둔다.[1]

---

1) 「刊行のことば」, 『曉を呼び覺ます鐘』 東京 : 新教出版社, 1975. p4-5.

말할 필요도 없이 당시 한국 당국에서 볼 때, 그리 기분 좋은 내용이 아니었다. 이 책은 당시 일본에서 좋은 책으로 여러 번 소개되기도 했다. 게다가 곧 베스트셀러가 되었으며 『마이니치신문(每日新聞)』에 기사화되기도 했다. 기사 중간에는 "그런데, 작년(1974년 : 인용자) 1월, 발령되어진 긴급조치에 반대하는 집회가 열렸다. '이것은 부패한 정치문제로, 신이 인간에게 주신 기본권을 유린하는 종교적 문제이다'라며 김 전도사는 주장했다. 그날로 체포되어,……(중략)……징역 15년, 자격정지 15년의 중형이 선고되었다"며 신문 기자는 이 책을 쓴 필자가 현재 감옥에 있음을 밝히고 있다. 마지막에는,

> 노무라 씨와 그 동료인 「한 알의 밀알회」는 어렵게 책을 출판했다. "이 수기가 가난한 민중 속에서 살아보려 하는 무명(無名)의 전도사의, 인생 그 자체에 질문을 던지는 고백이기도 하고, 그리스도에의 한없는 사랑과, 조국에의 절실한 사랑을 고백하는 기록이기 때문이다"라고 노무라 씨는 말하고 있다.[2]

라고 써 있다. 여기서 우리는 거꾸로 일본인들의 간절한 신앙을 보지 않을 수 없다. 김진홍 전도사가 청계천에 들어가 활빈교회 운동을 시작한 것은 1971년 여름부터인데, 그 5년 뒤에 일본인 기독교인들이 돈을 모아 두레운동 초창기의 책을 한국어도 아닌 일본어로 냈다는 것은 놀라운 일이 아닐 수 없다. 당시 김진홍 전도사의 글이 활자화되어 책으로 나온 적은 없었다. 1982년 1월 20일 홍성사에서 한국어판이 나오기 7년전의 일이다.

1970년대 시월유신을 내세운 박정희 정부는 한국을 민주화된 사회로 선전하려고 〈대한뉴스〉와 유신찬양 만화와 〈새마을 노래〉등 온 홍보망을 동원했다. 그런 마당에, 한국의 치부(恥部)가 이렇게 국제화되는 것은 문제가 아닐 수 없었을 것이다. 청계천의 실상과 빈민에 대한 비인권적 행태를 담고 있는 책에 대한 평이 일본의 유력한 중앙 신문에 기사화된 것은, 김진홍

---

2) 「韓國人傳道師の手記日本で出版」, 『每日新聞』, 1975年 7月 8日. 9面.

『마이니치신문』
1975년 7월 8일

전도사가 일찍 출옥하는 데 적지 않은 공헌을 했음에 틀림없다. 이렇게, 초창기의 활빈교회운동에서 일본의 「한 알의 밀알회」가 차지하는 중요도는 어느 누구도 지울 수 없는 위치에 있다. 그런데 이처럼 잘 진행되던 일본인의 활빈교회 후원운동은 1970년대 말에 활빈교회운동이 1차 실패기로 넘어들고, 낙심한 김진홍 전도사와의 연락이 어려워지는 상황에서, 게다가 오해까지 쌓여 그 후원활동이 중지되어 버렸다. 그렇다하더라도, 뒤에 두레운동으로 이어지는 활빈교회운동은 일본인과 끊을래야 끊을 수 없는 관계를 가지게 되었다. 이처럼, 30여년 전 두레운동의 초창기는 일본인에 의해 도움을 받은 바가 크다. 그만치 일본에 두레운동이 있어야 하는 까닭은, 그 태생부터 관계가 있다고 할 수 있겠다.

두 번째 단계는, 1980년대 초반기부터 몇몇 의식있는 재일교포에 의한 활동단계이다. 히메지 지역에 박경호(현재 장로) 부부, 도쿄 지역에 지혜선

권사, 오사카 지역에 구덕순 집사가 스스로 두레운동을 일본에 전하려고 개별적인 활동을 펼쳤던 시기였다. 특히, 오사카에 사는 구덕순 집사는 김진홍 목사의 테이프를 한국에서 받아 거의 7년에 걸쳐 당시 70여명의 일본 회원들에게 혼자 매주 테이프를 보내주었다.

세 번째 단계는, 1997년 3월 1일에 '일본두레커뮤니티' 가 시작되는 단계이다. 지금까지의 운동을 토대로 필자가 일본두레의 일꾼이 되어, 전국적인 조직을 일구기 시작했다. 1997년부터 이제까지 4년간의 활동은 크게 세 가지로 정리할 수 있겠다. 첫째, 말씀 교육으로, 회원들에게 매주 김진홍 목사의 테이프를 보냈고, 김 목사의 책을 일본어로 번역 『새벽을 깨우는 종(曉を呼び覺ます鐘)』(上 · 下, 1999)을 2권으로 증보 편집하여 다시 출판했다. 아울러 매달 한번씩 지역별(오사카, 도쿄, 요코하마 등지)로 '밀올성서학당'을 열어 마태복음을 공부하고 공부가 끝나면 밥상공동체를 했다. 둘째, 구제활동으로 북한고아돕기 헌금, 매맞는 여성과 아이의 생활을 지원하는 '119구조선' 헌금, 일본두레장학생을 지원하는 일본두레장학기금 등을 운영했다. 셋째, 친교활동으로 회원들의 경조사와 연말 송년회 등 그리스도 안에서 형제의 화목을 다지는 일에 힘을 모았다.

가령, 2000년 한해만 생각해도 의미 있는 일이 많았다. 8월 첫주, 세계 각국에서 온 170여명의 손님을 맞아 〈세계두레선교대회〉를 히메지에서 은혜롭게 치를 수 있었다. 어려운 살림살이었지만, 두레장학금이나 '119구조선'을 진행할 수 있었고, 오사카에 사는 귀한 분의 헌금으로 오사카 지역 선교를 위한 '안드레 기금'을 마련했다. 히메지 · 고베 · 도쿄 · 와세다대학에서 열린 김진홍 목사의 집회는 의미가 깊었으며, 도쿄에서 열렸던 「2000년 군인위안부 성노예 재판」에 두레 회원들이 참가했고, 특히 히메지 · 오사카 지역에서는 많은 회원들이 가수 홍순관의 「대지의 눈물」 공연에 참가하여 기금을 모아 군인위안부 대책위원회에 적지 않은 기금을 보내기도 했다.

4년간 밀알성서학당을 하면서, 두레형의 교회를 세우자는 회원들의 의견을 수없이 들었다. 필자 역시 이제는 두레형 교회가 일본에 필요하다는 생각을 하게 되었다. 때마침, 2001년 첫주부터 히메지약수교회에 두레에서 파견한 이기종 전도사가 부임하여 두레형 교회가 일본에도 시작되었다. 이제 일본두레운동에 필요한 **네 번째 단계는 '일본에 필요한 교회'를 세우는 단계라고 볼 수 있겠다.** 이미 두레운동은 괌에 '괌두레교회'를, 대구에 '대구두레교회'를 만들어 그 장소와 상황에 맞는 '지역 교회 운동'을 펼쳐오고 있다. 일본에 새로운 교회를 세우는 과정에서, 이에 대한 평가를 참조하면서, 필자는 성경에서 국제적 교회의 본보기를 살펴보기로 했다.

성경에는 많은 교회의 본보기가 있는데, 특히, 일본에 지역 교회를 생각하면 떠오르는 많은 교회형이 있다. 일본 전체 내의 영적 상황을 생각해볼 때, 특히 오사카 지역의 두레공동체를 생각할 때 필자는 고린도 교회가 떠오르곤 했다. 늘 기뻐하면서 온갖 역경을 이겨낸 히메지약수교회 공동체를 떠올릴 때는 빌립보 교회가 생각나곤 했다. 그리고 이제 도쿄에 두레형 공동체를 생각할 때, 안디옥 교회가 떠오르는 것이다.

이 글은 두레만을 위해서 쓰는 글이 아니다. 다만, 일본에서 교회를 세우려는 이들에게 도움이 되는 글이 되었으면 하는 소박한 바램으로 생각을 정리해본다. 따라서 두레와 관계 없더라도, 일본에 교회를 세우시려는 분은 이 글을 읽고 그른 점이 있으면 지적해주기 바란다.

2. 안디옥 교회와 지역선교운동

안디옥 교회는 매우 중요한 의미를 지니고 있다. 따라서 먼저 '안디옥'이란 지명의 의미를 고찰해 보지 않을 수가 없다. 기원전 312년(306년)경에 셀루시드 제국을 건설했던 안디오쿠스(Antiochus)를 기념하기 위하여 그 아들 셀루쿠스 니카토르가 16군데의 안디옥을 건설했다. 그중에 신약성경에는 두 곳이 나타나는데, 하나는 시리아의 안디옥이며 나머지 하나는 비시디아 안디옥이다. 이 글에서 살

초대교회 성도들이 박해를 피해 예배드렸던 동굴교회

펴보려고 하는 '시리아 안디옥'(Syrian Antioch)은 기원전 301년에 설립되었고, 모든 안디옥 중에 가장 중요한 곳이었다. 그레코 로마 제국에서, 로마와 알렉산드리아 다음 세 번째로 큰 성읍으로 그 당시의 인구가 50만명 정도였다. 또한 웅장한 건물 때문에 '아름답고 찬란한 곳, 동방의 여왕'이라고 불리웠다. 동서남북에서 큰 상인들이 몰려와서 시장이 북적였으며 지중해에서 온 배는 물건을 내리기 위해 항구에서 줄서서 기다리는 일도 있었다. 사치에 빠져서 마차경기에 금 주화를 낭비하고 큰 공중 목욕탕은 매일 만원을 이루고 있는 세계적인 도시였다.[3]

지진이나 전쟁으로 파괴되기도 했던 이 안디옥은 시리아의 수도이기도 하며, 그 지방의 로마 총독이 거주하는 곳으로, 많은 민족들을 살고 있었다. 한국사람들이 일본에 살면 스스로 '재일(在日) 거류민단'이라 하듯이 이곳에는 '유대인 거류민단'이 있었다. 예루살렘에서 박해를 피하여 이곳으로 온

---

3) G.Downey, ANTIOCH(SYRIAN), *The Interpreter's Dictionary of The Bible, Volume 1* (ABINDON Press, 1982), pp.144~148.

그리스도인들은, 이들 '유대인 거류민단' 사이뿐만 아니라, 헬라인들에게까지 복음을 전파하기 시작했고, 바로 여기에 교회가 설립되었던 것이다.

안디옥 교회는 '피난민 교회'로 시작되었다. 예루살렘에서 스데반이 순교 당하는 등 핍박이 있었을 때 많은 기독교인들 500km 떨어진 안디옥으로 피신했다. 안디옥 교회 동편에 있는 실피우스 산은 나무가 거의 자라지 않는 돌산으로, 지금도 크고 작은 동굴들이 수없이 많이 있다. 초대 교회 성도들은 박해를 피해 산 중턱에 수많은 동굴교회(사진)를 만들어 몰래 예배 드렸던 것이다. 허리를 굽히고 겨우 들어갈 수 있는 통로 입구를 지나면, 곳곳에 비밀 통로들을 볼 수 있다. 이 비밀통로는 예배 중 교회를 핍박하는 적들이 나타나면 몸을 숨겼던 곳이다. 길이 4km나 되는 이 비밀통로는 중간에 여러 갈래로 갈라져 산 반대편으로 나갈 수 있다고 한다. 환란과 핍박 속에서 신앙을 지켰던 초대교회의 생생한 현장이다.[4]

이제 안디옥 교회의 모습을 사도행전 11장 19~30절에서 살펴보기로 하자. 누가가 기록했던, 자신의 고향[5]인 안디옥 교회의 특징을 살펴보고, 그에 따라 일본에 어떤 교회가 요구되는지 살펴보려 한다.

첫째, 안디옥 교회는 고난 속에서 '평신도들에 의해' 시작된 '평신도 교회'였다. '스데반의 일어난 환난', 즉 스데반의 순교사건은 복음을 일시에 확산시키는 기폭제 역할을 했다. 이 사건 같은 탄압을 피해 기독교인이 흩어지게 된 것이다. 또한 그 사건 이전까지만 해도 유대인에게만 복음이 전해지는 상황이었다. 그런데 안디옥의 모임은 달랐다.

---

4) 박준서, 『성지순례』 (조선일보사, 1992), pp.213~216.
5) "「사도행전」의 필자인 의사 누가의 고향은 안디옥이다"라는 역사가 요세푸스의 증언을, 이후 제롬(Jerome) 등 많은 신학자들이 대체로 동의하고 있다. 그래서 「사도행전」에서 수십회 나타나는 안디옥 교회에 대한 묘사는 다른 지역보다 상세하다고 한다. 아울러, 필자 누가는 안디옥을 예루살렘 다음인 초대교회의 중심지로 묘사하고 있다고 한다. : 강문석(사도행전 강해), (성광문화사, 1987), p.37.

> 때에 스데반의 일로 일어난 환난을 인하여 흩어진 자들이 베니게 구브로와 안디옥
> 까지 이르러 도를 유대인에게만 전하는데 그 중에 구브로와 구레네 몇 사람이 안디
> 옥에 이르러 **헬라인에게도 말하여** 주 예수를 전파하니(사도행전 11:19~20, 강조는
> 인용자)

헬라인에게도 헬라어(=그리스어)로 복음을 전파하기 시작한 것이다. 사실, 그들의 사정은 대단히 어려웠을 것이다. 박해가 심했기 때문에, 그들은 신앙의 자유를 찾아 고향을 떠나 여기저기 도망다녀야 했을 것이다. 따라서 경제적으로도 어려웠을 것이다. 교회를 시작할 만한 적당한 장소도 없었고, 당연히 목회자도 없었을 것이다. 당시 흩어진 그리스도인들 가운데 낯선 시리아 안디옥으로 이주한 사람들이 있었는데 그들 중에 "구브로와 구레네 그리고 몇 사람"의 '평신도'들이 교회를 세웠다. 교회를 세울 때 그들에게는 특별한 지도자가 없었다. 교회당은 단순히 '형제들'(brethren, 행 15:1, 32~33) 그리고 '제자'(disciples, 행 11:26)라고 불리는 독실한 사람들이 모인 공동체였을 뿐이다.6) 그런데 그들은 어려움 속에서도 좌절하지 않고 교회를 세웠다. 그토록 어려운 역경 속에서도 그들은 교회를 세웠다. 그리고 교회는 서서히 자리 잡아가기 시작했다. 이렇게 안디옥 교회는 평신도들이 고난 속에 세운 교회였다.

둘째, 안디옥 교회는 최초의 '이방인 교회'였다. 이미 유대인들을 대상으로 한 교회가 있었으나, 안디옥 교회를 처음으로 헬라인에게 헬라어로 선교하기 시작한 것이다. 다시 말해서, 안디옥 교회는 세계 선교의 비전을 최초로 보여준 교회였다. 안디옥 교회의 유래를 보면, '얼떨결에' 생겨난 교회처럼 보인다. 그러나 성서적인 시각에서 보면 그것은 이방인 선교를 위한 철저한 계산에 따라 세워졌다는 것을 알 수 있다.

---

6) G.Downey, 윗글. p.147.: The ecclesia is simply the general group of faithful in the city (Acts 11:26; 14:27), who are called the 'bretheren'(Acts 15:1, 32~33) and the 'disciples'(Acts 11:26; 14:28).

앞서 안디옥이란 도시에 대해 설명했듯이, 이 도시는 로마와 알렉산드리아 다음으로 가장 큰 도시였고, 팔레스타인의 문화와 시리아나 로마의 문화와 상업이 만나는 대단히 중요한 '국제도시'였다. 여기에서 로마의 '헬레니즘 문화'와 예루살렘의 '기독교 문화'가 만나는 사건은 대단히 중요한 역사적 의미를 지닌다. 사실 그전까지 유대인 눈으로 보면, 이방인은 하나님의 택한 백성이 아니기에 복음과 상관없는 사람들로 생각되었을 것이다. 그런데 몇몇 사람들이 이방인에게도 복음을 전했는데 이상하게도 그들 중 몇몇이 주께 돌아오는 일이 발생했다. 이 소문은 예루살렘까지 전해졌고 소문의 진위를 확인하기 위해 예루살렘 교회는 대표자 바나바를 파송했다. 안디옥을 방문한 바나바는 이방인이라고 그들을 차별하거나 외면하지 않았고 그들에게 "굳은 마음으로 주께 붙어 있으라"(23절)고 권면하고 안디옥에 머물면서 바울을 불러 같이 1년간 가르쳤다. 이제는 더 이상 '유대인/이방인'의 등식은 깨어지고, 그리스도안에서 믿는 자로서 서로 형제임을 확인하게 되었다. 결국 바나바와 바울의 헌신적인 사역에 힘입어 안디옥 교회는 '국제적인 선교 기지'로 놀랍게 성장하기 시작했다.

이러한 국제적 안디옥교회가 가능하게 된 것은, 헬라어(=그리스어)를 자유롭게 쓸 수 있었던 지도자의 능력에도 기인한다. 두 가지 언어로 모든 표현이 가능했던 바나바와 바울의 '이중언어능력'(Bilingualism)이 중요한 역할을 했던 것이다.

예루살렘 교회의 중심인물이었던 바나바(Barabas)는 구브로(현재 사이프로스 공화국) 섬에서 그리스 문화(=헬레니즘 문화)에 접촉하며 로마의 공기를 호흡하고 자란 국제인이었다. 순수한 유대 국내 출신과는 달리 식견이 넓고, 넓은 아량을 가진 인물이었다. 따라서 같은 헬레니즘 문화권에서 자란 바울과 쉽게 동역할 수 있었고, 푸근하게 안내할 수 있었을 것이다. 외국인

중심의 안디옥 교회가 번창해감을 보고 예루살렘 교회로서는 원조해줄 생각과 함께 바나바를 파송하기로 한 것(22절)이다[7]. 바나바에게 안디옥 교회는 많은 의미를 깨닫게 해주었다. 하나님은 유대인들만의 하나님이 아니며 그리스인에게도 중요한 여호와임을 깨닫고, 그 자신이 갖고 있는 그리스어와 복음의 능력을 최대로 이용하였던 것이다.

한편, 예수님보다 4, 5년 늦게 탄생하여 AD 67년경에 순교한 것으로 전해지고 있는 바울은, 로마 영토 소아시아에 있는 다소에서 태어난 유대인이었다. 당시 세계를 지배한 로마제국은 그전에 동서를 통일한 알렉산더 대왕의 후계자였다. 비록 정치적으로는 로마의 법률로써 지배하고 있었다 할지라도 문화적으로 헬레니즘 문화의 지배 아래 있었다. 무엇보다도 현저한 것은 그리스어에 의한 언어 통일이었다. 동서 남북 광대한 지역에는 여러 방언을 가진 민족이 살고 있었음에도 불구하고, 그들은 다같이 그리스어를 통용하고 있었다. 따라서 그리스어만 알면 지중해 일대는 어디나 자유롭게 여행할 수 있었다. 잘 갖추어진 교통망을 이용하면서, 히브리어와 그리스어를 자유롭게 쓸 수 있었던 바울의 '이중언어능력'(Bilingualism)[8]에 따라, 팔레스틴 한 구석에서 발생한 기독교는 단시일에 지중해 세계에 전파될 수 있었다. 이렇게 바울은 헬라인을 위한 교회, 곧 이방인을 위한 첫 교회를 세우는

---

7) 안디옥 교회에 바나바를 보냈을 때, 예루살렘의 유대주의자들은 바나바에게 안디옥 교회에 가서 감시하도록 청했을 것이라는 의견도 있다. 그런데도 바나바는 정통파가 아닌 바울을 끌어들였고, 예루살렘 교회의 허락도 없이 이방인들에게 전도 활동을 했다고 한다. : 유동식, 『예수·바울·요한』(대한기독교서회, 1975), p.155.

8) 안병무 박사는 당시 바울이 살던 지역에서 쓰던 언어가 고대의 그리스어가 아닌 '코이네'라는 제3의 언어였다고 설명한다. "그때 일반인들의 통용어인 그리스어도 고전적인 문학용어 대신에 이른바 **'코이네'(koine)라는 통용어를 내세워서** 언어의 통일을 꾀하였다. …(중략)…이른바, '셉투아긴타'(Septuaginta, 70인역)라는 것은 이들의 손으로 구약을 코이네 헬라어로 번역한 것이다. … 바울은 이러한 풍토에서 자라났다. 그는 디아스포라 유다교에 뿌리를 박고, 헬레니즘 영역에서 '셉투아긴타' 성서를 읽었다" : 안병무, 『역사와 해석』(1981) (한길사, 1993), p.240~241. 강조는 인용자.

데 결정적인 역할을 했다. 비교컨데, 일본 선교를 위해서 일본어를 자유롭게 쓸 수 있는, 일본인·재일교포 2, 3세를 지원하는 것은 무척 중요한 것이다. 그것은 미래의 바울에 투자하는 것과 아울러 하나의 안디옥형 교회를 세우기 위한 중요한 시도가 되는 것이다. 그것이 준비되어 있지 않다면, 파견된 지도자가 일본어를 자유롭게 쓸 수 있어야 한다는 것은 절대적인 요청사항이다.

셋째, 안디옥 교회는 훌륭한 지도자의 '팀사역'에 의해 목회된 교회공동체였다. 예루살렘 교회에서 바나바를 파견하고, 바나바는 바울과 팀을 이루어 일했다는 대목을 보자.

> 바나바는 착한 사람이요 성령과 믿음이 충만한 자라 이에 큰 무리가 주께 더하더라 바나바가 사울을 찾으러 다소에 가서 만나매 안디옥에 데리고 와서 둘이 교회에 일 년간 모여 있어 큰 무리를 가르쳤고 제자들이 안디옥에서 비로소 그리스도인이라 일컬음을 받게 되었더라(사도행전 11:24~26)

"바나바는 착한 사람(good man)이요 성령과 믿음이 충만한 자(full of the Holy Spirit and of faith)라"(24절)는 평가는 무척 중요하다. 한 인간을 평가하면서 "좋은 사람"이라는 평가, 즉 인격을 무엇보다도 먼저 보는 것은 대단히 중요한 잣대라고 생각한다. 성경은 바나바가 「훌륭한 인격(人格) + 성령 + 믿음」을 지닌 전인격적(全人格的)인 지도자라고 설명하고 있다. 그의 사람됨은 바울과의 관계를 볼 때 보다 확실하게 볼 수 있다.

바나바가 안디옥 교회의 지도자로 바울을 모시기 위해 직접 다소로 찾아갔다는 기사(25절)는 바나바의 사람됨을 그대로 보여주는 대목이다. 첫째, 바나바는 사람을 알아보는 눈을 가졌다. 좋은 인격을 가진 사람은 '인물'(人物)을 알아 본다. 사람을 알아본다는 것은 쉬운 일이 아닐 것이다. 스스로 '된 사람'이라야, 다른 '된 사람'을 볼 수 있다. 그는 아직 가능성이 보이지 않는 바울을 '무한한 가능성'(infinite possibility)을 가진 이로 판단했다. 둘째, 바나바가 겸손한 사람이었다는 것을 알 수 있다. 바나바는 자기 자신이 단연 선배로 지도적 위치에 있는 사람임에도 불구하고, 체면에 메일 것 없이 다소에 있는 후배 바울을 찾아 150Km나 되는 먼 길을 떠났다. 이러한 겸손을 느꼈기에 바울이란 근실(勤實)한 일꾼은, 바나바를 도와 1년간 팀사역을 했을 것이다.

바나바 덕택에 다소에 있던 바울은 안디옥 교회를 세우는 데 결정적인 역할을 했다. 나아가, 로마 제국주의가 만들어놓은 항로 개척과 육로의 발전을 그대로 이용하여 바울은 안디옥 교회를 시작으로 국제 선교에 임할 수 있었다. 바울은 헬레니즘 문화와 유대문화를 만나게 하는 '문화사적 사건'을 이루어놓았던 것이다. 바울이 바나바와 함께 안디옥에 온 때는 주후 45년경이었다. 40대는 인생의 깊이를 알고 또한 정력 있게 일할 수 있는 시기다. 안디옥 교회는 바울이 일할 수 있는 가장 알맞은 때와 장소를 제공하여 주었다. 능숙하고 정력 있는 바울의 이러한 문화교류와 세계선교는 이렇게 안디옥 교회가 힘이 되어 주었다. 흔히들 바울을 가장 큰 선교사로 보는 데 이러한 바울이 있게 한 이는 바로 바나바였던 것이다. 그래서 이러한 평가도 전해진다.

우리는 바울의 위대함을 인정함과 동시에, 바나바가 세계를 껴안은 기독교의 진정한 선구자였다는 것을 잊을 수 없다.9)

이렇게 바울과 바나바는 두 사역자는 서로 만나 시너지 효과를 올리며 사역에 임할 수 있었다. 우리는 이러한 사역을 '팀사역'(Team Ministry)이라고 한다. 그렇다면, 과연 성경은 팀사역을 어떻게 보여주고 있는지를 살펴보도록 하자. 먼저, 구약의 지도자들이 팀사역을 한 구체적인 경우들을 살펴

---

9) "Whilst we admit the the greatness of Paul, we cannot forget that Barnabas was the real pioneer of a world-embracing Christianity." : F.J. Foakes Jackson, *The Acts of the Apostles* (London : Hodder&Stoughton; New York : Harper&Bros., 1931), p.100.

보자. 가령, ① 모세·아론·미리암(출 4:14; 28:1; 15:20; 민 12)의 팀사역, 그리고 ② 모세와 여호수아(출 24:13; 신 31:3~7; 34:9; 수 1:1; 24:29), ③ 드보라와 바락(삿 4)의 경우, ④ 왕과 선지자의 목회(사무엘과 사울, 다윗왕과 나단 선지자, 아합왕과 엘리야, 아사왕과 아사랴, 시드기야 왕과 예레미야)를 발견할 수 있다. 또한, ⑤ 왕·선지자·제사장의 팀사역을 한 경우는, 여호사밧왕과 선지자 예후 그리고 제사장 아마랴의 경우를 들 수 있다.

다음으로 신약에서 말하는 팀사역을 살펴보자. 그 직분으로, 초대교회 초기에는 선지자와 교사로 표현되기도 하고(행 13) 사도, 선지자, 교사로 나와 있기도 하고(고전 12:28) 후대에는 사도, 복음 전하는 자, 목사, 교사로 나누기도 한다(엡 4:11). 이렇게 해서 생겨난 신약의 직분들에는 몇 가지 특징이 있다. 첫째, 사도직을 제외한 나머지 직분들은 교회가 확장될 때마다 생긴 실제적인 필요성을 따라서 만들어진 것이다. 집사와 교사가 그 대표적인 사례라고 볼 수 있다. 둘째, 이런 다양함에도 불구하고 어느 정도의 질서가 유지되는 것을 알 수 있다. 사도와 선지자와 교사는 고린도전서 12장과 에베소서 4장에서 같은 순서로 기록되었다. 셋째, 구약에서의 왕과 제사장의 두 직분과 같은 세습적인 직분은 신약에서는 없고, 모두가 성령에 의해 위에서 주어진 것이다.

그렇다면 신약의 팀사역을 구체적으로 보자. ① 베드로와 열한 사도들(행 1~15장)의 팀사역, ② 안디옥 교회와 5인의 지도자들(행 13:1), ③ 바나바와 바울(행 13:2~15:35)의 팀사역은 신약교회의 대표적인 예이다. 그들은 팀사역을 하기 전부터 오랫동안 관계를 맺어 왔다. 후일 바나바가 안디옥에서 사역할 때 큰 무리가 더하므로 다소에 있던 바울을 데리고 와 안디옥에서 가르치는 사역을 같이 하였다(행 11:25~26). ④ 바울은 자신의 전도대에 필요한 사람을 선택할 줄 알았다. 곧 실라(행 15:40)와 디모데(행18:5), 그리고 소스데네(고전 1:1), 아굴라와 브리스길라(행 18:2~3; 고전16:19), 누가(딤후 4:11) 등은 바울의 전도대로 놀라운 동역자들이었다. 바울이 도착하기 전에, 그리스도 공동체들이 '팀사역'을 준비하듯, 이미 많은 그리스도 공동체가 존재하고 있었다. 이들의 헌신적인 도움으로 바울은 그 많은 교회사역을 감당할 수 있었다. 이처럼 신구약을 통해 보여준 팀사역의 역할이 안디옥 교회에서는 의미 있게 기능했다. 이러한 팀사역에 대하여 안병무 박사는 바울의 예수운동이 하나의 민중운동이었다는 데에 주목하면서 다음과 같이 표현한다.

> 더욱 놀라운 것은 사도행전에 나타난 지역에 이미 그리스도인 공동체가 많았다는 사실이다. 정말 적대자들의 말대로(사도행전 24:5) 저들은 '전염병처럼' 팀을 이루어 퍼져나간 것이다. 모든 길은 로마로 통한다고 할 만큼 로마는 도로공사에 주력했는데 그것은 침략을 위한 군사도로였다. 그런데 예수의 민중은 그 길을 역으로 밟아 그들이 죽인 예수를 전하면서 서(西) 로마까지 진입했다. 그러므로 초기 그리스도교는 말보다 행동, 실천의 종교일 수밖에 없었다. …(중략)… 바울은 언제나 동행자가 있었다. 그는 혼자 다니지 않았다.[10]

넷째, 그들은 '그리스도인'이라 불리게 된다.

> 제자들이 안디옥에서 비로소 그리스도인이라 일컬음을 받게 되었더라(사도행전 11:26)

안디옥 교회는 '좋은 일꾼'으로 가득찬 교회였다. 안디옥 교회에는 선지자들도 있었고 교사들도 있었다. 바나바와 바울도 그들 중의 하나였다. 그 외에도 니게르라 하는 시므온, 구레네 사람 루기오, 그리고 분봉왕 헤롯의 젖동생 마나엔이라는 사람이 있었다. 그들은 배경이 달랐지만, 오직 한 마음으로 일했다. 서로 돕고 격려하며 참으로 아름다운 교회를 일구어냈다.

---

10) 안병무, 『역사와 해석』(1981) (한길사, 1993), pp.229~230. 안병무는, 바울이 천대받고 집 없이 유랑하는 민중을 위로하는 장면(고전 4:10~13), 그리스도는 약한 형제를 위해서 죽었다는 표현(고전 8:11), 몸 가운데 비교적 약하다고 보이는 지체가 오히려 중요하다는 언급(고전 8:11) 등을 들어 바울의 예수운동은 보수성을 넘어선 민중성을 전제로 하고 있다고 한다(위의 책 p.251)

'좋은 일꾼'들의 모임이었기에, 비로소 이 안디옥 교회의 사람들은 최초로 '그리스도인' 이라는 칭호를 얻게 되었다(And the disciples were called Christians first in Antioch). 이후에도 안디옥 교회에는 '좋은 일꾼'이 끊이지 않아, 최초의 감독은 베드로였다고 하고, 2세기 초의 감독은 순교자이며 학자였던 이그나시우스(Ignatius)였다고 한다.

그리스도인(χριστιανός), 즉 오늘날 크리스찬(Christian)이라고 불리는 호칭은, 성경에 의하면 이 안디옥에서 시작이 된 말이다('그리스도인'이란 호칭은 성경에 3번 나온다. 사도행전 11:26; 26:28; 베드로전서 4:16). 처음에는 유대인들이 예수님이 자라신 곳이나 전도 활동 지역이던 곳의 이름을 붙여서 '나사렛인', '갈릴리인'이라고 불리기도 했지만, 안디옥에서부터 '그리스도인'이라는 호칭이 공식적으로 쓰여졌다. 이 호칭은 ① 이방인에게서 불리어지는 '경멸적인 별명'(delogatory nickname)이거나, ② 당시 기독교인들 스스로 불렀던 호칭이었을 수도 있으며, ③ 로마의 치안대가 유대교인과 구별하기 위해 새로운 종파를 지명해낸 공식용어일 수도 있다.[11] 분명한 것은 "만일 **그리스도인으로 고난을 받은즉** 부끄러워 말고 도리어 그 이름으로 하나님께 영광을 돌리라"(베드로전서 4:16)는 증언대로, 이 '그리스도인'이라는 호칭은 '십자가에 못 박힌 그리스도의 추종자'라는 차별어(差別語) 혹은 멸시어(蔑視語)였다는 것이 분명하다. 이렇듯 원래는 멸시하는 이름이지만, 이후 세월이 지나면서 '그리스도인'이라는 호칭은 명예의 표시가 되었다. 비교컨대, 한때 '예수쟁이' 또는 '예수당'이라고 불리어진 멸시어가, 이제 열성적으로 살아가는 모범적인 신앙인을 긍정적으로 호명하는, 이중적 의미를 가지고 있는 경우와 비슷하다고나 할까.

현재 영어식 발음으로 일반화된 '크리스천'(Christian)이라는 표현에서,

---

11) G.Downey, 위의 글, p.147.

접미사 '-ian'은 '어떤 이를 따르는 무리'(a partisan of)라는 뜻이다. 가령, 헤롯을 따르는 사람을 'Herodian'이라 했고, 헤겔을 따르는 사람을 'Hegellian'이라 하고, 칸트의 제자들을 'Kantian'이라 한다. 이렇게 '그리스도인'이라는 말은 '그리스도의 복음을 따르는 사람들'(the followers of the gospel of Christ)이라는 말로 쓰여지기 시작했던 것이다. 안디옥 교회에서 '그리스도인'의 칭호를 가지고 생활했던 당시 안디옥의 그리스도인의 구체적인 삶을 보도록 하자.

> 안디옥 교회에 선지자들과 교사들이 있으니 곧 바나바와 니게르라 하는 시므온과 구레네 사람 루기오와 분봉왕 헤롯의 젖동생 마나엔과 및 사울이라 주를 섬겨 **금식할 때에 성령이 가라사대** 내가 불러 시키는 일을 위하여 바나바와 사울을 따로 세우라 하시니 이에 금식하며 기도하고 두 사람에게 안수하여 보내니라(사도행전 13:1~3, 강조는 인용자)

2절에 보면 "주를 섬겨 금식할 때에 **성령이 가라사대** 내가 불러 시키는 일을 위하여 바나바와 사울을 따로 세우라"고 하심으로 성령께서 위대한 복음운동의 출발을 시작하게 한 것을 볼 수 있다. 성경은 **성령이** 그들을 움직였다고 기술하고 있다. 이제 초대 교회의 첫 공식적인 선교사가 예루살렘 교회나 사도들에 의해서 파송되고 있는 것이 아님을 본다.

그리고 이들이 해야 할 일은 자신들의 일이 아니고 주님은 "내[聖靈]가 불러 시키는 일"이라고 함으로 그 주체가 자신들이나 교회에 있는 것이 아니라 '성령께 있음'을 고백하고 있다. 교회는 성도들의 것도 아니요 목회자의 것도 아니요 오직 그리스도의 몸으로서 교회라는 지체를 통해 이루고자 하시는 성령의 인도하심 앞에 순종하는 것이 교회 공동체라는 것이다. 또한 바나바와 바울은 결코 안디옥 교회에 머물러 있지 않았다. 그들에게 새 일을 명하셨을 때 그들은 과감히 모든 것을 떨쳐버리고 떠날 줄 알았던 사람들이었다. 그래서 3절에 "이에 금식하고 기도하고 두 사람에게 안수하여 **보**

내니라"고 했다. 교회가 이들을 놓아주고 있고 이들이 또한 교회의 어떤 위치에 집착하고 있지 않았다. 결국, 바나바와 바울은 "성령의 보내심을 받아"(4절) 실루기아를 거쳐 구브로에서 복음을 전하게 된다. 위대한 복음운동은 "하나님의 말씀"(5절)의 선포로 시작된다. 이 구브로[12]라고 하는 지역은 바나바의 고향이요 안디옥 교회 성도 중 적지 않은 수가 이곳 출신이었기에 우선적인 관심이 바로 이곳에 쏠렸던 것 같다. 바나바와 바울 일행이 구브로에 갔을 때 당시 그곳을 관할하는 로마 총독은 서기오 바울이었다. 바로 이 총독이 바나바와 바울의 소문을 듣고 "하나님의 말씀을 듣고자"(7절) 하는 간절함을 가지고 부른다. 우리는 이때부터 '바울의 제1차 선교 혹은 전도여행'이라고 부른다. 이 때가 기원 45년에서 46년 경, 예수 그리스도께서 부활 승천하신 후 약 15년이 지난 후였다. 최초의 선교사 바나바와 바울에 의해서, 비로소 복음이 "땅 끝"으로 퍼져 나가기 시작하게 된 것이다. 이처럼 이들은 어느 욕망에 집착하지 않고, '말씀 그대로' 따랐다. 이것이 바로 '그리스도인'이라 불리는 이들의의 삶이었다.

다섯째, 안디옥 교회는 '조직적으로 구제하는 교회'였다. 앞서 말한대로 안디옥 교회 공동체는 고난 속에서 시작된 공동체였다. 그런데, 그들은 고난 속에서 절망에 빠지지 않고 반대로 그 시험을 감당하면서 이겨낸 사람들이었다. 그들이 왜 절망에 빠지지 않았는지 여러 이유가 있었을 것이다. 무엇보다도 그들은 그리스도의 사랑에 대한 확실한 인식이 있었기 때문이 아닐까. 그들이 그리스도의 사랑을 증언하는 방식은 매우 구체적이었다.

> 천하가 크게 흉년이 들리라 하더니 글라우디오 때에 그렇게 되니라 제자들이 각각 그 힘대로 유대에 사는 형제들에게 부조를 보내기로 작정하고 이를 실행하여 바나

---

12) '구브로'는 현재 키프로스(Cyprus : saiprəs)라고 하는 지중해 동부의 섬이다. 일본어 성경에는 '키푸로스 섬'(キプロス島)으로 써 있는 이 섬은 영국으로부터 1960년에 독립하여 현재 '키프로스 공화국'(Republic of Cyprus)으로 불리고 있다.

바와 사울의 손으로 장로들에게 보내니라(사도행전 11:28~30)

　요세프스의 기록에 따르면 AD46년경에 유대 지역에 흉년이 들었다고 한다.13) 이때에 안디옥 교회가 어려움에 빠진 유대 지역을 돕기로 했다는 기록은 무척 중요한 의미를 지니고 있다. 첫째, "각각 그 힘대로(according to his ability)" 구제에 나섰다는 기록은 중요하다.　무리하지 않고 '자발적으로' 구제에 나섰다는 뜻이다. 그들이 그 고난의 역사 속에서도 '받은 은혜'에 너무 감사해서, 그 은혜를 저버릴 수 없었기 때문에, 그 감사의 표현으로 당연히 기근 든 유대 지역을 도울 수 있었을 것이다. 그들은 왜 사는지도 알았고, 또 무엇을 위해서 살아야 하는지도 분명히 인식했던 사람들이다. 그래서 그들은 당연히 "각각 그 힘대로" 자진해서 구제에 나서게 되었던 것이다.

　둘째, 교회생활은 '조직적인 봉사'가 없으면 안된다. 그런데, 이 점에 대해서 정치역학적인 해석도 있다.14) 예루살렘의 가난한 성도들을 위한 모금 사역은 애당초 예루살렘 교회 지도자들, 즉 '기둥 같이 여기는 야고보와 게바와 요한'(갈 2:9) 등의 요청사항이었다. 그런데 이러한 원조관계에 우리는 어떤 쌍방적 조건을 생각해 볼 수 있다. 「사도행전」에 따르면, 예루살렘 교회는 모든 물건을 통용하고 재산과 소유를 팔아 나눠주는 평등한 공동체였기에(행 2:44~45), 가난한 사람이 없었다고 한다(행 4:34). 그 소유를 판 돈 일부를 사적으로 챙긴 아나니아와 삽비라의 '부부 사기 사건'(행 5:1~11)도 있었지만, 외면상으로 초기 예루살렘 교회의 공동소유제는 유지되었다. 그것은 예수의 재림을 믿는 '긴박한 종말의식'이 있었기 때문일 것이다. 그런데 문제는 그들이 장기적인 대안이 없었다는 것이다. 공동체 정신은 있었

---

13) *The Interpreter's Bible, Volume 9,* Abingdon(1954), 1982. p.152.
14) 이 부분의 해석은 차정식의 「가난한 성도를 위한 모금 캠페인」 [조태연 · 차정식 · 유승원, 『뒤집어 읽는 신약성서』, (대한기독교서회, 1999), pp.169~178]을 참고했다.

으나, 이상적 공동체를 유지하기 위한 현실적인 대안이 없었던 것이다. 게다가 흉년이 들어 먹을 것 구하기도 쉽지 않았고, 엎친 데 덮친다고, 점점 무리의 수는 늘어(행 2:41), 결국 심각한 재정악화가 생겼다고 추측할 수 있다. 이에 따라 재정난을 헤쳐나가기 위해, 이방인 교회를 통한 모금 캠페인을 시작했다는 견해도 있다. 바로 여기에 그들을 위한 이방인 교회의 모금 캠페인이 지닌 현실적 정당성이 있다. 바울은 고린도 교회에서도 이 일을 위해, 매주 첫날 각 사람이 수입에 따라 일부를 갹출하여 모아두는 구체적 반성까지 정하고(고전 16:1~2), 나아가 모금 캠페인을 위해 별도의 행정서신(고후 8~9장)을 쓸 정도로 각별한 신경을 썼다. 바울은 이 모금사역이 긍휼 어린 시혜가 아니라 자발적인 '섬김'(디아코니아 : διακονία)이라고 정의한다.

그러나 이 모금 캠페인이 받아들여지지 않았을 가능성도 있다고 학자들은 말한다.[15] 이 모금 캠페인의 성공 또는 실패 여부과 관계없이, 이것은 무척 중요한 역사적 의미를 가지고 있다. 이 사건은 그리스도의 이름으로 **'단체적인 경제적 원조'**를 계획한 교회사적인 첫 기부금 운동(The First Christian Relief Fund)이다. 이것은 그리스도 안에서는 유대인과 이방인의 구별 없이 모든 세계 사람이 다 같이 한 형제자매임을 입증한 행동이었다. 교파·종족·문화적 차이를 넘어서 그리스도의 교회는 '한 몸'[一體]라는 사실을 보여주는 역사적인 사건이다. 안디옥의 교인들은 그들의 사명을 '조직적으로' 감당해냈다. 이와 마찬가지로 기근 든 북한의 고아와 민중을 돕는 '북한식량돕기운동'은 성경적인 근거로서 안디옥 교회의 사례를 검토해볼 수 있다.

셋째, 안디옥 교회의 교회관에는 이미 사회개혁적인 요소가 있었다. '건물로 된 교회'에서 벗어나 유대 지역의 자연적 재앙이나 사회적 문제에 교회가 깊히 관여했다는 것이 중요하다. 안디옥 교회는 그 시초가 "스데반의

---

15) 차정식, 윗글, p.178.

일로 일어난 환난"이다. 그들에게 스데반 사건은 하나의 상처 혹은 잊지 말아야 할 유산으로 남았을 것이다. 당시 초대교회에서는 스데반 사건은 중요한 전승(傳承)이었기에, 저자 누가는 총 28장의 사도행전에서 6장과 7장, 두 장에 걸쳐 "믿음과 성령이 충만한 스데반"(행 6:5) 이야기를 전하고 있다. 특히 그 이야기의 중심은, 아브라함의 역사부터 모세·여호수아·다윗·솔로몬으로 이어지는 구속사(救贖史)의 긴 그의 마지막 설교(7장)로 집약하고 있다. 분량으로만 봐도 상당히 중요하게 평가하고 있는 것이다. 최초의 교회사인 사도행전에서 스데반 사건은 기폭제와 같은 사건이었다. 그 스데반의 설교에 대해 여러 견해가 있을 수 있으나, 이 글의 관점에서 중요한 대목은 '스데반의 교회관'이 설명되는 부분이다.

> 다윗이 하나님 앞에서 은혜를 받아 야곱의 집을 위하여 하나님의 처소를 준비케하여 달라 하더니 솔로몬이 그를 위하여 집을 지었느니라 그러나 **지극히 높으신 이는 손으로 지은 속에 계시지 아니하시나니** 선지자의 말한바 주께서 가라사대 하늘은 나의 보좌요 땅은 나의 발등상이니 너희가 나를 위하여 무슨 집을 짓겠으며 **나의 안식할 처소가 어디뇨 이 모든 것이 다 내 손으로 지은 것이 아니냐**(사도행전 7:46~50, 강조는 인용자)

스데반은 다윗과 솔로몬이 지었던 교회, 곧 건물로서의 교회에만 하나님의 계시지는 않다고 지적하고 있다. "높으신 이는 **손으로 지은 속에** 계시지 아니하시나니"(the Most High **God does not live in houses built by human hands**)(48절)라며 건물 안에 계시다는 고정관념을 부정하면서, 하나님께서 안식하실 곳은 "**이 모든 것**"(all these things)(50절)이라며 다시 한번 지적한다. 즉, 어디에도 하나님은 계시고 역사(役事)하신다는 말이다. 바로 스데반의 이 정신은, 스데반의 순교로 교회가 시작되었던 안디옥 교회의 교회론에 직접 영향을 주지 않았을까 싶다.

이렇게 안디옥 교회는 자기 교회에만 갇히지 않고 '자기 밖의 교회'에도 눈을 돌려 구제에 힘 쓴 교회였다. 당시 흉년이 들었던 유대에, "안디옥 교회는 유대에 사는 형제들에게 부조를 보내기로 작정" 했다는 사실, 이런 모습은 참으로 칭찬할만한 것으로서 예루살렘에 있는 가난한 성도들을 돕기 위한 것이다. 가난한 자에게 도움을 주는 것은 그리스도를 따르는 자들에게는 당연한 일이다. 그래서 이들은 자원하는 마음으로 연보했을 것이다.

넷째, 안디옥 교회는 '세계 선교의 전초기지'가 된다. 그것은 바울의 3차에 걸친 전도 여행길을 보면 안디옥 교회가 얼마나 중요한 기능을 했는지를 알 수 있다.

- 바울의 1차 선교여행
  시리아 안디옥 ➡ 구브로 살라미 ➡ 바보 ➡ 앗달리아 ➡ 비시디아 안디옥 ➡ 이고니온 ➡ 더베 ➡ 루스드라 ➡ 앗달리아 ➡ **시리아 안디옥**
- 바울의 2차 선교여행
  시리아 안디옥 ➡ 다소 ➡ 더베 ➡ 드로아 ➡ 네압볼리(그리스) ➡ 빌립보(그리스) ➡ 데살로니가(그리스) ➡ 아덴(그리스) ➡ 고린도(그리스) ➡ 겐그레아(그리스) ➡ 에베소 ➡ 로도 ➡ 가이샤라 ➡ 예루살렘 ➡ **시리아 안디옥**
- 바울의 3차 선교여행
  시리아 안디옥 ➡ 이고니온 ➡ 에베소 ➡ 앗소 ➡ 드로아 ➡ 빌립보(그리스) ➡ 데살로니가(그리스) ➡ 베뢰아(그리스) ➡ 고린도(그리스) ➡ 베뢰아 ➡ 빌립보 ➡ 드로아 ➡ 기오 ➡ 사모 ➡ 로도 ➡ 바다라 ➡ 두로 ➡ 가이샤라 ➡ 예루살렘 (강조는 인용자)

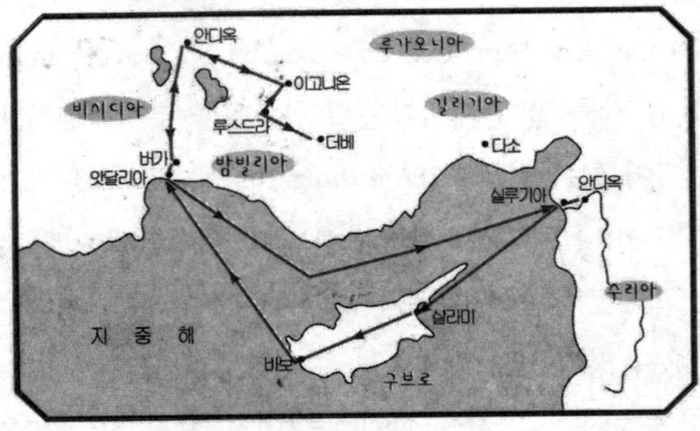

제1차 전도 여행(AD 46-48년경)

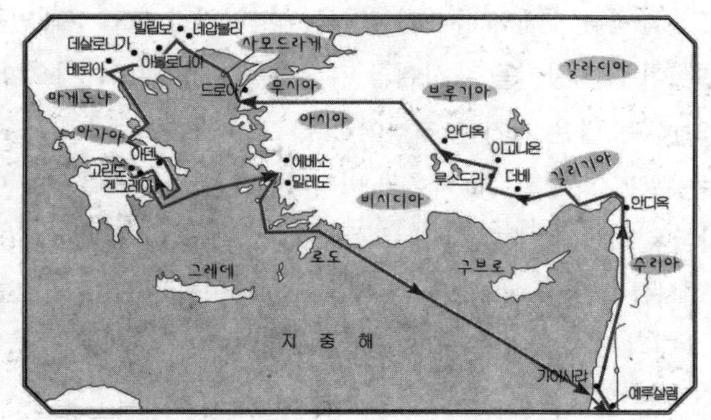

제2차 전도 여행(AD 49-52년경)

이렇게 지루하게 지명을 나열한 것은 초기의 선교사역이 '발로 한 것'이
지 '입으로 한 것'이 아님을 나타내기 위해서이다. 위에서 보듯이 '시리아
안디옥'은 바울의 선교여행길에 전초기지 역할을 한다. 그림에서 보듯이 1
차·2차 선교여행[지도]의 첫 시발지는 시리아 안디옥이고, 돌아오는 종착
지 역시 시리아 안디옥이다. 이처럼 이방인 교회였던 안디옥 교회는 세계선
교의 전초기지 역할을 해냈다. 1차 선교를 마치고 바울과 바나바는 일단 그
들의 출발지인 안디옥 교회로 되돌아 온다. 일 년 가까운 전도 여행에 피곤
했으며 역사상 최초로 일어난 세계 선교 사역의 성과를 일단 보고할 생각이
었다. 그리고 3차 선교여행의 시발이 역시 시리아 안디옥이다.

물론 안디옥에서 바울과 베드로 사이에서 논쟁이 있기도 했다. 이른바
'안디옥 논쟁'(갈 2:11~14)이다. 안디옥 교회의 태생적 근거가 암시하듯 유
대인들과 이방인들이 뒤섞인 종족적·언어적·문화적인 '혼합성'(混合性)
과 예루살렘의 이른바 유대교적 '정통성'(正統性) 사이에서 문제가 생긴 것
이다. 예루살렘 교회로부터 시찰 나온 베드로가 이방인들과 식사를 하다가,
'야고보로부터 온 어떤 사람들'이 오니 자리를 떴던 것이다. 이에 대해 바울

은 일갈(一喝)한다. "네가 유대인이면서 이방인처럼 살고 유대인처럼 살지 못한다면, 어찌 이방인들로 하여금 유대인들처럼 살도록 강요할 수 있느냐"(갈 2:14)는 말은 차가운 지적이었다.

'안디옥 논쟁'이 있은 뒤, 바울과 바나바는 헤어져 바울은 3차 여행이 끝날 때 안디옥이 아닌 예루살렘으로 돌아온다(사도행전 18:22~21:18). 하지만 전체 교회사를 되돌아 볼 때, 이 논쟁으로 말미암아, 바울은 이스라엘 예루살렘의 유대적 정통파에서 벗어나 비로소 독자적인 정체성을 부여받을 수 있었다.16) '안디옥 논쟁' 이후에 바울의 신학은 더욱 확고해진다. "사람이 율법의 행위가 아니라, 오직 예수 그리스도를 믿음으로 의롭게 된다"(갈 2:16)라는 케리그마 위에 확고히 자리잡게 되는 것이다. 만약, 이 논쟁에서 바울이 져서 예루살렘 교회 안에서만 일하게 되었다면, 바울의 세계선교라는 대장정도 없었을 것이다. 아울러 기독교라는 종교도 유대교의 한 종파 혹은 이스라엘의 한 부족종교에 지나지 않았을 것이다.

결국, 이렇게 바울의 선교여행에서 안디옥 교회가 차지하는 위치를 빼놓을 수는 없다. 예루살렘을 떠나 안디옥을 거쳐 로마로 진출할 수 있고, 로마를 넘어 세계로 향하는 것이 복음운동의 전략이라면, 이것은 예비해놓으신 '성서적인 프로그램'이라 해도 과언이 아닐 것이다.

3. 일본에 필요한 교회 모델

이제까지 살펴본 안디옥 교회의 교훈을 생각해보면서 이제 일본에 안디옥 교회 혹은 두레형을 교회를 어떻게 세워야 하는가를 생각해 보려 한다.

첫째, 안디옥 교회는 고난 속에서 '평신도들에 의해' 시작된 교회였다.

---

16) 쿰멜(K mmel)은 초대공동체의 종말론적 성격을 지적하면서, 밥상 공동체(common meal)에 의해 유대적 공동체와 초대교회가 분리되기 시작했다고 설명한다. : Werner Georg K mmel, tr by John E. Steely, *The Theology of The New Testment* (ABINGDON, 1973), pp.130~133.

일본에서도 선교사로 쓰임받는 '평신도 정신'이 강조되는 교회가 필요하다.
먼저, 고난 속에서 교회를 세운다는 것은 귀중한 체험이다. 안디옥 교회의
교인들도 숱한 아픈 사연을 갖고 모였을 것이다. 일본에 사는 재일교포들도
가볍다 할 수 없는 고난의 생활을 지내온 이들이다. 재일조선인(在日朝鮮人)
의 이주사[17] 중에 대거 이주해온 대표적인 세 가지 경우를 볼 수 있다. 첫
째는, 1925년을 기점으로 오사카 지역에 덴프라 공장 노동자로 경남지역의
한국인이 대량 취업이주[18]해 온 때이고(1925년 39,621명 이주), 둘째는
1939년 강제징용과 군인위안부 등으로 많은 한국인이 강제연행되어 일본
에 끌려온 경우이다(1939년 161,726명 이주). 셋째는 1945년 이후 제주도 4 ·
3 사건 등으로 테러를 피해 제주도민이 대량 이주해온 경우이다. 물론 유학
이나 사업을 위해 이주해온 이들도 있으나, 어디까지나 재일교포의 주류는
고난을 피해 섬나라로 왔고, 와서도 차별을 받아온 사람들이다. 그러한 고
난 속에서 자본을 모으고 자립해 우뚝 서 있는 이들이 재일교포들이다. 일
본에 온 한국인의 역사를 되짚어 보면, 스테판의 순교 때문에 '흩어진 유대
인'(Diaspora)의 고난과 별로 다를 바 없는 고난의 역사를 재일교포들도 경
험해왔던 것이다. 일본의 히메지약수교회나 도쿄두레채플도 섬나라에서 어
려운 생활을 하며 지내온 평신도에 의해 시작된 교회다.

　여기서 '평신도 교회'의 문제를 다시 생각해보고자 한다. '평신도 교회'
에 대해서는 여러 정의가 많다. 크게 두 가지의 의미를 갖고 있다. 첫째는
직업적인 목회자가 없는 교회, 둘째는 목회자 중심의 교회가 아니라는 뜻이
그것이다. 필자는 직업적인 목회자 자체를 거부하는 것은 아니다. 목회자가

---

17) 李進熙, 「'在日'を生きる」, 李進熙 · 姜在彦 『日朝交流史』 (東京:有斐閣選書, 1995), pp.227~
　　234.

18) 이 때의 조선인 노동자와 야쿠자의 이야기는 梁石日의 장편소설 『血と骨』 (東京 : 幻冬舍,
　　1998)에 잘 쓰여져 있다. 이 소설의 배경이 되는 오사카시 쯔르하시(鶴橋)에 일본두레공동체의
　　사무실이 있다.

있더라도, 평신도가 '제사장'의 한 사람으로, '선교사'의 한 사람으로, '남은 자'의 한 사람으로 주요한 역할을 해야 하는 경우를, 이른바 '평신도가 제사 장으로 쓰임받는 교회'를 필자는 말하고 싶다. 그래서 목회자가 없더라도, '모두가 목회자이고 모두가 선교사인 교회 공동체'였으면 싶다(그러면서도, 필자는 훌륭한 목회자가 도쿄두레채플에 빨리 청빙되기를 바란다). 다시 말해서 필자가 말하고자 하는 교회는 위 두 가지를 모두 포함한다고 할 수 있겠다. 향린교회가 시도[19]했던 경험은 많은 시사점을 준다. 1953년에 창립되었던 향린교회는 당시 교인들이 일주일 동안 복음 전도는 까맣게 잊고 살다가 주일이 되면 의례적으로 습관적으로 교회에 와서 목사가 자기들의 마음에 맞는 말을 해주기 바라는 현실이었다고 비판한다. 당시 30대 초반의 안병무는 "목회자에게 월급을 주고 그에게 모든 것을 맡기고 그밖의 사람들은 무조건 수동적이 되거나 관조자가 되는 그런 체제는 그리스도 공동체일 수 없다. 공동체에 참여한 사람은 모두 어떤 형태로거나 그리스도 전선에 서야 한다"[20]라고 말하고 있다. 이처럼 향린교회의 평신도 정신은, 기존에 있던 목회자에 대한 반감 때문에 시작된 것이 아니다. 평신도 자신들이 스스로의 중요성을 깨닫지 못하고 있음을 자각하고 실행했던 정신이었던 것이다. 그래서 그들은 장로, 집사, 제직회라는 기존 교회의 제도와 명칭을 사용하지

---

19) '평신도 교회'의 대표적인 경우는 '향린교회'를 볼 수 있겠다. 1953년 출발한 향린교회의 창립정신은 ① 공동체생활, ② 입체적 교회, ③ 평신도 교회, ④ 독립 교회라는 네 가지였다. 그리고 한국에서 현재 직업적인 목회자보다 평신도에 의한 사역으로 교회를 이끌어가는 대표적인 평신도 교회는 강동교회(www.kangdongchurch.net)가 있다. 강동교회와 협력하는 평신도 교회로는 강서교회, 고양한우리교회, 서울한우리교회, 울산한우리교회, 유성교회, 인천예은교회, 청주한우리교회 등이 있다. '평신도와 목회자는 구분이 존재하지 않는다'고 하는 평신도 교회의 교회론은 최승호, 『21세기 한국교회 비전』(대장간, 1999)에 정리되어 있다.

20) 향린교회의 '평신도 교회 정신'은 1953년 무렵에 발간된 아래의 글에 담겨 있다. 안병무, 「목회론 –내가 만일 목회를 한다면」(『야성』 제3집); 「평신도의 목회」(『야성』 제7집); 장하구, 「예배에 대한 평신도의 의견」(『야성』 제4집) 등에 나타나 있다. 향린교회의 '평신도 정신'에 대해서는 인터넷 홈페이지(http://www.hyanglin.org/hyang40/40-2.htm)를 참조 바란다.

않고, 모든 교인을 직책에 관계없이 '선생'이라 불렀으며 제직회 대신 '위원회'라 하였다. 그리고 돌아가면서 설교를 했다. 향린교회의 이러한 전통은 1973년에 전임 목회자가 청빙되면서 변형되었으나, 그 정신은 지금도 계승되고 있다고 평가되고 있다. '만인사제설'(萬人司祭說)을 내세운 16세기 종교개혁자들의 정신과 향린교회의 이러한 '평신도 교회'의 역사적 경험은, 살펴보아 변화된 상황 속에서 새롭게 해석하고 발전시켜야 할 훌륭한 전통인 것이다.

이렇게 평신도 교회로 시작된 안디옥 교회를 생각하며, 일본에서 평신도를 보냄받은 선교사로 섬기는 목회자의 예를 소개하고자 한다. 2001년 첫 주에 두레에서 파견한 이기종 전도사를 만나러 필자는 3월 24일에 히메지약수교회에 갔다. 불과 3개월이 지났는데, 많은 변화가 그 교회에 있었다. 작은 도서관이 생겼고, 식당이 깨끗이 정리되었으며, 헌금함이 정성스레 장식되어 있었다. 무엇보다도 전에 있던, 크고 위엄 있어 거부감까지 불러일으켰던 큰 강대상은 아래로 내려져 있고, 아래 있던 작은 강대상이 단상 위에 올려져 있었다. 교인들은 "백마디 설교보다 내려진 큰 강대상을 볼 때, 그냥 은혜가 된다"며 필자에게 한 평신도는 "우리 교회는 이제부터 시작이예요"21)라며 어떤 신학자보다 중요한 평가를 내렸다. 목회자가 스스로 낮아지려 할 때, 보는 사람도 겸손해지고, 모두가 선교사가 되는 길이 트이는 것이다.

둘째, 안디옥 교회는 '최초의 이방인 교회'였다. 일본에서 한국인을 위한 교회를 준비하는 것도 중요하나, 일본인과 국제인을 위한 국제형 교회도 중요하다. 이제는 국제화를 준비하는 교회도 중요하다고 본다. 선교한국을 겨냥하는 두레운동으로 볼 때는 안디옥 교회처럼 국제화를 준비하고, 대상국

---

21) 2001년 3월 24일, 히메지약수교회 김정희 집사의 말.

언어를 자유롭게 쓸 수 있는 인력을 키워야 한다. 특히, 도쿄에는 필리핀, 인도네시아, 네팔 등지에서 온 영어를 잘 쓰는 노동자나 고급인력이 많이 살고 있다. 이를 위해 도쿄두레채플은 일본어로 설교하고, 오후 예배는 영어권 외국인 노동자를 위해 영어 예배를 준비해야 할 것이다. 현재(2001년 5월) 수요예배는 영어로 드리고 있다. 이 글 서두에 우리는 1973년부터 한국의 빈민운동을 도왔던 일본인 모임을 보았다. 이제 2000년도에는 한국인 기독교인들이 그 은혜를 갚아야 할 때이다.

셋째, 안디옥 교회는 훌륭한 지도자의 '팀사역'에 의해 지도된 교회공동체였다. 일본에서 목회를 하려면 일본어를 자유롭게 할 수 있거나, 아니면 할 수 있는 이와의 팀사역이 중요하다. 이를 위해 준비된 지도자는 무척 중요한 것이고, 지도자에 대한 계속적인 교육프로그램은 무척 중요하다. 일본이란 나라가 갖고 있는 문화적 특성, 즉 혼합주의적인 '종착역 문화'(終着驛 の文化, Dead end Culture), 거기서 오는 독특한 천황제도와 그 아래 가족제도, 사회개혁에 무관심한 수동적인 정치의식 등22)을 이해하지 않고, 서구적이고 한국적인 신앙을 마냥 강요하는 것은 문제가 아닐 수 없다. 이런 문제점을 극복하려는 시도를 우리는 안디옥 교회가 보여준 팀목회에서 볼 수 있다.

팀목회란 다른 말로 하자면 전문목회이다. 그러므로 팀사역이 성공하기 위해서는 먼저 전문목회자의 양성이 반드시 선행되어야만 한다. 팀목회를 해야 하는 가장 중요한 이유는 '전문성'에 있다. 팀사역의 가장 큰 난점 중 하나가 훈련된 전문목회자의 부족이라고 할 수 있다. 외국인을 대상으로 하는 교회를 이루고자 할 때는 무엇보다도, 대상국의 언어를 자유자재로 할

---

22) Kim,eung-gyo, *Archetype of Korean Culture - The Comparative Study between Korea and Japan through old folktales* (JAPAN : JALT presentention 2001.1.14)

수 있는 본토인과의 팀사역이 중요할 것이다. 제국주의적 선교방법처럼 본토인을 이용하는 것이 아니라, 일본인 스스로 교회를 세우려 할 때, 외부인이 옆에서 힘을 모으는 도우미 역할을 할 수 있다면, 가장 좋은 모양새일 것이다. 따라서 일본인 목회자 후보생과 재일교포 3세를 두레장학생으로 선발하여 계속적인 연구와 훈련에 임할 수 있도록 도우려 한다. 아울러 이들과 더불어 팀 목회를 할 수 있도록 준비해야 할 것이다.

넷째, 안디옥 교회에서 제자들은 '그리스도인'이라 불리게 된다. 일본에서 그리스도인이라는 단어가 명예로운 단어가 되도록 교인들 스스로가 모범을 보여야 한다. 좋지 않은 상황이지만, 일본에서 기독교는 비전을 보여주지 못하고 있다. 일본의 기독교사를 보통 4기로 나누고 있다. 제1기는 1549년 무사 계급에 의한 초기선교기로 '시민적 정신기'였다. 제2기는 1860년대에 우찌무라 간조(內村鑑三) 등의 활약으로 '국민적 신앙시기'이다. 제3기는 1900년대 이후 태평양전쟁에 봉사하는 '국가적 정치종교시기'이다. 이러한 과정을 통해 현재 제4기에 일본인들은 기독교에 별다른 희망을 갖고 있지 않다고 보고 있다.23) 그 과정에서 기독교는 일본 사회에 미래적 비전을 보여주지 못했다. 그래서 오늘날 일본인들은 기독교에서 비전을 보지 못하고 있다. 이에 확실히 기독교가 무엇이고, 교회 공동체가 무엇인가 하는 비전을 보여주는 것이 필요하다. 정말로 참 그리스도인의 모습을 보여주는 것이 필요한 때이다. 이른바 교회개혁운동을 통해, 사회개혁운동에 이르러야 할 것이다.

다섯째, 안디옥 교회는 '조직적으로 구제하는 교회'였다. 일본에 세워지는 교회들은 자기 교회만 볼 것이 아니라, 좀더 멀리 밖을 볼 줄 아는 교회가 되어야 한다. 혼자 선한 일을 하는 것도 의미가 있다. 그러나 좀더 조직

---

23) 김웅교, 「21세기의 기아지대」 『복음과 상황』 (1997, 1월호)

적으로 장기적으로 선한 일을 꾀하는 것은 무척 중요하다고 본다. 안디옥 교회가 기근 든 예루살렘 지역을 도왔듯이, 일본의 교회들이 기근 든 북조선이나 다른 지역을 돕는 것은 너무도 당연하다. 더군다나 예루살렘과 북조선을 비교하자면 너무도 비슷하다. 1920년대 평양의 대부흥운동 이후 기독교인이 남쪽보다 북쪽에 많았는데, 한국전쟁으로 말미암아 기독교인이 대거 남쪽으로 피난해왔기에 남쪽에 기독교인은 대폭 증가하게 되었다. 이는 마치 예루살렘 지역이나 스데판 사건으로 기독교인이 안디옥이나 수리아 지역으로 퍼지게 된 상황과 비슷하다. 예루살렘처럼 먼저 복음을 알았던 지역에 기근이 들었을 때 도왔던 사건은 오늘날, 기근 든 북조선 난민을 도와야 하는 상황과 너무도 유사하다. 그를 위해서, 일본의 히메지 약수교회나 도쿄두레채플은 연대의식을 갖고, 예루살렘 교회에 해당되는 서울의 본부와 늘 협조해야 할 것이다. 더 나아가서는 교회 밖에 있는 동아시아 평화연대나 청년연대와 같은 시민단체운동에도 논의에 따라서는 협조도 해야 할 것이다. 2000년에 일본두레공동체가 참가했던 「2000년 세계 일본군인위안부 도쿄법정」에서의 경험은 귀중한 의미를 남겨준다.

도쿄에도 두레형 교회를 기도하며 세우기로 결정했다. 교회 이름을 '도쿄두레채플'로 하기로 했고, 4월 15일 부활절에 첫 씨앗예배를 드렸다. 그 준비 개요문을 자료로서 남긴다.

참조자료

1) 2001년도 「도쿄두레채플」 말씀

"맡기운 자들에게 주장하는 자세를 하지 말고 오직 양무리의 본이 되라"(벧전 5:3)

2) 선교대상 :

① 일본인, ② 재일교포 , ③ 학생 선교, ④ 영어사용권 외국인 노동자

* 모든 예배는 일본어로 진행하고, 설교문은 일본어와 한국어(혹은 영어)로 준비하여 예배 전에 나누어 읽으면서 함께 참여한다.

3) 「삶의 예배」 운영 방식 :

<u>예　　배</u> ① 매주 일요일 11시 「두레묵상예배」

② 매월 첫주 토요일 와세다대학에서 「밀알성서학당 – 마태복음 강해」

③ 매주 와세다대학 영어성경공부 모임 참가.

WEDNESDAY WASEDA WORSHIP

(매주 수요일 아침 10시 30분부터 12시까지, 東後勝明, Scott Brunner, 김응교 진행)

<u>문화학교</u> ① 매주 화요일 와세다대학 「한일문화와 사회」 김선생 수업 자유참관

② 교포 3, 4세대를 위한 한국어, 독서 교육 및 사물놀이 교육.

③ 유학생을 위한 한달에 한번 「일본 고전 강독회」 진행.

④ 도서, 비디오 대출 및 일본인 주부를 위한 김치, 케이크 만들기 강좌개최.

4) 자연전도 외에 철저한 훈련지속.

• 1월부터 4월까지 테이프 회원에게 계속 광고

• 4월 7일 와세다대학에서 밀알성서학당

• 4월 15일에 채플 예배 시작 '씨앗예배

• 11월 5일 주간에 김진홍 목사 예배 및 성찬식 인도

• 2002년 4월 15일 뿌리(창립)예배

5) 「도쿄 두레 채플」 을 위한 다섯 가지 기도 부탁

• 첫째 힘 :　상한 영혼들 위로 받고 증폭된 힘으로 살아가도록.

• 둘째 교회 :　교회 장소를 얻을 수 있도록.

• 셋째 선교 : 일본인 선교의 모범이 되도록.

• 넷째 소금 :　사회와 교회에 소금이 되도록.

• 다섯째 평신도 제사장 교회 : 우리 스스로 하나님께서 키우시는 제사장이 되고, 신실한 목회자를 모실 수 있도록.

도쿄두레채플의 4대 안디옥 정신(사도행전 11:19-30)

이 4가지 정신은 공동체와 상의하여 2001년 5월 13일부터 1년간 실험하기로 했습니다.

1. 신앙공동체

① 우리는 신앙생활을 관념적으로 믿는 것이 아니고, 예수가 보여준 생활을 '현실적으로' 흉내내면서 살아가는 것이라고 생각하는 신앙공동체입니다. 불우한 이웃의 아픔을 내 아픔으로 느끼면서, 세상의 더러움에 물들지 않도록 자신을 지키는 신앙공동체입니다. – "하나님 아버지 앞에서 정결하고 더러움이 없는 경건은 곧 고아와 과부를 그 환난 중에 돌아보고 또 자기를 지켜 세속에 물들지 아니하는 이것이니라"(야고보서 1:27)

② 우리는, 교회란 단지 건축물이 아니라, 가정, 직장 등 내가 살아가고 있는 모든 공간이라고 생각하는 신앙공동체입니다. – "지극히 높으신 이는 손으로 지은 곳에 계시지 아니하나니 선지자의 말한 바, 주께서 가라사대 하늘은 나의 보좌요 땅은 나의 발등상이니 너희가 나를 위하여 무슨 집을 짓겠으며 나의 안식할 처소가 어디뇨 이 모든 것이 다 내 손으로 지은 것이 아니냐 함과 같으니라"(사도행전 7:48~50)

2. 평신도공동체

① 이 교회의 주인은 그리스도 한 분밖에 없습니다. 선생도 그리스도밖에 없습니다. 모두가 서로 협력자, 봉사자일뿐입니다. 모두가 하나의 가족이며 형제 자매입니다. – "시장에서 문안 받는 것과 사람에게 랍비라 칭함을 받는 것을 좋아하느니라 그러나 너희는 랍비라 칭함을 받지 말라 너희 선생은 하나이요 너희는 다 형제니라"(마태복음 23:7~8)

② '모두가 신성한 제사장이다'라고 하는 말을 믿으며, 서로 겸손한 태도를 보입니다. – "오직 너희는 택하신 족속이요 왕 같은 제사장들이요 거룩한 나라요 그의 소유된 백성이니 이는 너희를 어두운데서 불러 내어 그의 기이한 빛에 들어가게 하신 자의 아름다운 덕을 선전하게 하심이라"(베드로전서 2:9)

③ 이 교회는 비싼 강대상을 사용하지 않습니다. 말씀을 나누는 사람(도우미)이 사용할 작은 테이블만 앞에 놓습니다. 되도록 "설교한다"(preach)는 말을 쓰지 않고, "말씀을 나눈다"(share the word)는 말을 씁니다. – "지도자라 칭함을 받지 말라 너희 지도자는 하나이니 곧 그리스도니라 너희 중에 큰 자는 너희를 섬기는 자가 되어야 하리라 누구든지 자기를 높이는 자는 낮아지고 누구든지 자기를 낮추는 자는 높아지리라"(마태복음 23:10-13)

3. 독립공동체

성서의 말씀에서 출발하는 연습을 합니다. 공동체 성원 모두가 만장일치로 정하지 않는 한 어떤 교파에도 속하지 않습니다. "단지 주님을 주로 모시는" 독립 교회 정신으로 시작합니다. 통일 교회와 같은 이단 외에 모든 그리스도 교회와 단체에 협력합니다. 특히, 세계 각지에서 활동하고 있는 두레공동체와 협력합니다. – "몸은 하나인데 많은 지체가 있고 몸의 지체가 많으나 한 몸임과 같이 각 사람에게 나눠 주시느니라"(고린도전서 12:12)

4. 국제공동체 [세계의 모든 이를 위한 교회]

① 우리는 교회란 세계의 모든 사람들을 위해 있다고 믿는 국제공동체입니다. 주일예배는 일본어로 하고, 일본어를 모르는 분을 위해 영어와 한국어로 통역합니다. 수요예배는 'Waseda Word & Worship'이며 영어로 합니다. – "때에 스데반의 일로 일어난 환난을 인하여 흩어진 자들이 베니게와 구브로와 안디옥까지 이르러 도를 유대인에게만 전하는데 헬라인에게도 말하여 주 예수를 전파하니"(사도행전11:19-20)

② 이 공동체는 5인의 "말씀을 나누는 도우미", 이른바 "팀 목회"(Team Missonary)에 의해 성경말씀을 나눕니다. 다섯 사람은 아래와 같습니다. 김영수, 김진홍(이상 목사), 토오고 카츠아키, 스코트 부르너, 김응교(이상 와세다대학 선생)이다.

통합적 패러다임 모색과 새로운 자원봉사운동
The groping for integrative paradigm and New volunteer movement

이 성 록*

1. 서론

2001년은 UN이 정한 '자원봉사자의 해'(International Year of Volunteers)이다. 세계 각 국에서 IYV 2001 선포를 준비하고 있으며 한국위원회 또한 이를 기념하기 위한 활동을 시작하고 있다. 지금 인류사회에는 자원봉사의 물결이 일고 있다. 특히 1990년대 이후 자원봉사활동 인구가 현격히 증가되고 있으며, 동시에 많은 국가들이 사적 영역의 자원봉사를 공적 영역으로 끌어들여 중요한 국가정책으로 채택하고 있으며, 시장영역에서도 '기업시민' 개념이 채택되고 있다. 그래서 21세기를 '자원봉사의 시대' 혹은 '제4의 물결 시대'라고 말한다.[1]

그러나 문제는 현상이 낙관적인 것만은 아니라는 사실이다. 인류사회라는 강물 속에 서로 다른 물결이 부딪히며 흐르고 있기 때문이다. 즉 인간의 삶의 질을 극대화하려는 자원봉사 물결과는 전혀 다른 성격의 물결이 급격히 흘러가고 있다. 그것은 곧 경제적 효율성을 극대화하려는 소위, 세계화

라는 물결이다. 따라서 급격히 흘러가는 사회적 물결 속에서, 자원봉사의 가치와 실천체계를 명확히 이해하고 보다 바람직한 방향으로 진전하기 위하여 세계화의 실체와 경제적 패러다임의 지향성을 이해해야 할 것이며, 동시에 이로 인한 사회적 관계영역의 역학구도 변화에 주목해야 할 것이다.

특히 자원봉사운동의 근거(根據)인 시민사회의 변화를 이해하여야 한다. 오늘날의 시민사회의 변화를 설명하는 개념들은 '새로운 사회계약', '새로운 사회적 관계', '새로운 패러다임의 모색' 등이다. 이들은 모두 '세계화'로 표현되는 경제적 패러다임의 지배적 지위에 대립하는 사회적 패러다임에 관련된다. 여기서 필자의 논의는 몇 가지 근본적 질문에서 출발한다. 즉 시민사회란 무엇인가? 사회적 영역들은 어떤 상호관계성을 갖는가? 왜 19세기 후반 이후 단절되었던 시민사회에 대한 논의가 지금 왜 다시 활발해지고 있는가? 그리고 사적영역의 자원봉사는 왜 다시 공적영역으로 편입되고 있는가? 복지국가의 위기와 어떤 관계를 갖고 있는가? 그러면 오늘날 자원봉사의 확대경향을 오직 긍정적인 현상으로만 인식할 것인가?

2. 새로운 사회적 관계

2.1 시민사회의 사회적 관계성

그동안 시민사회의 개념은 시대와 입장에 따라 다르게 이해되었으나, 시민사회는 국가의 강제력이 배제된 시민 상호간의 관계로 정의할 수 있다.[2] 즉, 시민사회는 사회적 관계를 담지하는 하나의 현실을 의미하는 것으로, 특정한 인간 주체들의 존재와 상호작용을 구성하고 전제하는 사회적 실천을 의미한다. 코헨과 아라토에 의하면 "시민사회는 상부구조와 하부구조

---

2) 임혁백, 「민주화 시대의 국가-시민사회의 틀 모색」, 최창집 · 임현진 편, 『시민사회의 도전: 한국 민주화와 국가 · 자본 · 노동』 (나남, 1993)

또는 국가와 경제적 구조 사이에 자리하고 있는 일련의 사회적 관계"이다.[3] 즉 시민사회는 국가와 분리된 독립적 실체이지만 현실로서는 국가와 불가피한 상호 작용관계에 있다. 한편 국가의 강제력이 배제된 시민사회의 대표적 상호관계의 하나는 시장과의 관계로서 개인 상호간의 자발적 경제관계이며, 또 다른 하나는 시민사회 내의 자율적 행위로서 윤리적 관계이다.

이와 같이 시민사회는 국가와의 관계 및 경제와의 관계를 근거로 하는 사회적 관계에서 그 성격이 파악된다. 시민사회란 국가의 지배나 규제를 받는 영역이 아니라 자율성을 갖는 독자적인 영역이다. 이 영역에는 자발적으로 성립된 단체들이 존재하며 이들은 개인들의 사적 이익추구가 아니라 단체 구성원들이 공동으로 추구하는 원칙의 실현을 목표로 삼는다. 따라서 시민사회는 '공론의 장'을 기반으로 하는 '공중권'(public sphere)을 형성하여 시장영역과 정부영역에 대해 민주주의적 압력을 행사한다.[4]

현실적으로 국가와 시민사회와의 관계는 대립적, 저항적, 협조적 성격을 모두 띠고 있다.[5] 한편 시민사회와 시장영역 간의 관계는 지나치게 과대한 시장영역에 대한 견제적 관계로 나타난다. 다양한 시민사회에 기반을 둔, 시장에 대한 견제세력의 확대를 서구에서는 '시민사회의 확대과정'이라고 말한다. 특히 90년대 신자유주의가 본격화되면서 시장이 국민국가의 영역을 벗어나고 있기 때문에 시장을 규제했던 국가의 역할이 축소되면서, 시민사회가 나서 시장영역에 대한 견제력을 강화하는 양상을 나타내고 있다. 세

---

3) Jean L. Cohen & Andrew Arato, *Civil Society and Political Theory* (Cambridge: The MIT Press, 1992)

4) 이성록, 『새로운 공동체 영역@ 제4섹터』 (한국사회복지협의회·금영애드컴, 2000), pp. 235~236. 시민사회의 형성 그리고 NGO의 탄생은 "공론의 장"으로부터이며 "공론의 장"의 확대가 자연스럽게 공중권을 형성하여 지역, 국가, 국제수준으로서의 연대를 맺게 된다고 볼 수 있다.

5) 유팔무·김호기, 『시민사회와 시민운동』 (서울: 한울, 1995)

계 속에서 각국이 처한 위치에 따라 시장에 대한 견제에 있어 국가와 시민
사회가 협동적이기도 하고, 대립관계가 강화되어 나타나기도 하는데, 대개
주변부 국가의 경우 대립관계가 강화되어 나타나고 있다.

2.2 시민사회에 대한 논의의 배경

사회적 질서와 관계를 구명(究明)하는 것으로서, 시민사회에 대한 논의가
대두된 것은 18세기말이었다.6) 그러나 이에 대한 관심은 19세기 후반에 들
어 급격히 감소하였으며, 그 이후 한 세기 동안 시민사회에 대한 논의는 단
절되어 버렸다. 그러나 1970년대부터 서구에서 다시 관심의 대상이 되기
시작하였고 최근 정치학·사회학 등에서 가장 중요한 연구주제 중 하나가
되고 있다. 그러면 한 세기 동안 잊혀졌던 시민사회라는 주제가 왜 다시 관
심을 끌고 있는가? 시민사회에 대한 새로운 관심은 역시 1970년대 경제상
황과 깊은 관련을 갖는다. 70년대는 서구사회에 있어서 경제적 위기로 인
한 복지국가의 퇴출, 동구사회에 있어서 전체주의적 사회주의 체계의 붕괴
상황을 특징으로 한다.7)

시민사회에 대한 논의가 다시 부각되는 배경으로서 다음 세 가지 맥락을
지적할 수 있다.8) 첫째, 경제적 합리성이 비시장 영역까지 확대되고, 경제
적 효율성이 일상영역을 지배함으로써 사회적 관계의 균형이 상실되었다.
둘째, 인간성 파괴와 사회적 파행이 심화됨으로써 인간사회는 직면한 위기
의 본질에 대하여 주목하기 시작했다. 즉, 사람들은 시장경제 영역의 행동
원리가 모든 영역에서 누리는 지배적 지위에 대하여 그 정당성을 의심하고

---

6) John Keane(ed.), *Civil Society and the State* (London: Verso, 1988)
7) 여기서 유의할 것은 산업혁명 이후 복지국가에 역할을 이양하고 근 1백년동안 역사의 무대 뒤로
  잠복되었던 자원봉사체계가 70년대부터 신사회운동(NSM) 등장과 함께 역사의 전면으로 다시 부
  각되기 시작하였다는 사실이다.
8) 이성록, op.cit., p.196.

새로운 관계를 구체적으로 모색하기 시작하였다. 셋째, 국가에 의해서가 아니라 시민의 참여와 자원봉사에 의해서, 새로운 유대관계, 새로운 문화를 모색하고 새로운 삶의 양식을 실현하고자 하는 운동과 노력이 제기되고 있다.

2.3 Governance의 확대

오늘날 시민사회의 대두는 근본적으로 국가기능 축소와 시장경제 확대라는 사회적 관계영역의 변화에 근거한다. 동시에 전통적 시민사회와는 달리, 급격히 증가된 기술과 교육이라는 요인 역시 시민사회의 사회적 관계를 급격히 변화하게 한다. 전통적 시민사회관에서 중요하게 강조되던 계급투쟁의 기능보다 재생산 기능이 부각되고 시민사회를 대표하던 지배계층의 자발성과 활동은 시민들의 자원봉사 활동 참여로 대중화된다. 그리고 새로운 시민사회는 경제공동체에서 인간공동체를 지향하면서, 동시에 국가와 시장경제 기능을 견제하고 부분적으로 대행함으로써 거버넌스(Governance)의 개념을 발전시킨다.

거버넌스(Governance)는 오늘날 국가·시장·시민사회 영역의 새로운 사회적 관계를 설명해 주는 용어이다. 최근 국가의 역할 축소에 따라 '통치'(government)는 '협치'(governance)라는 개념으로 대치되고 있는데, 일부 국내학자들은 국가에 의한 다스림이라는 '통치' 개념에 대비하여 자치와 참여를 통하여 함께 다스린다는 의미에서 '공치'(公治)라는 개념을 사용하며, 일본 학계에서는 협력해서 다스린다는 의미로 '협치'(協治)로 번역하고 있다. 즉 거버넌스의 개념은 기업과 시민사회가 국가영역에 침윤(浸潤)하여 사회적 책임을 분담하는 것을 의미한다. 이는 근본적으로 국가의 영향력의 약화와 시민사회, 시장의 영향력이 증가됨을 의미한다.

따라서 사회적 관계 영역들은 활발한 상호침윤을 통하여 새로운 형태의 사회적 관계를 형성한다. 예를 들어 정책결정 및 집행과정에서 일반시민들의 의견반영을 적극적으로 요구하거나, NGO의 의견에 반하는 정책 수립 및 집행행위에 대한 비판 또는 반대운동이 활발하게 전개되고 있는 현상들은 시민사회의 정부영역에 침윤하고 있는 단면들이다. 또한 최근 정부-기업-NGO · NPO 사이에 상호협력 및 인적교류도 증가하고 있다. 저항적 시민사회에서 형성된 시민단체들이 국가와 협조적인 관계를 맺는 형태가 등장하기도 하고, 국가로부터 재정적인 지원을 받는 등 과거와는 다른 형태가 등장하는데, 이것은 국가와 시민사회 영역의 관계가 변화하였기 때문에 나타나는 결과라고 볼 수 있다.

3. 새로운 패러다임의 모색

3.1 복지국가의 위기

오늘날 세계의 국가들은 복지주의 정책보다는 자본의 국제경쟁력 강화를 위한 신(新)성장노선을 강요받고 있다. 제2차 세계대전 이후부터 고도성장의 잉여물을 토대로 급부 수준을 향상시키면서 사회보장제도를 유지하던 복지국가는 1970년대부터 위기를 맞게 된다. 한편 주요 선진 자본주의 국가들은 위기를 극복하기 위하여, 크게 두 가지 정책을 추구하게 된다. 하나는 세계시장의 단일화 조치이고, 다른 하나는 복지예산의 감축이다.

즉, 정부의 시장개입을 축소하여 시장기능을 강화하자는 신자유주의의 경제적 패러다임을 선택한 것이다. 시장의 실패에 따른 신자유주의자들의 대응은 사실상 복지국가의 퇴출을 전제로 하는 것이다. 복지국가의 퇴출은 '고복지-고부담'의 패러다임에서 '고복지-저부담'의 패러다임으로 전환되는 형식으로 진행된다. 그런데 근본적 문제는 '고복지'와 '저부담'이라는 상호 대립·모순적인 결합이다. 신자유주의자들은 이러한 모순을 해결하기 위하여 '고복지-저부담-민간참여'라는 새로운 패러다임을 모색하게 된다.

즉, 신자유주의자들의 새로운 패러다임 모색은, 복지국가의 복지서비스의 독점적 구조를 해체하고, 현대 사회복지 패러다임에 시민사회의 참여를 포함시킴으로써 복지다원주의라는 일련의 개념으로 재구성되고 있다. 그러나 근본적으로 새로운 패러다임의 모색 역시 경제적 패러다임에 귀속된 것이다. 시장영역의 효율성을 높이기 위하여 국가의 복지기능을 축소함으로써 야기된 자원감소의 공백을 민간참여로 채우겠다는 대체주의는 결국 자원봉사를 도구화하는 것이다.

3.2 통합적 패러다임 모색

현대 복지제도와 정책은 기본적으로 경제적 패러다임에 근거한 것으로서 주로 국가에 의한 소득 재분배 정책으로 이해되고 집행되어 왔다. 자본주의 초기에는 자유방임의 '보이지 않는 손'에 의해서, 독점자본주의 시대에는 복지라는 '보이는 손'에 의해서 노동계층의 요구를 충족시키거나 완화시키는 과정이 수행되었다. 이 과정을 지배한 경제적 패러다임은 복합적인 사회적 상황을 단순히 소득불균형 측면으로 단순화하는 일차원적 사고를 낳았고 사회변동에 따른 인간의 소외문제에 적절히 대응하지 못하는 결과를 낳았다.

따라서 이에 대응하여 부각된 것이 사회적 패러다임이다. 이 패러다임의 주요 범주는 소외의 문제, 사회화, 인간관계, 환경과의 상호작용 등이며 이익사회 대신에 공동사회의 관점을 강조하는 것이다. 많은 복지 선진국들이 초기에는 양적 서비스를 지향하는 경제적 패러다임에 집착하였으나 최근 질적 측면을 강조하는 사회·문화적 패러다임으로 지평을 확대하는 경향이 두드러지고 있다.9) 이는 현대사회가 창출하는 제반 사회문제가 단순한 물질적 차원을 벗어나고 있음을 반영하고 있다.10)

한편 발전가치의 변화에 따른 대립관계를 융합하고 매개하는 통합적 패러다임이 모색되고 있다. 즉 발전가치에 대한 변화는 고도성장에 대한 반발로서 제로성장, 물질의 대립으로서 비물질, 집중의 반대로서 분산화 등 종전의 구조 결정적이고 집중적인, 하향적 패러다임에 대한 반발로서 사회적 패러다임을 부상시켰다. 그러나 사회변동에 따라 부상한 사회적 패러다임은 여전히 지배적인 지위를 갖고 성장을 주도하는 경제적 패러다임과 이원론적 대립관계를 벗어나지 못하고 있다.

따라서 인류사회는 결국 두 패러다임을 융합하고 매개하거나 대체할 수 있는 새로운 통합적 패러다임을 모색하게 되었다. 통합적 패러다임은 양자의 대립적 관계를 물리적으로 결합하는 일차원적인 것이 아니라, 하나의 영역을 매개시켜 통합하자는 것이다. 즉 공적인 것도, 사적인 것도 아닌 독립된 영역으로서 '제3의 영역'(the third realm)11)을 매개로 하여 결합하자는 것이다.

그러면 새로운 매개영역을 어떻게 모색할 것인가? 먼저 역사적 경험을 검토해야 할 필요가 있다. 산업혁명 이후 강화된 시장경제영역과 시민사회는 대립적 갈등관계를 형성하였으나, 자원봉사운동을 통하여 사회복지제도라는 매개영역을 수용함으로 윤리성과 합리성의 균형적 관계를 가능하게

---

9) L. Simonen, "New care business inspired by a sense of community: The pioneering spirit of the 90s or a form of neo-liberalism?", *Dialogi*, English supplement 4B (Finland: National Research Development Centre for Welfare and Health, 1994)

10) 경제적 패러다임에 따른 자원의 감소와 함께 자원봉사 참여확대를 요청하는 또 하나의 요인은 욕구의 증대이다. 욕구의 증대는 이전의 양적·물질적 이전뿐만 아니라 질적·정신적 서비스를 요구하는 것으로서 사회적 패러다임에 귀속되는 것이다.

11) 여기서 '제3의 영역(the third realm)'은 두 패러다임이 결합하여 혼융된 독립적 매개영역을 의미하는 것으로, 경제적 패러다임에 의해 비영리영역을 지칭하는 제3섹터(the third sector)와는 다른 개념이다.

하였다. 즉 시민사회 영역은 사회복지제도를 매개영역으로 하여 초기 자본주의의 정치·경제 영역과 일종의 선택적 유대관계를 맺게 된 것이다.

그런데 한 세기 동안 지속되어 오던 이러한 사회적 관계는 오늘날 경제적 위기에 직면하여 와해되었다. 경제적 위기는 합리성과 시장경제의 강화를 초래하였고 시장경제 패러다임의 지배적 지위를 강화함으로써 매개영역이 와해되어 버린 것이다. 그러나 후기 산업혁명이라는 세계화 혁명에 직면하여, 패러다임의 불균형적 관계에 기인하는 사회적 파행과 위기를 극복할 수 있는 새로운 패러다임의 가능성이 다시 자원봉사 영역에서 모색되고 있다. 이미 지난 한 세기 동안 사적영역에 머물던 자원봉사활동이 공적영역에 부각되고 있으며, '새로운 자원봉사' 영역을 구축하고 있다.

3.3 새로운 자원봉사

1970년대 후반부터 일어난 신자유주의자들에 의한 경제적 패러다임의 지배적 지위 강화현상은 시민사회의 변화를 불가피하게 한다. 즉 시민사회의 변화는 국가기능 축소와 시장경제 확대라는 역동적 관계변화에 근거한다. 특히 전통적 시민사회와는 달리, 급격히 증가된 기술과 교육이라는 요인은 시민사회의 사회관계를 급격히 변화하게 한다. 전통적 시민사회관에서 중요하게 강조되던 계급투쟁의 기능보다 재생산 기능이 부각된다. 시민사회를 대표하던 지배계층의 자발성과 활동은 시민들의 자원봉사 활동 참여로 대중화된다. 새로운 시민사회는 경제공동체에서 인간공동체를 지향하면서, 국가와 시장경제 기능을 견제하고 부분적으로 대행한다.

동시에 시민사회의 윤리적 영역으로서 자원봉사는 새로운 실천양식을 보여주고 있다. '새로운 자원봉사'(NVM: New Volunteer Movement)는 첫째, 부분적으로 시장경제의 생산양식을 수용함으로서 '윤리적 합리성'이라는 행동원리를 정립하고, 둘째, 자발적 지배계층과 지식인을 대신하여 새로운 공중권(public sphere)을 형성하며, 셋째, 공적영역에서 복지국가의 공백을 대신하여 재생산 기능을 확대하고, 넷째, 복합적 사회적 관계에서 시민의 자발적 참여를 통하여 침윤관계를 주도함으로써, 다섯째, 경제적 패러다임과 사회적 패러다임의 결합이 가능한 제3의 매개영역을 확대하고 있다.

다시 말해서 NVM은 당사자 중심의 합리 지향적 사회운동과는 달리 상대적으로 제3자 중심의 윤리 지향적 운동이다. 즉 시민운동의 행동원리가 합리적 윤리성이라면 자원봉사운동의 행동원리는 윤리적 합리성이라고 할 수 있다. 또한 NVM은 단지 이타성에 호소되어 온 사적 영역의 전통적 자원봉사와는 달리, 국가영역의 정당성과 시장영역의 합리성을 수용하며, 경제적 패러다임에 의한 자원감소와 사회적 패러다임에 의한 욕구증대를 수용하는 통합적 패러다임을 가능하게 한다.

즉, NVM은 시민사회의 다양한 사회적 실천을 수용하고 상호침윤을 통하여 공적 영역도 사적 영역도 아닌 제3의 영역(the third realm)을 확대하면서, 국가와 경제와 시민사회를 결합하는 매개영역을 구축한다. 제3의 영역은 새로운 성격의 시민영역이며, 합리적 지향성과 혼융된 상태이면서도 윤리적 행동원리가 우위에 있는 독립적인 사회적 관계영역이다. 따라서 NVM의 영역은, 국가와 시장경제의 구조적 기능차이를 구분하는 개념이 아닌, '모든' 사회적 관계영역이 혼융(混融)된 복합적 침윤(浸潤)관계의 영역이며, 필자는 이러한 제3의 영역을 제4섹터로 해석한다.

4. 새로운 자원봉사운동의 논점

4.1 자원봉사 영역의 위기

최근 자원봉사는 여러 가지 측면에서 전통적 자원봉사와는 달리 새로운 양상으로 전개되고 있다. 이는 곧 '전통적 자원봉사'에서 '새로운 자원봉사'로 패러다임의 전환을 의미한다. 새로운 자원봉사 패러다임의 배경에는 신자유주의 등 사회적 이데올로기, 특히 세계화, 정보화, 기술발전, 그리고 이로 인하여 파급되는 극심한 경쟁, 사회적 양극화, 이기적 태도 및 갈등과 같은 일련의 사회적 경향이 자리하고 있다.

특히 세계화는 사회 모든 분야에 새로운 패러다임을 요구하고, 오늘날 자원봉사 영역은 합리적 행동으로 구조화되고 있다. 시대적 환경에 따른 행위자의 욕구의 변화, 이를 요구하고 수용하는 사회적 문화와 풍토의 변화는 자원봉사 행동에 대한 새로운 접근을 요구한다. 따라서 행동 그 자체를 구명하기 이전에 행동에 영향 미치는 사회적 환경을 먼저 이해할 필요가 있는 것이다.

그러면 세계화는 자원봉사활동에는 어떠한 영향을 미치는가? 과연 자원봉사는 신자유주의의 도구인가, 아니면 위기사회의 대안인가? 논란의 여지가 있는 질문이지만 필자의 대답은 신자유주의의 도구이면서 동시에 위기사회의 대안이라는 것이다. 패러다임의 차원과 관점에 따라 다를 수 있으나, 필자는 두 관점은 분명히 구분되어야 하며, 동시에 모두 정당한 것으로 고려되어야 한다고 생각한다. 연구자들의 우선 과제는 자원봉사에 대한 불가피한 양면성을 보다 정확하게 인식하는 것이다.

먼저 신자유주의 정책을 강화하는 수단과 도구가 되고 있다는 관점은 소위 80년대의 '레이거노믹스'를 그 사례로 제시한다. 레이건은 신자유주의 노선의 강화와, 동시에 자원봉사 활성화를 국정의 핵심주제로 삼았다. 그는 "제3부문에서 수행되던 많은 과업을 정부가 떠맡았고, 그 결과 국민들이 과도하게 정부부문에 의존하게 되었다"고 주장하였다.[12] 그리고 세계화 환경

---

12) "Now It's Our Turn", *Reader's Digest*, May, 1985.

속에서 국가경쟁력을 제고하기 위하여 먼저 복지예산을 대폭 축소하고, 축소된 부문은 민간 영역에서 담당하도록 하는 소위 대체주의적 정책을 강력하게 추진하였다. 이에 언론과 진보적 자원봉사 단체와 지도자들은 자원봉사를 정치적 수단으로 삼는다고 비난하였으며, 미국의 좌파들은 빈민과 노동자들에 대한 정부책임을 줄이기 위한 의심스러운 시도라고 비난하였다.[13]

이러한 비판은 자원봉사 그 자체가 아닌 사회위기를 야기한 경제적 패러다임을 오히려 강화하려는 책략에 대한 것이다. 레이건의 자원봉사 캠페인의 배후에는 신자유주의자들의 경제적 계산이 도사리고 있기 때문이다. 즉 근본적으로 신자유주의자들이 겨냥하는 것은 국가의 복지축소이며, 자원봉사는 욕구변화에 따른 선택항목의 증가가 아닌 자원감소에 따른 대체항목의 증가라는 사실이다.

따라서 자원봉사는 '호혜성' 원리에 적용되는 가치와는 달리 신자유주의의 성장추구 따른 시장 경쟁력 강화의 도구로서 양적 확대가 도모되고 있다.[14] 이는 시장과 경제를 동일시하는 경제적 패러다임에 따라 제3섹터가 육성되고 있음을 의미한다. 결과적으로 신자유주의는 정책적 방임을 가져왔고, 제3섹터론은 이를 합리화시키는 결과를 가져왔다. 그리고 양적 확대를 꾀하는 과잉 팽창열에 들떠 그 이면의 가치와 본질을 성숙시키는 사회적 노력에는 무관심하였다. 따라서 고도성장 정책의 후유증을 해소하려는 사회적 패러다임의 자원봉사가 오히려 대립적 입장에 있는 성장정책의 수단으로 전락될 위기에 처한 것이다.

그러나 이것이 위기의 본질을 모두 설명하는 것은 아니다. 위기를 형성

---

13) "The Elusive 1000points", *Newsweek*, December 1, 1989.
14) J. R. Stanfield, *The Economic Thought of Karl Polanyi: Lives and Livelihood* (London: McCmillan, 1986)

하는 또 하나의 원인은 정책적 도구화와 방임을 합리화시키는, 자원봉사 세계 내부의 순진한 낙관론에 있다. 여기서 지적하고자 하는 것은 자원봉사 강화·확대 논리가 어디에서 시작되고 있으며, 어떠한 의도를 가지고 있는지에 대한 분별력이 없다는 점이다. 즉, "경제적 패러다임의 지배적 지위를 유지하기 위한 도구로서 대체주의적 자원봉사강화론"은 위험한 일이라 하겠다.

한편 자원봉사의 위기요인은 구조적 측면뿐만이 아니라 개인적 측면에서도 발견할 수 있다. 신(新)성장정책에 따른 복지국가의 위기, 불평등의 심화, 환경파괴 등 부정적 측면과 이를 극복하기 위한 노력으로서 제3섹터의 강화, 자원봉사 확대를 긍정적으로 전폭 수용하더라도, 개인적 자원봉사 투신은 여전히 사회환경에 의해 동기화되고 있다. 특히 자율성과 자기지향성의 강화 등 개인주의는 자원봉사 영역의 새로운 실천체계를 요구하고 있다. 따라서 기존의 가치와 실천 방법·기술에 대한 근본적 패러다임의 전환이 요구되며 이는 전통적 자원봉사 영역의 위기가 되고 있다.

한편 사람들은 환경을 통제하기 위해 기술을 발전시켜 왔으나 기술의 발전은 또 다른 통제할 수 없는 환경을 초래하고 또 다른 새로운 기술을 개발하는 순환은 인간환경의 복잡성을 심화시키고 있다. 그러나 환경 통제력을 확대하는 노력의 근본적인 목적에 대한 의심과 회의는 자원봉사 행동을 촉발시키고 있다. 인간 행복을 위한 인간 통제력의 확대 추구는 기술에 의존하면서도, 기술에 의해 무산되기도 한다. 그 때마다 위기를 느낀 소수의 사람들은 자원봉사 행동을 발전시켜 왔다.

이러한 자원봉사 행동과 발전의 배경에는 복잡한 사회적 위기가 자리잡고 있다. 과거에도 급격한 사회변화는 인간성 파괴라는 위기를 가져 왔고, 자원봉사 행동을 촉진하였다. 그러나 작금의 자원봉사 행동 촉진에는 사상

유례 없는 세계화라는 경쟁논리가 배경으로 자리하고 있으며, 자원봉사를 정책의 기능적 수단으로 이용하려는 의도가 들어 있다. 동시에 이러한 배경은 자원봉사의 사회적 대안으로서 가능성을 열어 주고 있다. 따라서 기능적 도구인가, 아니면 미래 사회의 대안인가 하는 이 질문은 패러다임의 상호대립에 관한 것이며 대답은 결국 새로운 통합적 패러다임의 가능성과 관련된 것이다.

4.2 매개영역으로서 제4섹터

NVM에 있어서 제기되는 또 하나의 논점은 섹터이론에 대한 해석에 관한 것이다. NVM은 경제적 패러다임에 의한 생활세계의 식민지화와 복지국가의 위기에 대응하여, 자원감소와 욕구증대라는 대립적 개념을 수용할 수 있는 통합적 패러다임을 모색하는 운동이다. 즉, 경제를 사회에 통합시키고 문화와 창조성에 뿌리를 둔 인간의 목적의식을 인간에게 돌려주는 운동이다. 이러한 NVM의 행위공간은 자유민주주의와 복지국가의 원리와 실천으로도 제공받지 못하는 비제도적 정치공간이며, 공적이라고도 사적이라고도 할 수 없는 제3의 영역이다.[15] 즉, 사회적 관계영역의 매개체로서 NVM은 제4섹터를 형성한다. 제4섹터는 사적 개인과 조직이 시민적 소양을 갖추어 공적인 문제에 참여하는 등 사회적 관계영역의 상호침윤을 통하여 형성되는 새로운 사회관계 영역이다.

한편 정부부문을 제1섹터, 시장부문을 제2섹터로 지칭하고, 이와 구별하여 NGO·NPO 등을 제3섹터라고 구분하는 구도에서 '제3섹터'는 복지서비스 공급주체를 구분하기 위한, 기능적 개념이다. 특히 복지서비스를 공급하는 비영리조직인 동시에 부분적으로 영리적 행위를 하는 민간기구에 대하여, 영리기업과 구분하려는 미국의 조세제도를 배경으로 하는 용어이며,

---

15) C. Offe, *Contradictions of the Welfare State* (Cambridge: The MIT Press, 1984)

근본적으로 경제적 패러다임에 귀속되는 개념이다. 특히 신자유주의자들은, 시장경제를 강화하기 위하여, 복지국가의 퇴출을 모색하고 그 공백을 대체하기 위하여, 제3섹터의 확대를 주창하고 있다. 즉 80년대부터 레이건 등 신자유주의자들에 의해 제3섹터 개념은 자원봉사 영역으로 확대 적용되면서 확산되었다.

〈그림-1〉 기능주의적 모형

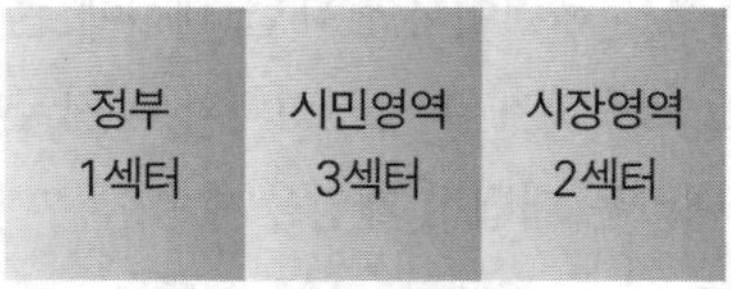

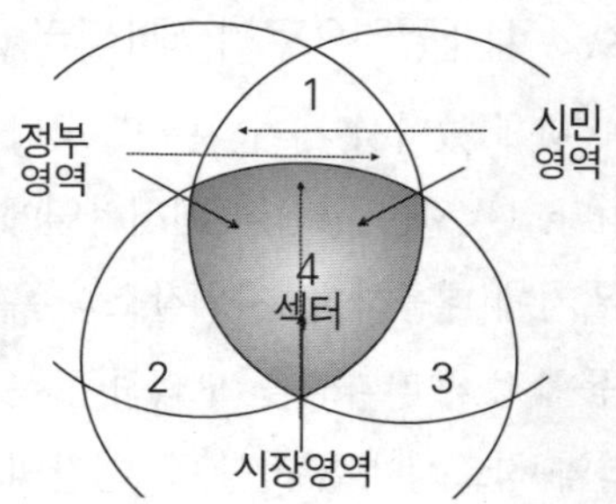

〈그림-2〉 사회관계적 모형

그러나 구조주의적 제3섹터 개념은 통합적 패러다임을 매개하는 제3의 영역으로서는 부적절한 개념이다. 제3섹터는 모든 사회적 영역과 혼융된 새로운 자원봉사의 사회적 관계를 충분히 설명할 수 없기 때문이다. 동시에 이 제3섹터는 사회변동에 따른 영역간 상호침윤 과정을 충분히 수용하지 못한다. 따라서 필자는 사회적 관계성에 따라 섹터개념을 재해석함으로써 4개의 섹터로 구분한다.

이에 따라 제3섹터 개념은 시민사회와 시장이 혼융된 제3의 영역으로 해석되어야 하며, 통합적 패러다임을 도출하는 제3의 영역으로서 제4섹터 개념의 도입되어야 함을 제안한다. 즉 제4섹터는 국가와 시장, 시민사회의 구조적 기능차이를 구분하는 개념이 아닌, '모든' 사회적 관계영역이 혼융된 복합적 침윤관계의 영역이며, 경제적 패러다임과 사회적 패러다임이 통합되는 제3의 매개영역이며, 윤리성이 합리성을 지배하는 새로운 자원봉사운동의 영역이다.

4.3 참여동기의 이중구조

사람들은 왜 자원봉사를 하는가? 자원봉사행동에 있어서 가장 중요한 요소는 참여동기와 관련된다. 필자는 자원봉사의 동기를 연구하는데 있어서 '사회현상—패러다임'과 '개인행동—규범'을 매개하는 '공익'(public interests)이라는 윤리적 카테고리에 초점을 둔다. 이 공익성은 그 사회의 지배적 지위의 패러다임이 무엇인가에 따라 결정되어진다. 다시 말해서 자원봉사의 동기는 지배적 지위의 패러다임에 따라, 진위 여부와는 관계없이, 그 패러다임에 의하여 효과적으로 수용될 수 있는 형태로 공언되어진다는 것이다.

대부분 자원봉사 동기에 대한 연구자들의 관심은 이기적 동기인가, 아니면 이타적 동기인가에 집중되고 있다. 그러나 보다 중요한 것은 어떤 동기가 사회적으로 용이하게 그리고 우선적으로 수용되고 인정되느냐의 문제이다. 만일 이타적 동기가 사회적으로 보다 용이하게 수용되고 따라서 인정과 동조를 얻어 낼 수 있다면 사람들은 이타적 동기를 공언하게 된다는 사실이다. 필자는 이러한 관점에서 공언된 자원봉사의 동기를 '이타적—이기적'의 이분법적으로 분석하지 않고 사회적 문화와 환경에 따라, 그리고 인정과 동조 유인성에 따라 외재적으로 공언되는 동기가 달라진다는 사실에 근거하여 '사회적 수용가설'을 제안한다.16)

지금까지의 자원봉사 행위에 관한 연구는 단순히 공언된 참여동기에 국한되었으며, 따라서 참여동기와 숨겨진 동기와의 차이를 간과하고 있다. 최근 자원봉사 연구의 방향을 결정하는 매우 중요한 이슈는 "자원봉사에 대한 판단이 타자에 의한 것인가? 아니면 행위주체자의 동기에 의한 것인가?"에 대한 논점이다. 그러나 국내 연구들은 구조적 조건과 현상적 체계

---

16) 이성록, *op. cit.*, pp.249ff.

탐색에 함몰되어 아직까지 이 논의에 체계적으로 접근하지 못하고 있다. 다만, 조휘일 교수가 ”행위 당사자의 사회적 책임수행의 목적이 어느 수준에 있느냐”에 따라야 한다는 입장을 취하고[17] 행동과학적 분석을 통하여 행위자의 동기요인의 배열과 상호작용을 구명하고자 하였다. 이러한 입장은 자원봉사 가치에 대한 철학적 재해석과 자원봉사 행위주체자의 변화와 관련되며 특히 행위자의 갈등에 대한 불가피성을 제기하는 것이다. 즉, 완전한 이타성은 존재하지 않으며, 또한 그것만이 자원봉사의 본질을 구성하는 것은 아니라는 이념적 재해석과, 동시에 실천적 국면에서 이중적 행위구조의 상관관계에 대한 행동과학적 설명을 요구하는 것이다.

따라서 자원봉사자의 행동을 명백히 설명하기 위해서는 먼저, 자원봉사 행위의 외형만이 아니라 행위자에게 영향을 미치는 상황과 행위주체자의 자기이해를 파악해야 한다. 자원봉사 활동은 행위자가 다른 사람을 상대로 하는 의도적 행위와 이에 대한 다른 사람의 반응으로 이루어지는 사회적 행위이며, 자기노출과 상대평가의 역동적 상호작용의 과정이라고 할 수 있다. 드러난 행동과 숨겨진 동기라는 자원봉사행동의 이중적 구조와 상대의 평가 또는 사회적 수용정도와의 관계를 파악함으로써 자원봉사 행동의 구조를 구명할 필요가 있는 것이다.

새로운 자원봉사(NVM)는 이러한 '사회적 수용가설'을 근거로 하여, 개인적 성향보다 사회적 제도, 상호작용의 맥락에서 자원봉사 행동의 동기를 파악하고 실천적 작업 틀을 구성해야 한다. 즉, 심리학적인 일차적 동기보다 제도적 환경 속에서 작동되는 동기에 초점을 둔다. 왜냐하면 사회구조가 개인의 특정한 태도 또는 동기를 지배하기 때문이다.

사람들은 사회조직의 환경, 즉 때와 장소에 따라 이타적이거나 이기적인

---

17) 조휘일, 『현대사회와 자원봉사』 (홍익재, 1998)

행동을 하게 된다. 중요한 것은 단순히 이기적, 이타적 행동이 한 개인의 기본적인 본성은 아니라는 것이다. 오히려 인간의 행동은 개인적 특성보다 사회구조의 특성과 관련되어 진다. 왜냐하면 사회구조는 개인의 특정한 태도, 또는 동기를 조장하거나 억누르기 때문이다. 개인이 추구하는 동기가 무엇이든 간에 사회적으로 어떻게 수용되느냐에 따라 새로운 인간상이 도출되는 것이다.

중요한 것은 사회적 인간은 인정욕구를 갖는 존재라는 사실이며, 인정욕구는 사회적 수용에 따라 자극되고 결정된다는 사실이다. 인간에게 있어서 최악의 사태는 한 자신이 인정받을 수 있다고 인식하는 그 무엇인가를 밖으로 드러내려는 시도가 수용되지 않을 때이다. 만일 이기적 동기를 드러낼 기회를 부정당한다면 거기에는 하나의 실패가 있게 되며, 마찬가지로 이타적 동기를 드러낼 기회를 부정당한다면 거기에도 실패가 도사리고 있다.

환언하면 인간행동은 개인적 성향이 사회적으로 어떻게 수용되느냐에 따라 동기화되고 심취된다. 따라서 새로운 자원봉사에 있어서 연구자는 불변의 필연성 혹은 사실(fact)을 다루는 것이 아니라 인간행동을 자극하는 지배적 사회구조가 무엇인가에 초점을 두고 상호작용적인 사건(event)을 다루어야 할 것이다. 다시 말해서 인간의 본성을 중요하게 다루는 전통적 자원봉사와는 달리 새로운 자원봉사 패러다임은 실재적·경험적 접근을 취할 필요가 있다. 勞動

사회보장·사회복지 분야에서
외국인의 처우에 관한 한·일 비교연구

최 성 룡*

1. 들어가는 말

얼마 전 신문보도에 의하면 해외 20개 인권 NGO가 공동명의로 유엔주재 한국대사 앞으로 이주노동자[1]의 인권보호를 요청하는 서한을 보내왔으며, 지난달 초에는 아시아지역의 이주노동자 보호관련 35개 단체가 태국에서 국제회의를 열고 "한국을 유엔 이주노동자 보호협약 우선조약대상국에 지정할 것"을 건의했다는 내용의 서한을 외교통상부에 발송해 왔으며 이에 따라 정부가 "이주노동자 인권대책을 세우기 위한 협의를 하기 시작했다"

---

* 일본두레연구원1기, 현 일본 동지사대학교 박사과정

1) ILO에서는 국제이동자(International Migrant)의 유형을 정주자(Settlers, 영주할 목적으로 타국에 입국하는 사람들), 계약노동자(Contract workers, 정해진 기간동안 취로하는 것을 조건으로 입국이 허가된 사람들), 전문직종사자(Professionals, 고학력이나 훈련을 받아 우수한 기술을 가지고 있으며 어느 나라에 가서도 이를 살릴 수 있는 사람들), 비합법노동자(Illegal immigrants, 비합법적으로 타국에 입국했다든지, 비자 기한이 지난 후에도 머물러 있거나, 관광 등의 목적으로 입국해 취로하고 있는 사람들), 비호희망자·난민(Asylum seekers and refugees, 위험으로부터 피난하기 위해 자국을 떠난 사람들)로 구분하고 있다. 그러나 본고에서는 취업 등을 목적으로 입국한 타국적 또는 지역 출신으로, 취업형태가 계약직 노동자든 전문직 종사자이든 또한 당해국의 출입국관리법상 신분이 산업연수생이든 비합법노동자(소위 over stay, 일반적으로 불법취업자라고 하나 본고에서는 초과체류자라 부르기로 함)이든 불법 입국해 취업하고 있든 이들을 구별하지 않고 그들을 통틀어서 이주노동자라 부르기로 한다.

고 전하고 있다[2]. 이에 따라 당국은 '외국인 근로자 보호대책 기획단'을 구성해 법무부와 노동부, 중소기업협동조합중앙회 등 관계기관과 함께 공동으로 실태조사에 나서 '주로 3D업종'에 종사해 높은 산재위험을 안고 있음에도 불구하고 의료혜택을 제대로 받기 어려운 초과체류 이주노동자들에 대해 '응급의료기금제도'를 적용, 의료지원을 해주도록 했다고 한다.

우리나라에 이주노동자들이 본격적으로 내한하기 시작한 것은 1980년대 말부터이며, 90년대 들어 주로 중소기업의 노동력 공급을 위해 산업연수란 명목으로 외국인 노동자들을 받아 들이기 시작해 최근 그 수가 급격히 증가했다. 아시아에서는 이웃 일본도 동일한 이유로 90년대들어 값싼 외국인노동력을 많이 유입해 왔다. 그러나 이러한 추세는 비단 우리나라와 일본에만 국한된 현상이 아니라 전세계적인 경제의 흐름과 무관하지 않다. 세계경제가 WTO로 대표되는 무한경쟁의 시장경제 체제로 재편되는 세계사적인 경제사회구조의 변화과정 속에서 일어나고 있는 필연적인 결과 중의 하나인 것이다. 이로 인해 나타난 문제의 하나가 무한경쟁의 시장경제 체제 속에서 남북간, 즉 선진국과 개발도상국 간의 경제격차의 심화로 인해 개발도상국으로부터 선진국으로 대량의 노동자들이 이동해감으로서 종래에는 일국완결형 사회정책(노동정책)이나 사회보장정책으로 충분히 대응 가능했던 이들 국가들에게 이와 관련된 기존 정책과 제도의 수정 또는 새로운 환경변화에 따른 정책을 도입해야 하는 등의 압력이 작용하고 있다는 사실이다.

다시 말하면 과거엔 경험하지 못했던 이주노동자들의 전세계적인 증가현상과 자국내 이주노동자들의 급격한 증가는 과거 "자국민에게 고용보장과 사회보장을 기본으로하는 소득재분배기구를 불가결의 일환으로 내포하는 현대국가 내지 현대사회 체제"[3]로 정의가 가능했던 종래의 일국완결형

---

2) 『한겨레신문』, 2000년 5월 24일 사회면 기사

국민국가적 복지국가 체계로는 이러한 세계적인 사회적 · 경제적 · 물적 환경과 상황 변화에 대처할 수 없고, 따라서 이러한 상황을 반영한 정책을 펼치지 않으면 안 될 시점에 와 있는 것이다. 특히 이주노동자들이 가진 보건의료를 비롯한 사회보장 · 사회복지 관련 욕구는 자국민의 그것과 마찬가지로 인간이면 누구나 가지는 보편적인 욕구이며, 이와 함께 그들의 처해 있는 불안정한 체류신분상의 처지와 상황등을 고려할 경우 관련 정책의 수립은 매우 시급하고 절실한 문제이다. 아울러 이들의 보건의료·사회보장·사회복지 관련문제는 기본적 인권과 직결된 문제이기도 하기 때문에 시급히 개선되어야 할 과제 중 하나이기도 하다.

따라서 본고에서는 최근 세계적으로 급격히 늘어나고 있는 이주노동자들의 사회보장·사회복지 관련 욕구가 거주국의 노동정책은 물론 사회보장 관련정책에 압력요인으로 작용하고 있는 사실에 주목하여, 우리나라가 이러한 이주노동자 문제에 대해 현재 어떻게 대응하고 있으며 바람직한 이주노동자 정책을 위한 개선대책 등에 대해 국제사회가 제시한 이념과 기준 등에 비추어 간략히 살펴보고자 한다.

2. 연구방법

노동력이 상품화된 현대 자본주의 시스템 속에서 인간이 생명을 유지하고 인간다운 생활을 영위하기 위한 가장 필수적인 선결조건을 하나 든다면 노동정책을 보완하는 성격을 지닌 사회보장, 사회복지 관련 정책과 제도의 정비를 들수 있다. 이는 비단 자국민뿐만 아니라 거주국에서 노동력을 제공하고 있는 외국인들에게도 예외가 될 수 없고, 따라서 기본적으로 외국인들에게도 내국인과 동일하게 사회보장, 사회복지 관련 제도가 적용되고 서비

---

3) 우즈하시 타카후미저, 『현대복지국가의 국제비교』 (일본평론사, 1997), p,16.

스가 이용가능하도록 정비되어야 할 것이다. 이는 국제사회가 추구하고 있는 인간의 기본적 자유와 행복의 향유를 보장하기 위한 선결조건의 하나인 인권보장과도 직결되는 사항이기도 하다.

따라서 본 연구에서는 ① 아시아권의 국가나 지역 중에서 지금까지 이주노동자들이 가장 많이 유입되었고 또 현재 가장 많이 거주하고 있는 우리나라와 일본을 고찰의 대상으로 한정하여, ② 양국의 현행 보건의료 및 사회보장, 사회복지 각 제도에 있어서 외국인[4]의 적용여부를 비교한 후, ③ 현행 양국의 관련정책과 제도의 문제점을 살펴보고 그 개선방향에 대해 생각해보기로 한다. ④ 이때 양국의 관련제도에 대한 문제점과 개선방향에 대해서는 이주노동자들의 생활보호와 수준향상을 위해 이제까지 국제사회가 추인하고 제시한 국제법상의 보건의료 및 사회보장, 사회복지 관련 각종 이념과 기준등에 비추어 살펴보기로 한다.

위의 연구목적을 달성하기 위해 본고에서는 편의상 먼저 세계적인 노동력이동의 실상과 한일 양국의 외국인 이주노동자들의 놓여있는 상황에 대해 간략히 살펴 본 후, 정주외국인(이민 및 영주권자) 및 이주노동자들과 관련된 UN과 ILO의 사회보장 및 사회복지 관련 조약과 협정들 중 중요한 내용 몇 가지와 이에 대한 한일 양국의 비준 여부를 살펴본 후, 양국의 현행 사회보장 및 사회복지 각 제도에 있어서 외국인의 적용 상황과 개선점 등에 대해서 검토해보기로 한다.

---

4) 일반적으로 사회보장 및 관련 제도에 있어서 핵심이 되는 사회보험제도와 공적부조제도등에 있어서 급부요건을 ① 국적요건, ② 연령요건, ③ 거주요건, ④ 조례요건으로 나누어 자격여부를 살펴볼 수 있다. 내외국인의 차별철폐와 관련해서 볼 때, 국적요건은 그 나라의 관련제도가 국적조항을 설정해 그들을 원천적으로 배제하고 있는가 아닌가의 여부를 살피는 기준이 되고, 조례요건은 지방자치단체 등이 국가의 제도가 이들을 제외하고 있지만 그들을 구제하기 위한 독자적인 제도를 시행하고 있는가의 여부를 검토하는 기준이된다. 따라서 본고에서 기본적으로 문제시하는 것이 국적요건의 설정여부이기 때문에 정주(이민 및 영주자)외국인과 이주노동자를 포함한 거주외국인 전체를 포괄적으로 묶어서 먼저 그 여부를 따지고, 제도에 따라 체류비자 자격상의 구분에 의해 차별적용하고 있는 경우에는 그 내용을 각각 검토하기로 한다.

3. 세계적인 노동력이동과 한·일 양국의 상황

우리나라와 일본에 있어서 (외국인)이주노동자들이 본격적으로 유입되기 시작한 것은 1980년대 말부터이고 90년대 들어 그 수가 급격히 증가했다. 이것은 비단 한일 양국에만 국한된 현상이 아니라 WTO체제로 대표되는 것처럼 세계가 보호무역과 장벽을 완전 철폐하고 개방된 시장경제체제로 이행하는 작금의 경제의 세계화(globalization)란 흐름과 무관하지 않다. 이러한 현상에 대해 국제연합계발기구(이하 UNDP)의 관련 보고서에 의하면 1990년대 초에 선진국을 중심으로 한 세계 각국에서 일하고 있는 국외거주 노동자의 수를 약 8,000만명으로 추산하고5), 이러한 추세로 간다면 약 10년 후인 21세기 초반에는 그 수가 적게 잡아도 1억명 이상으로 늘어날 것으로 예상하고 있다. 국제노동기구(이하ILO)가 최근 '제1회 유엔 국제이주자의 날'을 맞이하여 발표한 자료에 의하면 현재 전세계에는 1억명 이상의 이주자와 이민 및 그 가족들이 살고 있다고 한다6). 이처럼 최근 들어 국제적인 노동력 유동화 현상이 급격히 일어나고 있는 가장 근본적인 요인은 말할 필요도 없이 세계경제의 글로벌화로 인한 선진국과 개발도상국 간의 경제 격차의 심화의 결과이다.

선진국과 계발도상국간의 소득과 경제 격차에 대한 UNDP의 발표를 보면 1960년부터 1989년 사이에 세계의 가장 부유한 20%의 인구를 가진 나라들이 세계의 GNP가 70%에서 80%로 증가한 반면, 가장 가난한 20%의 인구를 가진 나라들의 GNP는 2.3%에서 1.4%로 감소했다고 한다7). 이와

---

5) Stalker,P. *The work of strangers:A Survey of international Labour migration* (Geneva: ILO,1994), 오오이시 나나·이시이 유카 공역, 『세계의 노동력 이동』 (동경: (株)築地書館, 1998)의 권말자료인 「국제노동력이동데이터」의 각국별 실제 이동수 참조)
6) http://www.ilo.org
7) Ibid., pp.22~24.

함께 개발도상국 전체에서 약 12억에 이르는 사람들이 절대적 빈곤상태에서 생활하고 있고, 약 7억의 노동자들이 실업이나 반 실업의 상태에 있으며, 매년 약 3,800만명의 신규 노동력 인구가 태어나, 이러한 사람들에게 2000년까지 적절한 일자리를 찾아주기 위해서는 약 10억개의 새로운 일자리를 만들거나 개선하지 않으면 안된다고 보고하고 있다[8]. 이는 선진제국(先進諸國)의 전인구에 필적하는 숫자라 한다.

이러한 상황 속에서 선진국에서는 지속적인 경제발전을 위해서 값싼 노동력을 필요로 하고 있고, 다국적 기업 등에 시장을 빼앗기고 생활기반이 파괴되어 실업과 빈곤상태에 놓인 개발도상국의 노동자들은 생활이 윤택해진 선진국의 노동자들이 꺼려하는 소위 3D업종일지라도 자국의 임금과는 비교도 안될 정도로 높은 임금을 얻을 수 있기 때문에 양자의 이해관계가 이러한 국제적인 노동력 유동화 현상에 박차를 가하고 있는 것이다. ILO보고서 등에 의하면 최근의 세계적인 노동력 이동은 시기적으로 봐서 대체로 1980년대 말부터 본적격으로 나타나기 시작해 주로 중남미에서 북미지역으로, 아프리카에서는 유럽으로, 그리고 아시아권에서는 일본이나 북미로의 유입이 주된 양상으로 나타나고 있다[9].

우리나라의 경우 노동력 이동의 현상은 매우 복잡한 형태를 보여주고 있다. 경제적으로 어려웠던 시기인 6,70년대를 전후해서는 서독으로, 그리고 중동 특수로 인한 건설 인력의 송출 등 전통적으로 노동력 송출국에 속해 있었다[10]. 그러나 90년대 초반부터 주로 동남아출신의 이주노동자들과 재

---

8) United Nations Development Programme(UNDP). *Human development report* (New York, Oxford University Press, 1993), p.35
9) Stalker,P. op.cit., pp.24~40; 128~148.
10) Stalker,P.Ibid,p,132 참조.1972년부터 1985년 사이에 미국으로 유입된 의사,엔지니어,자연과학자,사회과학자,교사,수학 및 컴퓨터 과학자, 간호사 및 보건의료 관계자 등 소위 전문직 종사자들의 4대 송출국에는 인도,필리핀,중국과 함께 우리나라가 포함되어 있다.

중국 동포들의 입국이 눈에 띄게 증가하면서 91년부터 실시된 단순기능 산업연수생제도가 94년 중소기업 산업연수생제도[11]의 실시로 인해 급격히 늘어나 노동력의 송출과 수입이 역전되었다. 그러나 한편으로는 97년의 IMF쇼크와 기업의 구조조정[12], 불경기 등으로 인해 다시 일자리를 찾아 선진국으로 노동력이 이동하고 있는 등 과도기적인 양상을 보여 주고 있다.

현재 우리나라에 취업하고 있는 이주노동자의 수는 법무부의 발표에 의하면 2000년 9월 현재 약 26만명으로, 이는 우리나라 전체 임금노동자의 약 2%에 달하는 숫자이다. 구체적으로는 전체 체류외국인(168,950명) 중에서 산업연수(D-3)나 중기협(D-3-2)으로 입국허가를 받은 자들이 약 반수를 차지하고 있다. 이와 함께 법무부가 허가한 체류목적 또는 정해진 체류기한이 지나고도 계속해서 머물고 있는 초과체류 외국인(over stay) 들과 밀항등으로 불법입국한 자들을 합해 2000년 말 현재 약 188,900명에 이르고 있다(한다). 따라서 현재 우리나라에는 정식입국과 취업허가를 통해 비교적 안정된 신분에서 노동에 종사하는 자들보다 신분상 불안한 처지에서 노동에 종사하는 자들의 수가 더 많고 그 대부분이 아시아지역 출신자들로 구성되어 있다[13]. 이와 함께 작년 한해에만 출입국관리법위반으로 강제퇴거나 출

---

11) 우리나라의 이주노동자 유입에 관한 대표적인 국내 연구보고서로는 노동부, 『외국인노동자문제의 정책적 과제』, 1993. 12과 노동부외국인력정책연구반, 『단순기능 외국노동력의 국내취업에 관한 정책대안』, 1994. 12 및 어수봉·권혜자, 『외국인노동자와 노동정책』(한국노동조합총연맹, 1995. 12)등이 있고 국외의 보고서로는 M. I. Abella, Y. B. Park and W. R. B hning, *Adjustments to labour shortages and foreign workers in the Republic of Korea* (Geneva: ILO, 1995)등이 있다.

12) 기업의 구조조정 등으로 인한 노동시장의 유동화 현상과 이로 인한 실업의 증가의 불가피성에 대한 정부의 정책기조에 대해서는 대한민국정부, 『국민과 함께 내일을 연다-국민의 정부 경제청사진』(정부간행물제작소, 1989.9), pp.182~207을 참조

13) 법무부 발표에 따르면 2000년 12월말 현재 이주노동자 수를 국적별로 보면 중국 124,260명(불법체류 95,600명 포함), 필리핀 20,290명(불법체류 12,800명 포함), 인도네시아 18,370명(불법체류 3,100명 포함), 베트남 17,870명(불법체류 7,700명 포함), 방글라데시 17,380명(불법체류 14,400명 포함), 태국 14,810명(불법체류 12,400명 포함), 우즈베키스탄 약 8,300명, 파키스탄 약 7,890명 등이다.

국명령처분을 받은 외국인이 총 25,276명에 이르고 그중 약 21,000명이 아시아지역 출신자들이고 대부분이 초과체류로 적발되었다.

경제 선진국인 일본의 경우도 80년대 중반을 기점으로 이주노동자들이 늘어나기 시작해 1990년 8월 외국인연수제도의 확대 실시로 인해 그 수가 급격히 늘어 났으며, 1999년 11월 현재 등록 외국인수만 해도 155만 6천여 명으로 총인구 1억 2,700만의 1.23%에 이르며, 이중 아시아와 남미지역 출신자가 143만 8천명으로 전체의 92.5%를 차지한다. 가까이는 중국을 비롯하여 인도네시아, 필리핀, 베트남 등 동남아로부터의 산업연수생들과 멀리는 페루나 브라질등 중남미 라틴계 출신의 일계(日系)이민 2, 3세들이 단기비자로 내일(內日)하였고, 또한 입국목적과는 다른 활동을 하거나 체류기한을 넘긴 초과체류자들의 수도 상당하다. 그 예로 99년 한해 동안 퇴거강제명령서에 의해 자국으로 강제송환된 수가 5만명을 넘어서고 있는데, 그 대부분이 불법잔류 또는 불법입국 · 상륙해 생활하다 입관당국에 검거된 자들이고 국적별로는 한국, 중국, 필리핀, 태국등의 순으로 아시아지역 출신자들이 전체의 약 90%를 차지하고 있다. 이들의 대부분은 입관당국에 적발될까 불안해하면서도 열악한 노동환경과 조건 속에서 비교적 저임 · 단순 · 육체노동과 작업을 필요로 하는 소위 3D업종에 주로 취업하고 있다는 사실이다.

우리나라에서 취업활동을 하고 있는 외국인 노동자들의 상황도 마찬가지로 주로 3D업종을 중심으로 한 열악한 노동환경 속에 산업재해로 인한 사망과 부상, 노동력착취, 저임금 및 임금체불, 고용차별, 폭행 및 가혹행위, 사기 등의 피해가 빈번하게 발생하여 사회문제화되어 있으며 최근에는 국제문제로까지 비화될 조짐마저 보이고 있다. 거기에다 그들을 위한 각종 공적 서비스의 미비, 주택문제, 거주지역 주민들과의 갈등, 지역사회로부터의 고립 자녀양육 및 교육, 여성노동자를 둘러싼 젠더 바이어스(gender bias)[14] 등등 그들을 둘러싼 불리한 사회적 환경으로 인해 이중, 삼중의 고통을 당하고 있지만 현재로서는 이들을 구제할 제도적 장치 하나 마련되어 있지 않고 있다. 뿐만 아니라 일상생활을 영위하는데 있어서 가장 기본적이고 시급한 욕구 해결을 위해 필수 불가결한 보건의료와 사회보장, 사회복지 관련 각종 제도등으로부터 제외되어 있기 때문에 더욱 심각하다.

이러한 상황하에 있는 그들에 대한 우리나라의 각종 인권침해 사례가 외국에 공개되고 인권관련 NGO 등으로부터 이의 개선을 요구하는 압력이 정부로 쇄도하는 등 국제문제화할 조짐을 보이자 정부가 급기야 최근 관련 대책을 세우고 있다고 한다. 당국에서는 이들이 놓여 있는 상황을 철저히 조사하여 이번 기회에 오랫동안 방치되고 유린된 그들의 인권을 보상하는 차원에서라도 그들의 현 상황을 획기적으로 개선하는 실제적이고 종합적인 제도와 대책을 세우기를 기대해 본다.

4. 생존권적 기본권 보장을 위한 국제사회의 노력

보건의료·사회보장·사회복지정책과 제도는 빈곤을 예방하고 구제함으로써 인간다운 생활을 영위하는 데 필요한 생존권적 기본권을 보장하기 위한 대책의 하나로써[15], 이제까지 세계 각국은 자국의 상황과 필요에 따라 국민에게 최저한의 생활을 보장하는 것을 목적으로 하는 각종 사회보장 정책과 제도를 추진해 왔으나, 한편으로는 국제연합(UN)이나 국제노동기구

---

14) 여성 이주노동자를 둘러산 젠더 바이어스에 의한 차별로는 예를 들면 일차적으로는, 여성이기에, 이차적으로는 그 위에 인종과 민족적 편견·차별 등이, 삼차적으로는 호스트 사회의 여성에 의해, 그리고 같은 외국인 여성들 사이에도 체류자격 등의 차이에 기인한 각종 편견과 차별 등을 들 수 있다.

15) 대한민국 헌법 제34조 각항규정 및 일본국 헌법 제25조 각항을 참조할 것.

(ILO), 유럽연합(EU)과 같은 국제기관(기구)들도 설립 이래 인권과 사회보장 분야 등에 대한 각종 이념이나 기준 등을 설정 · 제시하고 이에 걸맞는 수준 향상과 개선을 각국에 촉구해 왔다16). 다음은 이러한 국제기구들의 인권관련 조약 및 이주노동자의 보건의료 · 사회보장 · 사회복지 분야와 관련된 각종 이념이나 규약, 협정 중에서 각국이 관련정책과 제도를 개선할 때 기본적으로 고려해야만 할 중요한 내용 몇가지와 이들에 대한 한일 양국의 비준 상황을 살펴보기로 한다.

4.1 이주노동자와 관련된 국제연합(UN) 규약 및 조약

전인류의 기본적 인권과 자유의 보편적인 존중과 준수를 촉진하기 위해 「국제연합헌장」과 「세계인권선언」 등의 취지에 따라 1966년 12월 16일 국제연합 제21회 총회에서 채택된 「국제인권규약」은 그 내용이 크게 「경제적 · 사회적 및 문화적 권리에 관한 국제규약」(이하 A규약)과 「시민적 및 정치적 권리에 관한 국제규약」(이하 B규약) 및 「B규약」의 「선택의정서」와 「사형폐지의정서」의 네 부분으로 구성되어 있다.

「A규약」은 개인의 사회권 등을 포괄적으로 보장하는 것을 그 목적으로 하고 있는데, 사회보험 및 사회보장과 관련된 항목은 제3부제9조에 "이 규약의 체약국은, 사회보험 및 그외의 사회보장에 대해서 모든자의 권리를 인정한다"고 규정하고 있다. 또한 동규약 제2조제2항에서 "이 규약에서 규정하는 권리가 인종, 피부색, 성, 언어, 종교, 정치적 의견 및 그외의 의견, 국민적 혹은 사회적 출신, 재산, 출생 혹은 그외의 지위에 의한 어떤 차별도 없이 행사되는 것을 보장하는 것을 약속한다"고 규정해, 그 권리가 차별 없

---

16) 국제사회보장법 중 EU관련 사항은 우리나라와 일본에 직접 영향을 미치는 것이 아니기 때문에 본고의 논의에서 제외함. 이와 관련된 구체적인 내용은 오까 신이찌저, 『구주통합과 사회보장』 (쿄토: 미네르바서방, 1999.7)을 참조 바람.

이 모든 인간에게 부여되어 있음을 명확히 하고 있다.

이와는 별로로 「이주노동자 및 그가족의 보호에 관한 국제협약」이 1990년 채택되었는데 이 조약은 이주노동자 및 가족의 기본적 인권의 보장, 자의적 추방의 금지, 고용·노동·교육·사회보장 등에 있어서 내국민대우의 부여 등 포괄적인 권리보장을 규정하고 있다. 사회보장에 대해서는 긴급의료를 받을 권리를 모든 이주노동자와 그 가족에 대해 인정할 것 등을 규정하고 있다. 한국은 아직 미비준상태에 있으며, 일본의 경우 이 조약의 내용이 상당히 급진적일 뿐만 아니라 「출입국관리 및 난민인정법」에 의한 강제퇴거 대상이 되는 불법체류자에 대해서, 불법체류를 전제로 사회보장제도의 적용이 요구되는 모순이 있고, 그외 노동정책, 출입국관리, 선거, 형사수속 등등 폭넓은 국내 각 제도 등과의 관계에 문제가 있기 때문이라는 이유로 비준하지 않고 있다[17].

이와 함께 1951년 7월28일 채택된 「난민의 지위에 관한 조약」과 1967년 1월 31일 뉴욕에서 작성되어 국제연합에 기탁된 「난민의정서」가 있는데, 일본은 「A규약」(1979년)과 「난민조약」 비준(1981)에 따른 국민연금법, 의료보험법, 아동수당법 등 관련 법률개정으로 국적요건을 원칙적으로 철폐하여 국민연금과 아동수당 등도 정주외국인에게 적용토록 되었으나 그외의 체류외국인은 기본적으로 (적용)대상에서 제외되어 있다.

이외, 「모든 형태의 인종차별 철폐에 관한 국제협약」, 「여성에 관한 모든 형태의 차별의 철폐에 관한 국제협약」, 「아동권리선언」 등이 있는데 이는 모든 사람은 인종, 피부색, 세대계보 또는 민족적 혹은 종족적 출신에 관계 없이 평등한 입장에서 인권 및 기본적 자유를 향유·행사하는 권리와 각종보호, 차별의 철폐를 지향하고 있다. 위에서 살펴본 국제연합 인권관련

---

17) 사카이 히데유키, 『국제화시대의 사회보장』 (동경: 케이소서방, 1998.5)

각 조약에 대한 한일 양국의 비준상황을 정리하면 (Table 1)과 같다.

(Table 1) 국제연합 인권 관련조약에 대한 한일양국의 기탁 · 비준상황

명 칭	체결 · 발효	한 국	일 본	기 타
국제인권규약 A규약	1966.12.16	1990.4.10	1979.9.20	
국제인권규약 B규약	1966.12.16	1990.4.10	1979.6.21	
B규약의 선택의정서	1976.3.12	1990.4.10	미비준	
난민지위 협정	1951.7.28작성	1993.3.3	1982.1.1	제7조 유보[*1]
난민지위 의정서	1967.1.31작성	1992.12.3	1982.1.1	
인종차별철폐 협약	1965.12.21	1997.3.5	1996.1.14	
여성차별철폐 협약	1979.12.18	1985.1.26	1985.7.25	
아동의 권리에 관한 협약	1989.12.20	1991.12.20	1994.4.22	한: 제9조 3항,제21조 가항 및 　　제40조 2항 나호5[*2] 일: 제9 · 10조1항유보[*3]
이주노동자 및 가족보호협약	1990	미비준	미비준	

* 1. 현재 한국은 "3년 거주요건을 충족한 난민에게 입법상의 상호주의를 면제한다"고 규정한 「난민조약」 제7조를 유보함으로써 당해 규정에 기속되지 않는다고 한 「난민조약」 제42조 규정에 따라 제7조에 한해 유보하고 있다. 또한 제1조에 규정된 난민규정중 1951년 1월 1일 이전에 유럽 또는 기타지역에서 발생한 사건을 의미하는 것으로 해석된다는 것을 선언하고 있다.

* 2. 한국은 본협약 중 '부모로부터 분리되어 있는 아동의 부모와의 정기적인 인적또는 직접적인 접촉유지의 권리'(제9조 3항)와 '아동의 결연에 대한 당국의 권한'(제21조 가항) 및 '형법을 범한 아동에 대해 취해진 조취에 대해,상급기관등에 의한 재심리'(제40조 2항 나호 5)에 대해 그 영향이 미치지 않음을 선언하고 있다.

* 3. 일본은 본협약 중 '출입국관리법에 의거한 강제퇴거의 결과 아동이 부모로부터 분리되는 경우' 적용되지 않음(제9조)과 '가족의 재통합을 위한 출입국의 신청'(제10조 1항)에 대해 그 결과에 영향을 미치지 않음을 선언하고 있다.

4.2 이주노동자와 관련된 국제노동기구(ILO) 관련 조약 및 권고

1919년 창설된 국제노동기구(이하 ILO)의 목적은 1946년 10월 9일 제29회 노동총회에서 채택된 「ILO헌장」 전문에 규정된 바와 같이 "사회정의를 기초로 하는 세계의 항구적인 평화를 확립하는 것"에 있다. 매년 열리는 연차총화와 이사회 등에 의한 결의사항을 '조약과 권고' 등의 형태로 국제적인 노동기준을 설정해 국제적인 노동기준의 향상과 공정한 국제경쟁을 촉진하고 있다. 조약의 비준은 국제적인 의무를 수탁하는 의미가, 권고는 의무는 아니지만 발전 또는 진보 프로그램의 의미를 띠고 있는데, 가맹국은 조약과 권고에 대해 비준 또는 수탁함으로서 그 효력이 발생한다. 또한 국제사회보장협회 등 관련 국제기관과 협력하여 가맹국의 조약준수와 이행 및 가맹국의 보고서 등을 총회에 보고하며, 조약의 불이행 등에 대해 국제사법재판소에 부치기도 하고 권고하는 등의 활동을 하고 있다.

1952년 ILO 제35회 총회에서 채택된 「사회보장의 최저기준에 관한 조약」(ILO 제102호 조약)은, 사회보장에 관한 의료급여, 상병급여, 실업급여, 노령급여, 업무재해급여, 가족급여, 모성급여, 질병급여 및 유족급여의 9부문에 대해 일반기준을 규정하고 있다. 조약을 비준하기 위해서는 9부문 중 실업, 노령, 업무재해, 질병 또는 유족급여를 포함하는 3부문에 대해 의무수탁하는 것을 필요로 하고 있다. 조약수탁의 조건으로서 적용범위, 지급요건, 급여수준 등에 대해 구체적인 산정방법 등을 제시하고 있다. 현재 우리나라는 이 조약을 비준하고 있지 않으며, 일본은 노동정책과 직결된 상병급여, 노령급여, 실업급여, 업무재해급여에 한해 의무수탁하고 있다[18].

「사회보장의 내외국인 균등대우에 관한 조약」(ILO 제118호 조약, 1962년 채택)은 "이 조약을 비준한 국가는 자국의 영토 내에 있는 모든 비준국 국민에

---

18) 사토스스무, 『사회보장의 법체계』(동경: 케이소서방, 1990), pp.32~35.

대해 사회보장의 적용범위 및 급여조건 등에 있어서 조약의무를 수탁한 모든 부문에 관해 사회보장 법규하에 자국민에게 부여하고 있는 것과 균등한 대우를 하지 않으면 안 된다"고 규정하고 있다. 가맹국은 의료, 질병, 출산, 장애, 노령, 유족, 업무상 재해, 실업, 가족 등의 9부문 중, 하나 또는 둘 이상의 부문에 대해 조약의무를 수탁할 수 있다. 또한 해외에 거주하는 급여수급권자에 대한 노령연금, 유족, 상병급여, 사망수당 등의 지급에 대한 조건부 지급규정, 이민노동자에 대한 급여, 보험기간 통산 등의 사항을 규정하고 있다.

그 외에 이민 · 국외취로 관련조약으로서는 1925년 채택된 「근로자 재해보상에 대한 내외국인 균등대우에 관한 조약」(ILO 제20호 조약)과 1949년 채택된 「이민노동자에 관한 조약」(ILO 제97호 조약)이 있다. 이민노동자에 관한 조약은 이민근로자에 대한 정부의 의무로서, 출입국에 관한 법령, 규칙, 근로조건, 그 외의 정보를 ILO 사무국에 제공하지 않으면 안 된다고 규정하고, 이민근로자를 지원하는 숙박시설과 의료시설의 유지, 근로조건, 사회보장에 관한 내외국인 균등대우, 이민근로자의 소득 및 저축의 일부의 송금 허가, 질병 및 상해에 의한 송환 희망 시 허가 등을 규정하고 있다.

「사회보장에 대한 권리유지를 위한 국제제도의 확립에 관한 조약」(ILO 제157호 조약)도 1987년 채택되었는데, 이는 이민근로자와 그 가족의 사회보장권의 보장을 목적으로 하는 조약으로서 비준국은 양자간 또는 다자간 협정 등에 따라 조약규정을 실시할 것을 규정하고 있다. 그 내용은 적용되는 사회보장 분야를 의료, 질병, 출산, 상해, 노령, 유족, 산업재해, 실업, 가족의 9분야로 나누고, 이 조약에 따라 일반적으로 이민근로자와 그 가족은 거주지에 상관 없이 9부문에 관한 사회보장의 권리가 보장되는 것으로 되어있다.

(ILO제157호조약과 관련된)연금통산협정과 관련해 문제가 되는 것은 연금협정은 (통상) 그 성격상 상호주의를 원칙으로 하고 있고, 실제로 한·일 양국에 거주하고 있는 외국인들의 대다수가 아시아지역 출신자들이고 제반의 상황 등을 고려해볼 때 양국이 그들의 출신국들과 가까운 장래에 협정을 맺는다고는 당분간 보기 어려우며, 따라서 그들이 이러한 조약 등으로부터 구제될 길도 매우 요원하다 할 것이다. 위에서 살펴본 ILO 관련 각 조약의 한·일 양국의 비준상황을 정리하면 Table 2와 같다.

(Table 2) 국제노동기구 노동·사회보장 관련조약에 대한 한일양국의 기탁·비준 상황

명 칭	체결·발효	한 국	일 본	기타
고용 및 직업상의 차별에 관한 협약(ILO 111호)	1958.6.25	1998.12.4	미비준	
동일가치노동에 대한 남녀근로자의 동등 보수에 관한 조약(ILO 100호조약)	1951.6.29	1998.12.8	1967.8.2 4	
사회보장의 최저기준에 관한 협약(ILO 102호)	1952.	미비준	1976.	
사회보장의 내외국인 균등대우에 관한 협약(ILO 118호)	1962.	미비준	미비준	
근로자 재해보상에 대한 내·외국인 균등대우에 관한 조약(ILO 20호조약)	1925	미비준	미비준	
이민노동자에 관한 조약(ILO 97호조약)	1949	미비준	미비준	
사회보장 권리유지를 위한 국제제도의 확립에 관한 조약(ILO 157호조약)	1982			(*1)

* 1) 우리나라는 캐나다·영국·미국과, 일본은 독일과 각각 사회보장에 관한 국제협정을 맺고 있으나 모두가 연금에 관한 양자간 협정에 한정되고 있다.

5. 외국인의 사회보장·사회복지에 대한 한·일 양국의 적용 상황

5.1 생활보호

일본의 경우, 생활이 곤궁한 모든 국민에게 그 곤궁한 정도에 따라 필요

한 보호를 행함으로서 건강하고 문화적인 최저한도의 생활을 보장하고 자립을 조장하는 것을 목적으로 하는 생활보호법에는 국적조항이 있어(생활보호법 제1조 및 일본국헌법 제10조, 국적법 제1조) 모든 외국인은 법적으로 적용대상에서 제외되어 있다. 그러나 인도적 견지에서 1954년의 후생성 사회국장 통지(제382호 통달)에 의해 행정조치에 의한 '준용'이란 형태로 재일 한국·조선인과 중국인을 비롯한 정주외국인은 물론 비정주외국인도 필요한 경우 생활보호의 대상으로 적용해 왔다.

그러나 비정주외국인의 경우, 1990년 10월에 후생성 기획법령과장이 구두의 금지지시를 내림으로 비정주 외국인에 대한 생활보호 준용이 금지되었다. 즉, 그 이전의 비정주 외국인에 대한 긴급의료 시의 의료부조도 어디까지나 온정적인 조치에 불과했고, 기본적으로 재일한국·조선인과 중국인을 포함한 정주외국인의 생활보호 급여의 권리주체성을 인정하지 않고 있다는 것을 명백히 했다[19].

우리나라의 경우, 최근 개정된 「국민기초생활보호법」의 제1조(목적)에서는 "이 법은 생활이 어려운 자에게 필요한 급여를 행하여 이들의 최저생활을 보장하고 자활을 조성하는 것을 목적으로 한다."라고 하고, 그 대상자를 동법 제5조(수급권자의 범위)에 각각 규정하고 있으나 '최저생계비'에 대해 "국민이 건강하고 문화적인 생활을 유지하기 위하여 소요되는 최소한의 비용"이라 하여 동법에 의한 최저생계비이상의 보호는 "국민이…"라는 문맥에서 그 적용을 국민에 한정하고 있음을 유추할 수 있다. 이와 함께 동법의 상위법적 성격을 띄는 「사회보장기본법」의 목적(제1조), 기본이념(제2조), 정의(제3조) 등과 함께 특히 사회보장을 받을 권리(제9조)에 대해 그 권리주

---

19) 식민지 지배에 의해 강제로 일본국적을 강요하고 패전 후 샌프란시스코강화조약(1951년) 체결을 계기로 일본국적을 박탈하기 전까지 재일한국·조선인과 중국인들에게도 생활보호 급여의 권리주체성이 인정되었으나 1951년 이후 국적요건을 빌미로 인정되지 않고있다.

체를 '국민'에 한정하고 있고, 외국인의 적용에 대해서는 "국내에 거주하는 외국인에 대한 사회보장제도의 적용은 상호주의 원칙에 의하되, 관계법령이 정하는 바에 따른다"(제8조)고 하고 있어 외국인은 「국민기초생활보호법」에서 원칙적으로 제외되고 있음을 알 수가 있다.

5.2 긴급의료

일본의 경우, 위에서 본 바와 같이 이전까지는 비정주외국인(주로 외국인등록법상의 미등록외국인)이라도 긴급의료를 위해 생활보호법상의 의료부조가 준용되어 왔으나 후생성이 1990년에 비정주외국인에게 대한 생활보호의 준용을 금지시켰다. 그후 1995년부터 입원조산(아동복지법 제22조)과 요육의료제도(모자보건법 제20조)등에 대해 이용가능하게 되었다. 그러나 이용 및 의료비 대지급을 신청하기 위해서는 거주 시·구청에 가야 하나 공무원들에게는 「출입국관리 및 난민인정법」 제62조 2항에 규정된 소위 '통보의무'가 존재하고 있기 때문에 초과체류자들은 체포되어 강제추방될 것을 염려해 그이용을 기피하고 있는 실정이다.

이와는 별도로 이들에 대해 인도적인 차원에서 일부 지방자치단체가 구제조치를 취하고 있는 지역도 있다. 토쿄도의 경우, 1900년에 제정된 「행려병자 및 사망자 취급법」 상의 적용대상자가 「생활보호법」 상의 적용대상자와 동일하고, 동법에는 국적조항이 없기 때문에 1992년에 이 법을 부활시켜 예산화 함으로서 미등록 외국인의 긴급의료에 대한 구제조치를 행해 왔다. 그후, 동일한 조치가 주로 외국인 다거주지역을 중심으로 확대되어 가고 있는 중에 있다.

우리나라의 경우, 1995년에 제정된 「사회보장기본법」(법률제5134호)은 사회보장에 대한 국민의 권리와 국가 및 지방자치단체의 책임, 사회보장의 범위(사회보험, 공공부조, 사회복지서비스 및 관련 복지제도)등을 규정하고 있는 사회보장 관계법령의 상위법이다. 이 법 제8조에 외국인은 상호주의를 원칙으로 하면서도 관계법령에 예외규정이 있을 경우 이에 따르도록 하고 있다. 그러나 외국인의 응급의료에 관해서는 1994년 제정된 「응급의료법」(법률 제4730호)을 보면 그 적용이 국민에게만 한정되어 있다.

이제까지 동법에 의해 설치된 응급의료기금(제28조)에 의한 외국인의 응급의료 지원은 법무부 발표에 의하면 총 12명에, 대지급된 금액도 4천만원 상당에 불과하다고 한다. 또한 「의료보호법」도 제1조에서 의료보호의 목적을 "생활능력이 없는…국민건강의 향상 및 사회복지의 증진"에 두고 있고 동법에 규정한 보호대상자 규정(제4조)에도 외국인에 대한 언급은 찾아볼 수 없다. 그리고 1995년에 제정된 「국민건강증진법」(법률 제4914호)에서도 국가 및 지방자치단체의 책임을 국민에게만 한정하고 있다. 따라서 현재 기본적으로 우리나라에 거주하는 외국인들은 관련 법률에 의한 응급의료는 전혀 받을수 없는 실정에 놓여 있었다.

5.3 의료보험

일본의 경우, 사회보험은 2차대전 이전 제도발족 당시부터 그 적용사업장에 근무하고 있으면 원칙적으로 외국인도 가입자격이 주어졌다. 그러나 1990년 개정의 「출입국관리 및 난민인정법」에 초과체류하고 있는 사실을 알고 있으면서 그 외국인을 취업시켰을 경우 고용주에 대한 벌칙이 규정되고 나서부터 이들에 대한 사회보험 적용 사업장에의 취업에 장벽으로 작용하고 있다. 더욱이 시정촌(市町村) 등이 실시하고 있는 지역보험인 「국민건강보험」은 1986년도부터 가입이 가능하게 되었지만, 가입의 요건으로 "입국 당시 1년 이상의 비자를 가지고 있는 자"라고 규정하고 있어 1년 미만의 거주비자를 가진 외국인은 가입이 인정되지 않고 있다(1995년 토쿄지법 판결). 따라서 현재 양제도 공히 사회보험 적용 사업장 근무자나 영주권자들을 제외한 외국인등록법상의 미등록 외국인인 초과체류 외국인 등에게는 의료보험에의 가입이 인정되지 않고 있다. 또한 기업의 후생의료보험은 대개가 연금과 세트로 가입되고 있기 때문에 거주에 대한 미래가 불확정적인 경우가 대부분인 외국인일 경우 연금에의 가입을 꺼리고 있는 것도 가입을 방해하고 있는 이유 중의 하나가 되고 있다.

이와 함께 의료보험에의 가입이 인정되지 않은 미등록 외국인들의 의료기관에의 '수진행동의 억제'와 '미불의료비'에 의한 의료기관의 부담과중 등을 이유로 외국인 환자에 대한 진료거부 등이 문제로 부각되었다. 이에 대해 사회 일각에서 인도적으로 문제가 있다는 비판이 제기되자 일부 지방자치단체에서는 가입요건을 충족하는 희망자에 대해서는 가입을 인정하기도 하고, 일단 연금가입을 하게 한 후에 보험료의 납부를 면제하거나 연금가입 자체를 의무화하지 않는 등의 방법으로 외국인의 의료보험에의 가입을 인정하고 있다. 또한 군마현이나 토쿄도에서는 외국인 미불의료비 보전사업을 실시하기 시작했고 일본정부도 1996년부터 3차구급병동에 입원한 환자의 의료비가 1인당 200만엔이 넘을 경우, 그 초과액을 보전해주고 있다.

이러한 조치들에 의해 '미불의료비'에 의한 의료기관의 부담과중과 진료거부 등의 문제가 일부 해소되기도 했으나 근본적인 해결책이 될 수 없었다. 그 한 예로 이주노동자들이 자신의 절실한 의료문제를 스스로 해결하기 위해 이들을 지원하는 시민그룹들과 함께 주로 미등록 외국인들을 대상으로 하는 의료보험조합 〈미나토마치건강호조회〉가 요코하마에 설립되었고, 토쿄 이께부꾸로에도 외국인 노동조합이 만든 〈국제호조조합브라이트〉가 설립되어 활동하고 있지만 입원시엔 적용되지 않는 등 이 또한 근본적으로 한계가 있기는 마찬가지다. 가능하다면 모든 거주외국인도 사회보험의 기본원리인 위험분산과 상부상조의 원칙에 의거하여 정해진 보험료를 지불하는 것을 조건으로 공적의료보험제도 속으로 흡수해야 한다.

우리나라는 1977년부터 생활보호 대상자에게 의료보호를 실시함과 동시에 그 해 7월에 500인 이상의 사업장 근로자들을 대상으로 의료보험제도를 시작해, 1989년 7월에 도시지역 주민에 의료보험을 확대실시함으로써 비교적 단기간에 국민개보험을 달성했다. 2000년 7월부터 국민건강보험제도란 단일한 제도하에 전국민이 의료보험의 적용을 받고 있는데, 외국인에 대해서는 「국민건강보험법」 제83조에 "한국 국내에 거주하는 외국인 및 정부투자기관, 정부출연연구기관, 보건복지부장관이 국가시책상 인정하는 사업체에 근무하는 외국인"에 대해서는 당연가입 대상으로 규정하고 있고, 산업연수생에 대해서는 노동부의 지침에 의해 의료보험이 적용되고 있으나, 초과체류 외국인들은 그 적용대상에서 제외되어 있다. 그러나 실제로 고용보험의 경우 외국인근로자는 원칙적으로 가입이 제외되어 있고, 산업연수생의 경우 의료보험에의 미가입이나 보험료 미납 등에 의한 자격상실 등에 의해 현재 대다수의 체류 외국인들이 의료보험 혜택을 받지 못하고 있는 실정이다.

한편으로 우리나라에도 일본과 같이 시민단체를 중심으로 인도적 견지에서 외국인 근로자들의 의료지원 활동을 하고 있는 곳도 있다. 예를 들면 1995년경 몇몇 의료인과 독지가들이 중심이 되어 설립된 서울의 초교파 의료봉사 단체인 '희년의료공제회'(JMI)가 올해부터 외국인 근로자를 위한 민간 의료보험제도를 시작해 최소한의 의료보장을 위한 활동을 전개하고 있다고 한다. 초기의 여러 가지 어려움을 극복해 현재 약 1000여명의 회원을 확보하고 있고, 한방과 치과 등을 갖춘 종합 진료시스템을 구축하고 전국의 115개 대형병원과 업무약정을 맺어 외국인 근로자의 의료욕구에 대응하고 있다. 공적인 대책이 전무한 현상황 하에서 이러한 외국인 의료지원을 위한 시민단체의 활동은 그들에게 크게 도움이 될 것이다. 그러나 공적보조가 거의 없이 독지가들의 헌금 등으로 운영할 수밖에 없는 재정기반의 취약성으로 인한 운영상의 어려움 등이 있기에 다양한 그들의 의료욕구를 충분히 만족시키기에는 한계가 있다.

가장 실제적이고 확실한 대책은 앞에서 언급한 대로 그들을 공적 의료보험제도로 흡수하는 것이다. 이때 최저생계비 이하의 저소득자와 일정소득 이하자에게는 보험료의 일부 또는 전액을 면제하거나 또는 생활보호법상의 의료부조 등의 조치를 통하여 '수진행동의 억제'를 미연에 방지하고 필요시 언제나 가까운 의료기관과 약국을 이용할 수 있도록 하는 등 제도이용상의 차별도 없애는 것이 필요할 것이다. 왜냐하면 그들도 우리 국민과 마찬가지로 꼭같이 각종 세금을 부담하고 있는 납세자이기도 하기에 이들의 각종 권리를 보장하고 누리게 하는 것은 지극히 당연한 처사이기 때문이다.

5.4 외국인의 연금

노령이나 장래의 예측 불가능한 사고 등에 의한 소득상실을 보장하기 위해 도입된 연금제도는 현대 복지국가 사회보장제도의 핵심제도 중 하나이다. 1961년에 개연금을 실현한 일본의 경우 이제 제도가 서서히 성숙단계에 접어들고 있고 있는데, 현재 사업장 근로자를 대상으로 하는 후생연금제도는 외국인들에게도 국적요건에 관계 없이 고용요건만 충족하면 가입이 가능하도록 되어 있고, 농어민·도시자영자 등을 대상으로 하는 국민연금도 1982년의 난민조약 가입에 의해 국적요건이 철폐되었다. 그러나 문제는 제도확대 당시 거주 외국인중 연금보험료 지불기간(25년)이 부족한 자와 장애자들에 대한 경과적 특례조치가 인정되지 않았기 때문에 현재 많은 수의 재일외국인이 연금혜택을 받지 못하고 있는 무연금상태에 있다[20]. 그래서 일부 지방자치단체에서는 조례를 제정해 복지수당 등의 형태로 현재 외국인 고령자와 장애인들에게 복지연금을 지급하고 있지만, 그 금액이 일본인의 기초연금액(월6만5천엔)에 비해 너무나 소액(평균 월1~3만엔)이고 또한 소득 제한을 설정하고 있는 등 문제가 많기 때문에 이의 시정을 요구하는 목소리가 크다.

한국은 1999년 4월에 도시지역 자영업자를 대상으로 하는 연금제도가 도입됨으로써 전국민연금 시대가 개막되었다. 그러나 외국인의 경우 「국민연금법」 제102조에 한국에 거주하는 외국인도 '강제적용' 대상으로 되어 있지만, 이 법의 국민연금에 상응하는 연금에 대해 외국인의 본국법이 대한민국 국민에게 적용되지 않는 경우 그렇지 않다는 '상호주의'를 취하고 있기 때문에 우리나라와 연금통산협정을 맺고 있는 캐나다와 영국, 미국인을 제외한 대부분의 재한외국인들은 국민연금에 가입하더라도 탈퇴 시 반환일시금을 받을 수 없게 되어 있다[21]. 이와 함께 극소수의 사업장 가입자를 제외한 대부분의 재한외국인(F-2:거주비자)은 반환일시금 등의 문제로 가입을 꺼리고 있고, 「국민연금법」상의 사업장 가입자에서 제외되는 자로서 그 시행령상의 '출입국관리법 시행령 제12조 및 별표1에 의한 체류자격이 산업연수생(D-3)에 해당하는 외국인'은 국민연금제도 자체에 가입할 수 없

---

20) 1982년 국민연금법 개정으로 외국인 장애자도 국적요건이 철폐되었지만 만20세 도달일 및 장애 인정일이 1982년 1월 1일 이전인 자들에게는 경과적 특례조치가 인정되지 않아 많은 장애인들이 무연금 상태에 놓이고 말았다. 그동안 이의 시정을 요구하는 청원을 여러 차례 제출했지만 받아들여지지 않자 쿄토시에 거주하는 재일동포 장애자가 중심이 되어 공동 원고단을 구성해 후생대신을 상대로 쿄토지방재판소에 연금지급을 위한 소송을 처음 제기하여 현재 심리가 진행되고 있다.

21) 1998년 2월 11일부로 주한대만대표부가 국민연금관리공단앞으로 보낸 질의서(제178호 서간)에 대한 공단의 답변을 보면, ① 재한화교의 경우도 전국민연금으로 확대되는 99년4월부터는 강제 적용대상이 되며, ② 국민연금 가입 시 한국민과 동일하게 각종연금을 받게 되나, ③ 외국인의 중도퇴직 시 연속성도 인정하나, 반환일시금의 경우 대만의 「노공보험조례」에 한국의 반환일시금에 해당하는 급여가 없기 때문에 재한화교가 중도탈퇴해도 반환일시금이 지급되지 않는다고 답변하고 있다.

게 되어 있다.

5.5 사회복지서비스

주로 아동과 장애자, 고령자, 여성들을 그 대상으로 하는 한국과 일본의 현행 사회복지제도는 기본적으로 선별적이고 잔여적인 성격을 띄고 있는 등 그 기본구조가 매우 유사하다[22]. 일본의 경우, 정주 외국인은 사회복지 각 제도를 이용하는데 있어서는 기본적으로 제한이 없다. 다만 대부분의 제도가 생활보호 대상자를 기본으로 하고 있고, 이용시 일정액의 자부담을 필요로 하는 서비스일 경우 저소득층이 대부분인 정주 외국인들에게는 이용하기 어려운게 사실이다. 뿐만 아니라 초과체류 외국인들은 처음부터 적용대상에서 제외되어 있다.

우리나라의 경우는 현재 사회복지제도 자체가 국민들의 복지욕구를 해결하기에는 질·양 모든 면에서 아직 매우 불충분할 뿐만 아니라 생활보호 대상자를 중심으로 한 선별적인 형태를 띠고 있기 때문에 재한화교를 비롯한 정주 외국인들의 경우 제도 이용의 길이 막혀있다. 예를 들면, 현재 고령자가 재가복지 서비스를 받으려 할 경우, 서비스 수급대상이 65세 이상의 생활보호 대상자에 한정되어 있기 때문에 위에서 살펴 본 바와 같이 생활보호 대상자 선정에서 제외되어 있는 외국인들은 원천적으로 제도로부터 제외되어 있다. 이와 함께 관련 시설이나 전문인력의 부족 등으로 제도 자체가 그 기능을 잘 발휘할 수 없는 상태에 있으며, 설령 이용가능하더라도 상담이나

---

22) 한국과 일본을 포함한 동아시아 사회복지의 성격에 대해 복지국가유형론으로 알려진 에스핑-안데르센의 비교연구틀에 따른 분석으로는 Esping-Andersen, G.(ed.), *Welfare States in Transition* (Sage, 1996), pp.192~224가 있고, 특히 일본에 대한 분석으로는 'Hybrid or Unique? The Distinctiveness of the japanese Welfare State', *Journal of Europian Social Policy*(1997)가 있다. 이와 함께 세계 각국의 특징에 대해서는 Esping-Andersen, Gφsta., *The Three Worlds of Welfare Capitilism* (Cambridge: Polity Press, 1990)과 *Social Foundations of Postindustrial Economies* (Oxford University Press, 1999)등이 있으니 참고 바람.

홍보부족 등으로 인해 외국인들은 제도의 존재여부조차도 모르는 경우가 있다.

6. 나가는 말

1990년대 들어 우리나라는 물론 일본에서도 자주 귀에 들리는 말중의 하나가 세계화 또는 국제화란 말이다. 이러한 슬로건이 그동안 한일 양국의 국민들에게 얼마나 이해되었고 또 사회에 변화를 가져왔는지는 객관적으로 파악할 수 있는 단서가 없기에 평가할 길이 없다.

그러나 하나 명백한 사실은 한일 양국 공히 위에서 살펴본 대로 극소수를 제외한 거주외국인의 대부분이 아직 노동3권은 물론 보건의료, 사회보장, 사회복지 각 제도로부터 제외되어 있다는 사실이다. 대부분이 체류 신분상의 이유 등으로 인해 열악한 노동환경과 조건에도 시정 등을 요구할 수 없는 처지에 있고, 각종 산업재해와 노동력 착취 등의 인권침해에 대해서도 항의하거나 관계요로에 호소할 장치 하나 마련되어 있지 않은 것이 양국의 현실이다.

따라서 가장 시급히 요구되는 것은 우리나라에 거주하는 외국인들에게도 국내 근로자와 같은 자격을 부여해 근로기준법, 산업안전보건법, 임금채권 보장법, 노동조합 및 노동관계조정법의 적용을 받게 하고 노동3권을 보장하는 조치이다[23]. 왜냐하면 그들도 기본적으로 우리 국민과 하등 차이가 없는 노동자이며, 노동3권은 노동력이 상품화된 자본주의 사회에 있어서 노동력을 통해 생명을 유지해 나가는 노동력 제공자로서 가질 당연한 권리

---

23) 정부는 현재 산업연수생제도를 없애고 이주노동자들의 국내유입 조절과 임금체불 및 인권 침해 등의 문제를 개선하기 위해 「외국인근로자 고용 및 관리에 관한 법률」(소위 고용허가제) 도입을 검토하고 있으나 이는 97년도에 도입을 검토하다 고용비용 부담을 이유로 중소기업들의 거센 반발에 부닥쳐 무산된 적이 있기 때문에 금후의 대응이 주시된다.

이기도 하고, 또한 보건의료, 사회보장, 사회복지에 관한 권리보장의 선결 조건이기도 하기 때문이다.

이와 함께 긴급의료와 보건 및 출산·분만 등에 관한 조치도 가장 시급히 해결해야 할 과제 중 하나이다. 이에 대해 재원과 비용 등의 문제를 제기할지 모르나 보건의료의 경우 현재의 시설과 인력으로도 충분히 대응가능하며 긴급의료시스템의 정비는 현재도 불충분한 국민들의 의료욕구에 부응하는 것이기도 하기 때문에 새로이 드는 비용이라 할 수 없다. 그리고 그들도 노동력제공자로서, 생산과 소비자로서, 또한 납세자로서 우리의 경제성장과 발전에 공헌하고 있는 것을 고려하면 지극히 당연한 처사라 할것이다.

또한 의료보험에의 가입은 위에서 지적한대로 기본적으로 보험원리와 이념에 입각하여 그들의 형편과 처지를 고려해 보험료를 징수하는 등 탄력적으로 운용하여 모든 이주노동자들에게 의료를 보장하는 것이 필요하다. 연금의 경우, 상호주의를 철폐하고 법정탈퇴일시금을 지불하는 것은 보험료를 지불한 본인으로서는 당연히 받을 것을 받는 것이기 때문에 하등 문제가 되지 않으며, 오히려 보험가입을 기피하고 있는 거주외국인들의 가입을 유도하는 계기도 될 것이다. 그리고 상대국에 우리 국민이 탈퇴일시금 미보장으로 피해를 입게 되는 경우도 예상되지만 이를 보장해야 할 일차적인 책임은 상대국에 있다. 상대에게 먼저 보장하라고 요구할 것이 아니라 우리가 먼저 이러한 조치를 취하고 상대국에 시정을 요구하는 등의 외교적 조치를 취하여 국민의 이익과 권리를 보호함이 마땅하리라 본다.

사회복지의 경우, 많은 비용을 필요로 하는 제도는 우리나라도 아직 미정비된 부분이 많다. 그러나 현재 시행되고 있는 생활보호와 고령자복지에 대해서는 정주외국인에게는 무조건적으로, 그리고 아동과 장애자, 여성들을 위한 분야에 관해서는 탁아, 육아와 출산, 리하빌리테이션, 긴급피난,

자녀교육과 지역생활 등에서 발생하는 각종고민과 생활상담 등의 각종서비스와 지원이 이용가능하도록 국적에 의한 차별을 없애야 할 것이다. 이는 생명과 기본적 인권 등 각종권리가 누구에게나 부여되어 있으며 차별 없이 보장되어야 한다는 국제사회의 이념에도 부응하는 것은 물론 인도적인 차원에서라도 정주외국인이든 산업연수생이든, 초과체류자든 국적과 관계 없이 차별 없이 적용되고 보장해 나가야 할 것이다.

돌이켜보면 우리는 우리가 단일민족국가임을 때론 자랑처럼 말하곤 한다. 그러나 이는 뒤집어 보면 오늘날과 같은 상황하에선 스스로 폐쇄적이고 배타적이라고 말하는 것과 다름이 아니다. 특히 우리 민족과 일본 민족의 경우 이러한 경향이 강했다고 생각하는 것은 필자만의 기우일까?[24] 눈을 돌려보면 지금도 수천, 수백만의 인구가 국경을 넘나들고 있다. 뿐만 아니라 현재 자기가 태어난 지역과 국가를 떠나 타국에서 생활하고 있는 사람들이 어림 잡아도 수억은 족히 넘을 것이다.

우리는 95년 1월의 추운 겨울, 명동성당 앞에서 네팔출신의 노동자가 쇠사슬을 온몸에 감고 "우리는 노예가 아니다!"라고 절규한 사실을 기억하고 있다. 이게 바로 우리의 진정한 본모습임에 틀림없다. 코리안 드림을 꿈꾸고 내한한 그들이 돌아갈 때는 반한(反韓)인사가 되어 돌아간다는 말도 있다. 이러한 것들을 돌이켜 볼 때 21세기를 여는 이 시점에서 세계화란 단어가 과거 우리가 일반적으로 정의하고 받아들였던 국가란 과연 무엇이며 국

---

24) 일본의 외국인 차별에 대해서는 우리에게 잘 알려져 있지만 그러나 우리나라에 거주하는 외국인들에 대한 차별에 대해서는 우리 사회에 별로 알려져 있지 않은 것 같다. 그한 예로 100년이 넘게 우리나라에 살고 있는 재한화교의 수가 70년대 초반에 약12만이 넘었으나 그 후 우리나라에서 태어난 2,3세 등 젊은 사람들을 중심으로 본국(대만)이나 제3국 등으로 이민을 떠나버려, 현재는 주로 고령자를 중심으로 그수도 1만 8천여명으로 줄었다고 한다. 그 이유에 대해 한성화교협회 관계자가 필자에게 들려 준 증언에 의하면 자녀교육과 취직은 물론 생업을 위한 토지소유와 재산권 행사의 제한 등 그동안 한국정부의 각종 제약과 차별이 너무나 심해 도저히 한국에서 살 수가 없어 떠났버렸기 때문이라고 한다.

민이란 과연 무엇인가, 그리고 국가와 국민이란 나에게 어떤 의미를 가지고 있는가, 그리고 지역사회란 무엇이며 진정한 공동체란 어떤 모습인가 등등에 대해 다시 한번 음미해봐야 할 화두로 부각되고 있는지도 모르겠다. 한일 양국에 있어서 세계화와 국제화란 슬로건이 한낱 메아리로 끝나지 않기를 바랄 따름이다. 勞動

동아시아위원회 선교운동 현황과 21세기 선교운동 동향

김 영 석*

1. 동아시아 위원회 선교운동 현황

1.1 소개

두레선교운동은 1970년대 서울의 빈민촌인 청계천에서 도시빈민들에게 삶의 희망과 의지를 불어넣고 생계, 의료, 종교, 교육 등 각종 지원사업을 전개함으로써 시작되었다. 1976년부터는 도시빈민들과 함께 '활빈귀농개척단'을 결성하여 간척지인 남양만 지역으로 이주하여 소금기가 가시지 않은 땅에서 불굴의 의지로 영농을 시작하여 오늘날 지역 사회의 중심에 자리잡고 있다. 현재는 한국과 세계각지에서, 땅과 사람에게 이로운 방법으로 영농을 하며, 모든 수익을 가난하고 굶주린 지역 주민들에게 돌려주고 있다.

세계가 주목하는 두레공동체운동으로 성장하게 된 지금, 급변하는 국제정세와 불확실한 동아시아의 정치상황에 탄력있게 대응하며 땅끝까지 복음을 전하라 하신 예수님의 선교명령을 실천하기 위해 동아시아위원회는 북한, 중국, 러시아, 미얀마, 몽골 두레마을을 섬기는 위원회이다.

---

* 두레해외연구원1기, 현 DCM 동아시아위원회 책임간사

동아시아에 흩어져 있는 한민족의 정체성을 유지, 회복시켜주며 통일 후 한민족 중심의 북방경영과 선교운동을 위해 동아시아 위원회는 한민족의 네트워킹과 선교를 위한 전진기지역할을 담당한다.

1.2 중국 연변 두레농장 개발사업

1997년 5월 중국연변두레마을을 설립하여 약 120만평의 농토에 콩을 주 작물로 벼, 옥수수, 더덕 등을 재배하고 있다. 연변두레마을은 땅과 사람을 살리는 공동체이다. 가진 사람이나 가지지 못한 사람이나 건강한 사람이나 약한 사람이 함께 살면서 일하며 지역사회를 섬기는 공동체이다. 지난 제1차 사업(1997~1999)이 연변두레마을의 기반을 조성하는 기초사업이었다면 제2차 사업(2000~2002)은 자립에 기초하여 1차 농산물 생산뿐 아니라 농산물의 가공 및 유통사업에 주력하여 새로운 농촌 모델의 제시를 위한 시범농장건설이 진행 중에 있다.

연변두레마을은 농장의 기능 외에 숙소와 시설들을 국내 외의 동포들에게 개방하여 청소년훈련과 농민기술훈련에 집중하고자 한다. 또한 북한동포를 위하여 식량, 종자, 산양보내기, 나무보내기 등 생산 원자재의 지원과 함께 어려움에 처해 있는 동포들에 대한 보호활동과 의료지원 및 여비를 지급하는 등 북한동포들에게 직접적으로 지원하였고 계속해서 지원할 것이다.

1.2.1 연변두레마을 북한 동포지원 계획서

중국연변에 두레마을이 세워지게 된 이유 중 하나는 고통 중에 있는 북한동포들을 돕기 위해서이다. 연변두레마을은 '북한 선교의 전초기지'로서 북한을 지원할 수 있는 좋은 길이 있다면 그것은 농업지원이라고 볼 수 있다. 북한의 농업구조는 집단농장을 중심으로 하고 있고, 연변에 세워진 두레마을 농장의 규모는 북한의 1개 집단농장과 비슷하기 때문에 두레마을 농장과 북한의 집단농장이 같은 과제를 가지고 교류하여 서로 도울 수 있는 협력관계를 가질 수 있다면 북한을 돕는 좋은 통로가 열릴 것이다.

본 사업계획은 연변두레마을이 두만강 유역에 있는 북한의 집단농장 중 1개 농장을 중심하여 우리가 생산한 농산물을 나누고 지원하는 것을 내용으로 하고 있다. 지원대상은 두만강 유역 2~3개의 집단농장이며, 지원내용은 감자종자(10톤), 각종씨앗(10톤), 비료(10톤), 조림을 위한 묘목(50,000주), 식량 및 농자재 지원 등이다.

지원계획은 다음과 같다.

첫째, 연변두레마을에서 생산한 단무지, 간장, 된장 등을 우선으로 지원한다. 둘째, 1개군 1개 집단농장을 지원하되 공적으로 지원이 가능하게 하되 은밀히 한다. 셋째, 상기 지원물품은 중국 현지에서 구입하며, 물품의 구입은 연변두레마을이 직접하고, 운송은 북쪽에서 직접 하도록 한다. 넷째, 침낭지원은 연변두레마을에서 제조하여 오시는 손님들이 구매하여 사용한 후 기증을 받아 정리하여 보내도록 한다.

1.2.2 연변두레마을 관광학습농장 종합개발계획서

21세기를 들어서면서 우리는 지구촌의 위기를 더 실감하게 된다. 이상기온으로 인한 재해, 기근, 자원고갈, 심각한 대기오염, 오존층의 파괴, 지구의 사막화, 산성비, 각종 폐수와 과다한 농약사용으로 인해 농토는 병들었고 우리의 모든 먹거리는 더 이상 안심하고 먹을 수 없게 되었다.

오늘 하나님의 심판하시는 경고의 음성을 들으며 성서를 통하여 예수그리스도에 의해서 회복될 '새 하늘과 새 땅'을 주제로 하여 연변두레마을을 관광학습농장으로 꾸리고 싶은 비전을 가지고 있던 중, 2000년 4월에 연길시 당서기께서 두레마을을 3차 방문하면서 두레마을을 관광농원으로 개발해 줄 것을 요청받았다. 매해 연변에 많은 관광객들이 오고 있으나 백두산과 두만강 유역 몇 곳 외에는 가 볼만한 곳이 없습니다. 특히 겨울철 연길시의 추위와 매연은 오가는 사람들의 발걸음을 멈추게 하고 있다.

연길시 의란진에서 13km 떨어진 아늑한 곳에 자리를 잡은 연변두레마을은 관광학습농장으로서 최적지이다. 나무와 숲이 우거진 깊은 산으로 둘러싸여져 있고 전혀 오염되지 아니한 맑은 시냇물, 그리고 맑은 공기, 넓은 평원은 심신이 시달리고 공해에 찌든 사람들에게 좋은 안식처가 된다.

연변두레마을은 하나님과 사람, 사람과 사람, 사람과 자연, 사람과 노동이 잘 조화를 이루는 삶의 공동체와 자연농업을 바탕으로 한 소규모의 기술을 집약시킨 전문화된 복합영농과 유토피아나무로 관광농장으로서의 수익을 꾀하고 에덴의 회복에 대한 대안을 제시하려 한다.

		저수지	방목지
하천		도로 및 수로 (108,000㎡)	
운동장		쉼의 집 캠프장(훈련원)	실내야구장
영상관		테마공원(64,800㎡) 새 예루살렘	
저수지		연변두레공동체	
물놀이장			양계장
농장경작지		축사	

연변두레마을 관광학습 농원

1.3 연해주 두레마을 개발 사업

1.3.1 개발지역 위치 : 러시아 연해주

1.3.2 개발환경

구소련 해체 이후 중앙아시아 각국의 민족국가 개건에 따른 국가 공용어의 변화와 주요민족 우대정책 그리고 회교민족주의화에 따른 약 5만명의 고려인의 존립 기반이 약화되면서 중앙아시아로부터 연해주로 재이주하고 있는 상황이다. 개발지역이 농업중심지역인 항카호 중심에 위치하고 있으며, 풍부한 천연자원(광물, 목재, 금, 은)과 나무만 베어내면 평원지대가 되는 양질의 지형과 토지로 구성되어 있다.

1.3.3 사업내용과 효과

중앙아시아에서 연해주로 귀환하는 한인동포사회의 재건을 가장 효과적으로 지원할 수 있고, 러시아 선교의 주요 거점으로 자리를 잡을 수 있으며, 러시아 극동지역의 농업과 임가공, 수출산업에 기여할 수 있다. 러시아 연해주 지역의 고용창출에 기여하면서 최저의 부동산 비용과 인건비로 대단위 유기농 전문농장을 건설할 수 있으며, 인접한 북한 지역의 식량난 해소에도 기여할 수 있다.

1.3.4 연해주농장설립 사업의 정의

연해주농장은 두레마을의 글로벌 농업 프로젝트에 의해서 중국연변, 미국 베이커스필드에 이어 세 번째로 설립되는 본격 농업회사가 될 것이다. 미국, 일본, 한국의 소비자들에게는 양질의 유기농산물을 공급하고, 북한을 비롯한 식량위기 지역에는 인도적 지원과 협력사업을 통한 농업기반 지원을 준비하게 될 것이다. 이를 위해 두레마을은 연해주 지역에 영농, 축산, 약용식물재배, 임가공, 농산물판매, 수출입 등이 가능한 외국인 출자법인 혹은 합자법인을 설립하고자 한다. 이 법인이 러시아 정부로부터 충분한 넓이의 농지를 임대하여 영농에 필요한 자본을 투자하고, 유기농 콩과 메밀을 시작으로 경제성 있는 작물들을 재배, 가공, 판매할 예정이다.

현재 연해주의 곡물수요가 공급을 앞서고 있다. 콩의 경우도 마찬가지이며, 착유시설은 가동되지 않고 있다. 따라서 1차적으로 현지의 내수 충당에 주력해야 한다. 한편 1999년 6월부터 곡물(콩 포함, 메밀 제외)의 금수조치가 내려져 있어 이에 대한 확인과 대응한 사업계획 수정이 요청된다.

이미 한국 등지에서 구매하는 착유두, 메주, 콩나물콩 등은 사실상 러시아 원산의 제품이 섞여 있다. 이는 러시아의 콩 재배가 그 판로 문제가 개선되면 사업성이 있다는 반증이다. 세계 콩시장에서 미국산은 제초제에 견디도록 유전자가 조작되어 그 안정성에 대한 논란이 제기되고 있고, 중국산 콩은 미국산 종자를 쓴 경우가 많고 농약 잔류량이 기준치를 상회하는 것으로 평가되고 있다. 비교적 안전하고 한국인의 입맛에 맞는 한국산 콩은 그 값이 비싸다. 두레마을이 러시아에서 콩을 재배하면 제초제 등 농약과 화학비료를 쓰는 기존의 재배방법을 따르지 않고, 무농약에 유기농 퇴비 등을 사용한 유기농 제품을 생산하게 되어 고급 콩 수요자에게 신뢰성 있는 제품을 안정적으로 공급할 수 있다.

한편, 현지의 기후와 자연환경이 자생하는 약초채취와 재배에 적합하다. 국내의 두레유통과 협력하여 약재와 선식재료 등으로 개발이 가능하다.

두레마을은 여러 해 동안 많은 종류의 작물을 무농약으로 재배해 왔고, 가공공장도 운영 중이다. 이는 한국뿐 아니라 중국, 그리고 미국 등지에서도 다양한 경험을 쌓고 있으며, 두레마을은 미국의 SoyDeli사, 한국의 (주)두레마을 등 안정적인 수요처를 확보하고 있다. 따라서 수출의 경우 러시아 현지의 농산물 시세에 큰 영향을 받지 않는다. 또한 유전자 조작이 없는 종자를 쓰고 무농약 재배를 하여, 이를 두레마을이 이미 확보하고 있는 대중적 신뢰성으로 홍보할 수 있다. 또한 헌신적 직원과 전 세계에 산재한 두레선교회원들로부터 정보, 수출입, 판로 등을 확보하기 쉽다는 장점이 있다.

또한 이 사업이 북한지원사업으로서의 위상도 갖게 되어, 북한인들을 고용하고 생산물을 직·간접 지원에 사용함으로써 민족문제, 기아문제 해결에 기여하고 선교적 성과도 얻을 수 있다. 이는 두레선교회의 회원확보와 소속감 제고에 크게 기여하게 되고 결과적으로 기업의 실행력을 강화하는 성과를 얻을 수 있다.

목표시장은 연해주 지역의 고급 농산물 시장을 1차 목표로 하고, 일반시장을 2차 목표로 하면서 한국, 중국, 일본, 미국, 러시아 현지의 유기농산물, 고급농산물 시장을 목표로 한다. 고급 가공식품을 대상으로 하는 반가공원료시장도 목표로 설정한다.

1.4 미얀마 두레마을 개발 사업

1.4.1 개발지역 위치 : 미얀마 샨주 및 주변지역

1.4.2 개발 환경

노동력 가치가 양호($30/월)하고, 농작물 생산원가가 저렴하며, 군부집단 지도체제의 정치상황 아래 우량기업(메이플라워)과 합작하여 필요한 행정적 편리를 적극 지원 받을 수 있다.

기후는 2월 중순~5월 중순은 혹서기, 5월 중순~10월 중순은 우기, 10월 중순~2월 중순은 건기이다.

1.4.3. 사업 내용 및 효과

최근 미얀마는 국제적으로 고립되고 황무지로 버려진 땅이 많아 빈곤한 상태에 처해 있다. 이에 미얀마의 5대 재벌 중의 하나인 크리스천 기업 메이플라워 그룹은 국가로부터 넓은 국토에 개발 허가를 받고 개발경험이 풍부한 두레마을에 지원 및 사업 참여를 요청했다. 동 사업을 통해 선교가 불가능한 불교국가인 미얀마와 특히 지역인 미얀마 소수민족(제4세계)에게 선교를 가능하게 하면서(의약품 3상자, 선교용 영문서적 전달, 초등학교 교사 증축 지원 및 민병대 지원금 전달), 마약재배 등 불건전한 사업을 대체할 수 있는 건전한 생계 수단을 제공하고 낙후된 미얀마 경제를 도울 수 있으며, 21세기 식량생산기지로도 활용할 수 있다. 그리고 컴퓨터 교육을 통해 지식사회 선교와 사회의 발전을 유도할 수 있다.

1.4.4 사업 추진 주체

미얀마 농장 개발사업은 한국회사가 농지개발에 참여하는 최초의 사업이며, 메이플라워 무역회사와 한국 두레회사의 합작법인으로 한국 두레회사가 독자 영농개발 가능하며, 메이플라워 무역회사는 정부로부터 토지임대 및 개발허가서 받는 것을 책임진다.

1.4.5 농장 현황

첫째, 밍글라동 농장은 수도 양곤에서 30km 떨어진 다곤디네마을에 위치하고 있으며, 총 500acres 중 76acres가 현재 개발되어 양어장 9개, 양계장 2개와 선교센터를 갖추고 비즈니스와 선교를 동시에 수행하는 메이플라워 무역회사의 우쪼윈회장 소유의 복합농장이다.

둘째, 슈야옹 농장은 산주해호에서 15km 떨어진 슈야옹 마을에 위치하고 있으며 총 500acres의 토지에 감자, 양배추, 파인애플, 밀 등을 재배하고 있다. 쌀농사는 기후 영향으로 1년에 1번(1모작) 경작이 가능하다.

셋째, 인래호수 수경농장은 산주해호에서 30km 떨어진 인래호수에 위치하고 있으며 물위에 수초와 흙을 고정시켜 토마토, 오이, 양배추 등 채소를 재배하고 있습니다. 특히 이 지역 주민인 인따족은 약 16만명의 소수민족으로, 가난과 재난으로 고통받고 있다.

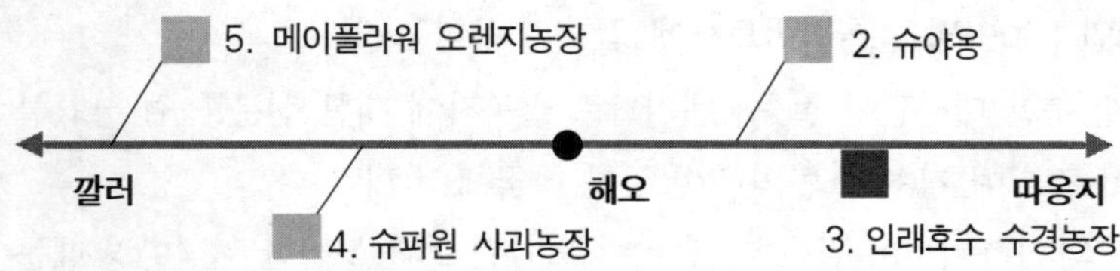

넷째, 슈퍼원 사과농장은 총 5만평 토지에 해외에서 들여온 사과 묘목을 현재 시험 재배하고 있다. 현재 사과는 중국이나 태국 등지에서 들여오는 수입물에 의존하고 있다.

다섯째, 메이플라워 오렌지 농장은 샨주 깔러마을에 위치하고 있으며 7년생 재래종 오렌지나무 900그루를 재배하고 있다. 품질개량을 위해 미국산 오렌지나무를 시험재배하고 있다.

1.5 몽골 두레마을 개발사업

1.5.1 개발지역위치 : 몽골 울란바토르 및 주변지역

1.5.2 개발환경

몽골의 토지는 개인 소유가 아닌 정부 소유이므로 정부 역량으로 임대형 토지 사용이 가능하다. 과거 집단 농장 형태에서 개인 농장 형태로 전환하는 과도기적 농업 상황 속에서 농업법이 많이 바뀌고 있다. 총 농산물 생산의 20%를 세금으로 내야 하며, 건물 건축 시에도 총 공사비용의 20%를 세금으로 내야 하며, 사회복지비용에 대한 세금 공제가 없다.

1998년 김대중 대통령과 경제사절단의 몽골 방문을 통해 남한 정부와 친밀한 관계를 유지하고 있으며, 남한에 체류하는 몽골 근로자들의 외화수입이 몽골 경제에 큰 영향을 끼치고 있다.

총인구 2백5십만명 중 수도인 울란바토르에 80만명이 거주하고 있고, 현지 교민 500여명도 울란바토르에 집중 거주하고 있다.

현재 북한 대사관이 철수상태이므로 탈북자에 대한 신분증 검사나 불신검문이 적으며 강제 소환의 위험성이 타국에 비해 적다.

인구의 36%이상이 절대빈곤층이며 오염된 물과 불결한 위생환경 때문에 어린이 사망률이 높고, 폭설과 한파로 인해 가축 3백만마리가 떼죽음을 당한 바 있고, 그로 인해 생존의 위기를 맞고 있는 많은 유목민들에게 선교를 가능하게 할 수 있다.

1.5.3 정부2대 농업정책 (백색혁명, 녹색혁명)

백색혁명(목축)은 울타리 개념도 없고 동절기에 20% 가축이 아사하는 「자연 방목식」의 유목 방식을 「정착형 목축방식」으로 정착하기 위한 정책이다. 백색혁명(목축)을 위한 주요 요소는 사료, 건초(아사 방지), 초지 선택(고기 육질 결정), 전염병이나 탈취 사고의 예방 등이다.

녹색혁명(야채재배)은 혹독한 추위와 육식을 선호하는 식생활 습관 때문에 평균수명이 50세를 넘지 못하여, 넓은 국토에 비해 2백 5십만이라는 한정된 인구문제를 해결하기 위한 것으로 야채 섭취를 통한 체질개선정책이다. 강우량의 굴곡이 심하며(150ml~1000ml) 자연농을 할 수 있는 한정된 기간(6월초~9월말), 그리고 긴 겨울이라는 악조건을 고려해 정부는 비닐하우스 농법을 녹색혁명의 시범 모델로 개발하고 있다. 녹색혁명(야채재배)을 위한 주요 요소는 무상일(서리가 내리지 않는 날), 비료문제, 수송문제, 유통시장 규모의 한계성 극복, 값싼 중국농산 수입품에 대한 가격 경쟁력의 강화 등이다.

1.5.4 한국인 농장 현황

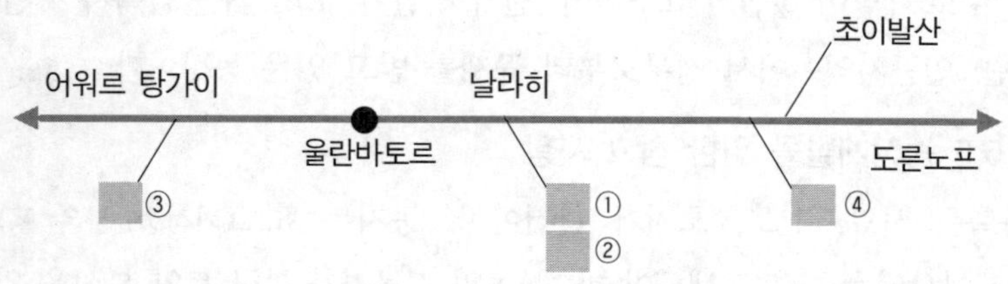

첫째, 국립농대실습농장(대표 : 이혜식)은 총 30만평의 부지에 설립된 몽골 정부지원 시범농장으로 한국형 비닐하우스(장수비닐사용) 8개동에 옥수수, 배추, 열무, 깻잎, 아욱, 고추, 감자 등을 시범 재배하고 있다.

둘째, 오리엔트 그린 농장(대표 : 허경명)은 총 14,000평에 임대료는 $2000/년이다. 여름용 비닐하우스(개당 제작비 $6,000) 6개동, 겨울용 비닐하우스(개당 제작비 $20,000) 4개동에 딸기, 상추, 버섯, 허브, 쑥갓 등 고가치 농산물을 재배하고 있다. 농사는 중국인이 짓고 유통과 관리는 몽고인이 담당하고 있다(일당 $2 인 근로자 15명 상주).

셋째, 가나안 농장(대표 : 이준화)은 총 300만평에, 임대료 $1,500/년이며, 여름용 비닐하우스 2개동, 일본산 100마력 트렉터($14,000) 2대로 60만평에 감자와 밀을 경작하고 있다. 강우량 부족과 잡초 때문에 2년간 밀농사는 실패했으며, 작년 20톤 씨감자를 심어 60톤을 수확하였다. 감자는 겨울에 저장 창고에 저장하여 봄에 씨감자로 유통하면 4배 이상의 수익을 얻을 수 있다고 한다.

넷째, 도른노프 농장(대표 : 이강홍)은 총 1,000만평의 대지에, 임대료 $5,300/년이다. 작년 $15만을 투자하여(기름값 70%) 풀무원 콩나물 콩종자

6백톤을 수확하였으나(6억 상당) 콩 모양과 규격이 작아(30%) 콩나물 콩이나 된장 콩으로는 적합하지 않아 판로에 어려움을 겪고 있으며, 강우량이 부족하여 수로 개발이 절실히 요구되며, 전기 시설이 없고, 최근 탈북자 사건(초이발난) 인근지역이어서 정부로부터 규제를 받고 있는 농장이다.

1.5.5 농장개발을 위한 참고 사항

목축은 사료, 건초, 초지가 관건이며, 농지는 표토(퇴적층 검은 흙)가 40cm 이상되는 곳을 선택해야 하며, 농업 전문가를 통한 토양 분석을 의뢰해야 하고, 수송망이 양호하고 전기시설, 지하수, 강우량 등 농업 환경을 신중히 고려한 토지 선택이 필요하다. 가급적 목축 지역을 피해 농지를 선택하는 것이 효과적이다.

개발 전 요구되는 지역사회 발전 기금(병원, 학교)에 대한 대책마련이 필요하며, 옥수수, 감자, 밀 등 동물사료로 쓸 수 있는 작물재배와 목축을 병행한 복합영농방식과 비닐하우스를 이용한 고가치 농산물(야채, 약용작물) 재배가 효과적이다. 특히 몽고 선교여행자를 위한 관광농업단지로 개발하는 것도 효과적이다.

2. 21세기 선교운동 동향

2.1 근대 선교운동 동향

AD 700년경 아시아 선교운동을 위한 네스토리안 선교운동 이후 2차 세계대전까지는 선교운동 의미가 타문화권에 있는 사람에게 복음을 전하는 전통적인 의미로 해석되었으나, 2차 대전 후에는 선교국에 대한 사회경제적 착취와 자유주의 신학의 영향을 받아 인간관계의 갈등과 자신들의 파괴성에 대한 보상심리로서의 진보적인 의미로 해석되고 있다. 또한 하나님과 인간과의 수직적인 관계에서 복음을 들어야 한다는 수직적 개념으로부터 땅과 인간관계에서의 회복을 통한 세계 평화, 인간화, 인간해방, 지상 하나님나라를 실현하려는 수평적인 개념으로 해석되고 있다.

랄프 윈터 박사는 「네 사람, 세 시대, 두 과도기」라는 글에서 근대 선교운동을 세 시대로 구분하여, 첫 시대는 1792년부터 1910년까지 118년간에 걸친 해안 선교 시대로서 윌리엄 케리가 시작하였고, 주로 구라파인들이 주도하였으며, 두 번째 시대는 1865년부터 1980년까지 115년 간에 걸친 내지 선교시대로 허드슨 테일러에 의하여 시작되었고, 주로 미국인들이 주도하였으며, 세 번째 시대는 1934년부터 전개되어 지금까지 지속되고 있는 '감추인 족속'들을 위한 선교시대로 도날드 맥가브란과 캐머런 타운센드에 의해 시작되었고, 주로 제3세계인들이 담당하게 될 선교운동시대라고 하였다.

훌륭한 선교운동 사명을 감당했던 영국교회가 이제는 영향력을 잃었고, 미국교회가 세계복음화에 크게 기여하면서 현재 선교운동을 주도하고 있지만, 세계선교운동의 주역이 될 만한 저력을 가진 한국교회와 선교단체가 세계선교운동의 일선에 새롭게 등장하여 세계선교운동의 주역이 되고 있다. 간하배 교수는 "기독교의 주체세력이 바뀌고 있다"면서 "선교운동 중심부가 멕시코시, 서울, 마드라스, 나이로비로 옮겨지게 될 것이다"라고 말하였다.

2.2 21세기 동아시아 위원회 선교운동 동향

급변하는 국제정세와 불확실한 동아시아의 정치상황 속에서도 지난 세월 동안 그리스도의 몸인 동아시아 위원회를 보호해 주신 하나님을 찬양한다.

이제 두레공동체운동이 30년을 바라보면서 새천년을 맞이하였다. 두레공동체운동은 국내의 빈민가정을 위한 복지사업과 낙후 지역의 개발사업, 농촌지도자 육성을 담당해 왔고, 국외 빈곤국가의 농촌개발사업을 통한 소득증대와 교육 등을 지원해주고 있으며, 자연재해 및 기근, 난민문제가 심각한 국가에 식량을 공급하고 생활 필수품을 지급하고 있다.

지난 1996년 김진홍 목사님께서 재중동포 사기피해 대책위원장으로 부임하시면서, 동아시아 개발문제에 대한 전략적이고 효율적인 접근을 위해 1997년 연변두레마을 사업을 착수하셨고, 구소련 해체이후 존립기반 약화로 연해주로 이주하고 있는 고려인 동포들의 재건을 지원하기 위해 연해주 두레마을사업을 추진하셨고, 선교가 불가능한 불교국가인 미얀마와 특히 미얀마 소수민족(제4세계)에게 선교를 가능하게 하면서 21세기 식량생산기지로 활용하기 위해 미얀마 두레마을 사업을 추진하셨으며, 민족의 숙원인 경의선-중국횡단철도, 경원선-시베리아 횡단철도를 연결하는 몽골횡단철도의 중심역인 울란바토르 지역에 두레마을을 세워 시베리아와 중앙아시아, 중국의 동북 3성지역에 모여 사는 조선족과 고려인의 영혼구원과 통일한국을 선도할 수 있는 영성과 도덕성을 바탕으로 하는 대안적인 공동체를 세워 선교한국의 소명을 감당하기 위해 몽골두레마을 사업을 추진하고 있다.

새천년의 시대적·사회적·선교적 상황을 조명하고 새로운 시대에 적합한 선교적 전략을 제시하고, 급변하는 21세기의 변화에 탄력 있게 대치하기 위해 두레공동체운동은 새로운 선교 패러다임과 영농개발을 통한 신앙, 산업공동체로서의 두레마을 조성을 위해 불철주야 노력하고 있다. 두레마을은 장차 임할 하나님나라의 모습, 즉 새 하늘과 새 땅의 회복공동체로서의 소명을 충실히 감당할 것이다.

2.2.1 운동 정신

동아시아 위원회 운동은 하나님 말씀에 기초한 복음운동, 교회중심운동, 참여성과 각 지체간의 유기적 관계를 활성화하는 공동체운동, 사회개혁과 시대정신을 선도하는 개혁운동, 가난하고 병든자를 돌보는 사랑실천운동이다. 동아시아 위원회는 사랑이시고 창조의 영이신 하나님께서 주인되시며, 복지공동체 수준을 넘는 산업공동체로서 발전하기 위해 불변의 청사진인 장기적 안목의 계획을 수립하고 있으며, 신뢰를 기초한 민주적이고 구체적인 의견 교류를 통해 운동의 우선 순위를 정하고 준비된 일꾼들이 도전정신을 가지고 현장에서 직접 뛰는 실천적 운동의 사명을 감당하고 있다.

2.2.2 운동배경과 목적

지금까지 교회, 마을, 유통, 선교회, 복지 등 분야별로 한국, 미주, 일본, 중국 등 지역별로 독립적인 운영을 해왔으나 이제 네트웍을 강화하여 일원화할 때이다. 영적 공동체(교회와 선교회, 성서모임, 해외)를 강화하는 동시에 산업 공동체(마을, 유통, 환경농업연구소)를 활성화하고 총결집해내는 계기로 삼아 한국교회의 중심운동으로 진입하여야 한다. 특히 신앙, 생활(운동), 산업이 분리되어 왔던 현 차원에서 사랑(선교적인 차원에서)과 생명(삶과 경제적인 차원에서)의 벨트를 연계하여 인류사회를 총체적으로 섬기는 한민족이 되도록 하는 데 앞장서야 한다.

사랑의 띠(선교적 차원에서 북방선교운동의 중요성 부각) 운동은 중국의 조선족들과 그들을 통한 중국, 북한선교(탈북자 선교)의 중요성을 부각하면서 러시아의 고려인과 그들을 통한 러시아, 북한선교(선교의 자유)를 도모하며, 미얀마와 몽골 등지를 식량생산기지로 활용한다.

생명의 띠 운동은 중국 연변두레마을과 다른 지역을 연계하여 조선족 동포 및 북한동포 지원을 활성화하며, 러시아 연해주 두레마을을 고려인의 연해주 정착(중앙아시아) 및 식량 생산기지로 개발하며, 미얀마와 몽골두레마을을 지역사회 발전에 기여하면서 기업형 농장개발을 통해 제4세계라 불리는 소수민족선교를 담당한다.

2.3.3 홍보물 제작 및 홍보라인 가동

남은자들로서 선교운동을 해야 할 국내외 회원들의 기도와 힘을 총결집, 특히 해외에 계신 회원들의 적극적인 참여를 유도하며, 주변의 사람과 타단체의 자금 등을 확보하는 운동 역량을 발휘한다.

홍보 팜플렛과 공동체 이야기에 이미지와 함께 사진 등을 배합하여 간결하면서도 소박한 분위기로 제작하며, 설교테이프 및 인터넷, 언론 등 다양한 홍보 라인을 활용하여 교회, 신우회, 기독실업인회 등 접근가능한 단체에 총접근한다.

2.2.4 적절한 일꾼 선발과 훈련

예수그리스도께서는 기도와 관찰을 통하여 제자들을 엄선하여 현장훈련을 거쳐 선교운동사명을 맡겼다. 동아시아 위원회는 6명의 운영위원과 4명의 실행위원에 의해 영적생활뿐 아니라 사회생활, 문화생활, 가정생활, 연구활동 등 모든 분야에 성숙한 일꾼들을 선발하고 훈련하도록 노력하고 있다. 더불어 불필요한 운동의 중복을 피하고, 인적·물적 자원을 보다 효과적으로 사용하기 위해 이론과 실무경험이 풍부한 다른 운동단체와의 협력을 모색하면서 일꾼 선발, 훈련, 파송, 후원, 관리 면에서 역할분담 및 협력을 모색하고 있다. 동아시아 위원회는 한국 대표 신토불이 선교운동기관인 두레마을의 정신을 계승하여 끊임 없이 선교운동정책과 전략을 개발하고 일꾼들을 바로 선발하고 훈련하여 주님의 지상명령 성취를 위해 헌신할 것이다.

한국교회는 복음주의 신앙을 가지고 있고, 처음부터 주는 교회요 감사하는 교회였으며, 대부흥을 경험하여 뜨거운 영적 활력을 가지고 있고, 기도에 열심이며, 헌신적이고, 국가 경제발전에 따라 개교회들이 재정적 실력을 갖게 되었으며, 아시아와 나아가서 세계선교를 위한 거대한 영적·물적 자원을 확보하고 있다. 그러나 한국교회는 이러한 장점들과 함께 선교신학 빈곤, 타문화에 대한 이해 부족, 선교전략 부재, 부적절한 선교사 선발과 훈련, 비전문인에 의한 선교 교육, 훈련, 행정, 그리고 각 기관간의 협조 부족 등 치명적인 약점을 가지고 있어 한국교회의 선교발전을 크게 저해하고 있다

21세기 세계선교를 위해 해결해야 할 한국교회의 당면과제 중에서

지구촌화 시대와 두레공동체운동의 좌표와 과제

임 진 철*

1. 지구촌화 시대와 우리의 상황인식

21세기 우리가 살고있는 세상은 정보화사회로 본격 진입되면서 공간을 초월한 커뮤니케이션과 초스피드화로 인해서 더욱 더 좁아지는, 이른바 무국경의 전방위적 글로벌(지구촌)시대가 되었다. 동아시아 금융위기(한국에 있어 IMF 경제신탁통치상황) 시 IMF-미국-초국적자본의 야만과 횡포에서 드러났듯이, 이 지구촌화는 분명 약육강식의 정글의 법칙이 작용하기도 하지만 동시에 전자매체 커뮤니케이션을 매개로 하여 변화와 개혁을 요구하는 세계의 시민들이 국가의 경계를 넘어 협력할 수 있는 새로운 가능성이 열리고 있는 것이다. 지구촌화는 밝은 측면과 어두운 그림자를 동시에 가지고 있는 것이다.

오늘날 전세계가 지구촌(범세계화)시대로 진입하는 것이 인류에게 어떤 의미가 있겠는지를 두고 두 가지 견해로 대립된다. 하나는 지구촌화가 세계의 평화와 인류공동의 번영에 기여할 것이라는 견해이고, 다른 하나는 지구촌화는 기본적으로 강대국이 약소국을 수탈하는데 기여할 뿐이라는 견해이

---

* 두레연구원 2기, 현 DCM 중국본부장

다. 바야흐로 세계가 과학기술, 정보통신 혁명에 의해서 지식사회화(지식, 기술, 정보사회), 대중사회화(민주화, 대중사회), 다원사회화(분권화, 지방화, 다극화), 지구촌화(세계화, 지구촌시대)의 추세로 발전해 나갈 것임을 전망해 본다면 우리는 이에 부합하는 사고와 발상을 해야 할 것이다.

첫째로, 지구촌화는 세계발전의 방향과 추세로서 어쩔 수 없이 불가항력적으로 받아들여야하는 측면도 있지만, 그것은 세계의 평화와 인류공통의 번영뿐만 아니라 약소국과 후진국 민중의 발전을 위해 바람직할 수도 있음을 인식하고 적극적으로 대응할 필요가 있다. 지구촌화는 상품, 기술, 자본, 지식, 정보, 사람의 국제적 이동을 자유롭게 한다. 이 과정에서 힘을 가진 강대국의 야만과 횡포가 크긴 하겠지만 이것은 약소국과 후진국의 경제발전과 민주화, 복지제도의 강화에 크게 기여할 수도 있음을 인식해야 할 것이다.

두 번째로, 제 3세계 약소국과 후진국민중들, 빈곤과 기아, 환경, 식량, 인권문제와 같은 전지구적 문제해결을 위해 분투하는 양심적인 세계적 초국가 민간기구(NGO)들, 그리고 지구촌시대라는 새로워진 세계 속에서 구식 사회민주주의와 신자유주의를 넘어서 제3의 길을 추구하는 진보적 정치세력들이 초강대국과 초국가적 자본의 야만과 횡포를 저지해나가야 할 것이다.

세 번째로, 지구촌화를 진정한 세계평화와 인류공동의 번영의 시대로 만들어 나가고자 하는 이들은, 저항의 세계화와 같은 방법뿐만 아니라 더 나아가서 개인적·국가적·민족적 경쟁력을 더욱 더 획기적으로 높여나가야 할 것이다. 예를 들면, 글로벌 경제시대를 역동적으로 주도해나가는 벤처기업운동 등에 투신하여, 국가 및 세계시장경제를 건강하게 일구어나가는 일도 그 한 예가 될 것이다. 왜냐하면, 벤처기업은 불로소득 영역의 초국적

투기금융자본 등과는 그 성격과 질에 있어서 유를 달리하기 때문이다.

마지막으로 우리는 지구촌화시대에 있어서 민족문제를 보다 적극적으로 사고하고 민족의 새로운 역할을 모색해야 할 것이다. 이전 시기에 소위 좌파나 진보주의자들은 민족의식과 민족주의를 진보적인 가치에 적대적인 정치적 우파의 신조로 매도하거나 격하시키는 경향이 일반적이었다. 민족정체성은 개인적 정체성의 확실한 원천이기에, 그 개인적 정체성을 위협하는 세력에 대항하여 자신의 정체성을 보호하려는 것을 도덕적으로나 정치적으로 옹호하는 것은 너무나 자명한 사실이다. 그러나 이러한 개인적 정체성과 명확한 소속감은 잠재적으로 분열적이고, 앞으로도 민족주의의 분열적인 속성은 사라지지 않을 것이다. 그런데 우리가 이러한 속성을 제어하기 위해 필요로 하는 것은 바로 민족에 대한 세계주의(지구촌 시민주의)적 해석이다. 이러한 세계주의는 민족국가간의 전쟁이 사라질 수 있게 하는 원인이면서 동시에 조건이기도 하다. 그러기에 오늘의 지구촌시대에 있어서 우리가 쥐어야 할 양날의 칼은 융화적 민족주의와 지구촌 시민주의(세계주의)이다.

지구촌화가 진전되면 될수록 국민국가나 민족국가의 중앙집권적 구속력이 작아지고 지방화(분권화)·다극화되면서, 동시에 이러한 파편화에 대한 반대요인, 즉 안정화세력으로서 지역경제블록화, 민족네트워크블럭화가 진행되어간다. 급속히 등장하고 있는 지구촌적 질서는 '순수한 시장'(Pure marketplace)만으로는 지속되기 어려울 것이다. 세계화와 지방화가 동시에 진행되더라도, 지구촌화(Globalization)와 지방화(Localization)가 통일되는 글로칼리제이션(Glocalization)이 아무리 잘 기능한다고 하더라도 수천개의 지방국가나 도시국가의 세계는 불안정하고 위태로울 것이다. 이러한 배경과 경제문화적 요인 때문에 오늘날 지구촌화가 급속하게 진전되면서 지역경제문화블럭, 즉 유럽연합(EU), 북미자유무역협정(NAFTA), 아프리카 단결기구(OAU), 동남아시아국가연합(ASEAN), 아랍국가연맹(League of Arab States), 카리브공동체(CARICOM), 남미공동시장(MERCOSUR) 등이 생겨났다. 이 모두가 과거에는 분열과 갈등을 겪었던 국가들이 사회·경제·문화적으로 협력하고 있다. 앞으로 국가가 세계의 단위가 되기보다는 지역경제블럭이 세계의 단위가 될 전망이다. 이것이 국민국가(민족국가)의 해체를 의미하는 것은 아니지만 국민의 삶 전체가 일국단위로 이루어지지 않을 것임을 시사하는 것은 분명하다. 이것은 기본적으로 전쟁을 없애는 요인이 될 것이다. 한·중·일을 중심으로 하는 몽고, 북한, 극동러시아의 동북아 경제문화블록이 형성될 가능성은 이러한 측면에서 볼 때 농후하나, 아직은 과거의 갈등과 국제협력상의 미성숙 조건 때문에 이루어지지 않고 있다.

또한 지역경제 블록화에서 더 나아가 민족네트워크블럭화가 급속도로 진행되어 갈 조짐도 엿보인다. 중국의 화상(華商)들은 인터넷을 이용해 전세계 5천만명에 이르는 화교, 화인들을 하나로 묶는 작업을 지난 1993년부터 계속해오고 있다. 1995년 중화총상회 주도로 공식 출범한 전세계 화상 네트워크(WCBN: World Chines Business Network)는 10만여개에 이르는 전세계 중소기업인들의 정보를 찾기쉽게 데이터베이스(WWW: Wcbn. Com. sg)를 갖추고 있다. 이미 특유의 순발력으로 인터넷을 맨 먼저 전세계 중국화상들을 묶는 네트워크로 활용한 것은 중국이지만, 최근 들어 이같은 바람은 다른 민족에게도 확산되고 있다. 이미 대기업간 네트워크를 가동하고 있던 유태인도 인터넷네트워크를 대규모로 확장하고 있으며 아일랜드인, 스코틀랜드인, 한국인, 이탈리아인, 인도인 등도 인터넷을 통해 활발하게 교류하면서 사이버상의 민족네트워크블럭 구성에 나서고 있다, 아직은 인터넷상의 수준이지만 이들 민족네트워크블럭이 융화적 민족주의와 지구촌시민주의라는 양날의 칼을 견지하는 세계주의적 민족으로 발전한다면, 이들은 지구촌 시민공동체적 사회통합을 증진시킬 뿐만 아니라 지구촌 시민사회의 초국가적 관할체제를 촉진시키는 데에도 핵심역할을 할 수 있을 것이다.

2. 두레공동체운동의 전략적 좌표와 한민족공동체운동

앞장에서 살펴본 상황인식의 틀에서 본다면 , 21세기 지구촌화 시대에 두레공동체운동의 실천적 좌표는 대한민국 국가공동체(국가경영)-동북아지역 경제공동체(대륙경영)-통일한국과 한민족공동체(민족경영)-지구촌시민공동체(세계경영)이라는 상관관계 속에서 설정해야 되리라 생각된다.

그동안 우리 두레공동체운동은 '성서한국(국가경영)운동'으로서 신학목회운동(남양만활빈교회, 구리두레교회, 대구두레교회, 괌두레교회, 베를린두레교회 등) 대안교육운동(두레자연고등학교, 두레연구원, 중덕장학회등), 시민사회복지운동(방아골사회복지관, 모라사회복지관, 청십자병원, 두레마을치유원 등), 농업생명운동(남양만두레마을, 경주두레마을, 보성두레마을, 두레마을 친환경농업연구소 등), 두레마을말씀운동(두레마을선교회, 두레성서연구모임전국협의회), 출판문화운동(두레시대, 공동체이야기 등) 등을 전개해왔고, '북방한국(대륙경영)운동'으로서 연변두레마을과 중앙민족대학교, 아·태경제문화발전연구소 설립 및 미얀마 개발프로젝트 전개, 그리고 북경두레마을과 연해주두레마을 준비,추진하고 있다. 우리 두레공동체운동이 추진해온 '북방한국(대륙경영)운동'은 통일한국 건설을 전략적 목표로 삼는 동시에, 대륙경영을 주체적으로 해나가야 한다는 역사적 인식 때문이었다, 우리민족의 역사를 볼 때 대륙(동북아지역)은 우리민족의 삶의 터전이요, 활동무대였다. 이러한 역사적 인식을 가지고 북방정책을 추진했을 때는 나라가 부국강병했고, 좁은 한반도에만 갇혀 있을 때에는 동서남북, 좌우로 나뉘어 내부권력싸움에 민족의 에너지를 소모해왔음을 볼 수 있다, 오늘과 같은 글로벌경제시대와 지역경제 블록화시대에 우리민족과 두레공동체운동은 동북아 경제블럭형성과 발전에 더욱 더 주도적으로 나서야 되리라 생각된다.

또한 우리 두레공동체운동은 대륙경영과 궤를 같이 하면서 통일한국운동과 한민족공동체운동(민족경영)의 전략적기반으로서 연변두레마을과 미얀마 개발 프로젝트, 그리고 북경두레마을(미설립), 나진선봉두레마을, 연해주 두레마을(미설립)을 연계시키는 작업을 추진해왔다.

최근에는 통일을 염원하는 두레공동체운동과 국내외 한민족 통일 역량을 결집, 조직화하여 통일한국운동과 통일한국건설 프로젝트를 준비, 전개하기 위하여 '통일한국연구원'을 출범을 검토하고 있다. 이와 더불어 우리 두레공동체운동은 한민족공동체 네트워크 운동의 중심적 매개로서, 합작형태의 조선민족대학교의 설립을 추진, 준비 하고 있다. 이것은 쉽지는 않지만, 분명 민족경영을 매개로 해서 한국경영, 대륙경영, 세계경영을 추진, 전개해가려는 두레공동체운동의 전체 미래상에서 매우 중요한 계기를 형성할 수 있으리라 판단된다.

마지막으로 우리 두레공동체운동은 '지구촌 시민 공동체운동(세계경영)'을 수행할 운동기구로서 두레마을 국제협력단 준비추진위를 조직하여 중앙민족대학교 아·태경제문화발전연구소설립과 현지 리더십발굴, 육성활동(중국, 미국, 일본 등) 등을 수행해왔다. 향후 전세계 두레연구원 출신들의 네트워크를 기반으로 두레마을 청년국제협력단이 조직된다면, 이 운동은 가속도가 붙으리라 판단된다. 또한 미주두레본부의 LA두레마을과 미주글로벌의 활동을 시발로 한 한민족공동체 및 지구촌 시민공동체 기업운동으로서 베세토바 프로젝트(베이징-서울-토쿄-블라디보스톡-LA를 연결하는 한민족 경제 및 지구촌 시민경제경영전략 프로젝트)가 미약하지만 윤곽을 드러내고있다. 앞으로도 이러한 활동은 지구촌시대에 있어서 두레공동체운동의 세계경영전략차원에서 확대, 심화되어야 할 것이다.

이러한 지구촌 시민공동체 차원에서의 운동과 물적토대 위에서만 두레공동체운동과 두레목민신학의 세계화 · 현지화가 가능하리라 판단된다. 지금까지 서구의 신학과 선교단체를 한국에 이식시키는 운동(YMCA를 비롯한 수많은 구미계 선교단체들과 신학들)은 수없이 많았지만, 한국에서 태동한 명실상부한 한국적 신학과 선교운동단체로서 세계화 · 현지화를 시도한 것은 아직 없다고 보여진다. 물론 민중신학이 제3세계신학의 일부분으로 세계 신학계에 명함을 내민 적은 있지만, 실천적 조직체(선교운동체)로의 차원으로까지는 가지 못했다.

그러나 두레공동체운동과 두레목민신학은 그 가능성을 내재하고 있다고 판단된다. 우리 한민족은 세계 교포 5 대 강국이고 중국 조선족, 러시아 고려족 등은 현지화되어 있으며, 미국과 유럽, 일본 등의 교포 및 이민자들도 2, 3세대로 넘어가면서 현지화되어가고 있기에, 통일한국운동과 한민족공동체 네트워크운동(한민족경영)을 중심매개로 두레목민신학과 두레마을 공동체운동을 지속적으로 전개해나간다면 이들을 통한 세계선교와 세계경영은 충분히 가능하다고 판단된다.

세대를 넘어선 선교운동, 민족경영을 매개로 한 세계적 운동이라는 두레공동체운동의 전체 미래상 속에서, 주요시기, 단계에 전략적 초석을 놓아가면서 당면 선교운동과 사업을 구체화, 발전시켜 나가면 분명 땅끝까지 복음을 증거하라는 주님의 위탁을 성실히 수행할 수 있을 것이다.

3. 향후 두레공동체운동의 실천과제와 전망

앞장에서 통일한국운동과 한민족공동체운동(민족경영)을 중심매개로 한 한국경영, 대륙경영, 세계경영의 전략적 좌표를 살펴보았다. 그러면 이러한 일을 지속적·광역적으로 수행키 위한, 세대를 넘어선 두레공동체운동의 전체 미래상과 관련하여 향후 두레공동체운동의 실천과제를 살펴보면 다음과 같다.

3.1 신학사상과 목회적 과제

세대를 넘어선 두레공동체운동의 전체 미래상과 관련하여 가장 기본적이고 중요한 실천적 과제는 두레목민신학사상의 정립과 목민목회 전형의 창출일 것이다. 두레공동체운동의 말씀의 영향력과 인적(조직적)·물적 선교재원 확보라는 양측면을 고려할 때, 두레목민신학사상 작업(두레목민신학연구소)과 김진홍 목사님의 사상과 설교전집 출간(세대를 넘어선 두레운동의 신학사상적 원자료), 그리고 이 두 가지 작업에 근거한 두레성서공부교재(한·미·일·중·러시아판)의 지속적 출판과 회원 확대 시스템이 요청된다 하겠다.

김진홍 목사님께서는 말씀의 영향력이 대단한 설교가이기에 현재의 두레공동체운동 형태가 가능하지만, 세대를 넘어선 운동으로 발전되어가기 위해서는 조직과 시스템의 운동으로 전환시켜나가는 연습과정을 필요로 한다. 현재는 김목사님의 육성설교 테이프에 의존하지만, 앞으로는 목사님의 육성설교테이프와 함께 두레성서공부교재를 매개로 한 두레성서공부 소모임 조직이 전세계 곳곳에서 물결칠 수 있도록 두레성서공부 소모임의 전세계적 네트워크조직화 작업을 준비해나가야 되리라 생각된다.

우리나라는 세계교포 5대 강국이기에 중국 조선족 두레마을과 지역별 두레성서공부모임, 러시아 고려족 두레마을과 두레성서공부모임, 북한 두레마을과 두레성서공부모임 등 미국, 일본, 중남미, 유럽, 아프리카 두레마을과 두레성서공부모임이 얼마든지 가능하리라 생각된다. 중국현지에서 느끼는 것은 중국 조선족 사회에서는(러시아 고려족 사회까지도) 누가 시키지도 않았는데 자기들끼리 테이프를 복사해 듣고 책도 복사해서 돌려보는 경우를 많이 보게 된다. 중국, 러시아, 북한 등 구사회주의권 국가에서는 우리 공동체운동이 두레마을을 통한 농업공동체운동과 벤처(자유)기업운동, 두레마을 국제협력단을 통한 비영리사회복지 국제협력사업 등을 통해, 비종교적 분야에서 뿌리를 내리고 난 후 때가 되어 현지화된 중국 조선족과 러시아 고려족이 나서면 중국의 주류민족인 한족과 러시아 슬라브족으로까지 확대되는 것(두레운동의 세계화)이 그리 요원한 이야기는 아닌 것 같다.

그리고 퀘이커집단이 퀘이커 성서연구소모임의 전세계적 네트워크를 통해서 국제적인 사회복지사업과 평화운동을 전개해나가는 일에 대한 사례연구 및 벤치마킹작업 등이 필요한 듯 싶다.

3.2 세대를 넘어선 운동으로의 발전을 위한 조직적과제

현재의 두레공동체운동을 '세대를 넘어선 공동체운동'으로의 미래상과 전망 속에서 발전시켜 나가려고 한다면, 슈말렌바흐(Schmalenbach)의 'Bund'(카리스마적 공동체운동집단)와 '공동체운동의 발전과정과 순환과정'에 대한 논의는 유용한 자원이 될 수 있으리라 생각된다.

슈말렌바흐(Schmalenbach)는 'Bund'를 기존사회의 생활양식과 제도(이데올로기)를 거부하며 기존가치체계와 생활양식을 급진적·창조적으로 변형하여 구성원간의 강한 정서적 유대와 이상적 가치를 추구하는 사회집단으로 개념화한다. 그러면서 퇴니스(Tönies)의 '공동사회 → 이익사회'의 모델을 심화시키고 있다. 즉 이익사회의 고착화된 사람들의 삶의 양식과 이데올로기에 반대하여 'Bund'가 출현하는데, 이것이 세대를 넘어선 공동체운동으로 성공하기 위해서는 공동체적 리더십, 분업과 전문화, 위계질서 등의 제도화를 필요로 한다. 그러나 이 단계에서 공동체적 리더십, 권한위임, 분업과 전문화 등의 시스템화가 이루어지지 않은 상태에서 카리스마적 지도자의 부재상황이 도래하게 되면, 공동체운동을 타락, 왜곡시키는 메카니즘으로서의 '카리스마의 일상화(Marx Weber)', '과두제적 지배의 철칙(Michels)'과 같은 현상이 나타나 '세대를 넘어선 공동체운동'을 꿈꾸어보기도 전에 공동체운동은 급속히 붕괴되어버린다. 초기의 카리스마적 공동체운동(Bund)이 시스템과 조직체로서의 공동체운동(합리적·공동체적 리더십/공동사회)으로 발전되어간다 하더라도, 필경 법적 리더십에 기초한 이익공동체사회(법적 리더십/이익사회집단)로 변모하게 된다. 이 단계에 이르면 처음 공동체운동을 낳게 한 이상과는 전혀 거리가 먼 상황으로 왜곡, 변질되어버리는 상황에 도달하게된다. 이러한 상황에 이르면 초기공동체운동의 이상과 가치회복이라는 쇄신의 요구가 일어나게 됨으로서, 이익사회집단에서의 기득권을 유지하려는 보수파와 개혁을 추구하는 개혁파로 양자구도의 노선투쟁이 일어난다. 또는 보수파, 합리적 점진적 개혁을 추구하는 개혁파, 급진적 쇄신을 추구하는 급진파 등 3, 4자 구도의 노선투쟁이 초기공동체운동 창시자의 원자료 메시지와 상황(Situation)에 대한 해석을 매개로 하여 격렬하게 일어나기도 한다. 여기서 개혁파나 쇄신파의 노선이 성공하여 초기공동체운동의 가치 이상의 회복과 창조적 재현이 이루어지면, 즉 공동체운동이 'Bund가 시스템화하여 공동사회 그리고 이익사회로 변모되고 다시 또 다른 혁신 Bund가 출현하는, 제도화와 쇄신화의 순환모델'을 성공적으로 구현하게 되면 그 공동체운동은 세대를 넘어선 운동으로 성공, 발전하게 된다.

현재 두레공동체운동은 카리스마적 공동체운동단계에서 시스템과 조직으로서의 공동체운동으로의 발전을 모색, 준비하는 단계에 있다. 여기서 우리는 세대를 넘어선 운동으로서의 발전을 위한 전략적 초석과 기초를 튼튼히 세워나가지 않으면 안 될 것이다.

3.3 두레공동체운동의 리더십의 발굴과 육성의 과제

중국속담에 1년을 잘 지내려면 농사를 짓고, 10년을 잘 지내려면 나무를 심고, 100년을 잘 지내려면 인재를 키우라는 말이 있다. 이러한 동양인의 지혜를 비교적 잘 실천하고 있는 곳이 두레공동체운동의 자랑거리이고 가장 큰 재산일 것이다. 우리 두레공동체운동이 별로 가진 것이 없지만, 한국의 내노라 하는 집단들조차 상상하기 힘든 비전을 가지고 전략적 프로젝트를 시도하는 것은 김진홍 목사님과 우리 두레공동체운동이 그동안 쌓아올린 좋은 이미지와 두레연구원을 통해 발굴, 육성된 인적 자산에 대한 나름의 확신 때문일 것이다. 앞으로도 두레공동체운동이 최우선적으로 사고하고 투자해야 할 부분은, 두레공동체운동의 사상과 실천을 창조적으로 계승, 발전시켜나갈 리더십(특히 영적, 사회운동적, 기업경영적, 농업과학기술적 리더십)의 발굴과 육성에 있을 것이다. 세대를 넘어선 운동으로 발전하느냐, 못하느냐의 관건은 아마도 여기에 있을 것이다.

3.4 선교운동의 물적재원 확대 재생산의 과제

세대를 넘어선 두레공동체운동의 전체 미래상과 관련하여 결코 빼놓을수 없는 중요한 과제는 물적 선교재원의 확대 재생산의 과제일 것이다. 두레공동체운동의 물적 선교재원은 현재(앞으로 상당기간까지도) 김진홍목사님 한 분의 설교테이프회원 기금과 목사님의 카리스마적인 영적 · 사회적 영향력에 기초한 선교프로젝트 헌금에 대부분 의존하는 상태이다. 여기서 우리 두레공동체운동은 현재의 상태를 계승 발전시켜나가고 보완하는 전략적 준비를 해나가야 하는데, 다음 세가지 차원을 생각해볼 수 있을 것이다.

첫 번째 차원으로는, 앞장의 신학사상과 목회적 과제에 맞물려 비례하는 것으로서, 목사님의 육성 설교테이프와 함께 두레 성서공부교재를 매개로 한 전세계 두레성서공부소모임들의 조직적인 선교 재원 동원능력을 높이는 일과 각 지역 및 직능분야 두레리더들의 선교 프로젝트 수행능력과 펀드레이징(fundraising) 능력을 높이는 일이다.

두 번째 차원으로서, 베세토바 프로젝트와 관련한 두레공동체 기업운동의 심화, 확대발전을 위한 효율적 시스템을 만들어나가는 일일 것이다. 현재는 두레의 단위기업들이 전략적 접근법 없이 각개 약진하고 있는터라, 전략에 기초한 역할분담과 상호협력, 커뮤니케이션이 잘 이루어지지 않고 중복되는 일도 생겨나는 것 같다. 여건이 성숙되면 베세토바 프로젝트와 두레기업운동을 총괄, 기획, 조정하는 특별기구로서 두레산업위원회 같은 기구(실행위원회 산하 특별기구인 동북아위원회 같은 형태)가 필요할 듯 싶다.

만약 두레운동 내에 비즈니스를 통한 선교적 소명이 있는 리더역량이 있다면, 두레산업위원회 산하에 '두레마을 비즈니스 선교 아카데미'(가칭) 같은 교육기관을 두어 비즈니스 선교 리더역량을 발굴, 육성하여 베세토바 프로젝트에 투입하는 등의 장기전략을 검토해나가야 할 것이다. 이랜드그룹 출신들이 중심이 되어 비즈니스 선교 소명자들을 발굴, 육성하여 세계 비즈니스 선교운동에 투입시키는 일을 하는 'BTC'(Bisinary Training Center)나 예수전도단의 'FMB' 그리고 아시아 6개 합작 선교 비즈니스 벤처기업인 '텐트메이킹 프랜차이즈 인터내셔날' 등에 대한 사례연구를 해볼 필요가 있을 것이다.

세 번째 차원으로는 두레공동체운동과 관련된 농업과학기술 인재역량과 독특한 아이디어역량, 그리고 두레연구원 출신 가운데의 과학기술역량 등을 중심으로 농업생명과학 벤처기업을 육성하고, 더 나아가서는 세계 각지의 두레마을 안에 두레마을 농업생명과학 벤처창업보육센터를 만들어나가는 것을 검토해볼 수 있을 것이다. 이때 두레마을 집단은 기본시설 및 인프라와 교육관리를 해주는 Support Angel로서, 벤처기업의 스톡옵션지분(두레공동체운동기금으로서)을 할당받는 것을 검토해볼 수 있다. 벤처창업보육시스템은 첨단과학기술과 독특한 아이디어역량(창업집단) + 벤처캐피탈/엔젤클럽(Lead Angel) + 조직, 후원, 경영컨설팅역량(Support Angel)이 결합하고 나중에 벤처기업이 성공하면 지분을 기여도에 따라 분배하는 시스템이다.

벤처기업 선진국인 미국, 유럽의 경우 대학, 연구소를 중심으로 한 비영리사회복지단체나 사회운동단체들이 벤처기업의 Support Angel이 되어 스톡옵션지분을 받는 재원확보 방식을 취하며 벤처기업과 공존공생하는 경우가 늘고 있으며, 어떤 경우는 보다 전문적이고 체계적으로 벤처창업보육센터를 운영하기도 한다고 한다. 벤처기업은 투기금융자본과 같은 불로소득의 영역이 아닌 그야말로 기술과 지식에 근거한 창의와 도전이라는 기업가 정신으로 승부하는 일이기에, 우리 두레공동체운동과도 정신적 맥을 같이 한다고 볼수 있을 것이다.

이상과 같이 통일한국운동과 한민족공동체운동(민족경영)을 중심매개로 해서, 두레공동체운동의 국가경영, 대륙경영, 세계경영의 전략적 좌표 속에서 두레 공동체 운동의 실천적 과제를 살펴보았다.

우리 두레 공동체 운동은 H_2O조직운동론(물의 본질이 H_2O라 할 때, H_2O 는 조건과 상황에 따라서 기체(수증기)/액체(물)/고체(얼음)의 형태를 띤다)을 취하고 있기에, 가시적으로 실체화 된 고체 형태의 선교운동에 제한받지 않는다.

특히 선교활동에 있어서, 극심한 제한을 받는(정도의 차이는 있지만) 구사회주의권 국가지역(중국, 북조선, 러시아, 몽고 등)에서는 두레공동체 운동의 H_2O 선교운동론과 전략적 접근 방식이 효과성을 갖는다.

우리 두레 일꾼들이 빌립보서 3장 12 ~ 14절의 말씀을 부여잡고 주어진 실천적 과제들을 잘 감당해 낸다면, 분명 우리 이 뿌린 말씀의 씨앗들이 만백성의 영육간에 뿌리 내리면서, 작은 시냇물이 모여 복음화의 큰 바다를 이루는 가슴 벅찬 전망을 가져볼 수 있을 것이다.

> 내가 이미 얻었다 함도 아니요, 온전히 이루었다 함도 아니라, 오직 내가 그리스도 예수께 잡힌 바 된 그것을 잡으려고 좇아가노라. 형제들아 나는 아직 내가 잡은 줄로 여기지 아니하고, 오직 한 일 즉 뒤에 있는 것은 잊어버리고, 앞에 있는 것을 잡으려고 푯대를 향하여 그리스도 예수 안에서 하나님이 위에서 부르신 부름의 상을 위하여 좇아가노라.

글모음 공동체를 펴내며

1999년 7월 영국의 스코틀랜드에 있는 에딘버러에서 국내외 두레연구원을 포함한 핵심 두레일꾼 25명이 모였었다. 이 모임의 주제는 두레선교운동의 역사화를 위한 사상작업을 신학 중심으로 어떻게 추진해 나갈 것인가에 대한 논의였다. 20세기가 끝나가는 시점, 두레운동이 시작되어 한 세대를 접는 30년이 되었다는 역사의식이 두레일꾼들로 하여금 자리매김을 하도록 이끈 것이다. 그러면서 논의된 것 중의 하나가 〈김진홍 목사 회갑맞이 논문집〉이었다.

이 논문집은 한 개인을 기리는 글모음이 아니라, 굴절 많은 한 역사와 운동을 정리하여 새로운 지평을 모색하고자 하는, 두레선교운동 중심 일꾼들의 생각과 비전의 결집체라고 할 수 있다.

20세기 후반, 우리 민족 역사가 굴곡으로 점철된 것처럼 이 시대를 살아온 개인의 삶의 궤적도 너무나도 굵고 선명하다. 우리는 역사 부산물로서의 인물이 아닌, 역사를 만들고 개척하는 인물로 살기를 바란다.

그런데 역사에 의해 만들어진 인생과 역사를 만드는 인생 사이에는 묘한 긴장 관계가 작용하여 조화가 있기도 하고 갈등이 존재하기도 한다. 이런 조화와 갈등은 개인 실존과 인격 내에 내재하기도 하고, 공동체나 운동의 에너지로 표출되기도 한다. 이런 긴장의 표현을 글로 모은 것이 이 논문집이다. 즉 이 논문집은 또 다른 하나의 삶의 공동체이다.

두레운동은 한마디로, 처한 역사와 민족에 대한 하나님을 향한 신앙고백이다. 그래서 이해하고 받아들이는 복음의 폭이 넓고 내용이 깊다. 운동이 갖는 장점이자 유익이다. 운동이 경직되면 그물에 걸린 물고기가 된다. 먹을거리가 되든지 부패하게 된다. 두레운동은 그물에 걸려들지 않으려고 그간 교권주의나 교조적인 신앙과 신학을 향해 부단히 싸워왔다. 김진홍 목사 개인의 삶이 그래왔으며, 그 동지들과 후배들이 더불어 만든 공간이 그래왔다. 그 공간의 자리가 또한 이 글모음이다. 그리고 그 공간이 지금 넓혀질 뿐 아니라 오는 세대에게 사다리가 되길 바라는 간절한 바램이다.

처음 발의한 지 2년만에 이 책이 나오게 되었다. 서울, 에딘버러, 프린스턴, 하이델베르그, 그리고 동경을 오가면서 편집회의를 했다. 연구실에서, 유학생의 빈한한 방구석에서, 신칸센 기차 내에서, 그리고 E-Mail공간에서 오고 간 논의들이 열매를 맺은 것이다. 편집과정 자체도 이처럼 현장적이었고 운동적이었다. 이러한 편집 과정을 거친 논문집도 흔치 않으리라 생각된다.

개인적 서신이나 자료를 수집하자는 의견도 있었다. 한글 이외의 언어로 쓰여진 글을 포함하자는 언급도 있었다. 그러나 개인을 기리는 내용을 피하고 가능한 객관화하기 위해 그런 글들은 제외시켰다. 앞으로 이러한 글모음이 다른 옷을 입고 나올 수 있으리라 기대한다.

필자를 두레연구원으로 제한했다. 그것도 주로 1기와 2기로 제한했다. 거론된 명망가들도 있었지만 그들의 화려한 명성이 편집 취지에 어긋나서 생략했다. 또한 꼭 글을 쓰고 싶어하신 귀한 분들도 많았다. 이런 분들의 글이나, 인격을 무시한 것이 아니라, 부족하더라도 두레운동에 합류하고 그 과정에서 성장한 일꾼들의 산물로서 책을 역자는 후배들의 단순하며 당돌한 의도임을 이해해주시길 바란다.

청탁한 원고들의 주제 선정에도 어려움이 많았다. 편집위원들과 필자들이 여러 차례 논의를 거치면서 각자의 주제를 정하였다. 심지어는 귀한 원고가 전체 방향과 맞지 않을 경우 원고를 되돌려보내며 수정을 요구할 때는 과연 이래도 되는가 싶었다. 그러나 어느 한 분도 불평하거나 불쾌하게 여기지 않으시고 흔쾌히 수정해서 다시 보내준 그 진심에 감사드린다.

전체적인 글의 내용은 두레운동에 맞추었다. 두레운동은 다음과 같이 4대운동이다. 첫째 '하나님나라운동' 이며, 둘째 '공동체운동' 이고 셋째는 '복음운동' 이며 넷째는 '목민운동' 이다. 두레운동은 한마디로 총체적인 '하나님나라운동' 이다. 교회뿐 아니라 우리 민족과 역사, 그리고 피조물까지도 하나님의 통치를 받아 두루두루 행복하게 살자는 운동이다. 그리고 그 '하나님나라' 를 이 땅에 구현하기 위한 구체적인 방법으로 '공동체운동' 을 실현하고 있다. '공동체운동' 은 우리의 필요나 선택이 아닌 창조질서이며 구속의 경륜이므로 순종하는 자세로 이루어나가고 있다. 그리고 이 공동체의 핵심 정신과 사상은 바로 복음이다.

오늘날 왜곡된 복음의 이해와 구별짓기 위해 굳이 표현한다면, 온전한 복음이라고 지칭한다. 그러므로 모든 공동체운동의 핵심에는 복음자리가 중심을 이루고 있다. 끝으로 이 복음운동의 특정화된 정체성이 바로 목민운동이다.

목민운동은 바닥정신에 근거한 제반 운동들을 포함한다. 이같은 '하나님나라운동' '공동체운동' '복음운동' '목민운동' 의 흐름과 정신 안에서 모든 글의 글길을 잡았다. 이 같은 강한 의도는 이 글모음이 앞으로 두레운동의 자리매김이 되었으면 하는 욕망에 기인한 것이다.

큰 아쉬움이 남는다. 두레운동에 대한 객관적인 평가와 비판의 내용이 없다는 점이다. 편집의도가 특정 개인을 칭송하는 것이 아니라, 운동에 초점을 맞추었기 때문에 두레운동의 한계와 문제점을 공론화하는 계기가 될 것을 은근히 기대했었다.

우리들은 은혜를 좋아하고 덕을 세워야 한다는 강박관념에 젖어 있는 듯하다. 그래야 성숙한 기독교인으로 여긴다. 그러나 참된 덕과 사랑은 진리와 애정에 기초한 비판이 있어야 한다. 아니면 아직은 후배들이 선배의 그늘을 벗어나지 못하고 있는 탓일 것이다.

역사의 발전은 오는 세대가 기존 세대를 극복해야만 한다. 그런 글들이 나오기가 힘든 것은 아직 두레운동이 미숙한 탓일 것이다. 이 점이 편집 과정에서 느낀 아쉬움이며 동시에 확인된 두레운동의 과제이다.

이 글모음을 마치면서 지극히 개인적이고 단순한 바램이 있다. 읽는 이들이 다른 무엇보다도 하나님의 복음에 대한 이해가 깊어지는 계기가 되었으면 한다. 우리들 자신이 지난 10여 년간 두레운동에 헌신한 이유는 간단하다.

그것은 두레의 역사의식이나 민족의식 혹은 다양한 실천 프로그램과 그 열린 공간이 좋아서 헌신한 것이 아니라 두레가 지니고 있는 복음의 깊이와 폭넓은 이해가 주는 풍요로움에 매료되었기 때문이다. 역동적인 생명력, 운동하는 복음의 용틀임, 참 복음이 주는 자유 등을 누리면서 행복할 수 있었기 때문이다. 우리가 누려왔던 이 같은 복음이 주는 생명의 에너지가, 잔칫상에 올려진 다양한 음식같은 이 글모음을 통해 읽는 이들에게 옮겨지기를 바란다.

신앙과 삶의 스승이자 선배이신 김진홍 목사와 두레운동 30년 역사에 이 글모음을 되돌려 드린다.

간행위원회일동
대표집필 김 호 열

손봉호　서울대학교 교수
서정운　장로회신학대학교 선교신학 교수
김동호　동안교회 담임목사

권연경　두레해외연구원 1기, 서울대학교 영문과 졸업, 미국 풀러신학대학원(M.Div.),
예일대학교(S.T.M), 영국 런던 킹스칼리지 신학박사, 현 뉴욕 한민교회 영어목회 담당 목사

김승태　두레연구원 2기, 서울대학교 대학원 국사학과 석사, 한신대학교 대학원 신학과(Th.M.),
현 사단법인 한국기독교역사연구소 연구실장, 향린교회 준목

김영석　두레해외연구원 1기, 연세대학교 사범대 졸업, 미국 샌디에고 국립대학 교육학 석사,
미국 풀러신학대학원 선교학 과정 수학, 현 DCM 동아시아위원회 책임간사

김옥순　두레해외연구원 1기, 장로회신학대학교 신학과 졸업(Th.B.), 장로회신학대학원 졸업
(M.Div.), 연세대학교 연합신학대학원(Th.M.), 독일 하이델베르크대학교 디아코니아학 석사
및 박사, 현 두레교회 목사

김응교　두레연구원 2기, 연세대학교 신학과 졸업, 도쿄대 객원연구원, 연세대학교 국문학박사,
현 DCM 일본본부장, 와세다대학교 객원교수

김호열　두레연구원 1기, 서강대학교 영문과 졸업, 합동신학원 졸업, 현 DCM 국제본부장

김화선　두레연구원 2기, 서울대학교 영문과 졸업, 동 대학원 석사, 영국 에섹스대학교 문학박사,
현 천안외국어대학교 전임강사

김회권　두레연구원 1기, 서울대학교 영문과 졸업, 장로회신학대학원(M.Div./Th.M.),
현 미국 프린스턴신학대학원 신학박사

노태성　한국외국어대학교 문학사, 독일 하이델베르크대학교 신학부, 연세대학교 대학원 신학석사,
독일 하이델베르크대학교 신학박사, 현 하이델베르크대학교 신학과 객원연구원,
DCM 독일 및 유럽 본부장

문영빈　미주두레연구원 1기, 서울대학교 화학과 졸업, 서울대학교 대학원 물리학과 석사,
미국 캘리포니아대학교 물리학 박사, 프린스턴신학대학원 신학박사,
현 서울여자대학교 기독교학과 조교수

민경진　두레연구원 2기, 연세대학교 철학과 졸업, 장로회신학대학원 졸업(M.Div./Th.M.),
영국 옥스퍼드대학교 졸업(M. St.), 현 영국 더럼대학교 박사과정

민종기　두레해외연구원 1기, 서울대학교 대학원 정치학과 석사, 미국 남가주대학교 정치학
박사과정 수학, 미국 풀러신학대학원 신학 석사 및 박사, 현 웨스트민스터신학대학원
대학교 교수

박문수 두레연구원 3기, 연세대학교 신학과 졸업, 서강대학교 대학원 종교학과 석사 및 박사,
현 우리신학연구소 연구위원장

박성준 두레해외연구원 1기, 서울대학교 경제학과 졸업, 일본 릿쿄대학교 신학박사,
한국신학연구소 학술부장, 현 〈움직이는 학교〉 대표, 성공회대학 강사

박정수 두레연구원 3기, 서울대학교 건축학과 졸업, 서울신학대학원 (M.Div.),
현 독일 하이델베르크대학교 신학박사

옥성득 두레연구원 1기, 서울대학교 영문과 및 국사학과 졸업, 장로회신학대학원 졸업
(M.Div/Th.M.), 미국 프린스턴신학대학원 석사, 현 보스톤대학교 신학박사

이문장 두레해외연구원 1기, 고려대학교 영문과 졸업, 총신대학교 신학대학원(M.Div.),
미국 고든콘웰 신학대학원(Th.M.), 영국 에딘버러대학교 신학박사,
에딘버러대학교 신학부 교수

이상학 두레연구원 4기, 연세대학교 건축공학과 졸업, 서울대학교 대학원 사회학과 석사,
장로회신학대학원 신학과 졸업, 현 두레교회 목사

이성록 두레연구원 1기, 대구대학교 대학원 석사, 서울여자대학교 대학원 박사과정 수료,
현 도봉 방아골 종합사회복지관 관장

임진철 두레연구원 2기, 한신대학교 신학과 및 신학대학원 졸업, 현 DCM 중국 본부장

정성욱 두레해외연구원 1기, 계명대학교 사학과 졸업, 미국 휘트워드대학 사학과(B.A.),
하버드대학교 신학대학원(M.Div.), 영국 옥스퍼드대학교 신학박사, 현 미국 킹 칼리지
신학과 및 선교대학원 교수

정현구 두레해외연구원 1기, 부산대학교 영문과 졸업, 서울대학교 대학원 영문학과 석사,
고신대학원(M.Div.), 예일대(S.T.M.), 밴더빌트(Vanderbilt)대학교 신학박사,
현 서울영동교회 담임

최동묵 두레연구원 1기, 장로회신학교 신학과 및 신학대학원 졸업, 현 괌두레교회 담임 목사

최성룡 일본두레연구원 1기, 계명대학교 철학과 졸업, 장로회신학대학원(M.Div.),
현 일본 동지사대학교 박사과정

최승기 두레연구원 4기, 서울대학교 수학교육과 졸업, 장로회신학대학원(M.Div.),
프린스턴신학대학원(Th.M.), 트리니티복음주의신학교 박사과정 수학, 현 토론토대학교
낙스신학원 박사과정

황보영조 두레연구원 2기, 서울대학교 서양사학과 및 동 대학원 졸업,
스페인 마드리드 콤플루텐세대학교 역사학박사, 현 서울대학교 강사, 두레연구원 간사

ㅅ 살아있는 지성3

하나님나라 운동, 두레공동체운동 30년

엮은이	회갑맞이논문집 간행위원회
펴낸이	강선우
펴낸곳	두레시대

초판1쇄	2001년 5월 30일

간행위원	김호열, 김회권, 이문장, 김응교,
책임편집	김정희, 황보 영조
전공교정	조운일
일반교정	박 총
서예	김은주
북디자인	이경수, 이윤정

주소	서울시 강남구 역삼1동 618
대표전화	508-4477
홈페이지	http://www.doorae.or.kr
팩시밀리	508-4171
출판등록	1991년 4월 26일(제20-429호)

인쇄처	아람/2273-2497
총판	생명의 샘/419-1451
책값	25,000원
ISBN	89-85915-36-3
	89-85915-37-1(세트)